社会学教材经典译丛

社会研究方法 （第十一版）

The Practice
of Social Research

[美]艾尔·巴比 （Earl R. Babbie） 著

邱泽奇 译

华夏出版社
HUAXIA PUBLISHING HOUSE

总　序

    中国社会学研究自 1979 年中央决定予以恢复以来，已经过去 20 年了。当时中央决定恢复和重建中国的社会学学科，我想不仅仅是对于历史上"左"的东西"拨乱反正"，也是考虑到中国社会发展和经济事业对于这个学科的实际需要。为了建设社会主义现代化国家，需要对我国社会、经济、文化、思想各个方面的现状与发展有一个系统和科学的认识。社会学是一门注重调查研究，强调从实际出发认识社会，以实事求是为宗旨的学科，在我国实施改革开放政策、社会迅速变化发展的改革时代，社会学是大有用武之地的，社会学在中国应当有一个大发展。历史前进的步伐要求中国的社会学学科在理论、方法、具体专题上的研究能够跟得上我国实际社会的发展，而且应当在理论上、研究方法上、研究专题上都发展出具有中国特色的社会学学科。改革开放 20 多年，中国的社会、经济、文化和人们的思想观念都发生了巨大的变化，有 12 亿人参与的伟大社会变革是社会学生长、发展的最肥沃的土壤，也应当结出社会学灿烂丰硕的果实。但是，坦率地说，我们所做的距离这个要求还差得很远很远。

    我曾经多次说过，一个学科，可以挥之即去，却不可能招之即来。80 年代初我说，在大学里办社会学系，一要教师，二要教材，即需要一批对课程内容十分熟悉的教师和一批高质量的教材。但是这个学科中断了近 30 年，解放前的教材许多都不适用了，过去从事过社会学教学和研究工作的人，一是年纪已大，二是多年改行，等于是要完全重建一个学科。在这样的形势和条件下，作为起步阶段，我们 1980 年在北京开办了暑期社会学讲习班，请了一些国外的学者来讲课，后来又在南开大学举办了社会学培训班。这些培训活动为后来各地建系、建研究所打了一个基础。到了 80 年代中期以后，有一批在国外学习社会学的留学生取得学位回国，加强了国内社会学的力量，也为中国社会学与国外学术界同行的交流与联系拓展了渠道。今天虽然在一些大学和社会科学院成立和发展了一批社会学系和研究所，培养了不少学生，也出版了不少研究成果，但是要清醒地看到，中国的社会学属于先天不足、后天失调。我们今天可以说仍然处在这个学科的重建过程之中，前面还有很长的路要走。我们头脑必须清醒，仍然需要坚持少说空话，多做实事，一步一个脚印地踏稳了前进。

在培养教师和编写教材方面，应当说这些年来大家做出了很大的努力，这些成绩是应当肯定的。同时我们也必须看到，我们与国际学术界之间的交流，还很不充分；国外社会学界的最新动态，他们在理论思考方面的新探索，在社会调查中开拓的新课题和在研究中做出的新成果，还不能够及时地反映到我们的教材中来。我们绝大多数教社会学课程的教师和学生，还做不到流畅地阅读外文原著。所以精心地选择一些在国外一流大学通用的、学术水平和思想深度公认比较优秀的教材，把它们翻译过来，洋为中用，提供给我们的教师和学生做参考，以补充国内教材的不足，是目前阶段学科建设需要认真去做的一件事。

我去年在北京大学社会学人类学研究所提出了"补课"的问题，我自己带头重新阅读了一些经典的社会学教科书，写了一些读书札记一类的文章，也要求研究所的年轻教员和学生更认真地读书。我感觉，有些人的学术基础原来并没有打好，毕业后忙于做课题、写文章，但是写的东西读起来让人感到功底不够。我由此想到，今后中国社会学的发展，最根本的一条是要帮助年轻人打好学术基础，而要做到这一点，关键是要建设一批高质量的教材和一批优秀的课程。

最近一个时期，高等学校正在积极推动和深化体制改革。为了在21世纪建设成一所真正的世界一流大学，北京大学在体制上进行了多方面的改革，在这种形势下，社会学系与社会学人类学研究所相互打通，这样可以使教学与科研结合得更好，得以把两方面的优势和潜力充分发挥出来，这对于学科建设将是一个有力的推动。我希望今后北京大学在社会学教材与课程建设方面能够多发挥些作用，与其他兄弟院校和科研单位的同志们一起，为教学质量的提高和学科的长远发展共同努力。

华夏出版社积极于出版社会学的翻译教材，对于高校课程与教材建设应当说是一个有力的支持。如何结合国内已经翻译出版的教材和自己编著教材的现状，根据基础理论、研究方法、专题领域教学工作的实际需求，大家共同商议，制定出一个计划，从国外社会学公认的优秀教材中仔细选择一些书，同时认真选择译者和校者，保证释译质量，逐步分批推出，我相信这对于我国社会学的教学工作和课程建设将是一个有力的推动。这也是北京大学应当积极参与并努力做好的一项服务工作。

同时，恢复社会学研究有20年了，我希望我国学者自己在积累教学经验和研究成果的基础上，也能够陆续出版一批我们自己编写的、更加结合中国国情的优秀教材。

逐步做到以我们自己的教材为主、翻译教材为辅，立足本土，放眼世界。在这样的基础上，中国的社会学就会真正逐步成熟起来。21 世纪不会是一个平静的世纪，全球化增进了不同国家、不同文化之间的接触与交流，同时在相互碰撞中也隐藏着矛盾和冲突。我们需要了解其他社会的制度、文化、价值、观念、行为规则，也需要认识我们中华文化的发展历史和精髓，逐步在比较研究中更深刻地认识自己与他人，真正做到中国人的文化自觉。我想这应当是中国社会学者的责任。在这个过程中，我们既不可固步自封，也不可妄自菲薄。翻译国外的优秀社会学教材，是我们努力认识其他社会的制度与文化，并在认识他人的过程中达到认识自身的途径之一。

费孝通

作者的话

写作是我的乐趣所在，社会学则是我的激情所在。我很高兴把文字组合在一起，并以这样的方式让人们学习、欢笑或是两者兼有。社会学的知识也是文字的组合，它代表了各色人等最后的也是最好的希望，并由此为我们寻找共同生活之道。我感到特别地兴奋，因为我亲眼看到，社会学作为一种理念的时代终于到来了。

我成长于佛蒙特和新罕布什尔的小镇，当我宣称要和父亲一样当一名车身修理技工时，老师说我应该去上大学。当麦尔坎 X 说自己要成为一名律师的时候，他的老师却告诉他，有色人种小孩应该做木匠一类的工作。我们经历上的这种差别，说明了这个均衡的游戏场域的一件重要事情：种族间存在着深刻的不平等。

我从小镇出来，先后在哈佛大学、美国海军陆战队、加州大学伯克利分校呆过，还在夏威夷大学教书十二年。这当中，我和席拉约会了两个月后就结婚了，三年后我们又生下了亚伦：这是我最明智的两个举动。1980 年辞去教职后，从事了七年的全职写作，直到我再也无法忽视课堂对我的召唤。对我来说，教学就像是演奏爵士乐，即使你一再表演相同的曲目，每次听起来还是不一样，而在真正听到之前也不一定知道听起来如何。其实教学就是用你的声音写作。

最后，我想我已经有了足够的资历去重新了解我在佛蒙特的根。不只是回到过去，而是卷入一个不断扩大的漩涡。我已经等不及要看下一个转弯处会出现什么。

前言（第十一版）

"几年"前（我一点也不愿意告诉你究竟是多少年），我第一次讲授关于社会研究方法的课程。该课程主要集中在调查研究方法上，第一学期只有六名学生修这门课。随着课程的进展，作为教师，我感到越来越得心应手。不久，学生也到办公室和我讨论。在办公室，如果学生刚好需要一些参考书，我便把自己的藏书借给他们。

但是，有个问题一直困扰着我，那就是缺少一本好的调查研究方法教科书。现有的书，大概可以分为两类：有些书以非常抽象的字眼呈现研究方法的理论逻辑，我怀疑学生是否能够把书中的原则拿来"做"真正的研究。另外一类书籍则刚好相反，通常被称为"食谱"，非常详细地一步一步教导读者如何进行调查。遗憾的是，这样的书只会让学生做出和书中雷同的调查。不管是抽象的还是"食谱"式的方法，对学生和他们的老师，似乎都没有真正的帮助。

有一天，我随意写下了理想中研究方法教科书的目录。目录的安排基于三项原则，即科学研究所根据的理论原则。

1. 了解科学研究所依据的**理论**原则；

2. 探究这些原则如何反映了既有的研究技术；

3. 在无法正常地运用既有技术时，应有适度**妥协**的准备。

次日，我非常意外地接到了沃斯沃兹出版公司编辑的电话，让我写一本调查研究方法的教科书。《调查研究方法》（*Survey Research Methods*）于1973年出版。不久，我的编辑和我就得知了一些好消息和一些坏消息，然后又有一些好消息。第一个好消息是，几乎所有的调查研究方法教师都喜欢这本书，几乎全国的调查研究课程都用我的书。而坏消息是，没有多少地方开设调查研究的课程。

但是，最后的好消息是，很多教授社会研究通论课程的老师，包括调查研究和其他研究方法，都倾向于用我的书，并辅之以其他专门讲述实地研究、实验法等等的书，以补其不足。虽然这些老师试着使用我专讲调查研究的书，同时，很多老师建议沃斯沃兹让"那个老兄"写一本更加一般性的社会研究教科书。

《社会研究方法》（*The Practice of Social Research*, 1975）第一版序言就特别感谢了从加州到佛罗里达州数十位社会研究方法教师的协助。所以，整本书其实是众人合作的成果，虽然只有我的名字出现在封面上，而且文责由我担负。

《社会研究方法》一出版就非常成功。最初这本书是为社会学写的，后来，修订版渐渐被运用到心理学、公共管理、城市研究、教育、沟通、社会科学和政治科学——将近 30 个不同的学科。而且，很多国家的教师和研究者都使用这本教材。在 2000 年，北京的一家出版社还发行了中文版。

我不厌其烦地讲述本书漫长的历史，当然是有原因的。首先，当我还是学生的时候，我对教科书和政府建筑物的感觉是一样的：原来就在那里。我从来没有真正想过教科书是由人写出来的。我当然没想过教科书还要随时更新、改进、更正。在做学生的时候，如果我知道教科书也可能出错，我肯定会吓坏的！

其次，我想指出这本书的演进，也为第十一版的变动做一些预告。就像前几版一样，变更是由多种原因促成的。例如：由于社会科学研究的技术和实践不断在变化，所以书也要跟着更新，以跟上潮流、派上用场。在我自己的教学中，我常常会发现比传授标准教材更好的方式。同事们也常常交流特定题材的教学方法，其中部分在本书中以插页方式出现。学生和老师也经常对各种议题中的重新组织、扩展、厘清、缩减或者（待我喘口气）删节提出建议。

第十一版的新内容

在本书早期的一个版本中，我曾经说过："修改这样的教科书是磨人锐气的，因为，不论看起来多好，怎样使书变得更好的念头却没有止境。"这句话在这里仍然适用。当我们询问老师们怎样改进时，他们都会再想一遍，提出自己的看法。经过仔细考虑，我接受了很多他们的建议，而对另一些建议则可"再多斟酌"。使用这

本书的学生，也给了我许多的评论及建议，本版中有许多修改的部分，就是来自于他们的意见。

下面是新版中的一些变化（按章序排列）：

第 1 章　人类研究与科学

出生率数据已经被扩展和更新。为了突出社会研究的国际特征，在这一章中我增加了对无畏的埃及社会学家易卜拉辛（Saad Ibrahim）的介绍。也包括了对伊斯门（Crystal Eastman）的讨论，他是 20 世纪早期的一位应用研究员。

第 2 章　范式、理论与社会研究

在这章中，关于女性主义范式以及后现代主义的讨论被扩展。另外，新添了一节"批判种族理论"。谢里夫的实验在"再论理性的客观性"一节中被讨论。

第 3 章　社会研究中的伦理和政治

这一章新添了两节——"性别研究的政治"及"政治与普查"。史卡斯（Rik Scarce）案件的讨论被扩展。此外，本章还在社会行动的背景下对参与行动研究进行了介绍。

第 4 章　研究设计

在本章中，通过对恐怖主义研究的分析，我对定量和定性研究都进行了讨论。我使用了一个例子对因果研究的重要性进行了阐释，在这个例子中简单的、截面研究得到的结果与因果研究的结果正相反。关于分析单位的讨论被扩展。作为一个分析单位的社会互动以新的一节的形式被增加。此外，我修订了对简化论的讨论，而且文献评述部分被扩展。

第 5 章　概念化、操作化和测量

在这章中，关于具体化的讨论被扩展。此外，我对"种族屠杀"一词的意思进行了分析，并以此对概念化进行了阐释。

第 6 章　指标、量表和分类法

这章中，我扩展了对指标和量表之间差别的讨论，此外还包括了对"反鲍嘎德社会距离量

表”的讨论。

第7章　抽样逻辑

这一章的开头是 2004 年总统选举的民意测验。我扩展了对抽样误差的讨论并且用伊朗的一个抽样的例子取代了“对圣诞老人迷进行抽样”。此外，还包括了对民意测验中各政党的加权的讨论。

第8章　实验法

本章中，我增加了对标签理论的讨论，并用一个与之相联系的现有的例子对之进行了阐释。此外，关于基于互联网的实验的一节被增加。

第9章　调查研究

在本章中，关于影响回答率提高或降低的因素的讨论被扩展，并且增加了一些例子对之加以说明。我已阐明：关于判断可接受的回答率的原则不是基于什么理论，而仅反映了我对专业规范的观察。全国社会调查（GSS）及用于分析 GSS 在线数据的“分析程序”的讨论被扩展。此外，我还扩充了对在线调查的讨论，并且对于定性数据的二手分析的讨论被增加。

第10章　定性的实地研究

这一章有一个新例子，来自约翰·洛夫兰（John Lofland），关于一个旧建筑物的拆除问题。我把主位法（etic approach）和客位法（emic approach）的概念引入实地研究。此外，对个案研究和比较研究做了清晰的区分，且增加了对虚拟民族志和自传式民族志的讨论。最后是对电话及线上专题小组的讨论。

第11章　非介入性研究

关于内容分析法，我增加了一些定性和定量的例子，并且增加了一节讨论全球化的后果。本章中，还有关于如何从互联网上下载《美国统计概要》的指导。此外，我还增加了对斯塔克（Stark）的《基督教的兴起》以及戴弗雷姆（Deflem）关于国际政策的专著的讨论。

第12章　评估研究

在本章中，我扩展了对不同类型评估的讨论。

第13章　定性资料分析

本章中，我增加了对轴心式编码（axial coding）和选择式编码（selective coding）的讨论。

第14章　定量资料分析

在本章中，新增了一节——社会诊断学（Sociological Diagnostics），主要阐明社会科学分析在解决现实社会问题上的力量。我还更新了表 14 - 4，对关于该表的解释进行了扩展，并且增加了两个新表。此外，我还按照他们的评论，对表 14 - 4 的格式进行了重新安排。

第15章　详析模式

详析模式为社会科学中大多数的多变量分析打下了坚实的基础。在本章中，我扩展了对详析模式的讨论，以便学生们能理解为什么这一章对他们的社会研究锻炼如此重要。

第16章　社会统计

本章的主要变化是：新加了几节，分别讨论方差分析、鉴别分析、对数线性模型以及地理信息系统。关于统计显著性与实际显著性差别的讨论被扩展。最后，关于“数学马尔文”起始部分的讨论被我删除，以便为统计技术的介绍腾出版面。

第17章　阅读和撰写社会研究

本章新增了一节，讨论如何组织文献综述。另外，还加了一节，讲如何提交和发表论文——学生们正在积极追求的活动。

我经常更新全书的内容。作为一名教师，我常常寻找新的、更为有效的方式来为我的学生解释社会研究；这些新解释往往都采用了新的范式。在这一版本中，你会发现几个新的图表例证。另外，我还试图用更新的研究案例来替代旧的，除非它很经典。我还删除了一些我认为对学生不再有帮助的章节。

还有一点小变化，对此我颇为得意。那就是，从最早的第一版开始，我就试图保持自己的智慧，即在术语表中增加一些有趣的术语，虽然它们可能有争议。在这一版的术语表修订中，我接到两个学生的建议，他们两人都不是美国学生。我把他们建议的需要增加的术语中的一些包括了进来，而且我始终欢迎将来能有更多的学生提交他们的建议。

在每一次新版修正中，我都很乐意听到你们有关如何改进此书的任何建议。在过去的 30 年中，此书的演进就受益于学生和教员的无穷智慧。

教学特色

虽然学生和教师都告诉我说，过去的版本在学习研究方法上是相当有效的工具，但我还是想利用这次修订的机会来从教学的角度审视一下这本书，使各种要素相当协调，还有其他增添。

章节概述　每一章节都有一段相当精炼的概述，它概括了该章的主要内容。

章节导言　每一章节都有一个导言，它列出了该章的主要观点，更为重要的是，它还将该章与其他章节的内容连接起来。

清楚、鲜活的案例　学生们经常告诉我说案例——不管是真实的还是假设的——对于他们掌握晦涩或抽象的概念很有帮助。在早先的版本中已经被证明是特别有价值的案例的基础上，这一版又增加了很多新案例。

图表　从我第一次接触研究方法课程开始，绝大多数的关键概念都是通过图表的形式而被接受的。尽管我在这里的任务是要将这些思维图像转化为词语，我还是在书中包容了一些图

表说明。电脑图表的先进性帮助我与沃兹沃斯公司的技术家们交流我在脑海中所感受到的图像，我也愿意拿出来与学生们分享。我对新版中的新图表是相当满意的。

插页文章与讨论　学生们告诉我他们喜欢那些凸现独特观点和研究的插页文章以及本书中各种各样的格式。从第十版开始，我就使用将注意力集中在大众媒体如何使用和误用社会研究的插页文章。

流动的术语表　关键术语在书本中被加黑，每一术语的定义也在每页的末尾列出。这对学生掌握这些术语的定义会有所帮助，并可以在每一章的背景中去回顾它们。

本章要点　在每一章的最后，我们都会列出一个要点，包括简要的章节总结和有益的评论。"本章要点"让学生清楚地了解他们在每一章应该将注意力集中在哪些概念上。

关键术语　在本章要点之后，我们还列出了关键术语。这些列表加强了学生对必要词汇的感知。新的词汇表是根据该章的内容来界定的。这些术语在文中以黑体的形式出现，并在书中的页底列出，最后还被收入本书最后的术语表。

复习和练习　复习有利于帮助学生检验他们对该章的概念的理解，并应用他们所学到的知识。

补充读物　在这一部分，我收入了参考书列表。学生可以根据他们所感兴趣的话题灵活选择。

SPSS 练习和在线学习资源　新版延续了先前版本向电脑空间发展的步调。学生可使用章节中注出的一些网站及其他提到的资源，以便他们的学习能超越课本和教室空间。

附录　和以前的版本一样，新版中也为学生提供了一些研究工具，如图书馆的使用、随机表等。SPSS 的入门指导与 NViVo 和 Qualrus 的入门

指导一起被放在本书的网页上了。

清楚、易懂的写作方式　这可能是"教学帮助"中最重要的特征了。我知道所有作者都努力以一种清楚的、易理解的方式来写作。而我为此感到自豪，因为在过去的十版中，本书正是因为这些特性而受到高度赞扬的。这也是学生所最经常提及的。在第十一版的修订中，我和编辑们一起尤其仔细地、逐行逐字地检查、修剪、修饰，并且偶尔重新调整结构以最大限度地"方便读者"。不管你是第一次接触本书还是已经看过早前的版本，我都诚邀你打开每一章并独自去评估其中的写作风格。

补充教材

第十一版的《社会研究方法》还为广大教师和学生准备了大量的补充教材，以创造最佳的学习环境（不仅课外的还有课内的）。新版中的所有补充教材都全面校订、更新过，而且部分内容还是新版所独有的。我建议你检查并充分利用这些你所能获得的教学工具。

学生手册

练习指南

Ted Wagenaar 和我为学生准备的学习指南和练习手册，仍然是我的教学领域中的支柱。学生告诉我说他们对本书的练习感到吃力，而我是将这些练习与成绩挂钩的：占一半的成绩。

在这一版中，Ted 和我再一次挑选了练习并增加了一些新的练习，其中有些是我们自己想出来的，有些则是从同事那里听来的。这其中包括每章的匹配练习、多选题和讨论题，还有 4 - 6 个练习题，它们使用日常生活中的例子来巩固课本上学到的知识。另外还包括了匹配问题和多选的评论问题的答案及一个 GSS 附录，连同章节目标、章节概述和关键术语。

SPSS 的学生版 14. 0（限用于 Windows）

在一个世界领先的统计软件包的专业版的基础上，SPSS 的学生版为学生进行社会学的数据分析——如解释 GSS 数据（见出版社的网站）——提供了真实世界的软件。

SPSS 的使用手册

这个便利的指南与课本和 SPSS 光盘是相配套的，它能够帮助学生学习基本的 SPSS 运用，包括如何进入数据库；新建、保存和恢复文档；生成数据并解释数据输出等。此外，还包括了与每一章相关的 SPSS 练习。

GSS 数据盘

在过去的几年中，我们寻求为学生和教师提供最新的个人电脑支持。由于存在很多相当漂亮的分析数据的程序，我们就提供了一些数据以让读者对之加以演练。在这一版中，我们升级了数据盘并纳入了 2004 年的 GSS 数据。

体验社会研究：介绍微观案例的导言，第二版

这个补充性的工作手册和统计包，是由 Grove 城市大学的阿冶斯（David J. Ayers）撰写的。其中包括简短的讨论、测试和上机练习。通过分析和某些情况下的收集、创建简单的数据文档，学生可以借此学习和应用关键的方法论概念和技巧。专门为《社会研究方法》量身定做的工作手册和统计包采取逐步深入的方法手把手地教学生如何利用专业研究者所利用的数据和技术来进行真实的社会学研究，同时也加强和补充课程内容。

阅读社会研究，第二版

只要你开始阅读本书中引人入胜的文章，你就会发现社会研究中的概念和方法论的鲜活之处。戴安妮（Diane Kholos Wysocki）还纳入了心理学、社会学、社会工作和政治科学等跨学科的阅读材料。这些文章都聚焦于社会研究课程中所

隐含的重要方法和概念，并且具有例证的优势。围绕有关核心概念，每一章都是以高度强调和解释该章所要阐明的研究概念作开头的。

互联网上的社会学研究，第三版

这个指南的初衷是要帮助学生在互联网上进行社会研究。其中的第一部分包括了开始研究所需要的一般信息，并对诸如隐私性问题、互联网上可获得的社会学素材类型、信息和网站的可获得性、发现研究的最好方法以及指引学生最快速地链接上相应网站等问题进行了解答。第二部分则逐个审视了社会学中的重要论题，并且引导学生如何获取最有启迪的研究和信息。

教师手册

用于测验的教师资源手册

该手册为教师们提供了参考计划——章节概要、目标、教学建议和资源以及 InfoTrac College Edition 所建议的练习题，互联网习题和参考答案。此外，该手册还为本书每一章提供了 20－30 个多选题、10－15 个真假判断题（附有答案和参考页码）和每章 3－5 个与课文内容相关的思考题（附有答案和参考页码）。所有的问题都被标注：全新的、修改的或旧的，这样教师们就会心中有数。

测验手册

测验手册能帮助教师建立、分发并定制印刷在线测验的学习指南。其中包括快速测验和在线测验，它能够帮助教师逐步地学会如何建立新的测试题目。大家可以放心的是，在屏幕上显示的测试题目和打印出来或是在线公布的题目是完全一致的。有了测验手册这个软件，教师就可以获得几乎没有数量限制的新题目，当然也可以编辑测验手册中已有的题目。

教师资源多媒体管理：PowerPoint 工具

PowerPoint 一站式工具使教学活动变得更容易。多媒体管理使教学资源的整合变得简单。教学光盘中同样包括完整的教师手册、测验"银行"以及其他教学资源。

基于互联网的补充

SociologyNow：研究方法：与新版配合密切，该基于网络的互动学习工具有助于学生利用"预测试"检查、评估自己对各章节的理解与掌握。此外，学生们还会得到针对个人的学习计划，这样的计划会为他们提供互动的、视听性的资源以帮助他们掌握这些材料。学生们还可以利用互动性的测试检查自己的学习情况。

网络辅导（WebTutorTM）相对于黑板的优势

这一基于网络的软件为学生和教师提供了一个走出教室而得以进入一个没有时间地点限制的环境的机会。学生可以借此获得很多学习工具。

与十一版配套的网站链接

本版配套的网站（http：//sociology. wadsworth. com/babbie_ practice11e）为教师和学生提供了针对具体章节的学习资源。对教师来说，网站为他们提供要密码保护的教师手册、PPT 幻灯片等。对学生来说，网站为他们提供基于课本的学习支持，包括下面内容：

- 指导性的练习测试，可以给评分和发给教师
- 网络链接
- InfoTrac College Edition 练习题
- Flash 卡片
- GSS 数据
- 重要数据分析软件的使用入门
- 在线数据练习
- 纵横字谜

鸣　谢

对于这本书而言，实在有太多需要感谢的人。我早前所写的教科书《调查研究方法》是由萨弥尔·斯托佛（Samuel Stouffer）、保罗·拉扎斯菲尔德（Paul Lazarsfeld）和查尔斯·葛洛克（Charles Glock）编辑的。这里，我要再次感谢他们。

另外，多位同事对本书的 1－3 版提供了宝贵的建议，我也要再次表达我的谢意。尽管本书已经多次修订，但目前的内容仍然反映了他们的贡献。还有许多同事在我修订本书时帮了大忙，其中包括 110 位令人尊敬的老师，他们费时间完成我们的电子调查。他们的反馈是不可估价的。我要特别谢谢审阅手稿的几位教师和他们的建议，包括波特兰州立大学的 Melanie Arthur、路易斯安那大学拉法叶分校的 Craig Forsyth、克利夫兰州立大学的 Robert Kleidman、印第安纳州立大学的 Marci B. Littlefield、瑞德福大学的 Jeanne Mekolichick、斯佩尔曼学院的 Bruce H. Wade。

另外，审阅先前版本的老师的洞察力和提供的帮助也让我钦佩，他们是：亚利桑那州立大学的 Victor Agadjanian，肯尼休斯大学（Canisius College）的 Pat Christian，位于内布拉斯加大学奥马哈分校的 William T. Clute，福拉名汉州立大学（Framingham State College）的 Marian A. O. Cohen，东部康涅狄格州立大学的 Kimberly Dugan，亨德森州立大学的 Herman Gibson，皮伯第大学（Peabody College），范德比尔特分校的 Ellen Goldring，马萨诸塞大学波士顿分校的 Susan Gore，阿肯色州立大学的 Sarah Hurley，中央佛罗里达大学的 Jana L. Jasinski，南佛罗里达大学的 Michael Kleiman，加利福尼亚大学河畔分校的 Augustine Kposowa, Jr.，William Patterson 大学的 Patrick F. McManimon，德克萨斯技术大学健康科学中心的 Jared Schultz，佛罗里达大西洋大学的 Thomas C. Wilson 和明波利亚州立大学的 Gary Wyatt。

我还要感谢我的调查合作伙伴们，他们花费很多时间为我提供了很多很有价值的信息：

克莱顿三世大学（Ⅲ，Creighton University）的 James T. Ault，奥尔巴尼 SUNY 的 Paul Calarco，太平洋大学的 Roy Childs，曼尼大学的 Liz Depoy，田纳西大学的 Pat Fisher，波多明大学的 Robert Gardner，宾夕法尼亚州的加利福尼亚大学的 Elizabeth Jones，明尼苏达州立大学曼凯托分校的 Barbara Keating，中西部州立大学的 J.

David Martin，大瀑布大学（University of Great Falls）的 Patrick A. Moore。

此外，我还不能忽略了莫豪斯大学（Morehouse College）的 Anne Baird，斯拉库斯大学（Syracuse University）的 Rae Banks，马萨诸塞大学阿默斯特分校的 Roland Chilton，北卡罗莱纳大学教堂山校区的 M. Richard Cramer，多伦多大学的 Joseph Fletcher，伊利诺斯大学芝加哥分校的 Shaul Gabbay，北卡罗莱纳大学阿什维勒（Asheville）分校的 Marcia Ghidina，南伊利诺斯大学的 Roland Hawkes，佛罗里达农工大学的 Jeffrey Jacques，北达科他州立大学的 Daniel J. Klenow，拉默泼大学（Ramapo College）新泽西分校的 Wanda Kosinski，CUNY 猎人大学的 Manfred Kuechler，亚利桑那州立大学的 Cecilia Menjívar，中央佛罗里达大学的 Joan Morris，肯考迪娅大学的 Alisa Potter，亚利桑那州立大学的 Zhenchoa Qian，韦伯州立大学的 Robert W. Reynolds，多尼大学的 Laurie K. Scheuble，德克萨斯大学阿林顿分校的 Beth Anne Shelton，威斯康星大学麦迪逊分校的 Matthew Sloan，爱荷华大学罗斯特瓦特分校的 Bernard Sorofman，Ron Stewart，托莱多大学的 Randy Stoecker，俄亥俄州迈阿密大学的 Theodore Wagenaar，东部康涅狄格州立大学的 Robert Wolf 以及迈阿密大学的 Jerome Wolfe。

几年来，编辑在类似于本书出版中的角色让我越来越佩服。尽管只有作者的名字出现在书脊上，但编辑的工作却不可磨灭，因为许多重要的工作都是编辑们完成的。自 1973 年以来，我已经和沃兹沃斯的多位社会学编辑合作过，而求得合作的和谐并不比几次持续的婚姻所需要的调适过程轻松。本版修订酝酿时，策划编辑赛明顿（Sherry Symington）接下了 11 版修订的重任，而且很快就展示出领导范儿。这是一个全新的合作，我很期待将来还有机会与她合作。此外，我也热切盼望与本版组稿编辑卡尔代拉（Chris Caldeira）共事。

当然，沃兹沃斯中还有很多人的聪明才智都对这本书产生了很大的影响。我要感谢一下诸位：Wendy Gordon 极富灵感的营销让全球所有人都知道了这本书；Dee Dee Zobian 为网站和光盘的出炉作出了根本性贡献；Elise Smith 将所有有用的补充资料汇编成教学包；Matt Ballantyne 则负责将手稿变成书，其中涉及的人员管理以及其他繁琐事这里就不一一提及了；还有 Greg Hubit，他以娴熟的技巧操控了整个制作过程；Carolyn Deacy 为本版进行了创新设计。

Molly Roth 应该是编辑的模范标准，虽然这个标准可能有点高了。Molly 和我已经在好几本书上有过合作，而她无疑都是最好的。她知道如何判断处置作者的错误，而且分寸把握得相当好。因而，她让我意识到我所有的错误的同时，还让我觉得我的初衷受到了最高限度的支持。我也不知道为什么，Molly 总是能意会我所要表达的东西，并且能够以一种更为确切、有力的方式表达出来。

Ted Wagenaar 对本书贡献良多。他和我共同编写了学生学习指南——《练习指南》，但这只是冰山一角罢了。Ted 是难得的好同事、受欢迎的批评家、良友。总而言之，是一位令人尊敬的人。

这一版的出版还得益于一位年轻社会学家的帮助，大家在以后还会更经常听到他的名字：Sandrine Zerbib。Sandrine 是一个优秀的方法论学者，她同时致力于定性分析和定量分析。她对女性主义视角尤其敏感，而她身为女性的经历则无疑为社会方法论的关注增加了一个新的维度。Sandrine 的努力在第 10、13 章体现得最为明显，但是她的贡献在整本书里都有所体现。

我要把本书献给妻子席拉，她对本书的诞生和改进贡献良多。我和席拉认识是在加大柏克莱调查研究中心，那时她受人指派协助我进行一项研究。* 在将近 40 年的婚姻中，我们俩合作了无数的研究计划，我们还会继续合作下去。我对席拉的感激不仅仅止于研究，她还是我生活上的伴侣。她的睿智和支持，总能让我达到理想的水平，并且让我看得更高更远，对此，我永远感激不尽。

---

* 我常常也乐意说，席拉和她的上司结婚了。但是 40 年之后，则好像是我和我的上司结婚了。

中文版序言（第八版）

　　1979 年，我很荣幸地招待了在美国访问的费孝通教授。当时，他的使命是恢复重建中国的社会学。作为对他工作的支持，我很高兴地送了他一本《社会研究方法》。从此，我对中国的社会学家也有了一种同仁之感。

　　现在，我更感荣幸的是《社会研究方法》中文译本的出版。作为一套翻译教材编委会的顾问，费孝通教授组织了一批最有潜力的年轻社会学家。《社会研究方法》的出版无疑使我成为他们中间的一员，成为费孝通教授的同事。我希望这本书的出版能够促进两国学者共同分享社会科学的成就。事实证明，社会学研究对社会和经济发展非常重要，我希望这本书能够在一个古老和伟大文明的发展中发挥一点小小的作用。

　　最后，我要感谢美国沃兹沃斯（Wadsworth）出版社和中国华夏出版社，是他们的合作得以让《社会研究方法》与中国读者见面。我还要感谢编委会的慧眼，是他们让《社会研究方法》成为翻译教材系列中的一员。当然，我要特别感谢译者邱泽奇教授，是他的艰苦的努力才使得《社会研究方法》以现在的面貌和读者见面。

艾尔·巴比（Earl Babbie）

安娜海姆，加州（Anaheim, CA USA）

目　录

研究概论

每个人对科学这名词都不陌生。但是，人们对科学的想象却各不相同。对某些人来说，科学就是数学；对另一些人而言，科学是白大褂和实验室。常常有人把科学与科技混为一谈；有时候，还有人把科学当作高中或大学难念的课程。

当然，这些都不是科学本身。不过，要真正给科学下定义也很难。事实上，科学家们也无法就恰当的定义达成共识。但是，本书还是要给科学下一个定义：我们把科学视为一种研究方法，或者说，学习和理解我们周围事物的方法。与其他学习和理解我们周围事物的方法相比，科学有一些特殊的地方。它是一项有意识的、有准备的、缜密的任务。有时候会使用统计分析，但通常不使用。本书开篇的几章将讨论这些特征。

著名作家兼小儿科大夫本杰明·史巴克（Benjamin Spock）在有关幼儿照顾的书中，一开始就告诉初为父母的读者说，他们实际具有的照顾幼儿的知识比自己认为知道的要多。我也要用类似的话作为这本关于社会研究方法书的开篇。不久你们就会发现自己早已知道不少社会研究的实务。事实上，你们一生都在做社会研究。从这个观点看，这本书的目的就是要帮助你们强化既有的技巧，提供一些你们可能还不知道的窍门。

本书第一篇的目的在于为其他章节的论述打下基础，讨论科学与其他了解事物的方法在本质上和议题上有什么不同。第 1 章将讨论对人类本性的研究，也就是我们终生都在做的事情。从中我们会看到，有些人会在研究身边的事物时走上歧途，然后我简要地总结能免除你们多走冤枉路的科学研究的主要特色。

第 2 章的内容包括社会科学理论以及理论和研究之间的关系。我们将看到一些形成研究本质的理论范式，它在很大程度上决定了科学家们探究的对象以及解释的方式。

本书的绝大部分内容都是关注社会研究的科学问题，而第 3 章涉及的则是贯穿本书的一对主题：研究的伦理和政治问题。你将会发现，研究者是受到一系列的伦理约束的，而这些伦理又反映了一套帮助他人、而非危害他人的价值和理念。就政治因素而言，我们也会发现，社会研究也是被其所要研究和理解的社会事实所建构的。作为社会研究的关键要素，这对主题将贯穿全书。

第一篇的目的是要建构一个社会研究的大框架，而不是具体分析研究设计和实施的细节问题。关于这些社会研究的更为具体的细节问题，我们将在第一篇之后详细介绍。

第 1 章

人类研究与科学

章节概述

　　我们都试图了解并预测社会。科学研究——和特别的社会研究——的设计则是试图避免日常的人类探索中所普遍存在的问题。

导　言

这是一本关于人类如何了解事物的书——主要是关于**如何**了解事物,而不是知道**什么**事物。让我们从一些已知的事物开始。

你们知道地球是圆的。你们或许也知道月球阴暗的一面相当寒冷。在中国,人们讲中文。你们还可能知道维生素 C 可以预防感冒,没有安全措施的性行为可能导致艾滋病。[3]

你们是如何知道的?除非你最近去过月球阴暗的一面或做过维生素 C 功效的相关研究,否则你是不可能知道这些的。如果稍微思考一下,就会想到是某些人告诉你们的,而且你们信以为真。你们也许在《国家地理杂志》中看到,在中国,人们说中文,而这看起来合情合理,所以也不会质疑。或许物理学或天文学老师告诉你们,甚至从"国家公共广播"(NPR)得知,月球的阴影部分相当寒冷。

有些知道的事情,显得非常理所当然。如果我问你们如何知道地球是圆的,你们也许说:"每个人都知道啊!"有很多事情是每个人都知道的。不过,过去大家都"知道"地球是平的。

很多人们所知道的事情其实是约定俗成的或是信仰,很少是个人的经验和发现。在某个社会中成长,事实上就是接受周围人所"知道"的事物的过程。如果你们无法知道同样的事物,就没有办法成为其中的一员。如果你们认真怀疑地球是不是圆的,很快就会发现自己和其他人格格不入。你们可能被送进医院,和质疑同样事情的人住在一起。

尽管重要的是,我们所知道的大多数事物取决于我们是否相信他人所说;但我要强调的是,这样并没有错。人类社会就是这样建构的,这是一种非常有用的品质。知识的基础就是约定俗成。因为你们不可能只通过个人的经验或发现而知道所有的事物,所以你们必须相信别人告诉你们的。因此你们对事物的了解一部分是通过传统,一部分则是通过所谓的"专家"。当然,我并不是说你们不应该质疑这些被一般承认的知识。我只是提醒你们注意你们和社会就这一方面融洽相处的方式。

不过，我们还有获得知识的其他方法。与通过约定俗成的方式来了解事物相反，人们也能直接从经验了解事物——也就是通过观察来了解事物。如果你们跳进流经加拿大落基山脉的冰水中，根本就无需他人告诉你们河水是冷的。你第一次踩到荆棘上时，在他人告诉你之前，你就知道会很疼。

当个人的经验和大家约定俗成的知识发生冲突时，个人的经验大有可能在众议之下认输。

举一个例子，你们到我家参加宴会，这是上流社会的活动，而且准备了美酒佳肴。你们拿了一块我送上来的开胃菜，一种油炸面粉裹的东西。你们吃了几块，嗯，真好吃，然后又拿了一些。接着，每当我拿着这道菜出现时，我走到哪里，你们就跟到哪里。

终于，你们吃够了。你们开口问道："这是什么？能告诉我是怎么做的吗？"而我则透露了一个小秘密："你们刚刚吃的是油炸面粉裹虫！"你们的反应强烈，开始反胃，把客厅的地毯吐得一塌糊涂。噢！多么糟糕的待客之道呀！

这个故事的要点是，你们对这道菜的前后两种感觉都是真实的。基于你们自己的个人经验，你们喜欢这道菜，当然这是真实的。只是，你们在知道吃的是虫子以后，就觉得恶心。因为你们和周围的人都认为：虫子不适合当食物。小时候，当父母发现你坐在土堆上，嘴里叼着半截虫时，父母忙着扒开你的嘴，寻找另外半截虫。从那时起，你就知道吃虫是这个社会所不能接受的行为。〖4〗

但是在约定俗成之外，吃虫子到底有什么不对？很可能虫子含有丰富的蛋白质和低热量，

大小一口刚好，而且容易包装，是商人最理想的商品。对一些和我们有不同想法的社会，虫子或许是很高尚的食物。对他们而言，虫子本身才是美味，裹在外面的油炸面粉反而让他们觉得倒胃口呢。

也许你们会开始思考一个问题："虫'真的'好吃还是'真的'难吃？"还有一个更有趣的问题："你们如何知道什么才是'真的'？"本书要解答的就是第二个疑难问题。

寻求真实

真实是很诡谲的。也许你们已经怀疑你们所知道的不是"真实"，问题是如何真正知道何者为真？这个问题已经困扰了人类几千年。

科学就是在寻求解答过程中所发展出的一种答案。科学既可以切入约定俗成的真实，也可以进入经验的真实。对于非亲身经验的事情，科学家有很多标准来做评断，才会把这些事物视为真实。大体而言，一个论点必须有**逻辑**（logical）和**实证**（empirical）两方面的支持：必须言之成理，必须符合人们对世界的观察。为何在地球上的科学家接受月球的阴暗面是寒冷的说法？首先，这听起来有道理，因为月球的表面温度来自太阳光的辐射。其次，在月球阴暗面所做的科学测量支持这个论点。所以，科学家接受他们未曾亲身经历的真实——他们接受了约定俗成的真实，不过，他们是在特定的标准下才接受的。

对本书而言，更重要的是科学家有一套如何透过亲身经验来发现真实的方法，即提供了具体研究的方法。**认识论**（epistemology）是知识的科学；**方法论**（methodology，认识论的一支）或许可以称为寻找解答的科学。本书就是对社会科学方法论的探讨，或者说探讨社会科学家是如何

解答人类社会生活的。

为什么我们需要社会科学来探索社会生活事实？为了回答这个问题，我们先来探讨一下日常生活中一般的、非科学化的研究。

一般的人类研究

几乎所有人，甚至其他一些动物，都想要预知他们未来的环境。而且我们愿意用**因果**和**概率**（causal and probabilistic）的推理来进行预测。首先，我们通常认为未来的环境多少是由目前的状况所造成或限定的。我们知道受教育程度会影响未来的收入高低；在礁岩区游泳可能会不幸遇上鲨鱼。另一方面，鲨鱼也可能学会在礁岩区徘徊，并幸运地碰上不幸的泳客（不管鲨鱼是有意还是无意）。其次，人类和其他动物都知道，因果关系本来就牵涉到概率问题：当某些"因"存在时，与这些"因"不存在时比较，更有可能产生某些"果"；不过，这不是绝对的。例如，学生知道在大多数的情况下，用功会取得高分，但并不是每次用功都会考好。我们知道在礁岩区游泳有危险，同时也知道不是每次在礁岩区游泳都那么不幸。在本书中，我们会经常提到因果和概率这两个概念。你们会发现，科学使它们更为精巧，科学也提供了处理的技巧，这和人类依据本能的研究是有所不同的。我要做的就是使你们已经掌握的技巧更加有用，帮助你们在研究中变得更自觉、更确实也更精细。

在检视一般的人类研究时，要区分预测和了解。通常，在不了解的状况下也能做预测——或许你们膝盖酸痛时你们就能预测要下雨了。即使我们不知其所以然，我们也会根据预测能力来行动，如有赌客发现，第三跑道的马在每天的第三轮比赛中总是获胜，即使不知道理由，它也会始终下那匹马的注。当然，不了解就预测的缺点也是显而易见的，比如别的马胜出，那么赌客就该赔钱了。[5]

不管人类或其他动物的原始动机是什么，只有预测未来环境的能力才让他们满足。只是，对人类而言，对未来的预测常常被放在知识与了解的范围内。如果你们了解为什么事物之间产生关联、为什么会产生固定的模式，比起你们只是简单地记住那些模式来，要预测得更加准确。因此，人类研究的目的在于回答"是什么"和"为什么"，我们通过观察和推理来达到这两个目标。

如前所述，我们对于这个世界的认识和了解，只有部分是直接通过个人研究或个人经验，大部分则是来自他人告知的约定俗成的知识。这些约定俗成的真实，既可能帮助也可能阻碍我们自己亲手去发掘真实。二手知识的两个重要来源（传统和权威）就值得进一步讨论。

传统

我们每个人都继承了某种文化，而文化有一部分是由根深蒂固的知识所构成的。我们可能从他人那里得知：在春天播种玉米将得到天助、获得丰收，吃太多糖会造成蛀牙，一个圆的圆周率是22/7，手淫会使人失明。尽管我们可以亲身去检验这些"真实"，但我们还是直接接受了其中的大部分。因为这些都是"众所周知"的事。

在这方面，传统对人类的研究是有所助益的。接受众人皆知的事物，可以替我们省下不少亲自去研究的时间。知识是累积的，继承已有的信息和知识体系，正是发展更多知识的起点。我们常说，"站在巨人的肩膀上"，就是指知识的传承。

不过，传统也可能阻碍人类的研究。如果想在人们已知的事物上寻求新的观点和不同的知识，你们很可能会被贴上傻子的标签。更有甚者，你们可能根本不想对已知的事物去做不同的认识。

权威

即使传统的力量很大，新知识还是每天涌现。除了我们亲身的研究之外，我们终生都是他人新发现和新知识的受惠者。通常对这些新知识的接受程度和发现者的地位有关。譬如，如果是流行病理学家说流感通过接吻传染，会比你们叔叔说的更容易让你们信服（除非，他也是位流行病理学家）。

就像传统一样，权威既可能帮助也可阻碍研究。我们会信任接受过特殊训练的人、专家或信誉很好的人，在有争议的问题上更是如此。与此同时，权威在自己专长的领域犯错时，也会严重地阻碍我们的研究。毕竟生物学家也会在生物学领域犯错，因为生物学知识是随着时间而发展的。[6]

如果专家们超出自己专长的领域发表意见，也会妨害我们的研究。例如，政治或宗教领袖并没有受过生物化学的专门训练，却断然宣称大麻损害我们的大脑。广告最常滥用权威，譬如让人们喜爱的运动员来告诉观众早餐麦片的营养、让电影明星评估汽车的性能等等。

因此，在人类研究这个世界时，传统和权威都是双刃剑：一方面可以当作我们进一步研究的起点；同时也可能误导我们，让我们误入歧途。

研究中的错误及解决方法

除传统和权威的潜在危险外，你们和我在自行研究时也常常会被绊倒。我将先讨论一般研究中人们常犯的错误，然后再讨论如何用科学来防止错误。

不确切的观察

你们和我常常会在观察中犯错。譬如，你们第一次见到方法论老师时，他穿的衣服是什么颜色？如果你们靠猜测，就表示我们的日常观察都很随意而且漫不经心。这就是为什么大多数的日常观察不同于实际情形的原因。

和一般的研究相比，科学观察是一种**自觉**的活动。更谨慎的观察可以减少错误的发生。譬如，你们可能不记得这门课的老师第一次上课时穿什么衣服。如果你们一定要猜测，就很可能答错。但是，如果你们有意识地在第一堂课就观察并且记录下老师的穿着打扮，你们就有比较确切的答案（当然，你必须有这种爱好）。

很多时候，简单或是复杂的测量手段都可以帮助我们避免不确切的观察，而且还会增加精确度。还是上面的例子，如果你们在第一堂课给老师照了一张彩色照片，那就对你们更有帮助了。

过度概化

当我们探讨周围事物的模式时，通常会把一些类似的事件当作某种普遍模式的证据。也就是说，我们在有限观察的基础上，作了过度的概括。

在寻求对事物理解的压力很大时，我们最容易犯过度概化的错误。即使没有这样的压力，过度概化的错误照样会出现。只要出现过度概化，就会误导甚至妨碍研究。

试想你们在报道保护动物权利的示威活动，上级要求你们必须在两个小时后交稿，而你们必须找到人们示威的原因。于是匆忙赶去现场访问示威群众，询问他们示威的理由。如果你们访问的前三名示威者都给你们相同的答案，你们可能会推断其他 3,000 人示威都是出于同样的理由。遗憾的是，你的稿子一旦完成并上交，你的编辑也可能从反对者那里获得跟你完全不一样的解释。

科学家运用足够的样本观察来避免过度概

化。**重复**① （replication） 是另一种保障。基本上，重复就是重复进行同一项研究，看是否每次都得到同样的结果。然后还可以在稍有变动的情况下，再度进行这项研究。

选择性观察

过度概化的危险之一是导致选择性观察。一旦你们认为存在某种特别形态，且获得了对于该形态的一般性理解，就很可能只注意符合这种形态的事物或现象，而忽视其他不符合的状况。绝大部分的种族偏见就是选择性观察的结果。〔7〕

通常每项研究设计都会事先设定观察事项，并以此作为推论的基础。假如想要了解女性是不是比男性更支持自由堕胎，我们就要在研究计划中确定观察的数量，我们可能要挑选 1,000 人作为访问对象。或者，在对某个事件进行直接观察时（譬如保护动物权利示威），社会科学家会努力去找出"异常案例"——也就是不符合一般模式的情形。青少年犯罪主要是由于积极的成人角色模式的缺失，类似这样的推断仅关注了促使青少年严守法律的部分角色模式，因而是一种选择性观察。

在回忆其在佛蒙特州的乡下度过的岁月时，希尔（Lewis Hill, 2000：35）说到了另一个关于选择性观察的例子：

> 过了 7 月 4 日，我们才开始堆干草。因为我们附近的农夫们都相信，除了那些节日之后因火药燃烧时的噪声和烟雾所致之外，谁堆得早了，就可能遭受下一年 6 月的暴风雪。而我的母亲告诉我说，我的祖父和其他一些参与了内战的老兵们认为，某次大战之后，通常会下更大的雨。当然，事情并非总是如老人们所说的那样，但是每一个人都只记住了他们预测对了的那些事情。

非逻辑推理

当观察到的事物和日常生活中所得到的结论相抵触时，处理的方式之一就是"通则中的例外"。这根本不合逻辑。例外能让我们注意到通则（或假设的通则），但是没有任何逻辑体系可以用例外证明与之相抵触的通则。只是，我们常常用这些不合逻辑的方式来解释冲突点。

统计学家所说的**赌徒谬误**（gambler's fallacy）是日常生活中常见的又一个不合逻辑的例子。风水轮流转，一晚上手气不好的赌徒，总认为再过几把之后幸运就会降临。很多赌徒舍不得离开赌桌的原因就在于此。相反，连续的好天气总让人们担心周末的野餐一定会碰到大雨。

虽然每个人在日常生活中都难免有让自己难堪的非逻辑推理，但是，科学家会有意识地运用逻辑体系来避免这样的窘境。第 2 章将进一步深入科学活动中的逻辑。目前，只需要注意到逻辑推理是科研人员自觉的活动，而且还有同事敦促他们要诚实就行了。

科学试图避免一般的日常研究的普遍缺陷。对现实的正确观察与理解并不简单，也不是微不足道。事实上，它比我目前所谈论的更为复杂。

什么是"真正"的真实？

哲学家有时用"天真的现实主义"来形容大多数人的日常生活方式。当你们伏案写作时，也许不曾花时间思考这张桌子是否真的由几乎中空的原子所组成。当你们在街上行走正好遇到汽车迎面驶来，这时恐怕不是思考如何检验汽车是否确实存在的最好时机。我们都带着一种"真实皆显而易见"的观点，而这个观点也伴随

---

① 重复：重复某个研究，以检验或者证实或者质疑早前的研究发现。

着我们的日常生活。〖8〗

我不想让这本书和你们处理日常生活的能力相抵触，但我希望接下来的讨论能够证明，"真实"的本质也许比我们日常生活中所想象的要复杂得多。这里有三个关于真实的观点，它们为其后的科学讨论提供了哲学基础，即前现代（premodern）、现代（modern）和后现代（postmodern）观点（W. Anderson, 1990）。

前现代观点

这种真实观占据了人类历史的大部分时间。我们的祖先都认为眼见为实。事实上，这样的预设太重要了，使得它们根本就不像是预设。那些穴居时代的母亲不会告诉她的孩子："我们这个部落假定那棵歪脖子老树中藏有恶魔。"她说的是："离那棵树远一点！不然你们会变成癫蛤蟆！"

伴随着演进，人类也开始自觉感到彼此的差异，渐渐能承认不是所有观点都可以彼此分享。因为他们可能发现别的部落并不买这棵老巫树的账，反而觉得这棵树的灵魂是神圣的、有益人群的。对差异的发现使第一个部落的人认为："有些部落的人就是那么愚蠢。"对他们来说，这棵树还是具有魔力，而且期望那些误入歧途的人们真的会被送进癫蛤蟆之城。

现代观点

哲学家所谓的**现代**观点就是把差异的存在看成是正当的，也就是心智上的"仁者见仁，智者见智"。作为现代思想家，你们会说："我认为这棵树的灵魂是邪恶的，但我也知道有人觉得它是好的。没有人对，也没有人错。这树的灵魂不好也不坏，不过是不同的人对它有不同的看法罢了。"

对你们来说，接受这样的现代观点也许是很容易的。有些人觉得蒲公英是美丽的花朵，有些人却视它为烦人的杂草。以前现代的观点看

蒲公英，它只能是两种情况中的一种。如果你们觉得它是杂草，它就"真的"是杂草，当然你们可能也承认有些人有奇怪的审美观。在现代观点中，蒲公英就是蒲公英，它有黄色的花瓣和绿色的叶子。"美丽的花"和"烦人的杂草"这些概念，是由不同的人加诸这种植物的主观看法。就像对树的灵魂加上"美好的"或是"邪恶的"概念一样，没有一项是这种植物的本质。

后现代观点

越来越多的哲学家用**后现代**观点来讨论真实。在这个观点中，灵魂并不存在，蒲公英也不存在。所有的"真实"，都是来自于自我观点中的想象。换句话说，根本不存在什么**外在世界**，一切都存在于**内在之中**。就像葛楚德·史坦恩（Gertrude Stein）在谈到奥克兰（Oakland）这个城市时所说的："事实上，没有这么一个地方。"

对你们来说，开始时无论这个观点听起来有多奇怪，它就是具有相当的必然性。花点时间注意你们正在读的这本书，特别注意一下它看起来是什么样子。当你们正在阅读其中的文字时，它看起来也许就像图 1–1A。

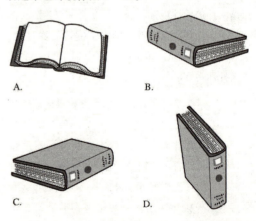

图 1–1　一本书。这些是同一本书，但放在的角度、视角或从不同的视点，看起来就不同。

图1-1A就"真正"代表了这本书吗？或者，它只不过是代表了目前你们的观点中这本书的样子？当然，图1-1B、C或D也可以代表这本书这些观点各不相同。哪一个才是"真实"的呢？

就像这个例子应该说明的，"这本书'真正'的样子是什么"这样的问题根本没有答案。我们所能提供的，只是从不同的角度来看这本书

图1-2 妻子的观点。在妻子看来，谁对以及为什么对，谁失去了理智，是显而易见的

图1-3 丈夫的观点。当然，对同一件事，丈夫的看法截然不同。

的方式。因此，根据后现代观点，根本没有真正的书，只有透过不同观点而得到的书的想象，这所有不同的想象都一样"真切"。

现在我们将这个逻辑应用到社会情境中。假设有一对夫妻正在吵架，图1-2是太太看到的与她争执的丈夫的样子。如果想象你们是图中的女人，你们会有什么感觉？你们如何对外人甚至你们的好朋友解释这是怎么一回事？如果你们是那个女人，如何解决这个冲突最合适？[9]

当然，这个女人的丈夫所看到的完全是另外一回事，就像图1-3中的情况。如果从他的角度来看这样的情景，你们会有什么想法和感觉？你们会如何向你们最好的朋友解释这件事？你们用什么方法解决这个冲突最恰当？

现在再看第三种观点。假设你们是个旁观者，看着这对夫妻的互动，你们到底看到了什么？很可惜我们无法在完全不了解个人情感、理念、经验以及其他影响旁观者观察的因素时，轻易地就描绘出第三种观点。（虽然我称你们为**"旁观者"**，但毫无疑问，你们是在用你们的**内在**心智进行观察）

再举一个极端的例子，如果你们是一个绝对的男性沙文主义者，也许你们看待这场争执的方式就会和这个丈夫一样。反过来说，如果你们赞同"男性是不理性的动物"的观点，那么你们看到的，大概就是妻子所看到的那幅景象。

但是考虑一下，如果你们看到的是两个不理智的家伙在很不理性地互相叫骂，是不是会觉得他们两人都该为这场冲突负责呢？或者，你们想

象两个人共同面对一个困境，各自都尽了全力要解决问题。即使难题使得两人争执不断，你们还是会寄予同情，而且也不忽视他们对于结束敌对所做的努力。

请注意，这些不同的看法之间差异极大。在这对夫妻之间所发生的事，到底何者为"真"呢？如果你们注意到在观察中，你们的背景影响到你们对事件的认知，那就对了。〖10〗

后现代观点为科学家们带来了批判的困境。虽然他们的任务就是观察并了解"真实"，但他们也是人，也会在观察及解释中加入个人倾向。终究没有办法可以让人完全抛开他们的人性，以了解这个世界"真正"的模样——也就是，独立于人的观点之外。

就像现代观点认知人类的主观性是不可避免的一样，后现代观点认为，根本没有客观事实可供观察，只有我们主观的各种观点而已。

我想让你们自己思索一下这些观点，在第 2 章探讨具体科学范式时，再继续这一讨论。特别是，我们将追寻社会科学思想从实证主义到后实证主义的进步足迹。最终你们将看到的是：有时候可以帮助你们有效解决此类困境的科学程序（即在没有办法了解"真实"的情况下，你们可以研究人类并解决他们的困难）以及我所提到过的哲学立场为建构你们的研究提供了极大的可能性。

让我们首先了解社会科学的基础，然后再理解社会科学家们所使用的一些特定研究方法。这些社会研究的基础将会为我们探索具体的研究技术提供很好的准备。

社会科学的基础

科学有时以**逻辑实证**（logico-empirical）为特色。这个不甚美观的词汇告诉了我们一个重要的信息，科学的两大支柱就是逻辑和观察。科学对世界的理解必须言之成理，并符合我们的观察。这两者对科学都不可或缺，而且和科学研究的三大层面密切相关：**理论**①（theory）、**资料收集**（data collection）和**资料分析**（data analysis）。

概略地说，科学**理论**（theory）处理的是科学的逻辑层面；资料收集处理的是观察的层面；而资料分析则是比较逻辑预期和实际观察，寻找可能的模式。尽管本书大部分篇幅讨论的是资料收集和资料分析——也就是如何进行社会研究——本篇的下面两章将讨论研究的理论背景；第 2－3 篇将侧重于资料收集，第 4 篇将讨论资料分析。

在本章的剩余部分所介绍的基本观念对于社会科学来说是相当基础的，它们将社会科学——理论、数据收集和分析——和其他观察社会现象的方法区别开来。下面我们来了解一下这些观念。

理论而非哲学或信仰

社会科学理论处理的是**是什么**（what *is*），而不是**应该**（should be）如何。我首先指出这一点，是因为几个世纪以来社会理论一直都包含了这两种取向。社会哲学家随意地混合了他们对周围事物的观察、对事件成因的臆测以及他们认为事情应该如何的观点。虽然当代社会科学家还经常做同样的事，重要的是要认识到社会**科学**必须探究事情真相和了解其原因。

这意味着科学理论（甚至整个科学本身）不能建立在价值判断上。除非有一套判别标准，否则，就不能决定资本主义比其他社会形态好还是坏。只有获得一套大家都认同的测量尊严和自由

----

① 理论：对与某特定生活方面相关的观察的系统解释，如青少年不良行为、社会分层、政治革命等。

的标准，而且可以通过测量获得结论，才有可能科学地决定资本主义及其他社会形态何者更能成就人类的尊严和自由。不过，由此得到的结论只适用于这种测量方法的范围，不能做一般性推论。

同样，如果认为自杀率或慈善活动可以用来测量宗教品质，那么，就可以科学地决定佛教或基督教何者是比较好的宗教。再强调一次，结论只在事先设下的测量标准范围内才有效。事实上，涉及价值判断时，人们很难获得一致的测量标准。所以科学也很难平息关于价值观的辩论。而且，类似这样的问题，通常都被看做是观念和信念问题。而科学研究则常被看做是对"已有知识"的威胁。〖11〗

第 12 章讨论评估性研究时，我们将对这个问题再进行详细的探讨。正如你们将要看到的，越来越多的社会科学家投入到牵涉意识形态的研究，而他们所面临的最大难题之一，就是如何让大家赞同成败评价的标准。如果社会科学研究要探究和价值观有关的事情，这样的测量标准是非常重要的。打个比喻，除非我们都同意速度是测量的标准，否则跑表并不能帮助我们评断哪一位短跑选手更优秀。

因此，社会科学只能帮助我们了解事件本身和事件的成因。只有在人们同意比较好坏的标准之后，社会科学才能告诉我们事件应该如何。但是，要获得共识几乎不可能。正如我在前面已经提出的那样，即使要想知道"是什么和为什么"也不是一项简单的任务。下面让我们来看看社会科学试图描述和理解社会现实时所用到的一些基础性的概念。

社会规律

在很大程度上，社会科学理论的终极目的，在于寻求社会生活的规律性。当然，这个目标适用于所有科学。不过，有时候却成了初识社会科

学的人们的障碍。

乍看之下，自然科学的研究对象比社会科学的更有规律。当我们松开手，有重量的物体一定掉落地面；但是一个选民可以此时支持候选人甲，也可以彼时反对候选人甲。同样，达到一定的温度，冰块**总是**融化；但是，看似忠厚老实的人有时候却是窃贼。像这样的例子，虽然确有其事，不过也可能误导我们忽略了社会事物的高度规律性。

首先，大量的正式社会规范造就了高度的规律性。例如，美国的交通法促使绝大多数人靠右行驶而非靠左。对投票者的登记规定导致了选民们在全国投票中呈现一些可预测的模式。劳动法在法定工作年龄和最低工资上创造了高度一致性。这类正式规定规范了社会行为，使其规律化。

除了正式规范以外，还有部分社会规范在无形中让社会行为产生规律性。与民主党员比较，共和党议员更有可能投票给共和党候选人。大学教授通常比没有专业技能的劳工赚更多的钱。男性平均收入比女性高。类似这样的规律不胜枚举。

在谈到社会规律性时，有三种论点值得探讨。第一，有些规律过于微不足道，譬如，共和党人投共和党的票，每个人都知道。第二，反例的存在说明，"规律性"不是百分之百的规律，譬如，有些劳工赚钱比大学教授多。第三，在规律性中的人只要愿意，就可以颠覆整个规律。

让我们逐个讨论这三种观点。

微不足道

在第二次世界大战期间，世界上最伟大的社会科学家之一萨弥尔·史托佛（Samuel Stouffer）在美军中组织了一个研究小组，进行了一连串关于战争后勤的研究（Stouffer, 1949, 1950），其中很多是关于军人士气的。史托佛及其同事发

现，关于军队士气的基础，有很多"众人皆知的常识"，而研究的很大精力，就是测试这些"不言自明"的事。〔12〕

譬如，长久以来人们认为晋升会影响军中士气。当有人获得晋升而且晋升制度看起来也公平时，军中士气就会提升。而且，获得晋升的人通常会认为晋升制度公平，但是和晋升擦肩而过的人，则会认为制度不太公平。由此拓展，现役军人如果晋升速度缓慢，就会认为制度不公平；而那些晋升迅速的人，则比较容易认为制度公平。但是军人果真如此认为吗？

史托佛及其同事的研究集中在两个单位：一是宪兵，美军中晋升最缓慢的单位；另一个是空军特种部队，晋升最快的单位。根据一般人的想法，宪兵应该认为晋升制度不公平，而空军特种部队成员应该认为晋升制度公平。不过，史托佛等人的研究却得到了相反的答案。

注意，研究者会面临类似的两难。一方面，观察得到的结果不合常理。另一方面，"显而易见"的说法却得不到事实的支持。

有些人会把这样的问题留给"更进一步的研究"。不过，史托佛试图寻找解答，并最终获得了解释。罗伯特·默顿（Robert Merton）及其在哥伦比亚大学的同事曾经思索并撰写**参照群体理论**（reference group theory）。这个理论说明，一般人评断自己生活的好坏，并不是根据客观的条件，而是和周围的人相比较。周围的人就构成所谓的参照群体。如果生活在你们周围的都是穷人，那么 5 万美元薪水就会让你们感觉到像是百万富翁。如果你们所接触的都是年薪 50 万美元的人，那么"区区"5 万美元会让你们觉得寒酸透了。

史托佛把这个理论运用到他所研究的军人身上。如果某位宪兵很久都没有晋升，那么，他所认识的、比他差的宪兵也不可能比他晋升得

更快。换句话说，宪兵当中，没有任何人获得晋升。如果是在空军特种部队，即使他已经在短时间内获得多次晋升，但是，他很可能随便就能找到一个比他差的人反而晋升得更快。宪兵的参照群体是宪兵，空军特种部队成员则和他的队友相互比较。终于，史托佛有关军人对晋升制度态度的理解：（1）言之成理；（2）和研究得到的事实相符合。

这件事告诉我们，不言自明的事物对于任何科学——不管是物理的还是社会的，都有极大的功用。达尔文创造了**愚人实验**（fool's experiment）作为自己许多研究的参照，在这些研究中，达尔文测试大家都已经知道的事。正像达尔文所知道的那样，很多不言自明的事常常最终被证明是错误的；因此，微不足道不再是阻碍科学研究的正当理由。

例外

任何社会规律都有例外，不承认这种说法是不恰当的。如果总体上，男性的收入多于女性，即使某女性比某男性赚的钱多，也不重要。因为男性的收入多于女性的模式依然存在。社会规律代表的是概率模式，通则性的模式并不需要百分之百地反映所有的观察个案。

这条规则既适用于自然科学，也适用于社会科学。譬如，量子物理学就是一门概率科学。在遗传上，一个蓝眼珠的人和一个棕色眼珠的人，生下的小孩很可能是棕色眼珠。但是，如果生出蓝眼珠的小孩，也不会对已有规律构成挑战，因为遗传学家只说，生下棕色眼珠小孩的概率比较大，而生下蓝眼珠小孩的概率只占了某个百分比。社会科学家也会有类似的概率式预测——总体而言，女性收入低于男性。而社会科学家也据此探究为何会这样。〔13〕

人为干扰

最后，一个值得讨论的观点是，已有的社会

规律会被某些人有意识地颠覆，但对社会科学并不是很大的挑战，虽然自然科学里似乎找不到类似的情形（一件物体不可能用"自由意志"来抵抗地心引力而不掉落地面）。一个虔诚于宗教信仰的右派顽固分子，如果他想要扰乱政治学家对某次选举的研究，就有可能投票给持不可知论立场的"左派"激进黑人。所有选民可能突然转向，投票给居于劣势的候选人，好让民意调查专家大跌眼镜。同样的道理，上班的人可以早点出门，或是留在家里避开交通高峰时间。不过，上述情形发生的概率并不足以威胁到社会规律的观察。

事实上，社会规范确实存在，社会科学家可以观察这些规范的效应。当规范随着时间改变，社会科学家也可以观察并解释其变化。

总体而非个体

社会规律反映的就是许多个人**聚合**的或集体的行为和状况。虽然社会科学家常常研究个体的动机，但是个体本身很少是科学研究的议题。我们创造的是关于群体生活的而非个体生活的理论。同样，我们的研究对象通常是总体或集体行为，而不是个体。

有时候集体规律相当惊人。以出生率为例，每个人生小孩的理由都不相同。有的是因为父母要求他们生小孩，有些人生小孩是为了获得男人或女人的完美，有些人通过生小孩来维系婚姻，还有人则是不小心有了孩子。

如果你们已经有了小孩，你们可能诉说更详细、更特别的故事。你们为什么要生这个小孩？何时生的？为什么不早一年或晚一年生？或许你们丢了工作，所以必须延迟一年生小孩，才有能力养得起小孩；或许你们周围有人有了孩子，你们感到了压力也想有自己的小孩。每个在去年生小孩的人，也都有不同的原因。不过，撇

开其间众多的差异，不管每个人特殊的理由是什么，整个社会每年的人口出生率——每1,000中所出生的存活的数量——其实相当稳定、变化不大。见表1-1美国20年的出生率：

表 1-1　美国的出生率 1980-2002 （‰）

1980	15.9	1990	16.7
1981	15.8	1991	16.2
1982	15.9	1992	15.8
1983	15.6	1993	15.4
1984	15.6	1994	15.0
1985	15.8	1995	14.6
1986	15.6	1996	14.4
1987	15.7	1997	14.2
1988	16.0	1998	14.3
1989	16.4	1999	14.2
2000	14.4	2001	14.1
2002	13.9		

资料来源：U. S. Bureau of the Census, *Statistical Abstract of the United States* (Washington. DC：U. S. Government Printing Office, 2005), Table 70, p.60.

如果美国连续五年的出生率是 15.9‰、35.6‰、7.8‰、28.9‰和16.2‰，那么人口统计学家可能会像无头苍蝇一样慌张。不过，你所看到的是，社会生活远比这来得有秩序。而且，在没有社会规律的时候，这种规律性还是一样发生。没有人去计划应该生多少小孩，或者觉得由谁来生——生小孩无需许可证。尽管事实上，很多小孩都是意外怀上的，还有些是不情愿的母亲的无奈。〖14〗

社会科学理论处理的是集体的而非个体的行为，目的在于解释为什么即使个体行为随着时间改变，集体行为的模式却会如此有规律。甚至可以说社会科学家不寻求对个体的解释。他们试图了解人类运作的**体系**，即人类行为原因的解释系统。系统的元素是变量而不是个体。

变量语言

我们不自觉地想要理解事物，而理解又最常发生在具体的、物质的层次上。这是我们思维的方式。

试想有人告诉你们："女性应该回到属于她们的厨房。"你们很可能根据自己对说话者的认识来理解这句话。如果说话的是你们高龄的叔叔哈利，就你们记忆所及，他曾经反对过夏时制、邮政编码和电脑等，你们可能把他对女性的评论当作他对所有事物都持有的过时想法的另一个例子。但是，如果说话的是一个政客，他要抨击女性对手，并且用一连串的言论批评女性情绪化、不适合担任公职、不懂政治等等，你们会把这句话放在政治竞争的框架下来理解。

在上述两个例子中，你们的目的是要了解某一特定的、具体存在的个体的想法。但是在社会科学中，我们会超越这个层次，探究某一阶级或类型的人。社会研究者试图发现了解某一类型的人，他们共同享有有关女性的"正当"角色观。这些人是否具有一些共同的属性，并能够以此来解释他们的观点？

即使当研究者将他们的注意力集中在单个案例研究——如一个社区或者青少年帮派——上，他们的目的还是试图发现能够帮助人们去理解其他社区和青少年帮派的一般框架。同样地，全面理解某个个体的尝试，是要为对人的理解或是对某类人的理解提供基础。

当这种了解和解释的历程结束后，社会研究者可以将研究所得推及更多的人。例如，在了解这名"冥顽不灵"的政客为何对女性有如此看法以后，就可以了解更多和他类似的人。因为研究的是反对女权主义行为，而不是反对女权主义者本身。这样，哈利叔叔和政治家就会凸现更多的相同点。

反对女权主义是一个**变量**① （variable），因为它会变化。有些人就是比其他人更为反对女权主义。社会科学家的兴趣是了解变量体系：它解释了某一态度为什么在某种情况下比较强烈，在另一些状况下又比较微弱。〖15〗

由众多变量组成的体系，或许你们听起来颇为陌生。我再打个比喻，医生注意的对象是病人。如果有人生病了，医生的目的就是帮助病人康复。相比之下，病理学家注意的对象是疾病本身。病理学家当然也可以研究医生的病人，但是对病理学家来说，只有在病人是其研究的疾病的病原携带者时，才和他有关。

这并不是说病理学家不关心活生生的人。他们当然关心人，他们研究疾病的目的就是防止人们感染疾病。但在实际研究中，只有病人患上了他们正在研究的疾病时，才和研究者有直接的关联。事实上，当某种疾病可以不用病人而获得实质性成果时，病理学家就会不用病人。

社会研究包含了对变量以及变量之间的相互关系的研究。社会理论是以变量语言写成的，而个体之所以涉及研究，只因为他们是变量的介质。变量包含了社会研究者所谓的**属性**②（attribute）或者说值。属性指事物的特征或本性。例如：描述人的特色或本性时，会出现女性、亚裔、疏离、保守、不诚实、聪慧、农夫等等。任何用来形容

---

① 变量：属性在逻辑上的归类。"性别"这个变量就由男性和女性两个属性组成。
② 属性：人或物的特性。

自己或是别人的词汇，都牵涉到属性。

变量则是很多属性的逻辑组合。例如，男性和女性是属性，而性别是由男性和女性两个属性组合的一个变量。职业变量则是由农夫、教授、卡车司机等属性所组成。社会阶级则是由上流社会、中产阶级和下层社会等构成的。有时候把属性想成构成变量的类目也颇有助益。（图1－4 就是社会科学家对于属性和变量的图解）

常见的几种社会概念	
女性	年龄
上流社会	非洲裔美国人
年轻	职业
社会阶级	性别
种族/民族	水电工人

变量	属性
年龄	青年、中年、老年……
性别	男性、女性……
职业	水电工人、律师、数据录入员……
人种/种族	非洲裔美国人、亚裔、高加索人、拉丁裔……
社会阶层	下层社会、中产阶级、上流社会

图1－4 变量和属性。在社会研究和理论中，变量和属性都代表着社会概念。变量是多种相关属性（类、值）的集合。

属性和变量间的关系是科学描述和解释的核心。例如，我们用性别变量来描述一个大学班级，我们要报告所观察到的男性和女性这两个属性出现的频率："这个班级 60% 是男性，40% 是女性。"失业率可以看做用就业和失业这两个属性对劳动力职业状况这个变量的表述。甚至某个城市的家庭收入报告，也是对构成这个变量（收入报告）的诸多属性之概括，而这个变量的属性可能包括 3,124 美元、10,980 美元、35,000 美元等等。

有时候，社会科学概念的含义非常清楚明白，有时候却并非如此。关于这一点在下面方框内的文章《灾情最严重的是……》中会有进一步的讨论。

在进行解释和接近科学理论的变量语言核心时，属性和变量之间的关系变得更为复杂。举一个涉及两个变量的简单例子，教育和偏见。为了简单明了起见，假定教育变量只有两个属性：受过教育的和未受过教育的。同样地，我们也给偏见变量两个属性：有偏见的和没有偏见的。

现在假定没有受过教育的人中，有 90% 是有偏见的，另外 10% 则是没有偏见的。然后假定受过教育的人中，30% 是有偏见的，其余70% 则是没有偏见的。见图 1－5A。[16]

图 1－5A 说明了教育和偏见两个变量间的**关系**（relationship）或**关联**（association）。两者之间的关系可以从两个变量属性的配对组合来看。包括两种显著的组合：（1）受过教育而没有偏见的人；（2）没有受过教育而有偏见的人。此外，还有两种考察变量关系的方法。

第一，假设玩一个游戏，赌你们猜测某人是否有偏见。每次挑出 1 个人（但不告诉你们选谁），让你们猜这个人是否有偏见。我们会把图1－5A 全部的 20 人都照这样做一遍。在这里，你们最好的策略就是每个都猜成有偏见的，因为20 个人中，有 12 人被归类为有偏见的。这样你们会猜对 12 次，猜错 8 次，净对 4 次。

现在我从图中抽出 1 个人，并告诉你们这个人是否受过教育。这时候你们最好的策略是，当抽出的是没有受过教育的人时，就猜有偏见的；而当抽出的是受过教育的人，就猜没有偏见的。如果你们采用这个策略，你们会猜对 16 次，而只有 4 次错误。当你们知道教育程度时，猜测的正确度就随之改变，这就说明了变量间的相关性。

灾情最严重的是……

1982 年初，一场猛烈的暴风雨袭击了旧金山湾区，造成严重的人员伤亡和财产损失。大众传媒努力报道严重的灾情，有时候把焦点放在圣塔库鲁兹（Santa Cruz）好几位被滑坡活埋的死者身上，另一些时候，则大量报道马林县（Marin County）2,900 名因为风灾而无家可归者的困境。

其实每个人都想知道到底哪里才是灾情最严重的地方，但答案并不清晰。以下就是关于圣塔库鲁兹和马林县灾情的资料。看看你们是否可以从下面的比较资料，判定那一个地方灾情最严重。

	马林县	圣塔库鲁兹
商家损失	1,500 万（美元）	5,650 万（美元）
死亡人数	5	22
受伤人数	379	50
被迫离家人数	370	400
房屋摧毁	28	135
房屋损坏	2,900	300
商家损毁	25	10
商家损坏	800	35
私产损失	6,510 万（美元）	5,000 万（美元）
公共损失	1,500 万（美元）	5,650 万（美元）

以死亡人数来看，圣塔库鲁兹是灾情最严重的地区。但是，马林县的受伤人数却是圣塔库鲁兹的 7 倍多。当然，以受伤人数而言，马林县是灾情最惨重的地方。或者我们考虑房屋摧毁的数目（圣塔库鲁兹比较惨重）或是房屋损坏的数目（马林县比较严重）。问题是，你们的注意力放在哪一项灾情上面。至于损失金额，也是一样：我们应该把重心放在私产损失还是公共损失上？

所以，究竟哪一个地方灾情最严重？总归一句，这个问题并没有答案。每个人心中对社区"惨遭蹂躏"或"轻扫而过"的想象都不相同，而这些想象都不够准确，经不起严格测量。

"哪里灾情最严重？"要回答这个问题，就必须明确说明何谓"灾情最严重"。如果以死亡人数作为测量基准，那么圣塔库鲁兹就是灾情最严重的地区。如果以"受伤人数/迁移人数"定义灾情，那么马林县就是灾情最严重的地区。显然，如果不清楚"灾情最惨重"的定义，就没有办法回答问题。这是在测量社会科学变量时最基本的要求。

资料来源: *San Francisco Chronicle*, January 13, 1982, P. 16.

General Social Survey（GSS）

设在芝加哥大学的国家民意调查中心（NORC）进行了一项周期性的全国公众舆论调查，以帮助社会研究机构获得这些数据。本书的很多数据例子就是来自于此。通过密歇根大学的官方网站：http://www.icpsr.umich.edu/GSS/.你可以获得关于 GSS 更多的相关信息。

第二，相比之下，如果教育和偏见之间没有关系，那么这 20 个人会怎样分布。图 1 - 5B 说明了这一点。注意受过教育的人和没有受过教育的人各占了一半。另外，也请注意 20 人中，有 12 人（也就是 60%）的人是有偏见的。如果受过教育和没有受过教育的两组人中，各有 6 人有偏见，那么可以得到这个结论：教育和偏见没有关系。这时候知道某个人的教育程度，对于猜测这个人是否有偏见，并没有太大的帮助。〚17〛

A. 没有受过教育的人比受过教育的人更有偏见

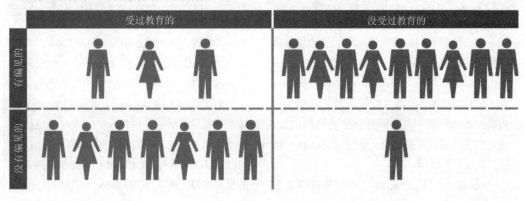

B. 教育和偏见之间没有明显的关系

图 1－5　双变量关系举例（两种可能性）。在社会研究中，像教育与偏见这样的变量及其属性（受过教育的／没有受过教育的，有偏见的／没有偏见的）是考察因果关系的基础。

本书第 4 篇将进一步探讨变量间关系的本质。尤其是在研究分析中发现和解释变量间关系的方法。现在你们应该了解的是变量间的关系，以便了解社会科学理论的逻辑。

理论用来描述（可以逻辑地预期的）变量间的关系。这种预期常常包含因果关系。一个人在某个变量上的属性会造成、倾向于、促进另一个变量的某个属性。从上面的例子来看，一个人受教育与否，造成这个人有或者没有偏见。也就是说，一个人如果受过教育就会比较少有偏见。

我们在后面还将更为详细地讨论道：在这个例子中，教育是**自变量**①（independent variable），而偏见就是**因变量**②（dependent variable）。自变量和因变量所隐含的意义就是决定关

————————
①　自变量：该变量的值在分析中是不受质疑的，而是被当作给定的。自变量被看做是原因或是决定因变量的因素。
②　因变量：该变量被假定是依赖于或是由其他变量（也就是自变量）引起的。如果你发现收入部分是正式教育总量的函数，那么收入就是被当作因变量来看待的。

在线数据分析

如果你能够链接上网，你可以自己检验教育程度和偏见之间的关联。书中的数据是来自 GSS 的，见 http：//www. icpsr. umich. edu/GSS/。

你打开该地址，就会在网页顶部发现几个可以点击的按钮。点击标有"分析"的按钮，就会打开一个加利福尼亚大学伯克利分校所创建的数据分析程序。

就当前的目的来说，第二步你就应该点击"频数和交互表"，然后点击网页下部的"开始"。这样你就可以制定你想要分析的内容了。为了重复书中所展示的分析，你需要用到 GSS 数据库中的三个变量。RACDIF2 问的是人们是否谴责黑人在美国受到不公正待遇。DEGREE 给出的是回答者的教育程度，YEAR 包含的是 GSS 调查中你所感兴趣的年份——实例中是 2000 年。

选择这些在线信息。

将 RACDIF2 指定为因变量（横轴），DE-GREE 为自变量（纵轴）。YEAR（2000）表示你只想分析 2000 年以来的数据（过滤），如果这一栏空白，那么你分析的就是自 1972 以来

的、与教育程度和偏见相关的所有数据。

点击"图表运行"，你就会得到一个相关图表。这个时候，也许你就想要展开你的探索了。

电子热门链接"主题"，你会看到 GSS 在过去所做的研究主题目录。你或许还想检验一下其他关于偏见的指标，如 RACDIF1，RAC-DIF3 和 RACDIF4。或者 EDUC 会给你被调查者的教育年限，而不是 DEGREE 中的教育程度的分类。或者，你还想检验一下教育和偏见的动态关系——改变 YEAR 的值。这里富含无尽的可能性，相信你会得到你想要的乐趣。随着人们对在线数据分析兴趣的增加，你会发现这个 GSS 网站被过度使用了并且回应很慢。在这种情况下，你或许可以寻找其他分析引擎，譬如美国艺术和文化政策研究所的 CPANDA – FAC-TOID，见 http：//www. cpanda. org/codebook-DB/adalite. jsp? id = a00079。你也可以搜索网站，如"Analyze ' General Social Survey'"。因为这个网站经常更新，或许本书到你手中的时候，一些新的工具可能就出现在网站上了。

SDA Tables Program
(Selected Study: GSS 1972-2000 Cumulative Datafile)
Help: General / Recoding Variables

REQUIRED Variable names to specify
Row: `RACDIF2`

OPTIONAL Variable names to specify
Column: `DEGREE`
Control: `_____`
Selection Filter(s): `YEAR(2000)` *Example: age(18-50) gender(1)*
Weight: `No Weight ▼`

Percentaging: ☑ Column ☐ Row ☐ Total

Other options
☐ Statistics ☐ Suppress table ☐ Question text
☑ Color coding ☐ Show T-statistic

`Run the Table` `Clear Fields`

日常生活中的个案式和通则式推理

日常生活中就能发现个案式和通则式解释的差异。例如：

个案式："他之所以这样是因为他父母始终给他混乱的信号，在他 12 岁时，他们家搬了 7 次都于事无补，他哥也是这样，甚至更严重。"

通则式："十几岁的孩子都这样。"

就个案式解释而言，我们对一个男孩的行为似乎有一个完全的解释。而就通则式解释而言，我们有一个更简洁，更一般的解释。对所有十几岁的男孩而言，也许不都如此，但却展现了一般的状况。

注意，两种解释可能都不是真的，在社会研究中运用这些模型时，另一些要素如选题、测量等对结论的效度而言也非常重要。

系或因果关系模型。在这个例子中，我们假设偏见的程度是由某种事物所决定或造成的。也就是说，偏见要由别的事物来决定，所以叫做因变量。因变量所依赖的变量就是自变量，在例子中，教育就是自变量。因为教育独立于偏见（也就是说，教育程度的差异，并不是偏见所造成的）。

当然，教育程度差异也是因其他事物而定——例如父母的教育程度。父母教育程度较高的人，比起父母教育程度较低的人，通常受到较多的教育。在这个例子中，子女的教育程度是因变量，而父母的教育程度则是自变量。以因果关系来说，自变量是因，因变量是果。

再回到原来教育和偏见的例子。图 1−5 根据两个变量将 20 个人进行分类。在建构社会科学理论时，我们会依据对两个变量的认识，来获得我们对两个变量间关系的期望。譬如，我们知道教育会让人们接触到各种不同的文化和观点，简言之，教育会扩大人的视野。而另一方面，偏见代表的就是狭隘的观点。因此，逻辑上我们会预期教育和偏见是互不相容的。然后我们会期望增加教育以降低偏见，这个预期的关系应该从稍后所做的观察得到支持。

图 1−5 显示了两种可能：教育降低偏见或没有影响。你们是否有兴趣知道究竟是哪一种呢？而在测量偏见时，在 2002 年全国社会普查中有一道针对成人的问题：对于为什么"黑人/非裔美国人的工作、收入和居住条件都比白人要差"，多数人的选择都是"因为绝大多数的黑人即非洲裔美国人的学习能力天生就差点"。只有 12% 的人认为，原因在于黑人不利的社会地位。表 1−2 列出了对这些数据的分析，根据回答者的受教育程度进行分类。（参见上边的文本框以对 GSS 有更多的了解。）〚18〛

表 1−2 教育程度与种族偏见

教育程度	认为非洲裔美国人天生学习能力较差的比例
中学以下	26%
中学毕业	10%
大学生	15%
大学毕业	6%
研究生	3%

请注意这个理论处理了两个变量：教育和偏见，而不是针对个体本身。如前述，个体只是这两个变量的介质，所以这两个变量的关系只能透

过观察个体而得到答案，而理论是以变量语言来建构的。理论所描述的是不同变量的属性之间逻辑上可能有的关联性。（只要链接网络，你自己就可以做同样的数据分析。见文章《在线数据分析》）。

社会研究中的一些辩证关系

从事社会研究并没有什么妙方（如果有的话，本书就可以简短许多）。事实上，社会研究的大部分功能和潜在的用途来自其本身所包含的各种有效途径。

然而，四个主要而又相互关联的区别构成了研究方法的多样性的基础。虽然这些区别可以被看做互不相容，但一个好的社会研究者还是应该充分掌握下述的研究取向。这也就是我所说的社会研究中的辩证关系的用意所在：在我试图描述的补充性的概念之间存在着相当可观的张力。〖19〗

个案式和通则式解释模式

我们所有人一生中都在解释事物，而且是每天都在这么做。你们解释为什么考试考好了或考坏了，你们最喜欢的球队为什么赢或是输了，还有为什么你们总是没有好的约会对象或一份称心如意的工作。在这些日常解释中，我们使用两种不同的因果推理方式，但是我们从不刻意加以区别。

有时候，我们试图详尽地解释某种情况。例如你们考试成绩之所以不理想是因为：（1）你们忘了那天有考试；（2）这本来就是你们表现最差的科目；（3）碰上塞车，迟到了；（4）考试前一晚，你们的同屋在宿舍里听音乐吵得你们不能入睡；（5）警察想知道你们是否因此而破坏了同屋的音响或其他东西，将你们扣留到

清晨；（6）一群山狼把你们的课本吃了。有了以上种种因素，就不难理解你们为什么会考得不好。

这种类型的因果推理被称为**个案式解释**①（idiographic）。［idio - 这个词根所代表的意义是独特的、隔离的、特殊的或明确的，就像在idiosyncracy（特点、癖好）这个字中所代表的意义］当我们使用个案式解释时，会觉得完全了解案例之所以发生的所有因素。但与此同时，我们的视野也局限在个案上。也许对某个个案的解释可以部分地应用在其他情况上，但我们的意图只是在于能够完全地解释某个案例。

现在让我们来看另一种解释模式：（1）每次你们参加读书小组，就会比独自用功考得好很多；（2）你们最喜欢的球队在主场总是比在客场表现好；（3）运动员比起生物研究社的社员，更容易约到女孩子。应该注意到的是，这种类型的解释更具有普遍性，包含了更广类型的经验或是观察。它含蓄地提到了变量之间的关系：例如，（a）你是否在群体中学习，（b）你在测试中的表现。这种类型的解释方式被称为**通则式解释**②（nomothetic），即试图解释某一类的情形或事物，而不是某个个案。更进一步地说，这种解释很"经济"，只使用一个或少数几个解释的因素。最后，它只能解释部分，而不是全部。

在每个例子中，你们会发现自己在因果表述中使用了"总体来说"、"通常"、"其他人也是如此"一类的字眼。参加了读书小组后通常会

---

① 个案式解释：一种解释方式。在这种解释方式中，我们试图穷尽某个特定情形或是事件的所有原因。试着列出你选择这个大学的所有原因。给定所有这些原因，要做出你的选择还是很困难的。

② 通则式解释：一种解释方式。在这种解释方式中，我们试图寻找一般性地影响某些情形或者事件的原因。想象两个或者三个决定学生选择哪所学校的关键因素，如地缘接近、声誉等等。

考得比较好，但不总是如此。同样地，你们的球队也有在客场获胜、在主场失败的时候。还有，家境富裕的生物研究社社员可能常有约会的机会，而足球队的前锋在星期六晚上可能都得独自在重量训练室里练习。类似这样的例外，就是我们寻求广泛解释所付出的合理代价。我在前面也已经提过，即使它们还不完美，但是模式却是真实的、重要的。

个案式和通则式都可以对你们在日常生活中的理解有所帮助。通则模式为你们建立学习习惯提供很好的指南，但个案模式却比较能够说服你们的上司。（参见"日常生活中的个案式和通则式推理"）

同样，个案式和通则式推理对于社会研究都是有力的工具。例如，李彬和库恩－曼斯菲尔德（A. Libin and J. Cohen-Mansfield，2000）比较了在老年（医学）研究所使用的个案式方法和通则式方法。有些研究聚焦于个体的全部经历，而另外一些研究探讨的则是描述一般老年人的统计模式。作者最后得出的结论，是以建议的方式来号召大家在老年医学研究中综合使用个案式方法和通则式方法。

社会科学家可以运用这两种解释类型。就像物理学家有时把光看做一个质点，有时把光看做波，社会科学家可以今天寻找相对表面的通则，明天则严密地探究个案。两种方式都很好，都很有益，也都很有趣。

归纳与演绎理论

与个案式解释和通则式解释一样，归纳和演绎这两种思考方式都存在于我们的日常生活中。它们也同样是社会研究中的一项重要差异。〔22〕

有两种途径可以获得结论，说明为什么你们和他人一起读书时的考试成绩较好。一方面，

你们会觉得困惑，回顾求学生涯，为什么有时候考得很好、有时候却不好。你们可能会列出所有的考试，考察每一次的成绩，然后，努力回忆考试成绩好的共同条件、考试成绩差的共同因素。在什么情况下你们的表现会比较好？选择题或是议论题，上午的考试或是下午的考试，自然科学、人文科学或是社会科学，自己念书或是……嘿！突然间你们发现几乎每次和其他人一起读书时，就会考得最好。这种探讨的方式就叫做归纳。

归纳式的推理，或者说**归纳**① （induction），是从个别出发以达到一般性，从一系列特定的观察中，发现一种模式，在一定程度上代表所有给定事件的秩序。需要提醒你们注意的是，你们的发现并不能解释为什么这个模式会存在（它已经存在了）。

在关于考试的这个话题上，有另一种非常不同的方式也可以让你们获得相同的结论。想象你们进大学以来，首次面对一系列的考试，却不知道哪一种读书方式最好，即应该针对教科书复习多少，或是要把上课笔记背得多熟。你们发现有些学生通过整理笔记、梳理内容来备考，你们则考虑是自己拟定计划按部就班地读书，还是在考前一天临时抱佛脚通宵苦读。经过沉思，你们也许会想到是不是该和班上其他同学一起读书，或是自己用功就好了，然后衡量一下这两种选择的利与弊。

和他人一起读书也许比较没有效率，因为可能要花很多时间在你们已经了解的内容上。但另一方面，当你们向别人解说时，可以让你们温故

————————

① 归纳：在这种逻辑模型中，普遍性的原理是从特定的观察中发展起来的。如果被告知犹太人和天主教徒比新教徒更倾向于投民主党的票，你可能会得出美国社会中的宗教少数群体更亲近于民主党这个结论，并解释为什么。这就是一个归纳的例子。

而知新。当然其他学生可能会了解你们不懂的部分，大家集思广益也可以提醒那些被你们疏忽的地方。另外，和别人一起读书的约定比较能促使你们好好用功，而不会决定去看电视。

如此一来，通过权衡，你们可能逻辑地得到结论：和其他人一起读书好处比较多，就像是如果复习以后去考试会考得比较好一样合理。有些时候，我们说这类事情"理论上"成立，为了求证，我们要检验实际上是否成立。对于一个完整的检验而言，你们必须有一半考试科目靠自己用功，另一半科目则靠加入读书小组。这个步骤可以被用来检验你的逻辑推理。

这第二种研究方式，就是演绎推理，或者说**演绎**①（deduction）。演绎推理是从一般到个别，从逻辑或理论上预期的模式到观察检验预期的模式是否确实存在。请注意，演绎是从"为什么"推演到"是否"，而归纳模式正好相反。

这两种不同的方法都是达到科学的有效途径。而两者的结合则可寻求人们对事物更有力、更完整的理解，就像图 1-6 所勾画的那样。

图 1-6 科学轮：理论和研究圈可以比作一个接力赛跑；尽管所有的参与者并不同时出发或是停下，但是他们共享了一个相同的目的——检验社会生活的所有层次。

顺便提一句，归纳/演绎的区别与个案/通则模式不一定相关。在日常生活以及社会研究中，它们代表了四种不同的可能性。

譬如个案式演绎推理，为了一次特殊的约会，事前你们会尽力了解约会对象，以便做充分的准备——什么样的打扮、举止、发型，注意口腔卫生或是其他种种事项，才能制造一次成功的约会。或者，运用个案式归纳法，你们就可以找出到底是什么原因会令你们的约会对象打电话向人求救。

当你就你的"约会定律"请教他人，当你明智地解释有些人的约会之所以令人难以忘怀，是因为他们在约会中大谈摇滚歌曲和歌词的刺激时，你用的就是通则式的、演绎的方法。当你回顾你的生活，反思为什么自己从前没有和更多的音乐人约会时，就可能使用了通则式归纳。

在第 2 章，我们还会继续对归纳法和演绎法进行讨论。现在，让我们先看看造成社会研究丰富多样的第三项差异。

定性与定量资料

社会研究中定量与定性资料实质性的区别就在于数据化或非数据化。称赞某人很漂亮使用的是定性的判断。一个关于某人天赋不足的断言则可以说他"不够聪明"。当心理学家和其他人用 IQ 得分来测量智力时，他们就试图将这些定性评估定量化。例如，心理学家可能说某人的 IQ 得分是 120 分。〔23〕

表面上，每一项观察都是定性的，无论是某人的美丽，还是受试者在量表中所得的分数，或

---

① 演绎：在这种逻辑模型中，特定的命题来自普遍性的原理。如果普遍性原理认为所有的院长都是小气鬼，那么你就可能会想到这个家伙不会让你改变你的课程。这种期望就来自演绎的结果。

是他在问卷中所勾画的记号。这些东西都不是天生数据化的或定量的，但有时候，将其转化成数字形式比较有用。（本书的第 14 章将会专门讨论数据的定量化。）

定量化常常使我们的观察更加明确，也比较容易将资料集合、对比或得出结论，而且为统计分析从简单的平均到复杂的公式以及数学模型提供了可能性。

在测量某些性质的时候，用数字来表示的定量数据就比用词语来表示的数据更好。另一方面，定量数据也同时附带了数字本身的不足，其中包括意义丰富性的潜在损失。例如，某社会研究者可能想要了解在 18 岁到 22 岁的大学生是倾向于与比自己年长还是年轻的人约会。对这个问题的定量回答似乎很容易获得。研究者只需问一些人的每个约会对象分别是几岁，计算出平均数，然后看看是比研究对象年长或是年轻，问题就解决了。[24]

另一方面，"年龄"虽然代表的是一个人已经活了多少年，但有些时候，人们会赋予年龄不同的意义。对某些人来说，年龄指的就是"成熟度"。你们的约会对象可能比你们年长，但由于在同龄人中显得举止不太成熟，所以也和你们"同龄"。也许有人认为"年龄"代表的是你们的约会对象看起来年轻还是苍老，或是在生活经验、世故程度上的差异。在定量计算中都可能错失这些意义。简而言之，定性数据的意义比定量数据更为丰富。就像这句俗话中所暗示的："他看起来比实际年龄苍老多了。"如果只问人**多大年纪**，恐怕就会错失了这句话背后的含义。

另一方面，定性数据也附带了纯粹的口头描述的不足。例如，我所提到的意义的丰富性，在某种程度上也是模糊性的函数。如果你们读到刚才那句话时会有所感慨，是因为在你们的个人经验中它代表了某种意义。也许你们认识

的某个人就符合"比实际年龄苍老"这样的描述，或是你们听别人用过这样的说法。有两点是很肯定的：（1）你们和我说的不是同一件事；（2）你们不知道我到底在说什么。

然而，这个概念也可以被定量化。例如我们可以将生活经验列成一张表，以建立所谓的世故：

结婚

离婚

父母过世

曾经目睹杀人案

被逮捕

被流放

被解雇

跟着马戏团四处流浪，或是其他

我们可以将人们的世故，根据他们拥有以上经验的数目加以定量；经历越多的人，就越世故。如果我们觉得某些经验比其他更有力，可以给他们较高的分数。一旦我们建立了评分系统，就可以直接为人们的世故计分，并进行相互比较，对于谁得高分之类的问题也不会有共识上的困难。

将"世故"之类的概念定量，必须清楚地定义其内涵。要将焦点放在测量的概念上，就必须排除任何其他的意义。不可避免地，我们面临着某种权衡：任何明确的定量测量，都比相关的定性描述要肤浅。

真是进退两难吧！该选哪一种方式呢？哪一种更好？哪一种比较适合研究呢？

好在你们不必选择。在社会研究中，定性和定量方法都很实用、都很合理，两种方法你们都应该掌握。你们会发现有一些研究情境和议题最适合使用定性方法，另一些则适合用定量方法。

与此同时，你们也会发现两种方式需要不同

的技巧和步骤，结果是，你们可能比较擅长或适应其中的一种。然而，如果你们能精通两者，就会成为一位比较高明的研究者。至少，你们应该认识到两者的合理性。

最后，你们可能已经注意到了，定性研究比较倾向与个案式解释模式结合，而定量研究比较容易达到通则式的解释。尽管确有其事，但这样的关系并不绝对。甚至，这两种方法造成了所谓的"灰色地带"。因此，虽然这些方法都提醒并帮助你们用不同方式从事社会研究，但你们没有必要刻意关注这些名词的区别。完全理解一个议题通常需要结合使用这两种技术。〖25〗

如今，定性和定量方法在社会研究中的贡献已广为人知。譬如，威尔士大学的斯图尔特·比德尔及其同事（Stuart J. H. Biddle, et al, 2001）在试图检验体育运动中身份与心理之间的关系时，就很小心地使用定性和定量技术，尤其注意他们自己感觉未被充分利用的方式。

抽象研究和应用研究

从一开始，社会科学家就展现了两种完全不同的动机：理解和应用。一方面，他们着迷于人类社会生活的本质，并被驱使去解释它，透过喧嚣的表象去发现其中的意义。在所有科学领域的纯粹研究，有时就是以寻求"纯粹的知识"而获得正当性的。

与此同时，社会科学家也可能因为受到他们的研究主旨的激发，而想要展现一下他们所学到的知识，想将他们有关社会的知识付诸行动。有时候，他们努力将事情变得更加完善。比如，当我研究偏见的时候，我希望我的发现能够导向一个更为容忍的社会。这跟艾滋病研究者试图击败这种病毒的心愿是一样的。

对一些社会科学家来说，职业活动通常与建立一个更人道的社会的意图紧密交织在一起。

如今，没有哪位社会科学家在这方面做的比埃及社会学家易卜拉辛（Saas Eddin Ibrahim）更好了。在研究过很多社会问题后，最近他在关注现代阿拉伯社会的普遍问题以及埃及的一些特定问题。游移在政治宽容边缘研究和写作多年之后，易卜拉辛于 2000 年被逮捕了。

> 我的关于阿拉伯总统效仿朝鲜已故领导人金日成的传统，推荐他们的儿子继承职位的文章发表后，我就被盯上了。这篇文章在 Cairo 报摊出现后一天——2000 年 6 月 30 日——我被捕了。（2003：71）

易卜拉辛为我们提供了一个很好的范例：社会科学家如何对待监禁这类问题，毕竟这是现代社会生活中太平常的事情了。

> 最初的 45 天里，我的人际交往只限于与监狱长和狱警交流，在监狱里我几乎没有机会进行社会学研究。而且我不得不等待 2001 和 2002 年的第二轮、第三轮监禁，同样不能做研究。（2003：69）

指控之一是易卜拉辛触犯了刑法第 80 条，即禁止"传播谣言和在国外诋毁埃及国家形象"。更严重的指控是在未取得政府的许可就接受了国外的财政支持，违反了 1992 年第 4 号军事命令。易卜拉辛的研究院接受了研究经费，被认为是在他的基地的联合犯罪。

> 作为第三世界国家的一个民权活动社会学家总是要受到很大挑战。一方面，工作是让人满足的，但另一面也时常渗透着烦恼。老实说，你永远不知道什么时候就触犯法律了，违反了军事命令或仅仅是越过了红线。（2003：70）

因为他个人的努力以及由其被捕入狱引起的国际骚乱，易卜拉辛案件获得重新审理，他本人在 64 岁生日（2002 年 12 月 3 日）那天最终获释。有关更多易卜拉辛的经历，你们可登陆 http：//shr. aaas. org/aaashran/alert. php：a-id = 223。不过，应用型的社会科学家会以多种世俗的方式将他们的研究应用到实践上。例如，实验和调查能够用于市场扩展。深度访谈技术对于社会工作者来说则是相当有用的。而通过评估研究，社会科学家则能够判断社会介入的效果。这种方法将在本书的第 12 章探讨。〚26〛

有时，表面看似世俗的方法能有力地影响人类生活。假想你与伊斯门（Crystal Eastman）共事。伊斯门是 20 世纪早期活跃于匹斯堡地区的一位应用社会学家和街坊文教馆的工作人员。

> 我们得到法医（验尸官员）的允许，得以使用并纪录那些在过去 12 个月（从 1906 年 7 月到 1907 年 7 月）的工业致命意外报告，分别以不同卡纸记下每一案件，如死者的姓名与地址、年龄、职业和婚姻状况、雇主名称、意外情景、重要目击证人以及法庭判决。这个调查计划是要从验尸官的证据纪录那儿得到了解每一起意外事件是如何发生，并从家庭访问中知道意外后的家庭又发生了什么事？譬如，失去经济收入的家庭需承受多大的痛苦？从雇主那儿获得的赔偿又有多少？家庭经济生活又受到多大的影响？当我们完成这些工作后，我们再追查，这三个月的工业意外在医院方面的纪录。（Eastman 1910：789）

基于以上和其他类似的研究，现在的美国工人可以享受工伤赔偿保险的保护了。跟前面谈到过的其他辩证关系一样，有些社会科学家更倾向于纯粹研究，有些则倾向于应用研究。最终而言，这两种倾向对于社会研究来说都是有效的、重要的。

社会研究的伦理

本书的绝大部分内容都在讨论社会研究的逻辑和技巧、社会研究者所喜欢的不同技术和他们为何重视这种技术的原因。其中一个重要的考虑因素，就是研究中的伦理问题。

本书第 3 章广泛处理了研究伦理的议题，其他各章也适当地提到了伦理问题。在此，我想介绍两个基本的伦理问题，以便让你在后面的阅读中能够牢记在心。

自愿参与

社会研究的一个基本的伦理准则是：参与者必须出于自愿。原则上来看，这似乎是一个没有多少争议的守则。一个实验人员如果强迫他人参与实验，都会受到大家的批判。同样地，如果他人拒绝的话，就将他人锁在房子里或是用一些可怕的后果（可能是给个不及格）来威胁他们，并以此来强迫他人填答调查问卷的方式，也明显是不道德的。

但是事情往往并不是如此显而易见的。当我们观察校园示威活动时，我们不会征求参与者的同意。一个研究者假装参加一项宗教仪式，实际上是要进行研究，被观察者对这个研究计划并不完全出于自愿。社会科学家常常为某项具体的研究计划是否违反了研究伦理而进行辩论。当你回顾已经做过的研究或是你自己的研究设计时，问问自己所采用的技术是否遵守了自愿参与的原则。

对研究对象无害

社会研究最首要的伦理准则，就是必须对研究者无害。可以肯定的是，没有人会原则上反对

这个准则。但是，你也将看到，有时候要完全遵守这条准则是相当困难的。〖27〗

譬如，研究者在访问人们的宗教观时，启发了他们对自己信仰的怀疑；或者针对妇女人权的研究，导致某些妇女开始对她们的工作及婚姻产生不满。一个调查什么时候会危及参与研究的人？

你们将发现，这个看似简单的规则要求研究者永远提高警觉。当你们进行研究设计时，应该不断地自问是否会对研究对象造成伤害。既然在生活中所做的每一件事都有可能伤害到他人，就必须衡量研究活动的重要性以及相对的危害性。

社会研究者有很多方法可以保护其研究对象免遭伤害。比如，我们小心翼翼地尊重对象的隐私。研究常常要求我们要了解人们生活中的隐私、细节，而且我们承诺对所了解到的内容保密。通常，我们都是以一种匿名的方式收集资料，这样我们就无法将个体和他们提供的信息资源对应起来，也就可以防止信息的意外泄漏。

你还会发现，在某些类型的研究方案中，尽管经常要采取某种欺骗的方式，但是研究者还是要承诺避免欺骗，除非这是不可避免的。（例如，如果你以这样的方式来介绍一个调查或是实验："我们想研究一下你的偏见程度有多大。"这样，研究对象就会更倾向于调整他们的回答和行为，以显得不存偏见。）为了某些特定的研究目的，当真的需要欺骗研究对象时，我们还是要衡量一下研究的潜在价值能否抵消欺骗行为所带来的不良后果。

由专业协会（其成员都从事社会研究）创建、公布的伦理代码的严肃性是显而易见的。这些伦理代码牵涉到自愿参与、对研究对象无害以及其他很多的议题。我们将在第 3 章详细讨论。

以上这些就是社会科学研究的一些基础。我希望这些讨论能够帮助你认识到，社会研究决不是一项例行公事性的或是单调无趣的活动。它完全可以是一项生动的、令人激奋的而且重要的活动。我们所需要的是开放的心灵和冒险的精神，以免让研究活动沦为例行事务或显得无趣。

本章要点

导言

- 本书的主旨是我们如何发现社会真实。

寻求真实

- 研究是人类依据本性进行的活动。很多日常的人类活动都是要解释事件和预测将来的事件。

- 当通过直接的经验了解事物时，我们会做观察，并从观察中找到规律性的模式。

- 很多我们所知道的知识，是通过认同而非经验获得的。尤其值得注意的是，对知识的两个重要的认同来源是传统和权威。不过，这些有用的知识来源也可能误导我们。

- 科学寻求避免我们天天重复的错误。

- 我们常常做不确切的观察，研究者则试图通过将观察变成谨慎、细致的活动，来避免这些错误。

- 有时候我们只根据有限的观察就妄下结论。科学家则会通过重复研究避免过度概化。要做到这点，他们必须多次观察、重复研究。

- 在日常生活中，我们有时候会不合逻辑地进行推理。科学家则通过谨慎、细致的推理，以避免违反逻辑。还有，科学是众人之事，科学家也会让其他科学家看守把关。

- 对"事实"的三种视角分别是前现代、现代和后现代观。在后现代观看来，根本就不存在独立于我们的主观经验之外的"客观"事实。不同的哲学观点为科学研究划出了不同的可能性。

社会科学的基础

- 社会理论试图讨论和解释"是什么",而不是"应该是什么"。理论不应该和哲学或信仰相混淆。
- 社会科学在社会生活中寻求规律性。
- 社会科学家钟情于解释作为总体的人类,而不是作为个体的人。
- 理论是以变量语言书写的。
- 变量由一套有逻辑关系的属性所组成。属性就是一种特性,例如:**性别**变量,是由**男性**和**女性**两种属性所组成。
- 在因果解释中,假定的原因就是自变量,而受影响的变量就是因变量。

社会研究中的一些辩证关系

- 个案式解释企图针对特定的个案进行全面的了解;通则式解释是对许多事例进行概括性的也是表面的了解。
- 归纳理论从个别的观察中寻求一般的模式,演绎理论则根据一般理论预测个别事件。
- 定量资料是数字形式的,定性资料则不是。在不同的研究目的中,两种类型的资料都是有用的。
- 纯粹研究和应用研究都是社会科学事业中有效的、重要的组成部分。

社会研究的伦理

- 在社会研究的设计中,伦理问题是一个关键的考虑因素。两个根本性的伦理方针是自愿参与和对研究对象无害。

关键术语

以下术语是根据章节中的内容来界定的,在出现该术语的页末也有相应的介绍,和本书末尾的总术语表是一样的。

重复 理论 变量 属性 自变量 因变 量 个案式 通则式 归纳 演绎

复习和练习

1. 回顾本章中讨论的人们在观察时普遍会犯的错误。找一篇杂志或报纸文章,甚至是读者来信,找出其中有这些错误的地方。讨论科学家如何避免犯这样的错误。

2. 列出 5 个社会变量,并且写出构成变量的属性。

3. 到以下网站中,找出定量和定性资料的例子。

   a. 联合国高级难民公署(UN High Commissioner for Refugees)

   http://www.unhcr.ch/cgi-bin/texis/vtx/home

   b. 美国疾病控制与预防中心(US Centers for disease Control and Prevention)

   http://www.cdc.gov/

   c. 澳洲国立图书馆(National Library of Australia)

   http://www.nla.gov.au/

4. 在 InfoTrac College Edition 中,寻找"后现代主义"的内容。写一篇短报告,讨论它适用的领域和原则,并给出例子。

补充读物

Babbie, Earl. 1994. *The Sociological Spirit*. Belmont. CA:Wadsworth. 关于社会学观点的入门书,介绍社会科学中经常使用的概念。

——1998. *Observing Ourselves*:*Essays in Social Research*. Prospect Heights, IL:Waveland Press. 论文集,对本书中提出的哲学问题,包括客观、范式、决定论、概念、真实、因果关系和价值等,有更进一步的探讨。

Becker, Howard S. 1997. *Tricks of the Trade*:*How to Think about Your Research While You're Do-*

ing It. Chicago：University of Chicago. 这是一本相当好读的书，它为社会科学研究——不管是定量的还是定性的——提供了一种相当美妙的感觉。其中充满了研究轶事，它向你展示了社会研究的生动性和富有挑战性的一面。

Cole, Stephen. 1992. *Making Science：Between Nature and Society.* Cambridge, MA：Harvard University Press. 如果你们想更进一步地了解科学究竟是何等重要而又艰难的社会工作，这本书有相当吸引人的分析。

Hoover, Kenneth R. 1992. *The Elements of Social Scientific Thinking.* New York：St. Martin's Press. 作者在本书中对社会科学分析做了很精辟的论述。

SPSS 练习

请在本书附的小册子中练习使用 SPSS（社会学数据包）。每章都提供了练习，并有使用 SPSS 的入门方法。

网络资源

会学 & 现状：研究方法

1. 在最后复习本章之前，先做做测试 *Sociologynow：Research Methods*，看看有哪些地方需要重点复习。在本书的最前面，有关于这个在线工具的信息以及如何得到这些资源。

2. 可按照 *Sociologynow：Research Methods* 根据测试结果提供的学习计划进行复习。使用学习计划的互动练习和其他资源掌握材料。

3. 复习完毕后，再进行一次测试，以确认已充分准备好学习下一章的内容。

《社会研究方法》第十一版所附带的网站资源

登陆 Http：//sociology. wadsworth. com/babbie-practice11e 登录后，你会发现对你的课程很有帮助的学习资源。这些资源包括辅导测试和反馈、在线练习、Flash 卡片和每一章的章节辅导以及在虚拟空间中扩展的方案、社会研究、GSS 数据以及数据分析软件，如 SPSS 和 NVivo 的使用入门等。

这一章的网址链接

我们需要认识到互联网是一个变动的实体，随时刷新。不过，这些网站还是相对稳定的。

Bill Trochim 的"社会研究方法中心"

http：//trochim. human. cornell. edu/

Trochim 博士为学生学习社会研究创建了一个一流的、综合性的网络资源，其中涉及本书所囊括的绝大多数的论题。

Surrey 大学的"社会研究·修订版"

http：//www. soc. surrey. ac. uk/sru/sru. html

英格兰的 Surrey 大学为社会研究的很多技巧性的学习提供了大量的、实质性的帮助。

Michael Kearl 的《方法、统计和研究报告》

http：//www. trinity. edu/ ~mkearl/methods. html

Kearl 博士已经将大量有用的网站汇集起来了。

第 **2** 章

范式、理论与社会研究

章节概述

　　社会科学研究是理论和研究、逻辑和观察、归纳和演绎以及其他被称为范式的基本参考框架的相互激荡。

导　言

每到选举的时候，美国有很多餐厅总要对用餐的客人进行政治民意调查。由于过去的调查对于选举结果预测的准确度很高，因此不少人对这些在餐厅进行的调查相当认真。同时，也有一些电影院在选举期间分别用印着驴子和大象图案的爆米花纸桶，来预测两党的支持率。几年前，美国中西部的粮仓也用谷类包装袋的区别让农民表达政党取向。〖31〗

这些听起来挺古怪的事，其实颇能引起我们的兴趣。历经时日，这些事情表现了同样的模式：一段时间可行，之后又行不通了。而且，无法预测什么行不通，也无法预测为什么行不通。

这些奇怪的民意调查暴露了"只观察事物模式以取得研究结果"的缺点。除非我们合理地解释模式，否则我们观察到的规律，可能是纯属巧合。如果你连续投掷钱币足够次数的话，你可能会连续掷出 10 次人头那一面。科学家也许会称这种情形为"有模式产生"。

理论试图提供逻辑解释。在研究中，理论有三个功能。首先，理论可以预防我们的侥幸心理。如果我们不能解释为什么马氏餐厅的民意调查每次预测都那么准，那么必须想到马氏餐厅过去的民意调查可能只是巧合。如果我们知道原因，便可以预期马氏餐厅的调查是否能够准确地预测未来的选举结果。

其次，理论可以合理解释观察到的模式，并且指出更多的可能性。如果我们知道破碎家庭因为疏于管教而比完整家庭更容易造成青少年不良行为，那我们就可以采取有效的行动，例如，妥善安排青少年放学后的活动等。

理论的最后一个功能是建立研究的形式和方向，指出实证观察可能有所发现的方向。如果你在黑暗的街道上寻找遗失的钥匙，你可能用手电筒随意照来照去，希望可以碰巧照到你要找的钥匙；或者你会根据记忆，把搜寻范围集中在可能丢失钥匙的地方。打个比喻，理论可以引导研究者把手电筒照在比较有可能观察到社会生活模式的区域。

这并不是说，所有的社会科学研究都和社会理论紧密地缠绕。有时候，社会科学家只是为了发现事件的状态而展开调查，如对一个革新性的社会范式是否起作用或是为了看看哪一个候选人能够获胜而进行一次民意调查。同样地，描述性的民族志，如人类学对没有文字的社会的解释，就包含有价值的信息和洞见。但是，即使这些研究也不会超越单纯的描述去问"为什么"。理论是直接指向"为什么"的。

这一章探讨了理论和研究如何在探索社会生活时相互配合。我们将会先介绍几种社会科学范式，它们构成了社会理论和研究的基础。理论寻求解释，范式则提供了寻找解释的方法。范式本身并不解释任何事情，但是它们产生理论的逻辑架构。在本章，你会了解到，在寻求社会生活意义的过程中，理论和范式是如何相互激荡的。

几种社会科学范式

对同一事物，通常会有多种解释方式。在现实生活中也是如此。譬如，自由派和保守派对同一个现象——如十几岁的青少年校园持枪问题——会有截然不同的解释，父母和青少年自己也会有不同的解释。潜在于这些不同解释或理

论背后的就是**范式**①。范式是用来组织我们的观察和推理的基础模型或是参考框架。

范式常常难以辨认，因为它们相当的含蓄，是假定的，是想当然的。它们似乎更像是"事物存在的方式"，而不是众多观点中的一个。我所说的意思可以通过一个例子来说明。

在人权问题上，你坚持什么立场？你觉得个体是神圣的吗？他们是否"天生就被赋予一些不可剥夺的权利"，就像美国的《独立宣言》所宣称的那样？是否存在某些任何政府都不可以对其国民做的事情？

让我们更为具体地来讨论这个问题。在战争时期，平民有时候被用来保护军事目标，有时候则被充为劳役，甚至被当作军事医院的流动血库。那些为了"种族清洗"而进行的有组织的掠夺和谋杀又算什么呢？[32]

我们当中的那些被这种事件恐吓和激怒的人们，可能会发现很难将我们的个体主义范式当作是惟一可行的方法。不过，西方人（尤其是美国人）对个体神圣性的认同则被当今世界的很多其他文化认为是相当奇怪的。从历史上来看，这无疑是少数派的观点。

不过，举个例子来说，很多亚洲国家现在也开始承认一些属于个体的"权利"，这些权利与那些属于家庭、组织和社会的权利形成了对照。因为侵犯了人权而受到谴责的亚洲领导人，常常将西方社会中的高犯罪率和社会无序看做是（在他们眼中看来是）激进"个体主义信仰"的后果。

我不是要试图改变你们关于人的尊严的看

———————

① 范式：用以指导观察和理解的模型或框架。它不仅形塑了我们所看到的事物，同时也影响着我们如何去理解这些事物。冲突范式指引我们以某种方式来看待社会行为，而互动主义范式则指引我们以另一种方式来看待社会行为。

法，我也不会放弃我自己的信念。不过，认识到我们的观念和感觉是我们所内化了的范式所致，还是很有帮助的。个体的神圣性并不是自然的客观事实，它只是一种观点、一种范式。我们都是在这些范式内思考、活动。

传统的西方观点认为你所经历的世界具有一种客观实在性，它是独立于你的经验之外的。不过，就像在第 1 章看到的那样，后现代范式认为，只有体验才是真实的：你手中的书并不是真实，只有你的体验才是真实。关于你是否认为那本书真的存在的看法，反映了你所采取的范式。

当我们认识到自己运用了某种范式时，有两个好处：首先，我们能够更好地理解那些采取了不同范式的人所做出的、看起来很奇异的观点和行为。其次，我们还能够时不时地跨出我们的范式，并从中获得意外的惊喜。我们突然之间就可以以一种新的方式来看待和解释事物。而当我们将范式错认为现实时，是不可能做到这一点的。

范式在科学中扮演了一个相当根本性的角色，就像它们在日常生活中的意义一样。托马斯·库恩（Thomas Kuhn，1970）将注意力引向范式在自然科学历史中的角色问题上。主要的科学范式反馈一些基本的观点，如哥白尼的太阳中心说（而非地球中心说）、达尔文的进化论、牛顿的力学还有爱因斯坦的相对论等。这些科学理论之所以特别突出，取决于科学家所坚持的范式。

尽管有时候我们认为科学是逐步发展的，每个阶段会有重大的发现和发明；但是库恩指出，范式通常会变得固若金汤，抗拒任何实质的改变。这样，理论和研究就奠定其根本趋向。但是，当范式的缺陷终究随着时间推移而变得越来越明显时，一个新的范式就出现并取代旧的范式。举个例子：宇宙中的其他星体都绕地球转

的观念曾迫使天文学家们去探寻更精细的方法来解释他们观察到的天体的运动。最终这种观念被地球及其他星体绕着太阳转的观念取而代之。这其实就是视角的革命性改变，而这种视角又从根本上改变了理论和研究的方向。库恩关于范式的经典著作就是《科学革命的结构》（*The Structure of Scientific Revolutions*）。

社会科学家已经发展了一些解释社会行为的范式。但是，在社会科学中，范式更替的模式与库恩所说的自然科学并不相同。自然科学家相信，一个范式取代另一个范式代表了从错误观念到正确观念的转变。譬如，现在已经没有天文学家认为太阳是绕着地球运转的。

至于社会科学，理论范式只有是否受欢迎的变化，很少会被完全抛弃。正如你们将要看到的，社会科学范式提供了不同的观点，每个范式都提到了其他范式忽略的观点，同时，也都忽略了其他范式揭露的一些社会生活维度。

因此，范式没有对错之分，作为观察的方式，它们只有用处上的大小之分。我们将要考察的每一种范式，都为关注人类社会生活提供了一种不同的方式。每一种都有独特的关于社会事实的假定。我们将会看到，每一种范式都能够敞开新的理解，带来不同类型的理论，并且激发不同类型的研究。〖33〗

宏观与微观理论

让我们首先讨论与下面各种范式有关的不同关注点。有些社会理论家把他们的关注点放在整个社会或者与社会大多数人有关的事物上。**宏观理论**① （macrotheory） 的研究主题包括了社会

_____

① 宏观理论：一种试图理解制度、整个社会和社会之间的互动等"大图景"的理论。马克思关于阶级斗争的分析就是宏观理论的一个例子。

中经济阶层之间的斗争、国际关系、社会内部主要机构间的互动，例如政府、宗教和家庭等。宏观理论对付的是社会中规模大且综合的实体，甚至是整个社会。

一些学者主张对社会生活采取较为切近的观点。**微观理论**① （microtheory）处理个人或小群体的社会生活议题。约会行为、陪审团决策过程、学生老师互动等，都是微观理论面对的议题。这类研究通常很接近心理学的领域，不过，心理学家感兴趣的是挖掘人的内心状况，而社会科学家则把焦点放在人与人之间所发生的事务上。

宏观理论和微观理论之间的差别，和我们将要讨论的其他范式之间是有交叉的。其中的一些像符号互动理论和常人方法论通常限于微观层面；另外一些像冲突理论，既可以看成宏观理论，也可以看成微观理论。

早期实证主义

当法国哲学家孔德（Auguste Comte，1798 - 1857）在 1822 年创立社会学（sociologie）一词时，他就开启了人类智力运动另一次历险的大门，时至今日，探险之路仍然不断延展。最重要的是孔德把社会当成一种可以用科学方法研究的现象［孔德原来想要用"社会物理学"（social physics）来称呼他所从事的研究，但是这个词汇被另一位学者选用了］。

在孔德之前，社会只是既成事实。人们只知道有不同类型的社会，或是社会随着时间推移而有所变迁，宗教范式主导着对社会的解释。社会的各种状况通常被认为是在反映神的意旨。作为一种选择，人们创造了"天国"来代替罪恶和邪恶。

孔德把自己的探索从宗教分离出来。他认为社会应该可以用科学的方法来研究，用科学

的客观取代宗教的信仰。他的"实证哲学"（positive philosophy）把人类历史分为三阶段。公元 1300 年以前是"神学阶段"（theological stage）。接下来的 500 年是"形而上学阶段"（metaphysical stage），"自然"和"自然法则"等哲学取代了上帝。

孔德认为自己开启了历史的第三个阶段：科学将取代宗教和哲学，也就是说，知识建立在五官观察而不是信仰之上。孔德觉得社会是可以被逻辑而理性地研究，社会学应该成为生物学、物理学一样的科学。〔34〕

从某种意义上来说，所有的社会研究都来自孔德。孔德认为社会能够被科学地研究的观点，为后来的社会科学发展奠定了基础。他对未来很乐观，创立了"实证主义"一词来描绘这种科学取向（同时也说明，他认为启蒙时代的影响是负面的）。一直到了最近几十年，实证主义才受到严峻的挑战，稍后我们会讨论。

社会达尔文主义

孔德实证哲学的主要著作发表在 1830 - 1842 年之间。就在孔德实证主义系列的第一本书出版后一年，一位年轻的英国自然科学家，搭乘皇家猎犬号（HMS Beagle）展开了他的科学之旅，并对于人类认识自我和世界的方法产生了深远的影响。

1858 年查尔斯·达尔文（Charles Darwin）出版了《物种起源》（Origin of the Species），提出了"物竞天择"的进化论。简言之，物种在自然环境中，适者生存、优胜劣汰。久而久之，幸存者的特性将会主宰其他物种。就像达尔文后

---

① 微观理论：一种试图通过理解个体及其相互之间的互动来理解社会生活的理论。关于男女之间的游戏行为如何不一样的研究就是一个微观理论的例子。

来说的：通过适者生存法则，物种进化成不同的形式。

在学者分析社会的时候，达尔文的进化论似乎不可避免地被用来解释人类事物结构的改变。人类社会从简单的狩猎部落到庞大的工业化文明社会，被理所当然地当成"适者生存"的进化过程。

赫伯特·斯宾塞（Herbert Spencer, 1820 - 1903）就认为社会越变越好。的确，他的国家（英国）从工业化资本主义的发展中获益良多，而斯宾塞也偏好自由竞争的制度。他认为自由竞争将确保持续的进步和改善。也许正是斯宾塞创造了"适者生存"这条原则，认为这才是社会本质的主要动力。社会达尔文主义（social Darwinism）或社会进化论（social evolution）在斯宾塞时代是非常流行的观点，尽管不是每个人都接受。

1950 年出版的一本社会科学方法教科书对于这个观念的引用，正说明了这个观念（即事物会越来越好）长期以来都受到欢迎。

> 用原子能做炸药在一般领域也提供了像军事领域一样多的有趣视角。原子的爆破可以用来改变风景，也可以用来在地表上挖掘大洞、造湖或是造运河。这样，在沙漠中造湖也是可能的，同时也可以使得世界上最糟的地方转变成为绿洲或是富饶的乡村。用原子能提供的大量持续热源，也可以使北极地区变得舒适，并因此成为一个度假胜地。（Gee 1950：339 - 340）

除了广泛利用核能的观点以外，当代对于温室效应以及海平面升高的关注，也提供了另一种解释，即逐渐意识到"进步"通常是一把双刃剑。很明显，今天，我们中的绝大多数都采取了一种不同的范式。

冲突范式

与斯宾塞同时期的一位哲学家，采取了和资本主义进化论完全不同的观点。卡尔·马克思（Karl Marx, 1818 - 1883）认为，最好把社会行为视为冲突的过程，也就是努力去控制他人，同时避免被他人所控制。马克思论述的焦点在于不同经济阶级之间的斗争。他特别关注的是，资本主义如何造成资本家对工人阶级的压迫。马克思对这个议题的兴趣并不限于分析性的研究；在意识形态上他致力于重建经济结构，以结束资本家对工人阶级的压迫。〖35〗

斯宾塞和马克思在观念上的强烈对比，正好指出范式对研究的影响。这些基本观念决定了我们观察的方向、想要找到的事实以及根据这些事实所做的结论。同时，范式也有助于我们判定哪些概念是有价值的和重要的。例如在马克思的研究分析中，经济阶级是基本要素；而斯宾塞则比较关心个人和社会间的关系，特别是个人必须牺牲多少自由才能使社会运转。

冲突理论并不限于经济分析。与马克思感兴趣的经济阶级斗争相比，乔治·齐美尔（George Simmel, 1858 - 1918）对小规模冲突更有兴趣。他指出，关系密切的群体成员之间发生冲突比没有共同情感、归属感或亲密感的一群人发生冲突的紧张程度会更高。

克苏多沃斯基（Michel Chossudovsky, 1997）对国际货币基金组织（IMF）和世界银行的分析，是冲突范式的一个新近应用。他认为这两个国际性的组织正在不断地提高全球性的贫穷而不是消灭贫穷。他将注意力放在这些过程中所卷入的相互冲突的利益关系上。理论上而言，其目的应该是服务于世界上的穷人或者是贫穷的第三世界。但是研究者调查后却发现，很多其他利益团体从中获利，例如与 IMF 和世界银行关系密切的商业借贷机构和到处为其商品搜寻廉价劳动力和市场的跨国企业。克苏多沃斯基得出的结论是，银行和企业的利益超过了穷人的利益，尽管后者本来是应该受惠的。而且，他还发现很多政策都在削弱第三世界的国民经济，也在破坏他们的民主政府。

尽管冲突范式常常关注阶级、性别和种族斗争，但也适用于具有冲突利益的群体研究中。例如，它可能会在理解组织内部不同部门之间的关系上、兄弟会和姐妹会的关系上，或者学生—教师—管理者的关系上富有成果。

符号互动主义

齐美尔的关注点与斯宾塞和马克思的有所不同。斯宾塞和马克思关注的主要是宏观理论议题（在历史进程中，庞大的机构甚或整个社会的进化）；而齐美尔的兴趣则是个人之间如何互动，也就是说，他的思考和研究呈现的是一种"微观"取向，他关注的是在马克思或者斯宾塞的理论中所看不见的社会现实层面。譬如，他研究二人（dyads）、三人（triads）的互动关系。另外他也有关于群体关系的文章《群体关系网络》（*The Web of Group Affiliations*）。

齐美尔是几个最早对美国社会学有重大影响的欧洲社会学家之一。他对互动的研究，对赫伯特·米德（Herbert Mead，1863－1931）和查尔斯·霍顿·库利（Charles Horton Cooley，1864－1929）等人有特别深远的影响，他们两人还因此发展了强有力的范式。

以库利为例，他提出了"初级群体"（primary group）的观念，即有归属感群体，如家庭、朋友私党等等。库利也提出了"镜中我"（looking-glass self），也就是说，我们会从周围人的反应中形成自我。举例来说，如果每个人都把我们当作是漂亮的人来对待，我们就会认为自己

漂亮。这种范式与斯宾塞和马克思对社会阶级的关注，有很大的不同。

米德强调的是人类扮演他人角色的能力，也就是想象在特定的情况下他人的感觉和行为的能力。当我们知道一般人怎样看待事物时，我们就有了米德所谓"概化的他人"（generalized other）的意识。

米德对于沟通在人类事务中的角色也有特别的兴趣。他认为个体之间的互动主要是通过语言和其他符号系统来取得共识，即所谓的符号互动主义。〖36〗

这个范式在探究日常社会生活中的互动本质上具有很强的洞察力，同时还能够帮助我们理解互动的异常形式。下面就是个例子。爱默森、菲利斯和加德纳（Emerson, Ferris and Gardner, 1998）就着手试图理解"围捕"的本质。通过采访大量的被围捕者，他们开始认识到围捕者不同的动机、围捕情节发展的阶段、人们如何认识到他们正在被围捕以及他们又是如何反应的。

下面的例子说明如何运用这种范式来考察自己的生活。下次你遇到一个陌生人时，注意你们两人如何开始了解对方。首先注意从彼此的外貌、语言和你们相遇的场合等，你会做哪些有关对方的假设（在这样的场合，他人喜欢你做什么）？然后注意双方如何通过互动逐渐开展对彼此的了解。另外，也请留意你如何努力在对方心目中创造某种形象。

常人方法论

有些社会科学范式强调社会结构对人类行为的影响（也就是规范、价值观和控制机构等的影响），另一些范式不关心这些。当代社会学家哈罗德·加芬克尔（Harold Garfinkel）提出，人们不断地通过行动和互动创造了社会结构，事实上也创造了属于他们自己的现实（realities）。

例如你和你的导师讨论学期报告，虽然对师生预期的互动有千千万万种，你们的讨论实际上和这些预期都会有所出入，而你们的实际行为也会修改双方对未来互动的种种预期。而且有关你的学期报告的互动，会影响到以后你和其他教授、学生之间的互动。

加芬克尔指出，人类赋予"真实"如此不确定的性质，使得人们不断地从自己的生活经历中寻求意义。在某种意义上，加芬克尔似乎是说每个人的行为都像个社会科学家，所以才会用常人方法论（Ethnomethodology）一词，或称为"常人的研究方法"（methodology of the people）。

如何了解人们的期望？人们怎样理解这个世界？常人方法论者的技巧之一就是**打破常规**（break the rules），也就是违背人们的期望。譬如，你要和我讨论学报告的事，但是我却不停地谈足球，其中可以透露你对我的行为的期望。我们也可以从中知道你如何解释我的行为（你可能认为："或许他用足球作为比喻，帮助理解社会系统理论"）。

在另一个民俗方法例子中，约翰·海诺塔基（Johen Heritage）和大卫·葛雷特贝奇（David Greatbatch, 1992）研究了鼓掌在英国政治演说中的角色：演说者如何引起掌声和掌声的功用（例如完成一个主题）。在常人方法论中，沟通常常是关注的焦点。

尝试常人方法论范式的机会是无限的。例如，你下次搭乘电梯的时候，不要像平常一样看着前方的楼层灯号（那是常规），你要反过身来面对着同电梯的乘客。静静地关注电梯后方，看看其他乘客对你的行为的反应；同样重要的是，体验你感觉如何。类似的实验重复几次以后，就会对常人方法论范式有所体会。①

在第 10 章，当我们讨论实地研究的时候，

我们将会回到常人方法论。现在，让我们转到另一种不同的范式。〚37〛

结构功能主义

结构功能主义，有时候也被称为社会系统理论（social system theory），是由孔德和斯宾塞的一个论点衍生出来的：一个社会实体，不论是一个组织还是整个社会，都是**有机体**（organism）。和其他的有机体一样，一个社会系统是由不同部分组成的，对于整个系统的运作而言，每一部分都有功用。

打个比喻，人身体每个部分（如心、肺、肾、皮肤和大脑等）都各司其职。除非每个部分都发挥功用，否则一个人就无法存活，同时，每个部分脱离了人体也无法单独存在。又如一辆汽车，把汽车当成一个系统，包括轮胎、油箱、火花塞、引擎等等。每一部分对整辆汽车都有各自的功用，把它们组合在一起，就可以在大道上驰骋了。一旦把它们分开，每个部分就没有太大的用处了。

因此，把社会当作一个系统，要看的就是构成系统的每个部分的"功能"。运用结构功能范式的社会科学家，可能会把警察的功能当作是在执行社会控制，鼓励民众遵守社会规范，并且让违反规范的人接受司法制裁。不过，我们也可以问：罪犯的功能是什么？在结构功能范式下，我们可以把确保警察有事可做，当作是罪犯的功能。在类似的观察中，涂尔干（Emile Durhkeim, 1858–1917）认为，犯罪和惩罚提供了社会价值

---

① 感谢同事伯纳德·麦克葛兰（Bernard McGrane）提供这个实验。他还让他的学生不用刀叉而用手进晚餐、没有打开电视却盯着电视看以及表演其他一些古怪行为，看可以从中得到什么启示。（McGrane, 1994）

再认定的机会。抓小偷和处罚偷窃行为确立了集体对私人财物的尊重。

要实际体会结构功能范式，假定你对你的学院或是大学的运作感兴趣。你可以整理一份学校管理阶层名单（例如校长、院长、教务长、安全主管等），设想他们每个人的职能。再想想这些人的角色和学校的主要功能（如教学、研究等）有多大程度的相关。这种看待高等教育制度的方式就明显不同于冲突范式，后者可能会强调在制度中掌握权力的与没有权力的群体之间的利益冲突。

在日常谈话中，人们常常讨论"功能"。但很典型的是，那些被宣称的功能却很少得到经验的检验。比如，一些人认为：试图帮助穷人的福利制度，事实上却以多种方式给穷人带来了伤害。甚至有人还宣称，福利制度创造了一个反抗主流文化的、不正常的、暴力性的子文化。从这一观点来看，福利计划事实上导致了犯罪率的上升。

汉南（Lance Hannon）和德夫隆左（James Defronzo）（1998）检验了最后一个判断。根据来自美国 406 个城市的数据，他们检验了福利水平和犯罪率之间的关系。与一些人所坚信的不一样的是，他们的数据显示：更多的福利水平是和较低的犯罪率相联系的。也就是说，福利计划具有降低违法的功效，而不是增加。

在日常生活中应用功能主义范式时，人们有时候会错误地认为"功能"、稳定和整合是必需的，或者认为那是功能主义范式所假定的。事实上，当社会研究者寻求贫穷、种族歧视、女性压迫所扮演的功能时，他们不是在为他们做辩护。恰恰相反，他们试图理解这些事物在一个更大的社会中的功能，并以此来作为一种理解他们为什么会持续或是如何被消除的方式。

女性主义范式

当林顿在他的人类学经典之作《人类研究》（*The Study of Man*）的结论中写到"前所未有的知识，将帮助人类（man）过更好的生活（Linton, 1937：490）"时，没有人抱怨他排除了女性（woman）。林顿使用了当时的语言习惯，以 man 来通称人类。但果真是如此吗？

当女性主义者（男人和女人）开始质疑使用第三人称男性代名词指称所有男女（或不确定）的语言传统的正当性时，有人认为这样的关注实在是小题大做、愚蠢不堪。甚至还有人认为，这种问题根本就是女性伤害她们自己的感情以及挫伤自我的做法。但老实说，当你读到林顿的话的时候，你脑子里呈现的是什么？一个无组织的、无性别的人类社会，雌雄同体的，还是一个男人的社会？〔38〕

相似地，持有女性主义范式的研究者已经将注意力放在那些其他范式所不曾解释的社会生活层面。其中一部分强调性别差异以及性别差异和其他社会组织的关系。这些范式主要关注很多社会中对于女性的压迫，进而也注意到所有的社会压迫现象。

女性主义范式不仅可以解释女性的遭遇或受压迫的经历，还经常被用来观察和理解社会生活中其他限制女性的方面。例如，女性主义视角就经常与环境意识联系在一起。加德指出：

> 西方思想传统中，女性和大自然被概念化的方式使凡是与女性、情感、动物、自然以及身体相关的事物的价值被贬低；与此同时，而与男性、理性、人类、文化以及思想相关的事物的价值却被提升。生态女性主义的一项任务就是要揭露这些二元论，使自然女性化和女性自然化为女性、动物及地球成

为主宰获得合法性。(1993：5；Rynbrandt and Deegan 曾引用 2002：60)

女性主义方式也挑战那些在社会上已经习以为常的共识。很多社会上占主导地位的信仰、价值观和规范等，都是由社会中一小部分人所拟定的。譬如，在美国通常由中产阶级的白人主导，毫不奇怪的是，他们所拟定的信仰、价值观和规范，都是他们自己所共同接受的。虽然米德提到了"概化的他人"，也就是每个人都理解他人，也能扮演他人的角色；不过，女性主义范式质疑的是，所谓的"概化的他人"是否真的存在。〖39〗

米德曾经用学习棒球的例子来说明我们怎样知道"概化的他人"，而珍妮·列维尔（Janet Lever）的研究则告诉我们，了解男孩的经历并不能帮助了解女孩：

> 女孩的玩耍和游戏非常相同。她们大多数是即兴的、富有想象力的，并且不受结构或规则的约束。排队跳绳之类的游戏不需要订立明白的目标。女孩的经历中少有人际之间的竞赛。她们的竞赛风格是间接的，而不是面对面的；是个人的，而非团队的。女孩游戏中要么没有领袖，即使有也是随意产生的。(Lever, 1986：86)

社会研究者逐步认识到男女之间存在着的一般性的心智差异，心理学家玛丽·佛尔德·贝兰基（Mary Field Belenky）及其同事甚至著有《女性的认知方式》(*Women's Ways of Knowing*, 1986)。在深度访谈了 45 位女性后，研究者区分了 5 种认知方式，并对流行的观点提出了直接的挑战——

沉默：尤其在生活的早期，一些女性感觉到她们被孤立于知识世界之外，大部分的生活都由外在权威所决定。

习得知识：就这点而言，女性觉得她们能够接受并保有源自外在权威的知识。

主观知识：这点开启了个性的、主观知识的大门，还包括直觉知识。

过程知识：有些女性觉得她们掌握了通过客观过程获取知识的方法。

建构知识：作者们把这一点描述为"一种位置，在这个位置上，女性把所有知识看做是相互关联的，是她们自己创造了知识，创造了获得知识的主观及客观策略的价值观"。(Belenky et al., 1986：15)

"建构知识"尤其关注范式的场景。在孔德的实证范式里，既没有"主观知识"的位置，也不认为事实会随着场景而变化。另一方面，常人方法论范式可能会适应这些观念。

如果想试试女性主义范式，你可以在学校观察是否有歧视女性的情形。在高层管理人员中，男性和女性的人数是否相当？秘书和文职人员的情形又是如何？或者男性和女性运动项目是否获得一样的支持？你还可以翻阅学校的历史文件，看看那是不是一部男女平等的历史（如果你读的是男校或者女校，那么以上有些问题就不适用了）。

正如我们前面看到的，女性主义范式不仅关注对女性的不平等对待，同时也反映出认识论上的不同，因而男性和女性对社会的感知和理解是有差别的。仅由男性创造的社会理论（过去通常是规范）有未被承认的偏见的风险。同样，几乎只由白人创造的理论也是如此。

批判种族理论

批判种族理论的起源通常与 20 世纪 50 年代中期的民权运动及 60 年代与种族相关的立法联系在一起。70 年代中期时，由于担心朝向种族

平等的进步出现停滞，民权活动家和社会科学家们基于种族意识和种族正义的承诺开始了范式的创建。〔40〕

这并不是社会学家首次关注美国社会中非白人的地位。该领域历史上最著名的非裔美国社会学家或许是杜包斯（W. E. B. DuBis），他于1903年出版了《黑人的灵魂》一书。杜包斯指出，非裔美国人过着一种"双重意识"的生活：作为美国人和作为黑人。与之对照，美国白人很少意识到自己的白人身份。如果你是美国人，那么白人仅是假定的。如果你不是白人，那就是例外。所以设想一下一个非裔美国社会学家和一个白人社会学家分别提出的"社会认同"理论的差别。在一些基本的方面，他们的认同理论就可能有差别，即使他们的研究不仅仅局限于对本种族的分析。

大多数当代批判种族理论学者关注政治和政府中种族的角色问题，很多的研究都是由法学家和社会学家开展的。比如，贝尔（Derrick Bell，1980）批判了高等法院"布朗诉教育委员会"案，该案最终废除了"隔离但平等"的学校种族隔离系统。贝尔指出，高等法院的作为是受大多数白人的经济、政治利益推动的，而不是非裔美国学生的教育平等驱使。在他的分析中，他引入了"利益收敛"①的概念，指出：如果或当法律的变更能最终促进白人的利益，那么这些仅使非裔美国人受益的法律才会改变。德尔加多（Richard Delgado，2002）对贝尔的论证如何被随后的批判种族理论学者继承做了一个优秀的总结。

作为一个一般规则，无论你何时碰到以范式或理论的名义出现的"批判的"一词，它都最可能指一种非传统的观点，这种观点可能与一个学科中正流行的范式不一致，也可能与社会的主流结构不一致。

再论理性的客观性

开始我们就谈到孔德认为社会可以被理性而客观地研究。从孔德时代开始，科技兴起，迷信色彩衰退，使得理性越来越成为社会生活的中心。虽然理性对我们来说相当重要，但是一些当代社会学家却对理性提出了质疑。

譬如，实证主义社会科学家假设人永远都理性行事，这点有时候显然是错的。我相信从你们自己的经历中就可以举出不少反证。另外，许多现代经济模式的基本假设，也认为人类在经济事务上是理性的：人们会选择待遇最高的工作、价钱最少的交易等等。但是，这种假设忽略了传统、忠诚、形象等其他足以与理性相抗衡的决定性力量。

更成熟的实证主义会提出，我们可以理性地理解人类不理性的行为。下面就是一个例子，在著名的"阿希实验"（Asch Experiment）中（Asch，1958），一组受试者要从荧幕上的几条线条中，找出两条长度相同的线条。试想你自己是实验中的一位受试者。你坐在教室的前排，还有五个受试者与你在一起。一组线条（见图2-1）投影在你前面的墙壁上。实验者要求你们，一次一个，指出在右边的线条（A、B或C）中，哪个与X的长度相符合，对你而言，正确的答案（B）相当明显。令人吃惊的是，其他受试者却提供了一些不同的答案！

实验者宣布，除了一个人之外，其余的受试者都答对了；因为只有你自己选择了B，这就意味着你答错了。然后又有一组新的线条展现出来，而你仍有相同的经验。明显的正确答案却被其他人说成是错误的。

———————

① 利益收敛是指大多数成员会支持少数人的利益，只有当这些行动也会对多数成员有利时。

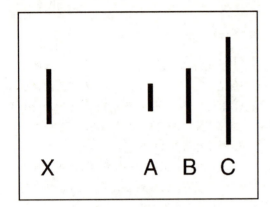

图 2 - 1　阿希实验

最终你了解到，在整个实验中，只有你一个人是真正的受试者，其他的人只是在配合研究者，实验的目的是看看你会不会因为众人的压力，盲从选择错误的答案。在最初的实验中（所有的受试者都是年轻男性），阿希发现有 1/3 多的受试者会修改答案，表现从众。

在一个简单的实验中选择一个明显错误的答案就是非理性行为的例证。但就像阿希继续展示的那样，实验者可以检验那些促使更多的或是相对少些的受试者符合不正确答案的环境。比如，在后续研究中，阿希改变群体的规模和那些选择"错误"（也就是正确的）答案的"反对者"的数量。这样，就可以用科学的、理性的方法来研究非理性的行为。

更激进一点，我们甚至会质疑社会生活到底有没有遵守理性的原则。在自然科学中，混沌理论（chaos theory）、模糊逻辑（fussy logic）以及复杂性（complexity）的发展，暗示了我们应该彻底重新思考地球上的所有事物是否真有所谓的秩序。当然，社会世界不如自然世界那么有秩序，这是肯定的。

只是，当代对于实证主义的挑战，早已经超越了人是否理性行事这个问题。某些对实证主

义的批判挑战的是，科学家是否真如科学理想假设的那么客观。大多数科学家同意，个人情感会影响科学家对研究课题的选择，即要观察的事物以及由这些观察推断的结论。

说到理性，对客观性的批评就更为激烈。长期以来，科学的客观性是一种不容置疑的理想，然而，一些当代研究者却认为，在某些情况下，主观性可能实际上优于客观性，就如我们在女性主义和常人方法论中所见到的一样。我们花点时间讨论一下客观和主观辩证法。

起初，不可避免的是，我们所有的经验都是主观性的，没有例外。人们只能凭借自己的眼睛观看事物，对你的眼睛而言，任何特殊的事物，都会形成你所看见的样子。同样地，你所听见的声音，只是通过你独特的耳朵和大脑传送、解析的声波。在某种程度上，你和我所听到的和看到的是不同的现实。我们所感受到的不同的物理"现实"，可能比蝙蝠之间所感受到的差异还大。在我们看来完全是一片黑暗的东西，蝙蝠却能够通过发出一种我们人类听不见的声波来"看见"事物，如飞虫。蝙蝠的声音反射形成了"声图"，这足以精确到让蝙蝠找到回家的路，也足以让它们捕捉到移动中的昆虫。同样的道理，在 Xandu 星球上的科学家能够在一种我们人类所无法想象的感应设置的基础上，建立起关于物理世界的理论。也许他们能够看见 X 光，或是能够听到色彩。[41]

尽管人们的经验具有不可避免的主观性，但是人类似乎在寻找一种共识，同意何谓真正的真实（really real）或客观的真实（objectively real）。客观性是一种概念性的尝试，试图超越我们个人的眼界。就本质而言，客观性是一个沟通问题，正如你我尝试在我们的主观经验中找到共同点一样。只要研究获得成功，我们便可以宣称我们在处理客观的事实。这就是我们在第 1 章中

讨论的共识的事实（agreement real）。

在这方面，社会科学历史上最重要的研究是由美籍土耳其社会心理学家谢里夫（Muzafer Sherif, 1935）于 20 世纪 30 年代进行的，他"狡诈地"声称他要研究自动运动效应（auto-kinetic effects）。为了进行研究，他让几个小组进入黑暗的房间中，在受试者前面的墙壁中间只有一个光点。谢里夫解释说，这个光点不久就会移动，受试者需要确定它移动的距离——没有其他可视物作为长度或距离的标尺，这将是项困难的任务。

出人意料地，小组中的每个人都给出了他们认为的移动距离。然而，奇怪的是，不同的小组给出了截然不同的结论。最让人奇怪的是——也许你已经猜到了——光点实际上保持静止。如果你凝视一个固定的光点时间足够长的话，它似乎会移动（谢里夫的"自动运动效应"）。需要注意的是，小组中的每个人都出现了错觉，但这样的真实却不是由什么创造出来的：它只是一种社会建构的真实。

虽然个体的观点是主观的，但是个体对客观性的探索却是社会的。这在生活的所有方面都是真实的，而不仅仅在科学中。尽管你和我喜欢不同的食物，但至少我们有共识：什么东西适合吃，什么东西不适合，否则，就不会有餐厅或是杂货店了。对其他的消费品而言，同样的争论也会发生。如果没有共识的真实，不会有电影或电视，也不会有体育运动了。

社会科学家也从客观事实概念中获得了启发。当人们在生活经验中寻求秩序时，他们发现，作为一种集体行动，追求这样的目标是有益的。偏见是如何造成的？又如何克服？通过一起工作，社会研究者找到了一些答案，即互为主观（intersubjective）的考察。例如，无论你对事物的主观经验如何，你将会发现，对于你自己而

言，教育的增加将会使得偏见降低。由于我们每一个人都可以独自发现这种情形，所以我们说它是一种客观的真实。

从 17 世纪起，到 20 世纪的中叶，对客观事实的信仰在科学中占据了支配地位。在大部分的情形中，客观真实不只是被视为一种有用的范式，而是被视为真理。实证主义渐渐代表了一种信念，即人们可以了解合理的秩序和客观真实。这也是今天受到后现代主义者及其他挑战的观点。

有些人指出，客观性理想所隐藏的，如同所揭露的一样多。如果看看早期，便会发现过去许多在科学客观性基础上所获得的共识，实际上主要是白种中产阶级欧洲男人的共识。女性、少数民族、非西方文化或是穷人的普遍主观经验，并不一定被包括在这些事实中。

人们对早期人类学家的批评，时常是指责他们以现代的、西方化的标准，来评断世界上非文明部落，有时候甚至把他们看做是迷信的野蛮人。人们常常把非文明人对久远的信仰称为"创造的神话"（creation myth），而把自己的信仰称为"历史"。今天，越来越多的人要求探寻各类人群生活意义的自在逻辑（native logic）。〖42〗

最后，我们将永远无法完全区分客观真实和主观经验。我们也不会知道我们的概念是否与客观真实相符或只是对我们预测和控制环境有用。所以我们急需知道什么是真正的真实，然而实证主义者与后现代主义者都认为只有他们的观点才是真实的、正确的。其实，这当中包含了一种双重的讽刺。一方面，实证主义者对客观世界的真实的信仰最后要诉诸信念，而这是"客观的"科学无法证实的，因为客观的科学本身就是问题。而后现代主义者认为没有任何事物是客观的，至少感觉不到客观的真实体就是事物本身的

真实。

后现代主义常常被描述成对社会科学可能性的否定。由于本书已经表达过对后现代观点的认可，因此一些解释的话也许是恰当的。本书也不会对客观真实存在与否做假定。同时，人类拥有广泛的、充沛的能力来就什么是"真实"达成共识。这正如同岩石和树木、鬼魂和神灵，甚至一些更难以描述的观念，如忠诚和叛逆。诸如"偏见"之类的东西是否真实存在，我们可以进行研究，因为很多人都认可偏见确实存在，研究者可以使用"一致同意"技术。本书也不要求你们在实证主义和后现代间做出选择。实际上，我只是邀请你们在试图理解你周围也许存在、也许不存在的世界时，找到二者的价值。

同样，作为社会研究者的我们，并没有被强迫要去只接受其中的一种取向。相反，我们可以把它们看做是手中两支不同的箭，各有其用，相互补充。

比如，著名英国物理学家霍金（Stephen Hawking）就曾高度评价过实证主义模式的简洁，但对科学被训练的方式却没做任何评价。

> 思考方式告诉我们，一个科学理论就是一个精确模型，可以用来描述、整理我们的观察。一个好的理论可以基于一些简单的基本假定来描述大量的现象并生成可被验证的明确预测。如果预测与观察相符，那么这个理论就经得起验证，尽管永远不能被证实。另一方面，如果观察与预测不符，那么就必须抛弃或修订该理论。（至少要这样处理。在实践中，人们经常质疑观察的精确性和可靠性以及做观察的人的道德特征）（2001：31）

总之，多种理论范式的存在会对社会生活的研究产生影响。基于每种基本参考框架，很多有用的理论会被建构。现在我们转向与理论建构有关的议题，这样的议题才是有趣的，对所有的社会研究者才会有用（从实证主义者到后现代主义者以及介于两者之间者）。〖43〗

社会理论的要素

我们已经认识到，范式指的是一般框架或视角。它的字面含义就是"看事情的出发点"，它提供了观察生活的方式和关于真实本质特性的一些假设。

相比之下，理论指用来解释社会生活特定方面的系统化的关联性陈述。因此，理论赋予范式真实感和明确的意义。范式提供视角，理论则在于解释所看到的东西。

接下来让我们有意识地来看看构成理论的一些要素：第 1 章已经提到过，**观察**（observation）是科学的基础。在社会研究中，五官感受被界定为所见、所听、（比较少见的）所触。另一个相关的概念是事实（fact）。对哲学家来说，虽然"事实"和"真实"一样复杂，但对社会科学家而言，事实通常指观察到的现象。譬如，克林顿在 1996 年总统大选中击败了多尔，这就是一个事实。

科学家很乐于在一定的规则之下来组织很多事实，这些规则就是**定律**（laws）。根据亚伯拉罕·卡普兰（Abraham Kaplan，1964：91）的定义，"定律"是各类事实的通则性概括。重力定律就是一个典型的例子。物体间的相互引力和其体积成正比，而和彼此之间的距离成反比。

定律必须具有普适性，而不是在特定情形下偶然发现的模式。卡普兰（1964：92）指出，1920–1960 年间，每届美国总统大选，声望排名较前的几位候选人中，名字最长的都会当选，这是事实而不是定律。因为 1960 年后，连续三届选举就不是如此。所以，以前发现的模式只是巧合而已。

定律有时候也称作**规则**（principles），是关于"为什么是这样"的重要陈述。我们说定律或原理是被发现的，而不是科学家创造的。而定律并不解释任何事。定律只是把事情加以简要说明。解释是理论的功能，不久我们将会看到这一点。

社会科学定律并不像自然科学定律那样具有普适性。事实上，正如我已经暗示过的，社会学家对于社会科学是否有定律仍然争论不休。或许在本质上，社会生活就没有遵循一成不变的定律。但是这并不是说社会生活无序到无法预测或解释。正如第 1 章所述，社会行为有模式可循，而这些模式是有道理的，只是你要透过表象，发掘其逻辑。

刚才已经提到，我们不能将定律和理论混为一谈，定律是观察到的规则，而**理论**（theory）则是对与特定生活领域相关的观察的系统解释。譬如，关于青少年不良行为、偏见、政治革命的理论等。

理论借助概念来解释所观察到的现象。乔纳森·特纳（Jonathon Turner，1986：5）把概念称为建构理论的基本单位。**概念**（concepts）是代表研究领域中各类现象的抽象元素。例如，和青少年不良行为理论有关的概念，最基本的包括了青少年和不良行为。同辈团体（peer group，是你经常在一起并且认同的一群人）也是相关的概念。另外，社会阶级和种族也是青少年不良行为理论的相关概念，在校成绩可能也有关系。

正如第 1 章已经提到的，**变量**是某种特别的概念。每个变量由多个属性构成。举例而言，犯罪就包括了"犯罪"和"没有犯罪"两个属性。而一个青少年不良行为理论就是解释为什么有些青少年会犯罪，而另一些青少年不会犯罪。

公理或**基本假定**（axioms or postulates）是理论所依据的基本主张，被认为"真"，它们构成了理论的基础。譬如，在青少年不良行为理论中，我们可以从"每个人都要物质享受"和"有钱人比穷人容易合法获得物质享受"这两个公理开始。从中我们可以发展出一些**命题**（propositions），它是对来自公理的概念之间的关系的描述。例如，从对青少年不良行为的基本假设，我们可以推论贫穷的青少年比富裕的青少年更容易用违法手段取得物质享受。

这个定理和默顿对社会越轨行为的解释不谋而合。默顿（1957：139 – 57）提到了所谓社会普遍认同的手段（means）和目的（ends）。在默顿的模式中，正常人遵守众人所认同的目的（如一辆新车）和合法达到目的的手段（如购买）。而越轨的人中有一些人（默顿称为创新者）虽然认同社会普遍接受的目的，但是无法用社会认同的手段达到目的。这类人就会寻找其他手段以达成目的，犯罪就是其中一种。〖44〗

从命题出发，我们就能够得出**假设**①（hypotheses）。假设是对经验真实的特别期待，是从命题中发展出来的，并能够被检验。还是用青少年不良行为理论的例子来说明，这个理论可能有下列假设：贫穷青少年比富裕青少年的犯罪率要高。这样的假设可以通过研究来检验。换句话说，研究将间接支持（或不支持）理论——通过检验特定假设，这些假设是从理论和命题得来的。

现在让我们更清晰地看看理论和研究是如何结合的。

---

① 假设：关于经验事实的可检验的特定期望，它遵从更为一般性的命题；更为一般地说，它是关于来自理论的事物的本质的期望。是关于在现实世界中应该能够观察到什么的期望——假定理论是正确的话。

两种逻辑体系

在第 1 章，我介绍了演绎及归纳理论，并且说过要再加以说明，以下便是更进一步的讨论。

科学的传统模式

我们中的绝大多数人都会对"科学方法"有一些理想化的想象。这种科学方法来自科学教育，可能从小学就开始有了，而在物理学中则表现得尤为明显。虽然这种传统的科学模式只是一部分，但对了解传统模式的基本逻辑却非常重要。

传统科学模式有三大要素：理论、操作化和观察。

理论

根据传统的科学模式，科学家总是从对真实世界的某些方面开始产生兴趣，从其中，他们发展出可检验的假设。例如，作为社会研究者的我们，对造成青少年不良行为的原因有一套解释的理论。我们假定我们的假设是社会阶级和犯罪之间负相关。也就是说，社会阶级层次越高，犯罪率就越低。

操作化

如要检验假设是否成立，我们必须说明假设中所有变量的含义，在目前的例子中包括"社会阶层"和"犯罪"两个变量。举例而言，我们可以把"犯罪"定义为"因某项罪名而被逮捕"、"被宣判有罪"或其他。在本项研究中，社会阶级则可以用家庭收入衡量。

一旦定义了变量，我们就必须说明如何测量变量。（回想一下第 1 章所说的，科学依赖于可测量的观察）**操作化**①（operationalization）字面上的意义就是测量变量的动作。可以从不同的角度实现操作化，当然对变量测量的方式也不一样。〖45〗

为简化起见，假定要对高中生进行一项调查。我们可以用下述问题操作犯罪变量："你是否曾经偷过东西？"回答"是"的，就会被归类为不良青少年；回答"不是"的，则归类为正常青少年。同样地，我们也可以用下列问题操作家庭收入："你家去年的总收入多少？"附带提供几个选项：10,000 美元以下、10,000 ~ 24,999 美元、25,000 ~ 49,999 美元、50,000 美元以上。

当然，有些人可能会反对将偷过一次就看做是犯罪，甚至偷过多次也不能算是犯罪，或者认为社会阶级不能等同于家庭收入。有些家长可能会认为衣衫褴褛就属于不良行为，而不管他们的孩子是否有偷窃行为；而对某些人来说，"社会阶级"可能包括威望、社区地位，而不仅仅是财富的问题。不过，对于研究者来说，在检验假设的时候，变量的意义只能由**操作定义**②（operational definition）来说明。

就此而言，科学家很像卡罗尔（Lewis Carroll）《隔窗瞭望》（*Through the Looking Glass*）中的当惕。当惕对爱丽思说："当我用这个词时，我所表达的意思就是我所要它表达的意思，不多也不少，仅此而已。"

爱丽思回答说："问题在于，你是否能够赋予这些词语那么多不同的意义？"当惕的回答则是："问题的关键是，谁说了算！"

为了保证观察、测量和沟通的精确性，科学

---

① 操作化：走出概念化的一步。操作化是发展操作定义的过程，或是对在测量变量时所用到的精确操作的说明。

② 操作定义：根据对观察进行分类的操作而做出的具体的、特定的定义。"在课程中得 A"的操作定义，就可以是"至少正确回答 90% 的期末测试的问题"。

家一定要成为其操作定义的"主人"。否则的
话，我们就永远也无法知道一项研究的结论之
所以与我们的研究结论相冲突，是否只是因为
他们用了一套不一样的程序来测量某变量，进
而改变了所要检验的假设的含义。当然，这样意
味着要评估一项研究的结论，如青少年不良行
为与社会阶级之间的关系，或其他变量，我们就
需要先了解这些变量是如何被操作化的。

不过，在我们这个假想的研究中，我们对变
量的操作化也可能还有其他问题。因为有些受
访者对是否曾经偷窃这个问题会撒谎；这样，就
把应该归类到不良青少年的人，归到正常青少
年这一类；或者有些受访者并不知道家庭收入，
给出的答案是错误的；另外，可能有些人觉得困
窘而没有如实回答。第 2 篇将会深入讨论这些
问题。

现在，操作化的假设是，家庭收入最低
（10,000 美元以下）的受访者中不良青少年的
数量最多；其次是 10,000 ~ 24,999 美元的；
再次 25,000 ~ 49,999 美元的；而 50,000 美元
以上的家庭出现不良青少年的比例最低。下面
我们就进入了传统科学模型的最后一个阶段
——观察。在清晰的理论和具体的期望以及观
察策略的基础上，剩下的就是如何去观察了。

观察

传统科学模式的最后一步是实际的观察，
观察现实世界并测量所看到的现象。假设我们
的调查得到以下的资料：

	不良青少年百分比
10,000 美元及以下	20
10,000 ~ 24,999 美元	15
25,000 ~ 49,999 美元	10
50,000 美元及以上	5

这样的观察结果证实了关于家庭收入和犯
罪的假设。如果我们得到的观察结果是：

	不良青少年百分比
10,000 美元及以下	15
10,000 ~ 24,999 美元	15
25,000 ~ 49,999 美元	15
50,000 美元及以上	15

这样的观察结果证伪了关于家庭收入和犯
罪的假设。可证伪性（观察与预期不符的可能
性）是任何假设必备的重要特征。也就是说，
无法证伪的假设是没有意义的。[46]

比如，"不良青少年"比"非不良青少年"
更可能犯罪这个假设就不可能被证伪，因为犯罪
行为就是内在于不良行为的观念。尽管我们承认
一些年轻人犯罪了，但是没有被抓到，也没有带
上不良青年的标签，他们还是没有威胁到我们的
假设，因为我们的观察将会使我们得出这样的结
论：他们是遵守法律的非不良青年。

图 2 - 2 是关于传统科学模式的图解。从图

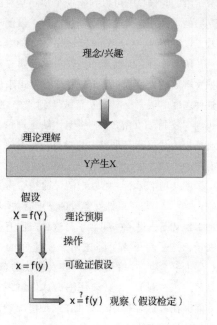

图 2 - 2 传统的科学方法

示中我们可以看到，研究者从对某种现象产生兴趣（如青少年犯罪）开始；然后发展理论层面的建构，一个简单的概念（如社会阶级）也许会解释其他概念。理论建构会产生预期，即如果理论正确的话，什么将被观察到。$X = f(Y)$ 代表 X（例子中的犯罪率）是 Y（例子中的社会阶级）的函数。当然 X 和 Y 可有广泛指称。

在操作化的过程中，一般概念会被转化为明确的指标和程序。譬如，小写的 x 就是大写 X 具体的指标。操作化结果就是可供检验的假设：例如，坦白自己有偷窃行为是家庭收入的一个函数。为找出答案所做的观察就是假设检定（hypothesis testing）过程的一部分（更进一步的资料，参考方框文章《关于假设建构的一些提示》）。

关于假设建构的一些提示

莱里·邓莱普（Riley E. Dunlap）

华盛顿州立大学社会学系

假设是在研究中被检验的基本陈述。在典型的情况下，假设所表述的是两个变量之间的关系（虽然也有可能使用两个以上的变量，不过，现在你应该只注意双变量的情形）。因为假设对于两个变量之间的关系提出了预测，所以，必须是可被检验的。这样一来，在考察研究结果的时候，就可以判断这个预测是对的还是错的。另外，假设必须陈述清楚，以便于检验。以下便是一些发展可检验假设的建议。

假定你有兴趣预测一些现象，诸如"对待妇女解放的态度"，就可以用续谱方式来测量这种态度，从"反对妇女解放"到"中立的"再到"支持妇女解放"。假定你缺乏理论，就必须依赖"灵感"来提出与对待妇女解放态度有关的一些变量。〖47〗

就某种情形下，可以把假设建构看做是填空："_____ 与对待妇女解放的态度有关"。你的工作就是去思考一些似乎与这种态度有关的变量，然后写下来，陈述两个变量间的关系（"空格"是一个变量，"对妇女解放的态度"是另一个变量）。你必须仔细做这件事，这样才能够在考察结果的时候（在这种情况中，多半指的是调查的结果）清楚地判断这个假设是

否被证实。

关键在于仔细地写下假设，使得其中的关系一目了然。如果使用年龄，注意到这句话"年龄和对待妇女解放的态度有关"并没有准确地表达如何思考两者之间的关系（事实上，这个假设失败的地方就在于无法在年龄和对待妇女解放的态度之间发现任何统计相关显著性）。在这个例子中，有两个必要的步骤，你有两种选择：

1. "年龄与对待妇女解放的态度有关，年轻成人比年长者更支持妇女解放"（或者，假如你相信年长者更支持的话，可以用相反的方式陈述）。

2. "年龄和支持妇女解放有着负面的相关"。请注意，在此我界定了"支持妇女解放"（Support for women's liberation, SWL），然后预测一个负面关系——也就是随着年龄的增长，SWL 会随之降低。

注意，在这个假设中两个变量（**年龄**为自变量或是"原因"，而 SWL 为因变量或是"后果"）的范围是由低到高。这两个变量的特点让你可以使用"负面地"（或"正面地"）来描述两者之间的关系。

如果你假设性别与 SWL 之间有关系，那么，就注意到底发生了什么状况。由于性别是

关于假设建构的一些提示（续）

一个**定类变量**（nominal variable，第 5 章将详细说明），其范围无法从低到高——人们不是男的就是女的（性别变量被归类成这两种）。因此，你必须小心地陈述这个假设：

1. 性别与 SWL 是正相关（或负相关）并**不是**一个恰当的假设，因为它并没有明确指出你**如何**期待性别与 SWL 之间的关系——换句话说，你是否认为男性或女性更支持妇女解放。

2. "妇女与 SWL 有正相关"之类的陈述具有某种诱导性，但它不起作用。因为女性只是一个属性，并不是一个完整的变量（性别才是变量）。

3. 我的建议是，"性别与 SWL 相关，女性比男性更积极"。或者，你可以说，"男性比女性更不支持"，也提出了相同的预测（当然，如果你希望男性比女性更支持的话，你也可以做相反的预测）。

4. 同样有效的是，"女性比男性更可能支持妇女解放"（注意，在假设中必须区分支持对象，稍不留神，就可能表达为女性支持妇女解放的程度超过了女性对男性解放的支持。注意，这是两个不同的假设）。

上面的例子假设了"特性"（年龄或性别）与"倾向"（对妇女解放的态度）之间的一组关系。由于因果次序相当清楚（很明显，年龄与性别发生在态度之前，而且较少改变），所以，我们可以陈述上面的假设，而且每个人都明白我们陈述的是因果关系。

最后，还可以根据参考文献提出**零假设**[①]（null hypothesis），特别是在统计方面。尽管零假设假定两个卞量之间没有关系（技术性地，没有统计性显著相关），实际上却隐含了假设检验。基本上，如果假设一种正相关（或负相关），你将希望得到的结果会拒绝零假设，拒绝零假设，也就是证实你的假设。

演绎与归纳的比较：举例说明

可能你已经发现，前面讨论的传统科学模式运用的是演绎逻辑：研究者从带有普适性的理论理解出发，引出（演绎出）一个期望，最后是一个可检验的假设。这一图式相当简洁、干净，但在现实中，科学也还用到归纳推理。我们将一个真实的研究案例看做是一个媒介，并以此来比较联结理论和研究的演绎和归纳。几年前，我和查尔斯·葛洛克（Charles Glock）、本杰明·林格（Benjamin Ringer）三个人一起研究为什么美国圣公会教徒参与教会活动的程度不同（Glock et al.，1967）。不少理论和准理论都暗示了一些可能的答案。这里我只讨论其中的一个：我们称之为"慰藉假设"（comfort hypothesis）。

我们部分采取了基督教的教义：要照顾"跛脚人、残疾人和盲人"以及"困乏和有重担之人"。同时我们也采用了马克思所说的，"宗教是人民的鸦片"。我们预期"教区居民中，无法

[①] 零假设：与假设检验和统计显著度检验相关的假设，该假设认为正在被研究的变量之间不存在相关关系。在统计上否定了零假设之后，你就可以得出结论，认为变量之间是相关的。

在世俗社会中得到满足和成就的人，会转向教会寻求慰藉和替代物"（Glock et al. , 1967：107 - 108）。这就是一个假设的例子。

在建构了这样的通则性假设之后，下一步就是假设检验。在世俗社会中无法得到满足的人，真的比那些获得满足的人在宗教上更虔诚吗？要回答这个问题，我们必须分辨出谁没有得到满足。在检验慰藉假设所设计的问卷中，就包括了可以分辨在世俗社会中是否得不到满足的指标性问题。〖48〗

首先我们推论，在男性占主导地位的社会中，男性的社会地位比女性高。尽管这不是什么了不起的发现，但它提供了检验慰藉假设的基础。如果我们的假设正确，女性应该比男性在宗教上更虔诚。在收集并分析资料之后，性别和宗教关系的预期得到了清楚的证实。在涉及宗教活动的三项测量上——仪式（如上教堂）、组织（如归属于某个宗教组织）和知识（如阅读教会刊物）——女性都比男性卷入的程度要高。总体上，女性比男性高出 50%。

在另一次慰藉假设检验中，在以年轻人为导向的社会中，老年人比青年人在世俗社会中更感到不满足。假设再次获得了资料的证实。老年人比中年人的宗教信仰虔诚，而中年人比年轻人虔诚。

社会阶级——以教育和收入来测量——提供了另一种检验慰藉理论的角度。假设又得到了支持：社会阶级较低者比上流社会的人更经常地卷入宗教活动。

还有一项慰藉理论的检验结果，刚好和一般人的常识相反。虽然教会的海报上常常有年轻夫妇带着子女一起祈祷的画面，而海报上写着"一起祈祷的家庭，会紧密凝聚在一起"，似乎这样的家庭在宗教上最虔诚。不过，慰藉假设暗示，已婚且有子女的家庭（这也正是美国人心目中的理想家庭状况）在世俗社会容易觉得满足，因此，应该比单身或已婚但没有子女的家庭，在宗教上更少投入。所以，我们假设：单身且没有子女的人，在宗教上最为虔诚；已婚且没有子女的人，虔诚度差一些；已婚且有子女的是最不虔诚的。检验结果正是如此！

最后，慰藉假设暗示，在社会中的不满足是累积性的：具有越多造成不满足特性的人，卷入宗教的程度应该越高；而完全不具有这些特性的人，卷入宗教的程度最低。当把前述四项测量（性别、年龄、社会阶层、家庭状况）合并起来时，理论上预期的结果得到证实。我们发现，单身、无子女、年老、社会阶级低的教区女性居民的宗教卷入程度比年轻、已婚、上层社会、为人父母者的宗教卷入程度高出三倍之多。我们的慰藉假设得到证实。

我喜欢这个例子，因为它清楚地阐释了演绎模式。从通则性的理论预期开始（即世俗的满足和卷入教会活动的关系），你们看到了如何运用具体的可测量变量建立假设，如年纪和上教堂。而实际的经验资料又是可分析的，资料分析的结果就可以确定演绎推论是否能得到实证。

我认为这个例子展示了一种可能性，但是，唉，我撒了一个小小的谎言。老实说，尽管我们首先对造成圣公会教徒卷入教会活动程度不同的原因产生了兴趣，但是我们却不是从与此有关的慰藉假设或其他假设开始的（更坦白点，是葛洛克和林格发起的这个研究，而我是在资料收集完成后几年才加入研究的）。我们设计了一份问卷，希望获得部分教区居民参与教会程度比较高的资料，不过，问卷并不是根据任何精确的、演绎的理论来拟定的。在资料收集完毕后，解释宗教卷入程度差异的工作，就要从分析对人们生活有重大影响的几个变量开始，其中包括了性别、年龄、社会阶层和家庭状况。如前所述，这四个变量和宗教与宗教活动卷入程度有很大的关系，四个变量对于宗教信仰也有累积性效应。不过这并不是个好消息，反而产生了一个两难的困境。〖49〗

葛洛克还记得在哥伦比亚大学教授俱乐部的午餐会上和同事们探讨研究发现时的情景。当葛洛克展示所有变量对宗教卷入影响的图表时，一位同事问道："这到底意味着什么？"顿时，葛洛克不知如何回答。为什么这些变量都和宗教卷入程度有强烈的关联？

这个问题引发了进一步的推理过程，除了对宗教信仰的影响之外，这几个变量还有哪些相同之处（四个变量综合的指数，原来称之为"宗教参与度倾向"）？最后我们发现，这四个变量同时也反映了世俗社会中的不同地位，因此想到了其中可能也牵涉到要寻求慰藉。这说明了归纳法是从具体的观察出发，得到一个一般化的理论解释。

图解对照

前面那个案例已经向我们显示了，理论和研究可以通过归纳和演绎两种方式来做。图 2 - 3 比较了归纳和演绎推理方式。在图中，我们想要知道的是备考时间长短和考试成绩之间的关系。在运用演绎法的时候，我们会从逻辑推论开始。考试成绩好的学生，说明他记忆和运用信息的能力好。而且，这两种能力应该随着考试前大量接受信息而增加。依据这样的推理，我们可以获得一个假设，即考前准备的时间和考试成绩呈正相关。我们说正相关，是期望准备的时间增加，考试成绩也会提高。如果准备时间增加，成绩反而下降，那就是负相关，请见图 2 - 3 中 1 (a) 的部分。

使用演绎法的下一个步骤，就是进行和假设检验有关的观察。图中 1 (b) 的阴影部分，

代表的是对不同学生所做的数百项观察，请注意准备时间和考试成绩之间的关系。最后在图中 1 (c) 我们比较假设和实际观察结果。由于实际观察结果很少和我们的预期完全符合，所以要确定两者之间吻合程度是否足够说明假设已经得到证实。换句话说，假设是否描述了实际存在的模式，同时又容忍了真实生活中的变异？回答这个问题，我们需要统计分析的方法，在第四篇中我们将讨论这些方法。

现在，让我们用归纳法来研究同样的问题。我们首先从图 2 - 3 的 2 (a) 实际的观察结果开始。由于对准备时间和考试成绩间的关系感到好奇，我们便着手收集相关资料。然后从收集到的资料中找出一个最能代表或描述资料特色的模式出来。2 (b) 穿越阴影部分的那一条曲线，就是具有代表性的模式。

这个模式显示，准备 1 - 15 小时的时候，准备时间越长，成绩越高。但是在 15 - 25 小时之间，准备时间越长，成绩反而稍微降低。而准备时间在 25 小时以上，又恢复原来的模式：准备时间越长，成绩就越好。运用归纳法考察两个变量之间的关系，最终我们得到了一个趋势性的结果。结果之所以是趋势性的，是因为我们所做的观察是模式的检验——这些观察是我们找到模式的资料来源。〖51〗

我在第 1 章已经讨论过，在实际的研究中，理论和研究通过永无止境的演绎与归纳之间的交替而进行互动。涂尔干（〔1897〕1951）关于自杀的研究就是一个经典的案例。他查阅各个地区的官方统计资料，结果他震惊地发现信仰新教国家的平均自杀率比信仰天主教国家的高。为什么会这样呢？初步的观察让他建构了一个关于宗教、社会整合、失范和自杀的理论。他的理论让他发展了进一步的假设和观察。

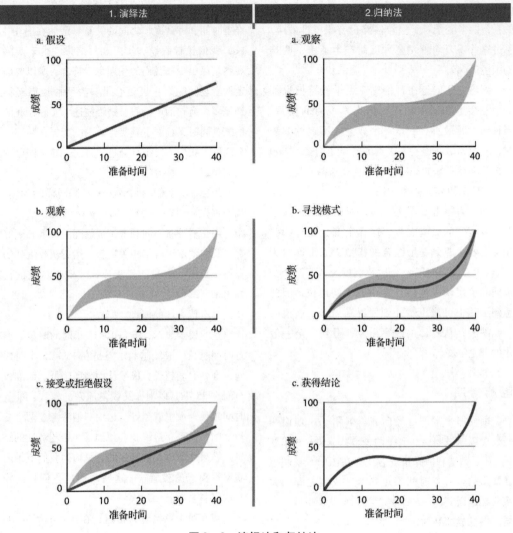

图 2-3 演绎法和归纳法

　　总而言之，逻辑推理的科学准则是理论和研究之间的桥梁——而且是一座双向的桥梁。实际的科学探索通常牵涉到演绎和归纳两种逻辑的交替使用。演绎法是先推论后观察，而归纳法则是从观察开始。逻辑和观察都很重要。在实际研究中，演绎法和归纳法都是建构理论的必经之路。

　　尽管演绎和归纳法在科学研究上同样有用，不过，每个人习惯和偏好不同，可能只用其中一种。我们来看亚瑟·柯南·道尔爵士（Sir Arthur Conan Doyle）的《波希米亚丑闻》（A Scandal in Bohemia）中，福尔摩斯（Sherlock Holmes）与华生医生（Dr. Watson）的对话（Doyle，1989：13）：

"你想那意味着什么？"

"我目前还没有资料。最大的错误就是在获得资料前就发展理论。人们常常在不知不觉中，扭曲事实以符合理论，而不是让理论符合事实。"

部分科学家或多或少会认同这种归纳式的思考（参见第 10 章中对草根理论的讨论），而另一些人则会采用演绎式的推理方法。不过，两方面的科学家都承认两种思考模式的正当性。

在了解演绎和归纳与理论和研究之间的联系后，让我们进一步了解如何运用两种不同的方法来建构理论。〔52〕

演绎式理论建构

演绎式理论的建构和假设检验会牵涉到哪些事物？想象一下你要建构一个演绎式理论，你将如何着手？

开始

建构演绎式理论的第一步，就是选择一个你感兴趣的题目。题材可以很广泛，例如"什么是社会结构"，或稍小一些，如"为什么人们支持或反对女性自由堕胎"。无论题目是什么，一定是你有兴趣并想加以解释的事情。

在选好题目之后，你应该整理既有的知识或想法。一方面你写下自己的观察和想法，另一方面，还要知道其他学者说过些什么。你可以和别人讨论，也要看看其他人写过些什么。本书附录 A 提供了使用图书馆的指南，你有可能会花很多时间在图书馆里。

因此，你们的初次研究，很可能会发现其他学者早已经发现的模式。例如，宗教及政治变量是与堕胎态度有关的主要因素。类似这样的发现，对你建构自己的理论很有帮助。

接下来，我要提一提内省的重要意义。如果你能够考察个人的内心过程——包括反应、害怕和偏见——或许会让你在研究一般人类行为时获得重要启示。我并不是说每个人的想法都和你不谋而合，我要说的是，自省是洞察力的来源。

建构理论

现在，你已经回顾了以往的相关工作，你要开始建构你的理论了。虽然理论建构并不是用密集而连锁的步骤完成的，不过，下面有关理论建构要素的清单，应该可以帮助你有条不紊地进行理论建构。

1. 详细说明主题。

2. 详细说明理论关注的现象范围。理论将运用于所有人类社会生活，还是仅仅运用于美国，甚或只是运用于年轻人，或者其他什么？

3. 详细说明主要概念和变量。

4. 找出关于变量关系的既存知识（定理或命题）。

5. 从这些命题逻辑地推论至你正在考察的特定主题上。

前面我们已经讨论了 1 – 3 项。现在让我们讨论后面两项。当你获得相关的概念和相应的知识积累后，就可以发展用于解释研究主题的命题了。

现在就让我们来看一个演绎式理论建构和经验研究的例子：看看这些砖块是如何很好地拼凑在一起的。

演绎式理论举例：分配的正义

学者的一个共同关注点是分配的正义（distributive justice），即在人们的知觉中，他们是否受到公平的对待，他们是不是得到了属于他们的东西。吉勒米娜·娅索（Guillermaina Jasso）对于分配的正义理论有更规范的描述：

> 个人（在反映自己所拥有的贵重物品，例如美貌、聪明才智或财富等）在和别人比较时，经历了基本而瞬间的正义评估（J），让他们直觉到在自然和社会物品方面，自己是否受到公平的对待，这个理论对于整个过程提供了数学的描述。（Jasso，1988：11）

请注意，娅索已经赋予主要变量一个符号：J 将代表分配的正义。她这样做是为了用数学公式来论述理论。事实上，理论经常用数学公式来表述，但这里我们暂时不讨论这个问题。

娅索指出，她的理论中有三种不言自明的原理。"第一种不言自明的基本原理是理论的起始点。"她做了如下的解说：

> 理论从被接受的**比较的公理**（Axiom of Comparison）开始，这个公理把长久以来关于诸多现象的观点形式化了，如快乐、自尊和分配正义等，这些都可以被视为比较过程的产品。（Jasso，1988：11）

因此，你有关自己在生活中是否受到公平对待的感觉，是和别人比较后的结果。如果你觉得这是不言自明的事，这并不是公理的缺点。请记住，公理是理论理所当然的起始点。

娅索继续阐述她理论的基础。首先，她指出，对于"分配的正义"的感受是物品"实际拥有"（A）和"比较拥有"（C）的函数。譬如金钱，我对于公平与否的感觉是比较我实际有多少钱和别人有多少钱的结果。为了详细说明比较的两个因素，娅索在理论中将其视为变量。

接着，娅索提供了"测量规则"，进一步说明如何将 A 和 C 两个变量概念化。这个步骤是

必要的，因为有些物品的测量具有共识性（如金钱），另一些物品是非实物性的，难以估算（如尊敬）。娅索说，前者可以用约定俗成的方式测量，而后者则要以"在选定的比较团体之中……个人的相对等级"来测量，她提供了测量的公式。（Jasso，1988：13）〖53〗

再接下来，娅索又引进了更多的因素（并把它们加进数学公式中），用来预测在不同社会情境中分配的正义原理的适用性。以下是娅索理论建构的几个例证：

- 在其他条件不变的情况下，人们宁可对同辈团体的成员行窃，而不愿对外人行窃。
- 宁可对同辈团体成员行窃的现象，在贫穷团体比富有团体中更明显。
- 在偷窃行为中，只有跨团体的偷窃才会有告密者，而告密者来自偷窃者团体。
- 夏令营或大学新生中，晚报到一个星期的人，比较容易和玩运气游戏的人成为朋友，而不太容易和玩技巧游戏的人成为朋友。
- 当社会财富增加时，对赤字开支会更加敏感。
- 喜欢人口增加的社会，在其珍视的物品中至少有一项和数量有关，例如财富。（Jasso，1988：14-15）

娅索的理论引出了很多其他的命题，但是这个样本应该可以让你感受一下演绎式理论的威力了。为了更好地理解娅索的推理方式，让我们来简要地看看其中两个与偷窃（群体内和群体外）相关的命题的逻辑。

- 在其他条件不变的情况下，人们宁可对同辈团体的成员行窃，而不愿对外人行窃。

首先，假定窃贼希望最大化自己的相对财富，他会想一下对同辈团体（也就是拿来和自己作比较的一群人）或外人下手，哪个更容易

达到目的。不论对谁下手，偷窃会增加"实际的所有物"，但是"比较性的所有物"又如何呢？

如果深思一下，就会发现对同辈团体下手，可以减少其他成员的所有物，而相对地增加他自己的所有物。简单地说，假如团体中只有两个人，就是你和我两人。假设我们各有 100 美元，如果你从外人身上偷了 50 美元，你的相对财富就增加了 50%，你我财富的比例为 150∶100。如果你从我这里偷走 50 美元，那你的相对财富就会增加 200%：你有 150 美元，而我只有 50 美元。因此，对同辈团体行窃最能达成你增加财富的目标。

- 在偷窃行为中，只有跨团体的偷窃才会有告密者，而告密者来自偷窃者团体。

你知道为什么（1）在偷窃的行为中，只有跨团体的偷窃才会有告密者，和（2）告密者来自偷窃者团体？要了解这个问题，我们必须考虑每个人都想提升自己的相对地位这个基本假设。假设你和我属于同一个团体，不过这个团体中还有其他人。如果你偷了团体中某人的钱财，我的相对地位并不会有所改变。虽然你的财富增加，但是团体的平均财富还是一样（因为被偷的人财富减少的数量和你的财富增加的数量一样），所以我的相对地位没受影响。我没有告发你的动力。

如果你对外人下手，那么你的不义之财将会增加我们团体的总财富，所以我的财富相对于这个总财富减少了。既然我的相对财富减少了，我就有可能要终止你的偷窃行为。因此，告密者来自偷窃者团体。

最后的演绎推论，也解释了为什么告密者比较容易从窃贼所属的团体中出现。刚才已经注意到，我的相对地位是因为你的偷窃行为而

下降的。那么被偷窃团体中的其他成员呢？他们全部都会因为你的偷窃行为而受惠，因为你减少了他们作为比较基准的团体总财富（因为我的钱被偷了）。因此，他们没有理由要告发你。所以分配的正义理论预测，告密者会从偷窃者所属的团体中出现。〚54〛

对娅索推论有选择的简短讨论，应该可以让你感受所谓的演绎式理论。不过，既有的推论并不是获得理论的全部保证。研究的角色就是用经验去检验每一个推论，看看哪一个在现实中（观察）言之成理（逻辑）。

归纳式理论建构

我们已经了解到，社会科学家经常运用归纳法建构理论，也就是从观察生活开始，然后寻找可以建立普遍性原则的模式。巴尼·葛拉瑟和安索·斯特劳斯（Barney Glaser and Anselm Strauss, 1967）创造了"草根理论"（grounded theory），用来称呼运用归纳推理进行理论建构的方法。

在通过观察进而发展理论的策略中，经常使用实地研究法（field research，直接观察事物进展）。人类学就有悠久而丰富的实地研究传统。

在当代社会科学家中，没有人比埃尔文·戈夫曼（Erving Goffman）更熟悉通过观察了解人类行为模式的方法了。

> 一种游戏（例如下棋），创造了一种让参与者普遍遵守的规则，即在一个平面上，有一组角色，并有着数不完的情境，每个棋子通过这个规则显示其特性和目的。直到把许许多多的状况化约为一组互相独立、实用的规则。如果日常活动的意义也只是依赖于一组封闭的、有限的规则，那么对规则的解

说就会为社会生活的分析提供一种有力的方法。(1974：5)

在各种研究努力中，戈夫曼揭露了各种行为背后的规则，例如精神病医院的生活（1961）、处在瓦解中的"被破坏的认同"（1963）。在每一个例子中，戈夫曼都深入地观察了一些现象，并且检验了一些指导行为的规则。戈夫曼的研究提供了一个定性实地研究的杰出例子，并成为草根理论的一个根源。

正如讨论慰藉假设和宗教卷入程度时所指出的，定性实地研究并不是发展归纳式理论惟一的观察方法。这里，另一个例子进一步说明了如何运用定量方法发展归纳式理论。

归纳式理论举例：人们为何吸食大麻？

在 20 世纪 60～70 年代，大学校园里使用大麻的情形，是当时大众传媒经常讨论的议题。有些人无法接受大麻普及的程度，另一些人则鼓掌欢迎大麻。我们感兴趣的是：为何有的学生吸食大麻，有的学生不吸？一项在夏威夷大学所做的调查（Takeuchi，1974）为解答这个问题提供了资料。

在研究这个问题的当时，关于吸毒的解释有无数种。譬如，反对吸毒的人常常指出，吸食大麻的学生是因为课业成绩不佳而转向毒品，借此逃避大学生活的考验。另一方面，支持吸毒的人则经常说，他们在寻找新的价值观，他们说：吸食大麻的人已经看透了中产阶级价值观的虚假。

但是大卫·竹内（David Takeuchi，1974）对来自夏威夷大学的资料的分析表明，上述解释并不成立。吸大麻者和不吸大麻者的学业成绩不相上下，两组人对于发扬学校精神的传统

活动的参与度相差无几，两组人融入校园生活的程度也相同。

但两者之间也有差异：〚55〛

1. 女性吸大麻的可能性比男性低。
2. 亚裔学生（占了夏威夷大学学生很大的比例）比非亚裔学生吸大麻的可能性低。
3. 住家的学生比起租屋的学生吸大麻的可能性低。

和前面有关宗教信仰的例子一样，三个变量分别对是否吸大麻都有影响。住家里的亚裔女生中，只有 10% 吸大麻；对比之下，在外租屋的非亚裔男生中，吸大麻的比例高达 80%。和有关宗教信仰的例子一样，在研究者找到解释之前，首先发现了一个有力的吸毒模式。

在这个案例中，解释的方向非常特别。研究者不是解释为什么有些学生吸大麻，而是解释为什么有些人不吸大麻。假设所有学生都有动机尝试毒品，研究者提出，差别就在于阻止学生吸毒的社会约束各有不同。

总体而言，美国社会比较能容忍男性的越轨行为。譬如，如果一群男子喝得醉醺醺而喧闹不休，我们常常说，只是兄弟情谊或者只是寻欢作乐而已；如果一群女子也如此，我们就会认为难以接受。美国有句俗语"男孩终究是男孩"，但是对女孩就没有类似的俗语。因此，研究者推论女性吸大麻所要承受的压力比男性更大。女性的身份就是阻止其吸大麻的一种社会限制。

和家人同住的学生显然比在外租屋的学生受到更多的限制。主要原因不是机会问题，而是住在家里的学生更依赖父母，因此更有可能因为不守规矩而受到更多的惩罚。

最后，在夏威夷，亚裔亚文化迫使亚裔比其他族群更重视规矩，因此，亚裔学生如果被捉到

吸大麻，将会蒙受极大的损失。

所以，社会约束理论为吸大麻的差异提供了解释。学生所受到的约束越多，吸大麻的可能性就越低。再重复一遍，研究者在进行研究之前并没有想到这个理论（社会约束理论），他们是通过考察资料才产生了这个理论。

理论与研究的关联性

在这一章里，我们已经看到了社会探索中理论和研究关联的各种方式。在演绎模式中，研究被用来检验理论。而在归纳模式中，理论是从研究资料的分析中发展出来的。这里，我们将更进一步探讨在社会科学实际探索中理论和研究的关联。

前面我们已经讨论了联接理论和研究的两种逻辑模式，但在实际的社会科学探索中，有许多基于这两种模式的变化。有时候，理论议题只是实证研究的背景。另一些时候，则是引用特定的实证资料来支持理论陈述。在这两种情况下，理论和研究并没有真正的互动并产生新的解释。还有些研究，根本就没有用到理论，例如，有的目的仅在于对特定社会情境的民族志描述。

不过，在阅读社会研究报告的时候，你还是会发现作者会有意识地将他们的研究导向理论，或是相反。这里有一些例子可以说明这个观点。

当纽曼（W. Lawrence Neuman, 1998）在调查美国历史上的垄断问题（"信任问题"）时，他发现了关于社会运动如何改变社会（"国家转型"）的理论的中肯性。不过，他也承认针对他所面临的问题，既有的理论已经有足够的解释力：[56]

通过聚焦于有组织的政治斗争中的文化意义的角色，国家转型理论将社会运动和国家政策形成过程联结起来。尽管在概念和关注方面都有很大的相似之处，但是，有关社会问题、社会运动和符号政治文学的结构主义理念并没有被整合进理论当中。在我的文章中，我吸收了这三方面的文献，并以此来加强国家转型理论。（Neuman 1988：315）

通过对国家转型理论的修正，纽曼就有了指导其对始于19世纪80年代并持续到第一次世界大战的与垄断相关的政治进行调查和分析的理论工具。这样，理论就成了研究的资源，同时也被研究修改。

在一个多少有点类似的研究中，科彼德和大卫（Alemseghed Kebede and J. David Knottnerus, 1998）调查的是加勒比海的塔法理教的兴起。不过，他们认为近来关于社会运动的理论太局限于资源的动员了。他们认为资源动员理论不够重视：

运动参与者的动机、感知和行为……而是关注动员的原因和方式。典型的理论问题和研究问题包括：新兴运动组织如何寻求动员和惯例化资源的流动和既存的政治机构如何影响组织的资源？（1998：500）

为了更好地研究塔法理教，研究者感到要囊括当代社会心理学中的几个概念。他们更注意寻求一些模型，以应对意义问题和集体思想问题。

舒米特和马丁（Frederika E. Schmitt and Patricia Yancey Martin, 1999）则对如下问题相当感兴趣：什么因素促使了强奸危机中心的成功？它们又是如何应对其所面临的组织、政治环境的？研究者发现了跟他们的研究相匹配的理论建构：

这一南加利福尼亚强奸危机中心所发动的个案研究，利用了档案、观察、访谈等数据来探究一个女性主义组织如何从1974

年到 1994 年之间改变警局、学校、检察院及一些州和国家组织。曼斯布立治（Mansbridge）的街道理论观和卡则斯坦（Katzenstein）的动员观和政治学指导了本分析。（1999：364）

总而言之，在社会科学研究中没有简易的食谱。与科学的传统模式比较，社会科学研究似乎更加开放。最后，科学依赖于两种类型的活动：逻辑和观察。通观本书，你会发现，它们在很多模式中都可以很好地结合。

本章要点

导言

社会研究中，理论三方面的功能：

(1) 可以预防我们的侥幸心理；

(2) 可以合理解释观察到的模式；

(3) 形塑和指导研究。

几种社会科学范式

- 社会科学家运用各种不同范式来组织对社会生活的了解和研究。
- 理论类型的范式可分为宏观理论（有关社会的宏大特征的理论）和微观理论（关于社会的小点的单元或特征的理论）。
- 实证主义范式假定，我们可以科学地发现社会生活的规则。
- 社会达尔文主义指出，社会生活是演化进步的。
- 冲突范式关注的是，个人或团体如何支配他人，并避免被他人所支配。
- 符号互动主义范式关注的是，社会互动如何发展出共享的意义与社会模式。
- 如果每个人都是从事研究的研究者的话，常人方法论关注的就是人们在生活过程中制造意义的方法。

- 结构功能主义（或社会系统）范式试图发现社会中各种因素对社会整体的功能。
- 女性主义范式除了关注大部分社会中对女性的压迫外，还注意到社会现实的固有印象是如何来自并强化男性的经验。
- 跟女性主义范式一样，批判种族理论不仅关注一个社会群体（非裔美国人）的弱势地位，同时提供不同的优势条件，以此来观察和理解社会。
- 人们遵从理性规则，长久以来对于现实的客观性有着坚定的信仰；不过，这种信仰已经受到一些当代理论家及研究者的挑战。

社会理论的要素

- 社会理论的要素包括观察、事实、定律（与所观察的事实相关的）和概念、变量、公理或是定理、命题、假设（理论的逻辑基石）。

两种逻辑体系

- 在传统的科学图景中，科学家是从理论开始，然后是操作化和观察。但这一图景却并不适合于实际的科学研究。
- 社会科学中理论和研究的联结是通过两种逻辑方法实现的。
  - ——演绎（deduction）是从理论引出预期的结果或假设。
  - ——归纳（induction）是从特定的观察发展出概化通则。
- 在实践中，科学是演绎和归纳交替的过程。

演绎式理论建构

- 娅索有关分配的正义的研究，显示了形式推理导致一系列能够被观察检验的理论期望的可能性。

归纳式理论建构

- 大卫关于影响夏威夷大学学生吸食大麻的因素的研究，说明了观察如何能够导向概括和理论解释。

理论与研究的关联性

* 在实践中，在理论和研究之间存在很多可能的联结，也存在多种进行社会研究的方式。

关键术语

以下术语是根据章节中的内容来界定的，在出现该术语的页末也有相应的介绍，和本书末尾的总术语表是一样的。

范式　宏观理论　微观理论　假设　操作化　操作定义　零假设　利益收敛

复习和练习

1. 试想教育和偏见之间可能的关联性（在第 1 章曾讨论过）。请以（a）演绎法和（b）归纳法来探讨两者间的关系。
2. 复习本章中讨论的理论和研究间的关系。从学术刊物上选择一篇研究报告，找出文章中理论和研究的关系属于哪一种。
3. 运用网络搜索工具（例如 Google，Excite，Hot-Bot，Ask Jeeves，LookSmart，Lycos，Netscape，WebCrawler 或者 Yahoo），在全球互联网中找出下列范式的信息，至少三种。列出确切网址及其讨论所涉及的理论家。

　　功能主义　　女性主义

　　冲突理论　　实证主义

　　互动主义　　交换理论

　　常人方法论　后现代主义批判种族理论

4. 利用 InfoTrac College Edition（A67051613）或是图书馆，寻找 Judith A. Howard（2000）的 "Social Psychology of Identities"，*Annual Review of Sociology* 26：367 – 93。她认为对于社会认同的研究而言，什么范式最有用？请解释她为什么这么认为？你是否也这样想？为什么

是或为什么不？

补充读物

Chavetz, Janet. 1978. *A Primer on the Construction and Testing of Theories in Sociology*. Itasca, IL：Peacock. 少数几本专为大学程度学生所撰写的理论建构书籍之一。作者以简明易懂的文字和日常生活中的例子，提供了关于科学哲学的基本认识。她描述了关于解释的本质、假设和概念所扮演的角色以及如何建构和检验理论。

Delgado, Richard, and Jean Stefancic. 2001 Critical Race Theory：An Introduction. New York University Press. 这本书很好地介绍了批判种族理论范式（探讨种族问题）以及一些核心概念和相关研究发现。

Denzin, Norman K., and Yvonna S. Lincoln. 1994. *Handbook of Qualitative Research*. Newbury Park, CA：Sage. 不同的作者运用各种范式讨论了定性研究的过程，并指出范式如何影响探索的特性。编者还从后现代主义的观点批评了实证主义。

DeVarlt, Marjorie L. 1999. *Liberating Method：Feminism and Social Research*. Philadephia：Temple University Press. 这本书详细阐述了与女性主义范式方式相关的方法，其中还展示了严格的研究和社会研究在反抗压迫方面的应用。Harvey, David. 1990 The Condition of Postmodernity：An Enquiry into the Origins of Cultural Change. Chambridge, MA：Blackwell. 这本书拓展了对后现代主义的历史和意义的分析，把政治、历史因素与时空联系起来。

Kuhn, Thomas. 1970. *The Structure of Scientific Revolutions*. Chicago：University of Chicago Press. 这是一本关于科学发展本质的书，有趣而充满创意。库恩反驳了科学渐变和修正的观点，认为除非有

足够的证据推翻现有的范式并以新的范式取而代之,否则既有的范式会持续存在。这本书篇幅不长,但是非常具有启发性。

Lofland, John, and Lyn H. Lofland. 1995. *Analyzing Social Settings*: *A Guide to Qualitative Observation and Analysis*. Belmont, CA: Wadsworth. 一本杰出的教科书,指出如何运用双眼发掘社会生活的规则,进行定性的探索。包含一种后现代主义的批判。

McGrane, Bernard. 1994. *The Un-TV and 10 mph Car*: *Experiments in Personal Freedom and Everyday Life*. Fort Bragg, CA: The Small Press. 从常人方法论的取向,列出一些杰出而有趣的例子,探讨社会以及社会学。这本书对学生及教授都适用。

Reinharz, Shulamit. 1992. *Feminist Methods in Social Research*. New York: Oxford University Press. 这本书从女性主义观点探讨了不少社会科学研究的技巧(例如:访谈、实验和内容分析)。

Ritzer, George. 1988. *Sociological Theory*. New York: Knopf. 这是一本关于社会学主要理论传统的绝佳概论。

Turner, Jonathan H., ed. 1989. *Theory Building in Sociology*: *Assessing Theoretical Cumulation*. Newbury Park, CA: Sage. 这是一本关于社会理论建构的论文集,重点就在作者导论中所提的问题:"社会学可以是一门积累的科学吗?"

Turner, Stephen Park, and Jonathan H. Turner. 1990. *The Impossible Science*: *An Institutional Analysis of American Sociology*. Newbury Park, CA: Sage. 针对美国社会学家建立关于社会的科学的历史,两个作者呈现了截然不同的观点。

SPSS 练习

请在本书附的小册子中练习使用 SPSS(社会学数据包)。每章都提供了练习,并有使用 SPSS 的入门方法。

网络资源

社会学 & 现状:研究方法

1. 在最后复习本章之前,先做做测试 Sociologynow: Research Methods,看看有哪些地方需要重点复习。在本书的最前面,有关这个在线工具的信息以及如何得到这些资源。

2. 可按照 Sociologynow: Research Methods 根据测试结果提供的学习计划进行复习。使用学习计划的互动练习和其他资源掌握材料。

3. 复习完毕后,再进行一次测试,以确认已充分准备好学习下一章的内容。

《社会研究方法》第十一版所附带的网站资源

Http:// sociology. wadsworth. com/ babbiepractice11e/登录后,你会发现对你的课程很有帮助的学习资源。这些资源包括辅导测试和反馈、在线练习、Flash 卡片和每一章的章节辅导以及在虚拟空间中扩展的方案、社会研究、GSS 数据以及数据分析软件,如 SPSS 和 NVivo 的使用入门等。

这一章的网站链接

我们需要认识到互联网是一个变动的实体,随时刷新。不过,这些网站还是相对稳定的。

已故的社会学家的主页

http://www2. uwsuper. edu/acaddept/hps/mball/dead-soc. htm

虚拟图书馆:社会学、社会学理论和理论家

http://www. mcmaster. ca/socscidocs/w3virtsoclib/theories. htm

社会学在线走廊

http://www. sociologyonline. co. uk

第 **3** 章

社会研究的伦理与政治

章节概述

　　社会研究总是在一定的社会环境下进行的。因此，在设计和进行研究时，除了科学的考虑之外，研究者必须考虑到很多的伦理和政治问题。不过，面对棘手的伦理和政治问题，清晰的回答往往是难以做到的。

导　言

我写此书的目的是，要为你们今后开展社会研究提供实际有用的介绍。为了使这个介绍更为真实，我必须交代研究项目会受到哪些限制，这些限制包括：科学的、管理的、伦理的和政治的。〖61〗

本书的绝大部分内容都在探讨科学和管理方面的限制。我们也了解了科学的逻辑所要求的特定研究步骤，不过，我们也知道有些符合科学的研究设计，在管理上是不可行的。因为这些几近完美的研究设计，不是费用高昂，就是过于耗时。而这本书讨论的都是可行的折中方案。

在我们讨论关于研究的科学上的和管理上的限制之前，先来探讨一下在现实世界中进行研究时需要考虑的另外两大因素：伦理与政治。就如你们不会使用一些不切实际的方法一样，有些研究方法也会因为有伦理上的禁忌或政治上的困难而难以进行。下面举例说明。

几年前，我应邀列席一个加州法律教育计划的研讨会。这项研究计划是由一所大学的研究中心和加州律师协会联合实施的。这项计划的目的是为了了解在法学院校中，哪些学习经验有助于学生在律师执照考试中过关斩将，以便改进法学教育课程。一般来说，这项计划的开展模式是准备一份调查问卷，以便收集个人在法学院校学习过程中的详细资料。当有人要参加律师执照考试时，就必须回答这份问卷。通过分析不同学习经验的人在执照考试中的表现，可能找出哪些因素起作用，哪些没有。至于研究结果，则可以提供法学院校做参考，最终目标将是改善法学教育。

与律师协会合作的优势在于，所有恼人的争议都会得到妥善的处理。譬如说，可以在考试的同时进行问卷调查，而不会有拒访的困扰。

我满怀对这项研究的希望离席，当我兴奋地向一名同事吹嘘拒访问题已经圆满解决时，她当场就推翻了一切："这么做是不道德的，没有明文规定应试者非得填写问卷，参与研究的人必须是自愿的。"结果这项研究计划最后并没有实行。

叙述这个故事，就表明我已经了解，硬性规定他人参与研究是不恰当的。或许在我说出同事的评论之前，你们早就看到了这一点，所以直到现在我仍觉得很尴尬。不过，我将自己的经验与大家分享，其实还有其他用意。

每个人都会认为自己并不完美，但是比大多数人更加道德。然而，社会研究所存在的问题（在生活中也可能存在）是，我们并非时时刻刻都在关注道德问题。因此，我们会在忽视伦理道德的情况下，卷入某些活动，直到被他人点破。当我向策划小组的其他成员指出这点时，大家一致同意硬性规定他人回答问卷是不合理的，对于当初的疏忽也感到尴尬。

同样，每个人都会看出，需要折腾小孩子的研究是不道德的。我知道，如果我建议访问他人的性生活，然后在当地的报纸刊登访谈内容，你们一定会严加斥责。但是，即使至善至美，在某些情景中，也会完全忽略伦理问题——并不是你们的品性不佳，而是我们都在所难免。

在这章的前半部，我将探讨社会研究中的伦理问题。其中，我会列举一些被公认为可说明道德或不道德的规范。然而更重要的是，我希望能借此提高你们对伦理的敏感度，使你们做研究时留心这方面的内容；甚至让你们知道，当情境的伦理层面存在争议时，你们该如何争辩。在这种情境下，值得注意的是，许多行业都会受到伦理因素的制约，而各行各业所受到的制约因素又都不尽相同。因此，牧师、医生、律师、记者和电视剧制作者在其工作中都会受到伦理因素的制约。在本章中，我们对那些支配社会研究领域的伦理规范进行重点探讨。研究中的政治考虑也是微妙的、两可的和有争议的。法学院校的例子就同时包含了政治和伦理的问题。虽然社会学家的道德规范认为研究的参与者必须出于自愿，但是这项规定显然是从维护人身自由

的政治规范中衍生出来的。在其他国家，上例所提的研究方案也许完全不会被认为是违反道德的。〚62〛

在本章的后半部分，我们将讨论一些因为政治原因而破产的社会研究计划。和伦理问题一样，这里也经常会出现没有正确答案的情况。具有善意的人会持反对意见。不过，我的目的是帮助你们对卷入的政治因素保持更高程度的敏感，但我不会像政党那样给你们说明在政治上什么可接受、什么不可以接受。

社会研究中的伦理议题

在大多数的字典和一般的用法中，伦理（ethics）通常和道德（morality）相提并论，两者都涉及对与错的问题。但是什么是对？什么是错？又根据什么标准来区分？每个人都有自己的一套标准。这些标准也许是宗教或政治意识形态，或是对什么可行与什么不可行的实际观察结果。

《韦氏新世界辞典》（*Webster's New World Dictionary*）对伦理的定义就很典型，它把伦理定义为"与特定职业或群体相一致的行为标准"。虽然这个说法会让那些追求绝对道德的人感到不满，不过，我们在日常生活中就把道德与伦理当成群体成员的共识。不同群体有不同的道德标准，这一点不值得意外。如果你们要在某个社会里生活，了解那个社会的道德标准是十分有用的。你们要在某个社区里搞研究，也是如此。

如果你们要从事社会研究工作，那么，对研究者共识的得体与不得体的了解就相当重要。下面就概括了社会研究中普遍流行的伦理准则。

自愿参与

社会研究经常（虽并非总是）要介入他人

的生活。访问员敲门或者是问卷寄到家门口，都标志着在受访者没有提出要求的情况下，一项会让他耗时费力的活动就要开始了。参与社会实验则会扰乱研究对象的正常行为。

更有甚者，社会研究经常要求他人透露其私人信息——有些甚至是其亲友伙伴都不知道的信息。而且还要求把这些信息告诉陌生人。其他的专业人士，例如医生和律师，也需要类似的信息。然而，医生和律师提出这样的要求，被视为合理的，因为他们需要这些资料来维护当事人的自身利益。但是社会研究者则无法如此保证。我们只能像医学家一样，说研究最终将帮助全人类。

医学研究伦理的主要信条是，参与实验者一定是自愿的。同样的规范也适用于社会研究。任何人都不应被迫参与。然而，这个规范在理论上说说容易，实际接受起来却很困难。

医学研究还提供了一个相似而且有用的情境。许多实验中的药物都在囚犯身上进行测试。在最符合道德标准的事例中，囚犯都会被事先告知实验的性质和可能的危险；他们也知道参与实验完全出于自愿；他们也收到指示不要指望会因此获得任何的报酬，比如假释等。即使在这样的条件下，志愿者合作的动机还是相信自己会从中得到好处。〖63〗

当社会学的授课老师想要分析和发布一份问卷而请同学填写时，老师应该让学生知道参与调查是自愿的。就算如此，大多数学生还是会担心，如果不参与研究，或多或少会影响到他们的分数。所以，指导老师应该特别留意这种带有惩罚意味的暗示，并且想办法避免让学生有这样的疑虑。例如，老师可以在学生填写问卷时，暂时离开教室。或者，可以请学生以邮寄方式回复问卷，或在下次上课前将问卷放入一个专用的箱子里。

另一方面，自愿参与原则又直接违背了很多科学方面的考虑。一般说来，如果实验对象或是调查研究的受访者都是自愿的，科学上所要求的概括性就受到了威胁。这样的研究定位可能会反映很多人的人格特性，但其研究结果不能概括所有的人。最明显的例子就是描述性调查，除非受访者是经科学抽样挑选出的并包括了志愿者和非志愿者，否则研究者就不能把抽样调查结果推论到总体。

正如你们看到的，第 10 章讲的实地研究也面临这种伦理上的两难困境。研究者常常不能透露正在进行的研究，因为担心一旦透露，就会影响研究的社会过程。很明显，在这种情形下的研究对象，没有选择自愿或拒绝参与的余地。

自愿参与是重要的原则，但要真正遵循却常常有困难。当你们认为有正当的理由违反这项规范时，那么，遵守科学研究的其他道德规范就显得更重要了，例如不能伤害研究对象等。

对参与者无害

社会研究绝对不能伤害研究对象，不论他们是不是自愿参与。最明显的实例就是，披露研究的细节会使研究对象感到尴尬，或危及其家庭生活、朋友关系、工作等。这方面的问题将在下一节进行全面的讨论。

在研究的过程中，研究对象很有可能受到心理伤害，因此，研究者应该找出并防备这类最细微的危险。在研究中，研究对象经常被要求透露他们的反常行为、不为一般人所认同的态度，或有关低收入、领取社会救济金等贬低身份的个人特质。透露这些资料多少会让研究对象感觉到不舒服。

社会研究也可能迫使研究对象面对平常不太可能考虑的问题。即使这类信息并不直接透露给研究者，类似的问题也还是会发生。参与者回顾既往时，某些可能不正义、不道德的过去会浮现在眼前，如此一来，研究本身就可能成为研究对象无休无止的痛苦根源。例如，研究项目事关行为规范，那么研究对象也许会开始质疑个人的道德，而这种质疑也许在研究结束之后，还会一直延续下去。再譬如，不断深入地提问会伤害研究对象脆弱的自尊等。

现在你们已经了解，任何研究或多或少都会有伤害到他人的危险，研究者绝对无法确保不会造成伤害。但是有些设计比起其他的更有可能造成伤害。如果一项研究会让研究对象产生不愉快——例如要求研究对象说出他的越轨行为——研究者就必须要有确切的科学理由。如果研究设计是有必要的，但是会让研究对象感到不自在，你们就会觉得自己已置身在伦理的炼狱中，并且被迫做一些自己觉得痛苦的事。也许痛苦本身没什么价值，然而却是一个健康的信息，因为这说明你对问题越来越敏感。

自愿参与和不伤害参与者已经越来越正式化，形成了"知情同意"①（informed consent）的共识。于是，医学实验中的受试者会在讨论中被告知实验的内容以及可能遭遇的危险。实验执行者会要求他们签署一份声明，表示他们已了解其中的危险，但仍选择参加。当受试者被注射会引起生理反应的针剂时，这种过程的价值就更加明显。然而，打个比方，当参与观察者赶往某个城市暴动现场以研究越轨行为时，还要来一套手续就不现实了。在后一种案例中，研究者不会受到被观察者的伤害指控，获得"知情同意"并非达到目的的手段。〚64〛

还有一个经常不被承认的事实是，研究对象还会为研究资料的分析和报道所伤害。研究报告出版后，研究对象常常会读到他们曾参与过的研究。老于世故的研究对象，不难在各种索引和图表上找到自己的资料。他们也许会发现，

自己虽然没有被指名道姓，但是被描述为顽固、不爱国、信仰不虔诚等等。这些描述都会困扰他们、威胁到他们的自我形象。而整个研究的目的，也许只是为了解释为何有些人有偏见，而有些人则没有。

在一项研究女教友的调查中（Babbie，1967），研究者要求抽样选出的几所教堂的负责人分发问卷给被抽到的教友，然后收集问卷、把问卷送回研究室。其中一位负责人在送回问卷之前，先阅读了答毕的问卷并向他的教友喷出地狱之火，说他们是无神论者并将入地狱。即使他不能辨别填写问卷者的字迹和他们的答案，但是可以肯定，这个举动伤害了许多答卷者。

就和自愿参与的规范一样，不伤害他人的规范在理论上很容易为人们所接受，却很难在实际中遵循。然而对这个问题保持敏感和多一些实际的经验，可以改善研究者处理微妙问题的技巧。

近几年，遵守这项规范的社会研究者受到越来越多的支持。联邦政府和其他提供经费的组织，都特别要求对研究对象的境遇进行独立评估；而大多数大学现在都成立了研究对象委员会，基本任务就是进行评估工作。有时候，这种事情虽然很麻烦或有运用不当的情形，不过，这项要求不只是避免不合伦理的研究，还可以显现最严谨的研究者也会疏忽某些伦理问题。

匿名与保密

保护研究对象的权益最首要的就是保护他们的身份，特别是在进行调查研究的时候。如果披露研究对象被调查时的反应必定会伤害到他们，因此，坚守这项规范就显得至关重要。匿名

---

① 知情同意：这种规范要求，基于自愿参与的原则而进入研究的对象，必须完全了解他们可能受到的危害。

和保密这两种技巧（两者经常被混淆），则能够在这个时候给你们帮助。

匿 名

当研究者无法辨认哪种反应属哪个特定研究对象的意见时，这个研究对象就可以说是**匿名**① (anonymity) 的。换句话说，接受访谈的研究对象绝对不可能是匿名的，因为访员是从一个可以辨别的研究对象那里收集相关的资料（在此，我假设你们遵守正确的抽样方法）。一个匿名的例子，就是以邮寄的方式进行问卷调查，而问卷回收之前并没有可辨别的编号。

正如我们在第 9 章有关调查研究的讨论中提到的，确保匿名使得追踪回收问卷难以进行。除此以外，在有些情况下我建议你们考虑付出某种代价。我在进行大学生使用毒品的研究时，决定绝对不要知道研究对象的身份。我认为切实确保匿名的做法会增加应答的可能性和准确度。同时，我也不要让自己陷入有关当局询问吸毒者姓名的处境。虽然有几位研究对象自愿透露自己的姓名，不过这些资料立即做清除。

保 密

当研究者能够指认特定研究对象的回答，但是承诺不会将其公开时，该研究就到了**保密**② (confidentiality) 的要求。例如，在一项访问调查中，尽管研究者其实随时可以公开某位研究对象所填报的收入，但是，就研究工作的伦理而言，却要对研究对象保证绝对不会这么做。

当调查是保密而不是匿名的时候，研究者必须向研究对象表明真相。而且，千万不能把匿名当成保密。〖65〗

除了少数例外（例如有关公众人物的调查中调查对象同意公开其意见），对研究对象提供给我们的资料一定要保密。这并不是一项容易遵守的规范，而且法院也不承认社会研究的资料像神父和律师一样享有"沟通特权"（即法律保证保密特权）。

疏于保密在 1991 年几乎酿成灾难。1989年，爱克森石油公司瓦尔迪斯号 (Exxon Valdez) 超级油轮在阿拉斯加的瓦尔迪斯 (Valdez) 港口附近搁浅，造成 1000 万加仑的石油流入海湾。媒体广泛报道了这起海上漏油事件对经济和环境所造成的破坏。但是较少关注那个地区居民所承受的心理和社会层面的伤害。只有一些零碎的报道涉及了因漏油事件所造成的困扰，使得酗酒、家庭暴力等不断增加。到后来，威廉王子海湾 (Prince William Sound) 和阿拉斯加海湾 (Gulf of Alaska) 的 22 个社区的居民控告爱克森石油公司在经济、社会和心理上造成的伤害。

为了确认破坏的程度，这些社区委任一家圣地亚哥的研究机构，负责家庭调查。在调查中，居民被问到家庭所遭受的困扰等私人问题，被抽样的居民要披露令他们痛苦和尴尬的资料，当然他们得到了绝对保密的保证。调查结果显示，个人和家庭问题，在漏油事件发生后确实有所增加。

当爱克森石油公司得知调查资料会用来证明居民的遭遇时，他们采取了一个不寻常的步骤：要求法庭调阅这些问卷！法庭答应辩方的要求，下令研究者交出问卷，其中包括了可以辨别研究对象身份的资料。爱克森石油公司的用意，就是要让接受调查的研究对象出庭接受审问，说明前面他们在得到身份保密承诺的情况下，向研

---

① 匿名：当研究者和读者都不可能将回答和回答者对应起来时，这个研究就可以说达到了匿名的要求。

② 保密：当研究者能够指认特定研究对象的回答，但是承诺不会将其公开时，该研究就到了保密的要求。

究者所说出的答案。许多接受调查的研究对象，都是土生土长的原住民，在他们的文化规范中，公开披露自己的生活是十分痛苦的事。

令人高兴的是，在法庭决定是否要强迫调查对象出庭作证之前，爱克森瓦尔迪斯案件就告结束。不那么令人愉快的是，潜在的危害依然存在。关于这次生态危机的更详细情况，请参见皮考、吉尔和库恩（Picou, Gill, and Cohen, 1999）的研究。

这个议题的严肃性还不只限于针对已经成名的研究机构。史卡斯（Rick Scarce）在对主张动物权利的激进人士进行参与观察时，还是华盛顿州立大学的研究生。1990 年，他以研究发现为基础写成了一本书：《生态战士：理解激进环保运动》（*Ecowarriors: Understanding the Radical Environmental Movement*）。1993 年，史卡斯奉召到一个大陪审团前作证，而且还被要求指认他所研究的激进人士。史卡斯为了遵守保密的规范，拒绝回答大陪审团的问题，并在斯波坎（Spokane County）坐了 159 天的牢。

> 尽管我回答了检举人的许多问题，但是对其中 32 个重要问题，我仍然拒绝回答。"你们所需要的信息都是我在社会研究活动中在坚持保密的情况下获得的；我只要回答了你们的问题，也就意味着我违背了对被调查者保密的规范。因此，作为美国社会学协会的成员，囿于我的伦理职责，并依据记者、研究者和作家在《第一修正案》中所享有的特权，我拒绝回答你们的问题。"（Scarce, 1999: 982）

在面对大陪审团及后来的入狱期间，斯波坎意识到美国社会学协会（ASA）极力支持他的伦理观点，并且以他的名义向法院提出了友好建议。1997 年，美国社会学协会修正了其规范，并告诫研究者要不断提醒自己：尽管尊重法律规范或许会限制他们对受访者的保密能力，但仍然要坚持保密原则。〖66〗

你可以利用集中技巧来避免这些危害，并更好地保证保密性。在开始之时，访谈者和其他会接触到对象特征的人都要经过伦理责任方面的教育。除了教育之外，最基本的方法就是当可辨别的资料不再有需要时，就立即删除。例如，所有的姓名和地址都应该从问卷中删除，并代之以编号。这就需要建立一个编号文档，以便能够将编号和姓名对应起来，这样就可以纠正缺失信息和相矛盾的信息。但是要保证：除非有正当的理由，否则这个编号文档是不可以公开的。

同样，在访谈调查中，刚开始你需要可辨别调查对象的资料才能和他们再度联络，以确定已经完成了访问，或取得原先访问中所遗漏的资料。因此，知道研究对象的身份，对保证资料的质量是至关重要的。然而，当你们确认访问已经结束，并且肯定已不再需要有关对象的更详尽资料时，就可以放心地把所有可辨别身份的资料从问卷上删除。有很多问卷的设计，把所有辨别身份的资料放在第 1 页，在不需要知道研究对象身份后，就可以把首页撕掉。皮考（1996a, 1996b）指出，即使如此，在很多时候也还是不足以保证保密性。这是他在联邦法庭中将近一年来的教训。对研究对象所有回答的仔细分析，有时候能够判断这个人的身份。例如，他说自己是某一公司的正式员工。知道了那人的性别、年龄、种族和其他特征，公司就可能判断出这人是谁。

即使你打算删除所有的信息，但是，在你删除这方面的资料之前，如果警方或法庭下令要你提供研究对象在调查中所做的回应时，你该怎么办呢？

跟研究伦理的其他方面一样，专业的研究者

在这方面也同样避免遵循生硬的伦理规则。而且，他们还会不断地问怎么做才能够最好地保护被研究者的利益。下面是贝克（Penny Edgell Becker, 1998：452）关于与某社区的宗教生活相关的定性研究中所涉及的保密问题：

> 在最近的几个研究之后，我也公布了社区的真实名字：Oak Park。而不是将社区的历史简化为一些隐秘的纬度，或是建立一个"自己人／外来者"机制。其他类似的研究者也都知道这个社区的真实名字。但是这个社区里的其他信息则是不公开的……在所有的事例中，个人的身份都是伪装过的，除了 Jack Finney——路德教的牧师，因为他允许我们公开他的身份。"City Baptist"是在教会领导的要求下所使用的假名。GSLC（一个教堂）的领导人也允许我们使用该教堂的真实名字。

欺　骗

我们已经知道，对研究对象身份的处理是事关重要的伦理问题。而研究者如何处理自己的身份，也相当微妙。有时候，向研究对象表明自己的研究者身份是有用甚至必要的。有时候却要像一个高明的演员，让人们加入实验研究或填写冗长的问卷，并让人们不觉得你在搞研究。〔67〕

就算你们必须隐瞒自己的研究者身份，你们仍须考虑下面的问题。因为骗人是不道德的，所以在社会研究中，欺骗行为应该被纳入科学或行政的考虑范围。即使如此，这些考虑还是会引起争议。

有时候，研究者虽坦承自己在搞研究，却捏造研究目的或受益人。假设你们受托为某公共福利机构进行一项接受补助者的生活水准研究，

尽管这个机构要寻找改善接受补助者的生活的方法，但是研究对象仍可能会害怕被扣上"骗子"的帽子。因此，研究对象可能把自己的生活状况，说得比实际情况更糟。然而，除非研究对象提供真实的答案，否则这项研究无法为有效改善他们的生活处境提供准确的资料。这时你们该怎么办呢？解决方案之一就是告诉研究对象，你们所进行的研究是大学研究计划的一部分，绝口不提你们和公共福利机构的关系。如此一来，虽然提高了研究的科学性，却产生了严重的伦理问题。

在实验研究中，谎称研究目的是常有的事。虽然隐瞒你们在做研究并不容易，不过，隐瞒你们的研究目的却很简单，有时候甚至是恰当的。很多社会心理实验要测试研究对象到底要到何种程度才会放弃自己观察所得的证据，转而接受他人的观点。阿希实验（Asch experiment）——经常在心理课程中重复的实验——中，研究对象可以看到 A、B、C 三条不同长度的线条，然后研究对象把这三条线和 X（第四条线）比较。他们要回答："A、B、C 中，哪一条线和 X 等长？"

你们或许觉得这是一件非常简单的事，因为很明显的，B 是正确答案。但是，当许多人都认为 A 和 X 等长，问题就变得复杂了。事实上，实验中说 A 与 X 等长的人都是研究者的同伙。这项研究的目的，就是在测试你们是否会放弃自己的判断，转而从众。你们会发现这是一个值得研究和了解的现象，如果不欺骗研究对象，这类研究就无从做起。在本章稍后讨论米尔格拉姆（Stanley Milgram）的实验时，还会讨论类似的情形。现在的问题是，我们如何能证明"欺骗在实验顺利进行中是有必要的"这一伦理问题。在这类实验中，研究者已经找到一个适当的解决方法，就是

在实验结束后向研究对象进行**任务报告**① （debriefing）。虽然他们不能在实验开始前知道研究的真正目的，这并不表示他们事后也不能知道。在事后告诉他们真相，也许能弥补事前不得不撒的谎。然而，对这项工作必须谨慎，以确保研究对象心里不会产生疑虑或因为自己在实验中的表现而对自己产生怀疑。如果这个问题有些复杂，那么，这纯粹是因为我们用人的生命作为研究议题所必须付出的代价。

分析与报告

身为社会研究者，你们对研究对象肩负着许多伦理责任。同时，在科学领域中，你们对同行也有伦理责任。这些责任跟数据分析和报告结果的方式有关。〖68〗

在任何严谨的研究中，研究者应该比任何人都熟悉研究技术的缺点和错误。你们有责任使读者了解这些缺失。尽管你们会觉得承认错误很愚蠢，但无论如何你们还是得这么做。

只要是与分析有关的发现，即使是负面的，也应该报告出来。在科学报告中有一个不合宜的神话，那就是只有正面的发现才值得报告（有时候期刊编辑也会犯相同的错误）。然而在科学上，知道两个变量相关或不相关具有同样的重要性。同样，研究者要避免为了顾全面子而把自己的发现说成是周密计划的结果（事实上并非如此）。其实有许多研究发现都在意料之外——虽然这些发现在事后回顾时，都似乎是显而易见的。当你们意外发现一个有趣的关联时该怎样处理呢？用虚拟假设等来粉饰这种情况，不仅不诚实，同时也可能误导缺乏经验的研究者，让他们以为所有的科学探索事先都经过严谨的计划和组织。

一般来说，科学因开诚布公而进步，因自我保护和欺骗而受阻。只要你们把进行某项研究时经历过的所有困难和问题和盘托出，你们就可以对自己的同行——甚至对整个科学探索有所贡献。这样，你们可以帮助他们避免犯同样的错误。

制度性审议会

有关人的研究的伦理问题，目前也受到联邦法律的管制。任何机关团体（例如大学或医院），如果想要获得联邦的支持，就必须成立制度性审议会（IRB），由教职人员（或其他人士）组成，审议组织内所有以人类为对象的研究计划，以确保人权和个人利益。尽管这个法规特定地用于联邦支持的研究，但是很多大学也在所有的研究中运用了同一标准和程序，包括那些不是由联邦支持的项目，甚至是那些没有成本的研究，如学生项目。

IRB 的主要责任是确保把参与研究者面临的危机降到最低限度。有时候，IRB 会让研究者重新设计甚至不批准某项研究计划。开展研究难免会有一些小危险，所以研究者必须要准备一份"知情同意书"，清楚地说明研究的危险，而研究对象一定要先看完这些声明，并且签名表示他们知道这些风险并自愿参与研究。〖69〗

推动设立 IRB 的力量，主要来自对人类进行研究的医学实验；因此，很多社会科学研究设计常常被认为可以不经过委员会的审议。寄给大规模样本受访者的匿名调查就是一例。各 IRB 所遵循的指导原则，正如"联邦豁免项目"（Federal Exemption Categories，45 CFR 46.101 ［b］）中所列举的：

（1）在已建立或是已经得到普遍认同

---

① 任务报告：和对象交流，以让他们了解其在研究中的经历。当存在伤害参与人的可能性时，这种报告是尤为重要的。

人类性欲研究的伦理议题

凯瑟琳·麦金尼（Kathleen McKinney）

伊利诺伊州立大学社会学系

当我们研究人类任何行为时，伦理问题的重要性是至高无上的。这句话在研究人类性欲时显得再真切不过了，因为这个议题具有高度个人化的、突出的甚至威胁性的特征。对于人类性欲的研究，社会大众和立法者都曾经表达过关切。有三个常常被讨论到的伦理标准，特别适用于对人类性欲的研究。

知情同意

这个标准强调两点：一方面要确切地告知研究对象研究的性质，另一方面要取得研究对象口头或书面的同意。不得以威胁手段强迫对象参与，而且研究对象随时可以退出。违背这个标准的情况有很多种。因为害怕被拒绝或得到假情报，研究者可能会以虚伪的陈述或欺瞒的用语来描述令人尴尬或涉及隐私的研究议题。在某些观察研究中，隐藏身份的研究也违反了知情同意的标准，因为研究对象根本不知道自己正在被研究。知情同意在特定群体中可能会有问题。例如，研究儿童的性欲可能会受到某些限制，因为儿童不论在认知上或情感上，都可能无法表达知情同意。虽然可能遇到上述问题，不过大多数的研究都是自愿参与的，而且在充分知情的情况下都取得了受访对象的同意。

隐私权

由于性欲是高度个人化的，而社会对于性欲控制又极度关切，因此在性欲研究领域中，隐私权是一个非常重要的伦理议题。接受研究的个人，当他们的性生活的某些细节公开后，可能会面临丢掉工作、家庭不和或者遭到同事排挤等问题。尤其某些人的性欲可能会被归类为"离经叛道"（如性别倒错），更有可能如此。侵犯隐私权的情形包括：研究者指出了研究对象的身份，公开或泄露研究对象的个人资料或答案，或是秘密观察性行为等。大部分的情况下，研究者都会维护研究对象的隐私权。在调查研究中，当面分发问卷可以做到匿名，而访谈也可以做到保密。在个案和观察研究中，接受研究的个人或团体的报告发表时，都可以使用假名。在大多数的研究方法里，分析与报告的资料，应该都是团体或整体的资料。

避免伤害

所谓伤害包括情感或心理上的苦恼以及生理上的伤害。造成伤害可能因研究方法的不同而不同；实验法或对研究对象有行为介入，比观察研究或调查研究更容易造成伤害。不过，所有的性欲研究都会造成情感上的困扰。回答这类问题，会引起焦虑、勾起不愉快的回忆，或对自己做出批评性评价。通过匿名制、自主答卷、用训练有素的访谈者或对敏感问题精心措辞等方法，则可以在调查过程中降低产生困扰的可能性。

以上三个标准其实都非常主观。当然，有人会以社会利益重于研究对象个人的风险为由，来为违反这些标准的行为辩解。问题是，谁做了最关键的决定。通常，这个决定由研究者做，同时由一个审查委员会来处理伦理的问题。很多有创造性的研究者，不仅完全遵循了这三个标准，同时也完成了重要的研究。

的教育场景中实施的研究，包括正式的教育实践，如（i）常规性的或是特殊的教育战略研究，或是（ii）关于教育技巧、课程或是课堂管理方法的有效性的研究或是比较研究。

（2）牵涉到教育测试（认知、诊断、智能、成就）的使用的研究、调查程序、访谈程序或者对公众行为的观察。除了（i）信息被记录的方式导致对象的身份能够被确认出来，不管是直接的还是通过标志符；和（ii）任何对象的回答的泄漏能够导致对象面临刑事或者民事责任，或者危机对象的财政地位、就业和声誉。

（3）牵涉到教育测试（认知、诊断、智能、成就）的使用的研究、调查程序、访谈程序或者对公众行为的观察，而又没有在本节的（b）（2）中被豁免的，如果（i）对象被选举或是委任为公共职位或是公共职位的候选人，或者（ii）联邦法令要求个人可确认的信息的机密将保持到整个研究过程及以后——如果没有特别豁免的话。

（4）牵涉到对现存数据、文件、记录、病理样本或是诊断样本的收集和使用的研究，如果这些材料是公开可获得的，或者如果信息由调查者记录的，而且对象不能够被确认——不管是直接的还是通过标志符。

（5）有部门或机构领导主持，或得到其同意的研究和实证方案，并是用来学习、评估或是测试的：（i）公共利益或是服务项目；（ii）在这些项目里获得利益或是服务的程序；（iii）这些项目或是程序的可能变化或是替代；或者

（iv）在这些项目里的利益和服务支付方法上或者层次上的可能变化。

（6）口味和食品质量评估，和消费者接受度研究，（i）如果不含添加剂的有益食物的消费，或者（ii）如果一种被消费的食物所含的食物成分等于或低于标准，但不危及健康；或者农作物的农药含量或是环境污染物等于或低于标准，但不危及健康，需有食品和药物管理局或是环境保护组织或是美国农业部的食物安全和检查服务组织的许可。

第（2）段中有关豁免的摘录，豁免了本书所描述到的大部分的社会研究。不过，大学有时候还是会不恰当地运用这些法律条文。比如，作为一个大学的 IRB 的主席，我曾经被要求评论一下一封将要被送到药品保险公司的知情同意书。这封信请求获得他们的同意以了解他们的项目中的医药治疗所包含的内容。很明显，写信的人并不了解法律的相关规定。在这样的例子中，一个获得知情同意的比较合适的技巧是通过电子邮件来发送问卷。如果公司回信了，他们就同意了。如果不回信，那么就吹了。

其他 IRB 还认为，研究者在公共聚会和公共事件中观察参与者之前，在多数一般的事件中也要征得同意。适尔（Christopher Shea, 2000）就将好些这种对法律的有问题的运用编入了其书中。这些事例虽然支持法律所允许的伦理逻辑，但又是对法律的误用。

研究伦理是一个不断发展的课题，因为新的研究技巧经常需要推翻旧的利害关系。比如，随着利用公共数据库进行的二手研究的增加，促使一些 IRBs 开始担心他们是否需要重新审视这些项目。因为每当 GSS 数据出来，研究者就试图利用这些数据。（很多人认为这些不必要的，见

Skedsvold 2000，其中有关于公共数据库这些问题的讨论。）

　　同样，通过网络进行研究的前景也引起了新的伦理问题。在 1999 年 11 月，在美国高科技协会（AAAS）的主持下就出来了这个报告。该报告总的结论就是总结了在本章所已经讨论过的问题：

> 　　当前保护研究对象的伦理和法律架构，依赖于自愿原则、仁慈和正义。自愿是首要原则，这要求研究对象要受到尊敬，并且是匿名的；在这个基础上，他们还要受到特殊的保护。在实践中，这个原则被反映在知情同意中：研究的风险和受益要向研究对象公布。第二个原则是仁慈，这包括最大化研究对象的可能利益，同时最小化对研究对象可能会造成的风险和危害。由于知识的果实可能建立在对研究对象的损失上，因而，第三个原则就是正义。它寻求与研究相关的负担和收益要公平分配，这样就能够保证特定个体或群体不会承担不成比例的风险，而另外一些人或群体则得到过多的好处（Frankel and Siang 1999：2 - 3）。

职业伦理规范

　　由于社会研究的伦理问题既重要又模棱两可，大多数的专业学术机构都制定并公布了一套正式的行为规范，明确指出了哪些专业行为是可以接受的，哪些不能被认可。在此我列举了美国民意研究协会（the American Association of Public Opinion Research，AAPOR）的行为规范，因为 AAPOR 是社会科学研究的一个综合性研究机构（见图 3 - 1）。绝大多数的职业协会都有这样的伦理规范。比如，美国社会学协会、美国心理学协会、美国政治科学协会等等。你可以在协

会的网站上发现很多。〖71〗

　　此外，互联网研究者协会（the Association of Internet Researchers，AoIR）也有其在线可获得的伦理道德的规范。

伦理问题的两种争议

　　正如你们想到的那样，职业行为准则并不能完全解决研究伦理问题。对于一些一般性的准则，社会科学家们仍然存在分歧，即使原则一致，在特定方面也有歧见。

　　在这个部分，我要简单叙述这几年来曾经引起伦理上的争议和广泛讨论的两个研究项目。第一个项目是研究公共厕所中的同性恋行为，第二个则是在实验室中研究顺从行为。

"茶室" 中的麻烦

　　汉弗莱斯（Laud Humphreys）是一位研究生，他对同性恋研究特别有兴趣。他特别有兴趣的是，一些非同性恋者会不经意地突然表现出同性恋行为。因此，他把研究地点就设定在公园公共厕所，也就是同性恋者口中的"茶室"中，在那里观察陌生人相遇时所表现的同性恋行为。研究的结果发表在他 1970 年出版的《"茶室"交易》（*Tearoom Trade*）中。

　　汉弗莱斯特别感兴趣的是，这些研究对象在其他地方过着"正常"的生活，在家庭中和社区中都没有遭到另眼相待。没有任何一点蛛丝马迹显示他们是同性恋者。因此，在"茶室"这样的场合，他们应该隐匿自己的身份。那么，这项研究又该如何进行呢？

　　汉弗莱斯决定利用情境中的社会结构。一般来说，典型的"茶室"情境应该包括三个人：两个正在进行同性恋行为的人和一位旁观者，一

职业伦理与实务规范

作为美国民意研究协会的会员，我们将遵循本规范的以下原则：

我们的目标是支持健康的民意研究（所谓民意研究指的是，关于个人信仰、偏好和行为等主要资料来源于研究对象本人的研究）。

我们誓言保持高标准的科学能力和工作完整性，在与客户和社会大众的关系上亦然。我们也誓言拒绝所有不符合本规范的任务。

规范

I. 工作行为的职业实务原则

　　A. 谨慎收集和处理资料，采取所有合理的步骤来假设结果的准确性。

　　B. 谨慎进行研究设计和资料分析。

　　　1. 根据职业判断，采取最适用于手中研究议题的研究工具和分析方法。

　　　2. 不应为了得出符合自己意愿的结论，而选用特定的研究工具和分析法。

　　　3. 不应故意曲解研究结果或策略性地采用与现有资料不符的解释。

　　　4. 不应故意暗示我们的解释比实际资料有更高的可信性。

　　C. 在所有的研究报告中，应该准确、详尽地叙述研究发现和研究方法。

II. 在与人打交道时的职业责任

　　A. 公众：

　　　1. 应该与公众合法授权的代表合作，详述研究所使用的方法。

　　　2. 不管是不是我们的责任，我们都应该保留发布研究结果的许可权。当发生解释错误时，我们应该公开说明修正的方法。除此之外，在其他方面，我们也有责任替客户保密。

　　B. 客户或资助人：

　　　1. 对于所取得的客户资料和为客户所做研究的结果，除非客户正式授权发布，否则应该遵守保密的原则。

　　　2. 应该清楚自己在技术与设备上的限制，只接受可在该限制下能顺利完成的工作。

　　C. 专业人士：

　　　1. 不应把本协会会员身份当作自己职业能力的证明，因为本协会并不对任何个人或团体进行能力鉴定。

　　　2. 明确自己有责任对民意研究科学做出贡献，并且自愿发表自己研究的理念和发现。

　　D. 研究对象：

　　　1. 不应欺瞒研究对象或使用虐待、强迫或羞辱研究对象的策略与方法。

　　　2. 应该保障每一位研究对象的匿名权，除非研究对象为了特殊目的放弃匿名保护。除此之外，对所有足以辨别研究对象身份的资料应该严加保密。

资料来源：American Association for Public Opinion Research, By–Laws（May 1977）。经允许采用。

图 3 - 1　美国民意研究协会行为规范

般被称为"守卫皇后"（watchqueen）。因此，开始时，汉弗莱斯在公共厕所出入，并且在适当的时机扮演旁观者的角色。既然做守卫皇后可以观察到行为，这样的参与观察法就与实地参加政治抗议或在十字路口观察行人穿越红绿灯的实地调查一样。

为更确切地了解同性恋者在"茶室"里的行为，汉弗莱斯必须更深入地了解研究对象。为了避免惊吓研究对象，汉弗莱斯想出了一个方法。他偷偷地记下研究对象的车牌号码，然后通过警方追踪到他们的姓名和地址。经过伪装并确定不会被认出来之后，汉弗莱斯又亲自登门造访。他向研究对象说自己正在进行一项调查研究。这样的方法让他成功地收集到在公共厕所中所收集不到的个人资料。

汉弗莱斯的研究在社会学领域内外都引发了极大的争议。有些批评家认为汉弗莱斯假科学之名，侵犯他人的隐私，因为一般人在公共厕所做什么事和汉弗莱斯一点关系也没有。也有人认为其中涉及欺骗行为：因为汉弗莱斯欺骗受访者，让他们以为他不过是一个有窥视癖的参与者。此外，有另一派学者认为公共厕所是公共场合，因此而成为观察的对象也是无可厚非的。尽管如此，人们对汉弗莱斯后来掩饰身分，骗得个人隐私的研究方法也不表示赞同，甚至觉得这样的方法违反了研究的伦理。

当然，也有学者出来为汉弗莱斯的研究方法辩解。他们认为这个特殊的议题值得好好研究，确实也没有其他更好的研究方法可以使用。他们认为汉弗莱斯的欺骗行为并没有伤害受访者，因为他处理的时候相当谨慎，没有使受访者在"茶室"中的行为曝光。〖73〗

有关"茶室交易"的研究争议始终没有得到定论，因为其中牵涉到情感和众说纷纭的伦理问题。你们的看法是什么？汉弗莱斯的做法合乎研究伦理吗？这个研究有没有可取之处？哪里又值得讨论？（见 Joan Sieber 在 http：//www.missouri.edu/~philwb/Laud.html 上的在线讨论，其中有关于"茶室"研究的政治、伦理内容的更多讨论。）

观察人类的顺从行为

第二个例子和第一个大相径庭。汉弗莱斯的"茶室交易"研究采用的是参与观察法，这一例却是在实验室中进行的。第一个是社会学的研究，而这一例是心理学研究。第一个研究检验出人类的异质性，第二个要考察人类性格中的同质部分。

二次世界大战的时候，德军最常使用的将暴行合理化的借口就是"我只是服从命令罢了"。这个例子说明了一件事：任何行为，不论该如何遭到谴责，只要能由别人担负责任，就可以被合理化。举例来说，如果一个德国高级将领命令一个士兵杀死一个婴儿，该"命令"就可以使这名士兵免于承担杀死婴儿的责任。

虽然军事法庭并不接受这样的托词，但是社会学家和其他许多学者都相信，这种观点充斥在社会生活中。通过听命于某些有较高社会地位的人，人们常常愿意做些他们自己也知道会被认定有错的事情。举例来说，美军当年在越南美莱（My Lai）村屠杀 300 多名手无寸铁的村民就是一例。在这 300 多名惨死的村民中，就有不少是儿童。整个悲剧的发生只因为美军误以为美莱村是越共的基地。而发生在寻常百姓生活中的案例，只是没有这样戏剧化罢了。大部分人都相信，这种现象的出现是因为存在着权威，但米尔格拉姆的研究（1963，1965）却引发相当多的相反意见。

为了要研究人类是否愿意遵从权威去伤害他人，米尔格拉姆从不同行业中找来了 40 名成年男性进行实验室研究。如果你们是研究对象，你们会有以下的经历。有人会告诉你们，还有另外一名研究对象会加入实验。经过抽签，你们要担任"教师"的角色，另一个实验对象是"学生"。"学生"会被带到一个房间，坐在椅子上，手腕上绑着一个电极。而"老师"则和"学生"隔着一道墙，坐在一个电量控制板前方，上面是许多的按键、旋钮、开关等等。每一个开关都标明不同的电压，从 15 伏特到 315 伏特不等。还有其他的标志，上面写着"高压电"、"危险！极强电压"和"×××超强电压"等符号。

实验进行的方式大概是这样的。"老师"要先对"学生"宣布一组字符串，然后看看他是不是能把字符串正确地组合起来。因为"老师"看不到"学生"，因此他的答案正确与否是通过仪表板上的灯来显示，如果"学生"的答案错误，实验者就要求"老师"对"学生"实施电击（从最低电压开始），告诉"学生"他的答案错误。虽然"老师"和"学生"之间隔了一道墙，但是从开着的门，"老师"还是听得到"学生"对电击的反应。然后"老师"必须继续宣布字符串，看"学生"是不是能够答对。[74]

实验越进行下去，对"学生"的电击量就越高，一直到"学生"高声尖叫，苦苦哀求停止实验。但是实验者还是要求"老师"继续进行实验，学生这时候会大声敲打与老师相隔的墙壁，继续高声尖叫，"老师"还是必须在实验者的命令下继续对"学生"实施电击。"老师"继续对"学生"宣读，等到"学生"的房间已经静默无声的时候，实验者还会告诉"老师"这是错误的答案，要继续实施更高电压的电击。一直要到"×××"级的电压，实验才告一段落。

如果你们扮演"老师"，当你们第一次听到"学生"尖叫的时候，你们会怎么办？当他敲打墙壁的时候呢？当他完全无法发出声音甚至已经没有生命迹象的时候，你们又会怎么做？你们会拒绝实施电击吗？在米尔格拉姆的实验中，前 40 名受试者在"学生"开始敲打墙壁之前，没有一位"老师"拒绝实施电击。有 5 位"老师"在"学生"敲打墙壁的时候拒绝继续电击，但有 26 位"老师"即 2/3 的受试者继续对"学生"实施电击，直到最高电压为止。

或许你们早就猜到了，电击是假的。担任"学生"的人都是知道实情的实验者。只有"老师"才是真的受试者。"老师"以为自己在电击"学生"，事实上根本没有伤害"学生"。这项实验测试的是人们遵守命令的意愿，即假设可以达到致命程度。米尔格拉姆的实验无论在方法论或伦理方面都引起了强烈的批评。在伦理方面，批评集中在对受试者的影响。许多受试者认为自己遭受了与被电击者相同程度的痛苦。他们哀求实验者允许他们停止电击。在实验过程中，受试者变得相当沮丧和紧张。还有人一时无法控制而引发疾病。

对于这个实验你们有什么看法？你们认为这个实验的重要性足以为实验方法辩解吗？任务报告就足以改进所有可能的伤害吗？对于同样的人类顺从性实验，你们还能想到其他的实验方法吗？

在网页上还有关于米尔格拉姆的实验的大量讨论。你可以搜寻"米尔格拉姆实验"、"人类顺从实验"或是"斯坦利·米尔格拉姆"。

社会研究的政治蕴含

如同我在前面的章节中所言，伦理和政治都与意识形态搅在一起。一个人赞成的观点，另一个人恰好会反对。在研究中，尽管政治问题和伦理问题一样有很多争议，但我仍然想从两个方面将伦理问题和政治问题分开。

　　首先，尽管许多人认为政治观点与伦理意识有相当密切的关系，但分野还是有的。社会学研究中的伦理争议大多与研究方法有关。但是政治观点的争议，则发生在研究的性质和运用中。举例来说，批评家以伦理学的眼光来看米尔格拉姆的电击实验，他们认为这个方法伤害了研究对象。但是从政治的视角出发，批评家则直接质疑这项实验的意义，他们认为研究人类的顺从行为没有意义。因为第一，我们不应该对于人们的顺从行为妄下结论；第二，这样的结论可能使人们更加盲目地迷信权威。

　　其次，政治与伦理观点的不同之处还在于，现实社会不像伦理争议一样存在着正式的行为规范。尽管一些伦理上的规范也含有政治层面的意义，如不伤害受访者的观念就来源于保护人权的政治观念。但是到目前为止，还没有一种能让社会学家一致接受的政治规范。〖75〗

　　惟一的例外可能就是这样一种普遍被接受的观点：研究者个人的政治取向不应该妨碍或者不适当地影响他的科学研究。如果研究者对其研究进行扭曲或者撒谎，并以此作为推进其政治观点的方式，则被认为是不正当的。不过，研究还是常常因为违反这个规范而饱受攻击。

客观性与意识形态

　　在第 1 章我就提出，由于研究者与生俱来的主观性，社会学研究永远不可能达到客观的境界。科学作为集体的事业，是通过互为主观性而趋近于客观性的。这就是说，不同的科学家尽管各有不同的主观观点，但通过运用被广泛接受的研究方法，还是可以接受相同的结果。一般而言，研究者在研究过程中要抛开个人的观点和价值观，这样才能使结果在一定程度上获得共识。

　　在社会学研究中，对客观性和中立性的经典论述就是韦伯的"科学作为一种职业"（Science as a Vocation，［1925］1946）的演讲。在这次演讲中，韦伯提出了"价值中立的社会学"这一术语。他认为社会学就像其他的学问一样，应该不受个人价值观的影响，并因此而对社会有所贡献。不论个人的判断如何，自由的或保守的，都应该认同社会科学中被称为"事实"的部分，不论这些事实是否和自己的政治观念相符。

　　大部分（并非全部）科学家都能够认同韦伯的这个抽象理想。近年来，马克思主义和新马克思主义学者主张，社会科学和社会行动不能也不应该分开讨论。他们认为，所有对社会现状的解释都是在为既得利益者辩护。举例而言，要从社会功能的角度来说明歧视问题，就是放任歧视继续存在。因此，忽视对社会及其病症的研究且缺乏把社会变得更人性化的使命感，无疑是一种不负责的行为。在第 10 章，我们将讨论学习参与行动研究。确切地说，在参与行动研究中就是调查者承诺用社会研究的方式来满足研究设计的目的，并且希望为被调查者所重视的一种研究方式。例如，研究人员向某工厂的工人们承诺改善他们的工作环境，那么他们就要要求工人们详细说明他们所期望的结果并参与相关的社会研究来达到他们预期的结果。而此时研究者的角色就是要确保工人们知道专业的研究方式。

　　除了抽象地争论社会科学到底能否或是否应该做到价值中立之外，社会学界还存在着一些其他的讨论，如某一特定的社会学研究到底有没有可遵守的价值中立的标准，或者研究者是否应该以自身的政治观点介入研究。大部分学者都否认自己主观介入，不过，这种否认也遭到了质疑。以下就是一些引发强烈争议并将继续争论下去的案例。

社会研究与种族问题

社会研究和政治的纠缠不清在种族关系领域最为复杂难解。社会学家研究种族问题由来已久，而研究的结果通常都显示出政治的影响力。以下就是几个简单的例子。

美国最高法院在 1896 年确立了"隔离但平等"（separate but equal）的原则，即在实行种族隔离政策的同时，不违背美国宪法第十四修正案，即保障黑人的平等权。这个决议并没有经过任何社会学的研究。尽管如此，人们还是相信最高法院受到了一位当代社会学大师——萨姆纳（William Graham Sumner）的影响。当时萨姆纳提出了一个说法，他认为社会中的道德和民俗对于社会立法和社会规则缺乏灵敏的反应。他的想法常常被解释为"国家方式和民俗方式之间互不干涉"。因此，法院不接受"立法可以改变社会中的歧视"的假设。同时，法院还反对"和社区整体情感相违背的法律"的说法（Blaunstein and Zangrando，1970：308）。就像很多政治家所说的那样，"法院不能够为道德立法"。

1954 年，最高法院基于这项研究结果，说明种族隔离环境对黑人孩子的心理产生了负面的影响，决定推翻以往的"隔离但平等"的信条（Brown V. Board of Education of Topeka）。最高法院还引用了许多社会学和心理学的研究报告，来为他们的判决作证（Blaunstein and Zangrando，1970）。〚76〛

大体而言，美国当代的社会学家都支持黑人在美国获得平等的待遇，他们的信念也常常成为研究的动力。而且，他们还希望他们的研究能够带来社会变革。比如，米达尔（Gunnar Myrdal 1944）两卷本的关于美国种族关系的研究，无疑对其所研究的主题具有深远的影响。米达尔收集了大量的数据，其数据显示黑人的现

实地位直接与美国关于社会和政治平等的价值相冲突。而且，米达尔丝毫也不掩饰自己在这方面的观点。（通过搜寻"Gunnar Myrdal"或者"An American Dilemma"，你可以得到更多关于米达尔的里程碑式的研究的内容。）

许多社会学家还积极参与人权运动，为数不少的还是激进人士。因此，无须畏惧同行的批评，便可直言不讳地道出支持平等的研究结论。为见识一下美国社会学界在平等问题上的团结一致，我们不妨举几个例子，它们都未曾根据事先的意识形态获得结论。

大部分社会学家都公开反对学校的种族隔离政策。因此，1966 年，科尔曼（James Coleman）关于种族和教育的研究结果引起了当时学术界的热烈讨论。科尔曼是一位备受尊重的社会学家，和当时的主流思想不同的是，他的研究发现，黑人小孩的学业表现并不因学校是否采取种族隔离而不同。事实上，如图书馆、实验器材以及每一个学生在教育资源上的平均花费等都没有什么差异。但是，科尔曼倒是发现，家庭和居家环境因素对孩子的学业表现有相当重要的影响。

科尔曼的研究发现，无法为积极参加人权运动的社会学家所接受。有的学者批评科尔曼的研究有方法上的缺陷，但最激烈的批评还在于有的学者认为这个结果可能导致未来种族隔离的政治效应。由科尔曼的研究所引发的争议，非常类似于莫伊尼汉（Daniel Moynihan）在 1965 年研究美国的黑人家庭时所引发的讨论。

另一个引发政治争议的是关于黑人和白人智商的研究。1969 年，一位哈佛大学的心理学家詹森（Arthur Jensen）为了要在《哈佛教育学刊》上发表文章，便着手进行一项研究。这篇文章讨论的是不同种族学生在智商上的差异。詹森的结论是，黑人和白人的基因不同，导致黑人

的智商分数一般比白人低。詹森对于自己的结果相当有信心，并在全美各大学巡回演讲，阐述这个观点。

不过，詹森的研究在方法论上受到了大量攻击。争议的焦点在于詹森的结论所引用的资料并不充分或太草率，因为许多智力测验都不太理想。另外，还有人批评詹森在做结论时并没有将社会环境因素列入考虑。还有一些社会学家举出了许多方法论上的疏漏。

除了社会学家之外，还有人抨击詹森具有种族主义偏见。当然，他的结论也引起了反种族主义者的不满，在他巡回演讲的过程中，不时地遭到群众的攻击。詹森的处境就如 100 年前废除奴隶制倡导者一样。

对于像莫伊尼汉、科尔曼以及詹森等人的研究，许多社会学家主要从科学和方法论的角度进行批评。不过，我要强调的是，意识形态常常也会出现在社会学研究中。抽象地说，尽管社会模型应该独立于意识形态之外，但是在实际过程中，却始终无法与意识形态分离。

为了检验新近的围绕种族和成就而进行的争论，请查阅网站上关于"The Bell Curve"——由赫斯坦（Richard J. Herrnstein）和穆雷（Charles Murray）的一本书所引发的——的不同观点。〖77〗

性别研究的政治

如前所述，汉弗莱斯的"茶室交易"研究引起了研究者对伦理问题的争议，而且这种争议一直在延续。同时显而易见的是，大部分研究所引起的愤怒情绪是由与议题相关的研究本身所引起的。

如下所述：

汉弗莱斯不仅仅研究了 S－E－X，而且观察并探讨了同性恋。而这并不是两个恰巧是同性别同性恋的人之间同情与效忠的关系而是陌生人之间在公共厕所的美丽邂逅。在 1970 年，对于大部分美国人来说，或许只有增加基督教婴儿的牺牲，才能使它更具有煽动性。（Babbie 2004：12）

然而，对许多人来说，汉弗莱斯的研究议题异乎寻常地具有煽动力，尤其是那些原本较乏味的性研究也已经为公共场所的恐惧而大声疾呼。20 世纪四五十年代，生物学家金赛（Alfred Kinsey）和他的同事们分别于 1948 年和 1953 年发表了具有里程碑意义的研究：美国男性和女性的性实践。金赛广泛地进行访问，这使得他能够报告性行为频率、婚前及婚外性行为和同性恋行为等。他的研究引起了公愤，人们甚至试图关闭金赛在印地安纳州的研究学院。

尽管现今大部分人都不会再继续对金赛的报告做文章，但美国人对性研究仍是趋于觉得这一议题很棘手。1987 年，美国卫生研究所（the National Institutes of Health, NIH）提议寻找抗击艾滋病蔓延的方法，并发现如果他们设计抗艾滋病毒计划，需要大量的关于当代性行为的资料。在这一研究建议的提议下，Edwad O. Laumann 及其同事开始了尖端的研究设计。被提议的研究聚焦于不同生命阶段不同的性行为类型，并受到了美国卫生研究所及其顾问的大力吹捧。

后来，参议员 Jesse Helms 和 William Dannemeyer 介入这一研究设计。1989 年，他们耳闻 Laumann 的研究，开始阻止这一研究并向一青少年禁欲计划投入同等数量的资金。生物学家 Anne Fausto-Sterling 试图了解反对这一研究的人的想法。

Helms 辩论道：

"研究的真正目的并不是要'遏止艾滋病的蔓延'，而是要编撰想象中的所谓的科学事实去支持左翼势力的自由主义论点：同性恋是正常的，是可以接受的生活方式……只要我还能站在美国参议院的地板上。"他补充说明道，"我将永远不会屈服于那种事情，因为它根本就不是另外一种生活方式，而只是鸡奸。"（Fausto-Sterling 1992）

在美国参议院，Helms 获得了 66∶34 的投票支持率。尽管众议院的代表反对这一修正案，但是协商委员会已经不再讨论此问题，这项研究的经费也被冻结。Laumann 和他的同事继而向私人部门发展，并且获得了研究基金。这些基金是从私人的小基金会筹集而来，研究的规模也因此而缩小。1994 年，他们的研究结果《性现象的社会组织》发表了。

政治与普查

研究人类的社会行为几乎都要有政治因素的参与。让我们共同审视一下美国宪法要求的十年一度的人口普查。人口普查最初的目的只是为了确认各个州的人口规模，以便决定每个州在众议院中的代表的合理数量。平均每个州有 2 个参议员，人口多的州相对会比人口少的州多几名议会代表。只要数清楚每个州的人口数量就足够了，不会有比这更简单的办法了。

起初，在像美国这样一个总人口分散的国度，清点人口并不是一件容易的事情，况且，关于"人"的定义也不是直截了当的。例如，在人口普查中，每个奴隶只能算 3/4 个人。这就减少了美国南部各州代表的占有率。即便是把每个奴隶算成是一个人，这同时也就增加了奴隶们被剥夺选举权的这一激进做法的危险。[78]

更进一步地讲，在普查人口的时候还有一些问题仍令人畏惧。例如，这些人是住在郊区村屋住宅、都市公寓、大学宿舍、军队军营、农场、森林小屋，抑或是非法住宅区，还是根本就无家可归呢？这对社会研究者来说也同样具有挑战性。然而，解决这些难以处理的问题和在解决这些问题中所总结的技巧仍然脱离不了政治因素的制约。

Kenneth Prewitt 在 1998 – 2001 年期间负责人口调查局的指导工作。他描述了在人口调查过程中的一些政治问题：

在 1910 – 1920 年期间，有一次从南方各州农村到北方工业城市的大规模的战时人口迁徙运动。1920 年，在美国历史上城市居民的数量第一次超过了乡村居民人口的数量。美国市内既有点新鲜气氛，又有点骚动不安，尤其是相对于那些 Jefferson 的支持者来说更是如此，因为他们坚信：只有独立自主的农场主才能最有效地保护民主政治。持有这种论调的人大多是生活在南方或西部农村的保守国会议员。这次人口的重新分配将会导致劳动力流失到以工业为基础的团体；政治上比较激进的移民也集中在了东北部城市。在国会上，保守派极力阻止这样的人口流动，并托词抱怨：1 月 1 日正值当时的人口普查日，把那些农业人口算成城市人口而不算成是农业人口的做法是不正确的，因为他们还要在春忙的时候及时返回到农场。（后来，人口普查日已经改到了 4 月 1 日，而在他们那里还是 1 月 1 日。）这种争论一直持续了 10 年，直到下一届人口普查，国会人员才重新被分配。（Prewitt 2003）

近年来，对保守统计城市贫困人口数量的关注也成了一个政治问题。一般来说，大城市很容易保守统计人口，更倾向于支持民主党而非共和党，所以你也可以轻而易举地想得到哪个党派会积极地去改善人口统计,哪个党派会略显消极了。出于同样的原因,当社会工作者试图用现代化的调查抽样方法来列举总人口的时候(详见第 7 章抽样部分),他们已经从民主党那里得到了更多的支持,而不能从共和党那里得到,原因就在于用这种现代化的抽样方法进行人口调查,民主党派会受益,而共和党派会受损。举这一例子的目的不在于表明民主党派比共和党派更支持科学的发展,而在于说明我们所生活的政治环境,我们在进行社会研究的时候经常会受其影响。

无孔不入的政治

社会学研究常常受到意识形态的困扰。我希望你们能够了解,政治在社会研究中渗透得远比我们想象的深远。社会学研究一旦与有争议的社会问题发生关联,就不可能保持百分之百的纯客观——尤其是当意识形态不同或彼此利益冲突时。

当研究被卷入具有冲突利益的人们之间的争论时也是如此。例如,曾经在法庭中担任"专家证人"的社会学者或许会同意,追求真理的科学理想,在法律的殿堂中,其实是一种无可救药的天真。尽管"专家学者"似乎应该没有立场,但实际上还是站在了付给他们报酬的一方。虽然专家证人不会因此而做伪证,但不可讳言,当事人总是要寻找对他有利的专家作为证人。

因此,学者一旦成了专家证人,就表示他的中立和职业角色事实上倒向了支付报酬的一方。当专家学者走进了法院,发誓自己所言句句属实的同时,其实他已经无法表现客观公正了。接下来就是胜负问题了。专家证人会输掉的是别人对他的尊敬。但是对大部分的社会学者来说,受人尊敬仍然是相当重要的。

我自己就有一个亲身体验。我曾经代表一群因为某个粗劣的社会学研究而被削减生活津贴的公务员,到联邦法院作证。我必须提出更科学的社会学证据来推翻原来削减公务员福利的研究。我曾经在一项研究中说明了我的研究成果(Babbie,1982:232 – 243),在这里就不赘述。〖79〗

我站在证人席上,觉得自己像一个备受推崇的教授兼教科书作者。但是,我却发觉自己正在远离学术的领域,统计上的检测和抽样误差等学术论证不堪一击。首先,来自华盛顿的对方律师企图引导我,让我说自己熟悉某份根本不存在的专业期刊,我觉得自己受了屈辱,而且发现自己似乎转变阵营了。我的态度转趋强硬,尽量少扮演好好先生,并成了忍者教授(ninjia – professor)阵营的一员,而且一直要到成功报复了那位律师才觉得痛快。

虽然那些公务人员成功地拿回了他们的生活津贴,但是我还得承认,在法庭上,我非常关心自己的表现。讲这个小小的经验是希望能让你们了解,在原本应该讲究科学和客观的研究中,也会有人类互动中个人恩怨因素存在。只要是"人"在进行研究,我们就必须要把人性纳入最后评估研究结果的考虑中。这不是要降低研究的效果,只是要列入考虑。

正视政治问题

当然,社会科学家一定要对研究的伦理及政治方面特别注意。当政治人物或公众发现社会研究违反伦理和道德标准时,他们会很快地用自己的方法进行回应。还有,受到保护的也许并不是学术界的标准,即使研究者会支持立法目标,但法律所指明的手段却可能破坏研究本身。

立法人员对有关儿童的研究尤其关注。本章所讨论的社会研究规范也都要求保护儿童不受到身体和情绪上的伤害。有一项不时地被立法人员提出的限制性法案，针对的是一个特定的西部都市，这个都市的名字此处不宜披露。有市民关切一家公立学校老师在教室播放新时代（New Age）音乐，而且鼓励学生冥想。市议会针对这个问题通过了一项议案，要求老师不能做出"影响学生心灵"的举动。

从这些讨论中，我希望你们记住三点：首先，我们必须知道科学领域也有政治力量的介入，尤其是社会科学，因为社会科学是社会生活的一部分。我们研究的都是人遇到的问题，是人们有深刻感觉并影响人们生活的事物。社会学家本身也是凡人，他们的情感也在他们的研究中表露出来。如果以为一切都是超然客观，那就太天真了。

其次，即使面对政治压力或争议，科学研究还会继续。就算研究者已经被激怒，甚至恶言相向，或者遭到了外在环境的抨击，科学研究也会永不间断。科学的探讨，研究的进行，结果的发表，新知识的学习，都将继续。总而言之，意识形态的争端无法阻止科学的进行，相反，将使得研究更富有挑战性。

再其次，我希望你们能将意识形态列入考虑的范围，这将在你们学习不同社会研究方法的时候让你们更加敏锐。许多现存的科学方法是为了要帮助我们考察和改善我们的缺点；否则，我们将用一种封闭的眼光看世界，永远自闭于个人的偏见和专断之中。〚80〛

最后，社会工作者也不能因其固有的价值观念而影响其研究的质量和可信度。当然这并不等于说社会工作者就不能或者不应该参加公开辩论去表达自己的科学见解和观点。你可以置身于偏见的言行之中进行关于种族偏见的科学而又精彩的社会调查。有些人争辩道：社会工作者因其具备在社会工作中所积累的科学见解，

他们有义务说出他们自己的见解，而不应把这些角色推脱给那些政治家、记者和访谈类节目的主持人。Herbert Gans 记述了对"公众社会学家"的期望：

> 一名公众的社会学家是一名公众的知识分子，把社会学的思想、观念和发现应用到那些在社会学中有争议的社会议题上（此处社会和社会学都是指广义的概念）。公众的知识分子应在公众议程上出现的所有议题发表评论；公众社会学家理应就能发挥他们社会学洞察力和能运用他们研究发现的议题上发表他们的评论。

本章要点

导言

- 除了技术和科学的层面之外，社会研究还有管理、伦理和政治的层面。

社会研究中的伦理议题

- 伦理上的"对"与"错"，事实上是人们所认同的对与错。
- 研究者认为，研究对象参与研究活动必须是自愿的。但对自愿性的要求却与科学所要求的概括性相违背。
- 研究者认为，除非研究对象愿意冒被伤害的风险，研究工作不可以伤害到研究对象。
- "匿名"指的是连研究者都无法辨认的关于研究对象的特征信息。"保密"指的是虽然研究者知道描写研究对象的信息，但是愿意为之保密。保密的最直截了当的办法，就是在你不再需要身份信息的时候毁掉它。
- 很多研究设计都包含了或多或少的对研究对象的欺骗。因为欺骗违背了伦理行为的一般标准，所以研究中的欺骗需要强有力的正当性——而且即使有正当性也要面临质疑。

- 社会研究不仅对研究对象具有伦理责任，也对研究者团体具有伦理责任。这些责任包括全面地、精确地提供结果，同时还要公布存在的错误、不足和研究中的其他缺点。
- 好几个学科的职业协会都公布了伦理规范，以指导研究者。这些规范是必需的、有帮助的，但它们并不能解决所有的伦理问题。

伦理问题的两种争议

- 汉弗莱斯关于"茶室"的研究和米尔格拉姆关于顺从的研究，引起了至今还争论不休的伦理问题。

社会研究的政治蕴含

- 社会研究不可避免地具有政治的和意识形态的因素。尽管科学在政治问题上是中立的，但科学家不是。而且，很多社会研究都不可避免地卷入了研究团体之外的人们的政治信念。
- 虽然大多数研究者都同意，政治取向不应该不适当地影响研究，但在实践中却总是难以从研究中排除政治和意识形态。有些研究者认为，研究能够也应该是社会行动和变革的工具。更隐蔽的是，意识形态还影响到其他研究者获得这些研究的方式。
- 虽然科学的规范无法迫使科学家放弃个人的价值观，但是科学互为主观性却可以防止科学成为个人偏见的产物。

关键术语

以下术语是根据章节中的内容来界定的，在出现该术语的页末也有相应的介绍，和本书末尾的总术语表是一样的。

知情同意　匿名　保密　任务报告

复习和练习

1. 考虑以下真实的和假设的研究情景。每个例子中的伦理成分是什么？你认为该程序最终是可接受的还是不可接受的？或许和你的同学一起讨论这些问题会更有帮助。

a. 一个心理学教师在一次介绍性的心理学课堂上要求学生完成一个问卷调查，该教师会对问卷中的资料进行分析和利用，并用来撰写期刊论文以供发表。

b. 在一次暴乱中，对异常行为进行实地研究之后，法律实施部门要求研究者指认那些抢劫的人。由于担心被当成同谋而被拘捕的研究者屈服了。

c. 在完成一本研究报告的终稿后，研究者发现 2,000 个调查对象中的 25 个是由访谈者伪造的。为了保证研究的规模，研究者忽略了这个信息并出版了该书。

d. 研究者获得了一份他们希望研究的右翼激进分子的名单。他们与激进分子联系，并解释说他们是从总体中被"随机"选出来做"公众舆论"调查的。

e. 一名大学教师想检验一下不公正斥责对学生在一课程表现的影响。他将学生分为两组，总体而言，两组的成绩并没有差异。但是其中一组的成绩被人为地降低了，教师斥责了这一组。然后，教师对这两组进行了同样的期中测验，并发现受到过不公正斥责的那一组的成绩相对差点。假设得到了证实，研究报告也发表了。

f. 在一项关于性行为的研究中，研究者希望能够克服研究对象不愿意说出他们认为羞耻的行为。为了达到这个目的，研究者使用了这样的问题："每一个人都不时地手淫，你的频率如何？"

g. 一项研究对学校里的寝室生活进行研究，并发现 60% 的学生都有规律地违反有关不准喝酒的规定。这一发现的发表将会引发校园内的激怒。因为没有出台可以喝酒的规定的迹象，研究者决定不发表。

h. 为了检验人们在多大程度上维护面子，研究者要求研究对象就他们完全不知道的事件表达态度，而且这些事件是虚构的。

i. 一份研究问卷附在注册单上而在学生之间流转。虽然学生没有被要求必须完成这些问卷，但是研究者则希望学生们会认为他们必须这样干——这样就可以得到更高的回答率。

j. 研究者为了研究一个激进的政治群体而假装加入，并被成功地接受为一员。如果该群体正在做如下计划，研究者该怎么办？

（1）平和的，但是非法的游行；

（2）炸掉一座没人住的公众建筑物；

（3）谋杀公众官员。

2. 复习米尔格拉姆针对人类顺从行为所进行的研究。试着针对同样的议题设计一个实验，但要避免重蹈米尔格拉姆研究的伦理问题的覆辙。你的研究是否同等有效？是否具有同样的效果？

3. 假设研究者个人偏好小家庭制度，认为这能解决人口过剩问题。他想进行一项实验，找出人们想多子多孙或不想多子多孙的原因。讨论这位研究者个人的观点可能导致的问题以及避免的方法。在设计调查的时候，研究者需要考虑哪些伦理问题？

4. 通过 InfoTrac College Edition，搜索"知情同意"，并用"研究"来限制你的搜索。浏览结果并将那些认为知情同意是有问题的人归类。提出一些避免这个问题的方法。

补充读物

Hamnett, Michael P, Douglas J. Porter, 1984.

Amarjit Singh, and Krishna. Ethics, *Politics, and International Social Science Research*. Honolulu：University of Hawaii Press。对于研究伦理的讨论一般都集中在参与者个人的权益上，但这本书则更进一步地讨论了整体社会的利益。

Homan, Roger. 1991. *The Ethics of Social Research*. London：Longman。一位英国的社会科学家就社会科学领域的伦理问题所撰写的一份完整分析。

Lee, Raymond. 1993. *Doing Research on Sensitive Topics*. Newbury Park, CA：Sage。这本书检验了科学研究与人权之间的冲突，并且提出了解决的建议。

Sweet, Stephen. 1999. "Using a Mock Institutional Review Board to Teach Ethics in Sociological Research". *Teaching Sociology* 27（January）：55–59。虽然是为教授写的，但是这篇文章为挑战你的伦理本能提供了一些研究例子。

SPSS 练习

请在本书附的小册子中练习使用 SPSS（社会学数据包）。每章都提供了练习，并有使用 SPSS 的入门方法。

网络资源

社会学 & 现状：研究方法

1. 在最后复习本章之前，先做做测试 Sociologynow：Research Methods，看看有哪些地方需要重点复习。在本书的最前面，有关于这个在线工具的信息以及如何得到这些资源。

2. 可按照 Sociologynow：Research Methods 根据测试结果提供的学习计划进行复习。使用学习计划的互动练习和其他资源掌握材料。

3. 复习完毕后，再进行一次测试，以确认已充分准备好学习下一章的内容。

《社会研究方法》第十一版所附带的网站资源

Http：// sociology. wadsworth. com/ babbie-practice11e/登录后，你会发现对你的课程很有帮助的学习资源。这些资源包括辅导测试和反馈、在线练习、Flash 卡片和每一章的章节辅导以及在虚拟空间中扩展的方案、社会研究、GSS 数据以及数据分析软件，如 SPSS 和 NVivo 的使用入门等。

这一章的网站链接

我们需要认识到互联网是一个变动的实体，随时刷新。不过，这些网站还是相对稳定的。你也可以参照书上网址，进入更多的网址链接。

美国社会学协会，伦理规范

http：//www. asanet. org/page. ww? section =
Ethics& name = Ethics

大多数的职业协会都有伦理规范，以指导其成员的活动。这个网站就是一个很好的例子。

健康和人类服务、人类主体保护部（45CFR Part 46）

http：//www. hhs. gov/ohrp/humansubjects/guidance/45cfr46. htm

这里是规范如何对待人类主体的首要联邦规定，并为制度性审议会奠定了基础。

挪威研究委员会，社会科学中研究伦理的方针，法律和人文科学

http：//www. etikkom. no/Engelsk/NESH

这份由国家委员会就社会科学和人文科学中的研究伦理所写的报告，为这一论题提供了一个深度检验。

第 2 篇

研究的建构

准确地表达问题往往比回答问题更困难，而一个表达准确的问题基本上就回答了问题本身。在我们向他人清楚地陈述一个问题时候，其答案也已经呼之欲出了。

第 2 篇着重于那些应该观察的事物，换句话说，本篇着重于如何准确地表达科学问题，即研究的建构。第 3 篇则描述一些社会科学观察的特殊方法。

第 4 章强调进入研究的一些问题，考察社会科学研究的目的、分析单位、关注点以及科学家从事研究的原因。

第 5 章讨论概念化和操作化——即确定你所要度量的事物的具体含义。我们将以一些日常生活中的常用词汇为例——如偏见、自由主义、快乐等等，说明当我们从事研究时确定术语的含义是何等重要。这个澄清的过程也被称为操作化。

一旦我们确定了术语的含义，接着就要去度量术语所指涉的内容。这种测量设计步骤或操作过程被称为操作化。第 5 章讲述一般意义上的操作化，并且特别关注访谈及问卷的问题结构。

为了详尽地介绍测量，第 6 章要进一步讨论如何从事研究，探讨在定量研究中运用指标法（indexes）、量表法（scales）和分类法（typologies）测量变量的技术。譬如，我们可以询问受访者五个不同的有关性别平等态度的问题。之后，运用受访者对于 5 个问题的答案，形成有关性别平等主义的复合测量。这类复合测量是在资料分析的过程中建立的（参见第 4 篇），尽管复合测量的原始资料必须在研究设计和资料收集时准备妥当。

最后，我们要看看社会科学家如何选择被观察的对象——人或事。第 7 章专门讨论抽样，强调概化中的基本科学问题。你们将了解如何选择观察少数的人或事，并把观察结果应用到较多的人或事中。譬如，通过抽查 2,000 个美国公民在总统选举中的取向，从而正确地预测其他成千上万美国公民的投票行为。在这章中，我们将考察一些有助于将观察进行概化的技术。

总之，在第 2 篇中你将学习从事社会科学观察的一些技术。第 3 篇则告诉你之后的研究步骤。

第 4 章

研究设计

章节概述

你将从本章学到许多社会科学研究者针对研究对象、时间、方式和目的所使用的各种不同的研究设计。

导　言

科学是致力于发现的事业。无论你要发现什么，都有许多方法。人生亦如此。假设你要发现某种新车型（Burpo – Blaster）是否适合你，你可以去买一辆试试看。你可以和许多该车的使用者谈谈他们使用的经验；或阅读分类广告，看看是否很多人都在贱卖该车。当然还有许多其他方法可以用。这样的事情也发生在科学研

究中。[87]

最终，科学研究要进行观察并对你所观察到的事物进行解释，这也是第 3、4 篇的主题。不过，在你观察和分析之前，你需要一个计划。你需要判断你需要观察什么、分析什么、为什么以及如何进行。这就是研究设计的全部内容。

虽然设计的细节会因研究对象不同而有所不同，但我们仍然可以讨论研究设计的两个主要方面。第一，必须尽量明确要发现的东西；第二，必须采用最好的方法进行研究。有趣的是，如果能够掌握第一个方面，也就能用同样的办法

很好地掌握第二个方面。正如数学家所言，一个设计完好的问题本身，就包含了它的答案。

假设你对恐怖主义的社会调查感兴趣。当罗斯（Jeffrey Ross, 2004）从事这一议题的研究时，他发现现行的研究都是运用多种的定性或定量的研究方法。例如，定性研究者获得原始数据通过以下几种方式：

> 自传
> 事件报告与说明
> 人质与恐怖分子的接触经历
> 现行政策的直接描述

罗斯继续讨论了一些定性研究者所使用的间接获得的资料。"恐怖分子的自传，恐怖组织的案例研究，恐怖主义类型的案例研究，特殊恐怖事件的案例研究，被选中国家和地区恐怖主义案件的研究。"（2004：27）同时，定量研究者在研究恐怖主义的时候也运用了多种方法，这些方法包括：分析媒体报道，统计恐怖事件类型和利用各种与恐怖时间相关的数据资料。通过这章的学习，你可以了解到任何一个研究议题都可以通过许多方法来处理。

本章将简要介绍研究设计，第 2 篇的其他章节将深入探讨其他方面。事实上，研究设计的所有方面都是相互联系的。把它们分开讨论，只是为了展示研究设计的细节。本章中，我将罗列社会研究的各种可行方法。在随后的章节中，研究设计各部分之间的关联性将变得越来越清楚。

我们将从社会研究的目的着手，探讨分析单位——即研究的对象（人或事物），随后，探讨如何处理社会研究中的时间问题，或者如何研究一个处于变动中的研究目标。

有了这些概念之后，我们就转向如何设计研究计划。这个计划通常服务于两个目的：描述你如何能够设计一个研究，它为本书的剩余部分提供了一个图景。

最后，我们还要探讨研究计划书的要素。通常，在从事一项研究之前，必须说明研究目的——也许可以申请到经费，或是获得授课老师的允许。借此，也可以显示你在从事研究之前已经仔细考虑了研究议题的所有方面。

研究的三个目的

当然，社会研究要满足许多目的。三个基本的、有用的目的为：探索、描述和解释。虽然某项研究可能不止一个目的（多数研究只有一个目的），但是，分别讨论这三个目的仍是有益的。因为，每一个都可应用于研究设计的其他方面。

探　索

多数社会研究都要探讨某个议题，并提供对该议题的初步认识。当研究者讨论某个他/她陌生的议题，或议题本身比较新时，尤其如此。〖88〗

例如，假设很多纳税人由于不满政府而爆发反抗运动。开始时，人们拒绝纳税，并为此组织起来。对这个运动，也许你想知道得更多：范围有多广？社区的支持程度如何？运动是如何组织起来的？什么样的人最活跃？为了大致回答这些问题，你们要进行探索性的研究。你必须查阅税务机关的资料、收集和研究与运动有关的文献、参与他们的集会，并访问活动的领导人。

探索性研究也适用于历时现象的研究。假如你对大学的毕业要求很不满意，并想有所改变，那么，你就要了解这种要求的历史发展，并访问学校的行政人员，了解他们采用该标准的缘由。你可以和几个学生谈谈，了解他们对该问题的粗略想法。尽管这种做法未必能准确地反映学生的意见，但可以为进一步的研究提供基础。

有时候，我们使用兴趣群体访谈法（引导式小组讨论）来进行探索性研究。这也是市场研究中经常使用的方法。我们将在第 10 章对此进行更深入的讨论。

探索性研究通常用于满足三类目的：（1）满足研究者的好奇心和更加了解某事物的欲望；（2）探讨对某议题进行细致研究的可行性；（3）发展后续研究中需要使用的方法。

例如，不久前，我开始注意到流行起来的通灵（channeling），被称为灵媒的（channel or medium）人进入催眠状态，并用另一个人的声音说话。有些声音昭示他们来自灵魂世界，有些则说他们来自其他星球，有些还说他们难以用人类语言形容他们所在的真实空间。

人们有时候用广播或电视来比喻灵媒声音（通常被称为"存在"）。在一次访谈中，灵媒告诉我："当你看新闻时，你不相信拉瑟（Dan Rather）真的在电视机里面，如同我的情形一样，我用身体作为媒介，正如拉瑟用电视机作媒介一样。"

通灵引起了我几方面的兴趣，特别是在方法上，如何科学地研究一些违反常理（如空间、时间、因果关系、个人等等）的现象。

在缺乏理论或确切预期的情形下，我只想多了解一些。运用第 10 章讨论的各种实地研究方法，我开始收集资料，对观察到的现象进行分类并获得理解。我阅读与灵媒现象有关的书籍和文章，询问曾经参与过通灵的人。之后，我自己也参与了通灵，并观察其余参与活动的人、灵媒本身以及"存在"。接着，我还分别访问了一些灵媒和"存在"。

在多数访谈中，我首先询问他们怎样开始灵媒工作，具体情形如何，为什么继续从事这类

活动以及其他一些标准的自传式问题。然后，受访的媒介就会进入催眠状态，接着，"存在"和我谈话。然后我就问"你是谁？""你从哪里来？""你为什么要在这里？""我如何分辨你的真伪？"尽管在访谈之前我已经准备了一些问题，但无论议题是什么，似乎都有恰当的、现成的答案。

这个探索性研究例子说明了社会研究通常是如何开始的。从演绎理论开始的研究者通常事先知道基本的变量，我要做的第一件事就是确定那些可能相关的变量。譬如，我注意到灵媒的性别、年龄、教育程度、宗教背景、起源地区以及先前的玄学经历等都是变量。

我还注意到通灵活动的差别。有些灵媒说他们必须进入深眠状态，有些浅眠则可，还有一些根本不必进入催眠状态。大多数人在通灵时是坐着的，但也有人站着并走来走去。有些灵媒在一般的环境中活动，另一些人则要求一些形而上的道具，如昏暗的灯光、香气、吟唱等等。最初观察时，许多诸如此类的差异就吸引了我。〖89〗

至于"存在"，我的兴趣在于对他们的来源进行分类。在访谈中，我询问了一组有关"现实"的具体方面的问题，并试图对他们的答案进行分类。同样，我也询问了未来事件的问题。

在研究进程中，对具体问题的考察逐步集中到当初确定的那些变量上，看起来，还值得进一步深入下去。请注意，开始时，我并没有明确的议题。

在社会科学研究中，探索性研究是很有价值的。当研究者要开发新的研究领域时，尤其如此；研究者常常借助探索性研究来获得新观点（探索性研究是第 2 章讨论的基础理论之一）。

探索性研究最主要的缺点就是很少圆满地回答研究问题，尽管它可以为获得答案和寻求确切答案的研究方法提供线索。探索性研究之所以

不能提供确切的答案，是因为它的代表性。关于代表性，第 7 章将会详细讨论。一旦了解了代表性，你就会知道探索性研究是否给出了问题的答案，或仅指点了获得答案的方向。

描　述

许多社会科学研究的主要目的是描述情况及事件。研究者观察，然后把观察到的事物或现象描述出来。由于科学观察仔细而谨慎，因此，科学描述比一般的描述要精准。

描述性社会研究的一个最好例子就是美国人口普查。人口普查的目的是准确地描述全美和州县人口的各种特征。其他描述性研究的例子，如人口统计学家描述的年龄、性别以及各城市的犯罪率等。还有，对产品进行市场调查的目的就是要描述使用或将会使用某些特定产品的人群。研究者不断地仔细追踪罢工事件，至少是为了描述性研究的目的。研究者记录和报告每一位国会议员投票支持或反对组织工会的次数，也符合描述性研究的目的。

许多定性研究的基本目的就是描述。譬如，人类学的民族志就是要详细描述一些前文明社会的特殊文化。不过，研究活动并不限于描述，研究者通常还会探讨事物存在的理由及其所隐含的意义。

解　释

社会科学研究的第三个目的是解释事物。描述性研究主要回答：“是什么？在哪里？什么时间？如何进行？”等问题；说明性问题和“为什么？”等问题。所以当桑德（William Sanders, 1994）开始描述帮派暴力时，他也想重建帮派暴力进入不同群体的过程。

报告选民的投票意向是描述性活动；但是说明为什么有些人准备投票给候选人 A，而其另一些人准备投票给候选人 B，就是一种解释性的活动了。说明为什么某些城市犯罪率较高是解释性研究，但报告各城市的犯罪率则是描述性研究。如果研究者希望了解一项反堕胎示威活动演变为暴力冲突的原因，那么，他进行的就是解释性研究，而不仅仅只是描述事件本身。[90]

你认为，人们对待大麻合法化的态度受哪些因素影响呢？男性和女性的意见会不同吗？你认为哪个群体最支持合法化？2002 年的全国社会调查资料表明，38% 的男性及 30% 的女性认为，大麻应该被合法化。

1998 年的政治气候也影响到人们对大麻合法化的态度。55% 的自由派人士认为大麻应该被合法化，持中立态度的人和保守派各占 29% 和 27% 的比例。当我们考虑党派时，则发现 41% 的民主党人、34% 的独立派人士以及 28% 的共和党人支持合法化。

有了这些数据，你就可以对人们对大麻合法化的态度做出解释。有关性别和政治取向的研究，还可以深化对这些态度的解释。

通则式解释的逻辑

前面对什么因素可能影响大麻合法化的态度的解释，就是一种通则式解释（见第 1 章的讨论）。在这个模型中，我们试图找到一些因素（自变量）来解释既定现象的变异。这种解释模型跟个案式模型刚好相反。在个案式模型中，我们可以看到一个对个案的完整的、深度的解释。

在我们的例子中，个案式方法会试图找出个人反对合法化的所有原因——包括其父母、老师、牧师的教诲，其他糟糕的经历等等。当我们以个案式的方式来理解时，我们感觉到真正理解了。当我们了解了某人为什么反对大麻合法化的所有原因时，我们已经无法想象这个人还可能会有其他的态度。

与此相反，通则式方式可能会认为政治取向就解释了关于大麻合法化的大部分态度差异。因为这个模型是一个概率模型，因而它比个案式模型更能容忍误解和曲解。下面让我们来看看，当社会研究者说一个变量（通则式）导致另一个变量时，究竟是什么意思，然后，我们还要看看它意味着不是什么。

通则式因果关系的标准

社会研究中的通则式因果关系有三个主要标准：（1）变量之间必须相关；（2）原因必须先于结果发生；（3）不是假相关。

相关

除非变量之间存在实际的关系——**相关**①（correlation），否则我们不能说存在因果关系。我们对 GSS 数据的分析，发现政治取向是大麻合法化态度的一个原因。而如果相同比例的自由党和保守党都支持合法化，那么我们就不可以说政治取向导致了态度差异。这个标准是显而易见的，它强调社会研究必须基于实际的观察，而非假设。〖91〗

时间序列

其次，除非原因先于结果发生，否则我们不可以说存在因果关系。请注意，与其说孩子的宗教信仰影响到父母的宗教信仰，还不如说，父母的宗教信仰影响了孩子的宗教信仰——尽管存在这样的可能，即你改变了你的宗教信仰，然后你的父母也随着改变了。记住一点：通则式解释要处理的是"大多数案例"，但不是全部。

在大麻这个案例中，在某种程度上可以说性别导致了态度的差异，而不能说态度的差异决定了一个人的性别。不过，也请注意：政治取向和态

度之间的时间先后顺序就没有那么清楚，不过，我们通常都说一般的取向决定了特定的观点。在下一章我们还会看到，这个问题的确比较复杂。

非虚假关系

因果关系的第三个标准就是，该关系不能被第三个变量所解释。例如，冰激凌销售量和溺水死亡之间存在正相关：冰激凌销售得越多，溺水死亡人数越多；反之亦然。但是，在冰激凌和溺水之间却没有什么直接关系。这里的第三个变量是季节或者温度。大多数的溺水死亡都发生在夏天——冰激凌销售的高峰期。

还有几个 **虚假关系**②（spurious relationship）——或说是不真实——的例子。城市中的骡子数量和博士的数量之间存在负相关：骡子越多，博士越少；反之亦然。或许你能够想出第三个能够解释这种似是而非的关系的变量。答案是乡村与城市两种背景不同。在乡村，骡子较多（博士较少），而在城市则刚好相反。

鞋子的尺寸和孩子的数学能力之间存在正相关。能够解释这个谜团的第三个变量就是年龄。年纪大点的孩子脚也相对大点，总体上来说，其数学技巧也相对强些。见图 4 - 1 中关于这种虚假关系的说明。观察到的相关用细箭头表示，因果关系用粗箭头表示。注意，观察到的相关是双方向的。也就是说，一个变量发生了或是改变了，另一个也随着发生或者改变。

有很多鹳的地方，出生率比较高。而几乎没有鹳的地方，出生率很低。鹳真的会带来孩子？

---

① 相关：两个变量之间的经验关系，如（1）一个变量的改变影响到另一个变量的改变，或者（2）一变量的特定属性跟另一变量的特定属性相关。相关本身并不意味着两变量之间的因果关系，但却是因果关系的一个标准。

② 虚假关系：两变量之间巧合性的统计相关，其实是由第三个变量引起的。

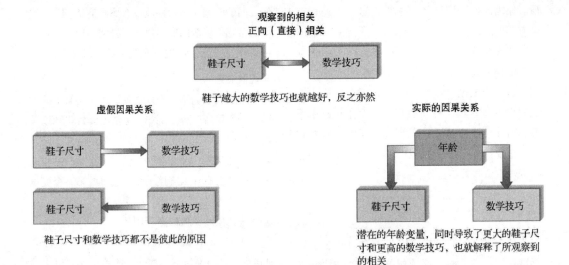

图 4-1 虚假因果关系的一个例子。在经验中发现的两个变量之间的因果关系并不必然意味着实际的因果关系。有时，观察到的关系会是另一种因果关系的伴随关系。

乡村中的出生率比城市高，而乡村里的鹳也更多。这里的第三个变量就是乡村/城市地区。最后，出现的消防车越多，建筑物所受到的危害就越大。你能想出第三个变量吗？火灾的规模。

这样，当社会研究者说存在因果关系时，比如教育和种族宽容度之间，他们指的是（1）两变量之间存在统计上的相关；（2）一个人的教育程度发生在其当前的容忍度或是偏见度之前；（3）不存在能够解释这种相关的第三个变量。

通则式因果关系的错误标准

因为关于原因和结果的概念，已经在日常语言和逻辑中得到了很多的强调，因此，详细说明一下社会研究者所说的因果关系所不包含的内容，就显得相当重要了。当他们说一个变量导致另一个变量时，其所指的可以不是完全的原因。这并不意味着不存在例外，他们也无需强调这种因果关系适用于多数案例。[92]

完全原因

个案式解释的原因是相对完全的，而通则式解释则是一个概率性的、通常也是不完全的。社会研究者可能会说，政治取向导致了对大麻合法化的态度差异，尽管并不是所有的自由党人都支持，也不是所有的保守党人都反对。这样，我们可以说政治取向是该态度的一个原因，但不是惟一的一个。

例外案例

在通则式解释中，例外并不否定因果关系。例如，我们一贯发现，在美国，女性的宗教取向比男性强。所以，性别可能是宗教虔诚的一个原因，尽管你的叔叔可能是一个宗教狂热者，或者你还知道一个女人承认自己是无神论者。这些例外都不否定总体性的因果模式。

多数案例

即使因果关系不适用于多数案例，这种因果

关系还可以是真实的。比如，我们认为那些放学之后没有得到管教的孩子，更可能成为不良少年。缺乏管教是不良行为的原因。这个因果关系是真实的，尽管只有一小部分的未被管教的孩子才成为不良少年。只要他们比那些被管教的更可能成为不良少年，我们就说存在因果关系。

社会科学所说的因果关系可能跟你平时所接触到的并不一样，因为人们通常都用原因来表示某件事情完全导致了另一件事情。社会研究者所使用的多少有点不同的标准，在关于必要原因和充分原因的论述中会表现得更为清楚。

必要原因和充分原因

必要原因表示只有存在这个条件，结果才会出现。比如，你要想获得学位就要进大学上学。没有上学，永远也得不到学位。但是，简单的上课可不是获得学位的充分原因。你必须学完那些必需的课程并通过。同样地，成为女性是怀孕的必要条件，但这并不是充分原因。否则的话，所有的女人都能够怀孕了。[93]

图 4 - 2 用一个矩阵来阐述了性别和怀孕这两个变量之间的关系。

充分原因则表示，只要这个条件出现，结果就肯定会出现。充分原因并不等于某结果的惟一可能原因。比如，没有参加考试肯定是不会通过该课程的，但是学生们还是可能因为其他的原因而没有通过。所以，一个原因可能是充分的，但不是必要的。图 4 - 3 说明了参加考试与课程通过与否之间的关系。

当然了，在研究中要是发现充分必要原因，那是再好不过的事情了。比如，你正在研究青少年不良行为，要是能找到以下条件就太好了：(1) 不良行为所必须的条件；和 (2) 总是导致不良行为的条件。这样，你就准确地知道是什么因素导致青少年不良行为了。

不幸的是，在分析变量之间的通则式关系时，我们从来没有发现某个既是绝对必要的又是绝对充分的原因。不过，我们也很难找到 100% 的必要原因（要想怀孕必须是女性），或者 100% 的充分原因（每次测验都不参加肯定是不可能通过课程的）。

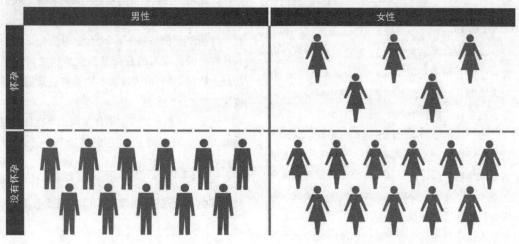

图 4 - 2 必要原因：女性是怀孕的必要条件，也就是说，你不是女性就不能怀孕。

	参加考试	不参加考试
没有通过考试	F F F	F F F F F F F
通过考试	A C A B A D A D B D B B C B A C A D C A C D A D B D C A A C C A	

图 4 - 3   充分原因：没有参加考试肯定是不会通过该课程的，但是学生们还是可能因为其他的原因而没有通过（例如：胡乱回答试题）。

在对单个案例进行的个案式分析中，你可以达成深层解释：只要你发现了一特定结果的充分原因，你就可以说事情就是应该这样发生的（具有和你一样的遗传、教养和经历的人，最后都会和你一样进入大学）。同时，也还存在达到同样结果的其他原因路径。这样，个案式原因就是充分的，但不是必要的。〖94〗

分析单位

在社会科学研究中，对于研究什么或研究谁——或分析单位①（units of analysis）——并没有限制。尽管其含义在量化研究中最清楚，但是，这个议题却和所有社会研究有关。

乍一看，分析单位似乎是难以捉摸的，因为研究——尤其是通则式研究——常常研究人或事的大集合，或说是总体。在分析单位和总体之间做出区分是很重要的。比如，可能会研究一群人，比如研究民主党人、大学生、30 岁以下的女黑人或者其他集合。但是，如果研究者试图探索、描述或是解释不同群体中的个体行为如何发生，那么分析单位就是个体，而不是群体。即

使当研究者用个体信息来概化个体的集合时也是如此，比如说民主党人比共和党人更为支持大麻的合法化。试想，如果对大麻的态度只能够是个人的属性，而不是群体的属性；也就是说，不存在一个会思考的群体，那么它也不会有态度。所以，即使当我们概化民主党时，我们概化的其实是其中的个体的属性。

与此相反，我们有时候也想研究群体。我们将其看做是与个体一样，具有一些属性。比如，我们可能想要比较一下不同类型的街头帮派的特性。这时，我们的分析单位就是帮派（不是帮派成员），我们也可以对不同类型的帮派进行概化。

例如，我们可以断定男性帮派比女性帮派更加暴力。我们可以从两方面描绘每一个帮派（分析单位）：（1）帮派成员的性别；（2）其帮派活动的暴力程度。我们对 52 个帮派进行研究，假定其中 40 个是男性帮派，12 个是女性帮派，

_____

①　分析单位：研究什么和研究谁。在社会科学研究中，最典型的分析单位就是个体。

依此类推。即使有关帮派的某些特点是从要素（帮派成员中）描绘出来的，分析单位仍然是"帮派"。

社会科学家常常将个体作为分析单位。你可以注意一些个体特征，如性别、年龄、出生地、态度等等；然后把这些描述个体的特征结合起来，组成一个群体的整体形象，无论是街角帮派还是整个社会。

例如，你知道政治学课堂 110 个学生的年龄及性别，作为一个群体，其中男性占 53%，女性占 47%，平均年龄为 18.6 岁。这就是描述性的分析。尽管最终要将全班当成一个整体来描述，但其基础是班里每一个人的特征。基于个体的特征还可以用来描述更大的群体。

解释性研究中也有同样的情形。在政治学课堂中，假设你想要了解学业平均总成绩高的学生是否比学业平均总成绩低的学生获得更好的成绩，你就必须计算每一位学生的学业平均总成绩以及在政治学课程中所得到的成绩。然后，将学业平均总成绩高的学生分为一组，将学业平均总成绩低的学生也分为一组，然后看哪一组的政治学课程成绩更好。这类研究的目的就是要解释在某一课程中，为什么一些学生要比另一些学生的成绩更好（也就是将他们的学业平均总成绩当作一种可能的解释），但是每一个学生仍然是研究的分析单位。

研究中的分析单位通常就是观察单位。要研究在政治课程中的成功，我们就要观察每个个体的学生。不过，有时候我们并不直接"观察"我们的分析单位。比如，假如我们想看看对死刑的不同态度是否会导致离婚，那么，在这种情况下，我们可以分别问丈夫和妻子对死刑的看法，这样就可以区分他们在这个问题上的观点是否一致。这时，我们的观察单位是每一位丈夫和妻子，但我们的分析单位（我们试图研究的对象）是家庭。〖95〗

分析单位是用来考察和总结同类事物特征、解释其中差异的单位。在绝大多数的研究中，分析单位都是很清楚的。不过，当分析单位并不清楚时，还是很有必要弄清楚；否则你就不知道应该观察什么，也不知道观察谁。

有些研究试图描述或者解释不止一个分析单位。在这种情况下，研究者必须清楚他所得出的结论及其所对应的分析单位。比如，我们可能试图发现哪种类型的大学生（个体）在他们的职业生涯中最成功；我们还可能试图发现哪种类型的大学（组织）创造最成功的毕业生。

为了使得我们的讨论更为具体，我们将进一步讨论社会研究中的各种分析单位。

在此举例说明分析单位的复杂性。谋杀是件相当个人的事情：一个个体杀死另一个个体。尽管如此，当库布林（Charis Kubrin）和威兹（Ronald Weitzer）问道："为什么邻里之间会存在高杀人率？"时（2003：157），分析单位就是"邻里"。或许你会想到：在一些都市或贫穷区域杀人率会较高，而在一些郊区或富有区域的杀人率会低些。在这一特定的对话情景中，分析单位"邻里"将会按照不同的变量（例如：经济水平、场所和自杀率）被归类。

然而，在库布林和威兹的分析中，他们对不同的杀人类型也感兴趣，尤其是那些对以往的攻击和凌辱行为进行报复而杀人的情况。你能从下面的摘录中找到共同的分析单位吗？

1. 谋杀案的抽样……

2. 编码工具有 80 项与谋杀相关。

3. 从 1985 年至 1995 年期间发生的 2161 起谋杀案件……

4. 谋杀动机相同，19.5%（总 337 起）属于报复行为。

（Kubrin 和 Weitzer，2003：163）

以上每条摘录的分析单位都是"谋杀"。如摘录 1 所示，有时候你可以根据抽样方法的描述来确定分析单位。如摘录 2 所示，根据分类方法的讨论也可以确定分析单位（编码工具有 80 项与谋杀有关，同样也有 80 种方式来编码谋杀案）。通常，数字总结也是一种方式：2161 起谋杀案；19.5%（占杀人案件的比例）。稍经练习，就算是在给定的分析中存在多个分析单位，你也可以确定大部分社会研究报告的分析单位了。

为了进一步探讨这个议题，我们继续学习在社会研究分析中存在的几个常见的分析单位。〚96〛

个　体

正如前面提到的，"个体"也许是社会科学研究中最常见的分析单位。我们通常通过个体来描述和解释社会群体及其互动。

在社会科学研究中，任何个体都可以成为分析单位。这一点非常重要。在社会科学中，由于概括性规则可以应用于所有的人群，因此，获得概括性规则是最有价值的科学发现。但是，在实践中，社会科学家很少研究所有人群。至少，他们研究的对象基本上局限于居住在某个国家的人群，尽管有些比较研究跨越了国界。一般而言，社会科学研究的范围比国家要小。

其成员可以是分析单位所属的特定群体，如学生群体、同性恋、汽车工人、选民、单亲家长以及教职员。注意，这里的每一个群体都是由个体组成的。在这里，你只需了解，在描述性研究中将个体当作分析单位的目的是描述由个体组成的群体，而解释性研究的目的是发现群体运作的社会动力。

作为分析单位，个体被赋予了社会群体成员的特性。因此，一个人可以被描述为出身豪门或出身贫穷，或者，一个人也可以被描述为有（或没有）大学学历的母亲。在一项研究计划中，我们可以考察：母亲有大学学历的人是否比母亲没有大学学历的人更有可能上大学；或者，富裕家庭出身的高中毕业生是否比贫困家庭出身的高中毕业生更有可能上大学。在这两个例子中，分析单位都是"个体"而不是家庭。我们汇总了这些个体并对个体所属的总体进行了概化。

群　体

在社会科学研究中，社会群体本身也会成为分析单位。不过，把社会群体作为分析单位与研究群体中的个体不同。譬如，如果通过帮派群体的成员去研究犯罪，分析单位是犯罪的个体；但是，如果通过研究整个城市各帮派以了解帮派之间的差异的话（如大小帮派之间的差异、市区与非市区帮派之间的差异），那么，分析单位就是帮派，即社会群体。

另一个例子是，可以根据家庭年收入或是否拥有计算机来描述各种家庭，譬如，用家庭平均年收入或拥有电脑的家庭的比例来进行描述。这样，就可以判断平均年收入高的家庭是否比平均年收入低的家庭更可能拥有电脑。在这个例子中，分析单位就是一个一个的家庭。

和其他分析单位一样，我们可以根据群体中的个体的属性来划分群体的属性。比如，我们可以根据年龄、种族或者家长的教育程度来描述一个家庭。在描述性研究中，我们可以了解有多少比例的家庭拥有一个大学毕业的家长。在解释性研究中，我们能够确定的是，平均而言，这些家庭是比那些没有大学毕业的家长的家庭拥有更多的还是更少的孩子。在这些例子中，分析单位是家庭。与此相反，如果我们问具有大学教育程度的个人是否比那些教育程度低些的人拥有更多的或是更少的孩子时，分析单位就是个体。

群体层次的其他分析单位还包括如同僚、夫妻、社会调查群体、城市以及地理区域等等，其中每一种类型都有自己的群体。街头帮派可以指某城市中的所有街头团伙。然后，你可以通过概化你对一个个帮派的认识来描述这个总体。比如，你可以描述街头帮派在城市里的地理区域。在对街头帮派的解释性研究中，你能够发现大帮派是否比小帮派更容易参与帮派之间的斗殴。这样，你就可以以一个个帮派为分析单位，但结论却是落脚在帮派总体上。〖97〗

组　织

正式社会组织也是社会科学研究的分析单位，例如企业，即所有的企业。一个企业的特征也许包括雇员数量、年纯利润、总资产、合同总额以及雇员中少数族群成员所占的百分比等。我们可以说明大型企业雇员中的少数族群比例是否比小型企业的更多。适宜作为分析单位的其他正式社会组织还有教区、大专院校、军队师团部、大学院系以及超级市场等等。

图4-4提供了一些分析单位的例子，还有相关的介绍。

社会互动

有时候社会互动也与分析单位相关。在非个体人类之间，你可以研究他们所进行的互动：打电话，接吻，跳舞，辩论，打架，E-mail交流，聊天室讨论等。如第2章所述，在社会科学中，社会互动是原始理论范例的基础；社会互动无穷地扩大了分析单位的数量。尽管，通常情况下个体是社会互动的参与者，但是（1）比较订阅不同网络服务的人群和（2）比较通过那些相同的Internet服务商提供的服务在聊天室里讨论的时间长短是有区别的。（1）中的分析单位是个体；（2）中的分析单位是"讨论"。

社会人为事实

另一个分析单位就是**社会人为事实**①（social artifacts），即人类行为或人类行为的产物。其中一类包括具体的对象，如书本、诗集、绘画作品、汽车、建筑物、歌曲、陶器、笑话、学生缺考理由以及一些科学发明等等。

比如，维茨曼（Lenore Weitzman, 1972）及其伙伴们对性别角色是如何习得的比较感兴趣。他们选择了小孩子的连环画作为他们的分析范围。他们的结论是：

> 我们发现，在我们的样本中，女性出现在标题、中心角色、图画和故事中的比例明显偏低。绝大多数的孩子的书本都是关于男孩、男人、雄性动物的，还有大量的男性历险。大部分的图画都展示单个的男人或是一群男人。甚至当图画中出现女人时，她们也往往扮演不重要的角色——不引人注意，也没有名字。（Weitzman et al. 1972：118）

在一个更新的研究中，克拉克、林诺和莫里斯（1993）得出结论说，男女性别之间的刻板印象已经不像以前那么明显了。现在已经有了很大的进步，男性和女性之间角色划分也不再像以前那样传统了。不过，他们还是没有发现性别之间的完全平等。

_____

① 社会人为事实：人或其行为的产物。也可以是一种分析单位。

分析单位	样本陈述

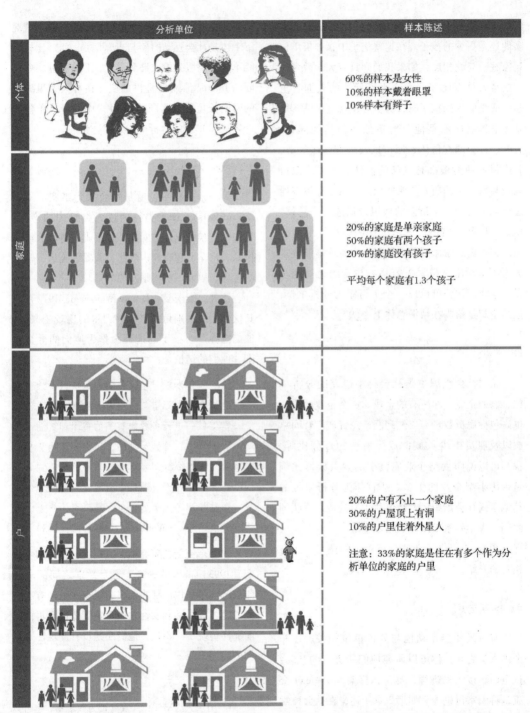

个体

60%的样本是女性
10%的样本戴着眼罩
10%样本有辫子

家庭

20%的家庭是单亲家庭
50%的家庭有两个孩子
20%的家庭没有孩子

平均每个家庭有1.3个孩子

户

20%的户有不止一个家庭
30%的户屋顶上有洞
10%的户里住着外星人

注意：33%的家庭是住在有多个作为分析单位的家庭的户里

图4-4   分析单位举例。社会研究中的分析单位可以是个体、群体甚至可以是非人类实体。

每一个社会对象包括的是其所有的同类，即所有书本、所有小说、所有自传、所有社会学导论教科书、所有食谱、所有新闻发布会。每一本书都可以根据其大小、重量、长度、价钱、内容、所含图片数量、售出数量、作者等来进行区分。所有的书或某种类型的书，都可用于描述或解释哪种类型的书最畅销，为什么？〖99〗

同样地，社会研究者用画作为分析单位，描述作者的国籍，如俄国、中国以及美国，并分析哪一类更多地表现了对工人阶级的关注。你也许会考察一份地方报纸社论对当地一家大学的评论，由此描述或解释在一段时间内该报纸的立场是如何改变的。此时报纸社论变成分析单位了。社会互动形成了社会科学研究的另一类社会事实。就婚姻而言，根据双方或一方的情况，婚姻可以被描述为种族间或信仰间的结合，婚礼采用了宗教或世俗的仪式以及是否以离婚告终（例如，"联邦调查局追捕曾经结过婚的里德［Okland Raider］迷"）。如果婚姻双方有不同的宗教信仰，其婚礼通常比宗教信仰相同的更为世俗化。这里，分析单位是婚礼，而不是结婚的人。

其他分析单位的例子还有如朋友选择、法庭案件、交通事故、离婚、斗殴、船只出海、飞机劫机、种族暴动、期末考试、学生运动以及国会听证等等。国会听证还可以进一步区分，如是否在竞选期间，委员会主席是否想追求更高职位以及/或者议员已经定罪等等。

分析单位的回顾

这一节的目的在于扩大你们对社会科学研究分析单位的视野。尽管典型的分析单位是个体，但不是所有的研究都如此。事实上，很多研究问题需要通过个体以外的分析单位来给予恰当的回答（应该再一次地指出，社会科学家绝对可以研究任何事物）。

需要指出的是，我在这里讨论的一些分析单位，并没有穷尽所有的可能性。例如，罗森伯格（Rosenberg, 1968：234 - 248）就曾指出，个体、群体、组织、制度、空间、文化以及社会单位都是分析单位。约翰和琳·洛夫兰（John and Lyn Lofland, 1995：103 - 13）指出，实践、插曲、邂逅、角色、关系、群体、组织、聚落、社会世界、生活形态以及亚文化等，也是合适的研究单位。对你们而言，更重要的是能了解分析单位的逻辑，而不只是列出长串的分析单位名称。

对分析单位进行分类，似乎使得这个概念更为复杂了。你如何称呼既定的分析单位——群体、正式组织或者人为事实——并不重要。问题的核心在于你要清楚你的分析单位是什么。当你着手研究计划时，你必须搞清楚你是在研究婚姻还是婚姻中的个体、犯罪还是罪犯、公司还是公司执行官。否则，你就会有得出无效结论的风险，因为你关于某分析单位的断言是建立在另一个分析单位基础上的。下一节，我们在区位谬误中就要来看看这种例子。

分析单位的错误推理：区位谬误和简化论

这里将介绍你必须时刻意识到的两种类型的错误推理：区位谬误和简化论。每一种都代表了关于分析单位的潜在缺陷，而且都有可能在研究过程中和得出结论时发生。〖100〗

区位谬误

"区位"在这里是指比个体大的群体、集合或体系。**区位谬误**① （ecological fallacy）是假定以区位为单位得到的结果也可以在区位的个体中

_____

① 区位谬误：在只对群体进行观察的基础上，错误地得出个体层次上的结论。

获得证实。让我们看看一个区位谬误的例子。

假设我们要研究最近的市内选举中选民对某位女性候选人的支持程度。再假设我们有各选区的选民名册，这样可以通过候选人在各区的得票数来判断哪一个选区对候选人的支持程度最高，哪一些选区比较低。再假设通过人口普查资料，我们还了解到各选区选民的特征。对这些资料的分析表明，选民平均年龄比较小的选区比选民平均年龄比较大的选区更支持该女性候选人。由此，我们倾向于这样的结论：年轻选民比年长选民更支持该女性候选人，也就是说年龄影响了选民对该女性候选人的支持程度。这个结论就出现了区位谬误问题。因为，也许不少年长的选民在选民平均年龄比较小的选区中也投票支持该女性候选人的。问题是，我们把选区作为分析单位，却要对选民做出结论。

如果说非裔人口较多的城市比非裔人口较少的城市犯罪率高，新教国家的自杀率比天主教国家的自杀率高，也会产生同样的谬误，因为我们并不知道是否所有的罪行都是黑人犯的，也不知道是否自杀的新教徒比自杀的天主教徒多。

因此，社会科学家常需要对具体的研究议题进行区位分析，就像上面所提的例子一样。也许最恰当的资料并不存在。譬如前面的例子中，有关于各选区的选民名册以及选区特性的资料都很容易获得，但是，在选举后对各选区的选民进行一一调查就很困难。在这样的情形下，即使知道可能会犯下区位谬误的错误，我们还是会暂时做出猜测性结论。

同样需要注意的是，不要为了防止区位谬误而导致个体谬误。第一次接触社会研究的学生往往在处理一般态度、行为模式与个体层次的例外时遇到麻烦。例如，如果你认识一位富有的民主党员，但这并不能否定大多数富有的人会投票给共和党候选人（即一般模式）的事实。同样，你

认识一位没有接受过正规教育却十分富有的人士；那也不能否认现在的一般模式，即高学历才意味着高收入。

区位谬误也与其他的事物相关——仅根据对群体的观察来对个人做出结论。尽管通过对各个变量的观察所得到的模式是真实的，问题在于，也有可能对于造成该模式的原因做出不正确的假设——用关于个体的假设来说明群体。

简化论

我要介绍的第二个概念就是**简化论**①（reductionism），即用一组特别的、狭窄的概念来看待和解释所有事物。这样，尽管事实很复杂，但是我们将它"简化"为简单的解释。简化论者的解释并不完全是错误的，只是很狭窄。因此，你在试图预测今年的美国职业篮球联赛中的胜败者时，就可以把注意力集中放在每个队队员的个人能力上。当然这种做法并不是愚蠢的，也不是无关紧要的；但是每个篮球队的胜败不仅仅取决于队员，这还会牵涉教练、团队合作、战略战术、资金筹集、资源设备、球迷支持等一些因素。在分析各球队的优劣原因时，你可以把"球队"作为分析单位，而球队成员的个人素质则成为你在描述和归类球队时的一个变量。

比如，不同学科的科学家倾向于某些类型的回答而忽视另外一些解释。社会学家只考虑社会学变量（价值、规范、角色）；经济学家只考虑经济变量（供给、需求、边际价格）；心理学家只考虑心理学变量（人格类型、精神创伤）。用经济因素解释所有或大部分人类行为的叫经济学简化论；用心理学因素解释所有或大部分人类行为的叫心理学简化论，等等。需要注意的是简化论与第2章讨论的理论范式之间的关系。〖101〗

---

① 简化论：局限于只将某些类型的概念应用于被研究的现象。

对于许多社会学科学家来说,生物社会学领域是最早应用简化论的。在这一领域中,所有的社会现象都可以按照生物学因素来进行解释。例如,威尔逊(Edward O. Wilson, 1975)曾试图根据基因组成来解释人类的利他主义行为。其中,他的新达尔文主义观点就包括:为了整个物种的利益,个体需要牺牲他们个人的利益,人类社会就是以这样的方式向前进化,繁衍不息。而有些人会这样解释:他们的牺牲是因为他们坚守理想或是因与其他人的真挚情感所致。尽管如此,基因仍是威尔逊范例的基本分析单位,正如其格言中所述:人类有机体"只是 DNA 制造更多 DNA 的工具"。

任何类型的简化论都倾向于认定,某一分析单位或变量比其他的更重要或更相关。另一个例子是:什么促成了美国革命?是个人自由的共同价值观?经济殖民地位与英国的关系?还是开国元勋们的狂妄自大?在我们只探究其中的一个原因时,我们就冒着简化论的危险。如果我们认为引起美国革命的原因是共有的价值观,此时我们感兴趣的分析单位就是各个殖民者。而经济学家则把 13 个殖民区作为分析单位,考察经济组织和各个殖民地的状态。心理学家可能选择领导者作为分析单位,探讨其人格特征。当然,选择以上任何一种分析单位来解释美国革命都不是错误的,但是可想而知,用任何一种单一的分析单位都无法做到全面解析美国革命。

就像区位谬误一样,简化论也是因为使用不恰当的分析单位所造成的后果。问题是,研究问题的适用分析单位并不总是清楚的。为此,分析单位成了社会科学家、特别是跨学科的学者们经常争论的议题。

时间维度

到这里为止,我们已经讨论了作为过程的研究设计要确定观察的角度、研究的对象以及研究的目的。现在,我们要从时间相关的角度,对前面讨论过的问题进行重新考察。就观察而言,我们可以选择某一个时点的观察或一段时间的观察。

除了研究本身需要时间以外,在研究设计和实施中,时间因素也扮演着许多角色。在前面讨论因果关系时,我们将发现事件与状况的时间顺序在因果关系(第 4 篇还会谈到这个问题)的确定中至关重要。时间因素还影响到对研究发现的概化。譬如,某种描述和解释到底是否能够代表十年前或十年后的情形?还是仅代表了现今的状况?针对研究设计中的时间问题,研究者有两种主要的选择:截面研究和历时研究。

截面研究

截面研究[①](cross-sectional study)是对一个代表某一时间点的总体或现象的样本或截面的观察。探索性和描述性研究通常都是截面研究。例如,每次美国人口普查,就是要描述某个时点的人口总数。〚102〛

很多解释性研究也属于截面研究。譬如,某研究者主持一项全国性的有关种族与信仰偏见的大型调查,从各方面来看,调查都是针对偏见形成中的某个时点而言的。

长期以来,解释性的截面研究总存在一些问题。尽管研究的目的大多是为了了解时间顺序上的因果过程,但研究结论的依据却是某个时点的观察。这个问题类似于以静止的照片为依据来判断某种高速运动物体的速度。

例如,边燕杰(Yanjie Bian)为了研究当代中国都市的社会阶层,对天津的工人进行了一项调查。尽管他调查的时间是 1988 年,但他关注的

---

① 截面研究:以代表了某个时间点的观察为基础的研究。

却是一系列重大事件所产生的重要影响，涉及的时间从 1949 年一直到现在。

> 这些运动不仅改变了政治气氛，而且也影响了人们的工作与休息活动。由于这些运动的影响，如你在书中所看到，要从截面社会调查下结论是很困难的，譬如描述中国人工作场所的一般模式及其对工人的影响。因此，这样的结论只适用于某段时间，并且需要其他时点资料的进一步检验。(1994：19)

在本书中，我们将不断强调前面提到的困难，即基于某个时点来研究一般社会生活的难处。解决的办法之一，便是边燕杰所说的——收集其他时点的资料。社会研究常常需要重新考察早些研究结果中的现象。

历时研究

与截面研究相反，**历时研究**[①]（longitudinal study），是一种跨时段观察同一现象的研究方法，如对 UFO 祭仪的观察（从开始到消亡）。其他历时研究利用记录或者人造物来研究变化。再譬如，无论研究者的观察和分析是根据某个时点还是根据事件的全过程，分析某报纸的社会走向、最高法院在不同的时点所做的判决等，都是历时研究。

大多数实地研究项目，包括直接观察和深度访谈，都属于历时研究。例如，当阿谢尔和法因（Ramona Asher and Gary Fine, 1991）研究醉汉妻子的生活经验时，研究者考察的是他们长期经历的婚姻问题，有时，甚至包含研究对象对研究本身的反应。

在经典著作《当预言失灵时》（*When Prophecy Fails*, 1956）中，费斯廷格、赖克和沙赫特（Leon Festinger, Henry Reicker and Stanley Schachter）特别研究了当和外星人相遇的预言没有实现时，人们对飞碟崇拜的变化。人们会解散组织呢，还是更加坚定自己的信念？一项历时研究提供了答案（他们反而更致力于吸收新会员）。

用定量方法（如大规模的问卷调查）进行历时研究比较困难。尽管如此，人们却依然故我。在此，我们介绍三种不同的历时研究方法：趋势研究、世代研究和小样本多次访问研究。〖103〗

趋势研究

对一般总体内部历时变化的研究，就是**趋势研究**[②]（trend study）。譬如，比较美国历次人口普查就可以发现全国人口的增长趋势；在选举期间的一系列盖洛普调查就显示了某些候选人的相对排名。卡品尼和基特（Michael Carpini & Scott Keeter, 1991）要比较现在的美国人是否比他们的前辈更多地了解政治状况。为了获得结果，他们拿 40 年代和 50 年代多次盖洛普调查的结果与 1989 年的调查结果进行比较，并分析人们对调查中有关政治知识的答案。

分析表明，总体上，现在的美国人对政治状况有较多的了解。例如，1989 年，74% 的样本知道当时副总统的名字，而 1952 年的这个百分比只有 67%。同样，和 1947 年比较，1989 年人们对于总统否决权、国会重复否决权等方面有更多的了解。另一方面，1947 年时更多的人（38%）能认出本区的国会代表，1989 年时这个比例只有 29%。

_____

① 历时研究：该研究设计需要收集不同时间点的数据。

② 趋势研究：是一种历时研究，其中总体的某些特征一直得到研究。一个例子是，盖洛普的系列民意调查显示了在大选期间，选民对政治候选人的偏好——即使每一时点都采访不同的样本。

更进一步的分析显示，1989 年的样本更了解政治是因为其受教育程度比 1947 年的高。当考虑受教育程度后，研究者指出，1989 年样本对政治了解的程度实际上下降了（在某些特定教育程度群体内）。

世代研究

对亚总体或世代历时变化的研究，就是**世代研究**①（cohort study）。世代通常指同龄人群体，如 1950 年代出生的人就自成一个世代；也可以用其他方式来划分世代，如在越战期间出生的人，在 1994 年结婚的人等等。一个世代研究的例子就是，每 20 年一次对二战期间出生的、历经美国卷入全球事务的人们的态度进行调查。1960 年时样本的年龄也许在 15 - 20 岁之间；1980 年时样本的年龄可能在 35 - 40 岁之间，2000 年时样本的年龄则在 55 - 60 岁。尽管每一次的样本不一定是同一批人，但每一个样本都代表了 1940 - 1945 年出生的人们。

戴维斯（James A. Davis，1992）曾尝试用世代分析方法研究七、八十年代美国人政治倾向的改变。他发现，总体上人们对种族、性与性别、信仰、政治、犯罪以及言论自由等都倾向于自由派的想法。那么，它代表所有的人都有自由派的倾向，还是仅仅代表了年轻自由的一代已经取代了年老保守的一代？

为了解答这个问题，戴维斯分析了四个时期（每 5 年一次）的全国调查资料。对每次调查的资料，他都将受访者依年龄分组，也就是每 5 年一组。运用这种策略，就可以在任何时点对不同年龄组进行比较，同时也能跟踪每一个年龄组随时间而改变的政治倾向。〖104〗

戴维斯研究的问题之一就是询问是否能让一个自称是激进左派的人在受访者社区内做公开的演讲。在各个时段，年轻的总是比年长的受访者愿意让激进左派发表演讲。在 20 - 40

岁的受访者中，72% 的人愿意让激进左派发表演讲；而在 80 岁以上的受访者中，只有 27% 的人愿意。表 4 - 1 详细地列出了年轻的世代在不同年代所持的态度。

表 4 - 1 说明，保守倾向在 70 年代有所上升，在 80 年代又有所反弹。在戴维斯的分析中各个世代的表现模式基本类似（Davis，1992：269）。在另一研究中，布拉泽（Eric Plutzer）和贝克曼（Michael Berkman）（2005 年）在研究中运用了世代研究，完全颠破了以往关于年龄和教育支持关系的结论。从理论上来讲，人们在培养完孩子之后就会像我们所想象的那样，减少教育资金的投入。而且一些有代表性的数据也完全证明了这种想象的合理性。同时，研究者列举的几组数据也表明：65 岁以上的人群比 65 岁以下的人群更不愿意投入教育资金。

然而，在这种过于简单化的分析中却遗漏了一个非常重要的变量：总体而言，美国的教育基金随着时间的推移呈现递增趋势。研究者又添加了"世代替换"这一概念：总体而言，参与调查的年长者成长在教育资金投入相对较少的时期，而参与调查的年少者成长的时期教育资金投入总体来讲较多。

研究者在世代分析方法中可以考虑某特定世代随时间变化而变化的态度。例如，以下是出生于 20 世纪 40 年代的美国人在各个不同时代认为美国的教育投入很低的百分率（Plutzer and Berkman，2000：76）：

———————

① 世代研究：研究者历时性地研究特定亚总体。尽管在每次观察中，数据可能是从不同的成员中收集的。1970 年开始的职业历史研究就是一个例子，其问卷每隔 5 年就发出一次。〔也常常被译为"同期群"研究，但从方法的意义出发，译为"世代"研究应更准确。方括号内为译者注。〕

表4-1　年龄与政治自由主义倾向

调查日期	1972-1974	1977-1980	1982-1984	1987-1989
世代年龄	20-24	25-29	30-34	35-39
赞成让激进左派演讲的比例	72%	68%	73%	73%

采访时间	认为美国教育投入太低的百分比
20世纪70年代	58
20世纪80年代	66
20世纪90年代	74
21世纪	79

正如这些数据显示，那些出生于20世纪40年代的人在培养或培养完孩子之后对教育资金投入的支持稳步递增。

专题群体研究

专题群体访问① （panel study）与趋势研究和世代研究相似，所不同的是，每次访问的都是同一批受访者。例如，在选举期间，我们每个月都访谈同一群选民样本，询问他们投票给谁。这样的调查，不但能整体地掌握选民对每一位候选人的好恶，同时还能更精确地显示出选民投票倾向的持续性及倾向的改变。譬如，根据趋势研究，9月1日与10月1日的两次调查都表明各有一半的选民分别支持候选人A与候选人B，这种情况说明要么没有选民改变投票意愿，要么所有选民都改变了投票意愿，要么介于二者之间。而小样本多次访问研究却能清楚地指出，哪些从候选人A的阵营改变到候选人B的阵营，哪些选民从候选人B的阵营转到候选人A的阵营，或其他的可能性。〖105〗

维若夫、哈切特和杜凡（Joseph Veroff, Shirley Hatchett & Elizabeth Douvan, 1992）要了解白人与黑人结婚的新婚夫妇的适应之道。为了获得研究对象，他们从1986年4至6月在密歇根州韦恩县（Wayne County）申请结婚证书的夫妇中选择了一些样本。

考虑到这项研究可能给这些新婚夫妇的适应状况带来影响，研究者将样本随机分为两组：实验组和对照组（这些概念我们将在第8章进行讨论）。在四年中，研究人员经常与实验组的夫妇进行面谈，而与对照组的夫妇每年只面谈一次，且时间短暂。

随着时间的推移，研究者对每一对夫妇的问题以及他们的应对都加以追踪。作为研究项目的副产品，那些常常被面谈的夫妇似乎能有较好的婚姻调适。研究者发现，每一次访谈都会让那些夫妇警觉到讨论问题的重要性。

三种历时方法的比较

乍看起来，趋势研究、世代研究和专题群体访问三者之间很难区分，这里我们用同一个变量（宗教亲和力）的对比分析来进行说明。趋势研究着眼于宗教亲和力在时间顺序上的变化，这也是盖洛普调查的基本方法；世代研究则会侧重于一代（如经济萧条时期出生的）人对不同宗教支持度的变化，如1932年时20-30岁的人，或1942年时在30-40岁的人，或一个新的样本如1952年时年龄在40-50岁的人，或依此类推下去。而专题群体研究则先对整体或特定群体进行抽样，并对样本进行长期跟踪研究。要注意的

---

① 专题群体研究：也是一种历时研究，其中的数据是从不同时间点的同一批对象收集起来的。[曾译为"小样本多次访问"研究，为简洁计，改译为"专题群体"研究。方括号内为译者注。]

是，只有专题群体研究能描述这种变化的全景：不同类型的亲和力，包括"没有"。而世代研究和趋势研究只能发现一些总体变动。

就提供随时间变化的信息而言，历时研究比截面研究有明显的优势。只是，伴随这种优势的是大量时间和金钱的花费，特别是大型调查。因为发生事件的每一个时点都必须进行观察，要完成观察就必须投入大量的人力。

专题群体研究能够提供随时间变化的综合性资料，但也有一个问题：即样本量减损问题（panel attrition），有些接受初期调查的受访者没有出现在后来的受访者中（可以比较第 8 章讨论的实验样本减损问题）。问题在于，退出调查的样本不一定具有典型性，这样，他们的退出就会扭曲整个研究结果。因此，当安尼绅索等（Carol S. Aneshensel et al, 1989）进行一项少女专题群体研究（比较拉丁裔与非拉丁裔少女）时发现，在美国出生的拉丁裔少女和在墨西哥出生的拉丁裔少女在放弃参与问卷调查的行为上有所差异。因此，在做结论时，应该把这样的差异考虑在内，以免产生误导。

近似历时研究

历时研究很多时候并不可行，也缺乏实际操作的手段。幸运的是，即使只有截面资料，通常也可以对历时的过程做出大致的结论，即近似历时研究（approximating longitudinal study）。下面就介绍一些这样的方法。

有时候，截面资料隐含着逻辑性的历时过程。例如在夏威夷大学进行的学生用药习惯研究中（第 2 章提到过），学生被问及是否使用过任何违禁药品。研究发现，就大麻和 LSD 迷幻药而言，有些学生两种都用过，有些学生只用过其中一种，而有的学生一种也没有用过。由于这些资料是在一个时点收集的，没有考虑有些学生会在接受调查之后尝试一些药物的情形，因此这类研究不能发现学生们先尝试大麻或先尝试 LSD 迷幻药。〖106〗

更进一步的资料显示，尽管有些学生只用过大麻，而没有用过 LSD 迷幻药，可是并没有学生只用过 LSD 迷幻药。根据这项发现，我们可以推论——如同一般的常识，学生会先用大麻，再用 LSD 迷幻药。如果用药过程完全相反，那么，就应该有学生只用 LSD 迷幻药而没有用过大麻，或是没有学生只用过大麻。

只要变量的时间顺序清楚，就可以进行逻辑推论。如果一项截面研究发现，在大学中，来自私立高中的学生比来自公立高中的学生获得的成绩更好，我们就可以说就读高中的类型会影响大学的学业成绩。因此，即使是某个时点的观察，也能合理地推论历时的过程。

通常，在截面研究中，年龄差距会构成推论历时过程的基础。假设你对一般生命周期中健康恶化的模式有兴趣，就可以根据大医院病人的年度体检资料进行研究。你可以根据体检者的年龄将资料分组，并用视力、听力、血压等分级，通过不同年龄组和每个人的具体状况，就可以对个人健康史有所了解。譬如，你可以由此得出结论：视力毛病比听力毛病发生的更早。尽管如此，对于这样的结论还是要多加小心，因为这样的差异可能被用来反映整个社会的趋势。也许，听力好的原因是研究工作所在的学校改进了听力设施并因此使学生受惠。

让人们回忆往事是另一种历时观察方法。当我们询问别人的出生地、高中毕业的时间、1988 年投票给谁的时候，使用的就是这种方法。通常，定性研究采用的就是对"生命历程"的深度访谈。

例如，卡尔（C. Lynn Carr, 1998）就把这种研究方法用在了汤姆男孩（tomboyism）的研究中。参与调查者的年龄均在 25 到 40 岁之间。调查者要求她们推想出自孩提时代起自己生活的方方面面，包括她们自认为自己的行为似男孩的经历。

这种方法的缺陷也很明显。有时候，人们会有不正确的记忆，甚至欺骗。譬如，当投票之后调查人们的投票行为时，自称投给当选者的票数会比其实际的得票数要多。尽管深度访谈可以获得历时资料，但使用这些资料时必须要有旁证，否则，如果仅仅根据这些资料去寻求答案，就一定要加倍小心。

以上就是时间在社会研究中所扮演的角色以及社会科学家处理时间问题的一些方法。在设计任何研究时，对于时间隐性与显性的假设都必须慎重考虑：到底是对历时过程的描述有兴趣，还是只想描述目前发生的事情？如果要描述历时过程，就必须考虑是否能够在过程的不同时点进行观察，或者可以通过现实的观察进行逻辑推论。

研究策略举例

正如先前的讨论所暗示的那样，可以有很多的途径来进行社会研究。下面的短小摘录进一步说明了这个观点。在你阅读这些摘录时，请留意每个研究的内容及其所使用的方法。这些研究是探索性的、还是描述性的或者解释性的（还是这几种的混合）？每个研究的资料来源是什么？其中的分析单位是什么？相应的时间维度是什么？应该如何应对？〖107〗

- 南加利福尼亚强奸危机中心利用档案、观察和访谈资料进行的关于动员的个案研究，揭示了一个女性主义组织是如何在 1974 - 1994 年期间影响警局、学校、检察院和其他一些州和国家组织的。（Schmitt and Mar-

tin，1999：364）

- 利用生活史叙述，当前的研究调查了自认为是顽皮姑娘的行为和意识过程。（Carr，1998：528）

- 通过与前爱沙尼亚苏维埃共和国的活动家进行访谈，我们指出那些存在乐于助人的、反抗的亚文化的环境，能够成功地进行社会运动。（Johnston and Snow，1998：473）

- 本文是对一个位于一个小城市的 AIDS 服务组织的民族志研究。它综合用到了参与观察、访谈和对组织记录的使用。（Kilburn，1998：89）

- 利用在 1992、1993 和 1994 年实地研究中所进行的访谈，加上历史记录和档案记录，我认为巴勒斯坦女性主义受到了巴勒斯坦女性活动于其中并与之互动的社会政治背景的影响和建构。（Abdulhadi，1998：649）

- 本文通过与 51 位女性进行深度访谈，报告了女性在公共场合喂奶的经历。（Stearns，1999：308）

- 利用访谈和观察的实地资料，我展示了一个临时性的雇佣体系如何在一个参与性的工作场所中开拓和影响工人的渴望和职业目标。（V. Smith，1998：411）

- 我从几个大众媒体，包括期刊、书籍、小册子和收音机、电视谈话节目和报纸、杂志上收集到的资料。（Berbrier，1998：435）

- 下面将对雇佣和退休中的种族、性别不平等进行分析。其样本是来自全国范围，包括那些在 1980 - 1981 年之间开始领取老年社会保障的人。（Hogan and Perrucci，1998：528）

- 本文的资料来自对女暴徒的访谈，讲的是她们用以逃避逮捕的技巧。（Jacobs and Miller，1998：550）

如何设计研究计划

到这里为止，你们已经知道了社会研究计划设计的各种选择。不过，这些选择比较零碎，并不是那么清楚，所以，这里我们要把零碎的东西整合起来。假设你们将进行一项研究，你们将如何着手？接下来又如何？

尽管研究设计在研究计划开始时就已经有了，但在研究实施中，每一步都包含着对研究设计的进一步推敲。接下来要讨论的就是：（1）提供一些着手研究计划的指导；（2）提供后面章节的概况，并最终使你们把研究过程当成整体进行设计（本书开始的概论就是为了使你们明白这样的问题）。

图 4-5 就是社会科学研究过程的一种图式。尽管我并不愿意采用这样的图示，因为容易产生误导，即认为研究工作一定要按部就班，进而脱离实际情形；但是，无论如何，正如我说过的，在进入具体细节之前，应该对整个研究过程有一个概念，在这个意义上，这个图示应该有所帮助。本质上来说，它也比第 2 章所说的科学过程更为详尽。

这个图的最上方是研究的兴趣、想法、理论，即研究工作可能的起始点。这些字母（A、B、X、Y 等等）代表变量或概念如"偏见"或是"疏离"。你也许有兴趣了解为什么一些人比另一些人更有偏见，或是你要知道疏离将带来什么后果。换句话说，开始的时候，你可能有一些具体的想法。举例来说，也许你认为在装配线上工作会造成疏离感。我在图形上画下一个问号，目的是要强调，某些事情并不一定像你想象的那样。最后，我把理论解释为多个变量之间的一组复杂关系。要注意的是，研究过程的这些起点都经常会出现前后移动的情形。兴趣可能形成想法，而想法又可能是较大理论的一部分，而理论也可能引申出新的想法、新的兴趣。

上述三者都显示了实证研究的必要性。实证研究的目的就是为了探讨兴趣和检验具体的想法，或验证复杂的理论。姑且不论目的是什么，就如图示中提示的，后面还有许多事情需要决定。〖109〗

让我们用一个研究事例来具体说明。假设你对堕胎议题很有兴趣，你想要了解为什么在许多人反对的情况下，一些大学生却支持堕胎合法化。进一步说，假设你认为人文社会学科的学生比自然科学的学生更加支持堕胎合法化（这一情况常常会引导人们设计并进行一些社会研究）。

从上面我们讲过的各种方法来看，这是一项探索性研究。也许你对描述和解释都有兴趣：有多大比例的学生支持堕胎合法化？为什么有人支持，也有人反对？这里，分析单位是个体：大学生。但是我们操之过急了。正如你所知，在我们还没有"开始"的时候就已经开始了。如图 4-5 所示，在我们着手研究之前，这些连锁反应过程就已经开始了。现在请仔细地看好各个步骤，牢记这个动态的链接过程。

开始着手

在研究设计之初，你的兴趣可能是解释。为此，你可能选择几个可行的活动来探讨学生对堕胎权利的看法。刚开始，你应该尽可能地阅读该议题的资料。如果说你想到学生学习的专业和对待堕胎的态度有关，你一定要看看相关的论著。附录 A 介绍了一些使用图书馆的方法。此外，你可能要访谈一些人——支持或反对堕胎的人。也许，你还要参加一些有关的集会。所有这些活动，都是在为即将进行的研究设计做准备。

在设计研究计划之前，重要的是要弄清楚你

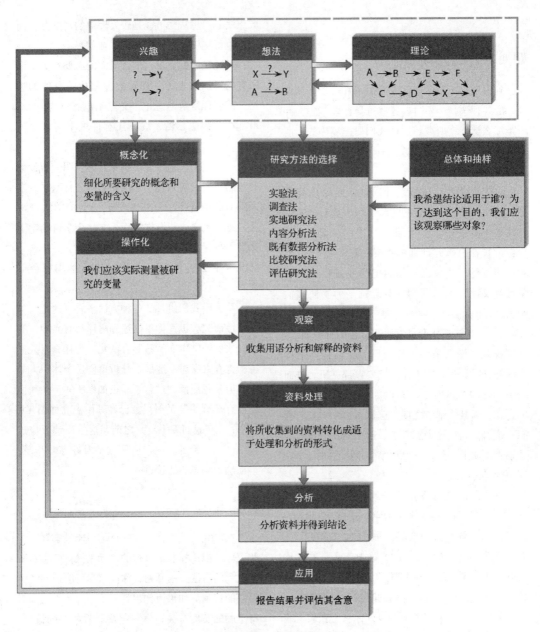

图 4 - 5   研究过程

的研究目的。你要进行的是哪一类型的研究——解释的、描述的还是探索的？你是希望写一篇课程论文，还是要写一篇学位论文？或者你只是要收集一些足以与人辩论的资料，还是只想给校园新闻投稿，或给学术杂志？〔110〕

通常，你可以用报告的形式表达你的研究目

的。在设计研究时就列出报告的大纲，是一个很好的开始（见 17 章）。尽管最后的研究报告不一定就是当初设计的状况，但是，初始提纲将有助于测试不同研究设计的适当程度。在这一过程中，你必须很清楚，在研究计划完成之时怎样陈述研究结果。这里有几个例子："在讨论关切自身的社会议题时，学生们常常会提到堕胎权利。""U 大学有百分之 X 的学生，支持妇女的堕胎选择权。""工程科系比起社会学系的学生，更反对/接受堕胎权利。"

概念化

一旦你有了界定得很清楚的目的，并对你要达到大结果有了清楚的描述，你就可以进入研究设计的下一个阶段了——概念化。我们常会在无意间谈论一些社会科学的概念，如偏见、疏离感、信仰以及自由主义等；但是，为了使结论明确，我们必须厘清概念的含义。第 5 章将对概念化的过程做深入的探讨。现在，让我们看看哪些概念和堕胎有关。

如果要研究大学生对堕胎议题的感想及其原因，那么，你要做的第一件事就是说明什么是你说的"堕胎权利"。具体地说，你必须注意人们接受或反对堕胎的不同情形。例如，女性的生命受到威胁、遭受强暴、乱伦，或者就是要堕胎等等。你会发现，对堕胎合法化的支持会因为不同的状况而有所不同。

当然，你必须厘清研究中的所有概念。如果你要研究大学生主修科目对堕胎态度的影响，那么，你就必须说明采用校方公布的标准还是采用学生的标准以及如何处理无主修科目的学生。

假如你正在进行一项调查或实验，那么你必须事先定义概念。如果你的研究结构并不严谨，如开放式的访谈，那么重要的就是要在研究中包括：不同维度、不同方面、概念间的差异。这样，你就能揭示一些社会生活的方面，并有别于通过随意发问、轻率地使用语言所能获得的信息。

选择研究方法

我们在第 3 篇将会看到，社会科学研究的方法有很多种。每一种方法都有优缺点，某些方法较其他方法更适合于研究某些概念。就对待堕胎态度的研究而言，调查法可能是最合适的方法：要么逐一对学生进行访谈，要么请学生填写问卷。（抽样）调查是研究大众观点的最佳方法，但并不是说第 3 篇所说到的其他方法就不能获得很好的结果。譬如，运用内容分析法对每一封读者来信进行分析，进而了解来信者对堕胎的看法。运用实地研究法可以揭示人们在对待堕胎的问题上如何相互影响，以至于改变态度。第 3 篇将会让你了解如何使用不同的方法研究同一个问题。通常，最好的研究设计往往不是采用某一种研究方法，而是集多种方法之优势于一身。

操作化

厘清了概念、确定了研究方法之后，下一步就是确定测量方法或操作化（参见第 5、6 章）。一个研究中变量的意义，部分是由测量所决定的。这一节是要决定如何收集我们所要的资料：直接观察、阅览官方文件、使用问卷，或是其他技术。〖111〗

如果你决定采用调查法来研究人们对堕胎权的态度，你就要对主要的变量进行操作化。如询问调查对象在各种情况（已经概念化）下对待堕胎的态度：譬如遭到强暴、乱伦或孕妇有生命危险，让受访者回答在每个情况下是否赞成或反对堕胎。

总体与抽样

除了细化概念和测量方法以外，我们还要确定研究对象和研究重点。研究总体（population for study）就是我们必须从中得到结论的群体（通常都是由人所组成）。不过，我们不可能对自己感兴趣的总体的所有成员进行研究，也不可能对所有成员进行各种观察。但是，我们可以从总体中抽取样本，从样本中收集资料。当然，在日常生活中，总有对信息的抽样，并因此产生有偏差的观察（回想第 1 章的"选择性的观察"）。因此，社会研究者对于他们要观察的样本，往往会更为仔细。

第 7 章将讨论怎样从我们感兴趣的总体中抽选出确实能够反应总体行为的样本。图 4 - 5 中也提到，对于总体以及样本的决定，也因研究方法的不同而有所差别。尽管概率抽样技巧和大规模问卷调查或内容分析关系密切，但是实地研究者也应该注意选择能够提供中立意见的对象；甚至，实验者也应该采用实验组和对照组的方式，通过比较获得信息。

就我们讨论的堕胎态度而言，其总体就是该大学的所有学生。正如你们在第 7 章将看到的，要抽出有代表性的样本，就要对总体进行更清楚地界定。譬如，是否包括所有的分时制和全日制学生？仅仅是毕业班的学生还是所有的学生？各国的学生还是美国学生？大学生、研究生，还是两者都包括？这类问题比比皆是，必须根据研究目的来回答。如果你要了解在关于堕胎合法化的地区性公民投票中学生可能采取的态度，你的抽样总体就必须是那些有投票资格的、而且投票意愿很高的学生。

观　察

决定了研究内容、对象和方法以后，我们就可以进行观察了，即收集实证资料。第 3 篇在描述各种研究方法的同时，也提供了适合各种研究的观察方法。

例如堕胎调查，你应该印制问卷，并邮寄给每一个从总体中抽样出来的学生，或用电话访问。这几种方法的优缺点都会在第 9 章加以讨论。

资料处理

无论选用哪种方法，你都可能收集到数量庞大且不能直接使用的观察资料。如果你花费了一个月实地观察街头帮派，那么你就有了足够写一本书的资料。如果是研究学校种族多样性的历史，收集的资料可能包括了许多官方文件、对政府官员和其他人员的访问记录等等。第 13、14 章将介绍一些处理和转化资料以用于定性和定量分析的方法。〖112〗

在问卷调查中，典型的原始观察资料就是回顾收到的问卷，无论是圈选的答案、还是书写的想法等等。典型的问卷调查资料处理则包括将书写的答案分类（编码），将所有获得的信息转换成电脑编码。

分　　析

最后，我们要依据所获得的资料，提出结论以验证调查之初的兴趣、想法和理论。第 13、14 章还将提供一些分析资料的方法。需要注意的是，分析结果要对初始兴趣、想法和理论进行反馈（见图 4 - 5）。实际上，这样的反馈很有可能引发另一项研究。

在有关学生对堕胎权利看法的研究中，分析的层面包括了描述和解释两个方面。首先，你计算在不同情况下学生支持或反对堕胎的百分比。然后，把这些百分比整合起来，提供一幅学生对这个议题一般态度的完整图景。

除简单的描述之外，你还可以描述不同学生群体对于这个议题的意见，如不同专业的学生之间的意见的差异。你还可以收集其他信息，如男性与女性；大一、大二、大三、大四、研究生；主修工程的学生、主修社会学的学生、主修英国文学的学生等不同的学生群体。对于每个小群体的描述，将会引导你进入解释性分析。

应 用

研究过程的最后阶段是如何使用从研究中得到的结论。首先是和其他人交流你的研究结果，让别人知道你获得了什么。因此，最好要准备一份书面报告或发表研究报告。也许，你应该做一个学术报告，让其他有兴趣的人了解你的研究成果。

此外，你也许要进一步讨论研究结论的意义。譬如，对于堕胎合法化的支持与反对者来说，他们都有兴趣知道，研究结果是否意味着一些政策目标和行动。

最后，你必须考虑研究结论对同类议题的未来研究有什么意义。譬如，在研究过程中有哪些错误是以后的研究者可以修正的？有哪些研究方法在你的研究中仅仅开了个头，而需要在以后的研究中深入发展？

回顾研究设计

总体上看，研究设计包括了一系列的决定：研究题目、研究总体、研究方法、研究目的。尽管本章前半部分的讨论——研究目的、分析单位和关注点——都是为了扩大你们关于这些方面的视野；然而，研究设计却要你们收缩视野，专注于具体的研究项目。

如果你只是要做一篇课程论文，很多研究设计相关的问题早就决定的。假设你要做一篇实验方法的课程论文，那么，你只能采用实验方法。如果是有关选举行为的课程论文，则研究的议题已经确定。因为我们不可能预测所有的这类限制因素，所以，接下来的讨论将假定没有任何限制条件。

在设计研究计划之前，首先要评估三件事：自我兴趣、自我能力、可用资源。其中的每一种都会影响到研究的可行性。

让我们来模拟一个研究计划的开端：首先问自己到底想了解什么，因为你可能对许多社会行为和态度感兴趣。譬如，为什么有些人在政治上表现为自由派，另一些人表现为保守派？为什么有些人的宗教信仰比其他人更虔诚？人们为什么要加入民兵组织？大专院校是否仍像从前一样歧视少数族裔教员？为什么女性总是处于受虐待的地位？因此，不妨坐下来考虑一下那些让你感兴趣且的确关心的议题。

一旦有了一些自己想了解的问题，接下来就要考虑如何获得信息来回答这些问题。什么样的分析单位能够提供最相关的信息：大学学生、公司、选民、城市或其他分析单位？因为这类问题与研究议题有密不可分的关系。再下来，则要思考分析单位的哪方面信息可以回答研究的问题。〚113〛

在了解到与研究问题有关的信息来源之后，还要知道怎样从信息来源获得信息。相关的信息是现成的（譬如在某个政府机关的出版品中能找到），还是必须自己去收集？如果需要自己去收集资料，那么，如何收集？要进行大量的问卷调查，还是只需与少数人进行深度访谈？或者开几个座谈会就够了？甚至从图书馆就能找到所需要的资料？

在回答这些问题的时候，就已经进入了研究设计过程。但是，可别忘记了你自己的研究能力和可用的资源。不要设计一个完美、但却完成不了的研究计划。你也可以尝试一些不曾用过的研究方法，以便获得更多的经验，只是不要把自己放到特别不利的地位。

一旦你有了大致的研究议题，就要仔细地查阅有关的期刊或书籍文献，了解其他研究者的成果。文献探讨可以帮助你修订研究设计：也许你会采用别人的研究方法，甚至验证已有的研究。独立验证已有的研究是自然科学研究的一个标准步骤，对社会科学来说也一样重要。只是我们忽视了验证的重要性而已。当然，除了验证已有的研究以外，你还可以对已有研究中忽视了的问题做进一步的探讨。

还有，就某个议题而言，假设已有的研究使用了实地研究法。你们可以用实验设计法来检验已有的研究结论吗？或者，现存的统计资料是否可以用来检验已有的研究结论？使用不同的研究方法来检验同一个研究结论，被称为三角测量（triangulation），它是一个很好的研究策略。原因是，每一种研究方法都有优点和缺点，而不同的研究方法获得或部分地获得不同的研究结果，所以，最好在研究设计中使用一种以上的研究方法。

研究计划书

通常，在设计研究计划的时候，必须写出计划的细节，以便向他人证明计划的可行性。如果是课程论文，在你开始执行计划之前，老师通常要先看你的"计划"。在你以后的事业中，假如你要进行一项重要计划，你就需要基金会或政府机构提供经费，一份详尽的研究计划书可以帮助资助机构了解其资金的使用。

本章的最后一部分，就是要告诉你们如何准备这样的研究计划书。这将使你们对整个研究过程有一个总体概念。

研究计划书的基本要素

虽然一些提供研究经费的机构（或你的指导老师）对研究计划书有一些特殊的要求，但基本的要素不外乎：〖114〗

议题或目的

你要研究的议题是什么？为什么值得研究？提出的研究计划是否有实际意义？例如，是否对认识一般事物和建构社会理论有帮助？

文献回顾

其他人如何看待这个议题？哪些理论与这个议题相关？相关的理论是如何描述这个议题的？是否存在缺点或存在可以改进的地方？

本书的第 17 章就文献综述这一部分有更为详尽的介绍。你将发现阅读有关社会科学的文献资料需要特殊的阅读技巧。现在，如果你想了解有关这门课程的文献综述，请参阅第 17 章。第 17 章的内容帮助你熟悉各种不同类型的研究文献，教你如何查找你所需要的文献材料，并教你如何阅读有关文献资料。

片面地讲，你在研究中运用的收集数据的方法将决定你的文献回顾过程。回顾那些运用了相同的研究方式的研究设计，这对开始你的个人研究起着至关重要的作用。同时，在文献回顾的过程中，不论其他研究者使用什么样的研究方法，你都应将研究的重点放在你自己的研究议题上。所以，假如你计划进行实地研究，比如说是关于"异族通婚"，你可能会从有关这一议题的现有研究发现的结果中形成自己的见解。此外，先前有关异族通婚的实地研究结果对你设计研究议题也是非常重要的。

因为文献综述部分出现在研究设计之前，所以你在写文献综述的时候一定要格外注意：向读者介绍清楚你要从事的研究议题；有条理地罗列出你从以往的研究者那里学到的有关这一议题的独特见解；洞悉在我们现有的知识范围内有关这一议题的破绽漏洞和薄弱环节，并加以修补完善；或者你也可以标新立异一点，在文献回顾部分指出现有研究结果中就这一议题相悖相斥的观点；这样一来，你的研究设计就旨在消除困扰着我们的那些模棱两可的分歧了。尽管我不认识你，但我已经翘首期待你要研究的议题了。

研究对象

用于收集资料的对象和事物是什么？除了大致的研究议题、理论术语以外，具体的术语是什么？可用的资源是什么？如何使用资源？是否适宜采用抽样方法？如果是，如何抽样？如果研究活动会影响到研究对象，如何确定研究活动将不伤害他们？

除了这些较常见的问题外，你将在研究中使用的特殊研究方法会进一步明确研究本身。例如，假如你想做个实验、搞个调查或者进行实地研究，在这些研究过程中选择受试者的技巧会大不相同。本书第 7 章将介绍在定性研究和定量研究中会运用到的不同抽样方法。

测　量

研究中有哪些主要变量？如何定义和测量变量？定义和测量方法是否重复了已有的相关研究（顺带提一下，这是可以的），与已有的相关研究有何不同？如果已经做好了测量设计（例如问卷），或使用他人曾经使用过的测量手段，你应该将问卷放入研究计划的附录中。

资料收集方法

说明收集研究资料的方法。采用实验法还是问卷法？进行实地研究还是对已有的统计资料进行再分析？还是要采纳一种以上的方法？

分　析

说明将采用的分析方法，包括分析的目的和分析逻辑。是否对详细的描述有兴趣？是否要解释事物之所以如此的原因？是否准备解释某些事物在特征上的差异性，如为什么一些学生比另一些学生自由开明？将采用哪些解释性变量？如何确定对变量解释的正确性？〚115〛

时间表

一般说来，应该提供一个研究时间表，说明研究的不同阶段如何进行。即使研究申请计划没有包括时间表，研究者自己也该有所安排。除非你预定研究各阶段完成的时限，否则一定会陷入困境。

经　费

如果要申请研究经费，必须提供经费计划，注明经费的用途。大型研究计划包括的经费项目通常有：人事、器材、用品以及通讯费用。即使是一个自费的小型计划，最好还是花些时间预估一下可能的花费，例如，办公用具、复印、计算机费用、电话费、交通费等等。

如此看来，如果要从事一项社会科学研究，即使你的指导老师或是资助机构没有要求，最好还是有一个研究计划。如果要把自己的时间和精力投入到一项研究中，你必须尽量确定投资是值得的。

现在你已经对社会研究有了粗略的了解。让我们继续看后面的章节，了解如何去设计和执行每一个研究步骤。如果你已经有了一个自己感兴趣的议题，就要始终牢记如何研究这个议题。

本章要点

导言

- 研究设计要求研究者尽量明确研究目的，并确定最佳研究方法。

研究的三个目的

- 社会研究的主要目的包括探索、描述和解释。研究往往包含了不止一个目的。

- 探索性研究是试图对现象有一个初步的、粗略的了解。

- 描述性研究是精确地测量并报告研究总体或现象的特征。

- 解释性研究是探讨并报告研究现象各层面之间的关系。如果说描述性研究要回答"是什么",解释性研究则试图回答"为什么"。

通则式解释的逻辑

- 解释性的个案式模型和通则式模型都依赖于因果观。个案式模型追求的是对特定现象的全面理解,它往往包含了所有相关的原因。通则式模型追求的则是对某类现象的一般性理解——不必是完全的——它往往只用到部分相关的因素。

- 在通则式分析中建立因果关系的三个基本标准是:(1)变量必须是经验上有关系的,或者相关的;(2)原因变量必须发生在结果变量之后;和(3)该效应不能被第三个变量所解释。

必要原因和充分原因

- 联系或相关本身并不能够确定因果关系。在现实中,虚假的因果关系通常由一个或多个变量引起。

分析单位

- 分析单位是社会研究者试图观察、描述和解释的人或事物。一般说来,社会研究的分析单位是个体,但也可以是小群体或是社会人为事实,或者其他现象如生活方式、社会互动类型。

- 区位谬误是将基于群体的结论(例如,组织)应用在个体之上(例如,组织中的员工)。

- 简化论是试图用相对狭隘的概念来解释复杂的现象,如试图只用经济(或是政治理想、心理学)因素来解释美国革命。

时间维度

- 涉及时间因素的研究可以通过截面研究或者历时研究来进行。

- 截面研究是基于某个时点观察的研究。尽管截面研究有时点限制,但仍可进行过程推论。

- 历时研究是基于不同时点观察的研究。这些观察可以通过在一般总体中(趋势研究)抽样、从亚总体中(世代研究)抽样,或每次采用同一群(专题群体)样本的方法来进行。

如何设计研究计划

- 研究设计适于最初的兴趣、想法和理论期待,接下来的是一系列相互关联的步骤,以逐渐集中研究的焦点,概念、方法和程序也随之界定清楚。一个好的研究设计必须事先考虑这些步骤。

- 在开始时,研究详细界定所要研究的概念或者变量的意义(操作化),选择研究方法(譬如,实验和调查),界定所要研究的总体。如果可行,还制定如何抽样的方法。

- 对所要研究的概念的操作化,就是精确地说明变量的测量方法。研究还要继续进行观察、数据处理、分析、应用,并报告结果,评估其意义。

研究计划书

- 研究计划书提供了一个预览,说明研究的原因和执行的程序。研究计划书经常要得到许可或是必需的资源。除此之外,研究计划书是一种很有用的工具,有利于计划的执行。

关键术语

以下术语是根据章节中的内容来界定的，在出现该术语的页末也有相应的介绍，和本书末尾的总术语表是一样的。

相关 虚假相关 分析单位 社会人为事实 区位谬误 简化论 截面研究 历时研究 趋势研究 世代研究 专题群体研究 生物社会学

复习和练习

1. 本章的一个例子认为政治取向导致了大麻合法化态度的差异。其中的时间序列能否刚好相反？说出你的理由。

2. 下面是一些真实的研究主题。能否说出每项研究的分析单位？（答案在本章的末尾）

   a. 女人看电视的时间比男人长，因为女人在户外的工作时间比男人短……黑人比白人每天看电视的时间多 45 分钟。（Hughes，1980：290）

   b. 在 1960 年，人口高于 10 万的 130 个城市中，有 126 个城市至少有两家短期非私有的、得到美国医院协会认可的综合性医院。（Turk，1980：317）

   c. 早期的 TM（通灵）组织规模小，而且是非正式的。1959 年 6 月，洛杉矶群体在一个成员的家里聚会，那里恰好是马哈利西（Maharishi）曾经生活的地方。（Johnston，1980：337）

   d. 然而，护理人员对于改变护理制度……有着强大的影响力……相反，决策权却掌握在管理阶层以及医生阶层手中……（Comstock，1980：77）

   e. 美国 200 万农夫中有 66.7 万是女性，但在美国历史上，女性从来不被当作是农夫，而是农夫的妻子。（Votaw，1979：8）

   f. 对社区中反对建立精神残疾者之家的分析……指出，尽管环境逐渐恶化的社区最有可能组织起来表示反对，但是中上阶层却最能私下接触地方官员。（Graham and Hogan，1990：513）

   g. 20 世纪 60 年代，一些分析家预测：随着经济抱负以及政治激进态度的膨胀，黑人会对"出世的"主流黑人教堂产生不满情绪。（Ellison and Sherkat，1990：551）

   h. 本分析探讨了当代理论的经验发现和命题是否能直接应用于私人产品生产组织（PPOs）和公共服务组织（PSOs）。（Schiflett and Zey，1990：569）

   i. 本文考察了不同工作角色的头衔结构的变化。通过分析加利福尼亚文职体系在 1985 年的 3,173 个工作头衔，我们探讨了某些工作怎样以及为什么会在不同的工作类型中有着不同的等级、功能，或特殊组织地位。（Strang and Baron，1990：479）

3. 回顾一下虚假相关的逻辑。你能想出这样一种关系：表面上观察到的相关能够被第三个变量解释的例子吗？

4. 通过 InfoTrac College Edition 或是图书馆中的期刊，来查找研究计划（包括了小样本多次访问研究）。描述研究设计的本质及其主要发现。

补充读物

Bart，Pauline，and Linda Frankel. 1986. *The Student Sociologist's Handbook*. Morristown，NJ：General Learning Press. 这是一本便利参考书，教你如何开始一项研究计划。从学生的课程论文出发，该书提供了很好的社会科学期刊文献来源供

你参考。

Casley，D. J.，and　D. A. Lury. 1987. *Data Collection in Developing Countries.* Oxford：Clarendon Press. 我们讨论的研究设计大都以美国社会为背景，而该书特别讨论了在发展中国家从事研究所遭遇的问题。

Cooper，Harris M. 1989. *Integrating Research：A Guide for Literature Reviews.* Newbury Park，CA：Sage. 本书作者循序渐进地引导你如何从事文献探讨。

Hunt，Morton. 1985. *Profiles of Social Research：The Scientific Study of Human Interactions.* New York：Basic Books. 这是一本引人入胜、信息丰富的系列研究报告：包括了科尔曼（James Coleman）的有关种族隔离的学校研究以及其他许多重要的研究，说明了社会研究的实际运作过程。

Iversen，Gudmund R. 1991. *Contextual Analysis.* Newbury Park，CA：Sage. 运用情景分析手段考察了社会情境因素对个人行为的影响。涂尔干对于自杀的研究提供了一个很好的例子——提供了社会情境导致自我毁灭的可能性。

Maxwell，Joseph A. 1996. *Qualitative Research Design：An Interactive Approach.* Newbury Park，CA：Sage. 书中包括了许多与本章相同的议题，但是特别关注定性研究。

Menard，Scott. 1991. *Longitudinal Research.* Newbury Park，CA：Sage. 开宗明义地说明了从事历时研究的原因，进而详细讨论了几种历时研究设计，并且提供了历时研究分析的各种建议。

Miller，Delbert. 1991. *Handbook of Research Design and Social Measurement.* Newbury Park，CA：Sage. 一本有用的参考书，介绍并概括了许多有关研究设计及测量的议题。此外，本书包含了基金会、期刊以及职业协会的丰富信息。

SPSS 练习

请在本书附的小册子中练习使用 SPSS（社会学数据包）。每章都提供了练习，并有使用 SPSS 的入门方法。

网络资源

社会学 & 现状：研究方法

1. 在最后复习本章之前，先做做测试 Sociologynow：Research Methods，看看有哪些地方需要重点复习。在本书的最前面，有关于这个在线工具的信息以及如何得到这些资源。

2. 可按照 Sociologynow：Research Methods 根据测试结果提供的学习计划进行复习。使用学习计划的互动练习和其他资源掌握材料。

3. 复习完毕后，再进行一次测试，以确认已充分准备好学习下一章的内容。

《社会研究方法》第十一版所附带的网站资源

Http：//　sociology. wadsworth. com/　babbie-practice11e/ 登录后，你会发现对你的课程很有帮助的学习资源。这些资源包括辅导测试和反馈、在线练习、Flash 卡片和每一章的章节辅导以及在虚拟空间中扩展的方案、社会研究、GSS 数据以及数据分析软件，如 SPSS 和 NVivo 的使用入门等。

这一章的网站链接

我们需要认识到互联网是一个变动的实体，随时刷新。不过，这些网站还是相对稳定的。你也可以参照书上网址，进入更多的网址链接。

网上公共图书馆，社会科学资源

http://www. ipl. org/ref/rr/static/soc00. 00. 00. html

这个网站跟其他许多热门链接一样，提供了社会研究者在很多学科里所探讨过的研究主题。

Calgary 大学，初学者的研究指导

http：//www. ucalgary. ca/md/CAH/research/res_prop. htm

就像其名字所提示的那样，该网站将告诉你如何准备研究计划。

Anthony W. Heath《定性研究计划》

http://www. nova. edu/ssss/QR/QR3-1/heath. html

这些内容是《定性报告 3》（no.1，March

1997）的再版，它为计划的撰写提供了另一个指导，而且是专门为定性研究准备的。

分析单位练习题的答案

a. 男人和女人，黑人和白人（个体）

b. 一定规模的美国城市（群体）

c. 通灵组织（群体）

d. 护理群体（群体）

e. 农夫（个体）

f. 邻居（群体）

g. 黑人（个体）

h. 服务及制造组织（正式组织）

i. 工作头衔（人为事实）

第 5 章

概念化、操作化和测量

章节概述

　　概念化、操作化和测量之间的相互关联，使得研究能够围绕研究主题，发展出一套在实际世界中用得上的、有效的测量。这一过程的实质是将用普通语言表述的相关含糊术语，转化为精确的研究对象——被很好地界定并具有测量意义。

导　言

这一章和下一章讨论的是如何将现实生活中的一般观念转化为有效的、可测量的概念。本章主要讨论与概念化、操作化和测量相关的议题。第 6 章将在这个基础上讨论更为复杂的测量类型。〔121〕

本章要介绍的是人们时常想到的问题，即是否可以测量生活中的一些事物，如：爱情、憎恨、偏见、激进、疏离等。答案是肯定的。只是，我要多花几页的篇幅来进行说明。等你明白了任何存在的事物都是可以测量的之后，我们再来学习测量的步骤。

测量任何存在的事物

前面我曾经说过，"观察"是科学的两个支柱之一。观察这个词本有轻松、被动的含义；所以科学家们用"测量"这个词来代表对现实世界小心、细心、慎重的观察，并凭借变量的属性来描述事物。

我想，对于用社会科学方法来测量人文社会的重要方面，你们或多或少有些保留意见。也许你们读过一些有关自由主义、宗教信仰、偏见等方面的研究报告，而且不一定同意那些学者在研究中所使用的测量方法，并认为它们过于肤浅，完全失去了研讨问题的精髓。也许有些学者把一般人去教堂做礼拜的次数当作测量信仰虔诚与否的指标，把某次选举时的投票倾向当作测量自由主义的依据。特别是当你们发现自己的意见被测量系统错误地归类时，你们的不满程度将会更高。

你的不满意反映了有关社会研究的一个重要事实：我们所试图研究的绝大多数变量，并不像石头那样存在于现实世界。事实上，它们是虚构的。而且，它们几乎没有单一的、清楚的意义。

如果讨论的变量是政党支持倾向，我们就要调查那些登记造册的选民们，看他们是民主党员还是共和党员。这样，就可以测量出人们的政党支持倾向。但是，我们只能够询问受访者的政党认同意识，并由此来测量政党支持倾向。注意，这两种不同的测量可能性反映了对"正当支持倾向"多少有所不同的界定。这甚至可能会导致不同的结果：有些人可能在一年前登记为民主党，但是现在却越来越倾向于共和党哲学。或者，某人在登记的时候不属于任何一个党派，但是当被调查时，他可能回答说他支持跟他关系比较近的党派。

同样的看法也适用于宗教支持倾向。有时候，这个变量指的是某教派的正式成员；有时候又是指一个人所认同的教派。对你而言，它还可能意味着其他，比如参加某次活动。

事实不是"政党支持"或"宗教支持"没有真实的意义，"真实"意味着与实现的客观方面存在关联。这些变量实际上并不存在。他们只是我们构建的名词，并出于某些目的而赋予它特定的意义，比如进行社会研究。

但是，你可能反对这种看法，你也许会认为"政党支持"和"宗教支持"——还有很多其他社会研究者感兴趣的事物，比如偏见和同情心——具有一些真实性。毕竟，我们对此有所陈述，比如："在快乐之城，55%的成年人支持共和党，其中45%是圣公会教徒。总体来说，快

乐之城内的人们的偏见较低，同情心较高。"不仅是社会研究者，即使一般的人，也会给出这样的陈述。如果这些事情在现实中并不存在，那么我们所测量的、所谈论的是什么呢？〖122〗

事实究竟如何？我们还是来看看很多社会研究者（还有其他人）都感兴趣的变量——偏见。

观念、概念和现实

当我们漫步人生之路时，我们观察到不少的东西，而且我们知道那是真实的。我们也听到不少人说过他们观察到的东西。例如：

- 我们听到有人说少数民族是肮脏的。
- 我们听到人们说，女人比不上男人。
- 我们听到报道说，黑人被施以私刑。
- 我们听到有人说，女人和少数民族在同样的工作中，所得的报酬少。
- 我们听过关于一个民族试图消灭另一个民族的"种族清洗"和战争的故事。

除了这种经验之外，我们还注意到很多其他的现象。所有参与私刑的人似乎较可能辱骂黑人。还有，这些人似乎倾向于要女人"乖乖地待在家里"。最后，我们发现，世界上真的存在这种人。当讨论我们遇到的人时，我们会根据上述倾向给那些人分类。我们会叫那些人"参加私刑聚会的人、辱骂黑人的人，或不雇用女性担任主管的人"。时间长了，用这样的方法来称呼那些人就变得十分笨拙。然后，就会有一个想法，"何不用'偏见'来代替这冗长的说法？我们也可以用这个词来代表一些有相同倾向、却不一定有同样行为的人。总之，不一定要有相同行为，只要有类似的行为，都能这么归类"。

由于事实基本如此，为了效率，我同意和社会保持一致。这就是偏见观念的起源。我们从来也没有看过偏见。使用这样的术语，只是为了方

便自己说长道短罢了。无论如何，偏见只是我们用来与他人交流所采用的一个有共识的术语而已：这个术语被用来表示在社会上观察到的相似现象。我们每个人都可以用一般的、共识的术语表达通过观察在自己头脑中形成的社会真实。

当我提到"偏见"时，你们的头脑中就会产生一种印象，就像这个术语在我的头脑中产生的印象一样。我们的头脑就像一个存有成千上万的资料的抽屉，每份资料都有一个标签。我们每个人的头脑中都有"偏见"的意义。你们的头脑中有偏见的资料，我的头脑中也有。你们的资料记载的是你们被告知的偏见的意义和你们观察到的偏见的例子。我的资料记载的是我被教导的偏见的意义和我观察到的偏见的例子。而且，我对"偏见"的意义和你们的不同。

表达印象的术语和存在于头脑中的资料标签都是所谓的观念（conception）。也就是说，我对"偏见"有我自己的观念，同样你也有你自己的观念。如果没有这些观念，我们就不可能进行交流，因为头脑中的印象是不可以直接用来交流的，我也无法直接向你们展示我头脑中的印象。所以我们用每份资料的标签来交流彼此观察到的事物和代表事物的观念。和观念有关的标签使我们可以相互交流，而且使我们可以就标签的含义达成共识。达成共识的过程被称为"概念化"（conceptualization），达成共识的结果就是"概念"（concept）。

我们再来看看另一个例子。假设我要见一个人，名字叫帕特（Pat），这个人你们很熟悉。我问你们对帕特的印象。假设你们看见过帕特帮助迷路的小孩寻找父母，也看见过帕特把失落的小鸟放回巢穴。帕特曾请你们帮忙把感恩节的火鸡分送给穷困的家庭、在圣诞节时去儿童医院探望病人。你们还看见过帕特因为电影中的母亲在困境中保护和拯救自己的孩子而落

泪。当你们在头脑中搜索有关帕特的资料时，发现所有的资料上都有一个标签："同情心。"当你们仔细浏览资料的其他记载时，你们发现那些记载提供了对帕特最恰当的描绘。所以，你们告诉我，"帕特是一个具有同情心的人"。〖123〗

当我查看自己头脑中的印象时，我也找到一份标签为"同情心"的资料。在阅读完资料之后，我说："喔，太好了。"于是，我觉得自己知道了帕特是怎么样一个人，并根据我自己（而不是你们）头脑中的同情心资料产生了对帕特的期望。当我见到帕特的时候，如果我的观察与我头脑中有关同情心的资料相符，我就会说，你们说得对。如果我的观察与自己头脑中有关同情心的资料相悖，我就会告诉你们帕特并没有同情心。于是，我们开始核对资料。

你们说："我曾见过帕特因为电影中的一位母亲在困境中保护和拯救自己的孩子而落泪。"而在我的头脑中有关同情心的资料里，没有类似的东西。再翻看其他资料，我发现类似的现象被标示为"多愁善感"。此时，我说："那不是同情心，而是多愁善感！"

为了证明我的说法，我告诉你们在某个组织举办的旨在拯救濒临灭绝物种鲸鱼的捐款会上，我曾经看见帕特拒绝捐钱。"这就是缺乏同情心的表现。"我争辩道。你们搜寻自己头脑中的资料，找到了两份拯救鲸鱼的资料——环保行动（environmental activism）和保护物种（cross-species dating），并有同样的发现。于是，我们开始核对有关"同情心"的资料。最终我们发现，我们各自对"同情心"的印象有很大不同。

总体上看，只有在你我之间对于事物有比较一致的印象时，语言和交流才能发挥作用。对事物认知的相似性说明社会上存在共识。在我们的成长过程中，当我们遇到相同的事物时，习得的是相似的术语。字典就是形式化的、社会共识的

术语集合。我们每一个人都会根据社会共识来修正自己的印象，使之与社会一致。但由于我们每个人都有不同的经历和观察，所以没有一个人的印象资料与他人的完全相同。如果我们要想测量"偏见"或者"同情心"，我们就必须准确地规定偏见或者同情心的内涵。

让我们回到本章的开始，我们说，任何真实的事物都是可测量的。举例而言，我们可以测量帕特是否把小鸟放回鸟巢、是否在圣诞节探访生病的儿童、是否看电影时哭泣、是否不愿意捐款保护鲸鱼。所有这些事情都是存在的，所以可以一一进行测量。但是，帕特是否有同情心？我们却不能客观地回答，因为同情心并不像上面说到的那些事情那样真的存在。

作为一个"术语"，"同情心"并不存在。只有当我们用"同情心"这个术语交流一些真实存在的事物时，"同情心"才存在。

作为结构的概念

如果回想第 1 章中有关后现代主义的讨论，你们就会看到，有些人根本反对所谓的"真实"。帕特真的是在圣诞节探访过生病的儿童吗？而那所医院一定是真实存在的吗？探访的时间一定是在圣诞节吗？虽然我们不会采用极端的后现代主义立场，但是你们将了解到，能够辨别是非真假的睿智有多么重要（当一个知识分子具备这种敏锐性时，他就可以成为社会科学家）。

在这种情形下，卡普兰（Abraham Kaplan，1964）提出了科学家测量的三类事物。第一类是可直接观察的事物，就是那些我们可以简单、直接观察的事物，如苹果的颜色、问卷上的答案标记等。第二类是那些不能直接观察的事物，"则需要更细致、更复杂以及非直接的观察"（1964：55）。当我们看到问卷上某人在"女性"一栏画了标记，那么我们就能间接的确定，这位受访者是女性。另外，历史书籍或公司会议记录也提供了过去的社会行为。最后，建构的事物（construct）是理论的产物，来源于观察，却不能被直接或间接地观察。智商（IQ）就是个很好的例子。智商测试就是一套算术结构，它依据受试者对智商评估题目的回答来判断受试者的IQ。没有人能够直接或是间接地观察到IQ。它并不比偏见或者同情心更为"真实"。

卡普兰（1964：49）把概念定义为"一组观念"。根据卡普兰的说法，概念就是结构。诸如"同情心"和"偏见"等概念，就是你们的、我的、还有所有使用这个术语的人的观念的集合。"同情心"和"偏见"并不能直接或间接地被观察，因为它不存在，它是我们创造出来的一个术语。〖124〗

总而言之，概念的建构来自于思维想象（观念）上的共识。我们的观念是看起来相关的观察和经验的集合。尽管观察和经验都是真实的，起码是客观的，但是从中得来的观念和概念却只是思维的产物。跟概念相关的术语，只是为了归档和沟通的目的而被创造出来的。比如像偏见这个术语，客观上只是一些文字的组合。除此之外，它没有任何的内在现实性。它只有我们都同意赋予它的意义。

不过，我们通常都会掉进这个陷阱：认为术语具有内在的意义，认为它们真是世界中的实体。当我们试图精确地使用这些术语时，这种危险就越大。而且，一旦自认为在术语的现实意义方面比我们知道得更多的专家们也在场的话，这种危险更大。因为我们都很容易轻信权威。

一旦我们假定像偏见和同情心这样的术语具有了现实的意义，我们就会不知疲倦地去寻找其真实的意义以及测量它们的工具。作为现实的结构，被称为具体化。具体化这个概念在日常生活中经常出现。而在科学中，我们需要很清楚地知道我们正在测量的究竟是什么，而这一目标本身是一个更大的诱惑。因为，在一个特殊的研究领域选择测量变量的最佳研究途径，或许可以暗示我们已经发现了相关概念的"真实"意义；而事实上，概念是没有现实、正确和客观的含义的，只有那些我们达成共识的概念才有助于特定的目的。

这种讨论是否意味着同情心、偏见和其他相似的结构无法测量？有趣的是，答案是"不"。（这也是一件好事，否则很多像我们这种类型的社会研究者就要失业了）我说过，我们能够测量任何真实存在的事物。结构并不像树那样真实存在，但它们具有另一个重要特质：有用。也就是说，它们能够帮助我们组织、交流、理解现实存在的事物。它们帮助我们对真实的事物做出预测。有些预测还是真实有效的。结构之所以具有这个功能，是因为尽管它们自己不是真实的，或者不能直接观察，但是它们跟真实存在、跟可以观察的事实有明确的关系。从观察通向作为结构的概念的桥梁就是概念化过程。

概念化

人们日常交流所使用的词汇的含义常常是模糊的和意会的。虽说你们和我不能在同情心这个术语上完全获得共识，但是，如果我认为帕特不会把苍蝇的翅膀活生生地折下来，应该不会有太大的问题。我们已经为使用不精确的语言付出了沉重的代价——不论是人际之间还是国际之间的误解、矛盾、冲突——无论如何，我们走到了现在。但是，科学的目的不是马马虎虎，没有精确也就没有科学。

概念化①我们怀疑这种说法，不过，如果果真如此，那岂不是很有意思！如果我们不能就

"同情心"这个特定术语达成共识、而只是遑论结果，我们就不能有意义地研究这个问题。就工作问题形成的共识被称为工作共识，它使我们可以研究问题。因此，我们没有必要在哪个具体含义最好的问题上达成共识或假装达成共识。

概念化为研究中的概念指定了明确的、共识性的意义。这个明确化的过程包括描述指标（我们在测量时需要用到的）和概念的不同方面，也就是维度。〖125〗

指标与维度

通过指定一个或多个指标，概念化赋予了概念一个明确的意义。**指标**②（indicators）就是我们正在研究的概念是否存在的一个标记。下面是一个简单的例子。

也许我们认为在圣诞节和光明节期间访问医院就是同情心的指标；将落巢的小鸟放回鸟巢则是同情心的另一个指标；依此类推。如果分析单位是个体，我们就可以观察各项指标在每一个研究对象身上的表现。此外，我们还可以将观察到的每一个指标累加起来。例如，我们认为同情心有 10 项指标，在帕特身上出现过 6 项，在约翰身上出现过 3 项，在玛丽身上出现过 9 项，依此类推。

再回到原来的问题上来，经过计算，同情心指标在女性身上平均出现 6.5 项，在男性身上平均出现 3.2 项。因此，以我们关于群体差异的定量分析为基础，我们可以认为：从群体上看，女性的确比男性更有同情心。

――――――――

① 概念化：将模糊的、不精确的观念（概念）明确化、精确化的思维过程。例如，我们想知道女性是否比男性更具有同情心。

② 指标：我们所选择的观察，它反映我们所要研究的变量。比如，进教堂就可以是宗教虔诚度的一个指标。

不过一般而言，研究结论不会这么简单。假设你要了解一个小型的基督教原教旨主义教派，特别是他们对诸如同性恋、无神论以及女性主义等群体的极端观点。事实上，他们认为凡是拒绝加入教派的人，都将在地狱里被焚烧。就前面讨论的同情心而言，他们似乎颇为缺乏。但是，教派的文宣资料又时常谈及对他人的同情心。你正是想探究他们这些自相矛盾的观点。为了探究这个问题，你也许会与教派成员互动、了解他们和他们的观点。你们可以告诉他们，你们是社会研究者，对研究他们的群体很有兴趣，或者，你们只是说对他们的群体有兴趣而不必告诉他们任何理由。

在与成员的谈话中，或在参与宗教仪式的过程中，你必须把自己置身在能够了解该教派对同情心定义的情境中。譬如，你也许了解到由于群体成员关怀的重心在于犯罪者会在地狱里被焚烧，所以他们愿意采取攻击性的、甚至暴力的方式来改变人们的罪孽。在这种范式下，教派成员才会将殴打同性恋者、娼妓、帮助堕胎的医生等等的暴力行为，视为同情心的表现。

社会研究者关注的常常是被研究者的语言和行动的意义。尽管这样做能够说明被观察的行为：至少现在你理解了他们是如何将过激行为当作同情心。但这也使他们感兴趣的概念更为复杂。（当我们在本章末尾讨论测量的效度问题的时候，我们还会说到这个问题。）

无论怎样谨慎地讨论概念或明确地定义概念，我们都会碰到例外和不协调的情形。不只是你我之间的想法不能一致，自己的想法在前后之间也可能不一致。如果再看看自己对同情心的定义，你就会发现几种不同的同情心印象。你头脑中有关同情心的资料甚至可以被分为不同的类和亚类，比如说对朋友的同情心，对与自己有相同宗教信仰的人的同情心，对人类及鸟类

的同情心等，而且有不同的组合方式。譬如，你可以根据感觉或行动来分类。

分类的技术术语就是**维度**①。因此，我们可以说"感情层面"的同情心或"行动层面"的同情心。如果采用另一种分类方式，我们就可以区分"对人类的同情心"和"对动物的同情心"。或者，我们可以把同情心看做是帮助他人获得我们对他们的期望和满足他们自己的期望两类。此外，我们也可以区分"宽恕他人的同情心"和"怜悯他人的同情心"。

所以，我们可以把同情心分为不同维度。完全的概念化就是要具体区分概念的不同维度和确定概念的每一个指标。〖126〗

有时，旨在确认同一个变量的不同维度的概念化过程需要另一个不同的可区分要素。可以确切地说，我们经常使用相同的措辞来形容一些意味深长并有可区别性的概念。在下面的例子中，研究者认为：（1）"暴力"这个词不足以用来形容"种族灭绝"这一概念；（2）"种族灭绝"这一概念自身包涵几个与"暴力"截然不同的现象。下面，让我们一起看看研究者得出这一结论的过程。

当奇洛特（Daniel Chirot）和爱德华兹（Jennifer Edwards）想要给"种族灭绝"下定义时，他们发现现有的定义不够精确，已经满足不了他们的研究目的了。

> 起初联合国把"种族灭绝"定义为："试图完全或部分地摧毁一个国家的、种族的、人种的或宗教的团体。"如果"种族灭绝"和其他的暴力行为截然不同，那么"种族灭绝"就要求有其独特的解释。（2003：14）

---

① 维度：概念的一个可指明的方面。

请注意引文中最后一句评论，因为它能帮助我们了解研究者在研究过程中非常仔细地定义一些概念的原因。如果种族灭绝，好比大屠杀和攻击或杀人一样，仅仅是另外一种暴力形式，那么我们一般意义上的暴力行为就可以解释种族灭绝；如果它和其他暴力形式有区别，那就要给它一个不同的解释了。于是，研究者开始提议，根据他们的研究目的，"种族灭绝"是与"暴力"完全不同的概念。

于是，当 Chirot 和 Edwards 在研究种族灭绝的历史事例时，他们就开始推断发动种族灭绝罪行的动机截然不同，描述被称为"种族灭绝"的 4 种完全不同的现象。

1. 便利：有时候屠杀者屠杀一群人的目的只是畏惧他们不易于自己的统治。例如，朱里亚·凯撒试图屠杀在战争中被击败的部落。又例如，在 19 世纪初期，当人们在美国东南部发现黄金的时候，切罗基族人（北美易洛魁人的一支）被迫迁徙到俄克拉荷马州；在被迫离开的人中有半数的人被屠杀，这就是历史上的"血泪之路"。

2. 复仇：在第二次世界大战初期，当南京人民勇敢抵抗日寇侵略时，侵略者就感觉到他们被自己认为是低等的人们欺侮了。在 1937－1938 年的南京大屠杀中，数以万计的人被杀戮。

3. 畏惧：近来，发生在前南斯拉夫的"种族净化"，至少部分原因是由于经济竞争的出现和对科索沃地区日益增多的阿尔巴尼亚人取得政治力量的畏惧。与此例类似的是，由于惧怕图西难民返回后会控制整个国家，胡图族试图根除卢旺达地区所有的图西人。像这种种族团体间的互相畏惧都是由于长期的历史暴行所致，而且这些暴行还是在种族间双向发生的。

4. 净化：纳粹党人的大屠杀，或许是"种族屠杀"案例中最广为人知的，目的在于净化"雅利安种族"。屠杀的对象主要是犹太人、吉普赛人、同性恋者，还包括一些其他的人群。还有其他的例子，1965－1966 年猎巫式反共产党运动和 1970 年代在波尔布特统治期间试图消灭所有不讲高棉语的高棉人的屠杀。

没有任何一种单一的有关"种族屠杀"的理论能够解释各种不同类型的杀戮。事实上，这种概念化的行为使人想到了四种截然不同的历史现象，而每种现象都需要不同的解释。

区分概念的不同维度，常常会加深我们对研究事物的了解。譬如，我们也许会发现女性在感情层面更有同情心，而男性在行动层面更有同情心——或恰好相反的情形也会发生。无论是哪一种情形，我们都不能泛泛地说男性或女性更有同情心。事实上，我们的研究已经说明，就这样的问题而言，根本没有单一的答案。这代表了我们对现实理解的发展。〖127〗

为了对概念、变量和指标有更好的理解，你应该去翻阅一下 GSS 编码本以及研究者测量不同概念的方式：http://www.icpsr.umich.edu/GSS99/subject/s-index.htm.

指标互换性

指标这个概念，还可以以另一种方式来帮助我们理解：我们何以能够用不真实的概念结构来理解现实。假设此刻我们已经汇集了 100 项"同情心"的指标及其不同维度，但在哪些指标最能表达同情心的问题上分歧极大。如果能在一些指标上达成共识，我们就可以集中关注那些指标，并对由此产生的答案达成共识。不过，即使我们无法在任何指标上达成共识，在到底男性或女性更有同情心问题上仍然有可能达成共识。我们何以能够做到这点，这就涉及指标的互换性（interchangeablility of indicators）了。

其逻辑是这样的。如果在指标的含义方面我们之间有完全不同的观点，一个解决方法就是研究所有的指标。如果 100 项指标的测量都说明女性比男性更有同情心——不论是你列举的指标，还是我列举的指标，那么，即使我们对什么是同情心没有共识，我们仍然可以说女性比男性更有同情心。

指标互换性意味着，如果多个不同的指标或多或少代表了同一个概念，而这个概念既真实又可被观察，代表这些指标的行为就会与代表这个概念的行为一致。也就是说，如果在一般的意义上女性比男性更有同情心，那么不论从哪个角度来看或是用哪个指标测量，这个结论都不会被推翻。另一方面，如果女性在某些指标上比男性更有同情心，但在另外一些指标上则刚好相反，那么我们就要考虑这两套指标是否代表了同情心的不同维度。

现在，你们已经知道了概念化和测量的基本逻辑。接下来的章节要对刚才讲过的内容进一步细化和扩展。在进入测量的技术细化议题之前，我们需要通过考察社会研究者为术语的意义所提供的标准、一致性和公共性，来描绘概念化的图景。

真实定义、名义定义和操作定义

社会研究的设计和执行都不容许混淆概念和真实。为了达到这个目的，逻辑学家和科学家构想出了一些有效的方法以分辨以下三种定义：真实的（real）、名义的（nominal）和操作性的（operational）。〚128〛

其中第一个就反映了术语的具体化，汉普尔（Carl G. Hempel）曾提出警示：

> 由传统逻辑来看，真实的（real）定义并不是刻板地判断某些事物的意义，而是概括事物的"基本特性"或实体的"基本属性"。然而，对严格的科学研究而言，所谓"基本特型"实在是过于模糊，以致根本无法使用。（1952：6）

也就是说，试图指定概念的"真实"意义的努力只会导致困境：将概念结构错当成了真实的实体。

相反，在科学研究中，对概念的**详述**①（specification）依赖于名义定义和操作定义。名义定义是指某个术语被赋予的意义。它无需指示真实。名义定义是任意的——如果我愿意，我可以将同情心定义为"拔无助的鸟儿的毛"，但同时还多少有用。在很多情况下，尤其是交流时，关于同情心的定义都是无用的。绝大多数的名义定义都代表了有关如何使用某一特定术语的某种共识，或者惯例。

操作定义明确、精确地规定了如何测量一个概念——也就是说，如何操作。操作定义更接近于名义而非真实定义，但在一特定的研究背景下，它使得被研究的概念尽可能地清晰。尽管某个术语的真正含义常常是模糊的甚至是有争议的，出于研究的目的，我们还是可以指定一个工作定义。譬如，为了研究社会经济地位（SES）的状况，我们可以简单地把"社会经济地位"定义为"收入"和"教育程度"的状况；在这个基础上，我们还找到了"社会经济地位"的其他方面：如职业状况、银行存款、不动产、家族血统、生活方式等等。我们将得到很有趣的结

————————

① 详述：使得概念更为明确的过程。

论，这要得益于社会经济地位（SES）的概念对我们研究目的的帮助。

概念次序的建立

在社会研究中，概念的厘清是一个持续不断的过程。在某些定性研究中，概念的厘清甚至是资料收集的关键因素。马歇尔（Catherine Marshall）和罗斯曼（Gretch Rossman）（1995：18）曾提起过"概念漏斗"，通过这个"概念漏斗"研究者的兴趣可以逐渐地集中起来。因此，社会活动中的普遍兴趣可以缩小到"热衷于权力和社会变化个体"，而且会进一步地集中在发现"什么经历塑造了社交积极分子"。这种不断集中的过程必然地和我们所使用的语言联系起来。

在某些类型的定性研究中，概念的澄清对于资料收集来说相当关键。假定你正在对美国反抗压迫的激进政治群体进行访谈和观察。想象一下当你越来越了解那些成员的经历和世界观后，压迫的意义会发生什么样的变化。比如，刚开始你可能会认为压迫主要是物理上的或者可能是经济上的。但是，随着你对该群体的了解的深入，你可能会越来越倾向于心理上的压迫。

同样的逻辑也适用于那些意义看起来似乎更为固定的场景。例如，在文本资料分析中，社会研究者有时会谈到"诠释学循环"（hermeneutic circle），也就是说不断深入的了解是一种循环的过程。

> 对于文本的了解始于这样一个过程，其中部分的意义由其整体的意义所决定的。但是，越是接近于确定部分的意义，就越有可能最终改变原来由整体所确立的意义，由此反过来，又会影响到部分的意义，如此循环不已。（Kvale，1996：47）

假定你要写出"偏见"的定义。刚开始你想到的可能是激进的种族偏见。在某种程度上你也许会意识到你还应该考虑到性别偏见、宗教偏见、反对同性恋偏见等等。考察每一种特定情况，将会影响到你对总体概念的理解。当你的总体理解发生了变化，你可能会发现每种形式的偏见多少又都是有所不同的。〖129〗

所有的社会研究方法都会不断地推敲琢磨概念；你们也会发现，即使你写完了期末报告，也还是会不断地推敲报告的意义。

既然概念化是一个持续的过程，在研究设计之初便特别加以注意就显得非常重要，尤其是那些结构严谨的研究，如问卷调查和实验。例如在问卷调查中，操作化的结果就是在问卷上产生一组问题和选项，而这些问题和选项便代表研究中使用的概念。如果不是这样，研究工作就无法继续。

即使在结构不太严谨的研究中，也应该赋予概念初始的意义，以便在资料收集和解释的过程中进行推敲和斟酌。不经过概念化阶段就实施观察的结果将无法让人信服；因此，科学的观察者必须要谨慎地对待研究工作的起点。

我们来看看在结构化研究中初步概念化的一些方法。尽管具体的名义定义关注的是观察的策略，但名义定义却不能让我们观察事物。因此，下一步就是要具体说明观察的内容和方法以及如何对不同的观察结果进行解释。所有这些都构成了概念的"操作化定义"；它明确地说明如何测量某个概念。严格地说，操作化定义就是描述概念测量的"操作"。

回到前面政治经济地位的例子，如果依照收入和教育程度来测量 SES，那么我们可以询问受访者两个问题：

1. 在过去 12 个月里，您家庭的总收入有多少？

2. 您的最高学历是什么？

这里，我们也许要建立一个答案分类体系，以便将得到的答案进行归类。就收入而言，可以设立的分类选项有"少于 5000 美金"、"5000 – 10000 美元"等。教育程度的分类亦如此：高中以下、高中、大学、研究生等不同级别。最后，我们还要确定怎样将人们对这两个问题的回答结合起来构成"社会经济地位"。

最终，我们将创造一个可用的和可行的"社会经济地位"定义。尽管有人会不同意我们的概念化和操作化定义，但是这样的定义却有一种基本的科学特性：指涉绝对具体，且不会模棱两可。即使有人不同意这样的定义，却还是可以用来十分明确地解释我们的研究结果，因为我们对社会经济地位的定义已经在我们的分析和结论中表露无遗，一点也不模糊。

接下来的图示表现了，在科学研究中，我们怎样将一个含义模糊不清的术语转换成结构化科学研究中的具体测量的步骤：

概念化

↓

名义定义

↓

操作定义

↓

现实世界中的测量

概念化举例：失范概念

现在，我想用社会科学概念的简单历史来总结前面的讨论。城市暴力的研究者常常对于"无权感"有较大的兴趣。社会学家有时用失范来表达这种情境。法国社会学家涂尔干在他1897 年出版的《自杀论》（*Suicide*）中，第一次向社会科学界介绍了这个名词。〖130〗

涂尔干只是运用了一些国家和地区政府出版的有关自杀率资料，就完成了一项出色的研究。为了确认宗教对于自杀的影响，他比较了以清教徒或天主教徒为主的国家之间的自杀率，还比较了天主教国家内的清教徒地区和清教徒国家内的天主教地区之间的自杀率。而为了判断气候对自杀率的影响，他还把北方和南方国家或行政地区进行了比较；此外，他还根据全年各个月份和各季节来考察自杀率的变化。尽管没有针对个体的行为做调查，涂尔干还是针对纯粹的个体行为做出十分精确的推论。

在更一般的层面上，涂尔干认为，自杀率也反映了社会稳定和谐的状况。社会动荡和剧烈变迁带给人们的是不确定感，涂尔干认为，这种不确定感导致迷惘、焦虑甚至自我毁灭。为了描述这种社会规范的失序，涂尔干选择了失范（ano-mie）来形容这种状况。值得注意的是，这个词并不是涂尔干凭空捏造的。Anomie 在德义和法文里的意思就是"没有规则的"，而早在涂尔干之前三百年，英国人也用 anomy 来形容"亵渎神圣的法律"。然而，自涂尔干之后，anomie 便成为社会科学领域的一个概念。

自《自杀论》问世以来，失范在社会科学家眼里成为一个十分有用的概念，许多学者扩展了涂尔干的用法。默顿（Robert Merton, 1938）在他的经典著作《社会结构和失范》中得出这样的结论：失范产生于社会所认同的目标和手段之间的脱节。例如，挣更多的钱是社会上有广泛共识的目标，但是，并非每一个人都有能力用社会所接受的方法来实现这个目标。默顿认为，对目标的强调造成了社会混乱，因为那些不愿意采用正当方法的人，就会采用非法手段来达到目的。默顿的讨论就是对失范概念的扩展。

尽管涂尔干当初提出这个概念是为了描述社会的特征（默顿也是如此），然而也有社会科学家用它来描述个人（为了表现这种分别，有些社会学家采用了 anomie 的原意，即描述社会；另外采用 anomia 来描述个人）。在某个社会中，有些人有失范（anomia）的经验，另一些则没有这样的困扰。在默顿之后 20 年，鲍维尔（Elwin Powell）对失范（那时采用的还是 anomie）给出了如下的概念化定义：

> 当发觉自己行为的结果相互矛盾、无法运用、无足轻重的时候，失范便产生了。因为失去了方向，空虚与冷漠便伴随而来，因此，失范可以简单地被理解为"空虚"。（1958：132）

鲍维尔更进一步认为社会上存在两种失范，此外，他还具体考察了不同的职业经历如何造成失范甚至演变为自杀。但是，鲍维尔并没有测量失范，他只是研究了职业和自杀之间的关系，并因此获得了两种失范的推论。因此，鲍维尔的研究并没有提供失范的操作化定义，而只是将失范做了进一步的概念化。

尽管不少学者提出了失范的操作化定义，但只有一位学者的定义最引人注目。在鲍维尔发表上述论文之前两年，史汝尔（Leo Srole，1956）设计了一份据称能测量个人失范的问卷，其中有五个叙述性的问题要受访者回答"同意"或是"不同意"。〖131〗

1. 不论人们怎么说，男人一般都会越变越坏。

2. 把新生儿带到这个不断寻找明天的世界，真是一件不公平的事。

3. 现在，人们不得不今朝有酒今朝醉，根本管不了明天。

4. 现在，人们真的不知道还可以信赖谁。

5. 给政府官员投诉没什么用，因为他们根本不关心普通老百姓。（1956：713）

在这份问卷发表之后的半个世纪中，史汝尔的量表变成了当代社会科学家所遵循的基准。在各种学术期刊中，你会发现许多研究都在使用史汝尔的"失范"操作化定义。史汝尔教授在去世前为本书写作的《失范的起源》中，也谈到了该量表。

我之所以将失范（作为社会科学的概念）的研究历史提出来讨论，至少有以下原因：首先，它展示了将一般概念转换为操作化测量的过程，尽管我们不能说"失范"的操作化已经一劳永逸地解决了。在未来的岁月里，学者们一定还会继续致力于重新概念化和重新操作化，进而寻找更有效用的测量方式。

我之所以用史汝尔量表结束讨论，是因为它能显现另一个重点。开放概念化和操作化定义，并不一定造成混乱和无所适从，而是会自然形成规则。这个规则包含了以下的成分：首先，尽管你可以按自己的喜好定义失范——就像定做自己的鞋子一样，但是，你的定义也不可以过于脱离他人对失范的印象。如果你真的采用怪异的定义，人们就会忽视你的努力。

其次，如果许多研究者发现某个概念特定的概念化和操作化定义十分有用，他们就会采用，并因此形成该概念的标准化定义。除了史汝尔的量表以外，智力测验（IQ Tests）和人口普查局制定的人口和社会经济测量都是很好的例子。采用既有的测量和量表有两个长处：这些量表经过了细致的检验和修订；使用相同量表的结果可以互相比较。如果你我对两个完全不同的团体进行研究，并且都是采用了史汝尔量表，我们就能够对这两个团体中的个体失范进行比较。

失范的起源

李欧·史汝尔（Leo Srole）

我对失范的兴趣始于在哈佛大学读本科期间阅读涂尔干的《自杀论》之时，在芝加哥读研究生时，我跟随两位涂尔干学派的人类学家：华纳（William Lloyd Warner）和拉德克利夫-布朗（Alfred Radcliffe-Brown）。拉德克利夫-布朗与涂尔干曾经有过交往，这样，我就成了这位伟大法国社会学家的再传弟子。

涂尔干自杀论对我早期的影响虽然模糊但却深远。一方面，我对他全力以赴、敏锐甚至令人不安地把官方发表的粗浅自杀率资料套进他单一维度的社会决定论中持十分严肃的保留态度；另一方面却也为他钻研人际关系中道德力量的专注而感动，这种道德力量就是我们与我们所处的时代、地域甚至历史的种种牵扯；此外，他对道德力量萎缩和腐蚀的致命结果的洞察，也令我动容。

第二次世界大战结束后，我对失范的兴趣经历了一次大震荡，当时我正服务于联合国欧洲重建组织。在达豪（Dachau）的纳粹集中营，我亲眼目睹了人类丧失人性的深重灾难。我发现涂尔干致力研究的宏观社会力量一旦发动，竟能产生希特勒、艾克曼以及遵照他们的指示、在纳粹死亡工厂充当刽子手的各类顽凶。

离开联合国欧洲重建组织之后，我对早该着手研究的题目——社会崩溃时暗藏的动力——产生了一种刻不容缓的急迫感。我们得迅速着手，而且不应该过多地关注宏观理论的发展，而应该使用最新的调查研究方法，对个体进行直接探索。

我的初步调查针对了不同的对象。譬如，1950 年，我访谈了 401 位麻省斯普林菲尔德市（Springfield, Mass.）的公共汽车乘客。四年以后，纽约曼哈顿市区心理卫生研究中心又提供了一个更大规模的研究总体。这两次访谈加上其他实地调查，促使我扩展和斟酌个体层次的"失范"，并用它来反映涂尔干的宏观测量。

当我们在研究中开始使用涂尔干的术语时，我很快就决定把涂尔干的概念限定在宏观社会学领域，并和个体层次的表述作严格的区分。为了表述个体层次后续的失范，我使用了已被弃置的希腊词语"失范"（anomia）。

我第一次发表"失范"概念是在 1956 年的《美国社会学评论》（*American Sociological Review*）上的一篇论文，这篇论文叙述了这个概念操作化的途径，并提出了应用这个概念的初步成果。1982 年，科学引文索引（Science Citation Index）和社会科学引文索引（Social Science Citation Index）检索了 400 篇引述，包括政治学、心理学、社会工作和社会学，并授权美国科学信息学会（American Institution for Scientific Information），将这篇论文归入"引文经典"。

社会科学家能够测量一切真实存在的事物；事实上，借助概念化和操作化，他们也可以测量那些不存在的事物。譬如说社会经济地位、偏见、同情心、失范，都不是真实存在的事物。对此，社会学家也能创造测量的方法。只是这样的测量方法多半基于其实用性，而不是其真实性。

描述性研究和解释性研究中的定义

我们回想一下在第 4 章提到的，所有的研究都有两个共同的目标，那就是描述和解释。两者之间的差别对于定义和测量的过程都十分重要。如果你们认为描述比解释简单，那么，你们就会惊讶地发现，描述性研究在定义上要花的功夫远比在解释性研究中的多！这一点将在第 4 篇进行更深入的探讨。在此之前，你们也应该对此有一个初步的了解。（在第 4 篇，我们还将更为详细地讨论这个问题。）〖132〗

清楚、精确的定义对描述性研究的重要性已经很清楚了。如果研究的目的是描述并报告某个城市的失业率，那么对于失业的定义就十分重要。而对失业的定义还依靠对劳动力的定义。如果把一个 3 岁男孩当作失业者就非常荒谬，因为他并不属于劳动力。为避免类似情形发生，我们通常会采用全国人口普查局所提出的劳动力定义和惯例：将 14 岁以下的人排除在劳动力群体之外。

但是，这个惯例并不能让我们满意，因为它会把高中学生、退休人员、残疾人员以及家庭主妇都列为失业者。由此，我们可以对全国人口普查局的惯例进行修正，把劳动力定义为："14 岁或以上，有职业的、或正在找工作的、或等待被暂时解雇的公司召回上班的人。"这样，失业者就是指那些没有工作的劳动力。如果学生、家庭主妇或退休人员目前没有寻找工作，我们就不能把他们包括在劳动力之列。

但是"寻找工作"的意义又是什么？是那些在政府部门登记要求工作的人吗？还是那些挨家挨户寻找就业机会的人？或者每一个主动寻找工作的人？等待工作机会的人算不算？根据一般惯例，"找寻工作"可以被操作化为：当访员问"你在过去的七天里有没有找过工作？"时回答为"是"（通常七天是我们最常见的问法，但是对于某些研究者而言，也可能加几天或减几天）。

由此可以说明，对失业率的描述性研究直接依赖于每一个相关问题的定义。如果增加问题中的时间，就一定会增加失业人口的数量，进而失业率也会提高。如果我们研究的议题是普通劳动力（civilian labor force）和普通失业率，那么，军人就不在其列，这样，失业率也会提高（因为根据我们的定义，军人是有职业的人）。如果说某城市的失业率是 3% 或 9%，或任何其他比例，那就要看操作化定义是什么。

上面的例子就比较清楚，因为我们运用了可以接受的"劳动力"和"失业"定义。请考虑一下，如果要就下面的陈述达成共识将有多么困难："45% 的学生在政治上是保守的。"这个百分比，就像失业率一样，会因为研究者对所测量之事物的不同操作化定义而有所区别。换句话说，如果采用不同的操作化定义，我们得到的结论就有可能是"只有 5% 的学生团体在政治上是保守的"。

具有讽刺意味的是，在解释性研究中，定义问题不会如此复杂。假设我们要解释政治保守主义，即为什么有些人政治上保守，而另一些人不保守；再具体一点说，我们想了解，一般而言，年龄大的人是否比年纪轻的人更保守。假如你我有 25 种不同的关于保守的操作化定义，而且根本不可能就哪一个定义最好达成共识。正如前面讲过的，这并不是一项在研究中难以克服的障碍。譬如，如果我们使用 25 种操作化定义所得到的结论都是年纪大的比年纪轻的更为保守（请回想一下先前关于男女同情心的差异），如果使用每一个有关"保守"的合理定义所得到的结论还是年纪大的比年纪轻的更为保守，那么，什么是保守本身根本就没有关系。因为我们

可以这样得出结论：一般来说，年纪大的人比年纪轻的人更为保守——即使我们就保守的定义根本无法达成共识。〖133〗

实际上，解释性的研究很少会出现上例中那样清楚明确的结论；尽管如此，上面的状况在实际研究中却很常见。人类社会生活中存在一些恒久的关系类型，而社会研究则可以反映这种关系类型。不过，这样的关系类型不会出现在描述性研究中。因为改变定义，就意味着得到不同的描述性结论。"变量名称的重要性"这篇插页文章就探讨了这个问题（与"公民参与"这个变量相关）。

变量名称的重要性

帕特里夏·费希尔（Patricia Fisher）
田纳西大学都市计划研究所

操作化是一件说比做要容易的事。向他人解释操作化定义的重要性和目的、甚至操作化的一般过程，都是很容易的事。然而，除非你自己尝试去操作化一个复杂的变量，否则你就体会不到操作化的困难。尝试操作化时，一个重要问题是你给变量什么名称。现在让我们来看一个在都市规划研究领域的例子。

公民参与是都市规划者喜欢的一个变量。规划人员相信，公民参与规划过程会有助于规划的实施，公民参与还可以帮助规划者了解社区的需要，同时也促进公民对规划的合作和支持。尽管都市规划者对于公民参与有不同的概念化定义，但对公民参与意味着什么却不会产生误解。作为一个变量，"公民参与"似乎是很不错。

但是，如果要不同的都市规划者对公民参与概念提出操作方法，其结果将会十分混乱。有的人可能把公民出席都市委员会和其他地方政府会议的次数作为主要依据，有的人则可能把公民在类似会议中的发言作为主要依据，还有的人可能考虑把出席地方政府会议的人数、市长和其他公务人员接到来信和电话的数量以及在一段时间内参加特殊利益团体举办会议的次数等作为主要依据。作为研究者，我们知道每一位规划者都只是测量了公民参与的某个维度：公民参与程度、引发公民参与的事件、公民参与的形式。因此，虽然公民参与作为变量名称在概念上没有问题，但是在操作化时就显得不足了。

在研究中，精确并准确地命名变量十分重要，对于建立好的操作化也非常必要，而且能产生良好的操作成果。变量名称通常来自于不断反复的过程，先形成概念性定义，接着是操作化定义，之后就是重新命名概念，以便能更好地测量。如此过程一直持续（上面所举的例子只有一次反复），直到变量名称与其测量的事物相吻合。有时候，最后获得的变量概念与最初使用的概念会有些出入，但至少可以测量你所谈论的变量，如果你谈论的就是你要测量的话。

操作化选择

在讨论概念化的时候，我经常提到操作化，因为这两者是紧密相关的。概念化是对抽象概念的界定和详述；操作化则是特定研究程序（操作）的发展，并指向经验观察。

跟资料收集方法一样，在测量概念时，社会研究者也拥有许多选择。虽然这些选择之间有紧密的联系，但是为了便于讨论，我将把它们区分开来。必须提醒读者的是，操作化的过程并没有一个系统化的程序可以遵循。

变异的范围

在对任何概念进行操作化时，你们一定要清楚地知道变量的变异范围。在根据属性初步归类时，你们究竟想达到什么程度呢？

假设在研究中，你想测量人们的收入（通过使用档案资料或访问来获取信息）。人们的最高年收入可能高达数百万美元，但有这样收入的人毕竟是少数。除非要专门研究富翁，否则特意划出这样的高收入范围也许没有必要。根据研究对象的情况，你们应该划定一个比最高收入低一些上限，譬如 10 万美元或多一些。虽然这样的限定会将年收入数亿美元的巨富和年收入 10 万美元的人放在一起，但他们不会太介意，你们的研究多半也不会有多大的影响。当你们为收入的另一个极端画线时，也会面临同样的情形。如果把一般美国大众作为研究对象，用 5000 美元或更少作为分隔点大概不会有问题。

在对态度和取向进行研究时，变量的测量还有另一个层面的问题。如果不小心，就可能在毫不知情的状况下只测量态度的一个方面。请看以下的例子。

假如你们要研究人们对推广核能发电的看法，那么，就要考虑到一部分人会认为核能是车轮发明以来人类的最重大事件，另一部分人则对核能没有丝毫兴趣。有了这样的考虑，你们就有了向人们提问的感觉，答案的选项范围就可以从"非常赞成推广核能"到"根本不感兴趣"。

然而，这样的操作化却把人们对核能的态度扔了一半，因为许多人对核能的态度不只是没兴趣，他们根本就是彻底反对。在这种情况下，负面看法的差别也很大。有的人有点反对，有的人相当反对，有的则极力反对。因此，要使变异的范围得到充分反映，在归纳选项范围的时候，应该从非常赞成，到没有意见，直至非常反对。

在社会科学研究中，这样的考虑适用于许多变量研究。事实上，任何公共议题都包含不同程度的正、反两方面意见，如政治取向可以从非常自由到非常保守。根据研究对象，你们可以将一端或两端都推到极端。在宗教方面，人们不只是有虔诚程度的分别，有些人根本就是反宗教的。

我的意思并不是说，在任何的情形下都要测量变量的全部变异，而是要考虑自己的研究是否有这样的需要。倘若"不虔诚的"与"反宗教的"之间的差别对你的研究没什么重要性，就不需要理会它。有人将实用主义定义为"倘若任何差异并没有真正地造成差别，就不算是差异"。因此，我们应该采取实用主义策略。〖135〗

最后，变异范围的选定要视研究议题的不同属性分布而定。这就是前面提到的，范围取舍主要根据研究对象而定。在研究大学教授对高等教育价值的态度时，你们多半可以止于"没有价值"，而不必考虑高等教育是否有碍学生健康（当然，如果研究对象是学生的话，则另当别论……）。

变异的两极

在操作化变量过程中，第二个需要考虑的因素是精确程度。对变量属性的区分需要达到什么精度？一个人是 17 或 18 岁真的有关系吗？还是就把他们放在 10 - 19 岁的范围里呢？不必急于回答这个问题。假如你们要研究投票者登记和参与的比率，就绝对需要知道研究对象是否到了法定的年龄。一般而言，要测量年龄，就必须认清研究的目的和程序，确定细致的与粗略的年龄区分方式以及哪一个对你更重要。在问卷调查中，为了设计合适的问卷，你就需要做出相应的决定。在深度访谈中，这些决定就依赖于你想要了解多详细的细节。

这种情况也适用于其他变量。假设你在测量政治倾向，一个人是自由派的民主党员还是保守派的民主党员是否有关系？或者只要知道他的政党就够了？在测量宗教派别时，是要知道一个人是新教教徒，还是要深入了解他所隶属的支派？只需要知道一个人结婚与否，还是要知道他是未婚、分居、寡居还是离婚呢？

当然，这类问题并没有通用的答案。答案来自于研究目的，或来自于进行特殊测量的原因。不过，我可以提供一个有用的指南，每当你们不确定某个测量的精确度要求时，宁可做得精确也不要做得粗略。比如在深度访谈中，受访者说自己 37 岁，那你就记下"37"，而不是"30多"。因为在分析资料时，比较容易将精确的资料合并为粗略的类别，但却无法把粗略的资料划分得精确一些。〖136〗

关于维度的提示

我们已经讨论过作为概念的一个特性的维度。当操作化变量时，研究者常常会发现（更糟的是，从未察觉到）自己并不完全清楚变量涉及的那些维度。请看下面的例子。

假设我们在研究人们对政府的态度，包括他们对政府腐败的感想，那么需要考虑的维度可能包括：

- 人们是否认为存在政府腐败？
- 人们认为腐败的情况有多严重？
- 人们自己对于政府腐败的评断有多大把握？
- 把政府腐败视为社会问题，人们有何感想？
- 人们认为腐败是什么原因造成的？

- 人们是否认为腐败是无法避免的？
- 人们认为该如何处理这个问题？
- 人们自己愿意为消除政府腐败做些什么？
- 对于他们声称自己愿意做的事情，到底有多大把握？

像这样的问题可以列出无数。人们对政府腐败的看法有多个维度，重要的是，你们要清楚哪些维度对研究更重要，否则，就可能在想知道人们对腐败严重程度的看法时，却测量他们对腐败的感觉，反之亦然。

一旦确定了收集资料的方法（例如问卷访谈、实地调查），并决定了变异的范围、变异两极划分的精确度以及变量的确切维度之后，接着面临的就是一种数学—逻辑化的选择，即确定测量的层次。为了探讨这个问题，我们需要再看一看变量的属性及属性之间的关系。

界定变量和属性

你们也许还记得，属性是变量的特征或品质。"女性"是一个例子，"老年"或"学生"也是。从另一方面来说，变量则是一系列属性的逻辑集合。因此，"性别"这个变量包含了"女性"与"男性"两个属性。

概念化和操作化可以被视为详细说明变量及其属性的过程。譬如在前述章节列举的例子中，职业状况这个变量可以包含"在职"和"失业"两个属性，甚至可以增加其属性以涵盖其他可能性。

每个变量都应该包含两个要素。首先，变量的属性要有完备性（exhaustive）。一个变量要对研究产生效用，组成该变量的属性就应该涵盖所有能观察到的情况。如果将"政治党派"变量概念化时只将其属性分为"共和党"和"民主党"，就会遇到很多麻烦。麻烦的缘由在于，在你们研究的人群中，有的支持裴洛特（Ross Per-ot）主张的"我们并肩，团结一致"（United We Stand），有的参与绿党或其他的组织，另有一些人（经常是占相当大的比例）则说他们不属于任何政治党派。你们可以增添"其他"或"不属于任何政治党派"的选项来加强其完备性。无论怎么做，都必须将所有的观察结果纳入其中。

其次，变量的各个属性应具有"互斥性"（mutually exclusive）。要能将观察结果纳入某个惟一的属性。举例来说，你应为"在职"（em-ployed）和"失业"（unemployed）给出明确的定义，这样才不会出现有人被同时归类到两种类别中的情况。这意味着能对一个已经在职却同时在找别的工作的人加以归类（你们也许会碰到这种情况：一位在职的军人，在寻找成为社会学家的荣光与刺激）。在这种情况下，就要将"在职"属性排在"失业"位置之前，使得一个人不论是否在寻找其他更好的工作，只要现在有工作，就属于"在职"的范围。

测量的层次

彼此排斥且具有完备性的属性在被操作化时会与其他方面产生关联。例如，构成变量的属性也许代表了不同的测量层次。在这一节里，我们将讨论四种不同的测量层次：定性、定序、定距和定比。

定性测量

当变量的属性只有完备性和排他性特征时，就是**定性测量**①（nominal measures），如性别、宗教教派、政治党派、出生地、大学主修科系和头发颜色等。虽然组成这些变量的属性（"男性"和"女性"组成"性别"这个变量）各自不同（并一起涵盖了所有人的性别），但是它们

并不具备后面提到的其他特征。"定性测量"是只表达特征的名称或特征标签。

试想根据属性对一群人进行分组，如根据出生地分组：出生在佛蒙特州的一组，加州的另外一组，依此类推（在此变量为"出生地"；属性则为"加州"、"佛蒙特州"等等）。站在同一组的人至少有一点相似；与其他组的成员也因这点而互相区别。至于这些小组在何处形成、彼此之间的距离有多远，或者他们在屋子里如何排列等，都无关紧要。重要的是，任何一组的所有成员都出生于同一州。在定性变量中，我们惟一能够判断的就是两个人是一样的，还是不一样的。〖137〗

定序测量

根据变量的属性进行逻辑排列就是**定序测量**②（ordinal measure）。不同的属性代表了变量的相对多寡程度。这类变量包括社会阶级、保守态度、疏离感、歧视以及知识的成熟度等等。根据定序变量，我们除了可以说出两个人是否一样之外，还可以说一个比另一个更怎么样——比如，更保守、更虔诚、更老，等等。

在物理学中，定序测量最常用的例子是"硬度"。如果当某一物质（譬如钻石）能划破另一物质（假设是玻璃），而反之却不成立的话（意即钻石可划破玻璃，但玻璃不能划破钻石），我们就可以说钻石比玻璃硬。只要试着用一些物质去刮另一些物质，我们就可以从最软到最硬、按顺序排列这些物质。要想用绝对的方式来说明特定物质的硬度，从来就没有可能，我们只能用相对的方式来说——即该物质比什么硬、比什

---

① 定性测量：在该测量层次下，变量的属性只有完备性和排他性特征。

② 定序测量：该测量层次描述了变量的属性沿着某个维度的排行序列。如社会经济地位是由高、中、低三种属性组成的。

么软。

我们继续讨论前面提到的将人分组的例子。如果在这群人中,大学毕业的分在一组,有高中学历(但是没有大学毕业)的人分在另一组,没有高中毕业的人分在第三组,这样的分组方式,完全符合前文讨论到的完备性和排他性。此外,我们还可以进一步按照接受正式教育的相对程度(他们的共同属性),运用逻辑方法将三组成员加以排列。我们可以按接受正式教育多少的顺序来排列,这样的排列可以具体表述定序测量的结果。分在某组的人所接受的正式教育一定比另一组的人所接受的正式教育多或少。用类似的方法,一个物体也可以被用来与另一个物体的软硬程度进行比较,是硬些、软些或者一样。

需注意的是,教育组别之间的空间距离是无关紧要的。他们之间的距离可能是 5 英尺或 500 英尺;大学毕业组可能离高中毕业组有 5 英尺,高中未毕业组可能在 500 英尺之外,这些实际的距离没有任何意义。不过,高中毕业组一定要排在高中未毕业组和大学毕业组之间,否则定序排列就不正确。

定距测量

就组成变量的属性而言,当属性间的实际距离的测量有意义的时候,这种变量就是**定距测量**① (interval measures)。对定距变量属性之间实际意义的测量就是定距测量。对这些变量来说,属性间的逻辑差距可由有意义的标准间距来表达。自然科学里的一个例子就是华氏或摄氏温度计。80 度和 90 度的差距,与 40 度和 50 度的差距是一样的。然而华氏 80 度的热度并非是 40 度的两倍,因为华氏和摄氏的零度标准是随意定下的,零度并不意味着没有温度,零下 30 度也不代表比没有热度低 30 度。克氏温度计(Kelvin scale)则是以"绝对零度"为基准,而且这一分界点意味着完全没有热度。

社会科学研究仅有的而且常用的定距测量,是多少已被接受的标准化智力测验。多年以来,数以千计的人们接受智力测验的结果分布显示,IQ 成绩 100 和 110 之间的差距,与 110 和 120 之间的差距应被看成差别不大。但是,不可以说成绩 150 比成绩 100 的人聪明 50%。(一个 IQ 测验得 0 分的人不能被视为没有智力。虽然我们可能会觉得他们不适合做大学教授,甚至不适合当大学生,不过,或许可以当个院长什么的……)

当我们根据定距变量比较两个人时,我们可以说这两个人是不同的(名义的),一个人比另外一个人多(定量的)。此外,我们还可以说出多了的程度。〖138〗

定比测量

符合定距测量基本要求的大部分社会科学变量,也会符合定比测量的基本要求。在**定比测量**② (ratio measures)中,其变量的属性除了前面提到的所有特征之外,还有另一个特征就是,它是建立在真实基础上的。我已经将克氏温度标准与华氏和摄氏标准进行了比较。社会科学研究中的例子还有如年龄、在某地的居住时间、个人加入组织的数量、在一定期间内上教堂的次数、结婚次数以及拥有阿拉伯裔朋友的数量等等。

让我们回到前面分组的例子来。除了上面的分组办法之外,还可以根据他们的年龄进行分组。所有 1 岁的站(或坐或躺)在一起,2 岁的在一起,3 岁的在一起,依此类推。每一组的成员有相同的年龄,而不同的组别有不同的年龄,

---

① 定距测量:该测量层次所描述的变量的属性可以排序,而且相邻属性之间的距离是相等的。华氏温度量表就是一个例子,因为 80 度和 90 度之间的距离等于 40 度和 50 度之间的距离。

② 定比测量:该测量层次不仅描述了定性、定序和定距测量所提到过的属性,另外它还是以"真实的零"为基础的。年龄就是定比测量的一个例子。

如此就符合定性测量的基本要求。将各组从最年轻到最年长进行排列，就进一步符合定序测量的要求，而且可以使我们知道一个人比另一个人年长、年轻或同龄。假如我们将各组以相同距离隔开，也符合定距测量的基本要求，在这样的情况下，我们能说出一个人比另一个人究竟年长"多少"。最后，由于年龄属性包含一个真正的基础（怀孕待产女人腹中的婴儿），这些组也符合定比测量的要求，即我们可以说一个人

的年龄是另一个人的两倍。定比测量的另一个例子是收入，它包括了绝对的零点到近似无限大——如果你恰好碰到微软的创建人。〖139〗

用一个定比变量来比较两个人，我们得出：（1）他们是否相同；（2）其中一个是否比另一个更……（3）他们的差异有多大；（4）其中一个是另一个的多少倍。图 5-1 总结了这个讨论，其中展示了 4 种不同的测量层次。

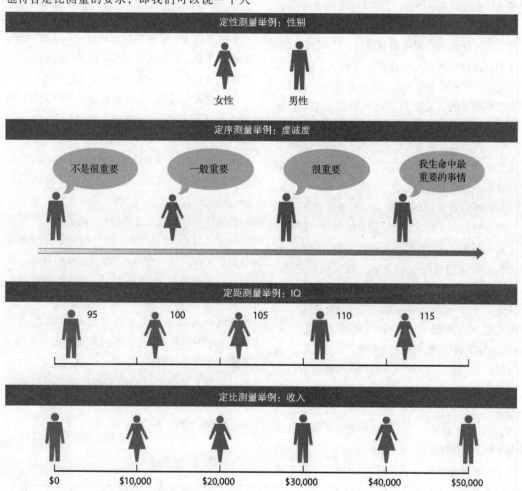

图 5-1　测量层次。可以通过递进选择定性（类）、定序、定距、定比测量层次来获得更多的信息。

测量层次的意涵

由于研究者不可能完全按照上述例子对人们进行实际分组（你只要试上一次，就别想受邀参加许多聚会了），所以，应该把注意力放在既有差别的实际含义上。尽管这些含义在进行资料分析时会体现出来（第 4 篇将进一步探讨），但是，在设计研究计划时却要预先想好。

特定的定量分析手段需要变量满足其最低测量层次的要求。通常，某个研究的变量都会有特定的测量层次（例如定序），因此，应该有针对性地为分析技术安排测量层次。更确切地说，你们应该预先考虑与变量测量层次相应的研究结论。举例而言，如果你们要确定并报告研究对象的平均年龄（将所有人的年龄加起来后，除以总人数），那么，就不可以报告宗教派别的平均数，因为宗教派别是定性变量，而平均数则需要定比层次的资料。（你报出的可以是宗教派别众数——最常见的方式。）〖140〗

同时需要认识到的是，有些变量代表着不同的测量层次。定比测量是最高的等级，依序而下是定距、定序，定性则是最低的测量层次。一个代表特定测量层次的变量（譬如说是定比）也可以被视为其低等级测量层次的变量（譬如说是定序）。举例而言，年龄是个定比变量，倘若只要观察年龄与某些定序变量之间的关系（如依年龄再分组，分为"年老"、"中年"和"年轻"），那么，根据研究目的，年龄也可以作为定性变量。人们可以用在 30 年代经济大萧条时期出生作为分组的依据。此外，以出生日期（而不只是年龄）为基准，根据星座来分组，也是一种定性测量。

需要测量的层次是由你所计划的对该变量的分析决定的，不过要注意：有些变量是局限于特定的测量层次的。如果一个变量有不同的用处，那就需要不同的测量层次，设计研究时就应

该取得最高测量等级。例如，获得研究对象的实际年龄后，可以用来将他们进行定序或定性分组。

然而，最高等级测量并不是必要的。如果不需要使用定序等级以上年龄测量，就可以只问人们的所属的年龄层：例如 20 多岁、30 多岁等等。如果要研究企业资产，与其收集精确的资料不如运用邓和布拉斯特（Dun & Bradstreet）资料库对企业进行排列。但是，当研究目的不是很清晰时，就应该尽可能获得最高测量层次的资料。这是因为，定比测量可以转化为定序测量，反之却不能。总而言之，不能将较低层次的测量转换至较高层次，这是一条不能忘记的准则。

比较典型的是，某些研究设计可能需要对变量进行不同层次上的测量。比如贝里（Bielby and Bielby, 1999）利用通则式、历时研究（想想其中的含义）的方法来考察电影和电视世界。在他们所指的"文化工业"中，作者发现名誉（一个定序变量）是一个剧作家未来产量的最好的预测性指标。更有意思的是，他们发现那些被认为是"核心"（或者精英）的剧作家不仅更容易找到工作（定性变量），而且工作的报酬也更高（定比变量）。也就是说，贝里发现剧作家的名誉（定序）是预测其职业成功的关键自变量。研究者还发现年纪大点的（定比）、女性（定性）、少数民族（定性）和经历更长的（定比）在剧作生涯中具有劣势。另一方面，前一年的收入（定序）越高，以后就会越成功。用贝里的话来说就是："成功是能够自我繁殖的。"（Bielby and Bielby 1999：80）

单一或多重指标

在拥有这么多社会科学变量操作化选项的情况下，你们可能担心自己能否做出正确的选择。为减轻这种不确定感，我还是劝大家少安

毋躁。

　　许多社会科学变量都有相当明确、直截了当的测量方式。无论怎样区分，"性别"通常只会被分为男性或女性：一种单一观察方法（通过肉眼观察或是访问）就能测量的定类变量。还有，对于想收养子女的人而言，考察一个家庭子女的多少也是很容易的事情。对于大多数研究而言，一个国家的人口总数就是其居民人口数（即使数字会有一些微小的变化），这个数字在年鉴里就可以查到。显而易见，相当多的变量都有单一的指标，只要获得那份资料，就得到了所需的一切。〖141〗

　　然而，有些你想要测量的变量却没有单一的测量指标。正如前面所讲的，许多概念有不同的解释方式，每一种解释都有多种可用指标。在这种情况下，就要对变量做多重观察。然后，将得到的多份资料结合在一起，建立一个"混合"（composite）测量。第 6 章将讨论这种方法，因此，在此我只给出简单的介绍。

　　假设要对"大学表现"这个概念进行分析。大家知道，在学校里，有的人表现好，有的人表现不好。在进行研究时，我们或许会问，与表现良好相关的特征和经验是什么，许多研究者也这样问。我们该如何测量整体表现呢？每门功课的成绩是衡量表现的潜在指标，但是，如果只使用单科成绩作为评判标准的话，那么就很可能无法衡量学生的总体表现。解决的方法很简单：使用"平均成绩"（GPA），即将各科成绩加起来，再除以课程总数就得到一个混合测量（如果各科分数不一，可依其差别加以调整）。对社会研究而言，通常也要建立这样的混合测量。

操作化选择举例

　　为了向社会研究者展示所有操作化的选择以及各种选择的潜力，我想花一点时间来说明某些研究难题的解决办法，目的是帮助你们提高想象力，并显示社会研究对你们原创力的挑战。为了简单起见，我不打算描述区分各种选择的所有情形。然而，你们应该知道，在具体情况下，各项选择是有优劣之分的。

　　让我们来看一些具体的研究问题以及一些处理这些问题的方法。我们就从前面详细讨论过的一些例子开始，好处是其中有一个变量曾被充分地讨论过。

1. 女人是否比男人更有同情心？

a. 选择一组研究对象，列举出他人受困的假设情况，然后问他们将会针对这个情况做出何种反应。举例来说，面对一个迷路而哭着要找父母的小孩，他们会怎么做？答案是帮助或安慰小孩被视为具有同情心，然后再确定男人或女人哪个更有同情心。

b. 做一个实验。在实验中给小孩一些钱，让他假装迷路。把这小孩放在熙熙攘攘的走道上，观察究竟是男人还是女人会更容易伸出援手。记住，要计算路过的男人和女人总数，因为，某个性别的人经过的数量可能多一些。据此，进一步计算男人和女人伸出援手的比率。

c. 在人群中选取一些样本做调查，询问他们所属的组织，看男人或女人哪个更容易参与具有同情心的组织。要考虑到男人是否比女人更习惯于加入组织（或反之），然后进行调整。根据询问的结果，计算参与具有同情心组织的"比率"，看哪个比率更高。

2. 社会学还是会计学的学生更通晓世

界大事？〖142〗

    a. 准备一份国际时事的简短测验，在社会学课堂和心理学课堂同时进行。如果要比较的是"主修"社会学和会计学的学生，就要记住询问他们的主修学科。

    b. 向讲授国际时事的老师索取一份社会学系学生和会计系学生国际时事课程的平均成绩。

    c. 在社会学和会计学系发动"将联合国总部移到纽约市"的请愿，看各班签名参与请愿的有多少人；又有多少人告诉你，联合国总部原本就在纽约市。

3. 人们认为纽约和加州哪个更适合居住？

    a. 参考美国统计摘要或类似的出版物，查询各州人口迁入和迁出的比率，看能不能找到直接从纽约迁到加州或从加州迁到纽约的数字。

    b. 全国性的民意调查公司（Gallup，Harris，Roper）经常询问人们哪个州适合居住，通过图书馆或当地的报纸查看最近的调查结果。

    c. 比较两州的自杀率。

4. 在你们大学里，哪些教师最受欢迎：是社会科学、自然科学还是人文科学的教师？

    a. 如果你们学校要学生对教师进行评估，就可以回顾最近的一些结果，并获得有关三组教师的评估结果。

    b. 逐一探访每个学科的入门课程教学，计算学生的出席数，并根据选课名单计算平均缺席率。

    c. 在岁末 12 月时，每类学科选择一组教师，请他们记录那段期间学生寄来的卡片和礼物数量，看谁的更多。

这些例子并不是说这些研究设计就是典范，我的目的是向你展示变量的操作化有许多方式。

永无休止的操作化

虽然我在讨论中提到，概念化与操作化是属于资料收集与分析之前的程序（在你观察之前，先设计你的操作化测量），不过你们应该了解，这两个过程贯穿整个研究计划，即使用比较结构化的方法收集大量资料。同时，也正如你们知道的，在不那么结构化的研究中，实地调查、相关概念的确认与区别等与整个观察过程也是密不可分的。

作为一个研究者，要经常善于重新审视你的概念和定义。社会研究的最终目的是要弄清社会生活的本质。在这个意义上，成果的有效性和实用性并不取决于你最初是如何界定的，也不取决于你是通过什么方式（如来自课本、梦境或是你姐夫）得到这些观点。

评估测量质量的标准

这一章已经进行了很久了。开始时我们大胆地声称"社会科学家能测量任何存在的事物"，后来发现，大部分我们想要研究和测量的事物，几乎都是不存在的；但我们知道，还是有可能测量那些不存在的事物的。在本章的最后我想说的是，即使某些事物不存在，我们仍然有一些标准可以用来判断对那些事物的测量是否成功。〖143〗

精确性与准确性

首先，测量有不同的精度（precision），代表了测量变量属性的精确性程度。譬如说，一位女士"43 岁"了,比简单地说她"40 几岁"了,要精确得多;另外,说"某个街角帮派形成于 1996 年夏季",比只是说"形成于 90 年代",要精确多了。

总体而言,精确的测量结果比不精确的测量结果要优异。使用不精确的测量绝不会比使用精确的测量能得到更优异的结论。尽管如此,高精确度也不是绝对必要。如果你想研究的是女性在"40 岁左右"的行为表现,那么,就没有必要花工夫来追查受访者的确切年龄。操作化概念时必须考虑精确度要求。如果研究者不知道到底需要多高的精确度,比较精确的测量会比不太精确的测量要好。

但是,不要混淆精确性和准确性(accuracy)。譬如,描述某人出生于佛蒙特州的斯托弗市(Stowe)远比只是说"他出生在新英格兰地区(佛蒙特州是新英格兰 13 个州中的一个)"更精确。但是,如果此人事实上出生在波士顿(也在新英格兰地区),不精确说法却比精确说法更准确地反映了现实。

在研究测量中精确性和准确性都十分重要,而且是必备的。其实,对这两个概念不需要做更多的解释。因为当社会科学研究者建构和评估测量时,他们更加关注的两项技术性指标:信度和效度。

信度

抽象地说,**信度**①如果你想知道我的体重(不过,我不知道为什么),其中一个方法就是,你可以叫两个人来估计我的体重。如果一个人估计 150 磅,另一个人估计 300 磅,那么我们就可以认为,叫别人来估计我的体重并不是非常可信的方法。可以采用另一种方法,即使用磅秤。我站在磅秤上两次,并记录每一次的结果。如果磅秤两次都显示相同的重量,那么,在测量

体重方面,这种测量方法比叫人估计更为可信。

然而,信度并不比精确性更能保证准确性。如果为了让自己感觉好一些而将磅秤的刻度调低 5 磅,虽然每次称出来的重量相同,那也只是一再地重复错误而已。这种状况就叫做偏误(bias),第 8 章谈到抽样的时候我们将更深入地探讨。至于现在,只要知道信度并不一定代表准确性就行了。

假设要研究两家性质不同的工厂的员工士气。其中一家工厂的员工从事十分专业的工作,分工十分清楚;每一位员工在装配线上负责自己的一小部分工作。在另一家工厂,每一个员工都有各种不同的工作,并由团队工作完成整个生产过程。

在这种情况下,应该如何来测量员工的士气?一种策略就是花较多的时间观察两个工厂的员工,看看工人彼此之间会不会开玩笑,是不是笑口常开,等等。我们也可以询问工人,看看他们是否满意目前的工作;或干脆问他们,愿不愿意与另一家工厂的工人交换工作。由此,把在两家工厂得到的观察资料进行比较,我们就可以得知哪一家工厂装配生产线上的工人有更高的士气。〔144〕

现在,让我们来看看这种研究方法的信度问题。首先,我们观察时的感觉可能会影响观察的结果,也许会错误地阐释我们的观察。也许我们将工人之间的玩笑当作争吵,或者我们观察的时间正好是工人休假的日子。如果连续几天都对同一群工人进行观察,也许每天得到的结果都不一样。如果有几个观察者对同一群工人进行观察,也可能得到不同的结论。

再来看评估士气的另一种策略。可以查阅公

_____

① 信度:指的是测量方法的质量,即对同一现象进行重复观察是否可以得到相同的资料。

司的档案，考察在一段时间内向工会提出申诉的案件数量。如果把申诉作为评估士气的指标：申诉案数量越多，士气就越低落，这种测量策略就显得可靠多了。因为我们可以重复考察公司内部申诉案件的数量，而且每次得到的结果也应该一样，也就是说"信度"很高。

如果你们对第二种测量方法有所保留，那么，你们所关心的已不是信度问题，而是效度问题了。我这里先结束有关信度的讨论，然后再处理效度问题。现在主要想说明后一种测量方法非常类似于我的磅秤：二者的结论一致。

在社会研究中，我们会遇到各种意想不到的信度问题。当资料来自一个观察者时，信度问题尤其突出，因为没有一种有效的方法可以阻止观察者个人的主观性介入。因此，我们无法在研究结果中确切地分辨其中哪些源自实际观察、哪些来源于观察者的影响。

不过，就单一观察者而言，问题还不止于此。长久以来，从事调查的研究者都知道，由于访问者态度和行为的影响，不同的访问者会从同一个受访者那里得到不同的答案。如果要研究一些媒体在某些公共议题上的立场，我们需要组织一批编码员（coder）阅读成百上千的社论，并且根据这些社论的立场，进行分类、检索。此时，不同的编码员也许将相同的社论归入不同的类别。为此，必须有一个相对标准化的编码方案。譬如要进行职业分类就可以依照劳工部的分类标准或人口普查局的分类标准。这样，你们和我就不会出现在相同的职业类别中。

上面的例子都是可能遇到的信度问题。当我们让受访者提供自己的信息时，类似的问题也会发生。有时候，我们问的是对方不能确切回答的问题，如"你总共去过教堂几次"。有时候我们问的是根本与他们毫无关系的问题，如："你对于现今中国和阿尔巴尼亚之间的关系感觉满意吗？"有时我们提出的问题过于复杂，尽管受访者有清楚的观点却无法清楚地表达，这样，同一个问题询问两遍就会得到两个不同的解答。

怎样建立有信度的测量呢？这里有几种技巧。首先，如果要询问受访者的个人资料（如果有这个必要），你的问题应该明确地让受访者知道如何回答。其次，问一些与受访者相关的问题，而且遣词造句应该明确。只是在这种情况下，潜在的问题是人们无论如何都会给你一个答案（不论答案是否可靠）。幸运的是，社会研究者已经创造了许多技术用来处理信度的基本问题。

前测—后测方法

有时候需要重复同样的测量来处理信度问题。如果你预期获得的信息不应该有变化，那么，重复测量就应该得到相同的结果。如果两次测量的结果有出入，且差异较大，那么测量方法就一定有问题。我们来看一个例子：〖145〗

萨克斯、克鲁希特和纽曼（Jeffery Sacks, W. Mark Krushat and Jeffery Newman，1980）从事一项有关危害健康的评估调查。该调查是预防性药物研究的一部分，目的是研究患者的背景和生活方式等因素与健康的关联性，研究结果将提供给医生，以备诊断时参考。通过了解患者的生活情形，医生可以为患者了解自己的潜在体能和改善健康状况提供建议。当然，这项研究目标的实现完全依赖于每个受试者提供资料的准确性。

为了测试资料的信度，萨克斯和同事一起对207个受试者进行了一项基本问卷调查，问卷的内容是有关受试者特征及其行为的描述。三个月之后，他们又对同样的受试者发出了完全相同的问卷，最后把两次问卷的结果进行比较。总体来说，只有15%的受试者在两次问卷中提供了一致的资料。

萨克斯在报告中（Sacks，1980：730）指出：

> 将近 10% 的受试者在第二次问卷中填答的身高不同于第一次。1/3 的人填答的双亲年龄不同于第一次。甚至有一个受试者的父母在三个月内年龄多了 20 岁！在抽烟和喝酒的人中，有 1/5 已不能明确地回想起过去的抽烟和喝酒方式。

有些受访者甚至在第二次填答问卷时，将前一次据实写出的个人病史（心脏杂音 [heart murmur]、糖尿病、肺气肿）、被逮捕记录和自杀的想法都隐藏了起来。有一位受访者，第一次填写问卷时说母亲已经去世，而在第二次填写问卷时却说母亲健在。还有一位受访者在第一次时说自己失去了卵巢，但在第二次时又说自己有卵巢！另一位受访者在第一次时说自己的卵巢十分完好，但在第二次时却说卵巢没有了，而且 10 年前就没有了！更有一位受访者第一次时说自己 55 岁，三个月后却变成了 50 岁。想想看，这样的资料如何为医生诊断提供咨询？显然，对这群患者而言，这种资料收集方法并不可靠。

对分法

一般说来，对任何复杂的社会概念多做几次测量总是好的，如偏见、疏离、社会阶级等等，因为这样的过程提供了另一种检验信度的方法。如果你设计了一份问卷，其中有 10 个问题涉及女性歧视现象；当你采用对分法时，你可以将 10 个问题随机分成 2 组，每组有 5 个问题。每组问题都应该对女性歧视变量提供很好的测量，两组问题所获得的结果也应该反映测量的预期。如果这两组问题得到的结果不同，那么，测量信度就一定有问题。

利用已有的测量方法

另一种处理信度问题的方法，就是采用他人使用过的、经过检验的、十分可信的测量方法。譬如，如果你想测量个体失范，你就可以采用史汝尔量表。〖146〗

问题是，使用被人们广泛采用的测量方法并不意味着就没有信度问题。例如，多年以来，大学入学能力测验（SAT）和明尼苏达多维人格测量（Minnesota Multiphasic Personality Inventory，MMPI）几乎被社会认定为标准。然而，近些年来，这两个测量就需要修订以适应社会的变迁。

工作人员的信度

另外，测量缺乏信度也可能是工作人员如访谈员、编码员等所导致的，也有多种方式来检查这种信度。解决社会调查中访员造成信度问题的方法是，由督导（supervisor）打电话给部分受访者来检验资料的准确性。

复证（replication）方法也可以用来检验信度。如果你对媒体立场的分类或职业分类的信度有疑问，就可以请多位编码员对同一份资料进行编码，并据此谨慎地解决在编码员之间出现的争议。

最后要提到的是，明确（clarity）、具体（specificity）、训练（training）和练习（practice）都是避免出现信度问题的有效方法。如果我们花一些时间就如何评估媒体立场达成共识（讨论立场类型并一起阅读媒体社论）之后，再分头去做分类工作，就应该可以做得更好。

在社会科学研究中，测量信度是一个十分重要的基础议题。在以后的章节中我们还会多次提到。现在，让我们回想刚才提到的另一个议题，那就是即使完全达到了信度的要求，也不能确定我们真正测量了应该测量的东西，即接下来要讨论的效度问题。

效度

在一般的用法里，**效度**① (validity) 是指实证测量在多大程度上反映了概念的真实含义。喔！我不是说过概念没有真实含义吗?! 怎能又测量在多大程度上反映了概念的含义呢？当然，我们不可能反映概念的真正含义。与此同时，正如我们知道的，所有的社会生活，包括社会研究，都是建立在对术语和概念共识的基础上。因此，用一些标准就可以测量这些共识。

首先是**表面效度**② (face validity)，即实证测量的结果与我们的共识或我们头脑中的印象的吻合程度。为了测量员工的士气，我们也许会因为计算员工向工会申诉的次数而发生分歧。但是，无论如何，我们都认为"员工向工会申诉"的次数与员工士气有关。如果我用员工在下班时间到图书馆借书的数量来测量员工士气的话，你们就会提出严肃的质疑，因为这样的测量没有任何表面效度！

第二，我曾经提到，有些概念已经在学术界达成了共识。譬如，人口普查局已经提供了许多概念的操作化定义，如家庭、家户、雇佣状况等等。许多研究显示，这些概念具有实用效度。

此外还有三种用来检验测量有效性的效度：标准关联效度 (criterion-related validity)、建构效度 (construct validity)、内容效度 (content validity)。

标准关联效度③，有时也被称为预测效度 (predictive validity)，是由一些标准所确定的效度。例如，大学董事会的效度在于其预测学生在校学业成就的能力。汽车驾照笔试的效度在于笔试成绩与考生实际驾车技术之间的关系。这里，学业成就和驾车能力就是标准。〚147〛

为了检验你们对这个概念的理解，试试看，是否能够想到一些可以有效测量下列态度的行为：

非常虔诚

支持男女平等

支持右翼民兵团体

关心环境

分别对应的可能指标是进教堂、投票给女性候选人、参加 NRA 和加入 Sierra 俱乐部。

有时候，很难找到一些行为标准来有效地直接测量上面的态度。在这种情况下，我们通常会考虑把研究变量与其他变量在理论上的关系作为大致的标准。**建构效度**④ (construct validity) 的基础就是变量之间的逻辑关系。

举例而言，假设要研究"婚姻满意度"的原因及后果。作为研究工作的一部分，你们建构了婚姻满意度的测量，并且要评估它的效度。

除了建立测量以外，还应该有一定的理论预期，即"婚姻满意度"和其他变量之间的关系。譬如，你们推断：与对婚姻不满意的先生和太太相比，对婚姻满意的先生和太太不太可能欺骗对方。如果"婚姻满意度"测量正如所预期的那样与"婚姻忠诚度"有关，那么，就证明了你们的测量具有建构效度。但是，如果研究显示，

---

① 效度：指的是测量准确地反映了需要测量的概念。比如，IQ 就比你在图书馆呆了多少小时更有效地衡量了你的智力水平。尽管，最有效的测量可能永远也找不到；但是在表面效度、标准效度、内容效度和建构效度都得到满足的情况下，我们就认同其相对效度。请不要与信度混淆。

② 表面效度：衡量一个指标的品质，即该指标看起来是否能对某变量进行合理测量。比如，进教堂的频数是一个人虔诚度的指标，这无需过多解释就让人觉得是合理的。它就具有表面效度。

③ 标准关联效度：某测量与外在标准相关的程度。比如，大学董事会的效度在于其预测学生在校学业成就的能力。也被称为预测效度。

④ 建构效度：在某理论体系内，某测量与其他变量相关的程度。

对婚姻满意的和对婚姻不满意的夫妻都有欺骗对方的情形，那么，测量的建构效度就有待商榷了。

对建构效度的检验可以提供有分量的证据，以说明测量是否达到了要求，且不需要任何额外的终极证据。尽管我说检验建构效度和标准关联效度相比不那么具有强制性，但是你们应该认识到，在不同情况下，可以用不同的方式来测量效度。因此，最需要了解的不是各种效度之间的差别，而是效度的逻辑：如果我们成功地测量了某个变量，那么，我们的测量与其他测量之间就应该有一些逻辑关系。

最后，**内容效度**①（content validity）是指测量在多大程度上包含了概念的含义。例如，数学能力测试不能只限于加法，还应该包括减法、乘法、除法等等。或者，如果我们要测量的是一般的"偏见"，那么，我们的测量是否能够反应种族偏见、宗教偏见、对女性和老人的偏见以及许多其他的偏见？

图 5 - 2 以图解的方式呈现了效度与信度之间的差别，如果你们想象测量如同靶心，你们就会发现信度就是一种密集的点状形态，不管它是否射在靶心上，因为信度是一致性的函数；另一方面，效度则是射在靶心周围的点的函数。图中失败的信度可被视为一种随机误差（random error），而失败的效度则是一种系统误差（systematic error）。请注意，缺乏信度或效度的测量都是没有用的。

有信度但没有效度 有效度但没有信度 有效度也有信度

图 5 - 2 信度和效度的比喻。一个好的测量手段应该既是可信的（效度，测到了试图测量的特征）也是可靠的（信度，测到的结果相对稳定）。

谁决定何者有效

在前面有关效度的讨论中，我主要想提醒你们所谓的真实是一种共识，刚刚看到的一些方法就是社会研究者通过测量效度求得共识的途径。这里还有另一种寻求效度的方法。〖148〗

社会研究者有时会自我批评和相互批评，因为研究者常常有一种隐含的想法，认为自己或多或少优于被研究的对象。的确，我们常常试图揭露一些动机，一些连社会行动者自己都不自知的动机。或许，你认为自己买某款新车（Burpo-Blaster）的原因是它不仅性能好而且外观漂亮，但是，我们却认为你买车的真正动机是想抬高自己的社会地位。

① 内容效度：测量涵盖了某概念所包含的意义范畴的程度。

虽然这种隐含的优越感很符合那种完全实证主义的取向（生物学家认为自己优于实验台上的青蛙），但是它却与人性和典型的定性研究取向发生冲突。我们将在第 10 章更加深入地探讨这个问题。

在寻求了解普通人如何概念化并理解周围世界时，常人方法论者鼓励社会科学家更加关注自然的社会过程。至少，从科学范式的角度来看属于非理性的行为，从行动者的角度来看也许具有逻辑意义。

总而言之，社会研究者应该把自己的同事和研究对象看做是最有用的概念含义和测量共识的来源。有时一些来源更有用，有时另一些来源更有助益。无论如何，绝对不可以忽视任何一个来源。

信度和效度之间的张力

很明显，我们都希望我们的测量既有信度又有效度。不过，信度和效度之间经常存在某种紧张关系，研究者常常为了获得效度而舍弃信度，或为了求得信度而牺牲效度。

如果回想前面测量工厂员工士气的例子，你们就会发现如果让自己进入生产线、观察员工日复一日的例行工作、与他们交谈，就会比计算申诉案件数量的方法更有效度，因为你们可以更清楚地了解员工士气的高低。

但是，正如我前面指出的，用计算的方法却更有信度。这种情形正是一般研究测量的困境。在研究中，许多概念的真正趣味在于他们的神韵，而要具体、精确地指明这些概念的意义却又十分困难。因此，有时候，研究者不得不说某类概念具有丰富的内涵（richness of meaning）。譬如，尽管有无数的专著和文章讨论"失范"，至今也没有穷尽其丰富的内涵。

通常，使可信的操作化定义和测量具体化

会削弱概念的丰富内涵，就像员工士气不仅仅表现为员工申诉案件的多少一样，"失范"也不仅仅是史汝尔的五个项目所能涵盖的。然而，如果允许概念有较多的变化或丰富的内涵，那么，在具体的情境下就概念运用达成共识的机会则会大大减少，这样反而降低了信度。

在某种程度上，这种两难困境也解释了社会研究中两种不同取向的延续：定量的、通则式的和结构化的技术（如调查与实验）；定性的和表意式的方法（如实地研究和历史研究）。最简单地说，前者更可信，后者更有效。〖149〗

对社会研究者而言，这是一个始终存在且无法避免的两难。因此，你们应该对如何应付这个两难有所准备。如果无法就测量某个概念达成共识，就用多种方法进行测量。如果某个概念有多个维度，就去测量所有的维度。重要的是要知道，概念的含义完全来源于人为的赋予。而赋予某个概念以含义的唯一标准就是其实际用途。用各种方式测量概念可以帮助我们了解周围的世界。

本章要点

导言

- 概念化、操作化和测量之间的相互关联，使得研究能够围绕研究主题，发展出一套在实际世界中有效的、定义明确的测量。

测量任何存在的事物

- 观念是头脑中的"印象"。我们把"印象"当作工具，概括观察的和经验的具有共性的事物。

- 概念是一种结构，它代表了我们赋予术语的共识性意义。概念并不存在于真实世界之中，所以不能被直接测量。但可以测量的是概念所概括的事物。

概念化

- 概念化是使模糊印象明晰化、对各种观察和测量进行梳理以利于研究的过程。
- 概念化包括明确概念的指标并描述其维度。操作定义明确规定了如何测量与概念相关的变量。
- 描述性研究和解释性研究中的定义
- 精确的定义在描述性研究中显得比在解释性研究中更重要。所要求的精确的程度因研究目的和类型而不同。

操作化选择

- 操作化是概念化的延伸，它明确了用以测量变量属性的程序。
- 操作化包含了一系列相互关联的选择：根据研究目的适当地明确变异的范围；决定如何精确地测量变量；说明相关的变量维度；清楚地界定变量的属性及其相互关系；决定合适的测量层次。
- 研究者必须从四个信息量依次增加的测量层次中进行选择：定性测量、定序测量、定距测量和定比测量。何种层次最适合，取决于测量的目的。
- 一个变量有时候可以在不同的层次上进行测量。在不能确定的时候，研究者最好选择最高层次的测量，这样他们能够获得最多的信息。
- 操作化始于研究的设计阶段，并贯穿于包括数据分析在内的研究设计的所有阶段。

衡量测量质量的标准

- 衡量测量质量的标准包括精确度、准确度、信度、效度。
- 信度指重复测量得到相同结果的可能性；效度指测量所得准确地反映了所要研究的概念的程度。
- 研究检验、提高测量的信度的方法有：前测—后测法、对分法、已有方法的使用和对

研究工作人员的工作的检验。
- 评估测量的效度的准绳包括：表面效度、标准关联效度、建构效度和内容效度。
- 建立具体的和可信的测量通常会削弱概念本身的丰富含义，这是无法避免的问题。最好的解决方法是使用不同的测量方式来测量概念不同的方面。

关键术语

以下术语是根据章节中的内容来界定的，在出现该术语的页末也有相应的介绍，和本书末尾的总术语表是一样的。

概念化　指标　维度　详述　定性测量　定序测量　定距测量　定比测量　信度　效度　表面效度　标准关联效度　建构效度　内容效度

复习和练习

1. 挑选一个社会科学的概念，例如"自由主义"或"疏离"。具体说明这个概念的含义，以便为研究计划做准备。注意一定要指明包括在（和排除在）概念化定义之内（外）的维度。

2. 用哪一种测量层次（定性、定序、定距或定比）来测量下列各个变量：
   a. 种族（白种、黑人、亚洲人等等）；
   b. 在一场比赛中的排名顺序（第一、第二、第三等等）；
   c. 家庭中的子女数目；
   d. 国家的人口总数；
   e. 对核能的态度（非常支持、支持、反对、非常反对）；
   f. 出生地区（东北部、中西部等等）；
   g. 政治倾向（非常自由、有些自由、有些保守、非常保守）。

3. 浏览"浩劫研究：偏见"（http：//www. so-

cialstudies. com/c/ZeCwFuEspbb4l/Pages/ho-lo. html），浏览那里的资料，并列出偏见的不同维度。

4. 让我们来发现"真理"。在比较好的词典里，查找"真理"和"真实"，然后摘录其中的定义。记录这些定义（如真实）中所用到的关键名词，然后再在字典里查找这些词语，同样摘录这些定义。如此类推，直到没有新的名词出现。最后评论一下你从中学到了什么。

补充读物

Bohrnstedt, George W. 1983. "Measurement." Pp. 70 - 121 in *Handbook of Survey Research*, edited by Peter H. Rossi, James D. Wright, and Andy B. Anderson. New York: Academic Press. 提供了有关测量信度和效度的逻辑以及统计的背景知识。

Grimes, Michael D. 1991. *Class in Twentieth-Century American Sociology: An Analysis of Theories and Measurement Strategies.* New York: Praeger. 这本书提供了一个绝佳的、长久的有关"概念化"的观点。作者考察了许多不同的有关社会阶级概念的理论观点，并考察了测量这些理论观点的技术。

Lazarsfeld, Paul F., and Morris Rosenberg, eds. 1955. *The Language of Social Research*, Section I. New York: Free Press of Glencoe. 一本绝佳而多元的著作，包括 14 篇文章，是描述过去社会研究具体测量的经典。书中提供了有用且可读性很高的测量操作以及一般的有关测量的概念性讨论。

Miller, Delbert. 1991. *Handbook of Research Design and Social Measurement.* Newbury Park, CA: Sage. 一本很有用的参考书，尤其是第六部分，引用并描述了在早期社会研究中使用的各种操作

化测量。在许多情形下，都以问卷形式表现。虽然这些例子的质量不一，但却提供了各种可能的最佳范例。

Silverman, David. 1993. *Interpreting Qualitative Data: Methods for Analyzing Talk, Text, and Interaction*, Chapter 7. Newbury Park, CA: Sage. 本章讨论了效度与信度问题，尤其是关于定性研究。

U. S. Department of Health and Human Services. 1992. *Survey Measurement of Drug Use.* Washington, DC: Government Printing Office. 一本测量药物使用行为的技术著作。

SPSS 练习

请在本书附的小册子中练习使用 SPSS（社会学数据包）。每章都提供了练习，并有使用 SPSS 的入门方法。

网络资源

社会学 & 现状：研究方法

1. 在最后复习本章之前，先做做测试 *Sociologynow: Research Methods*，看看有哪些地方需要重点复习。在本书的最前面，有关于这个在线工具的信息以及如何得到这些资源。

2. 可按照 *Sociologynow: Research Methods* 根据测试结果提供的学习计划进行复习。使用学习计划的互动练习和其他资源掌握材料。

3. 复习完毕后，再进行一次测试，以确认已充分准备好学习下一章的内容。

《社会研究方法》第十一版所附带的网站资源

Http: // sociology. wadsworth. com/ babbie-practice11e/登录后，你会发现对你的课程很有帮助的学习资源。这些资源包括辅导测试和反馈、在线练习、Flash 卡片和每一章的章节辅导以及

在虚拟空间中扩展的方案、社会研究、GSS 数据
以及数据分析软件，如 SPSS 和 NVivo 的使用入
门等。

这一章的网站链接

我们需要认识到互联网是一个变动的实体，
随时刷新。不过，这些网站还是相对稳定的。你
也可以参照书上网址，进入多的网址链接。

美国人口普查，关于美国的统计抽象

http：//www. census. gov/prod/www/statisti-
cal-abstract-us. html

你所想要了解的关于美国人民的所有信息
这里都有：他们喜欢什么，他们干什么。它提供
了如何界定和测量个性和行为的无数例子。

密歇根大学，GSS 编码本

http：//www. icpsr. umich. edu/GSS/

这是很重要的社会科学资源。GSS 编码本收
录了在过去所研究过的无数变量，并给出了明
确的操作化。

科罗拉多大学，社会科学资料档案库

http：//socsci. colorado. edu/LAB/dataar-
chives. htm

这些与主要社会科学资料库的链接，将会
向你展示很多被研究者界定、研究过的变量。

第 6 章

指标、量表和分类法

章节概述

　　研究者经常需要用多重指标来充分、有效地测量变量。指标、量表和分类法是由多个变量指标组成的混合方法。

导　言

正如我们在第 5 章中看到的，社会科学的许多概念具有复杂的、各式各样的含义。设计能够抓住这些概念含义的测量的确是一种挑战。请回想一下有关内容效度的讨论，内容效度要求的是涵盖概念的各个维度。〖153〗

为求涵盖周全，我们通常要针对具体概念进行多重观察。例如，伯格（Bruce Berg, 1989: 21）就建议进行深度访谈的访问者事先要准备好基本问题，也就是"引发明确的、符合需要信息"的问题。此外，研究者还应该准备好备用问题，"这些问题类似某些主要问题，但遣词造句稍有不同"。

多重指标（multiple indicators）也要使用定量数据。尽管有时候可以通过一个问题的多重选择来获得变量的相关属性，如"性别：□男、□女"就是一个简单的例子；但是，不是所有的变量都可以这么直截了当，或许要使用多个问题才能进行充分的测量。

定量分析技术已经能够将多个指标整合为一个测量。这一章要讨论的是如何建立指标和量表，以便针对某些变量进行复合测量分析。指标和量表可用于各种社会研究，但在问卷调查和其他量化方法中更为常用。本章最后，将有一小段篇幅简短地讨论与定量和定性研究都有关系的分类法。

因为某些原因，社会研究常常使用复合测量。首先，社会科学家常常希望研究那些并没有明确单一指标的变量。有些变量比较容易用单一指标进行测量。例如，我们可以用"请问你几岁？"来确定受访者的年龄；我们也可以根据报纸报道的数据，了解该报纸的发行量。然而研究者却很少能够事先针对复杂概念制订单一的测量指标。在处理有关态度和取向的问题时更是如此。譬如，研究者很难用一个问卷项目来充分测量受访者对偏见、宗教虔诚、政治倾向、疏离感以及类似变量的反应。常见的解决方法就是设计多个问卷项目，让每一个项目在一定程度上测量变量的某个方面。单独来说，对许多受访者而言，这些项目可能是无效的或不可信。不过，复合测量可以克服这些问题。

其次，也许研究者要使用相对精确一些的定

序测量，即用多种方法进行测量排序，如对疏离感从低到高进行排序。但是单一资料往往不足以反应变量的变化范围，进而不可能用来排序；只有多个项目指标或量表才能达到排序的目的。

最后，对于资料分析而言，指标以及量表都是十分有效的工具。如果只考虑单项资料，就只能获得某个变量的粗略指标；而一次考虑多项资料，就能得到更容易理解的和更精确的指标。譬如，一篇社论只能部分地反映报纸的政治倾向；多篇社论就能更全面地反映报纸的政治倾向。当然，操作多项资料会很复杂。指标和量表（特别是量表）都可以十分有效地缩减资料数量，因为可以将多项指标概括为一个分数，并使其仍能代表每个指标的细节。

指标和量表

在社会研究的文献里，指标和量表常常被不正确地使用或混用。接下来，我们要对这两者进行区别；不过，在此之前，让我们首先看看两者的相同之处。

指标和量表都是典型的对变量的定序测量，即根据具体变量（如信仰虔诚度、疏离性、社会经济地位、偏见或是智商等）的分析单位进行排序。譬如，通过指标或量表测量某个人的信仰虔诚程度，并用一个分值使其区别于其他人。〖154〗

本书使用的指标和量表都是变量的复合测量（composite measure of variables），即基于一项以上资料的测量。譬如，受访者的宗教虔诚程度（指标或量表）得分来源于受访者对问卷中具体问题的应答，其中每一个问题都是受访者宗教虔诚程度的一项指标。同样，受访者的智商得分，也是基于其对问卷中大量测试题目的回答；报纸的政治倾向，也可以由反映其在某些政治热点上的编辑政策（指标或量表）得分来确定。

在本书中，我们将通过分值分配方式对指标和量表进行区别。指标①（index）往往通过单个属性的分值累积来建立，如通过加总受访者赞成的偏见陈述的数量来测量偏见。量表②（scale）的建立则是通过对问题的不同反应模式赋予相应的分值，使不同选项反映变量变异程度的强弱。例如"男性与女性不同"比"女性不应有投票的权利"这句话所代表的歧视程度要弱很多。因此，量表利用了任何存在于各种属性之间的强度结构来确定受访者类型。

我们继续讨论"蔑视女性"这个简单的例子。假设询问受访者是否同意上述两种陈述。对这两种陈述，或许有些人都同意，或许有些人都不同意。假如我告诉你某人同意了其中的一种陈述，而不同意另一种陈述，你能想到这个人同意了哪种陈述，而没有同意哪种陈述吗？我猜想这个人会同意"男性与女性不同"，而不会同意"女性不应有投票的权利"。另一方面，如果这个人在声称女性和男性没有区别的同时却禁止女性投票，这种情况就不符合情理了。

从学术上来讲，我们可以把受试者对两种陈述的反映归结为四种类型：同意/同意；同意/不同意；不同意/同意；不同意/不同意。根据以上分析，这四种类型中有三种符合情理并有可能出现。指标根据受访者赋值，而量表根据受试者类型赋值。我们先按照逻辑确定受试者的类型，然后根据受试者最近的类型给他们赋值。

图 6 - 1 对指标和量表之间的差异提供了一个图示说明。假设我们要建立起有关政治参与狂

---

① 指标：一种复合测量，它包含了多个具体的观察，并代表着一些更一般的维度。

② 量表：一种复合测量，由多个具有逻辑结构或是经验结构的项目组成。量表的例子包括鲍嘎德社会距离量表、瑟斯东量表、李克特量表、哥特曼量表。

热程度的测量工具，以区别那些积极参与政治活动的、完全不参与政治活动的以及介于两者之间的人。

图6-1的第一部分就说明了指标的逻辑。这里提出了6种不同的政治行动，尽管我们对其中某些具体问题的意见不一定一致，但是图中所列的6种政治行动，应该能粗略地代表对于政治事件的狂热程度。对某些人而言，虽然为政治献金远比给报纸编辑写信要容易，而且反之亦有可能；但是，如果是同一个总体的话，这6种行动所表现的政治狂热程度应该大致相等。

建构指标的逻辑

这是人们可能采取的几种政治行动的类型。大体上说，不同的行动可以代表相似的政治狂热程度。为了建立一个全面反映政治狂热程度的指标，人们给每个行为赋予一定的分值。

建构量表的逻辑

这里的一些政治行动代表了十分不同的狂热程度：如参与竞选公职比简单地参与投票代表了更高的政治狂热程度。而且，政治活动更狂热的人也会参与一般的政治活动。为了建立政治狂热程度的量表，我们可以根据下图中的理想模式近似地描述每个人的政治狂热程度，并给予分值。

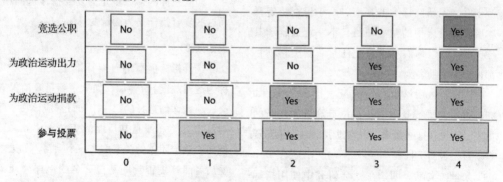

图6-1　指标和量表。 指标和量表都是用来测量政治活跃程度之类的变量。只是指标计算变量指标的得分，而量表则要看变量指标所表达的程度差异。

运用这6种行动选项，我们就可以通过给每个行动赋予分值来建立政治狂热程度的指标。譬如，如果你们曾经写信给政府官员，并且曾经在请愿书上签名，你们就能得到两点的积分。如果我曾经捐钱给某位候选人，并曾劝说某人改变他的投票对象，同样，我也可以得到两点的积分。运用这种方法，即使我们采取的政治行动并不相同，却仍然可以得到这样的结论，即我们的政治狂热程度相同。〖155〗

图6-1的第二部分，描述了建构量表的逻

辑。在这个例子中，不同的行动代表了完全不同的政治参与程度——从简单的投票活动到参选公职。此外，在这个例子中，比较安全的方式是假设人们有某种行为模式。譬如，那些为政治捐款的人，必定会去投票。那些为政治运动出力的人，一定会为政治活动捐资，并且参与投票。因此图 6 – 1 表明，大多数人的行动只会属于图中列出的几种理想行为模式之一，即图 6 – 1 的底端。在本章后面的部分，我们还会讨论如何用量表近似地表述人们的行为类型。

一般而言，量表优于指标，因为量表能测量变量的强弱程度。图 6 – 1 显示，量表分值所表达的信息远比指标多。只是，使用量表时应该注意一些研究者常犯的错误，即误用术语"量表"，把某项测量工具称为量表，即使它只是指标。

此外，你们还要注意有关量表的两类错误观念。第一，整合了多项资料的量表，几乎都是源于对特定研究样本的观察。由于根据特定样本形成的量表中的某些项目，不一定适合于其他样本；所以你们不应该把任意一套资料项目都视为一个量表。

第二，运用这里特定的量表技术——比如即将讨论的哥特曼量表——并不等于创建新的量表。不过，这些技术可以帮助我们判断某套资料项目是否属于量表。

大量的文献表明，在社会研究中使用指标的频率远大于使用量表的频率。可笑的是，社会研究方法对于指标建构方法的讨论却十分稀少，而对于量表建立方法的讨论却十分丰富。之所以如此，有两个主要的原因：第一，指标运用的频率之所以高，是因为根据既有的资料建立量表往往非常困难，甚至根本不可能。第二，指标建立方法的讨论之所以少，是因为建构指标的方法看起来十分明了。〔156〕

事实上，建构指标并不容易；如果建构指标时出现技术失误，往往会形成许多错误指标。请注意，正因为如此，本章一半以上的篇幅将集中讨论建立指标的方法。一旦你们完全理解了建构指标的逻辑，也就具备了建构量表的基础。事实上，细心建构起来的指标都有可能被转化为一个量表。

指标的建构

让我们来看看建构指标的几个步骤：选择可能的项目，考察其经验的关系，将多个选项结合成指标，并使之有效化。最后，我们将考察一个指标（关于国家中的女性地位）的建立，并以此来结束本节的讨论。

项目选择

建立指标的第一步是为复合指标选择项目，而这些复合指标是为测量变量建立的。

表面效度

选择指标项目的首要标准是表面效度（或称为逻辑效度）。譬如，如果要测量政治保守主义，那么你们选择的每一个项目都应该在字面上与保守有关（或是其反面的意义：自由主义），例如与政治团体的关系即为一个项目。如果要求受访者回答是否赞同某位著名的保守公众人物的观点，那么受访者的回答在逻辑上必然能够显示出他（她）是否保守。就建立宗教虔诚程度指标而言，一些项目，譬如说去教堂的次数、对某种宗教信仰的接受程度、祷告的次数等等，似乎都能反映一定的宗教虔诚程度。

单一维度

有关概念化和测量方法的文献常常强调建立量表和指标的单一维度：复合测量应该仅仅代

表一个维度。因此，反映宗教虔诚程度的项目绝对不能包括在测量政治保守程度的项目中，即使这两个变量有经验上的相关性。

笼统或具体

虽然测量应该沿着同一个维度进行，但对于需要测量的一般维度的微小差异也应该多加注意。就宗教虔诚程度而言，前面提到的各项指标就代表了不同类型的宗教虔诚程度——例如参与仪式、信仰等。如果要探讨宗教仪式参与，就应该选择与参与有关的项目：参加教会聚会、圣餐、忏悔等项目。如果要比较笼统地测量宗教虔诚程度，你们就必须选取一套均衡的项目，以代表各种不同类型的虔诚表现方式。因此，选取项目的最终原则，取决于要对变量进行具体的还是笼统的测量。

变异值

在选择某个指标项目时，应该注意项目之间的变异值。譬如，就有关政治保守程度的项目而言，你们应该更多注意被归类为政治保守的受访者所占的整体的比例。如果结果显示无人被归类为政治保守者，或是每一个受访者皆为政治保守者——如完全没有人赞同某位右翼激进政治人物的观点——则上述项目对于指标的建立而言就没什么用处。〖157〗

为了保证项目之间存在变异，可以考虑两种方式。第一，可以根据受访者对某变量多个项目的回答，将其分为多个大小相同的群体：比如说，一半人是保守派，另一半人是自由派。虽然不能根据一项回答就将受访者归入十分保守的一类，但是如果受访者对每个项目的回答都偏向保守，则毫无疑问可以将其归入保守的一类。

第二个方式是选择彼此有差异的项目。有的项目能将一半的受访者归为保守派，另外的项目则只可能将少数人归入保守派。值得注意

的是，第二个方式对制订量表而言是不可或缺的，而对建立指标来说也如此。

经验关系的检验

指标建立的第二个步骤就是必须考察项目之间的经验关系。我将在第 14 章更深入地讨论这个问题。当受访者对某一问题的回答——如在问卷中——提供了他（她）回答其他问题的线索时，这种经验关系就建立起来了。如果两个项目之间是经验相关的，我们就可能合理地认为两者都反映了同一变量，我们也就可以将它们放在同一指标里。在项目之间，存在两种类型的可能关系：二元关系和多元关系。

二元关系

简单地说，二元关系（bivariate relationships）就是两变量之间的关系。假设我们要测量受访者对美国参与联合国活动的支持程度。反应不同支持程度一个指标可能是："你认为美国对于联合国财政上的支持是：□过高、□正好、□太低。"

另一个指标也许是："美国是否应派遣军队支持联合国的维持和平行动？□非常同意、□大部分同意、□大部分不同意、□非常不同意。"

表面上这两个问题都能反映对联合国的不同支持程度。但是，有些人也许同意在金钱方面协助联合国，而不同意为联合国出兵。另一些人也许一方面赞成出兵协助联合国，同时又主张裁减对联合国的财政支持。

如果两个问题都能反映出相同事物的不同程度，则我们可以期待两个问题的答案之间存在一些关联。确切地说，赞成军事支持的人对于财政支持的支持度，会比不赞成军事支持的人对财政支持的支持程度要高得多。或者反过来说，赞成财政支持的人对于军事支持的支持度，会比不

赞成财务支持的人对于军事支持赞成的程度要高得多。如果这样的关系成立，则两个项目之间存在二元关系。

接下来再来看另一个例子。假设要研究受访者对妇女堕胎权的支持程度，我们就可以问下列问题：（1）请问你是否同意，妇女若遭受强奸怀孕时应该拥有堕胎的权利？（2）请问你是否同意，当继续怀孕会严重威胁其生命时，妇女应该拥有堕胎的权利？

"原因" 和 "结果" 的指标

肯尼思·博伦（Kenneth Bollen）

北卡罗莱纳州立大学教堂山校区社会学系

人们常常期望同一个变量的指标之间存在某种正的相关性，但正如这里所讨论的，事实并不总是如此。

如果一些指标本质上是同一个变量的"结果"，则这些指标之间应该存在关系。譬如，为了测量彭我尊重这个变量，我们需要询问受访者是否同意下列说法：（1）"我是一个好人"以及（2）"我对自己的一切感觉很好"。如果一个人有强烈的自尊心，应该对以上两个陈述都表示同意；而自尊心不那么强的人则可能对两个叙述都不同意。因为上述每一个指标都依赖或是"反映出"自我尊重的意念，我们期望两者之间存在正相关。更笼统地说，同一变量衍生出来的指标如果都是有效的测量工具，则这些指标之间应该存在关系。

但是，如果每个指标代表的都是变量的"原因"，而不是变量"结果"，那么，上述情形就不能成立。在这种情况下，这些指标之间可能有正相关，也可能有负相关，或者一点关系也没有。譬如，如果我们把性别和种族当作测量"遭受歧视"这个变量的指标，那么非白

人和女性遭受歧视的可能性就很大，也就是说，两者都是这个变量的良好指标。但是我们不能期望属于某个性别和种族的个体之间存在较强的关系。

或者，我们用下列三种指标来测量社会互动：与朋友相处的时间，与家人相处的时间以及与同事相处的时间。虽然每一个指标都是十分有效的测量，但是指标之间却不一定有关系。譬如，与家人相处的时间和与朋友相处的时间之间，可能具有负相关。在这里，三种指标"形成"了社会互动的水平（即三种指标是"原因"）。

再举一个例子，承受压力的程度可以用如下指标测量，如最近是否遭遇过离婚、配偶的去世以及失业等。尽管每一个事件都是压力的指标，但各事件之间不一定存在关系。

简言之，我们希望"来源于"或"反映出"变量的所有指标——即指标是变量的"结果"——之间都存在关系。但是，如果变量"来源于"指标（即指标是变量的原因），则这些指标之间就会存在正面的或负面的关系，或者是完全没有关系。所以，在使用指标之间的关系来评估效度之前，要了解指标与变量之间的关系——因还是果。

可以假定，一些人会同意第一项问题的叙述，而无法同意第二项问题的叙述；而另一些人则恰恰相反。如果通过这两个项目能够了解一

般人对待堕胎问题的意见，那么这两个项目的回答之间就应该存在关系。支持妇女因遭受强奸拥有堕胎权利的人，相对于不支持因遭到强奸而保

有堕胎权利的人，会更支持妇女因生命遭到威胁而保有堕胎权利。这是项目之间存在二元关系的另一个例子。你们应该考察指标的所有项目之间的二元关系，以便了解成对项目之间的相对强度。百分比例表或/和相关系数（请参阅第 16 章）都能达到这个目的。评估项目之间关系的首要标准就是其关系强度。只是使用这个标准时要相当精细。插页文章"'原因'和'结果'的指标"就说明了这些问题。

如果两个项目之间没有关系，则这两个项目就不是在测量同一个变量。因此，如果某个项目与其他所有项目都不相关，则该项目就应该被排除在考虑之外。

同时，如果两个项目之间有很强的关系或完全相关，在建立指标时，就只需要保留其中的一个项目，因为被保留的项目能够完全涵盖另一项目所表达的意义（下一节将深入探讨这个问题）。

让我们用一个例子来说明在指标建构中对二元关系的检验。我曾经对医学院的教员进行过一个调查，以探讨"科学视角"对医生照顾病人质量的影响。该研究最主要的目的在于考察是否医生的科学取向越强，其对待病患的态度就越不近人情。〖159〗

该调查采用的问卷中，有不少指标被用来检验受访者的科学取向。其中有三个项目能够明确地说明医生的科学取向。

1. 作为医学院的教员，如何才能让你最大限度地为教学作贡献：作为执业医生还是医学研究者？

2. 如果让你在医学上继续深造，你将如何决定自己的最终目标：照顾管理病人还是获得更多的基础医学知识？（这个项目的目的，在于分辨出哪些医生能投入于病人的照顾管理，哪些医生对生物过程方面更有兴趣。）

3. 在医疗研究领域中，你是对于报道不同治疗方法的效果更有兴趣，还是对于探讨治疗机理的文章更感兴趣？（同样，这个项目的目的，在于分辨出哪些医生能大部分地投入病人的照顾管理，哪些医生对于生物性处理进程更有兴趣。）(Babbie, 1970: 27–31)

就上述 3 个问题而言，选择第二个答案的人一定比选择第一个答案的人更具有科学研究的倾向。这是基于比较的结论，也是合理的结论。但是，我们不能断言，那些选择了第二个答案的人在任何情况下都具有科学取向。他们只是比选择第一个答案的人更具科学取向罢了。

为了更明白地说明其间的差别，我们不妨考察每个项目的受访者分布。从对第一个问题——最好的教学角色——的回答来看，大约 1/3 的人显示出科学取向（约 1/3 的人认为医学研究者能最大限度地为教学作贡献）。从对第二个问题——终极医学兴趣——的回答来看，大约 2/3 的人选择了科学取向的答案，他们认为自己对基础医学比管理照顾病人有更大的兴趣。从对第三个问题——阅读偏好——的回答来看，大约 80% 的人选择了科学取向的答案。

如此看来，问卷中的上述 3 个问题并不能告诉我们到底有多少"科学家"存在于样本之中。因为上述任何一个问题都不构成与科学家标准之间的绝对关联。因此，采用这三个问题只能提供用来估计样本中有多少科学家的 3 种不同方式。

问题是，这三个问题的确是让我们了解受访者在医学上的相对科学取向的三个独立指标。每个问题都能将受访者区分为两类：具有较强的科学取向的和具有较弱的科学取向的。但是，根据三个问题进行分组的结果却并不重叠，根据某个问题被归类更有科学取向的受访者在根据另一个问题的分组中不一定也被归入更有科学取向的一组。然而,由于每一个问题测量的都是同一维度,因此,应该能够在不同的分组方式中找到属于同一个类别的群体。例如,在某个问题上表现为更有科学取向的受访者,在其他问题上也表现为更有科学取向。因此,应该可以找出问题回答之间的关系。

图 6 – 2 展示了上述 3 个问题彼此之间的联系,也呈现了 3 个二元关系表,即每对问题的回答分布。尽管每个问题都能分辨出受访者科学取向的强弱,但图 6 – 2 显示,不同问题的回答之间仍然存在某种程度的相关性。

根据图 6 – 2 中所展示的 3 个二元关系,可以确定的是这三个问题测量的是同一个变量:即科学的取向(scientific orientation)。为了解释这样的结果,让我们先看表中的第一组二元关系。从表中可以看出,那些认为最佳教学角色是"研究者"比认为是"医生"的,更容易将其终极医学兴趣设定为"基础医学";同时,87% 的"研究者"其终极医学兴趣在基础医学;而"医生"中,其终极医学兴趣在基础医学的只有51%(注意:事实上,即使"医生"中有一半人将其终极医学兴趣放在基础医学也不能说明什么问题,因为这是一个比较的结果,即比较而言,"医生"比"研究者"少一些科学取向)。所以,可以用"相差 36 个百分点"来概括两者的关系强度。〚160〛

对其他的二元关系,也可以用同样的方式进行概括。对阅读偏好和终极医学兴趣之间的关系,可以用"相差 38 个百分点的强度"来表示;对阅读偏好和最佳教学角色之间的关系,则可以概括为"相差 21 个百分点"。总的来说,每个项目都有其不同的"科学的"和"不科学的"回答者。不过,每一项目的回答,或多或少,都是和对其他项目的回答相关联的。

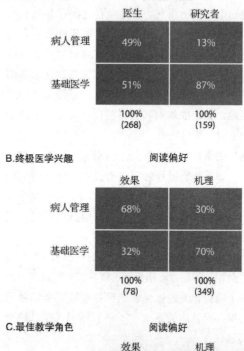

图 6 – 2　科学取向项目之间的二元关系。如果多个指标测量的是同一个变量,那么指标之间在经验就应该是相互关联的。

最初选择这三个项目是基于其表面效度,即每个项目都是代表教员科学取向的指标。通过考察这些项目之间的二元关系我们也可以发现,这些项目的确在测量相同的事物,但还是不足以形成一个复合指标。在把它们合并成一个指标之前,我们需要考察变量之间的多元关系。

多元关系

图 6-3 是根据（1）最佳教学角色以及（2）阅读偏好，将样本受访者分为四组。括号内所标示的数字就是每组的受访者人数（譬如，有 66 位教员认为最佳教学角色是医生，同时他们最有兴趣阅读有关治疗效果的文章）。同时，图 6-3 还列出了四组中终极兴趣在于基础医学的学生的百分比（例如，前面提到的 66 位教员中，有 27% 的人对于基础医学比较有兴趣）。这四组的排列方式，基本上是根据前面的有关科学取向的结论。以表格左上角方格为例，根据最佳教学角色和阅读偏好，这是科学取向最弱的一组。而右下角方格的则是科学取向最强的一组。

最佳教学角色

	医生	研究者
效果	27% (66)	58% (12)
机理	58% (219)	89% (130)

（阅读偏好）

图 6-3　科学取向项目之间的三元关系。在多元分析中，测量同一个变量的多个指标应该像在二元分析中一样是相互关联的。

前面我们曾经将基础医学也列为科学取向的指标。正如我们预期的，表格右下角方格的受访者最有可能给出科学取向的回答（89%）；左上角方格的受访者最不可能给出科学取向的回答（27%）。而在教学角色和阅读偏好中给出混合答案的受访者，其对基础医学问题的回答也处于中间层次（两个项目都是 58%）。

该表给我们提供了很多信息。首先，每一对

项目之间的原始关系，并没有因为第三个项目存在而受到影响。譬如，前面我们说，最佳教学角色和终极医学兴趣之间的差别可以用相差 36 个百分点来表示；再看图 6-3 就可以发现，受访者中，就阅读兴趣在于治疗效果的人而言，最佳教学角色和终极医学兴趣之间也有 31 百分点的差别（58 减去 27：第一行资料）；对阅读兴趣在于治疗机理的人而言，最佳教学角色和终极医学兴趣之间也有 31 个百分点的差别（89 减去 58：第二行资料）。也就是说，在阅读偏好上，无论其有无科学取向，最佳教学角色和终极医学兴趣之间的关系（见图 6-2 中）是不变的。

从图 6-3 中也可以得到同样的结论。前面说过，阅读偏好和终极医学兴趣之间的差别可以用相差 36 个百分点表现出来。现在看图 6-3 的第一列"医生"，治疗机理和治疗效果之间的差别是 31 个百分点。同样，第二列"研究者"的资料也表现为同样的差别。〚161〛

如果我们考虑随后可能发生的情况，上述观察的重要性就更加明确。图 6-4 假设的资料提供了与图 6-3 的真实资料很不相同的解释。正如你们看到的，图 6-4 表明，即使引入了阅读偏好，最佳教学角色和终极医学兴趣之间的初始关系仍然存在。先看每一行，"研究者"对治疗机理的兴趣明显高于"医生"。再看每一列，我们发现，阅读偏好和终极医学兴趣之间没有关系。如果我们知道受访者对最佳教学角色的看法，那么，即使我们了解受访者的阅读偏好也不能帮助我们了解其科学取向。如果实际资料能够产生类似于图 6-4 的结果，我们就可以认为：由于阅读偏好不能对复合指标有所助益，所以它不应该像最佳教学角色那样被列入指标。

这个例子仅仅运用了 3 个问卷项目。如果有更多的项目被列入考虑的话，研究者就应该考虑更复杂的多元表格，譬如 4 个变量之间、5 个变

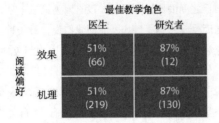

图 6 - 4　科学取向项目之间的假设
　　　　　性三元关系。这个假设关
　　　　　系试图说明三个指标对复
　　　　　合的指数并不一定有同样
　　　　　的贡献。

量之间甚至更多变量之间的复合多元表格。这
个例子只是用来说明在建构指标的过程中如何
发现项目之间的交互关系，并借以确定哪些项
目应该被列入指标。〚162〛

指标赋值

在选定了指标的最适当项目以后，就可以
对不同的回答选项赋予分值，以建立单一的复
合指标。在这个步骤中，包括两个基本决策。

首先，你们必须确定指标分值的范围。指标
相对于项目的最主要优势，就是它可以测量变
量的变异程度。正如前面例子中提到的，就政治
保守性而言，可以从"十分保守"一直测量到
"毫不保守"（或是"十分自由"）。那么如何确
定指标测量的两极呢？

这里我们需要再度考虑变异范围问题。一
般而言，如果指标达到了其变异的两极，那么出
现在两极的样本一定不多。就政治保守程度而
言，几乎不可能有人属于最极端的类别。比如，
希望测量政治保守主义的研究者，在两极的分
类里，可能就几乎找不到相应样本。也可以说，
再增加等级也不会有多大的意义。

如此，在第一个决策中就包括了相互冲突的
需要：（1）指标应该有一个范围；（2）指标范
围内每一点应该有足够样本数。因此，你们必须
在冲突中寻求妥协。

第二个决策就是给每一个回答选项赋值。首
先要确定的是给每一个回答选项相同的还是不
同的权重。尽管没有固定的规则，但我建议
（而且现实的情形也支持这种做法），除非不得
已的理由，否则应该给每个选项相同的权重。也
就是说，使用不同的权重时必须有确切的理由，
而一般的做法就是使用相同的权重。

当然，这个决策与前面提到的项目之间的均
衡有关。如果指标代表的是某个变量不同方面的
复合情形，那么，每个方面就应该有相同的权
重。在某些例子中，你们可能感到两个项目基本
代表了相同的方面，而第三个项目则反映了不同
的方面，如果你们希望变量的两个方面能够得到
同等的表达，那么，赋予第三个项目的权重就应
该等于前两个项目权重的和。在这种情况下，可
以赋予第三个项目的最大值为 2，赋予前两个项
目各自的最大值为 1。

虽然在给选项赋值时应该包括上面的考虑，
然而对不同的指标，也有不同的赋值方式：既要
考虑不同方面的相对权重，又要考虑样本的分布
状态。最后，赋值方法的选择一定是协调各种要
求的结果。当然，正如大多数研究一样，这样的
决策还可以在以后的研究中进行修订。譬如我们
将要简要讨论的指标鉴定就有可能让你们重新
建立一个完全不同的指标。

就医学院教员调查例子而言，我决定赋予
每个项目相同的权重，因为每个项目都代表
了变量（科学取向）的不同方面。对每个项
目而言，受访者如果选择了"科学取向"的
回答，则可以得到 1 分，如果选定了"非科
学倾向"的回答，则只能得到 0 分。依据每

位受访者答案中包含"科学取向"项目的多寡，受访者有可能得到0－3分。这种计分方式，提供了一种十分有用的变异范围（4个指标类型），同时每一类型也提供了足够的可供分析的样本数量。

这里有另一指标赋值的例子，即最近的一项工作满意度调查。在这项研究中，有一个变量是"与工作有关的沮丧感"，该变量由下面4个项目建立的指标进行测量，询问工人的问题是他们对自己和工作的感觉如何：

- "我觉得无精打采，而且十分忧郁。"
- "我无缘无故就会感觉到十分疲劳。"
- "我觉得自己不能安定下来。"
- "我比平时更容易动怒。"

这项研究的负责人，华顿和拜伦（Amy Wharton & James Baron，1997：578）写道："每个项目的编码如下：4＝经常，3＝有时，2＝不常，1＝从不。"此外，他们还进一步解释了这项研究中其他变量的测量方法：〖163〗

> 与工作有关的自我尊重感（self-esteem）是基于受访者依其在工作中的感受对4个回答选项的选择而定：快乐的/悲哀的；成功的/不成功的；重要的/不重要的；尽其所能的/未尽其力的。每个项目赋值范围为1－7分，其中1分代表自我认知到自己并不快乐、不成功、不重要或未尽所能。（1987：578）

当你们考察社会研究文献时，就会发现有许多类似的例子，即用指标积分来测量变量。有时候，指标程序还是有争议的，就像"什么是美国最好的大学？"一文所表明的那样。

什么是美国最好的大学？

《美国新闻和世界报道》杂志每年都会对美国的大学和学院进行排名。它们反映了几个项目之上的指标：每个学生的教育经费、毕业率、选择性（申请被接受的百分比）、一年级学生的平均SAT得分和相似的质量指标。

通常的情况是，哈佛大学排在第一位，随后是耶鲁大学、普林斯顿大学。但是，1999年的"美国最好大学"排名却在教育家、预备大学生及其家长们中间掀起轩然大波。加利福尼亚理工学院在1998年排行第8，但一年之后却突然飙升到了第1位。虽然哈佛、耶鲁和普林斯顿的表现还是那么好，但是它们被排挤掉了。加利福尼亚理工学院究竟怎么了？竟然能如此惊人！

答案还是在于《美国新闻和世界报道》杂志本身，而不是加利福尼亚理工学院。在1999年，该杂志改变了排列指标的次序。这对大学排名的影响相当大。

格特莱波（Bruce Gottlieb，1999）举了一个例子来说明改变赋值所带来的影响。

> 那么，加利福尼亚理工学院是如何蹿升到首位的？平均每个学生的教育经费是学校排行的一个指标。而加利福尼亚理工学院在这方面是名列前茅的。但今年之前，该杂志社却只考虑学校在这方面的排名——第1、第2，等等——而不是学校之间的实际差异。这样，加利福尼亚理工学院究竟是比哈佛大学多1美元还是10,0000美元，都没有什么区别。在今年的排行中，

什么是美国最好的大学？（续）

还有两所学校的位置也往前靠了，MIT 从第 4 上升到第 3，约翰·霍布金斯大学从 14 上升到第 7。这三所大学在学生的平均经费上都很高，而且都在自然科学方面实力强劲。学校可以依据其每个学生的经费来做研究预算，尽管学生们并没有从这些课堂之外经费巨大的研究中直接获益。

在这两年前的"最好大学"风波中，《美国新闻和世界报道》杂志明确指出，它们主要考虑平均的学生经费，而不是实际的总量。很明显的，那些拥有大型研究机构和药学院的相关经费肯定会比其他学校多，因而在该指标上的得分也会比较高。也就是说，两年前，该杂志突然觉得再把拥有很多豪华实验室的加利福尼亚理工学院、MIT 和约翰·霍布金斯大学排在后面就有点不公平了——尽管这些对提高大学生的教育并没有多大的实际帮助。

格特莱波还回顾了指标中的每一个变化，

并提出这样的问题：1998 年排行第 9 的加利福尼亚理工学院何以能够在修改后的指标体系中名列前茅。他的结论就是：按照新的指标，加利福尼亚理工学院在 1998 年也应该是名列前茅。也就是说，这种显著的提高只是指标赋值的结果而已。

诸如量表和指标这样的复合测量是相当有用的工具，能够用以理解社会。不过，我们需要注意的很重要一点是：这些测量是如何建构的？这种建构意味着什么？

所以，什么是美国最好的大学？这取决于你如何界定"最好"。并不存在"真正的最好"，这完全依赖于我们所创造的不同的社会建构。

资料来源：*U. S. News and World Report*，"America's Best College"，August 30，1999；Bruce Gottlieb，"Cooking the School Books：How U. S. News Cheats in Picking Its' Best American Colleges"，见 Slate（在线），August 31，1999（http://slate. msn. com/default. aspx? id = 34027）。

处理缺损资料

不论采用什么方法收集资料，你们都会经常遇到缺损资料的情形。譬如，在对报纸政治倾向的内容分析中，你们会发现某家报纸从来没有发表过任何与研究主题相关的社论，如从未表明过对联合国的支持态度。在一项对受试者进行数次长时间重复测试的实验中，某些受试者也许无法参与每一次的实验活动。事实上，所有的研究都会遇到受访者没有回答问卷中某些问题（或只选了"我不知道"）的情形。虽然资料缺损在每一个分析阶段都会造成问题，但最麻烦的是在指标建立时出现资料缺损。不过别怕，还是有一些处理缺损资料的方法。

首先，如果缺损资料的样本量很少，你们在建立指标和分析资料时可以剔除这些样本（前面的医学院教员例子中，我就采用了这样的方法）。在这个例子中需要考虑的首要问题是，剩下的资料是否足够用于分析，或在剔除缺损资料样本以后会不会导致样本偏误、进而影响到分析结果。后一种问题可以通过比较来校正，即比较（相关变量）包括和排除了缺损资料的结果。

其次，你们也可以根据既有的回答来处理缺

损资料。譬如，如果一份问卷要求受访者用"是"或"否"来表明是否参与某些活动，许多受访者常常只用"是"回答一部分问题，而将其余的问题空着，在这种情况下，对于没有回答的问题（缺损资料），你们就可以将其视为答案"否"。

第三，如果仔细地分析缺损资料，也能了解其含义。譬如，在测量政治保守性的例子中你们就能发现，有些受访者之所以没有回答某些特定问题，是因为他们很保守，正如对其他项目的回答倾向于保守一样。另一个例子就是，最近的一项宗教信仰调查指出，一些受访者对某些信仰问题回答"我不知道"的含义，与"无信仰者"面对其他信仰问题时的回答是一样的（注意：你们绝不能把这个例子的结论当作以后研究的指南。这个例子只是分析缺损资料的一种方法而已）。只要对缺损资料的分析能够得到这样的结论，你们就可以给这些样本以相应的分值。

还有一些解决此类问题的方法。如果某一项目可能有多种分值，那么缺损资料分值就应该是分值范围的中值。譬如，如果得到的分值有0、1、2、3和4，那么，就可以给缺损资料赋值为2。对于年龄这样的连续变量（continuous variable），则可以赋予缺损资料以所有样本年龄的平均值（14章有更为详尽的介绍）。另一种处理方式是用随机方式给缺损资料赋值。所有这些都是解决缺损值的保守方法，都不利于发现变量之间的关系。

如果你们用多个项目创造指标，则可以用观察值的比例值来取代缺损资料。这是处理缺损资料的另一种方法。例如，假设指标是由6个项目构成的，但从某些受访者那里却只获得了4个项目的观察值。如果受访者从中获得了其可能得到的4分（全部分值），就可以给该指标6分（全部分值）；如果受访者得到2分（即4个项目总分值的一半），就可以给该指标3分（6个项目总分值的一半）。

到底选用什么样的方法，要视具体情况而定，我不可能说哪个方法是最好的方法，也不可能给这些方法排队。剔除所有有缺损值的样本会造成研究结果代表性的偏误；同时，使用赋值的缺损值样本也会影响研究结果的性质。最好、也是最安全的方法，就是用其他方法建构指标，并看看是否有同样的发现。不管怎么说，理解资料才是最终的目的。〖165〗

指标的鉴定

到现在为止，我们已详细讨论了选择项目、给项目赋值、处理复合指标（用于测量某些变量）的所有步骤。如果能够仔细完成这些步骤，由此得到的指标就应该可以实际地测量变量。但为了说明测量的成功与否，就必须对指标进行鉴定（validation）。鉴定的基本逻辑是该复合指标可以用于测量变量，即可以根据不同样本所得到的指标分值进行等级排序。以政治保守性指标为例，就是根据受访者得到得分值进行保守程度排序。如果指标是成功的，那么在这项指标上表现保守的受访者在回答任何其他政治倾向的问卷时，也应该表现为保守。以下是鉴定复合指标的一些方法。

项目分析

指标鉴定的第一步即内在鉴定，被称为**项目分析**① （item analysis）。在项目分析中，你们要考察单一项目与复合指标的彼此相关程度。下面是对这一步骤的具体说明。

_____

① 项目分析：评估复合测量中所包含的每个项目是具有独立的贡献，还是只复制了其他项目的贡献。

科学取向指标			
	0	1	2	3
受访者宣称对基础医学			
更有兴趣的百分比	??	??	??	??

譬如，在医学院教员的科学取向例子中，指标的分值是从 0 分（特别注重关照病人）一直到 3 分（特别注意科学研究）。现在考虑一下这个指标的某个项目：受访者究竟想要进一步扩大有关关照病人的知识，还是有关基础医学的知识。显然，后者比前者更有科学取向。下面的空白表格将说明我们如何考察指标与个别项目之间的关系。

如果花一点时间来思考该表，你们就会发现空白表格中有两项数字我们已经知道了。为了获得满分（3 分），对这个问题受访者必须回答"基础医学"，并在其他两个项目上给出同样具有"科学取向"的回答。在这项指标上得 3 分的受访者，一定 100% 地回答"基础医学"。依此类推，在这个指标上得 0 分的受访者，一定回答的是"关照病人"，也就是说，0% 的受访者回答的是"基础技巧"。以下就是加入了我们已经知道的两个数字的表格。

科学取向指标			
	0	1	2	3
受访者宣称对基础			
医学更有兴趣的			
百分比	0	??	??	100

如果上述的单个项目很好地反映了整体指标的话，则得 1 分或 2 分的受访者所占的比率应该在 0－100% 之间，而且得 2 分的比得 1 分的受访者会有更多的人选择"基础医学"。但是请注意，上述的情况也不一定保证会发生，它只是我们在项目分析中要回答的一个经验性问题。接下来所看到的，就是上述项目分析的结果。

科学取向指标			
	0	1	2	3
受访者宣称对基础			
医学更有兴趣的			
百分比	0	16	91	100

正如你们看到的，根据我们的假设，得 2 分的比得 1 分的受访者有更强的科学取向，实际的结果是，得 2 分的（91%）与得 1 分的受访者（16%）相比，回答"基础医学"的百分比更高。〖166〗

如下表所示，对指标中其他两个项目的分析也有类似的结果。

科学取向指标			
	0	1	2	3
受访者宣称对基础			
医学更有兴趣的			
百分比	0	4	14	100
受访者宣称喜欢阅			
读基本原理书籍			
的百分比	0	80	97	100

根据以上分析，三个项目似乎都可以作为指标的组成部分。每一个项目都能反映指标（作为完整测量工具）的相同品质。

对于具有多个项目的复合式指标而言，上面的方法提供了一个了解每个项目对整个指标具体贡献的简单途径。如果发现某个项目对整个指标的贡献十分贫乏，这就意味着这个项目的贡献被其他项目取代了。如果该项目对整个指标毫无助益，就应该将这个项目剔除。

尽管项目分析是指标鉴定基础，但并不是指标鉴定的全部。如果指标能充分地测量变量，那么该指标应该同样能够成功地预测该变量的其他指标。为了检验这个说法，我们必须研究没有被包括在指标之内的项目。

外在鉴定

如果受访者在一项指标上显示为政治保守派，那么也会在这份问卷的其他项目中表现得保守。当然，我们研究的是相对保守性（relative conservatism），因为我们很难对保守下一个绝对的定义。无论如何，那些在某项指标上显示为最保守的人，在回答其他问题时也应该表现为最保守。同时，那些在某项指标上显示为最不保守的人，在回答其他问题时也应该表现为最不保守。的确，就政治倾向而言，根据某项指标对受访者的排序应该可以预测受访者回答其他问题的状况。

在科学取向指标例子中，问卷中的许多问题都提供了指标的**外在鉴定**①（external valida-tion）。表 6－1 提供了一部分问卷项目，说明了指标鉴定的一些问题。首先，我们注意到指标预测了表 6－1 中四个鉴定项目回答的排序，而且与指标的排序结果一致。同时，每一个项目又对科学取向进行了不同的描述。譬如，最后一个鉴定项目指出，大多数教员在过去一年中都曾从事过研究工作。如果这是科学取向的惟一指标，我们就可以认为"大多数教员都具有科学取向"。但是，根据指标得分，更具科学取向的受访者比相对不具科学取向的受访者，会更加致力于研究工作。第三个鉴定项目则提供了另一种解释：只有少部分的教员声称他们的职责就是从事研究。即使如此，这些项目的百分比排序也正确地反映了指标中科学取向积分的排序。〖167〗

表 6－1　科学取向指标的鉴定

	科学取向指标			
	低		高	
	0	1	2	3
喜欢参与医学院科学演讲的人所占的百分比	34	42	46	65
认为教员应该具有医学研究经验的人所占的百分比	43	60	65	89
认为教员职责就是从事研究的人所占的百分比	0	8	32	66
过去一年中曾致力于研究的人所占的百分比	61	76	94	99

不好的指标与不好的鉴定项目

几乎每一个建构指标的人，都会遇到指标无法通过外在鉴定的情况。如果内在项目分析显示，指标与其项目表现不一致，那么这个指标可能就有问题。但是，如果指标无法预测外在鉴定项目，那么就很难明确地下结论。这时你们面对的问题有两种可能：（1）指标无法充分地测量变量，或（2）检验项目无法充分地测量变量，进而无法检验指标。

长期致力于指标建构且敏感于指标建构的学者会发现，第二种可能实在是一种无奈。一般

而言，你们都会自认为已经将所有最好的变量项目纳入了指标；那些没被纳入指标的，只是一些次要项目而已。但是，无论如何你们应该认识到，指标是测量变量的有力工具，它应该与任何——哪怕是与变量的关系很小——的项目都有关联才是。

当外在鉴定失败的时候，你们应该首先重新

————————————

① 外在鉴定：通过检验某测量（如指标或者量表）和测量同一变量的其他指标之间的关系来判断该测量的效度。比如，如果指标真正测量了偏见，那么该指标应该和测量偏见的其他指标相关。

考察指标本身，然后再看是否因为外在鉴定项目有问题。方法之一就是考察外在鉴定项目与指标中个别项目之间的关系。如果发现鉴定项目与某些项目有关系，与另一些项目没有关系，那么你们就会增强对建立指标的理解。

对于这类两难问题，并没有现成的解决方案，它是考验研究者的能力与经验的一个痛苦过程。最终是否采用某个指标，完全取决于该指标在后来的分析中能够发挥多大的作用。也许开始时你们认为某个指标十分不错，只是鉴定项目不好；后来才发现要研究的变量（指标测量的变量）与其他变量之间没有预期的关联。这个时候，你们就不得不重新建立指标。

女性地位：建构指标举例

我把大量的篇幅都用来讨论调查研究情形下的指标建构了，不过，其他类型的研究也有复合测量的方法。例如，1995 年联合国考察世界妇女地位时，就建构了两个指标来反映两个不同的维度。

性别发展指标（Gender-related Development Index，GDI）用三项指数来比较男性和女性，即平均预期寿命、教育程度和收入水平。这三项指数经常被用于考察全球女性的地位。北欧四国（挪威、瑞典、芬兰和丹麦）在这项测量中所获得的分数最高。

第二指标是性别权力测量（Gender Empowerment Measure，GEM），主要针对权力议题，由三项指数构成：

　　1. 女性在国会议席中的比例；

　　2. 女性在行政、管理、专业性和技术性工作中的比例；

　　3. 获得工作和工资的途径。

北欧四国在这项指标上的得分仍然很高，此外还有加拿大、新西兰、荷兰、美国和奥地利。采用两种性别平等指标可以使研究者做出更复杂的分别。例如，在有些国家，如希腊、法国和日本，GDI 的得分很高，但 GEM 的得分却相当低；也就是说，这些国家女性的平均寿命、教育程度和收入均表现不俗，就是无法获取权力。同时，这两个指标还显示，富裕国家的 GDI 得分高于发展中国家，发展中国家的 GEM 得分却高于富裕国家，即 GEM 得分与国家的富裕程度无关。〖168〗

联合国研究人员通过考察各种变量的不同维度还发现了女性收入不为人注意的一个角度。国际人口交流协会（Population Communications International，1996：1）简要地说明了这个发现：

> 联合国开发计划署的报告表示，如果以市场价格计算，女性通过无偿和低酬工作每年为全球经济所作的贡献高达 11 万亿美元。据 1995 年 HDR 的报告，对女性工作价值的低估不仅影响了她们的购买力，而且也降低了她们原本不高的社会地位，影响了她们拥有财产和信用的能力。这项报告的主要执笔人哈克（Mahbub ul Haq）说："如果女性的工作能够准确地反映在国家统计数字上，它将会粉碎男人养家的神话。"联合国开发计划署的报告还说，几乎每个国家妇女的工作时间都比男人的长，无论是有报酬和没报酬的工作。在发展中国家，妇女大约担负了 53% 的工作，其中 2/3 的工作没有得到报酬。在工业化国家，女性承担了 51% 的工作，（与发展中国家一样）其中 2/3 的工作是没有报酬的，而男性所从事的工作中，2/3 都是有报酬的。

指标的建构可以来自不同类型的、服务于不同目的的资料。现在，我们将注意力从指标的建构转向对量表技术的考察。

量表的建构

好的指标可以将变量的资料进行顺序排列。但是，无论好坏，所有指标又都基于这样的假设：一个投票支持 7 个保守性法案的参议员，比投票支持 4 个保守性法案的参议员更保守。然而，指标不曾考虑的是：并不是每一个变量项目都有同样的重要性或有同等的强度。对于前面的例子而言，第一位参议员支持的可能是 7 项比较保守的法案，而第二位参议员支持的则可能是 4 项非常保守的法案（第二位参议员也许会认为那 7 项法案的自由派色彩太重，所以投反对票）。

量表能通过指标之间的结构，提供更有保证的排序。在测量变量时，被列入复合测量的多个项目可能有不同的强度。下面，我们将讨论四种量表，还有语义差异分析，以展示其中的不同技术。尽管这些例子都是来自问卷调查，但是量表的逻辑却同样可以运用到其他研究方法上，这和指标的应用是一样的。

鲍嘎德社会距离量表

假设你们要探讨美国人与阿尔巴尼亚人交往的意愿，你们可能会询问美国人如下问题：

1. 你愿意让阿尔巴尼亚人住在你的国家吗？

2. 你愿意让阿尔巴尼亚人住进你的社区吗？

3. 你愿意让阿尔巴尼亚人住在你家附近吗？

4. 你愿意让阿尔巴尼亚人住在你的隔壁吗？

5. 你愿意让你的孩子与阿尔巴尼亚人结婚吗？

请注意，上述问题逐步地加强了受访者对阿尔巴尼亚人的亲近程度。开始时，我们要测量美国人与阿尔巴尼亚人交往的意愿，然后逐步地发展，设计了一些交往程度不同的问题。如此建立起来的项目，就称为**鲍嘎德**（简称鲍氏）**社会距离量表**①（Bogardus social distance scale）（埃默理·鲍嘎德创造的）。该量表是用于判断人们进入其他类型的社会关系的意愿的一种测量技术。〖169〗

鲍氏社会距离量表的项目在强度上有明显差别。如果某人愿意接受某种强度的项目，那么他（她）就应该愿意接受该项目之前的所有项目，因为这些项目的强度更弱。譬如，一个能让阿尔巴尼亚人住在自家附近的人，一定也愿意让他住在自己的社区和国家；但却不一定会让阿尔巴尼亚人住在隔壁、或让自己的儿女与阿尔巴尼亚人结婚。这就是各个项目之间强度的逻辑结构。

从经验上看，人们可以期望大多数人都愿意让阿尔巴尼亚人住在美国，但却只有少数人愿意其子女与他们通婚。在这种情况下，我们可以称某些项目为"简单项目"（譬如，让阿尔巴尼亚人住在美国），或是"困难项目"（譬如，让子女与其结婚）。很多人都会接受简单项目，却无法接受困难项目。除了一些不可避免的特例之外，鲍氏社会距离量表的逻辑是，受访者一旦反对某个项目，则对比该项目更困难的项目也会持反对态度。

---

① 鲍嘎德社会距离量表：用于判断人们进入其他类型的社会关系的意愿的一种测量技术。它的长项在于能够在不丢失原始信息的同时汇总多个不连续的回答。

鲍氏社会距离量表说明了量表作为资料压缩工具的经济性。就上面的例子而言，通过了解受访者能接受多少与阿尔巴尼亚人交往的项目，我们就能了解哪些关系可以被接受。因此，这个单一数据能够准确地概括 5 - 6 个项目且不丢失任何相关信息。

Motoko Lee，Stephen Sapp 和 Melvin Ray（1996）发现了鲍氏社会距离量表的一个隐含要素：鲍氏社会距离量表着眼于社会多数团体间的社会距离。于是这些研究者决定改变这个制表，创建一个"反鲍嘎德社会距离量表"：着眼于少数团体观念中的社会距离。他们的问题设计如下（1996：19）：

想想你知道的典型的高加索裔美国人，不要想最好的或最差的，圈项 Y 或 N 来表达你的观点。

　　Y/N 5. 你愿意成为这个国家的公民吗？

　　Y/N 4. 他们愿意让你与他们住在同一个社区吗？

　　Y/N 3. 他们愿意让你住在附近吗？

　　Y/N 2. 他们愿意让你成为他们的密友吗？

　　Y/N 1. 他们介意你与他们结婚吗？

研究者发现：与前面的量表相同，在知道分类的数量后，少数曾经同意的受试者告诉研究者他们所同意的项目：98.9%。

瑟斯东量表

鲍氏社会距离量表的结构有时并不适用于某些变量的测量，因为指标项目间的逻辑结构有时并不明显。瑟斯东（简称瑟氏）量表①（Thurstone scale，路易斯·瑟斯东创造）就试图在变量的指标项目之间建立一种经验性结构，其中最常出现的是"等距"（equal-appearing in-tervals）结构。

选择大约 100 个变量的可能指标项目交给一组裁判，并要求每一位裁判对每一个项目测量变量的强度进行评判（通过赋值譬如 1 - 13 来表示）。以偏见为例，就可以要求裁判对关系最弱的赋值 1 分，对关系最强的赋值 13 分，关系强度中等的赋予中间值，依此类推，赋予每个项目一个分值。〖170〗

一旦裁判完成了赋值工作，研究就要考察裁判给予每一个项目的分数，并选出得到裁判共识最多的项目，并剔除没有得到共识的项目。然后，在得到共识的项目中，选择代表 1 - 13 分的（一个或多个）项目。

通过这种方式选择出来的项目就可以置入有关"偏见"的问卷中。如果受访者在 5 分强度的项目上表现出偏见的话，也会在比 5 分少的项目上表现出偏见态度；而在 6 分项目上没有表现出偏见态度的受访者，也会在比 6 分高的项目上表现为没有偏见态度。

如果瑟氏量表的项目和赋值能得到充分发展的话，它也会具备鲍氏社会距离量表那样的经济性及效率。每一位受访者也会得到一个分值（受访者能够接受的最难项目的分值），而这个分值也能充分地代表受访者对问卷其他项目的回答。和鲍氏社会距离量表一样，得到 6 分的受访者，就比得到 5 分或更少分数的受访者更有偏见。

在今天的社会研究中，瑟氏量表的使用频率并不高，主要原因在于项目的确定必须有 10 - 15 个裁判对项目打分，而这需要花费大量的时间和精力。又由于裁判的质量取决于他们对变量的认识和经验，因此只有专家才能做到。再者，组成

――――――――――

① 瑟斯东量表：一种复合测量，根据"裁判"对变量的指标所给出的权重来建构。

变量的项目的含义也会随时间的演进而有所改变。所以，某个项目可能会在此时得到某个分值，在彼时得到另一个分值。为增进瑟氏量表的效果，每隔一段时间必须进行更新。

李克特量表

你们也许听说过一些问卷要求受访者根据以下的几个选择来回答："非常同意"、"同意"、"不同意"和"非常不同意"，这就是**李克特量表**① （Likert scale）。虽说李克特确实亲自创造了这种常用的回答形式，但是在技术上这却是一个误会。

李克特量表的优点，在于它清楚的顺序回答形式，如果受访者的回答可以有类似于"有点同意"、"十分同意"和"真正同意"等不同答案，那么研究者就很难了解受访者的相对同意程度。李克特量表解决了此类的难题。

然而，李克特还有其他的想法。他创造了一种方法，用这种方法就能够确定每个项目之间的彼此相对强度。举一个简单的例子，如果要测量"对女性的偏见"，我们设计了 20 项不同的陈述，每一项都可以反映出对女性的偏见。其中一项可能是"女性开车无法像男性那样好"，另一项可能是"女性不应有投票权"，这两个项目之间的相对强度十分明显。李克特量表的技巧就在于表现其间的差别，并建立其他 18 项陈述之间的强度关系。

假设我们询问一位受访者（样本）是否同意这 20 项陈述。如果给每个指标赋予 1 分，则得分范围将在 0～20 分。李克特量表能做的比这种方法更多，它能计算对每一项陈述表示同意的指标平均分值。假设我们发现，同意女性开车技术比男性差这项陈述的受访者的指标平均分值为 1.5 分（满分为 20 分），赞成女性应该没有投票权的受访者的指标平均分值为 19.5 分。这

就是说，后者反映了更大程度的偏见。

作为这一项分析的结果，受访者应该被重新赋值，譬如，让同意女性驾驶技术比男性差的受访者得 1.5 分，让同意女性不应有投票权的受访者得 19.5 分，依此类推，给予其他回答相应的指标平均分值。如果对"我会投票给女性总统候选人"表示反对的受访者得到的平均指标分值为 15 分，则李克特量表会让那些不同意该陈述的人得 15 分。〖171〗

在实践中，今天已经很少用到李克特量表。我不知道为什么，也许是因为过于复杂。但是，由李克特设计的项目格式却变成了问卷设计最常用的一种方式。尤其是，这种格式还常常被用于建立一些简单的指标。比如，5 种回答类型的得分可以从 0 到 4 分，或是 1 分到 5 分。考虑到项目的正负方向（如给"非常同意"正面项目的和"非常不同意"负面项目的人都给 5 分）。这样，每一位受访者最后都会依其对每个项目的回答而得到一个总分值。

语意差异

和李克特量表一样，**语意差异**② （sematic differential） 同样要求受访者在两个极端之间进行选择。下面我将说明其运作方式。

假设你们要评估新开设的音乐欣赏课的效

---

① 李克特量表：李克特所发展出来的复合测量类型，它试图通过在问卷调查中使用标准化的回答分类来提高社会研究中的测量层次，并以此来决定不同项目的相对强度。李克特项目就是利用诸如非常同意、同意、不同意、非常不同意这样的回答分类。这些项目在李克特量表的建构中会用到，同时也可以用在其他类型的复合测量中。

② 语意差异：受访者被要求根据两个相反意义的形容词来评价某事的一种问卷格式。其中会用到一些限定词来连接这两个形容词，比如"十分"、"有些"、"都不"、"有些"和"十分"。

果。作为研究工作的一部分，你们必须演奏一些音乐片段，让受访者回答其对于该音乐的感觉。而获知受访者感觉的最佳途径，就是运用语意差异方法。

开始时，你们必须确定每一个片段的维度供受访者判断。接下来就是界定两个语意相反的术语代表每一维度的两极。假设你们要知道的一个维度是受访者是否欣赏某一段音乐，则两个语意相反的术语是"令人愉悦的"（enjoy-able）和"令人不悦的"（unenjoyable）。同样的，你们也可以要求受访者回答对该段音乐的感觉是"复杂的"或"简单的"以及"和谐的"或"不和谐的"等等。

一旦你们确定了相关的维度，同时也找到了代表维度每一个极端的术语，接下来要做的就是准备好一份计分表，让每一位受访者对每一段音乐表达他们的感受。图 6-5 就是一个计分表的例子。

	十分	有些	两者皆非	有些	十分	
愉悦的	☐	☐	☐	☐	☐	不悦的
简单的	☐	☐	☐	☐	☐	复杂的
不和谐的	☐	☐	☐	☐	☐	和谐的
传统的	☐	☐	☐	☐	☐	现代的

图 6-5　语意差异：对于音乐的感受。语言差异法要求受访者用相对的形容词来描述事或人。

计分表的每一行都可以让受访者记载他们对每一段音乐的感觉。譬如，在让人感到愉悦的或不悦的一行就包括了"有些"、"十分"等不同程度。而为了防止回答偏差，最好是将彼此有关系的项目的位置加以变化。譬如，"不和谐的"和"传统的"就在计分表的左侧，而"和谐的"和"现代的"就在计分表的右侧。通常，受访者如果认为某段音乐是"不和谐的"，同样也会认为它是"现代的"而不是"传统的"。

李克特量表和语意差异这两种量表格式都有比其他问卷格式更严格的结构。正如我前面指出的，这些格式所产生的资料也适合作为指标和量表。〖172〗

哥特曼量表

今天，研究者经常使用的是由哥特曼（Lou-is Guttman）建立的**哥特曼量表**①（Guttman scale）。和前面讨论的鲍氏、瑟氏和李克特量表一样，哥特曼量表的事实基础也是某些变量项目比其他项目在程度上更为极端。举一个恰当的例子就可以说明这一点。

在前面讨论的医学院教员科学取向例子中，我们曾建立了一个简单的指标。指标所包含的 3 个项目事实上就构成了哥特曼量表。

建立哥特曼量表的步骤与建立指标的前几个步骤相同。你们首先要考察项目的表面效度，接下来要考察项目之间的二元甚至多元关系。只是，在指标建构中你们还要考察变量指标的相对"难"、"易"。

前面我们讨论对待妇女堕胎权利的态度时，曾经提到过多种影响人们意见的条件，如是否已婚、是否生命受到威胁等等。这些不同的条件就是哥特曼量表的良好范例。

————————

① 哥特曼量表：用于总结多个不连续的观察的一种复合测量，它代表了一些更加概括的变量。

下图表的资料取材于 2000 年全国社会调查（GSS）样本，它提供了在 3 种不同情况下支持女性堕胎的百分比：

女性的健康受到严重威胁	89%
因遭强奸而怀孕	81%
未婚女性	39%

在上述 3 种情况下的支持率差别表现了受访者对各项目支持的不同程度。譬如，如果有人在女性生命受严重威胁时，才支持堕胎；就支持堕胎而言，这不是一个强度很大的指标，因为在这种情况下几乎每个人都会支持堕胎。所以，总体上看，支持未婚女性堕胎才算是比较强的指标——因为只有未及半数的样本支持该项目。

哥特曼量表的逻辑基础是，受访者只要支持某个较强的变量指标，就一定会支持较弱的指标。在上例中，支持未婚女性堕胎的人，也一定支持在女性健康受威胁和遭受强奸而怀孕两种情况下的女性堕胎权利。表 6 - 2 提供了选择各种回答的受访者人数，进而检验了这个假设。

表 6 - 2 支持堕胎的量表分析

	危及生命	因被强奸怀孕	未婚女性	样本数
量表类型	+	+	+	677
	+	+	−	607
	+	−	−	165
	−	−	−	147
				总计：1596
混合类型	−	+	−	42
	+	−	+	5
	−	−	+	2
	−	+	+	4
				总计：53

"+" = 支持女性的堕胎权利，"−" = 反对女性的堕胎权利

表 6 - 2 中的前 4 种回答模式构成了所谓的量表类型（scale types），即构成了等级结构。表中第一行显示的是在 3 种情况下都支持堕胎的受访者数量，第二行显示的是在两项比较容易确定的情况下支持堕胎的受访者数量；第三行显示的则是在最容易确定的情形下支持堕胎（妇女生命受到严重威胁时）的受访者数量。最后，第四行显示的是无论在什么情况下都不支持堕胎的受访者数量。

表 6 - 2 的第二部分提供的是违反项目等级结构的回答模式。与等级结构根本背离的是最后两种回答模式：即接受最难做决定的项目和拒绝最易做决定的项目。〖173〗

该表最后一列显示的是每一种回答类型的受访者人数。显而易见的，量表已经涵盖了大部分受访者（1596 人或 99%）；还有没有被涵盖的（1%）项目，则说明它还不是一个完美的哥特曼量表。

我们还记得，量表最主要的功能在于其精简资料的效率，即在概括资料的同时不损失资料的

原始信息。

在前面讨论把多个科学取向项目合成为指标时，我们的做法是，受访者每在一个项目上表现出科学取向就能得到 1 分。如果把这 3 个项目用哥特曼量表表达，就必需调整一些受访者的积分，以准确地反映他们对 3 个项目的原始回答。

因此，符合量表的回答应该得到和指标建构时相同的积分。对 3 个项目都支持的受访者得分也应该是 3 分；而对于仅选择两个最容易确定的项目并反对较难确定的项目的受访者而言，他的得分应该是 2 分；依此类推。根据受访者的得分，运用上述 4 种量表，我们应该可以正确地预测受访者的实际回答。

但在表 6 - 2 中，混合类型的回答就会遇到

问题。第一类的混合类型（ - + - ），在指标积分中仅能得到 1 分，因为受访者只支持一种情况下的堕胎。但是，如果把这一分当作量表的得分，我们就会预测该组 42 位受访者一定选择最容易确定的项目（即认为女性生命受到威胁时才能堕胎），并对 42 位受访者做出错误的分析。因此，量表赋值时应该最大限度减少重新建构受访者原始答案所产生的错误。

表 6 - 3 列出了指标和量表给每一种回答模式赋予的分值。请注意，在混合类型中，每一位受访者都犯有一个错误，这已经是我们所期望的混合类型的最小错误了。譬如，在第一组混合类型里，我们极可能错误地预测该组 42 位的受访者都选择最容易确定的项目，并因此产生 42 个错误。〖174〗

表 6 - 3　指标和量表得分

	回答类型	样本数	指标得分	量表得分*	量表总误差
量表类型	+ + +	677	3	3	0
	+ + -	607	2	2	0
	+ - -	165	1	1	0
	- - -	147	0	0	0
混合类型	- + -	42	1	2	42
	+ - +	5	2	3	5
	- - +	2	1	0	2
	- + +	4	2	3	4

两表总误差 =53

$$可重现系数 =1 - （误差数/猜测数）$$
$$=1 - （53/1649 \times 3） =1 - （53/4947）$$
$$=0.989 =98.9\%$$

*该表展示了给混合类型计分的一般方法，但也可以使用其他的方法。

一组经验性的回答是否可以构成哥特曼量表，主要取决于量表是否可以准确地重构受访者的原始回答。在这个例子中，我们要预测

1649 位受访者对 3 种不同问题的回答，总共 4947 种预测。表 6 - 3 说明，如果我们用量表分值进行预测，将会产生 53 个错误。而正确预测

的百分比例在这里被称为可重现系数（coefficient of reproducibility），即量表分值准确概括原始回答的百分比。就这个例子而言，可重现系数为 4894/4947 或 98.9%。

除了完全重现（100%）以外，没有任何绝对的方法能够确认某一组项目是否能构成哥特曼量表。事实上，任何一组项目都相当于一个量表。作为一般的原则，只有可重现系数达到 90%－95% 才可以算作量表。如果可重现系数超过了一定的标准，就可以把这组项目当作量表使用。

当然，可重现系数的标准是研究者自己确定的。而且，较高的可重现系数并不能保证所建构的量表能够测量所要研究的概念，尽管它能说明所有项目测量的都是同一个概念。同时，你们还要认识到，如果量表的项目不多，其可重现系数也会很高。

现在我要对哥特曼量表做一个小结：哥特曼量表的基础是真实观察资料的结构。这一点常常被误解，因为不是所有的问卷项目（即使已有的并得到运用的项目）都可以构成哥特曼量表。能够构成哥特曼量表的只是那些被用于分析的一组资料。在这里，可度量性（Scalability）则是一个有赖于样本的经验性问题。也许，来自于某些样本一组项目可以形成一个量表，但是这也不能保证该组项目在其他样本中能够形成同样的量表。因此，一组问卷项目本身无论如何也不可能形成一个量表，但是一组项目的经验观察资料却有可能形成量表。

这就结束了我们对指标和量表的讨论。跟指标一样，量表是对变量的复合测量，由此也就拓宽了单一指标所含括的变量的意义。指标和量表都试图在定序测量这个层次上测量变量。不过，与指标相比，量表的优势在于它能够囊括出现在单个指标中所有强度。在这个意义来说，

只要建立了这种强度结构，而且从个人或是其他分析单位收集起来的资料符合强度结构的逻辑，我们就可以说我们建立起了一个定序测量。

分类法

本章的结尾将要简要地讨论分类法建立和分析方法。你们应该记得，指标和量表都是为了对变量进行定序测量。我们通过给样本赋予指标或量表分值来说明受访者的偏见程度、宗教虔诚程度和保守倾向等等。就这类的案例而言，我们面对的只是一个维度的资料而已。〖175〗

问题是，研究者们常常希望概括两个或多个变量之间的交叉关系，并因此创建一组类别或类型，这也就是我们要讨论的 **分类法**①（typology）。譬如，你们要分别研究报纸处理国内事件与外交政策的政治倾向，表 6－4 描述的就是这样的分类法。

表 6－4　报纸的政治倾向分类

		外交政策	
		保守主义的	自由主义的
国内事件	保守主义的	A	B
	自由主义的	C	D

表中方格 A 中的报纸在国内问题和国际政治上都持保守态度；同样，方格 D 中的报纸在国内和国际政治问题上都持自由态度。而位于方格 B 和 C 的报纸在国内外政治问题上各持两极态度。

通常，在建构指标和量表的过程中，或多或

————————

① 分类法：根据两个或多个变量的属性来对观察进行分类（典型地体现在定性研究中）。比如，将新闻分为自由主义—城市、自由主义—农村、保守主义—城市、保守主义—农村。

少都会遇到分类问题。有时候，你觉得只能代表一个变量的项目实际上却代表了两个变量。我们曾经尝试建立代表报纸政治倾向的单一指标，但后来却发现（经验上）国际政治和国内政治还是应该分开讨论。

在任何情况下，你们都应该记住，分类分析仍然存在不少问题。如果把分类法当作自变量来分析，就不会有什么问题。在前面例子中，你们可以计算每一个方格支持民主党候选人的百分比，并据此轻松地对国内外政策的支持程度进行分析。

然而，如果把分类法当作因变量来分析，问题就非常大。如果要知道某份报纸为什么会归入某个类别，就非常麻烦。这样的麻烦，在我们考虑如何建构和阅读分类表格时就十分明显。假设你们要考察社区规模对政治性政策的影响，如果采用单一维度测量方法，通过运用指标和量表，你们很容易确定保守的或自由的城乡报纸的百分比。

然而，如果用分类法进行测量，就要首先求得城市报纸在 A、B、C、D 四种类型中的分布；然后求得乡村报纸在 A、B、C、D 四种类型中的分布；最后把两种分布进行比较。假设 80% 的乡村报纸被归入类别 A（即在两个维度中都表现保守），30% 的城市报纸被归入类别 A；5% 的乡村报纸被归入类别 B（只在国内问题上表现保守），40% 的城市报纸被归入类别 B；在这种情况下，如果只根据类别 B 的数据，便认为城市报纸比乡村报纸在国内政治问题上表现得更为保守，那就大错特错了；因为乡村报纸在国内政治问题上表现得极端保守性（85%），相比之下，城市报纸只有 70%。乡村报纸在方格 B 的百分比之所以小，是因为它们在方格 A 过于集中。由此看来，对分类法资料解释的难度远远大于简单的描述。

在现实中，你们也许应该将两个维度分开考察，特别遇到多个因变量时，更应如此。

不过，在社会研究中也不要回避分类法，因为分类法常常是理解资料的最适当工具。需要记住的是，把分类法作为因变量时会面临一些特殊的困难。例如，为了更进一步地讨论反堕胎倾向，你可以采用包括堕胎和罚金的分类法。在经济条件和社会条件允许的范围内，探讨自由主义。现在你应该对在分类法中利用变量进行分类的特殊困难有所警惕了吧。

本章要点

导言

- 单一指标几乎不可能涵盖一个概念的全部维度，也往往不能保证明确的效度。复合测量，比如量表和复合指标，通过在对变量的测量中纳入多个指标来解决这个问题。

指标和量表

- 尽管量表和指标都是变量的定序测量工具，但量表解决问题的能力比指标要强。
- 指标测量的基础是变量的各指标的简单累加。量表则利用了存在于变量指标之间的逻辑的和经验的强度结构。

指标的建构

- 建构指标的原则包括选择可行的项目、检验它们的经验关系、赋值和鉴定。
- 选择项目的标准包括表面效度、单一维度、所要测量的维度的具体化程度和项目所具有的变异范围。
- 如果不同的项目实际上是同一变量的指标，则这些项目在经验上应该彼此相关。在建构指标的时候，研究者需要检验项目之间的二元关系和多元关系。
- 指标赋值包括决定值的范围，并要决定每个项目是否使用相同的权重。

- 即使在资料缺损的情况下，也有多种使用项目的技巧。
- 项目分析一种内在鉴定。内在鉴定指的是检验复合测量中的单个项目与变量之间的关系。而外在鉴定则指的是检验复合测量与变量其他指标（没有包含在复合测量中的指标）之间的关系。

量表的建构

- 四种量表技术包括：鲍氏社会距离量表测量的是一个人与某一群人之间的关系强度；瑟氏量表是一种让变量的指标之间具有明确强度结构的技术；李克特量表的测量技巧是运用标准的回答类型；哥特曼量表用以发现和运用变量的指标之间的经验性强度结构，也是今天社会研究中最受欢迎的测量技术。
- 语意差异是要求受访者在两个极端之间进行计分的一种问题格式，譬如"极端正面"和"极端负面"两种情形。

分类法

- 分类法是社会研究中经常使用的定性复合测量工具。把分类法当自变量时，非常有效；把分类法当因变量时，会遇到解释难题。

关键术语

以下术语是根据章节中的内容来界定的，在出现该术语的页末也有相应的介绍，和本书末尾的总术语表是一样的。

指标　量表　项目分析　外在鉴定　鲍嘎德社会距离量表　瑟斯东量表　李克特量表　语义差异　哥特曼量表　分类法

复习和练习

1. 用自己的话描述量表和指标之间的差异。

2. 假如你想创建一个指标，用以排行大专院校的质量。写出该指标中可能包含的三个项目。

3. 设计 3 个问卷项目以测量人们对核能的态度，并且使之达到哥特曼量表的要求。

4. 建构一个关于"反堕胎"的分类法。

5. 经济学家经常用指标来测量经济变量，如生活费用就是一例。请到劳工统计局的网站（Bureau of Labor Statistics，http://www.bls.gov）查找消费者物价指数调查报告，看看在这项测量中包括了生活费用的哪些维度。

补充读物

Anderson, Andy B., Alexander Basilevsky, and Derek P. J. Hum. 1983. "Measurement: Theory and Techniques." Pp. 231 – 87 in *Handbook of Survey Research*, edited by Peter H. Rossi, James D. Wright, and Andy B. Anderson. New York: Academic Press. 本书阐述了复合测量的逻辑。

Bobo, Lawrence, and Frederick C. Licari. 1989. "Education and Political Tolerance: Testing the Effects of Cognitive Sophistication and Target Group Effect." *Public Opinion Quarterly* 53 (Fall 1989): 285 – 308. 作者们使用了许多不同的技巧来测量社会中不同群体之间的容忍程度。

Indrayan, A., M. J. Wysocki, A. Chawla, R. Kumar, and N. Singh. 1999. "Three-Decade Trend in Human Development Index in India and Its Major States". *Social Indicators Research* 46 (1): 91 – 120. 作者利用了几种人类发展指标，以比较印度社会中的不同州的地位。

Lazarsfeld, Paul, Ann Pasanella, and Morris Rosenberg, eds. 1972. *Continuities in the Language of Social Research*. New York: Free Press, especially Section 1. 有关概念化讨论和实例优秀文集，在

一般概念化和测量领域提供了建构复合测量的方法。

McIver, John P. and Edward G. Carmines. 1981. *Unidimensional Scaling*. Newbury Park, CA：Sage. 比本章更深入地探讨了瑟斯东、李克特和哥特曼量表。

Miller, Delbert. 1991. *Handbook of Research Design and Social Measurement*. Newbury Park, CA：Sage. 收集了常用的和半标准化的量表。本书第四部分提供了可以直接使用的或可供作参考的例子。这些例子也可以帮助我们更深入地了解复合测量的逻辑。

SPSS 练习

请在本书附的小册子中练习使用 SPSS（社会学数据包）。每章都提供了练习，并有使用 SPSS 的入门方法。

网络资源

社会学 & 现状：研究方法

1. 在最后复习本章之前，先做做测试 *Sociologynow：Research Methods*，看看有哪些地方需要重点复习。在本书的最前面，有关于这个在线工具的信息以及如何得到这些资源。

2. 可按照 *Sociologynow：Research Methods* 根据测试结果提供的学习计划进行复习。使用学习计划的互动练习和其他资源掌握材料。

3. 复习完毕后，再进行一次测试，以确认已充分准备好学习下一章的内容。

《社会研究方法》第十一版所附带的网站资源

Http:// sociology. wadsworth. com/ babbie-practice11e/登录后，你会发现对你的课程很有帮助的学习资源。这些资源包括辅导测试和反馈、在线练习、Flash 卡片和每一章的章节辅导以及在虚拟空间中扩展的方案、社会研究、GSS 数据以及数据分析软件，如 SPSS 和 NVivo 的使用入门等。

这一章的网址链接

我们需要认识到互联网是一个变动的实体，随时刷新。不过，这些网站还是相对稳定的。参考本书中的相应的网址链接，这些链接地址提供了到本书出版为止与指标、量表和分类法有关的大量信息。

劳动统计局，消费者价格指数中的测量问题

http: //www. bls. gov/cpi/cpigm 697. htm

联邦政府的消费者价格指数（CPI）是影响很多人的生活——决定生活支出——的复合测量之一。这个网站还讨论了测量的一些方面。

亚利桑那州立大学，信度和效度

http: //seamonkey. ed. asu. edu/ ~ alex/teaching/assessment/reliability. html

在此，你会找到很多关于测量的这两方面品质的讨论。

Thomas O'Connor，"量表和指标"

http: //faculty. ncwc. edu/toconnor/308/308lect05. htm

这个网页有关于量表和指标的绝好的一般性讨论，还有说明性例子和其他一些热门链接。

第 7 章

抽样逻辑

章节概述

在本章中，你将了解到社会学家如何通过选择一小部分人进行研究，并将结论推及到千百万未被研究的人。

导 言

抽样调查最明显的用途之一就是在政治选举中的使用了，而且这种预测马上就会被随后的大选结果检验。有些人还在怀疑抽样调查的准确性，也有一些人抱怨民意测验将所有的悬念都抽离了——因为它过早地预测了结果。

不过，回到 2004 年的总统大选，各个民意测验机构都一致认为双方势均力敌，以致难以预料输赢，其事态如四年前的大选如出一辙。尽管存在差异，但是各个机构所预测的却惊人地相似。〖180〗

我们已经知道，选举结果是如此的接近，以致连大选的官员们也无法清楚地说出结果，以致事情不得不提交到最高法庭。这次紧张刺激的过程也告诉人们，有时候，民意测验也无法消除所有的悬念。

好，现在你们猜想一下，这些民意调查专家访问了多少受访者，使其对大约 1.15 亿选民的行为预测的误差不超过两个百分点？不超过 2000！在这一章，我们将探讨社会研究者是如何完成诸如此类的"魔术"的。

另外，2001 年 9 · 11 恐怖袭击事件前后，布什的支持率变化（见图 7 - 1）也很好地显示了抽样的威力。多个不同民意测验机构所报告的结果都描述了同样的模式。

表 7 – 1 **2004 总统大选前夕所预测的民意调查结果**

主办机构	日期	布什	克里
Fox/OpinDynamics	10 月 28 日	50	50
TIPP	10 月 28 日	53	47
CBS/NYT	10 月 28 日	52	48
ARG	10 月 28 日	50	50
ABC	10 月 28 日	51	49
Fox/OpinDynamics	10 月 29 日	49	51
Gullup/CNN/USA	10 月 29 日	49	51
NBC/WSJ	10 月 29 日	51	49
TIPP	10 月 29 日	51	49
Harris	10 月 29 日	52	48
Democracy Corps	10 月 29 日	49	51
Harris	10 月 29 日	51	49
CBS	10 月 29 日	51	49
Fox/OpinDynamics	10 月 30 日	49	52
TIPP	10 月 30 日	51	49
Marist	10 月 31 日	50	50
GWUBattleground 2004	10 月 31 日	52	48
选举结果	**11 月 2 日**	**52**	**48**

资料来源：the Roper Center, Election 2004（http：// www. ropercenter. uconn. edu/elect – 2004/pre – trial – heats. html.
到 2004 年 11 月 16，我已经根据报告支持布什或凯利的比较将尚未决定的和其他的选票进行了分摊。

政治民意测验，跟社会研究的其他形式一样，都是以观察为基础的。但是，不管是民意调查机构还是社会研究者都无法观察所有跟他们的兴趣相关的现象。所以，社会研究的一个首要问题是决定观察什么和不观察什么。举例来说，如果你想研究选民的行为，那么应该着手研究哪些选民？

抽样就是选择观察对象的过程。尽管所有选择观察对象——比如，在繁忙的街道上，每隔 10 人就访问一个——的过程都可以称之为抽样，但是如果想从样本推论到更大的总体，就需要概率抽样。这就涉及随机抽样这个概念。

本章的大部分内容都会涉及概率抽样的逻辑和技巧。这一主题也比本书的其他主题更为严谨和精确。整体来说，社会研究既是一门艺术也是一门科学，而抽样则偏向于科学。尽管这一主题多少有点技术化，但其基本的逻辑却也不难理解。实际上，逻辑上的整洁使得譬如概念化这种主题更容易理解。

在讨论抽样的两大类型之前，我将向你们介绍一下抽样的简要历史。其实，民意测验机构之所以能够那么准确地预测 2000 年的总统大选，部分原因在于研究者已经学会如何避免以前的测验机构所未能避免的缺陷。〖181〗

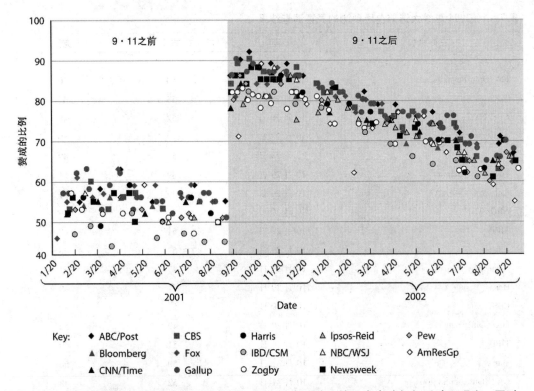

图 7 - 1　布什支持率：未经处理的民意数据。这个图表明独立的民意表达如何反映了现实。同时
　　　　也表明国家危机对总统支持率的影响。这里展现的是 9 · 11 恐怖袭击与布什总统的支持
　　　　率关系。

抽样的简要历史

在社会研究中，抽样的发展是与大选民意测验的发展齐头并进的。毫无疑问，这种关系的存在是因为大选民意测验是社会研究者验证其预测结果准确性的难得的机会，在选举日当天，他们就能知道预测的准确程度。

阿尔夫 · 兰登总统

阿尔夫 · 兰登（Alf Landon）总统？他是谁？难道你在你的历史课中整整睡过了一个总统？不——但是，如果《文学文摘》（*Literary Digest*）的预测要是正确的话，兰登就应该曾经是我们总统！《文摘》是一本 1890 – 1938 年间在美国发行的颇为流行的新闻杂志。1920 年，《文摘》的编辑向 6 个州的人民邮寄了明信片，询问他们在即将来临的总统大选中，会投票给华伦 · 哈丁（Warren Harding）还是詹姆斯 · 考克斯（James Cox）。被选为民意测验对象的人名是从电话簿车牌登记名单中所选出的。根据反馈回的明信片，《文摘》正确地预测了哈丁将在选举中获胜。在之后 1924 年、1928 年与 1932 年的大选中，《文摘》扩大了其调查的数量，并做出了准确的预测。

1936 年，《文摘》进行了一次最具雄心的民意测验活动：选票被寄给了从电话簿与车牌登记名单中挑选出来的 1000 万人。最后收到了 200 万人以上的回应；结果显示有 57% 的人支持共和党候选人阿尔夫·兰登，而当时的在任总统富兰克林·罗斯福（Franklin Rooselvelt）的支持率为 43%。当时《文摘》的编辑们以谨慎的态度发表了一篇谈话：

> 我们不能说我们的预测是绝对正确的。我们并不使用"绝对无误"这个目前被如此随意地用在民意调查中的词。我们十分清楚每一次模拟选举的局限性，不管收集的样本多大，不管方法多么科学。在选举日那天，假如全国 48 个州的每一州投票结果都如民意测验的预测，那倒是个奇迹。（*Literary Digest*，1936a：6）

两个星期之后，《文摘》的编辑们对民意调查的局限性比以往更清楚了：投票结果显示，罗斯福以历史上最大的优势，61% 的得票率，获得第二届任期。相较于罗斯福的 523 张选举人票，兰登仅得到 8 张。〖182〗

《文摘》的编辑们对于这次失败深感困惑。部分原因显然是因为该次民意调查的回收率只有 22%。编辑们问道：

> 为什么整个芝加哥地区，仅有 1/5 的选民愿意将我们寄出的选票寄回？为什么大部分回函都来自共和党员？在公众服务活动中共和党人往往比民主党人更积极地与我们合作，难道共和党人离邮筒更近？还是民主党人普遍不赞同对大选进行预测？（1936b：7）

实际上，问题的症结更在于《文摘》所采用的抽样框：电话用户和汽车拥有者。在 1936 年那时的背景下，这种设计只选择了不成比例的富人样本，尤其是当时美国还处在最严重的经济萧条后期。这个样本排除了穷人，而几乎所有的穷人都支持罗斯福的新经济政策。《文摘》的民意测验可能或者没有准确地发掘电话用户和汽车用户的投票意愿。不幸的是，它绝对没有反映全民的投票意愿。

托马斯·杜威总统

1936 年的总统大选，同时也造就了另一位几乎与民意这个词同义的年轻调查者。与《文摘》正相反，乔治·盖洛普（George Gallup）准确地预测了罗斯福将会击败兰登。1936 年盖洛普的成功，应归因于他采用了配额抽样（quota sampling）的方法，在本章接下来的部分，我会对这一方法做更详细的论述。现在读者只需了解配额抽样是以对抽样总体特征的把握为基础：比如说男性占了多少比例，女性占了多少比例以及不同收入、年龄等等的人又各占多少比例。根据总体的这些特征来选择各类人：比如说选择多少富人、多少黑人、多少都市女性，诸如此类。而这些配额是按照与研究最为相关的变量而定的。通过充分了解全国各收入阶层的民众总数，盖洛普选择的样本就能保证从各个收入阶层中选择出的人数具有正确的分布比例。

盖洛普和美国民意测验中心（American Institute of Public Opinion）利用配额抽样方法在 1936 年、1940 年与 1944 年，成功地预测了当年的总统当选人。但在 1948 年，盖洛普与其他许多大选民意调查者一样，经历了某种尴尬，他们错误地预测纽约市长杜威（Thomas Dewey）能击败当时在位的哈利·杜鲁门（Harry Truman）而当选总统。1948 年的预测失败包含了多种因素，首先，许多预测者在十月初就停止了民意测验的工作，而这时杜鲁门获得的支持率仍呈稳定上升趋势。再加上不少选民在竞选阶段保持着尚未决定的态度，他们大部分是在迈入投票亭时才决定投杜鲁门的票。〖183〗

更重要的是，盖洛普的失败在于他的样本不具代表性。配额抽样——这种在早几年很有效的方法——是盖洛普在 1948 年所使用的方法。这项抽样技术要求研究者必须对总体的情况（在这个例子里，是指所有的投票者）有所了解。对于全国性大选的民意调查而言，这类信息主要来自人口普查资料。然而，到 1948 年，二战促成了大量农村人口涌入城市，在很大程度上改变了 1940 年人口普查资料显示的人口特征，而盖洛普的抽样依据的正是 1940 年的人口普查资料。此外，由于城市居民更支持民主党，因此，在将乡村投票者的人数估计得多于实际的情形下，便相对地低估了投票支持民主党的人数。

两种抽样方法

到 1948 年，许多学者型的研究者试图采用概率抽样（probability sampling）的技术，这项技术的核心是从一份名单中选出"随机样本"，而这份名单包含了研究总体每个人的姓名。大体而言，1948 年使用概率抽样的预测结果要比配额抽样的精确得多。

目前，概率抽样仍然是社会科学研究中选取大型和具代表性样本的主要方式，前述的大选民意调查就是一例。同时，很多研究情境经常使得概率抽样变为不可能和不适合。而非概率抽样技术倒经常是最适合的方式。这里我们将讨论社会研究中的非概率抽样技术，然后再阐述概率抽样的逻辑和技术。

非概率抽样

社会研究经常遇到无法选择（大规模社会调查使用的）概率样本的情形。如果要研究无家可归者，不但没有一份所有无家可归者的现成名单，也不可能造一份这样的名册。此外，你们会发现，即使有可能进行概率抽样，有时却也并不适当。在这种情形下，就该采用**非概率抽样**①（nonprobability sampling）了。

我们将考察 4 种非概率抽样方法：就近抽样、目标式或判断式抽样、滚雪球抽样以及配额抽样，然后，我们要讨论选择线人的技巧。

就近法

就近抽样，就是比如说在街道拐角，或在其他场所拦下路人做访问工作。虽说这种方式经常被使用，但却是一种极冒险的抽样方法。只有在研究的目的是要了解在某特定时间内通过抽样地点的路人的一些特征，或采取更少冒险性的抽样方法不可能时，这种抽样方法才具合理性。尽管这种方法的使用在可行性上具有其合理性，但根据这类数据做出推论时必须非常小心，而且你应该提醒读者注意这种方法的危险性。

高等教育研究者，常常对人数众多的大班课程学生进行社会调查。这种方式很受欢迎，因为它简易而且便宜。但是这种方法所得到的资料，通常很少有实质上的价值。这样的抽样方法，可以作为问卷的前测，但是不应用来代表全体学生。

接下来让我们看看一份抽样设计的报告，其

---

① 非概率抽样：抽取样本的方式并不依据概率理论。比如就近抽样、目标式（判断式）抽样、配额抽样和滚雪球抽样。

目的是要探讨医学院学生和家庭医生对于营养和癌症的知识和观点。

> 这次的研究总体是明尼阿波利斯的明尼苏达医学院四年级的学生。而医生总体则由所有参加由明尼苏达大学的医学进修部所赞助的"家庭医学实践回顾及现况"（Family Practice Review and Update）课程的所有医生组成。（*Cooper-Stephenson and Theologides*，1981：472）

做过这一切后，这项研究能提供给我们什么结论呢？这项研究根本就没有提供任何有关全美的甚至明尼苏达医学院的学生与家庭医师之间的有意义比较。参加那项课程的医生是什么样的人？我们只能猜测，也许是一些更关注知识更新的人，即使是这一点，我们也不敢肯定。虽然这样的研究可以提供有益的见解，但我们得小心不要对它们进行过度的推论。〖184〗

目标式或判断式抽样

有时你们可以根据自己对总体的知识如对总体构成要素和研究目标的认识，即依据你们对研究目的的判断来选择适当的抽样方法。这种抽样就是**目标式（判断式）抽样**①（purposive or judgmental sampling）。比如，在问卷的初步设计阶段，你们应该选择尽量多元化的总体作为抽样的基准，对问卷题目进行检验。虽说有时研究的结果并不能代表任何有意义的总体，但这种检验能有效地暴露出问卷中的缺陷。这种情况可作为前测，而不是最终的研究。

在某些时候，你们也许要对较大总体之内的某个次级集合进行研究；这个次级集合的组成要素很容易辨认，然而如果要把这些次级集合全部列举出来，又几乎是不可能的事。例如，你们要对学生抗议活动中的学生领袖进行研究。

许多学生领袖是很容易找到的，但是却不大可能对所有的学生领袖进行定义或从中抽样。为了对所有的或大多数学生领袖的样本进行研究，就必须根据研究目的来收集资料。

比如说，你们想对左派和右派学生进行比较分析。因为不可能对所有学生进行列举和抽样，所以可以对绿党（Green Party）成员和美国自由青年（Young Americans for Freedom）的成员进行抽样。虽然这种抽样设计并不能对左派或右派学生进行完整的描述，但却可以进行一般的比较。

通常，实地研究者对研究异常案例也特别感兴趣。他们通过对异常案例的考察来加深对态度和行为规律的理解。要深入理解某个学校精神的本质，你们可以访问在鼓舞士气的集会没有陷入大众情绪或根本没有参加集会的学生。

滚雪球抽样

另一种非概率抽样技术是**滚雪球抽样**②（snowball sampling，有人认为是偶遇抽样［accidental sample］的一种形式）。在特定总体的成员难以找到时，滚雪球抽样是最适合采取的一种抽样方法，譬如对获得无家可归者、流动劳工及非法移民等的样本就十分适用。这种抽样程序是先收集目标群体少数成员的资料，然后再向这些成员询问有关信息，找出他们认识的其他总体成员。所谓滚雪球，就是根据既有研究对象的建议找出其他研究对象的累积过程。由于这种方法产生的样本的代表性可疑，因此，它通常用于探索

---

① 目标式（判断式）抽样：一种非概率抽样。其选择观察对象的方式是以个人的判断（对象是否最有效或者最有代表性）为基础的。

② 滚雪球抽样：一种经常用于实地研究的非概率抽样方法：每个被访问的人都可能被要求介绍其他的人来参与访谈。

性研究。

比如说，如果你们想了解一个社区组织长期以来招募人手的方式，你们就可以先访问新近招募来的人员，询问他们是由谁介绍进这个组织的。然后再访问被提到的那些人，询问他们是由谁介绍加入的。当你们研究一个组织松散的政治团体时，你们可以向一位组织成员询问，他认为谁是这一组织中最有影响力的人。然后，再对这些人进行访问，询问他们认为谁最有影响力。在这些例子中，你们的样本会随着受访者不断提出别人的名字，而像"雪球"一样越滚越大。〖185〗

配额抽样

前面已经提过，1936 年盖洛普使用配额抽样方法成功地预测了总统当选人，而同样的方法却造成了他在 1948 年的错误预测。就像概率抽样一样，配额抽样所强调的也是样本的代表性，虽说二者达到目的的方法不太一样。

配额抽样① （Quota Sampling）往往从建立描述目标总体特征的矩阵或表格开始。举例来说，研究者必须事先知道，目标总体中男性占多少比例，女性占多少比例；在不同的年龄阶层、还有教育水准、种族团体等不同类别中，男女比例又是如何？要建立一个全国性的配额样本，研究者必须知道全国人口中有多少比例的城市人口、居住在东部地区、男性、年龄小于 25 岁、白种人、蓝领阶级的人口等等以及其他一些类型的矩阵。

这样的矩阵一旦建立起来，矩阵中的每一个格子（cell）就有了相应的比例，此时研究者就根据研究目的从不同的格子中选择样本并收集资料，而代表每一个格子出现的人，则按照这些格子相对于总体的比例，给予加权。当所有的样本要素都被加权时，这样的资料就可以合理地代表整个总体。配额抽样方法有一些先天的缺陷。首先，配额的框架（不同的格子所代表的不同比例）必须十分精确。为了做到这一点，必须掌握最新的资料，但这是十分困难的。1948 年，盖洛普之所以没能正确地预测出杜鲁门会当选总统，部分原因便在于此。其次，从某些特定的格子中选择样本时，可能会存在偏误——即使十分清楚此格子相对于整个总体的比例。因为一个访员如果被要求与 5 位具有某些复杂特征的人面谈，他会本能地避免去访问要爬七层楼才能找到的受访者、破败的家庭的成员和家养恶犬的人。

近几年来，不少研究者尝试着将概率抽样方法与配额抽样方法结合，但是其效果还有待观察。就现在而言，如果你们的目的是进行统计描述的话，建议你们运用配额抽样方法时要多加小心。

同时，配额抽样的逻辑有时还可以有效地用于实地研究。譬如在一项有关正式团体的研究中，你们应该对团体的领袖和普通成员都进行访谈。如果研究一个学生组织，就应该既访问组织中的激进派，也访问较温和的成员。大体来说，当你们的研究看重代表性的时候，就应该用配额抽样的方法，对男人和女人、年轻人及老年人以及类似的情形，都进行访问。

选择线人

当实地研究中的研究者想要了解某种社会环境（比如说，青少年帮派或地方社区），那么，这种理解多半有赖于这些团体中一些成员的合作。社会研究者谈到受访者，是指提供有关自身情况的人士，他们可以使研究者通过这些资料

① 配额抽样：一种非概率抽样方法。一种根据预先了解的总体特征来选择样本的方法，这样就能够保证样本的特征分布和所要研究的总体一样。

形成对团体的综合认识，至于**线人**① (inform-ants)，则是直接谈论团体一切的某个成员。

线人对人类学家至为重要，对其他领域的社会研究者也相当重要。例如，如果你们想了解本地公共住宅计划中的非正式社会网络，最好能找到一些了解你们的需求并能提供协助的人士。〖186〗

当约翰逊 (Jeffrey Johnson) 1990 年进行一项鲑鱼钓捕研究时，他以几个标准来判定可能的线人人选，例如，他们的身份是否便于他们和捕鱼营队中的其他成员定期接触，或他们是否根本就是孤立的？(他发现木匠要比船长具有更广的接触面。) 他们对整个团队的了解，是只限于其被分派的工作呢，还是他们同时也了解团队的多个方面？这些方面都会影响到不同的潜在的线人作用。

通常，线人应该是研究对象的群体中具有代表性的人物。否则，他们的观察和意见也许会产生误导。举例来说，如果只对医生进行访谈，就不会对社区的诊所运转有全面的了解。同样，一个人类学家如果只访问男人 (在某个社会中，女人不与外来人接触)，他的看法一定会有偏误。与此相似，已被西方化了的、英语流利的线人，在某些很明显的方面会很适合，但他们不是与外界隔绝的、前文明社会的典型成员。

正因为线人愿意和外来的调查者合作，他们在其团体中多少是比较边缘或属于异类的。有些时候这种情况显而易见，然而有些时候却能在研究过程中认识其边缘性。

在约翰逊对北卡罗莱纳州渔钓社区的研究中，县里的管理机构推荐了一位看上去明显处于其社区主流的渔夫，而且，他对约翰逊的研究非常合作并提供了帮助。但是约翰逊和他合作得越多，就越发现他是这个渔钓社区中的边缘人物。

> 首先，他是南方小镇的一个北方佬。第二，他还从海军领取退休金 (因此，社区中的其他人不把他看成一位地道的渔夫)。第三，在一个多数为民主党人的小村落里，他却是积极的共和党员。还有，他把自己的渔船停在一个孤立的码头，远远离开其他人所使用的社区的港口。(1990：56)

线人的边缘性不仅会对你们的观点造成偏误，而且也会限制了他 (从而导致你) 进入你们要研究的社区的其他方面。

这些讨论应该使你们对非概率抽样有了一些了解，特别是对定性研究而言。我想用下面的引文来总结这一节的讨论：

> 首要目标是收集尽可能丰富的资料。理想地看，丰富的资料是经过相当一段时间所收集的广泛而多样的信息。所收集到的资料都是经过直接的、面对面的接触以及长时间投入某个社区或环境中而得来的。(Lofland and Lofland, 1995：16)

也就是说，非概率抽样有其作用，尤其是在定性研究中。但是，研究者必须意识到非概率抽样的局限性，尤其是要注意其代表总体的准确性和精确度。关于这一点，在我们讨论概率抽样的逻辑和技术的时候将会更加清楚。〖187〗

选择和使用线人可能是个比较机警的活。其中还有很多实际操作上需要注意的事项。请参见加拿大社区适应和可维持生机计划 (CASL) 的网站：http：//iisd. ca/ casl/CASLGuide/KeyInformEx. htm.

---

① 线人：对你所渴望研究的社会现象相当熟悉的人，而且他还愿意告诉你他所知道的。注意不要和受访者混为一谈。

概率抽样的逻辑和理论

非概率抽样尽管适合于某些研究目的，但是其样本却不能够保证代表了总体。当研究者试图精确地、统计性地描述大型总体时，比如总体中失业者的比例，打算投票支持某个候选人的选民比例、或认为被强奸的受害人有权堕胎的支持者比例，他们就要用到**概率抽样**①（probability sampling）。所有的大型调查都利用概率抽样的方法。

尽管概率抽样包括了复杂的统计应用，但是其基本逻辑却并不难以理解。如果所有总体中的成员在所有方面——人口特征、态度、经历、行为等都是相同的，那么就无需进行仔细的抽样了。在这样的状况下，任何样本都适用。事实上，在这个同质性极高的特例里，一个个案就足以成为整个总体的样本。

事实上，构成人类总体的个体之间天然地在各方面都存在区别。图 7 - 2 就是对异质性总

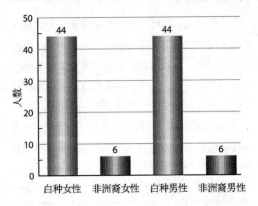

图 7 - 2　100 个人的总体。一般而言，抽样的目的就是反应大规模总体的特征和动态。如果将其简化，我们假定总体只有 100 人。

体的简单说明。在这个 100 人的小总体中，有性别和种族的不同。在这一章中，我们将用这个假设的小总体，来说明抽样时的各个方面。

概率抽样背后的基本观念是：要对总体进行有用的描述，从该总体中抽样出来的样本必须包含总体的各种差异特征。然而，要做到这一点，却并不容易。我们先看看研究者容易出错的地方，然后就会了解为什么概率抽样是一种让研究者选取充分反映总体内部差异的样本的有效方法。

有意识与无意识的抽样误差

乍看之下，你们或许认为抽样是一件简单明了的事，例如，如果你要选出 100 位大学生的样本，你可能就是到校园里绕一圈，访问你遇到的 100 名学生。这种抽样方法经常为一些未经训练的研究者所使用，但这种方式存在着严重的问题。〔188〕

与抽样相关的误差，意味着这些被挑选出来的样本并不典型或者对总体没有代表性。这种误差并不一定是有意识的。事实上，如果你随意进行抽样，这种误差就会肯定会存在。

图 7 - 3 说明了如果只是简单地选取便于研究的人群就会产生的问题。虽然女性占总体的 50%，但那些离研究者最近的 10 人中（图的右上角）碰巧有 70% 的女性；总体中有 12% 的黑人，但在样本中却一个黑人也没有。

除此以外，抽样中还存在一些其他问题。首先，你们自己的成见可能会使你们的样本无法真实地反映总体。假设你们对一些看起来很酷的学生心存畏惧，认为他们可能会嘲弄你们的研究，

---

① 概率抽样：根据概率理论来选择样本的方法的总称。一些随机选择机制就是典型。具体的概率抽样类型包括 EPSEM、PPS、简单随机抽样和系统抽样。

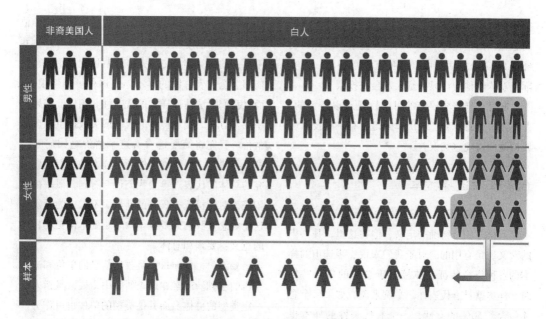

图7-3 一个方便的样本：易得、但没有代表性只是简单地选取和观察便于研究的人群或许是一种最简单的研究方式，但是样本无法真实地反映总体。

则你们可能会有意无意地避免访问这些人。或者你们可能会觉得那些看似冷漠高傲的学生与你们的研究目的没有关系，于是，也避开这些人。

即使你们试图去访问一个"均衡的"学生群体，但你们无法知道不同类型的学生应占的确切比率以获得这种均衡。何况，你们不可能通过路过的人群来判定不同的类型。

即使你们有意识地每隔10个同学访问1个走进大学图书馆的学生，也无法保证这是具有代表性的样本，因为不同类型的学生进出图书馆的频率不同，你们的样本中可能过多地代表了频繁出入图书馆的学生。

与此相似，那种"电话民意测验"（电台或报纸提供特定电话号码，让民众拨打进来以记录他们的意见）也不一定代表了普遍的民意。至少，有些人根本不知道该项民意调查的存在。正因为如此，那些杂志和报纸的民意调查也没有代表

性，即使是给读者寄送问卷并让他们填写后寄回。还有，在那些知道该项调查的人之中，也并非每个人都愿意表达意见，特别是当他们还得自付邮票、信封或负担电话费时，更是如此。网上的民意测验也同样存在着这些相似因素。〖189〗

具有讽刺意味的是，上述意在代表所有民众意见的民意调查所发生的错误，是被美国电话电报公司（AT&T）的培林内利（Philip J. Perinelli）在1986年无意中提到的，他是"请拨900服务"的总经理，这是一种接入服务业务，便于各种机构利用电话进行民意调查。他在试图反驳对这一做法的批评时说："50美分电话费用，能够保证真正对选举有兴趣的人表达意见，还能帮助确保不出现人们乱丢东西到投票箱的情况。"但我们不能只以"有兴趣的人"来判定一般大众的意见。这种方式排除了那些不在乎50美分电话费的人，同时也排除了那些认为这

类民意调查无效的人。但是这两种人都有自己的意见，而且在选举日那天也会投票。培林内利确信 50 美分电话费可以避免有人乱投票，这实际上意味着他假设只有富人才会去投票。

随意抽样造成误差的可能性是难以避免的，并不常被人意识到。但庆幸的是，有一些技术可以使我们避免这类误差。

代表性与选择概率

虽然**代表性**①（representativeness）一词并不具有科学的、精确的定义，但在这里，其共识的含义还是有用的。对于我们来说，当选出的样本的各种集合特征大体接近于总体的集合特征时，样本就具有代表性。举例来说，如果一个总体包含了 50% 的女性，一个有代表性的样本也应包含"接近于" 50% 的女性。稍后，我们将详细讨论"接近程度"问题。样本不需要在每一方面都具有代表性，代表性只需局限于与研究的实质性需要相关的特征，虽然你们起初并不知道什么才是"相关"的特征。

概率抽样的一个基本原则是，如果总体中的每一个体被抽取为样本的概率相同，那么从这个总体中抽取的样本，就具有对该总体的代表性（我们等会儿将发现样本的大小也会影响它的代表性）。具有这一性质的样本通常被称为 **EPSEM**② 稍后，我们将继续讨论构成概率抽样这一基本原则的变量。

在这一基本原则之外，我们一定要认识到样本——即使是经过精心选取的 EPSEM 样本——也无法绝对完美地代表总体。但是，概率抽样具备两项独特的优点：

第一，概率抽样虽然无法完美地代表总体，但较其他抽样方法更具代表性，因为它能避免我们讨论过的各种偏见。在实践中，概率样本比非概率样本对总体更具代表性。

第二，更重要的是，概率理论使我们能够估计样本的精确度及代表性。也许，一位对总体并不了解的研究者通过完全随意的方式可以选出能够完全代表总体的样本。但这种可能性很小，而且我们无法估计样本的代表性。相反，采用概率抽样方法，能对样本的成功或失败提供精确的估价。我们将简要地看看这个估价是如何获得的。我说过，概率抽样保证了样本是我们所要研究的总体的代表。等会我们还会看到，概率抽样依赖于对随机选择程序的使用。不过，为了发展这个观念，我们需要赋予两个重要术语更为精确的意义：要素和总体＊。

要素③（element）是收集信息的单位和进行分析的基础。通常在调查研究中，要素是指人或一定类型的群体。而其他类型的单位也可作为社会科学研究的要素：家庭、俱乐部或公司都可以作为研究的要素。在一个既定研究中，要素和分析单位往往是相同的，前者用于抽样，而后者用于资料分析。〖190〗

就目前而言，我们所说的总体是指我们感兴趣的、试图概括的群体或者集合体。更为正式地说，**总体**④（population）是理论上研究要素的特定集合体。虽然模糊的"美国人"这个词可能作为研究的目标群体，但对总体的描绘应包括对"美国人"这一要素的界定（例如，公民权、居

---

① 代表性：就是样本具有跟其所从中挑选出来的总体相同的特征。通过对样本的分析所得出来的描述和解释也同样适用于总体。代表性给概化和推论统计提供了可能性。

② EPSEM：在这种样本设计中，总体中的每个成员都具有相等的被选进样本的机会。

＊ 这里我愿意表达对凯什（Leslie Kish）及其出色的教科书《调查抽样》的敬意。尽管我对凯什的排列做了些调整，但仍是这些讨论最重要的资料来源。

③ 要素：构成总体的单位，也是样本所包含的内容。注意区别于资料分析中的分析单位。

④ 总体：理论上研究要素的特定集合体。

住地）以及研究的时间段（什么时候的美国人?）。要将抽象的"成年纽约人"转化为可操作的总体，就需要界定"成年"的年龄和"纽约"的界限。而当我们定义"大学生"时，就要考虑到全日制学生和非全日制学生、学位候选人和非学位候选人、本科生和研究生，等等。

研究总体①（study population）指的是从中选抽出样本的全体要素总和。但在实际操作中，你往往很难保证定义所要求的每一要素都具有可能被抽到的同等机会。即使有了以抽样为目的的要素名单，这些名单通常或多或少是不完整的。例如总是有一些学生的名字没有出现在名册上。有些电话用户要求他们的名字和电话号码不被刊登在电话簿上。

通常研究人员都会更严格地限制研究总体。美国全国性的民意调查机构通常将他们的全国性样本限定在 48 个相连的本土州，而因实际操作的原因不将夏威夷及阿拉斯加包括在内。假设一位学者想对心理学教授进行抽样，他多半会将其研究总体限定在心理学系而忽略其他系的教授。不管什么时候，如果你改变了总体，你必须对读者做出清楚的说明。

随机选择

有了界定之后，我们就能够界定抽样的最终目的：通过抽样方法从总体中选择一些要素，并通过对这些要素的描述（统计值）以精确描绘样本总体的各种特征。概率抽样使这一目标更易于实现，并能提供方法以估计成功的程度。

随机抽样是这一过程的核心。在随机抽样中，任何要素都具有同等的、独立于任何其他事件的被抽到的概率。投掷硬币是最常引用的例子：对正面或反面的选择是与先前对正面或反面的选择无关的一个独立事件。不管出现过多少次正面，下一次出现正面的概率还是 50%。

掷骰子也是一例。

然而，这类关于随机抽样的想象很少能直接用于社会调查的抽样方法。社会研究者通常使用随机数表或计算机程序，从中随机选出抽样单位。**抽样单位**②（sampling unit）是在一些抽样阶段所要考虑到的要素或者某组要素。第 9 章讨论调查研究时，我们会看到电脑如何被用来随机选出要访谈的电话号码——我们称之为随机数字拨号（Random-digit dialing）。

采用随机抽样方法——随机数表或电脑程序——进行抽样具有双重原因。第一，这一过程可以避免研究者自觉或不自觉的偏见。按直觉偏见来选择样本的研究者会很容易地选择能够支持他研究预期或研究假设的个案。随机抽样避免了这种危险。更重要的是，随机抽样为我们进入概率理论提供了契机，而这一理论提供了估计总体参数和抽样误差的基础。我们现在来详细讨论概率理论。〔191〕

概率理论、抽样分布和抽样误差评估

概率理论是数学的一个分支，它为研究者提供了设置抽样技术和分析样本结果的工具。更一般地说，概率理论为估测总体参数提供了基础。**参数**③（parameter）是对总体中的某变量的概括性描述。一个城市的所有家庭的评价收入是一个参数；城市的所有人口的年龄分布也是一个参数。当研究者从样本开始进行推论时，他们就是试图用样本观察来估测总体参数。概率理论使得他们不仅能够进行推论，而且还能够判断该估测在什么程度上代表了总体的实际参数。比如，概

---

① 研究总体：从中选抽出样本的全体要素总和。

② 抽样单位：在一些抽样阶段所要考虑到的要素或者某组要素。

③ 参数：对总体中的某变量的概括性描述。

率理论使得调查机构能够从大约包含 2000 个投票人的样本来推测总体 1 亿人的投票行为——而且还能够明确指出该估测的可能边际误差。

　　概率理论是如何完成这个看似不可思议的奇迹的呢？诀窍就在于抽样分布。从总体中挑选出来的单个样本能够给出对总体参数的估测值。其他样本也会给出相同或是稍微不同的估测值。概率理论能够告诉我们大量样本的估测值的分布。为了看清其中的原理，我们来看看两个关于抽样分布的例子，其中第一个例子中的总体还只有 10 个案例。

10 个人的抽样分布

　　为了便于介绍概率抽样的统计量，我们从

10 人的抽样开始。假设一个群体中有 10 个人，每个人的口袋里都有一定数量的钱。简而言之，让我们假设其中一人身无分文，一人有 1 美元，另一人有 2 美元，依此类推到有 9 美元的那人。图 7-4 显示了这 10 人组成的总体。*

　　我们的任务是求出每人拥有的平均金额：更具体地说，钱的平均数。可以将图 7-4 中每一个人的金额相加，可知总和为 45 美元，所以平均值为 4.5 美元。但我们的目标在于不必实际考察所有 10 个人就能估算出他们的平均值。我们可以通过从总体中选出随机样本，利用样本的平均值推论出总体平均值的方法来做到这一点。

图 7-4　拥有 0-9 美元的 10 人总体。简单起见，我们假设一个只有 10 个人组成的总体，这些人拥有的零花钱从 0 美元到 10 美元不等。

　　首先，假设我们要从总体中随机地选取一个样本。根据我们选择的人不同，我们对该群体平均值的估计可能是 0-9 美元之间的任何一个。

图 7-4 显示了这 10 个可能的样本。〖192〗

----

　　* 我要感谢建议我用这一方式来介绍随机抽样的汉娜·塞尔文（Hanan Selvin）。

图 7-5 中的 10 个点代表了 10 个可以估计总体的"样本"平均值。图中这些点的分布称之为"抽样分布"。显然，只选择了一个样本的抽样很不理想，因为这样我们错失 4.5 美元这个真正平均值的可能性太大了。

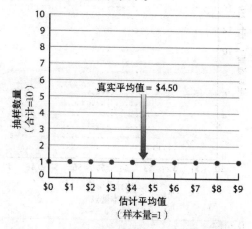

4.5 美元较远（［＄0，＄1］和［＄8，＄9］），偏差达到了 4 美元。同时，却有 5 组样本的平均值正好就是真正的均值 ＄4.5，而其余 8 组样本的平均值与真正的平均值只差 0.5 美元（多或少）。

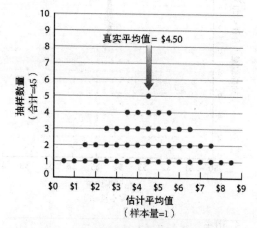

图 7-5　1 样本时的抽样分布。在这个简单抽样中所有人的平均零花钱数是 4.5 美元（10 个人的总钱数是 45 美元）。如果我们对每个人进行 10 次抽样的话，那么我们得到的平均"估计"就大不相同了。

那么，如果我们使用 2 样本的抽样，情况会怎么样呢？由图 7-6 可见，扩大样本容量，则可望有效提升估计的正确性。现在我们有 45 个可能的抽样：［＄0，＄1］，［＄0，＄2］……［＄7，＄8］，［＄8，＄9］。而且，其中有些样本组的平均值是相等的，比如样本组［＄0，＄6］，［＄1，＄5］和［＄2，＄4］……的平均值都是 3 美元。在图 7-6 中，3 美元上所显示的三个点就代表这几个样本。而且，从图中我们还可以看到，这 45 个抽样的平均值并不是均匀分布的，而是在某种程度上趋向于真正的平均值 4.5 美元。其中只有两组样本的平均值离

图 7-6　2 样本时的抽样分布。我们注意到，仅将样本扩大到样本 2 大小时，对平均钱数的估量就更准确些。我们既估计不到 0 美元的，也估计不到 9 美元；而且估算的结果也开始在准确的平均值 4.5 美元周围集中。

假设现在我们选取更大的样本，将会发生何种情况？我们可以从图 7-7 看出包含 3、4、5 和 6 个样本时的各种抽样分布。

由图 7-7，我们可以很清楚地看到抽样分布的变化。每增加一次样本容量，估计平均值的抽样分布都有一些改进。当然，在这个例子中所能达到的极限就是选择 10 个样本，这种抽样是惟一的（每人都选），其结果是我们得到真正的平均值 4.5 美元。我们还即将看到，这个原则在有意义总体的实际样本中的应用。所选择的样本越大，根据样本的值来估测总体参数就越准确。〖193〗

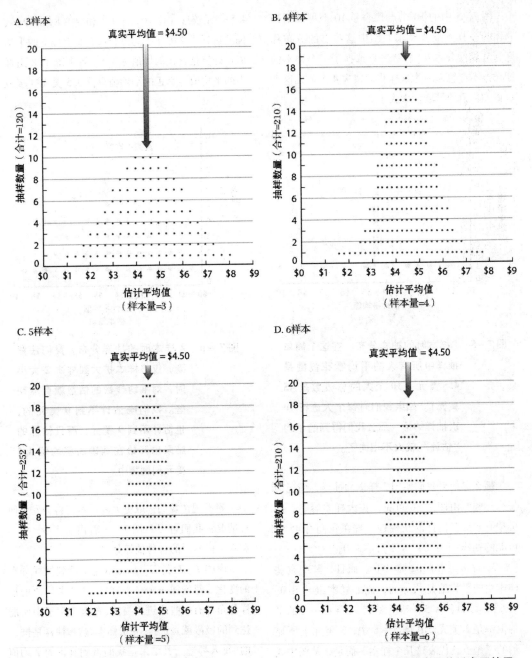

图 7-7 3、4、5、6 样本时的抽样分布。随着样本容量的不断增大,可能的抽样就会更趋近真正的平均值。两段分布的极不准确的估计概率也会相应地降低,接近真正平均值的抽样百分比也在增大。

样本分布和抽样误差的评估

　　现在我们转向一个更具现实性的抽样情况，看看抽样分布这一概念的应用。假设我们要研究州立大学（State University）的学生对校方拟实行的一套学生管理条例的态度。研究总体为20,000 名该校注册学生，也就是抽样框。样本要素则为州立大学的每个学生，此研究所考察的变量为对校规的态度，这是一个二项式变量：同意与不同意。我们将随机抽取其中 100 名学生为样本以估计总体的情况。（概率抽样的逻辑同样适用于研究其他类型的变量，如平均收入，但是计算的过程就较为复杂。所以，在此我们集中介绍二项式变量。）

　　图 7 - 8 的水平轴表示这一总体参数的各种可能值，从完全赞成（100%）到完全反对（0%）。此轴的中点（50%）则代表学生有一半赞成，一半反对。

　　在选择样本时，我们对学生名册上的每一个学生予以编号，并使用随机数表选出其中 100位。之后再分别访谈这 100 位被选中的学生，询问其对于学校校规是否赞成。假设此次操作得到的结果是有 48 位学生赞同、52 位不赞同。对样本中的某变量的这种概括描述就是**统计量**①（statistic）。我们即在轴上以一个位于 48% 的黑点来表示这个统计结果。〚195〛

　　现在假使我们以相同的抽样方法选出另外一个 100 位学生样本，并且测量他们对于校规的态度，结果有 51 位学生在第二组样本中持赞成态度。我们则在轴的 51% 的地方放一个黑点来表示这个结果。继续重复这个步骤来获得第三组样本，我们发现在第三组样本中有 52 位学生持赞成的态度。

　　图 7 - 9 显示了三种不同随机抽样统计中，赞成校规的学生的比率，也就是说，我们得到了三个不同的样本统计值。随机抽样的基本规则

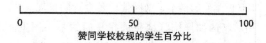

图 7 - 8　抽样结果可能的分布范围。现在我们转向一个更具现实性的抽样例子，假设我们要对学生对校方拟实行的一套学生管理条例的态度进行抽样。又假设学生中有一半赞成，一半反对（研究者预先并不知道这一情况）。

在于从总体中抽取的样本应该可以估计总体的参数值。因此，从每一组样本得到的统计值，都可以有一个估计总体中赞同校规的学生的百分比的估计值。我们选择了三组样本，也就得到了三个不同的估计结果。

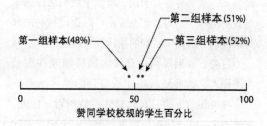

图 7 - 9　三种假设的抽样所产生的结果假定有一大学生团体。我们对其进行三次不同的抽样，而且每次抽样样本的容量都足够大。我们没有必要期望抽样能够反映所有学生的态度，但是抽样的结果应能适度真实地反映学生的态度。

　　为了解决这个问题，我们可以抽取更多组

---

　　①　统计量：对样本中的变量的概括描述，并被用来估测总体参数。

100 位学生的样本，询问他们是否赞同校规。然后将新的抽样统计结果画在我们的总结图上。当我们抽取很多组样本时，可以发现某些样本会产生相同的估计值。图 7－10 为数百组样本的抽样分布情况。这种分布通常形成正态曲线（normal curve）。

图 7－10   抽样分布。如果我们扩大抽样的数量，我们就会发现大部分的抽样结果都集中出现在图中的 50% 附近，但是抽样结果分布在一个相当大的范围内。

请注意，当我们进行了更多次的抽样与访谈时，抽样结果所出现的分布范围也就越广。如此一来，从某种意义上说，增加了我们估计总体参数的困难。然而，概率理论可以提供一些准则帮助我们分析图 7－10 的抽样分布问题。

首先，如果我们由总体内随机抽取许多独立的样本，这些随机抽样所得到的统计结果将以一种可知的方式分布在总体参数附近。因此，虽然图 7－10 中的抽样结果分布在一个相当大的范围内，但是大部分的抽样结果都出现在图中的 50% 附近。由概率理论可以得知，真实值就在 50% 附近。

其次，概率理论也提供给我们计算公式，以估计这些样本统计值与真实值的差距。也就是说，根据概率理论，我们就能够估算**抽样误差**[①]（sampling error）——某抽样设计的期望误差程度。这个公式包括下面三个因素:总体参数、抽样大小以及标准误（抽样误差的一种测量方法）:

$$S = \sqrt{\frac{P \times Q}{n}}$$

在此公式中，符号 P 与符号 Q 代表二项变量的总体参数值: 如果有 60% 的学生赞成校规而 40% 的学生反对，P 与 Q 则分别代表 60% 与 40%，或者 0.6 与 0.4。请注意 Q = 1 － P 且 P = 1 － Q。n 代表每组样本包含的样本量（样本大小），S 则代表标准误。〖196〗

我们假设本研究的总体参数值是 50% 的学生赞成、50% 的学生反对校规。我们每次抽样的样本大小为 100 个学生。当我们把这些数字代入公式中时，可得到标准误等于 0.05，或者 5%。

在概率理论中，标准误是一个相当重要的信息。它能指出抽样结果集中在总体参数附近多大的范围内。（如果你们对统计学中的标准差 [standard deviation] 相当熟悉的话，你们可能注意到本例中的标准误即等于该抽样分布的标准差。）概率理论明确指出，一定比例的样本估计值会落在总体参数值的某个增量内，一个标准误为一个增加单位。大约 34%（0.3413）的样本

---

① 抽样误差:概率抽样中期望的误差程度。决定抽样误差的公式包含三个因素:参数、样本规模和标准误。

估计值会落在大于总体参数值一个标准误的范围内，另外 34%（0.3413）的样本估计值，会落在小于总体参数值一个标准误的范围内。在我们所举的例子中，标准误是 5%，因此我们知道，应该有 34% 的样本估计值会落在 50%（参数值）到 55%（大于参数值一个标准误）的范围内；另外有 34% 的样本估计值会落在 50%（参数值）到 45%（小于参数值一个标准误）的范围内。总起来说，我们知道大概有 2/3（68%）的样本统计值会集中在与参数值相差正负 5% 的范围内。

接着，概率理论告诉我们，大约 95% 的样本会落在与真实值相距正负两个标准误的范围内。有 99.9% 的样本会落在与之相距正负三个标准误的范围内。在上述例子中，我们可以看到，1000 个样本中赞成校规的应该或低于 35%、或高于 65%。〚197〛

任何随机抽样，正如我们前面所述，只要样本容量足够大，落在与参数值相距一个、两个以及三个标准误范围内的样本估计值的比例是固定的。而每个例子中的标准误，则是总体参数与样本大小的函数。回到计算标准误的公式，可以知道，当 P 与 Q 的乘积变大时，作为其函数，标准误的值也会相应变大。我们更进一步发现，当总体中的比例均分的时候，P 与 Q 的乘积达到最大值。也就是，当 P = 0.5 时，PQ = 0.25；当 P = 0.6 时，PQ = 0.24；当 P = 0.8 时，PQ = 0.16；当 P = 0.99 时，PQ = 0.0099；当 P 等于 0.0 或 1.0 时（代表没有一个学生或所有学生赞成校规），标准误将等于零。如果总体中每个人的意见都一致的话（没有偏差），那么每组样本的估计值都应该相同。

标准误也是样本容量的函数，它与样本大小值成反比。当样本容量增加时，标准误将会减小。当样本容量增加时，多次抽样获得的样本统计值应该会集中在较接近真实值的地方。从公式中可以很清楚地看到这一点：由于标准误的计算公式是一个开平方根的公式，因此，当样本的数量增加为 4 倍时，标准误就会减少一半。在我们的例子中，样本数量等于 100 时的标准误是 5%，如果我们想把标准误降成 2.5%，样本数量必须增加到 400 才行。

以上所述都是关于大量随机抽样的概率理论（如果你们学过统计课程，你会知道这是"中心极限定理"）。如果总体参数值已知，且进行了大量随机抽样，我们将可以预测有多少比例的样本统计值会落在参数值周围固定的分布范围内。请注意，这里只是阐释了概率抽样的逻辑，并没有描述实际的研究过程。一般来说，我们并不知道总体参数值是多少（我们进行抽样调查就是为了估计它）。再者，我们不会进行多次抽样，我们通常只选择一组样本。尽管如此，上述有关概率理论的讨论，仍然可以给我们提供典型社会研究的推论基础。如果我们了解选择数千个样本时的状况，便可知道一旦只进行一次抽样时，会有什么状况。

置信水平和置信区间

概率理论指出，当我们进行相当多次的抽样后，会有 68% 的样本落在与参数值相距一个标准误的范围内。这种观察还将带给我们抽样误差估测的两个关键成分：**置信水平**①（confident level）和**置信区间**②（confident interval）。比如，我们有 95% 的信心保证样本统计值（比如，50% 的学生支持新校规）会落在与参数值相距正负 5% 的范围内；依此类推。很显然，当置信

---

① 置信水平：总体参数落在一既定置信区间的估测概率。比如，我们可以有 95% 的信心说 35% 至 45% 的投票者会支持候选人 A。

② 置信区间：估测总体参数值的范围。

区间扩大时，置信水平将会相应增加。我们可以很确定地说，几乎所有样本估计值（99.9%）都会落在与真实值相距三个标准误的范围内。

虽然我们在某种程度可以确信，样本会落在与参数值接近的某个范围内，然而我们并不知道参数值是多少。为了解决这一问题，我们必须用样本统计值取代公式中的参数值。也就是说，没有真实值时，我们只好以最佳的估计值来代替。

这些推论与估计，使我们可以在只对总体进行一次抽样调查的情形下，估计总体参数值并了解样本误差程度。从有多少比例的学生赞成校规这个问题开始。我们可以先对学生总体随机抽取一组 100 人的样本，对之进行访谈。得到的结果可能有 50% 的学生赞成校规，同时有95% 的信心保证赞成的学生的百分比将介于40% –60% 之间（上下两个标准误）。40% –60% 之间的这个范围为置信区间（68% 的置信水平上，置信区间则是 45% –55%）。〖198〗

置信水平与置信区间也提供了决定研究样本大小的基础。当你们决定了可以允许的抽样误差范围时，便可以依此范围来计算出所需的样本大小。因此，举例来说，如果你们希望有95% 的信心让研究结果与总体参数值的差异在正负 5% 的范围内，那么，样本容量至少要有 400人（附录 F 提供了有关指导）。

以上是概率抽样的基本逻辑。随机抽样方法使得研究人员能将抽样所得的结果与概率理论结合起来，由此来估计这些抽样结果的准确程度。关于抽样结果准确度的所有叙述都必须用置信水平和置信区间这两个数值来表示。研究人员必须报告说，他或她有 x% 的置信水平总体参数值落在某两个具体数值之间。在此例中，我利用百分比分析变量来演示样本误差的计算逻辑。计算样本标准误差需要一个不同的统计

步骤，但总体的逻辑是相同的。

请注意，我们在讨论样本的容量和估计的准确性时都没有考虑被研究总体的大小，这是因为通常情况下总体的大小与我们的这些讨论无关。适当地对 2000 名受试者进行抽样来代表佛蒙特州的选民情况并不会比对 2000 名受试者进行抽样来代表整个美国的选民情况更准确。相对于佛蒙特州这样一个小的州别来说，抽样的大小的比例已经相当的大，同样的抽样大小和全国范围选民比例来讲也是很大的了。这种有悖直觉的事实出现原因在于：计算样本误差时，我们会假设被抽样的总体无限大，所以每个抽样占总体的比例都是微乎其微，近似于 0%。当然这种说法并不完全符合实际。这份对 2000 名受试者的抽样占佛蒙特州在 2000 年参加总统选举人数的0.68%，而对 2000 名受试者的抽样仅占整个美国选民的 0.002%。和无限大的总体相比，这两个比例可以说是非常小的了。只有抽样的大小占抽样总体的 5% 或者更大的比例，这个比例才和总体相关。在这些总体很大的少数抽样中，我们可以计算出一个"无限总体'标准'"来调节置信区间。简单地将 1 与这个比例的差乘以抽样误差。由此可见，这个比值比例越是趋近于 0，就越不会有太大的区别存在；如果你的抽样占了总体的一半，抽样误差也会被降低一半；在极端的情况下，你对整个总体进行抽样，即样本占总体的 1.0，然后用标准误差乘以 0.0。这就意味着不存在抽样误差，当然，这只是举例而已。在我们就有关概率抽样的基础逻辑的讨论做出结论之前，需要注意两点。首先，把概率理论运用到调查方面的技术并不是十分成熟。因为抽样分布理论所要求的假定条件在实际中很少得到满足。比如说，一定数量的样本与特定标准误增量的关系，就必须假设总体为无限大，样本数量也为无限大，并使用回置抽样方法（即每个被选择到

的样本都要放回抽样框，并允许被再次选中）。另外，我们关于从样本分布状况到某个样本的可能跳跃的讨论也过于天真和简单。

谈论这些值得注意的事项是为了使你们看到事物的另一面。研究人员往往高估了他们进行社会研究时运用概率理论得出的推论的精确度。就如同我在本章其他部分以及全书将一再强调的，抽样方法的变异以及非抽样因素，会更进一步地降低结果的准确性。〖199〗

然而，本节中讨论的计算方法，在帮助你们了解并评估资料时将有很大的助益。虽然计算的结果不能达到某些研究人员所假定的精确程度，但是在实际运用上，这些计算还是非常有效的。毫无疑问，相对于某些基于不甚严密的抽样方法得出的结果来说，这种计算结果要有效得多。最重要的是，你们应该熟悉这些计算方式背后所蕴含的基本逻辑。有了这方面的知识，你们就能对自己或他人的资料做出敏锐的反应。

总体与抽样框

前一节讨论了社会研究中抽样的理论模型。虽然读者、学生和研究人员需要理解这些理论，不过，了解这个领域中某些不甚完美的状况也非常重要。这一节将讨论实际状况中在假设和理论之间必须进行折中的情况。以下我们将讨论总体与抽样框的一致性与不协调性。

简单来说，**抽样框**①（sampling frame）是总体要素的列表或准列表。如果一个简单的学生样本是从学生名册中选抽的，那么这个名册就是一个抽样框。如果一个较复杂的总体样本的初级抽样单位是人口普查的街区，则所有街区的名册就成为一个抽样框——它们可能是印刷好的册子、磁带档案或其他的电脑形式的记录。以下为期刊中有关抽样框的一些报告。在每个

例子中我都用斜体标出了实际的抽样框：

> 本研究的资料通过对华盛顿州**雅克马县**（*Yakima County*）公立和教区学校三年级学生的双亲进行随机抽样后获得。（Petersen & Maynard, 1981：92）

> 第一阶段样本来自德州**卢布克**（*Lubbock*）地区电话簿中随机抽取的 160 个姓名组成。（Tan, 1980：242）

> 本文所使用的资料……通过对美国本土 48 个州 18 岁（包括 18 岁）以上的成人居民进行随机抽样获得。本研究是由密西根大学的调查研究中心在 1975 年秋天对 1914 个受访者进行面对面访谈所完成的。（Jackman and Senter, 1980：345）

经过正确抽样所得的样本信息，只适合于描述构成抽样框的要素组成的总体，不能再扩展。我之所以强调这一点，是因为研究者往往从某个抽样框中选取样本，而后对一个近似于但并不等同于该抽样框的总体做出结论，这种做法日趋普遍。

例如，我们可以看看下面这个报告，讨论的是美国医生最常开的处方药物：

> 有关处方药物零售的相关信息不易取得。不过纽约州阿尔巴尼（Albany）市联合大学阿尔巴尼药学院的德纳索（Rianaldo V. DeNuzzo）教授已经用调查邻近药局的方式追踪了处方药物的零售情况达 25 年之久。他将研究结果公布在工业贸易杂志（MM&M）上。

> 德纳索教授最近的调查资料（包含了

---

① 抽样框：是总体要素的列表或准列表。要想保证样本对总体的代表性，抽样框就要包含所有的（或者接近所有的）总体成员。

整个 80 年代）来自纽约以及新泽西州 48 个社区中的 66 个药房。除非这一地区有什么特殊之处，否则此一调查结果将可以代表整个美国其他药房的情况。（Moskowitz, 1981：33）

上一段叙述最引人注意的地方，在于它对纽约和新泽西州是否有别于其他地区的随意评述。答案当然是"有的"。这两州的生活方式并不能代表其他 48 个州。我们不能假设这两个位于东海岸的都市化大州的居民的用药习惯，必定与内华达州、密西西比州或佛蒙特州居民相同。〖200〗

那么，调查结果是否适用于纽约州和新泽西州呢？在回答这个问题前，我们必须先了解该研究选择 48 个社区和 66 个药房的方法。我们必须小心注意到文中所谓的"调查邻近药房的方式"这句话。我们将会看到，有许多抽样方法可以使样本具有代表性，除非德纳索教授真的使用了其中的任一个方法，否则我们就不应该根据这个研究结果进行概化。

抽样框必须和我们所要研究的总体是一致的。在最简单的抽样设计中，其抽样框就是构成研究总体的要素列表。不过，在实践中，通常是既有的抽样框界定了研究总体，而不是相反或者其他。也就是说，我们经常先在思维中设想研究总体，然后我们就寻找可能的抽样框。在对这些可获得的抽样框进行评估、检验之后，我们会从中挑出最适合我们需要的、代表了研究总体的那个。

从抽样的角度看，对组织的研究通常是最简单的。因为每个组织通常都有成员名单（名册）。在这种例子中，成员名单即为一个相当好的抽样框。也就是说，如果我们对一个包含所有成员的名单进行随机抽样的话，所选出来的样本应该足以代表所有成员。

具有相当完整组织成员名单的抽样总体通常包括：小学、中学、大学中的学生和教职员、教会成员、工厂工人、兄弟会以及姐妹会的会员，社交性、服务性以及政治性社团的会员；职业公会的会员等等。

上面的说明主要适用于地区性的组织。跨州性的或全国性的组织通常不太可能提供现成的会员名单。举例而言，你们无法获得全国圣公会会员名单。但是，你们可以用一个较为复杂的抽样设计来处理这个问题：首先，你们可以先对全国的教会进行抽样；其次，再针对抽出的教会成员名单进行抽样的工作（稍后再做进一步的说明）。

其他一些人员的名单也可能与某些研究十分相关。举例来说，政府机关有选民登记名单。如果进行选前民意调查或研究投票行为，这一名单就可以派上用场。惟一要注意的是，你们必须确定这份名单是最新的。同样，车主名单、社会救济金领受人名单、纳税人名单、商业许可人名单、领有专业从业执照的人员名单以及其他类似的名单也有同样的功能。虽然有时候要取得这些名单相当困难，然而，对于某些特定研究而言，这些名单是相当好的抽样框。

由于研究中抽样的要素不一定是个人，因此，我们也关注其他性质要素的名单。这些名单包括：大学、不同形式的企业、城市、学术期刊、报纸、工会、政治社团、职业公会以及其他等等。

电话号码簿常常被用在"快速粗糙"的民意调查中。不可否认，这些资料不但相当廉价，而且容易取得，这也就是为什么经常被使用的原因。如果要针对电话用户做个调查，电话簿可以提供一个相当好的抽样框（当然，请记住电话簿资料并不包含新近申请而尚未列入的用户，也不包含不愿意列名的用户。如果电话簿包含了非住宅用户的号码，那么抽样工作将会更加复杂）。然而，不幸的是，电话簿常常被用来代表城市的所有人口或是城市中的投票人口。这些用法有许多缺失，其中又以涉及社会阶级的偏差最为显著。因为穷人可能没有办法申请电话，而有钱人却可以申请一部以上的电话。因此，使用电话簿抽样方法很可能产生倾向中产阶级和上流社会的偏差。〖201〗

电话簿所隐含的阶级偏差经常被忽视。但使用这一方法所进行的选前民意调查，有时也会有相当准确的结果。造成这个现象的原因可能是因为阶级偏差本身也与投票行为有关：通常比较穷的人往往不去投票。这两个偏差效应所造成的效果常常类似，因此，使用这一方法（电话调查）所做出来的调查结果可能与实际的选举结果非常吻合。不幸的是，直到选举结束，民意调查人员才能确知正确的结果。有时候（例如 1936 年《文学文摘》的民意调查），你们会发现投票者并没有按照所预期的阶级偏差进行投票。使用电话名单进行调查的主要缺点在于，研究人员无法估计样本结果的误差程度。

街道指南以及税籍图（tax map）也常用于对住户进行抽样，优点也是简便易行。不过，这些资料也不完整并可能隐含偏差。举例来说，在区分非常明确的都市社区，违章建筑不会出现在官方记录中。因此，你们永远无法抽到这些违章建筑内的住户，也就是说抽样的结果将无法代表这些住户（他们通常比较贫穷，而且住处非常拥挤）。

这些说明只适用于美国，其他国家的情况可能有所不同。举例来说，日本政府的人口登记做得相当完善。同时，日本政府对于国民的户籍资料也要求得相当严格，当人口搬迁、出生或死亡时，法律规定他们必须即刻到户籍机关登记。在这样的情况下，对日本人口进行随机抽样就比较简单。这种做法和美国注重个人隐私权的常规不合，同样的户籍资料在美国就可能引发直接争议。

总体与抽样框的回顾

令人惊讶的是，在一般的社会研究文献中，总体与抽样框议题并未引起很多的注意。正因为如此，我在此对这些议题投注了较大的心力。下面我对需要记住的主要要点进行一个小结：

1. 根据样本所得的研究成果，只能代表组成抽样框的各个要素的集合。

2. 通常，抽样框并未真正包含所有的要素。因此，省略几乎是不可避免的做法。所以研究人员的首要任务是先评估被省略的内容，继而在可能的情况下进行更正（当然请务必了解，研究人员可能会认为，不必在意那些不容易被更正的小部分内容）。

3. 即使总体与抽样框是一致的，为了说明组成抽样框的总体，所有要素必须具有同等的代表性：基本上，所有的要素应该只在名单中出现一次。在名单中出现多次的要素会有比较大的机会被抽到，因此，这样的调查结果将会有偏差。

有关总体与抽样框的其他更多的实际问题在本书的其他章节还会谈到。举例来说，抽样框的形式（例如出版的名册，3×5 卡片档案，电脑磁盘或录音带）会影响资料使用的难易程度。因此，便利性经常先于科学研究的精确性，一份"便利"的名单可能会比"牢靠"的名单更易获得青睐，虽然后者对目标群体来说更为适宜。我们对这点不做武断的定论，但每一位研究人员都应该慎重评估各种方法的相对优缺点。〖202〗

抽样设计的类型

直到现在，我们才将重点放到简单随机抽样法（Simple Random Sample, SRS）上来。的确，社会研究者在统计中使用的主要是这种样本。不过，你们马上会知道，除了简单随机抽样方法以外，你还有其他的抽样方法可以选择。事实上，这种方法很少被使用。原因有二：首先，除了最简易的抽样框之外，对于其他形式的抽样框来说，这种方式并不可行；其次，令人惊讶的是，简单随机抽样方法可能并不是最精确的。以下，我们将讨论简单随机抽样方法和其他的抽样方法。

简单随机抽样

正如前面所提到的，**简单随机抽样**①（simple random sampling）是社会研究进行统计估计时经常使用的最基本抽样方法。由于随机抽样所牵涉的数学相当复杂，因此我们绕过它们而去描述此方法的实际运用。

当你们建立了合适的抽样框后，如果要进行简单随机抽样，你们必须给名册中的每一个要素一个号码，不可以漏掉任何一个号码。然后可以利用随机数表（参见附录 C）来选择要素。下面标题为"随机数表的使用方法"的插页文章对此进行了说明。

如果你所使用的抽样框是机读格式（例如电脑磁盘或录音磁带），简单随机抽样工作可由电脑自行完成（电脑可以非常有效地自动将抽样框中的所有要素编码，产生一系列的随机数号码，然后再将所有被选到的要素打印出来）。

图 7-11 展示了简单随机抽样的进行方法。请注意在本范例的总体中，所有的要素都按 1-100 的顺序编码。然后参照附录 C，我们决定从第一列的第三个数开始，选取乱数号码的最后两位数来代表被抽取的要素。依此方法，编码为 30 的人第一个被选入样本，接着被选到的是编码 67 的人，其余的依此类推（00 代表 100）。

系统抽样

实际研究中，简单随机抽样方法并不常用。你们会发现，这个方法通常不是最有效率的方法。如果以人工方式来做的话，这个方法相当繁琐。简单随机抽样通常需要一份要素的名单。如果手头上有要素名单，研究人员通常采用系统抽样而不是简单随机抽样。

系统抽样②（systematic sampling）是系统化地选择完整名单中的每第 K 个要素组成样本。如果名册包含 10,000 个要素，而你们需要 1,000 个样本时，你们选择每第 10 个要素作为样本。

为了避免使用本方法时所造成的人为偏差，你们必须以随机的方式选择第一个要素。因此，在上述的例子中，你们必须先随机选择一个 1-10 之间的号码。将这个号码代表的要素作为选取的第一个样本，然后每隔 10 个要素选取一个作为样本。在专业上这个方法被称为"以随机方式开始的系统抽样法（systematic sample with a random start）"。系统抽样法中有两个常用术语。**抽样间距**③（sampling interval）是指两个被选择

---

① 简单随机抽样：在这种概率抽样中，代表着总体的单元用一个数字来代替。这样就有了一个随机数字表。在挑选样本时直接选取这些数字即可。

② 系统抽样：选择完整名单中的每第 K 个要素组成样本的概率抽样方法。比如，抽取大学生名单里的每 25 人的第一个学生。用总体数量除以 K 就是样本规模。K 就是抽样间距。在某些情况下，系统抽样方法与简单随机抽样方法几乎是一致的，还比较简单易行。第一个要素通常都被随机选中。

③ 抽样间距：从总体中选取样本的标准距离。

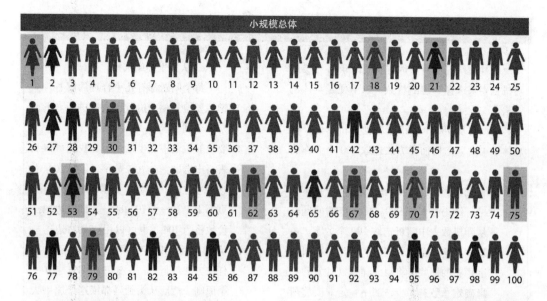

图 7-11 简单随机样本。将总体的每个个体编号，就可以使用随机数表从总体中选择代表性样本。被选中的数字，就是样本。

的要素间的标准距离，在上述的例子中，抽样间距为 10。**抽样比率**①（sample ratio）则是被选择的要素与所有总体要素数量的比率：在上述例子中，抽样比率为 1/10。

$$抽样间距 = \frac{总体大小}{样本大小}$$

$$抽样比率 = \frac{样本大小}{总体大小}$$

在实际应用中，系统抽样方法与简单随机抽

---

① 抽样比率：被选择的要素与所有总体要素数量的比率。

随机数表的使用方法

在社会研究中，常常需要用附录 E 一类的随机数表来选择一组随机数，以下便是具体的做法。

假设要从 980 个人（或其他分析单位）的总体中用简单随机抽样方法选取 100 个人作为样本。

1. 首先，将总体中所有的人编码：在本例中，编码为 1 到 980。接下来的问题是从随机数表中随机选取 100 个数字。一旦完成这项工作，编码和选出的随机数字相符的那些人将组成样本（注意：如果确定总数有多少，倒不一定要将所有的人进行实际编码。假如已经有了所有人的名单，选定随机数字后，就可以用计数的方式，将被选到的人圈选出来）。

2. 接下来是确定所选择的随机数需要几位数字。在本例中，总人数有 980 个，所以需要有三位数字才能保证所有人都有被选中的机会（如果总人数是 11,825 的话，则需要选择五位数的随机数）。因此，我们要从 001 到 980 的数字中抽出 100 个随机数。

3. 现在翻到附录 E 的第 1 页。附录 E 有好几页，每页都按行和列排着很多五位数的数码。这张表包含了由 00001 到 99999 范围内一系列的随机数字。要在本例中使用这个表格的话，就必须先回答下列问题：

    a. 如何从五位数字号码中产生三位数字号码？

    b. 按什么顺序在表中选择号码？

    c. 从哪里开始选择？

    每个问题都有几个合理的解答。关键是要建立一个执行原则来进行。下面是一个例子。

4. 要从五位数中产生三位数，我们可以从表格中选取一个五位数字，但每次只看它最左边的三位数。如果我们选择第 1 页第 1 个数——10,480——最左边的三位数将为 104（也可以用取最右边的三位数字 480 或最中间的三位数字 048，任何方法都行）。关键在于要先建立一个原则，然后从头到尾都依这个原则去做。为了方便起见，本例中我们选择最左边的三位数字。

5. 我们也可以随意确定在表格中选取数字的顺序：依纵列的方向往下选取，依纵列的方向往上选取，由右到左或由左到右，或者依对角线的方式选取。同理，使用什么样的方法并不重要，重要的是选定了一个方法之后，必须从头到尾都使用这种方法。为了方便起见，我们选择依纵列的方向往下选取的方法。当到达一列的最末端时，我们可以从下一列的最顶端继续选取；一页选完后，我们可以从下一页的第一个纵列继续选取。

6. 现在，我们从哪儿开始？你们可以闭上眼睛，然后用铅笔随意在表格上戳一下以决定开始的第一个数字。（我知道这个方法听起来并不科学，但却很有用。）或者，你们可能会害怕把书本给戳坏了或者没有戳到数字，那么不妨闭上眼睛，然后随意选取一个行号和一个列号

随机数表的使用方法

（例如选择第五行第二列）。然后从这个位置的数字开始。

7. 假设我们决定从第二列的第五个数字开始，翻到附录 E 第 1 页，会看到这个数是 39,975。我们选择 399 为第一个随机号码，现在我们必须再选出其他 99 个。由第二列继续往下，我们选择 069、729、919、143、368、695、409、939 等号码。在第二列的最后，我们选择了 104 这个号码，然后从第三列的最顶端继续我们的选取工作：015、255 等等。

8. 太简单了，不是吗？然而问题又出现了。当我们选到第五列时，所选到的数字分别是 816、763、078、061、277、988……四年级的学生只有 980 个人，怎么可以选取 988 这个数字？解决的方法很简单：忽略它。当选取随机数时碰到超过范围的数字，跳过这个数字然后继续选下一个即可：188、174 等等。同样的方法也可以用来解决选择随机数时碰到同一个号码的情形。举例来说，如果两次选到了 399 的话，跳过第二个重复的 399。

9. 依此进行，选足 100 个随机数。回到你的名单，用所选的随机数抽样，如此你所选到的样本应该包括编码为 399、699 以及 729……的这些人。

样方法本质上几乎是一致的。如果这一系列的要素在抽样前确实是随机分布的，我们可以将系统抽样看成随机抽样。到目前为止，有关系统抽样与简单随机抽样方法孰优孰劣的争论，在很大程度上已有定论，系统抽样方法因其简单而较受青睐。从经验上说，两种方式所得的结果本质上是一样的。而且，正如我们在下一节会提到的，系统抽样方法在某些情况下，甚至比简单随机抽样方法还要稍稍精确一些。〖205〗

然而，系统抽样方法潜藏着一个危机。名单中要素的排列方式可能使系统抽样产生问题。这种排列方式问题通常被称为周期性问题。如果要素名单是以与抽样间隔一致的循环方式排列的，系统抽样方法则可能产生一个有重大偏误的样本。下文以两个例子解释这种现象。

在一个有关二战士兵的经典研究中，研究人员从名册中每隔 10 个士兵抽出一个来进行研究。然而士兵的名册是依下列的组织方式来编排的：首先是中士，接着是下士，其后才是二等兵；用一班一班的方式进行编排，每个班 10 个人。因此，此名册中每隔 10 个便是一位中士。如此系统抽样可能会取得一个完全是中士的样本，同样的理由，此方式也可能会取得一个完全不含中士的样本。

在另一个例子中，假设我们想在一栋公寓建筑物内选择公寓样本。如果样本是从每个公寓的编码（如 101、102、103、104、201、202 等等）中抽出的话，那么所使用的抽样间隔，可能刚好等于每层楼的户数或是每层楼户数的倍数。如此所选到的样本有可能都是属于西北角的公寓或都是接近电梯的公寓。假设这些形态的公寓有一些共同的特性（如月租费较高），样本就会产生偏误。对街道上编号相同的房屋进行系统抽样，也会发生同样的情形。

如果要对一份名册进行系统抽样，必须小心考察名册的基本特征。如果其中的要素有特定的排列顺序，必须确定该顺序是否会使样本产生偏误，如果有的话必须加以解决（例如，在每段间隔当中使用简单随机抽样方法）。

总体来说，如果不考虑其他的因素，就便利性而言，系统抽样通常比简单随机抽样方法好。抽样框中要素特殊排列所产生的问题，通常也很容易解决。

分层抽样

在前面两节中，我们讨论了两种抽样方法：随机抽样和系统抽样。**分层抽样**① （stratifica-tion）并不是它们的替代方法，然而，它代表了这两种方法在使用时一种可能的修正形态。

简单随机抽样和系统抽样，都能保证一定程度的代表性并可以估计误差。分层抽样则可以提高代表性，同时减少可能的抽样误差。要理解这一方法，我们必须先简单回顾一下抽样分布的基本理论。

我们还记得抽样设计中有两个因素可以减少抽样误差。首先，大样本比小样本产生的抽样误差小。其次，从同质（homogeneous）总体中抽取样本比从异质（heterogeneous）总体中抽取样本所产生的抽样误差要小。如果总体中 99% 的人同意某个陈述，任何概率抽样的样本结果严重偏离此同意程度的可能性是非常小的。相对地，如果总体中只有 50% 的人同意某陈述，抽样误差就大多了。

分层抽样便是基于上述抽样理论中第二个影响因素的抽样方法。这种抽样方法确保总体内同质的次级集合会被抽出适当数量的要素，而不是直接随意地由总体中抽出样本。举例来说，如果要对某大学的学生进行分层抽样，就必须先将所有的学生按年级加以分类，然后再分别从一年级、二年级、三年级和四年级的学生中，各抽出适当数量的要素组成样本。对一个非分层的抽样样本来说，与学生所属年级相关的抽样误差将与其他变量的抽样误差一样大。而对于分层的抽样方法而言，与学生所属年级相关的抽样误差将减少至零。

我们也可以进行更复杂的分层抽样。除了按学生的年级进行分类之外，还可以再按学生的性别、学业平均成绩以及其他项目将学生进行分类。如此就可以确定，所抽取的样本包括了适当数量学业平均成绩 3.5 以上的二年级男生以及适当数量学业平均成绩在 4.5 以上的二年级女生等等情形。

分层的最终功能，在于将总体分成几个同质的次级集合（次级集合间有异质性），然后再从每个次级集合中抽出适当数量的样本。这些次级集合除了在用来分层的变量方面具有同质性之外，在其变量方面也可能具有同质性。由于年龄与就读年级有关联，因此，按年级分类的样本会使年龄更具代表性。由于就业意愿似乎与性别有关，因此，按性别分类的样本也会在就业意愿方面显现出更好的代表性。〖206〗

分层变量的选择方法通常依赖于现有的变量。通常我们可以从一系列的名字中分辨出男性与女性。大学的学生名单通常按班级进行分类，教职员名册则可能会按所属的系科进行分类，政府机构的档案按地域性进行排列，投票人员的名册按选区分类。

在选择分层变量时，还必须先考虑与你们想要精确描述的变量相关的变量。由于性别与许多变量都有关联，同时也相当容易获知，因此它是

---

① 分层抽样：在抽样之前将总体分为同质性的不同群（或层）。这一程序能够提高样本的代表性（起码就分层变量而言是这样的），它还可以和简单随机抽样、系统抽样或整群抽样结合起来使用。

一个常用的分层变量。教育与许多变量相关，不过它较不易被获知以作为分层变量。城市、州以及国家的地理位置与许多事物相关。在一个城市中，以地理位置进行分层会增加社会阶层、种族以及其各种项目的代表性。对国家而言，以地理位置进行分层则会增加个人态度、社会阶层以及种族的代表性。

如果处理一个包含总体所有要素的简单名册，有两种主要的分层抽样方法。其一是将所有的总体要素按照所使用的分层变量加以分类，成为不同的小团体。然后再按相对比例从各个小团体中抽出（用随机方法或系统抽样方法均可）适当数量的样本。举例来说，如果二年级学生中平均成绩为 4.0 以上的学生占所有学生的 1%，而你们总共要取得 1000 个学生做样本，你们便可以在平均成绩为 4.0 以上的大二学生中抽出 10 个作为样本的一部分。

另一个方法则是先将学生进行分类，然后将所有不同类别的学生放到一个连续性的列表中（例如，这一名册可以从平均成绩为 4.0 的大一男生开始，然后以平均成绩不超过 1.0 的大四女学生作为结束）。然后，再对整个列表进行一个随机起始的系统抽样。由于整个列表的顺序经过安排，因此，系统抽样将会从每个次级集合中抽出适当数量（误差的数量大概在 1－2 个之间）的样本（注意：对此名册进行简单随机抽样，将会使分层的效应被抵消）。

图 7－12 将分层系统抽样方法以图形表示。正如你们看到的，我们将总体按性别与种族进行分类。随机起始所用的数字是"3"，我们每 10 个人抽出一个样本。因此，所取的样本包括了 3、13、23、……93 等号码。

分层抽样方法可以确保分层变量的代表性，也使其他相关变量更具有代表性。总体来说，分层抽样方法在针对某些变量时，会得到比简单随机抽样方法更具代表性的样本。因此，虽然简单随机抽样颇为可取，但你们应该知道还有更有效的方法。〖207〗

系统抽样中隐含的分层

我们曾经提过，系统抽样方法有时会比简单随机抽样方法准确。这样的情况发生在名册顺序具有隐含分层的状态下。就如前面提到的，如果大学内的学生名册是按年级进行排列的，用系统抽样方法来抽样将可得到按年级分类的样本，简单随机抽样方法则无法达到这一效果。

在一个针对夏威夷大学学生进行的研究中，在按年级分层后，又把所有的学生按学号进行排列。但是他们的学号也是他们的社会安全号码（social security number）。由于社会安全号码的前三位代表发出此码的州名，因此，在同一个年级中，所有在同一州取得社会安全号码的学生将会被排在一起，这也提供了粗略的地区性分层。

因此，你们必须了解，有时一个排过序的名册可能比一个杂乱无章的名册提供更多、更有用的信息。我们强调这一点，是因为常有人认为在系统抽样前，必须先将整个名册的顺序打乱。而事实应该是：只有遇到前一节所提及的周期性的情况，整个名册才需要被重组。

举例：对大学生进行抽样

为了达到理论联系实际的目的，我们来看一个实际的抽样设计，即在大学生中进行抽样。此研究的目的在于，通过邮寄问卷方式对 1969 年进入夏威夷大学校本部就读的学生进行截面研究。下面是选择样本时所进行的步骤。〖208〗

研究总体和抽样框

本研究可以使用的抽样框，是大学教务处保留的学生电脑档案资料。磁带上的资料包含学生

随机起始点

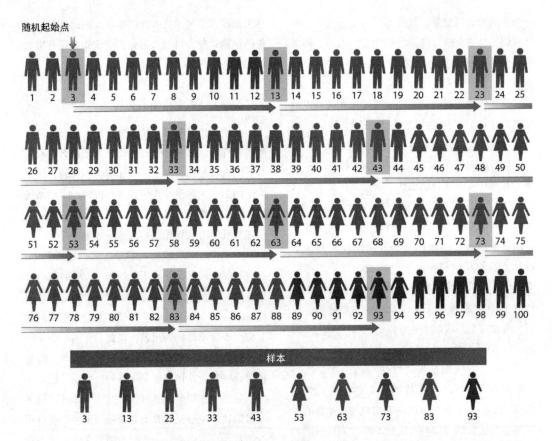

图 7 - 12 随机起始的分层系统抽样。首先，在抽样之前将总体分为同质性的不同群（或层）。在这个简单的抽样中，性别是唯一的分层变量，但是我们还是可以使用更多的分层变量；然后，每隔 K 个人抽出一个样本。

的姓名、目前及永久住址、社会安全号码以及其他许多信息（例如研究领域、年级、年龄以及性别等）。

电脑的资料库包含了所有学生（这一定义过于宽泛）的资料，很显然，有些学生并不适用于这一研究目的。因此，我们必须界定一个较严格的研究总体。最后确定的总体包括 1968 年秋季于该大学曼诺阿（Manoa）校区注册的所有15,225 个全日制学生，也就是所有院系的研究生及本科生、本国学生和留学生都包括在内。因

此，用以抽样的电脑程序将符合此定义的所有学生挑选出来。

分层

电脑抽样程序可以在抽样前先对学生进行分层。虽然按年级分层的学生可再按性别、学院、专业以及其他变量进行细分，研究人员认为对本研究而言，按班级分层就足够了。

样本选择

一旦学生按班级排列，我们便可以对重排后的学生名册进行系统抽样。本研究最初设定样本

对伊朗进行抽样

尽管本书中所讲的例子都是取材于这些例子所发生的国家——美国，而实际上这些基础的抽样方法同样适用于其他国家背景。同时研究者也应根据本地的实际情况做出适当的修改。例如，在伊朗的抽样选择中，来自德黑兰大学的阿布德拉音和阿扎达尔马尔基（Abdollahyan and Azadarmarki，2000：21）开始根据文化差异把伊朗分成如下 9 个文化区域：

1. 德黑兰。
2. 中心区域：包括伊斯法罕、阿拉克、库姆、亚兰德和克尔曼。
3. 南部诸省：包括霍尔姆斯干、胡齐斯坦、布希尔和法尔斯。
4. 西部边缘区域：卢里斯坦、扎姆德尔、巴格迪阿里、科基卢亚。
5. 西部省市包括：东西阿扎尔拜疆、

赞疆、加仕温和阿尔迪比尔。

6. 东部省市：科拉山和塞曼。
7. 北部省市：戈兰、马赞德兰和戈勒斯坦。
8. 希斯坦。
9. 库尔德斯坦。

在每个文化区域内，研究者都选择了人口普查街区的抽样；每个被选中的街区都对住户进行了抽样。他们的抽样设计为，在住户内取得合理数量的有代表性的男女受访者并用他们来代替那些无人在家的住户。

资料来源：Hamid Abdollahyan et Taghi Azadarmaki，致 ASA 的会议论文 "Sampling Design in a survey research：The Sampling Practice in Iran" 华盛顿时间，2000 年 8 月 12－16 日。

容量为 1100 人。为获取该样本，抽样比率被定为 1/4。程序首先产生一个介于 1 到 14 之间的随机数，然后将符合此号码的学生以及从他开始的每第 14 个学生选入样本中。

当样本完全选出后，电脑便会将每个入选学生的姓名以及通信地址打印在不干胶邮寄标签上。然后，研究人员便可将这些标签贴到信封上以寄出问卷。

样本修订

邮寄问卷之前，研究人员发现由于问卷制作费超支，现有经费不足以邮寄 1100 份问卷。为此，我们不得不修订样本。研究人员以系统抽样方法（随机起始）在已选出邮寄标签中剔除 1/3。这样，最后的研究样本减为 733 个。

我们在这里提到对样本的修订，是为了说明研究计划进行途中，经常要进行部分改变。由于从原始系统抽样获得的样本中被剔除出去的学生也是以系统抽样方法选取的，因此，所剩下的 773 个学生仍然能很好地代表研究总体。当然，样本容量的减少也将使抽样误差增大。

多级整群抽样

前面几节我们讨论了直接从要素名单中用一些相当简单的步骤进行抽样的方法。这是一种理想状态。然而不幸的是，许多有趣的社会研究都需要从一个不易获得抽样名单的总体中抽样，例如：一个城市、一个州、一个国家的人口、全美国的大学生等等。在这些例子当中，抽样的设计必定更加复杂，通常必须先进行整群要素抽样［称为群（cluster）］，然后再从这些群中抽取要素。

当我们不可能或不方便编制一个完整的名单形成目标总体的时候，就可以使用**整群抽样**①（cluster sampling）方法。全美所有的教会成员便是这样一个总体。然而事实上，这些总体的要素通常已经被分为较小的次级团体，而次级团体中的要素名册是已经存在的或是可以列出的。上面的例子中，全美的教会成员分属不同的教会，而我们可以找到或做出一个全美教会的名册。按照整群抽样方法，可以先用某种方法对这个教会名册进行抽样（如分层或系统抽样方法），接下来，我们会获得抽选出来的教会成员名册，然后再对这些会员进行抽样，最后就可以提供研究所需的教会成员样本了（Glock 等，1967）。

另一个典型的情况是，当我们要对一个总体区域（例如城市的人口）进行抽样的时候，虽然我们没有整个城市的人口名册，但是人们居住在这个城市中的不同街道，因此我们可以先选出一个街道样本，制作这些街道的居住人口名册，再对各个街道的名册进行抽样。

还有一种更复杂的设计方法，先对城市中的不同街道进行抽样，然后列出抽选出来的每个街道的住户名单，再对这些住户进行抽样，之后列出抽选出来的住户人口名册，最后再对这些人口名册进行抽样。使用多级整群抽样方法，我们能够对全市的人口进行抽样，而不需要整个城市的人口名册。〚209〛

由此我们看到，多级整群抽样方法一直重复两个基本步骤：列表名册和抽样。先编制初级抽样单位（如教会、街道）的名册或将之分层，然后对这个名册进行抽样，根据选出的初级抽样单位再编制其要素名单或被分层，得到次级抽样单位名单并进行抽样，如此一直重复下去。当然，取得选中了的街道的住户名单是一种劳动密集并耗资巨大的活动，这其中与住户进行面对面调查的费用是很高的。Vincent Iannacchione, Jennifer Stabb 和 Davide Redden（2003 年）报告了起初通过邮寄名单的形式取得成功的例子。尽管名单不是很完整，但是这足以免去一大笔开支。

多级整群抽样方法使得原本不可能做的研究成为可能，标题为"对伊朗进行抽样"的调查即为一例。

多级整群抽样设计与抽样误差

尽管整群抽样方法效率很高，但是效率的代价是样本精确度的降低。对于总体名单进行简单随机抽样会产生一次抽样误差，而两阶段的整群抽样则会有两次抽样误差：首先，对整群进行的初次抽样只在一定的抽样误差范围内代表整群所组成的总体。其次，对其中任何一个被选中的群体的要素进行抽样，同样是在一定的抽样误差范围内代表该群的所有要素。比如说，有这样的可能，我们抽到的富裕街道超过实际比例，同时，进行次级抽样时，抽到的富裕家庭又超过实际比例，这个问题的解决方式，在于最初选择的群的数量以及从每个群中选择的要素的数量。

研究一般都受制于样本规模。比如，只能在一个城市中做 2000 次访谈。在这个宽泛的限制之下，在设计整群抽样时，你们有许多不同的选择。最极端的情况的是，只选择一个群，在这群中选择 2000 个要素；或者选择 2000 个群，在每

----

① 整群抽样：只要该群（丛）被选中，则该群中的所有成员都进入随后的子样本。比如，你可以先从目录中选择美国的大专院校，然后从被选中的大学的学生名单中挑选学生样本。

个群中各选择 1 个要素。当然，以上这两种情况都是不明智的。但是，在这两种情况之间还有很多选择。幸运的是，抽样分布的逻辑向我们提供了可以遵循的一般准则。

回想一下，抽样误差可以通过下列两种方法而得以减少：增加样本容量；提高样本要素的同质性。这些方法对多级整群抽样设计中的每一部分都有影响。如果抽取的群的数量较多，而且总体中所有的群都非常类似的话，那么，这个群样本的代表性就会增大。同理，如果每个群中被抽取的要素数量很大，而且群中所有要素都非常类似的话，该要素样本的代表性也会增大。然而，如果总样本数量一定的话，抽取的群的数量增加，每个群中被抽取的要素的数量势必要减少。就这方面来说，群的抽样代表性的增加，就必然要牺牲要素的抽样代表性，反之亦然。幸运的是，同质性的因素可以用来缓和这种两难。

一般来说，总体中组成自然群的要素之间的同质性要比该总体所有要素之间的同质性高。举例来说，某教会中教友的同质性要比加上其他所有教会的全体教友的同质性高；一个城市中某街道居民的同质性要比城市中所有居民的同质性高。所以，充分代表一个自然群所需的要素可能相对较少；但可能需要大量的群，才能充分代表所有群之间的差异性。这种情况的一个极端的例子是，每个群中的组成要素都相同，而群与群之间的差异性却非常大。在这种情况下，只要群抽样足够大，即能充分地代表所有的要素。如果这种极端的情形在现实生活中不会存在，那么另一种情况就更不可能出现了，那就是：群与群之间完全相同，组成群的要素之间差异很大。〚210〛

因此，设计整群抽样的一般性准则就是，尽可能地多选取群，而减少每个群中要素的数量。但值得注意的是，上述科学性准则必须配合实际执行上的限制。我们知道，整群抽样之所以有效率，是因为它能尽量减少总体要素的列表名单。在选取群之后，只需要列出所选取群的要素名单，而不是整个总体中所有要素的名单。然而，增加群被抽取的数量，则直接违背整群抽样的效率原则。选取的群愈少，我们就愈能又快又便宜地将所有要素列出来（要记住，即使在每个群中所要抽取的要素个数很少，也必须将每个群中的所有要素都列出来）。

实际上，最终的抽样设计总会反映上述的两种限制。你们会在能力所及的范围之内尽量选取较多的群。为了避免泛泛而谈，你们可以遵循一个通用的原则：人口调查者通常在每个普查街道选择 5 户来做访谈。如果抽样总数是 2000 户家庭，那么总共要选择 400 条街道，每条街道访问 5 户。图 7 - 13 以图表的方式描述了这个过程。

在讨论整群抽样其他的更详细过程之前，必须再次申明，这种方法免不了会损失精确性。而且，它所表现的方式有些复杂。首先，正如前面提到过的，在多段抽样设计上，每一个阶段都会有抽样误差。因为每一阶段抽取的样本容量必定比总体容量小，所以各阶段的抽样误差就会大于一次性随机抽样方法抽取要素的误差。其次，抽样误差是以观察到的样本要素之间的变异为基础来估算的。当那些要素取自于同质性较高的群时，对抽样误差的估算就会太乐观，因此，必须根据整群抽样设计的缺陷加以修正。〚211〛

多级整群抽样中的分层

至此，我们看到的整群抽样设计中，每一阶段都依简单随机抽样方法挑选样本。事实上，分层技术能够改进我们所选的样本。

事实上，分层的基本选择方式与从名单中作单一阶段抽样完全相同。举例来说，如果选择教堂的全国样本，就可以先将列表名单上的教堂按

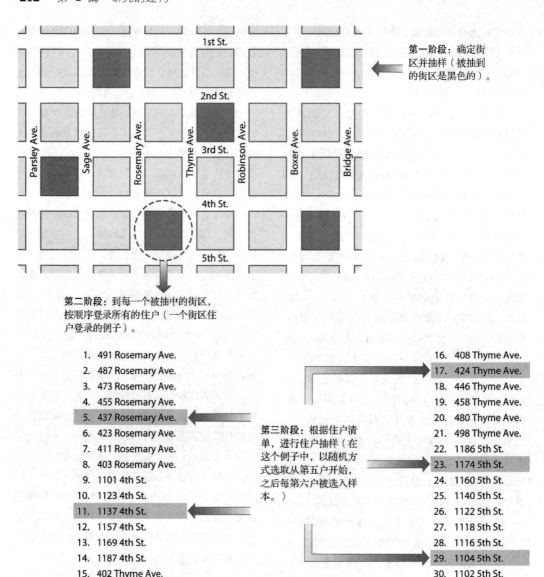

图 7 – 13   多级整群抽样。在多级整群抽样中，我们首先选择整群抽样（在本例中，对城市街区进行整群抽样）；然后制成要素的列表名单（本例中要素是指住户）并在选取群之中对要素进行抽样。

照教派、地理位置、大小、乡村或市区甚至社会阶级的测量方法进行分层。

一旦初级抽样单位（教堂、街道）已经按照相关的、可行的分层变量进行分类，接着就用简单随机抽样或是系统抽样方法来选取样本。你们可以从每一个群体或每一层中选取一定数量的抽样单位，也可以将分层后的群排列成连续的列表名单，并在其中作系统抽样。

如果群的同质性高，抽样的误差就可减少。正如前面提过，分层的首要目标就在于达到同质性。

每一个阶段的抽样，都可以使用分层法。一个被选取的群的要素，也可以在进一步抽样之前加以分层。但人们通常并没有这么做（请回忆在群内具有相对同质性的假设）。

概率比例抽样

在这一节中，我要介绍一种许多大规模调查抽样设计使用的一种更为成熟的整群抽样形式。前面已经谈到使用随机或系统方法对总体中的群抽样，然后再用随机或系统方式对被抽中的群的要素进行抽样。要注意的是，这种抽样方法对整个总体中的每个要素而言，被选中的概率是相等的。

比如说要选择一个城市中的住户。假设城市中有 1000 条街道，先挑选 100 个街道作样本，则每条街道有 100‰，即 0.1 的机会被选中。然后，再从每条街道中 10 户抽 1 户，即这个街道中每户被选中的机会也是 0.1。要计算这个城市中每一户被选中的概率，只要简单地将这两步骤的概率相乘即可。也就是说，每一住户所属的街道被选中的概率是 1/10，如果这个街道真被选中，其住户被选中的概率又有 1/10。所以每户人家被选中的概率是 1/10 × 1/10 ＝ 1/100。因为每户人家被选中的概率相同，所以，被挑选出来的样本，对这城市中的所有住户来说是具有代表性的。

然而，这过程中可能有陷阱。特别是，街道大小不同（以户数来计算）时就会出现问题。假设城市中半数的人口集中在 10 条充满了高层公寓的街道。而其他人口则为单家独院，散居在

其他 990 条街道。当第一次以 1/10 的概率选择街道时，很有可能完全没选到高住户密度的那 10 条街道。那么，不论第二阶段抽样的结果如何，最后选择出来的样本住户就会非常没有代表性，因为他们都是由单家独户的家庭所组成的。

当被抽样的群的规模很大时，应当采用一种修正的抽样设计，即**概率比例抽样**①（probability proportionate to size，PPS）。这种方式（1）可以预防上述问题，（2）仍可以在总体中每个要素被选中的机会相同的情形下选出最终的样本。

正如其名所显示的，每个群被选取的概率与其大小成比例。如此一来，拥有 200 家住户的街道被选中的机会，是只有 100 家住户的街道的 2 倍。（在后面关于女教友抽样那一节将会谈到具体做法。）然而，在每个群之内，被选取的住户数量是固定的，比如说一个街道选 5 户。注意这一程序如何使每一住户被选中的概率相同。

我们来看一看两条不同街道的住户，街道 A 有 100 家住户，街道 B 只有 10 家住户。在概率比例抽样中，我们会给街道 A 被选中的机会 10 倍于街道 B。因此，在抽样设计中，如果街道 A 被选中的概率是 1/20，则意味着街道 B 被选中的机会只有 1/200。请注意，这意味着街道 A 被选中的情况下，其住户被选中的机会是 1/20；而街道 B 被选中的情况下，其住户被选中的机会为 1/200。〖213〗

由于我们规定从每个被选街道中挑选 5 户，如果街道 A 被选中，那么，街道 A 的住户被选为样本的概率是 5/100。由于在这样的例子中我们可以将概率相乘，由此得到街道 A 的住户从

---

① 概率比率抽样：一种多级整群抽样，其中的群被选取的概率并不相等（见 EPSEM），其被选中的概率和其规模大小——根据其子样本的数量来衡量——成比例。

总体中获选为样本的总的概率是 $1/20 \times 5/100 = 5/2000$，也就是 $1/400$。

如果街道 B 凑巧也被选中，它的住户从街道中获选的机会就大多了，有 $5/10$。当这个数字和街道 B 较低的获选概率相乘，最后得出街道 B 的住户从总体中获选的总概率居然也和街道 A 的住户一样：$1/200 \times 5/10 = 5/2000 = 1/400$。

如果进一步修正，这种设计就是选取大型群样本的有效方法。就目前来说，你们能掌握其中的基本逻辑也就够了。

非比例抽样和加权

最后，如果总体中每个要素被选为样本的机会都相同，概率抽样的结果对整个总体而言就具有代表性。在前面的讨论中我们注意到，各种不同的抽样方法都可以让要素被选中的机会相同，即使最终的概率是几个局部概率的结果。

然而，一般说来，如果每个总体要素都有一个"已知非零"（Known nonzero）的被选概率——即使不同要素有不同的概率，所得到的样本仍可称为概率样本。如果采用控制概率抽样手段（controlled probability sampling procedures），只要指定样本要素的权重为其被选中概率的倒数，则此样本仍可代表总体。因此，一个特例是：当所有样本要素被选中的机会都相同时，每个要素被赋予的权重也相同，即为 1。这叫做"自加权"（self-weighting）样本。

有时候需要给予某些要素更高的权重，这个过程就是**加权**① （weighting）。非比例抽样和加权有两种基本方式。第一，可以对次级总体进行非比例抽样，以确保从每一次级总体中取得足够的用于分析的样本量。举例来说，一个城市的郊区可能拥有该城 $1/4$ 的人口，因为你们对这一地区的住户特别感兴趣并想做更仔细的分析，

可能会觉得这种只占总数 $1/4$ 的样本容量太小。结果，就可能决定在郊区和城中其他地方抽取同样数量的住户。这样一来，位于郊区的住户被选中的机会就比城中其他地方的住户更大。

只要你们分别分析两个区域的样本或进行比较，就无须担心有抽样差别。但是如果要将两组样本合并以此描述整个城市，就必须考虑非比例抽样。假设 n 是从每一区域所选的住户数量，那么，郊区住户被选择的概率等于 n 除以城市总人口数的 $1/4$。因为对郊区和非郊区而言，城市的总人口数和各自样本容量都相同，郊区的住户应该给予（$1/4$）n 的权重，而非郊区的住户应该给予（$3/4$）n 的权重。简化的结果，郊区以外的住户应当给予的权重是 3。〖214〗

下面要说明在非比例抽样中未作加权处理时可能产生的问题。比如说，当《哈佛商业评论》（*Harvard Business Review*）要调查订户对工作场所性骚扰议题的意见时，对女性订户作过度抽样（oversampling）似乎是适宜的。作者柯林斯和布洛吉（G. C. Collins and Timothy Blodgett）解释道：

> 我们还以另一种方式扭曲了样本。为了确保从女性处获得有代表性的意见，我们几乎对每一位女性读者发出问卷，所以寄给男性和女性的问卷比例是 68:32。这一偏误导致回收问卷中有 52% 是男性，44% 是女性（有 4% 未注明性别）。而事实上，《哈佛商业评论》的美国订户性别比为：男性 93%：女性 7%。（1981：78）

在这个问题中，你们可能注意到了几件事。

---

① 加权：赋予不同概率入选样本的要素不同的权重。最简单的，每个样本要素的权重为其被选中概率的倒数。当所有的要素入选样本的几率相同时，也就无需加权。

第一，如果能多知道一点"几乎对每一位女性读者"意指什么就好了。很明显地，他们并没有对每位女性订户寄出问卷，但不知遗漏了哪些人以及为何遗漏了她们；第二点，他们并没有照正常的社会科学定义来使用"具有代表性"这个名词。当然，他们的原意是要从女性处获得充分或"足够多"的意见，为实现这一目标，对女性订户做过度抽样是完全可以接受的方法。

通过抽取比由直接概率抽样所应得到的数量更多的女性，他们找了足够的女性（821 人）与男性（960 人）进行比较。如此一来，比如说，当作者发表的报告指出 32% 的女性和 66% 的男性同意"在工作场所发生性骚扰的情形被过度夸大了"，我们知道回答问题的女性人数充足。这样做虽然不错，不过，还是会产生问题。

首先，订户调查一般都会产生问题。在这个例子中，研究者所能希望的最多也不过是探讨"《哈佛商业评论》的读者怎么想"。用比较不严谨的做法，认为该总体可以代表企业组织管理阶层人士，大致上也算合理。然而，不幸的是，整体的回收率只有 25%。虽然这对订户问卷调查来说已经很好了，但对通过概率样本得出结论而言，回收率还是太低。

除此之外，非比例抽样还有进一步的问题。当作者宣称 73% 的人赞成由公司采取对抗性骚扰的政策（Collins and Boldgett, 1981：78）时，这一数字无疑太高了。因为在抽样过程中女性占了特别高的比例，而女性比较倾向支持这种政策。当报告指出高层主管比中层主管更倾向于认为性骚扰事例被过度夸张时（1981：81），这一结论也令人怀疑。正如报告所指出，女性大多数为低层主管。光是这一点就足以说明不同层级的主管为什么有不同的回答。简而言之，由于未对各种发现进行性别区分，因而对女性过度抽样缺乏考虑导致所有的调查结果混淆不清。

如这部分前面所述，解决这一问题的方法是给受试者的性别加权。在 2000 年和 2004 年的大选民意测验中，在调查中采用加权的方法就成了一个有争议的问题，因为有些民意调查机构在调查中给党籍和其他的变量加权了，而其他的民意机构就没有这么做。这一例子中的加权涉及有关共和党和民主党在民意调查中及大选当天不同程度地参与活动的假定，并且这一假定中也包含对有多少民主党人和多少共和党人的断定。在未来的几年里，这一调查方法在民意测验专家和政治家中将有可能成为一个有争议的话题。Alan Reifman 已经建立了一个专门讨论这一问题的网站（http：//www. hs. ttu. edu/hdfs3390/weighting. htm）。

概率抽样回顾

前面的各种讨论所针对的都是用于受控调查研究的主要抽样方法，也就是所谓的概率抽样。在前面讨论的每一种方法中，我们可以看到，要素都是用一个已知非零的概率从总体中随机抽取的。〖215〗

根据不同的研究状况，概率抽样要么很简单，要么极为困难，并要耗费大量时间和金钱。但是无论如何，这都是选择研究样本的最有效方法。原因有以下两点。

首先，概率抽样能使研究者在选取要素时，避免有意识或是无意识的偏误。如果总体中所有要素都有相等的（或是不相等，而因此加权的）被选择的机会的话，那么所选择出来的样本，必能充分代表整个总体的所有要素。

其次，概率抽样可以估计抽样误差。虽说任何概率样本都不具有完全的代表性，但是利用受控制的抽样方法，则能使研究者估测出抽样的误差程度。

在这长长的一章中，我们讨论了社会研究中的一个基本议题：有选择的观察可以获得比一般观察更具普遍性的认识。这个议题是实际调查者所要面对的，即要面对的行动和行动者远超过他们能够记录的数量。正如政治性民意调查中研究人员要预测选举，却不能访问所有的选民一样。对抽样这个问题，社会研究者们费尽心机，而且发展了一些相关的处理技术。

本章要点

导言

- 社会研究者一定得要进行选择观察，只有这样才能对不曾观察到的人与事进行总结。但这常常涉及如何对观察对象进行选择，找到样本。
- 在社会调查研究中了解抽样的逻辑是有必要的。

抽样的简要历史

- 有时你们能够或应该以精确的统计技术选出概率样本，但有些时候非概率抽样技术更为适用。

非概率抽样

- 非概率抽样技术包括就近抽样、目标式抽样、滚雪球抽样和配额抽样。另外，研究者在研究社会群体时可能还需要线人。每一种技术都有其用处，但是都不能保证样本的结果代表了总体的状况。

概率抽样的逻辑和理论

- 概率抽样方法对于从大的、已知总体中抽取有代表性的样本极为有用。通过保证总体中的每个要素都有一个已知的（非零）、被抽中的概率，概率抽样能够计算出有意识和无意识的抽样误差。
- 概率抽样的核心是随机抽样。
- 即使最仔细的抽样也不可能提供对总体的

完全代表性，一定程度的抽样误差总是存在的。

- 通过预测相关参数的抽样分布，概率抽样能让研究者估测样本的抽样误差。
- 我们用置信水平和置信区间来衡量抽样误差。

总体与抽样框

- 抽样框是总体所有要素的名单或是准名单表，也就是样本的选择来源。一个样本的代表性直接依赖于抽样框代表总体要素的程度。

抽样设计的类型

- 有多种抽样设计可供研究者选择。
- 从逻辑上讲，简单随机抽样是最基本的概率抽样技术，但是实践中几乎不用了。
- 系统抽样所采取的原则是选定抽样框中的每第 K 个要素。除了少数例外，这种方法与简单随机抽样的功能是相同的，然而，它更为实用。
- 分层是在抽样之前先将总体要素分成相对同质性群体的过程。这样的过程能降低抽样误差的程度，并增进样本的代表性。

多级整群抽样

- 多级整群抽样是一种比较复杂的抽样技巧，多半是在无法获得总体要素名单的情形下使用。一般来说，研究者必须考虑群的数量和群的规模。分层可以用来代替多级整群抽样中的抽样误差。
- 概率比例抽样（PPS）是一种特别而有效的多阶段整群抽样方法。
- 如果总体中的成员有不同的被选概率，研究者就必须给予它们不同的权重，以提供对于整个总体具有代表性的样本。基本上一个样本成员的权重，应该是其获选为样本概率值的倒数。

关键术语

以下术语是根据章节中的内容来界定的，在出现该术语的页末也有相应的介绍，和本书末尾的总术语表是一样的。

整群抽样　代表性　置信区间　抽样误差　置信水平　抽样框　要素　抽样距离　EPSEM　抽样比率　线人　抽样单位　非概率抽样　简单随机抽样　参数　滚雪球抽样　总体　统计量　PPS　分层　概率抽样　研究总体　目标式抽样　系统抽样　配额抽样　加权　随机选择

复习和练习

1. 请复习有关 1948 年盖洛普预测杜威会在总统大选中击败杜鲁门的讨论。讨论盖洛普应如何修正他的配额抽样设计以避免抽样误差。
2. 利用本书的附录 C，选出 10 个 1 – 9876 之间的数字组成一个简单随机样本，并描述抽样的步骤。
3. 描述从全国大专院校正在学习大一英文的学生中抽取一个多级整群样本的步骤。
4. 在第 9 章，我们将讨论在网上进行的调查。你能想到哪些与抽样框、代表性的可能问题？有什么解决办法？
5. 利用 InfoTrac College Edition，寻找（1）配额抽样，（2）多级整群抽样，和（3）系统抽样。为每种研究写一个简短评述。

补充读物

Frankfort-Nachmias, Chava, and Anna Leon-Guerrero. 2000. *Social Statistics for a Diverse Society.* 2nd ed. Thousand Oaks, CA：Pine Forge Press. 尤其见第 11 章。这本统计教材覆盖了这一章所讨论过的很多问题，只不过其统计学背景更为浓厚。它还说明了概率抽样和统计分析之间的关联。

Kalton, Graham. 1983. *Introduction to Survey Sampling.* Newbury Park, CA：Sage。凯尔顿用"数学"的观点，比本章更深入地探讨了抽样的细节。

Kish, Leslie. 1965. *Survey Sampling.* New York：Wiley. 无疑是社会研究领域中有关抽样的权威著作，包括了抽样最基本的概念和最复杂的数学计算。本书理论性很强又深入实际，可以说是难易各半。作者穷尽了所有你可能想要或需要知道的各个方面的抽样知识。

Sudman, Seymour. 1983. "Applied Sampling." Pp. 145 – 194 in *Handbook of Survey Research*, edited by Peter H. Rossi, James D. Wright, and Andy B. Anderson. New York：Academic Press. 一本优秀的调查抽样方法的实用指南。

SPSS 练习

请在本书附的小册子中练习使用 SPSS（社会学数据包）。每章都提供了练习，并有使用 SPSS 的入门方法。

网络资源

社会学 & 现状：研究方法

1. 在最后复习本章之前，先做做测试 *Sociologynow：Research Methods*，看看有哪些地方需要重点复习。在本书的最前面，有关于这个在线工具的信息以及如何得到这些资源。

2. 可按照 *Sociologynow：Research Methods* 根据测试结果提供的学习计划进行复习。使用学习计划的互动练习和其他资源掌握材料。

3. 复习完毕后，再进行一次测试，以确认已充分准备好学习下一章的内容。

《社会研究方法》第十一版所附带的网站资源

Http：// sociology. wadsworth. com/ babbie-practice11e/登录后，你会发现对你的课程很有帮助的学习资源。这些资源包括辅导测试和反馈、在线练习、Flash 卡片和每一章的章节辅导以及在虚拟空间中扩展的方案、社会研究、GSS 数据以及数据分析软件，如 SPSS 和 NVivo 的使用入门等。

这一章的网址链接

我们需要认识到互联网是一个变动的实体，随时刷新。不过，这些网站还是相对稳定的。

你也可以参照书上网址，进入更多的网址链接。参考本书中的相应的网址链接，这些链接地址提供了到本书出版为止有关抽样的信息。

Bill Trochim，概率抽样

http：//www. socialresearchmethods. net/kb/sampprob. htm

调查抽样公司，框架

http：//www. worldopinion. com/the_frame/

劳动统计和普查局，抽样

http：//www. bls. census. gov/cps/bsamp-des. htm

第**3**篇

观察的方法

在深入地探讨了研究的结构之后，我们现在要进入社会科学家所运用的各种观察技巧了。

实验通常令人联想到自然科学。第 8 章我们将探讨社会科学家如何运用实验方法，这是我们下面所考察的方法中对控制要求最严格的方法。在你们读完本章之后，应该对社会科学研究的一般逻辑有更深入的了解。

第 9 章将描述调查研究法，这是社会科学最常用的方法之一。你们将发现，这类研究是通过向人们询问问题来收集资料，或者让受访者自己填答问卷，或者通过访谈。访谈可以是面对面访谈，也可以通过电话进行访谈。

第 10 章介绍实地研究法，调查是社会科学家收集数据最常用的方法之一，即在自然情境中对社会现象直接进行观察。你们将会了解到一些研究者超出了单纯的观察而参与到研究对象当中，他们想进行更密切的观察和更全面的理解。

第 11 章探讨了三种非介入性的资料收集方法，这些方法利用的就是在我们身边就可以获得的资料。例如，内容分析法是通过对一些社会产品，诸如书籍、歌曲、演说和绘画等进行仔细地分类和统计的方法。无须与其他人进行亲自接触，你们就能采用这一方法来研究种类广泛的社会现象。把现成的统计资料拿来分析是另一种非介入性研究方法。政府和各种私人组织经常有计划地编撰大量的资料，只要把这些资料稍加修正，或根本不用修正，就可以用来回答一些比较切实的问题。最后，历史档案也是进行社会科学分析的珍贵资源。

第 12 章是评估研究，这是社会科学中一块方兴未艾的新领域。这种研究是用实验或准实验的方法来测试人们对现实生活的社会干预。比如：你们可以利用评估研究来测试戒毒康复计划的成效，也可以用来评价学校新自助餐厅的效益。在这一章里，我们还将简要介绍一些对广泛的社会过程进行评估的社会指标。

在实际描述这些方法之前，有两点仍需说明。首先，在日常生活中，你们可能已经偶尔使用过这些科学方法。你每天都在进行某种形式的实地研究，当你们每次通过一件作品来判断一位作者的动机或取向时，使用的正是一种粗糙的内容分析法，至少你们也是在不断从事某种随意的实验。第三部分的几章将告诉你们如何提高运用这些方法的水平，以免陷入随意的、毫无控制的观察。

其次，下面的章节所描述的方法，没有一种适用于所有的研究议题和情境。在每一章开头，我都会努力告诉你们每一种方法在何时才适用。然而，我不能预期你们将来遇到的所有的研究议题，因此，作为一般性的原则，你应该在研究中尝试采用各种方法。因为每种方法都有弱点，运用多种方法才能够取长补短。如果针对同一议题，从不同的、各自独立的研究方法入手都能得到相同的结论，就说明你们已经得到了某种形式的可重复检验。

第 8 章

实验法

章节概述

实验法是一种能够让研究者探索因果关系的观察方法。社会研究中的很多实验都是在一定控制条件下的实验室里进行的，不过，实验法也能够用来研究自然事件，能够研究社会中的事件的效应。

导　言

本章探讨的研究方法——实验法——也许和一般意义上的结构性科学之间关系密切。我们在这里将实验作为一种科学观察方法进行讨论。实验基本上包括：（1）采取行动；（2）观察行动所造成的后果。社会科学研究者通常选一组受试者，给他们一些刺激，然后观察他们的反应。在本章中，我们将讨论社会科学实验法的逻辑和各种技术。

需要注意的是，在人类的非科学探索中也经常采用实验法。例如，在炖菜时，我们加一点盐，尝一尝；再加一点，再尝一尝。在拆除炸弹时，我们往往先夹住某条电线，看看会不会爆炸，然后再夹另一条。

当我们试图对置身其中的世界进行概括性理解时，也会进行内容丰富的实验。一切生活中的技能皆由实验而习得：比如饮食、走路、谈话、骑自行车、游泳等等；通过实验，学生会发现必须读多少书才能够学业有成；教授才能明白必须做多少准备才能够授课成功。本章将讨论社会科学家如何应用实验法来发展概括性的理解。我们将发现，和其他方法一样，实验法也有其特殊的优缺点。〖221〗

适于实验法的议题

实验法特别适合于范围有限、界定明确的概念与假设。本书前面所讨论的科学的传统形象与"实验模式"关系密切，因而实验法特别适用于假设检验。实验法更适合于解释，而不适于描述。

例如，假定我们试图研究对黑人的偏见，并想找出解决的办法。我们假设了解黑人对美国历史的贡献会减少对他们的偏见，我们就能通过实验来验证。首先，我们可以测出一组实验对象对黑人偏见的程度。然后，我们可以放映一部描绘黑人对美国科学、文学、政治以及社会发展做出卓越贡献的纪录片。最后，我们重新测量他们的偏见水平，看看这部影片是否有效。

用实验法来研究小群体互动也很合适，并相当成功。我们可以把一小组受试者聚在一起，分给他们一项工作，诸如推广使用停车场，然后观察他们如何自行组织并处理问题。这种实验做过几次之后，我们可以尝试改变工作的性质或奖励的措施，然后观察在各种条件下小群体如何以不同方式自我组织、运作，这样我们就可以对小群体互动的特性有更多的了解。比如，律师有时候就会以不同的方式向不同的陪审团出示证据，以判断哪种方式最有效。

我们总是认为，典型的实验法是在实验室内进行的。本章所举的大部分实例的确涉及这种情境，然而不是所有的实验都需要实验室，稍后我们会了解社会科学家经常研究所谓的"自然实验"，即在日常社会事件中进行"实验"。本章后面的部分将探讨这类研究。

古典实验

在自然科学以及社会科学中，最传统的实验涉及三对主要成分：（1）自变量与因变量；（2）前测与后测；（3）实验组与控制组。本节将分别讨论这三对成分和这些成分在实验中的组合方式。〔222〕

自变量与因变量

基本上，实验是考察自变量对因变量的影响。通常，自变量是实验中的刺激因素，它或有或无，是具有两种属性的"二分变量"。在典型的实验模型中，实验者就是要比较出现刺激和不出现刺激所导致的结果的差异。

以对黑人的偏见为例，偏见是因变量，而面对黑人历史则是自变量。研究者的假设认为，偏见在一定程度上依赖于对黑人历史的了解，实验的目的在于检验这个假设的效度。换句话说，自变量是原因，因变量是结果。因此，我们可以说，是看影片改变了偏见，或者说偏见减弱是观看影片的结果。

适于实验的自变量和因变量不计其数，某个变量在某项实验中可能是自变量，在另一项实验中则可能是因变量。譬如，在上述实验中，偏见是因变量，而在研究偏见对投票行为影响的实验中，它就成了自变量。

自变量和因变量都要根据实验的目的进行操作化。这种操作化界定涉及大量的观察方法，例如，问卷调查结果就可以作为界定偏见的基础。与黑人受试者对话，赞同、反对或忽视黑人的评论，都可以作为在小群体情境中对与黑人互动进行操作化定义的基本要素。

一般而言，在实验方法中，在实验开始之前，必须对自变量和因变量进行操作化定义。然而，和调查研究方法以及其他方法一样，在收集资料时应该先多方观察，然后在做分析时再确定最有用的操作化定义。无论如何，实验法也和其他定量方法一样，需要具体与标准化的测量和观察。

前测与后测

在最简单的实验设计中，受试者首先作为因变量接受测量［**前测**①（pretesting）］，然后接受自变量的刺激，之后作为因变量再接受测量

---

① 前测：对因变量的测量。

［**后测**① （posttesting）］。因变量前后测之间的差异，被视为自变量的影响力。

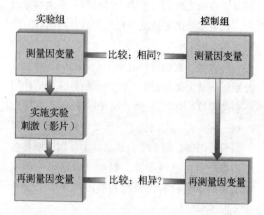

实验组　　　　　　　　　　控制组

测量因变量　　比较：相同？　测量因变量

实施实验刺激（影片）

再测量因变量　　比较：相异？　再测量因变量

图 8－1　实验组与控制组。实验的基本目的是希望分离出自变量（在实验中叫"刺激"）对因变量的可能影响。实验中，让实验组接受刺激，但却不给控制组刺激。

以种族偏见与黑人历史的关系为例，我们首先对受试者的偏见程度进行前测。譬如，用一份问卷询问他们对黑人的态度就能够测出各个受试者所流露的偏见程度和整个群体偏见的平均水平。受试者看过关于黑人历史的影片之后，再发送相同问卷请他们回答，由此获得他们看过影片之后的偏见水平。如果第二次问卷调查时发现偏见程度减弱，我们就可以下结论说，这部影片的确有助于降低偏见。

以实验法来检验诸如偏见等态度时，我们面临一个特殊的效度问题。你们也许可以想象得到，即使受试者的态度没有变化，第二次答卷时的反应也会不同。在第一次分发问卷给受试者填答时，他们也许尚未察觉我们的目的。但在第二次测量时，他们可能已经知道研究者在测量他们的偏见。因为没有人愿意表露偏见，受试者在第二次填答也许会"清理"答案。这样一来，影片似乎有减轻偏见的作用，但实际上却并非如此。

这是更为一般性的问题——研究行为本身可能改变研究对象的例子，它困扰着多种社会研究形式。关于在实验环境中如何解决这个问题的技巧，我们将会在本章讨论。第一种技巧就是利用控制组。〖223〗

实验组与控制组

消除实验本身影响的首要方法是采用控制组。实验室实验法很少只观察接受刺激的**实验组**② （experimental group），研究者往往也观察未受实验刺激的**控制组**③ （control group）。

以偏见与黑人历史的实验来说，两组受试者接受检验。一开始，每一组都填答用来测量对黑人偏见的问卷，接着，放影片给实验组看，之后，研究者对两组进行后测。图 8－1 说明了这个实验的基本设计。

通过采用控制组，研究者可以发现实验本身的影响。如果后测显示控制组全体所表现的偏见程度降低水平跟实验组一样，那么偏见的减弱，显然是实验本身或其他外在因素的影响，而不是影片的作用。另一方面，如果只有实验组的偏见减弱了，应该视为看影片的效果，因为那是两组惟一的差异。或者实验组比控制组的偏见减弱得更明显，则也可以看做是影片的作用和影响。

罗茨里伯格和迪克森（F. J. Roethlisberger &

---

① 后测：在接受自变量的刺激之后对因变量的测量。

② 实验组：又称对照组，在实验中被施以刺激的受试者。

③ 控制组：又称对照组，在实验中没有被施以刺激的受试者，但是在其他方面则和实验组一样。对照组和实验组的比较是要发现实验刺激的效果。

W. J. Dickson，1939）在 20 年代晚期和 30 年代早期所做的一系列关于员工满意度的研究使控制组被纳入社会研究这一点变得更加突出。这两位研究者研究位于伊利诺州芝加哥市郊霍桑的西部电器工厂"电话配线机房"的工作条件，他们试图发现改变工作条件会改善员工的满足感并提高生产力。

结果令研究人员大为满意，他们发现，工作条件的改善，使满足感与生产力都提高了。例如，车间照明条件改善，生产力因而提高。照明条件进一步改善，生产力又随之提高。为了进一步证实其科学结论，研究者把灯光转暗，但生产力还是跟着提高！

显而易见的是，与其说配线机房工人因工作条件改善而工作得更好，不如说是研究者对他们的注意引起了他们的反应。这一现象通常被称为"霍桑效应"（Hawthorne effect），社会科学家对于实验本身的影响更敏感和小心了。在配线机房的研究里，采用一个合适的控制组——除了工作条件不变之外，也接受集中的研究——可以发现这种效应的存在。

需要控制组的实验莫过于医学研究了。患者一再参与医学实验，病情似乎有了起色，但到底有多少是实验处理的功效，又有多少是实验本身产生的效果，一直弄不明白。在检验新药效力时，医学研究者不断地发给控制组患者安慰剂（比如小糖片），因此，控制组的患者像实验组的患者一样，相信他们在服用实验用的新药。一般情况下，这也会见效，不过，如果新药有效果的话，服用新药的患者会比服用安慰剂的患者，病情好转得更明显。

对社会科学实验而言，控制组之所以重要，不仅在于防止实验本身的影响，而且在于排除实验进行过程中外在事件的影响。以偏见研究为例，如果一位极有声望的黑人领袖正好在为

期一周的实验期间遇刺身亡，这种事件或许令实验对象大受震动，因而不得不自省一番，其偏见程度则会随之减弱。因为控制组和实验组都受影响，如果实验组偏见减弱比较明显，则说明实验刺激仍有影响。

有时候，实验设计要求一个以上的实验组或控制组。就上面观看电影的例子而言，如果你们还要考察读一本关于黑人历史的书会产生什么影响，那么，就可以让一组既看电影又读书，另一组只看电影，第三组只读书，而控制组则什么都不做。采用这种设计，就可以确定每一种刺激因素的单独影响以及几种刺激因素的综合效果。〖224〗

双盲实验

就像患者认为自己服用了新药就能使病情好转一样，有时候实验者也倾向于采用先验式的判断。在医学实验中，研究者更倾向于观察实验组的效果，而忽视控制组的效果（对发明出这种新药的研究者而言更可能如此）。**双盲实验**①（double-blind experiment）则可以排除这种影响，因为，不论受试者或实验主持者都不知道谁属于实验组或控制组。以医学实验为例，负责发送药物并记录患者治疗效果的研究者不知道哪些受试者在服用新药，哪些受试者在服用慰问剂。反之，那些了解受试者分组的研究者则不参与实验的实施。

正如做医学实验一样，进行社会科学实验时，实验主持人对实验结果的影响会随着因变量的操作化定义的明确化而降低。医学研究者也许会错误地认为病人嗜睡，但却不会有意识地误读病人的体温；同理，小群体研究者也许会错误地

────────

① 双盲实验：受试者和实验者都不知道哪些是实验组哪些是对照组的一种实验设计。

判断受试者的合作性或竞争性，但却不会对受试者在说什么或与谁说话判断不清。

诚如本书一再重申的，要获得完全精确和准确的操作化定义和测量工具几乎是不可能的。因此，有时在社会实验中采用双盲实验或许比较合适。

选择受试者

在第 7 章我们讨论抽样逻辑时，就说到要选择哪些能够代表一些总体的样本。实验也有同样的需要。因为很多社会研究者都在大学工作，其实验室内的社会科学实验，大都以大学生为受试者。典型的例子是，实验主持人请学生选修他的课程以参与实验，或者在大学报纸上刊登广告来招募受试者。受试者参与实验，可能有报酬也可能没有（第 3 章将讨论要求学生参与这种研究的伦理问题）。

鉴于概化的科学规范，这种做法反映了社会科学研究中一种潜在的缺陷。一言以蔽之，大学生并不代表一般民众。因此，问题在于我们或许对大学生的态度与行动知之甚详，而对社会一般民众的态度与行为却所知不多。

然而，和描述性研究相比，这种潜在的缺陷在解释性研究中不太显著。我们研究了大学生中的偏见程度，但并不确定一般民众也有同等水平的偏见。但是从另一方面来讲，如果研究发现看纪录片可以减弱大学生的偏见，那么我们就会比较有信心（虽然不能确信）地认为它对一般社区也具有类似的效果。与一些具体特征相比，社会过程与因果关系模式似乎更容易概化，而且更加稳定。

除了概化问题之外，选取受试者的一个很重要的规则就是实验组与控制组的可比性。理想状态是，控制组应等同于未面对实验刺激的实验组，因此，实验组与控制组必须尽可能相似。这里有多种方法可以采用。〖225〗

概率抽样

前面第 7 章对于概率抽样的逻辑与技术的论述提供了选取两组相似人群的方法。先把所有的研究对象作为抽样框，再从中抽取两组样本。如果两组随机样本各自与总体相似，两者亦彼此相似。

然而，我们还记得概率抽样所达到的相似（代表性）程度是样本大小的函数。根据一般的原则，少于 100 的随机样本代表性不够，而社会科学的实验，无论是实验组或控制组，都很少包括那么多的受试者。因此，对于比较大的人群，实验法很少采用概率抽样。但是，在分配受试者时，研究者还是利用到随机选择的逻辑。

随机化

不管用哪种方法，招募到全部受试者之后，实验主持人可以随机地把受试者分派到实验组或控制组。为了达成**随机化**①（randomization），可以把所有受试者按序编号，然后利用随机表来选取号码，或者实验主持人可以把奇数受试者分到实验组，而把偶数受试者分到控制组。

让我们再回到概率抽样的基本概念。例如，实验者通过报纸广告招募了 40 名受试者，我们没有理由相信，40 名受试者一定代表其所抽取的母群体，因此也不能预设 20 名随机分派到实验组的受试者能代表更大的总体，然而，我们可以确信，20 名随机分到实验组的受试者与随机分配到控制组的 20 名受试者类似。

根据前面讲过的抽样逻辑，本例中的 40 名

———————

① 随机化：随机地将受试者分为实验组和对照组的方法。

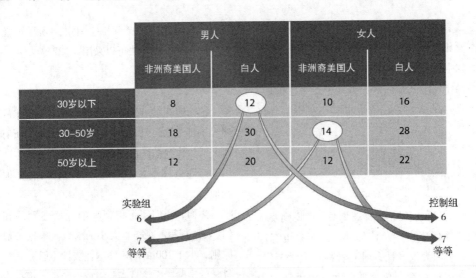

	男人		女人	
	非洲裔美国人	白人	非洲裔美国人	白人
30岁以下	8	12	10	16
30-50岁	18	30	14	28
50岁以上	12	20	12	22

实验组
6
7
等等

控制组
6
7
等等

图 8 – 2   配对矩阵实例。有时候实验组和控制组是通过寻找相匹配的成对的受试者建立的；然后把其中的一个放进实验组，另一个放进控制组。

受试者就可以被作为一个总体，从这个总体中可以抽取两组概率样本——每组样本由总体的半数组成。因为每一样本都能反映总体的特征，所以这两组样本可以相互印证。

在第 7 章我们也看到，我们关于两个群体相似的假设，部分依赖于受试者的数量。极端的情形是，如果我们只招募到两名受试者，并通过掷铜板来指定一人做实验者，另一人做控制者，就没有理由可以假设这两名受试者彼此相似。然而，如果有许多受试者的话，随机化是合情合理的。〚226〛

配对

实验组与控制组的可比性，有时可以通过配对①（matching）来实现，就如第 7 章讨论的配额抽样法一样。如果 12 名受试者都是白人青年，就可以随机地把其中 6 名分派到实验组，把另 6 名分派到控制组。如果 14 名是黑人中年妇女，就可以每组各分 7 名。对每一受试者群体，

我们都重复这个过程。

如果制作一个由所有最相关特征组成的配额矩阵，全部配对过程就可以高效地完成（图 8 -2提供了这种矩阵的简要范例）。理想上，这样的配额矩阵中应该让每一格的受试者都为偶数，即每一格受试者的一半进入实验组，另一半则进入控制组。

或者可以招募比实验设计要求的更多的受试者。在考察这些初选受试者的诸多特征时，每当发现一对相似的受试者，就随机把一人分派到实验组，把另一人分派到控制组。完全与众不同的受试者，则可排除在外。

无论用什么方法，所期盼的结果都十分相似。实验组的整体平均特征应该与控制组相同。例如，两组应有大致相同的平均年龄、同样的性别组成、同样的种族组成等等。不管两组是通过

---

①　配对：在实验中，考察这些初选受试者的一个或多个特征，将一对相似的受试者，随机地分别分到实验组和对照组。

概率抽样法还是随机方法形成的，都应该进行同样的可比性检验。

到目前为止，我尚未详细说明前面所指的"重要变量"是什么。我当然无法给各位明确的答案，正如先前我不能指定哪些变量适用于分层抽样一样。具体的答案要看实验的性质和目的而定，然而，一般的规则是，就与因变量相关的变量来说，两组应该具有可比性。以偏见研究为例，就教育、种族以及年龄诸如此类的变量而言，两组应该相似。再者，还可以等到对因变量做过初步测量之后，再把受试者分派到实验组与控制组。因此，以上例来说，可以首先发问卷测量受试者的偏见，然后把实验组与控制组配对，确保两组整体的偏见程度相等。〖227〗

配对还是随机？

在考察该如何把受试者分派到实验组与控制组时，必须注意到采用随机化方法比采用配对方法有两点优势。首先，我们无从晓得哪些相关变量应作为配对的依据；其次，大部分统计技术都是用来评估随机化实验结果的，如果不这样设计，就无法使用这些统计方法进行评估。

另一方面，只有受试者的数量比较大，概率抽样法起作用时，随机化才有意义。如果只有几个受试者，配对就可以了。

有时候，也可以把配对方法与随机方法混合使用。在研究青少年教育时，英格尔（Milton Yinger, 1977）及其同事就把数量庞大的 13－14 岁的学生分派到几个不同的实验组与控制组，为了确保各组学生之间的可比性，他们采取了以下方法。

先从一群受试者开始，研究者首先根据大约 15 个变量分出学生的层级，然后把每一层级的学生随机分派到实验组与控制组。如此一来，研究者实际上改进了传统的随机化方法，即采用了分层抽样（请参阅第 7 章），只不过和典型调查抽样法相比，他们用了更多的变量来分层。

到目前为止，我已描述了典型的古典实验——此实验设计足以代表实验室内因果分析的逻辑。然而，社会研究者在实际中采用的实验设计更加多样化，下面让我们来看看这个基本议题的若干变体。〖228〗

实验设计的变体

坎贝尔和斯坦利（Donald Campbell & Julian Stanley, 1963）在一本探讨研究设计的小册子里，描述了约 16 种不同的实验与准实验设计。在本节中，我将扼要地描述这些设计，以拓宽你们的视野，了解运用实验法在社会研究中的潜力。

前实验研究设计

首先，坎贝尔和斯坦利研讨三种前实验设计。我们在这里讨论这些设计，并非要推荐它们，而是由于这些设计经常为非专业研究所使用。第一种设计是单次研究设计（one-shot case study）——只有一组受试者，在接受实验刺激之后直接接受有关因变量的测量。比如在前面的例子中，我们假定直接放映关于黑人历史的影片给一组人看，然后发给他们问卷测量种族偏见的程度。再进一步假定，问卷得到的答案表明这些人的偏见水平很低，我们也许会认为是这部影片减弱了偏见。可是因为少了前测，我们并不能这样确定。或许是这份问卷并不能真正很敏锐地测量偏见，或许本来我们研究的这组人的偏见程度就很低。不论是哪一种情形，这部影片都没有起到作用，所以实验结果可能误导我们（认为影片的确有效）。

坎贝尔和斯坦利讨论的第二种前实验设计是实验组加上前测，但没有控制组，即"单组前后测设计"（one-group pretest-posttest design）。这种设计的弊病是：自变量以外的某些因素可能会引起前后测之间的变化，正如前面所提到的声望卓著的黑人领袖遇刺的影响。因此，即使我们能发现偏见已经减轻，却仍然无法确定是否是影片产生的效果。

为了详细地介绍各种前实验设计，坎贝尔和斯坦利还指出，有些研究有实验组与控制组，但没有前测，即"静态组间比较"（static-group comparison）。以黑人历史影片为例，我们可以放映给一组看，而不给另一组看，然后测量两组的偏见。假如实验结果表明实验组的偏见程度较低，我们可以假定影片有效果。但是除非我们是随机分派受试者，否则便无从知道两组在实验前是否持有同样深的偏见，也许从开始时实验组的偏见水平就比较低。

图 8-3 针对一个不同的问题（运动有助于减肥吗？）用插图的方式说明了这三种前实验设计。为了更清楚地说明这几种设计，我以个人而非组别来举例，但你们应该了解在进行组间比较时，也可采用同样的逻辑。让我们就用这个示例来重述这三种前实验设计。

单次研究设计代表一种逻辑推理常识。有人问运动是否能减肥，我们也许会想到一个可拿来印证的例子：某个人经常运动，身体很瘦。但是这种推理是有问题的，或许此人在开始运动之前身体一直很苗条，或者他身体变瘦有其他原因，比如节食或生病，如图所示的观察并未排除这些因素。再者，我们判断图中男子体型适中，这种印象还取决于我们直觉上认为什么是适中和什么是超重。不管怎么说，拿这类证据来检验运动与减肥之间的关系，效果很不明显。〖229〗

单组前后测设计所提供的说明要好一些。具体而言，我们已排除此人在未开始运动之前

就已经苗条的可能性。然而，我们仍然无从确信其体重减轻是否应归功于运动。

最后，静态组间的比较解决了关于胖瘦标准的定义问题。就此例而言，我们能够比较参加运动的和不参加运动的男子的体型差别，然而，这个设计却又遇到前面的问题，也就是说，可能参加运动的男子身体一直就很清瘦。

实验研究中的效度问题

这样，我想系统地分析一下影响实验研究的效度的因素。首先我们看看坎贝尔和斯坦利所谓"内在无效度"的来源［这在库克和坎贝尔（Thomas Cook & Donald Campbell，1979）后来出的书中做了进一步的回顾和拓展］。之后，我们要考察所谓"外在无效度"问题，即如何把实验结果推及到"真实"世界。考察过这些来源之后，我们就可以说明一些更复杂的实验或准实验设计的优缺点了。〖230〗

内在无效度的来源

内在无效度[①]（internal invalidity）问题是指实验结论没有正确地反映实验本身。在任何时候，只要实验以外的因素影响了因变量，就会造成内在无效度。坎贝尔和斯坦利（1963：5-6）以及库克和坎贝尔（1979：51-55）指出了这个问题的来源。下面列举了 12 项：

1. 历史事件（History）。在实验过程中发生的历史性事件将把实验结果弄得混淆不清。在关于黑人的偏见的实验中，一名黑人领袖遇刺即为一例。美国黑人领袖因十恶不赦的罪行而被捕是另一例，这也有可能增加偏见。

2. 成熟（Maturation）。人们无论是否参与实

---

① 内在无效度：指的是实验结论并没有准确反映实验本身的可能性。

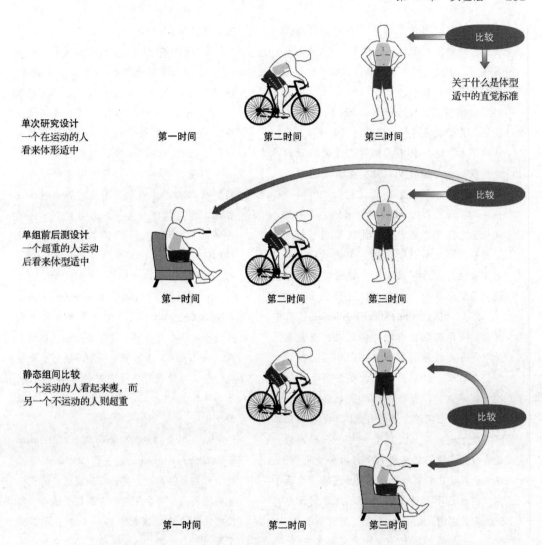

单次研究设计
一个在运动的人
看来体形适中

单组前后测设计
一个超重的人运动
后看来体型适中

静态组间比较
一个运动的人看起来瘦，而
另一个不运动的人则超重

比较

关于什么是体型
适中的直觉标准

第一时间　　　第二时间　　　第三时间

图 8-3　三种前实验研究设计。前实验设计预测真正实验的逻辑，但却不对误差进行解释。你能看到每种设计中的误差吗？通过增加控制组、前测和后测，解决各种不同的风险。

验，都在不断地成长和改变。而此类变化将影响实验结果。在长时期的实验中，受试者年龄增长（或变得更有智慧）也可能会造成影响。参与为时较短的实验，受试者会变得疲倦、困倦、无聊、饥饿或产生其他变化，这些变化会改变他们在实验中的行为。

3. 测验（Testing）：如果实验中一测再测，也会影响人的行为，进而混淆实验的结果。假定我们把问卷发给一组人来测量其偏见，在做后测时，受试者可能对偏见问题已经变得很敏感，在回答时会更加深思熟虑。

事实上，他们可能已经猜出我们正设法测量他们的偏见，而且，由于很少有人喜欢袒露偏见，因而会竭力善加表现，给予他认为我们想要的答案。

4. 测量工具（Instrumentation）。到目前为止，关于做前测和后测时的测量过程，我谈得不多。这里我要提醒你们注意前面讨论的概念化与操作化问题。如果我们采用不同的工具来测量因变量（比如说，有关偏见的各种问卷），我们如何确定它们的可比性呢？偏见的减弱很可能仅仅因为前测使用的工具比后测使用的工具更敏锐，或者实验主持人的标准或能力随着实验过程发生了变化。

5. 统计回归（Statistical regression）。有时候，也许应该首先对初始时在因变量测量中得分很极端的受访者进行实验。假设你们在测试一种新的数学教学方法是否能改进教学效果，就应该找原来数学学习奇差的学生来做实验。请想一想，如果没有任何实验干预，这些人可能会有什么样的数学成绩呢？他们原先的数学水准如此之低，以至于只能在教室陪坐，如有所进步，是因为他们已经不可能变得更糟了。即使没有任何实验刺激，这组人还是可能有所进步。对于向平均数的回归，统计学家经常指出，身材极高的父母可能生出较矮的子女，而身材矮小的父母也可能生出较高的子女。危险在于，由于受试者原先处于极端的位置，他们发生的变化会让人误判为是实验刺激的效果。〖231〗

6. 选择偏好（Selection biases）。在前面讨论如何选择受试者并把受试者分派到实验组和控制组时，我们考察过选择偏好问题。除非两组具有可比性，否则比较起来就毫无意义。

7. 实验死亡率（Experimental mortality）。有些社会实验可能"杀死"受试者，我这样说是指一般意义上而不是极端意义上的"死亡"，有些实验受试者在实验完成之前退出，显然，这将影响统计分析的结论。就古典实验而言，实验组与控制组分别接受前测与后测，假设实验组里有比较固执的人，觉得受到了黑人历史影片的冒犯，生气地拂袖而去。能够留下来接受后测的研究对象，一定偏见程度较轻，这样的实验结果，一定表现为全组偏见程度的显著减轻。

8. 因果时序（Causal time-order）。虽然分不清实验刺激和因变量孰先孰后的事例在社会研究中并不多见，但其可能性依然存在。一旦因果关系不明，刺激导致因变量变化的研究结论就可能受到其他解释的挑战，因为可能是"因变量"的变化引起了刺激的变化。

9. 实验处理中的传播与模仿（Diffusion or imitation of treatments）。假如实验组与控制组可以相互沟通，实验受试者就可能把一些实验刺激的因素传递给控制组受试者。实验组成员或许会跟控制组成员谈到那部关于黑人历史的影片，这样控制组也受到了影响而不再是真正的控制组了。有时候我们说控制组受到了"污染"。

10. 补偿（Compensation）。你们将会在第 12 章发现，在现实生活里做实验，例如关于一项具体教育计划的实验，控制组的成员经常要被剥夺某种被认为有价值的东西。在这种情况下，就要为他们提供某种补偿。例如，医院的员工也许会觉得对不起医学实验控制组里的患者，而对他们在护理上格外

"和蔼关爱"。如此一来，控制组就不再是真正的控制组了。

11. 补偿性竞争（Compensatory rivalry）。在现实生活里参与实验，被剥夺了实验刺激的控制组成员可能通过更加努力地工作进行补偿。假设数学教学计划是实验刺激，控制组可能比从前更用功学习数学，企图打败那些接受"特殊"实验的学生。

12. 自暴自弃（Demoralization）。另一方面，控制组觉得受到差别待遇，也可能因此自暴自弃。在教育的实验中，自甘堕落的控制组成员可能会停止读书、寻衅滋事，而且愤愤不平。

上面是内在无效度的来源。有鉴于此，实验者发展了一些技术以处理这些问题。本章前面讨论的古典实验，倘若配合选择与分派受试者等适当方式，即可应付这 12 种内在无效度问题。我们不妨再来考察一下图 8 - 4 所示的研究设计。

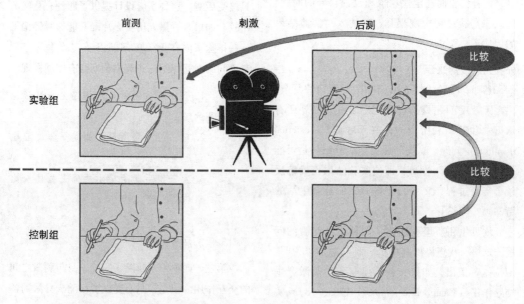

前测　　　　　　　　刺激　　　　　　　　后测

比较

实验组

比较

控制组

图 8 - 4　古典实验：运用黑人历史影片降低偏见。 这个图示说明了古典实验作为测试影片对黑人偏见的作用的基本结构。请注意控制组、前测和后测的作用。

继续来深究观看黑人历史影片与偏见的例子，如果我们采用图 8 - 4 所示的实验设计，就应该预期得到两项发现：对实验组而言，后测所得到的偏见程度应比前测低；两组后测结果相比，实验组的偏见程度应该比控制组低。〖232〗

此项设计亦可防止历史的问题，因为不论外界发生什么事，实验组与控制组都可能受到影响，两组后测得到的结果仍然应该有差异。只要受试者是随机分派到两组，两组比较同样可防范成熟问题。由于实验组与控制组共同接受测验和实验主持人之影响，因此测验本身与测量工具的影响亦不成问题。如果受试者是随机分派到两组的，即使研究对象对偏见的得分（或者其他什么因变量）属于极端者，统计回归对两组的影响也是相等的。选择偏好的影响也由于随机分派对象被排除在外。实验死亡问题处理起来比较复杂，但仍有可能进行处理，例如可以把设计稍加修改，譬如给控制组看一部与黑人毫不相干的影片，问题就可以迎刃而解了。

只要谨慎执行严加控制的实验设计，其余 5 种内在无效度问题也就可以避免。我们一直在探讨的实验设计有助于清楚地指明因变量和自变量。实验组与控制组可以各自隔开，以降低传播与模仿的可能性。行政控制能够避免给予控制组的补偿，而补偿性竞争和自暴自弃的问题，可以在实验过程中观察到，并纳入对实验结果的评估。

外在无效度的来源

然而，实验主持人所面临的问题错综复杂，内在无效度问题只不过是问题之一，另外还有坎贝尔和斯坦利所谓的**外在无效度**① (external invalidity) 问题。这类问题关乎实验结果是否能概化到"现实"世界，即使实验结果正确地反映了实验过程，又真的能告诉我们社会生活的百态吗？〖233〗

坎贝尔和斯坦利描述了四种诸如此类的问题，这里，我想提出其中的一种问题加以说明。两位作者指出，如果实验情境与实验刺激产生交互作用 (Campbell & Stanley, 1963：18)，实验结果能不能概化就值得斟酌了。对此问题我举例说明如下：

还是以观看黑人历史影片与偏见的研究为例，假设在古典实验条件下，实验组后测的偏见程度比前测有所减轻，也比控制组后测的偏见程度低，那么，我们就能确信看这部影片确实降低了受试者的偏见。但是，如果这部影片拿到电影院或在电视上放映，还会同样有效吗？我们并无把握，因为这部影片得以奏效可能仅仅是受试者在接受前测时就已敏感地察觉到了偏见问

题。这是实验本身与刺激产生交互作用的例子。古典实验设计无法控制这种可能性。幸好实验者发展了其他技术来排除这些问题。

"所罗门四组设计"(Solomon four-group design, Campbel & Stanley, 1963：24 - 25) 就是用来处理这一交互作用的方法。顾名思义，此设计涉及四组受试者，从一群人中随机分派，图 8 - 5 展示了这种设计的基本思路。

图 8 - 5 中第一组与第二组构成了古典实验；第三组只接受实验刺激，并未受前测；而第四组只接受后测。这种实验设计提供了四种有意义的比较。如果观看黑人历史影片确实能够减轻偏见——排除了内在无效度问题以及实验本身与刺激之间的交互作用——我们预期会有四项发现：

1. 第一组后测所显示的偏见程度应比前测的轻；

2. 第一组后测所显示的偏见程度应比第二组后测的轻；

3. 第三组后测所显示的偏见程度应比第二组前测的轻；

4. 第三组后测所显示的偏见程度应比第四组后测的轻。

第三、四项发现排除了实验本身与刺激之间的交互作用。但是，只有受试者被随机分派到各组，使各组的偏见程度相等，并且只有第一、二组受试者在实验之前受到测量，上述比较才有意义。〖234〗

诚如两位作者指出，这种研究设计还出乎意料地带来了别的好处，所罗门四组实验不仅排除了实验与刺激之间的交互作用，而且还可以提供资料比较古典实验进行中这种交互作用的大小。

———————

① 外在无效度：实验结果概化到"现实"世界的可能性。

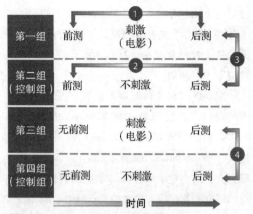

① 后测显示的偏见应比前测的少。

② 后测与前测应显示同等的偏见。

③ 第一组显示的偏见应比第二组的少。

④ 第三组显示的偏见比第四组的少。

图 8 – 5　所罗门四组设计。古典实验中存在
　　　　前测对后测造成影响的可能性，所
　　　　以所罗门的四组实验中增加了不参
　　　　加前测的实验组和控制组。

这种知识可以使研究者对以往的研究进行回顾，并评估其价值。

我想提的最后一种实验设计被坎贝尔和斯坦利（1963：25 – 26）称作"仅有后测的控制组设计"（posttest-only control group design），也就是由所罗门四组设计的后半部分——第三、四组组成。正如两位作者所讨论的，如果真正做到随机分派，真正的实验只需要三、四两组就可以应付内在无效度问题以及实验与刺激之间的交互作用。由于受试者被随机分派到实验组与控制组（这个设计与静态组间比较的区别也就在此），这样，在初始阶段，两组在因变量上就具有可比性——足以满足评估结果的常规统计检验的要求——因此没有必要对它们进行测量。

诚如坎贝尔和斯坦利所说，在这种情况之下，做前测的惟一理由只是习惯。实验专家已经习惯，只有做过前测才感到比较安心。但是要明白，只有把受试者"随机"分派到实验组与控制组，才可省略前测，因为只有这样才能满足两组相等的前提。

前面的讨论已经介绍了实验设计的奥妙、问题以及解决之道。当然还有许多其他常用的实验设计，有的涉及一种以上的刺激或多种刺激的组合，其他则涉及多次测量因变量以及在不同的时间把刺激施加给不同的实验对象。如果你们有意继续深入研究这个问题，那么请参阅坎贝尔和斯坦利的著作。

实验法举例

社会科学已将实验法广泛应用于研究各种议题。有些实验在实验室内进行，其他则在"现实世界"里进行。下面将针对同一话题进行讨论，看看两者的异同。

根据深得萧伯纳喜爱的戏剧《卖花女》（Pygmalion）改编成的音乐剧《窈窕淑女》（My Fair Lady），在百老汇演出经久不衰。杜利特尔（Eliza Doolittle）在谈到决定社会认同力量时，把家庭教师希金斯（Higgins）教授与希金斯教授的朋友皮克林（Pickering）上校对待她的方法区分如下：

　　你应该很明白，除了人人都可学的事物（诸如穿着、说话得体等等）之外，一个淑女与卖花女之间的差别不在其言行举止，而在于他人如何对待她。对希金斯教授来说，我总是一名卖花女，因为他总是待我如卖花女，而且将来也不会改变；但我知道，面对你，我能做一个淑女，因为你总是待我如淑

女，而且将来也不会改变。(Act V)

杜利特尔在这里所表达的情感是在基础社会科学中受到社会学家正式探讨的，如库利(Charles Horton Cooley, "镜中我")和米德(George Herbert Mead, "概化他人")。我们的"自我概念"(即我们以为我们是谁以及我们如何行为)在很大程度上取决于别人如何看待我们和如何对待我们。与此相关的是，别人如何看待我们大半受先入为主的期望所制约。譬如有人告诉他们说我们很蠢，他们就可能真的这样看待我们，而我们或许也变得自视甚低，并因此举止笨拙起来。"标签理论"讨论了人们根据别人如何看待自己和如何对待自己的方式来做出相应行动的现象。这些理论已经被应用于众多影片的序幕中。例如，在 1983 年上映的影片《交易地点》中，比利(Eddie Murphy)本来是一个靠乞讨为生，一文不值的人；路易斯(Dan Aykroyd)是一个非常成功的股票经纪人。他们互相交换了角色。〖235〗

这套观念可能很适合应用到受控的实验上。的确，这些研究已经被归纳为"皮格马利翁效应"(Pygmalion effect)。在研究这个题目的一个著名实验里，罗森塔尔和雅各布森(Robert Rosenthal & Lenore Jacobson, 1968)对美国西岸一所学校的学生进行的"技能获得变化的哈佛实验"(Harvard Test of Inflected Acquisition)。在实验之后，他们跟这些学生的老师会面，告知实验的结果。罗森塔尔等人说根据实验结果，某些学生下学年学业很可能会突飞猛进。

后来的实际 IQ 分数，证明研究者的预测果真正确。被指认为有可能突飞猛进的学生在下学年中果然出类拔萃，这表明实验的预测力很强。事实上，这次实验只是一个骗局！研究者对学生成绩的预测完全是随机的。他们告诉老师的结果，一点儿也没有真正反映学生的实验得

分。突飞猛进者之所以进步神速，真正的原因是老师对那些学生寄托了更高的期望，付出了更多的关注、鼓励和奖励。这与前面研究的"霍桑效应"十分相似。

罗森塔尔和雅各布森的研究广受民间与学界的瞩目，后续研究主要集中于广为人知的"归因过程"(attribution process)和"期望沟通模式"(expectations communication model)，这类研究大半由心理学家进行。与主要由社会学家进行的研究相互呼应，后者的焦点稍微不同，经常被集中在"期望—状态理论"(expectations-states theory)上。前者的研究往往关注这样一种情境，即具有一定优势的个人所怀有的期望会影响部属的表现，譬如老师与学生、老板与员工。社会学研究关注的是，在以工作为目的的小团体中同事之间的角色期望。以陪审团为例，陪审员起初如何相互评价，这种评价对他们日后的互动有什么影响(通过在网页上搜索"皮格马利翁效应"，你还可以学到更多关于这一现象的实际应用)。

有一个例子研究我们对自己能力与他人能力的了解如何影响我们采纳别人想法的意愿。佛基、沃里纳和哈特(Martha Foschi, G. Keith Warriner & Stephen D. Hart, 1985)对角色标准在这方面的作用特别感兴趣。

> 一般说来，所谓的"标准"意指一个人必须表现得多好或多差才能被推断为能干或无能。我们的看法是，标准是关键变量，影响如何做评价和导致什么样的期望。比如采用不同的标准，同样水平的成就既可以被解释为巨大成就，也可以被贬损为微不足道。(1985：108 - 109)

为了考察"标准"的角色，研究者设计了一项实验，包括四个实验组与一个控制组。受试

者被告知该实验关乎"图形认知能力"，该能力对一些人来说是与生俱来的；另一些人则无此禀赋。研究者要求受试者两人一组，一起设法认知图形，正如你们所预料的，根本没有"图形认知能力"这回事。实验的目的在于确定这个假定的能力对受试者后来的行为的影响程度。

实验第一阶段是"测验"每名受试者的图形认知能力。如果你是受试者，主持人会先拿一个几何图形让你看 8 秒钟，接着拿另外两个与第一个相似却不同的图形给你看，你的任务是挑出其中跟第一个最相近的图形。你要先后做 20 次，电脑会列出你的"得分"。一半受试被告知答对了 14 次，另外一半则被告知只答对了 6 次——无论他们拿什么图形配什么图形。根据运气，你或者以为自己把图形配得棒极了，或者以为差极了。但是请注意，并非真的有什么标准来评判表现——或许仅答对 4 次也被视为伟大的表现。[236]

然而，你被告知自己的分数，同时也被告知"同伴的分数"，虽然"同伴"和其"分数"都是电脑捏造出来的（受试者被告知，他们可以通过电脑终端跟同伴沟通，但不准见面）。如果你被分配到 14 分，那么你会被告知你的同伴得了 6 分；如果你被分配到 6 分，那么你会被告知你的同伴得了 14 分。

这个程序意味着你会进入实验的团队工作阶段，或者相信（1）你比同伴表现得出色，或者相信（2）你比同伴表现得差劲，由此构成你参与实验所依据的部分"标准"。另外，每组半数被告知，得分介于 12 与 20 之间表示受试者确实有认知图形的能力；另一半受试者则被告知，14 分也不能明确地证明这种能力。因此由上述标准你会形成下列信念之一：

1. 你确实比同伴更善于辨认图形。

2. 你可能比同伴好。

3. 你可能比同伴差。

4. 你确实比同伴差。

控制组对自己与同伴的能力一无所知，换言之，他们未抱任何期望。

实验的最后一个步骤是促成"团队"工作。如前所述，每位受试者先让他观看一个图形，接着是一对图形让他比较，并从中挑选。然而在这一回合做选择时，会有人告诉你的同伴已经做出的答案，然后要求你再选一次。显然，最后一次选择时，你不是坚持原来的选择，就是改变主意。"同伴"的选择当然是由电脑杜撰的，正如你所料，同组成员经常发生意见分歧：事实上，20 次中就有 16 次如此。

这种实验的因变量是受试者中途变卦、转向同伴答案的可能性。研究者假设：绝对好的组最少变卦，其次是比较好的组，接着是控制组，继之是比较差的组，最后是绝对差的组——这一组最常变卦。

这五组受试者改变答案的次数列表如下，每人有 16 次机会这样做。资料显示研究者的期望是正确的，只有比较/绝对差的两组之间的比较是例外。后面这组事实上更可能变卦，但两者之间的差异太小，且无法证实假设（第 16 章将讨论关于这种判断的统计检验）。

进一步的分析发现，不论男女，这一模式一律适用，虽然与男性相比，女性稍微明显一些。实际资料如下：

组别	平均改变次数		
	合计	女性	男性
绝对好	5.05	4.50	5.66
比较好	6.23	6.34	6.10
控制组	7.95	7.68	8.34
比较差	9.23	9.36	9.09
绝对差	9.28	10.00	8.70

由于这类研究的关注点有时候过于狭小，你们或许想了解其意义到底是什么。应该说，作为大型研究的一部分，这类研究可以为我们理解更一般的社会进程增加具体的例证。〖237〗

现在，我们值得花点儿时间仔细想一想，生活中的"期望状态"会造成十分真实而重大的后果。我曾经提及陪审团审慎裁决的例子。各种形式的偏见与歧视又如何？或者，期望状态如何影响工作面试，或迎接激动的双亲。多想想，你们就会发现把这些实验室内的概念应用于现实生活的其他情境。

其他实验环境

虽然我们很容易把"实验"与"实验室内的实验"画等号，但是许多重要的社会科学实验通常发生在受控制的情境之外，例如在互联网上或是在"现实世界"中。

基于互联网的实验

研究者逐渐开始利用互联网来做实验。因为在大部分的实验中，有代表性的抽样并不重要，所以研究者经常利用在线应邀的自愿者。你可以通过登陆以下两个网址，更多了解关于这种实验形式。

● 在线社会心理学研究：http：//www. socialpsychology. org/expts. htm。这个网址连接了许多专业人士和学生的研究议题，包括"信仰与态度"、"个性与个体差异"等。此外，这个网站还为网络实验提供了资源。

● 小世界现象：http://smallword. columbia. edu。这项研究起始于哥伦比亚大学的几个社会学家，探讨"六度分隔"现象的概念。根据"你认识一个人，这个人认识其他的人，而他又认识其他的人"这一观点，这项实验的目的是确定地球上的一个人与另一个人相识需要几个步骤。你或许听说过对这一概念的描述："在地球上，每个人与其他人之间都只相隔六个人。"而这种说法不够准确。1967 年，Stanley Milgram 在奥马哈人中随机选择了 300 个人，然后请他们通过私下交往联系在波士顿的某个被指定的人。联系到指定的人的平均步数，确实只有 6 步，但是成功率只有 20%。哥伦比亚的研究试图用一种更严格约束的方式来调查问题。

"自然"实验法

虽然我们很容易把"实验"与"实验室内的实验"画等号，但是许多重要的社会科学实验通常发生在受控制的情境之外，发生在一般社会事件的进展之中。有时候我们可以观察和分析自然设计并实施的实验，有时候是社会与政治决策者发挥此种自然的功能。

让我们想象一下，譬如说，飓风袭击了某个小镇，一些居民的财产蒙受了严重损失，另一些居民则逃过了这场劫难，损失相对轻微。试问承受自然灾害的后果是什么？受害最惨重者比受害较轻者在未来更能抵御自然灾害吗？要找出答案，我们可以在飓风过后对城镇居民进行访谈。我们或许他们在飓风过境前做了哪些预防措施，目前正在采取哪些办法？拿飓风灾情惨重者跟轻微者比较，如此一来，我们可以利用自然实验，即使我们本来想要这样做，也不可能这样安排。〖238〗

类似的例子还有对二次世界大战的社会研究。大战结束之后，社会研究者在德国若干城市针对平民战时的士气进行了回顾式的调查研究。此研究的主要目的在于讨论大肆轰炸对平民士气的影响，方法是对遭到激烈轰炸与遭到轻微轰炸的城市的居民进行比较（注意，轰炸并未打击士气)。

因为研究者必须接受"生米已成熟饭"的事实,自然实验也带来许多前面所讨论的效度问题。因此,卡斯、奇索姆和埃斯坎纳奇(Stanislav Kasl, Rupert Chisolm, and Brenda Eskenazi, 1981)选择研究三里岛(Three Mile Island, TMI)核电站意外事故对电厂员工的影响时,必须格外注意研究设计:

> 灾难研究必然要随机应变,而且是事后才做。用坎贝尔和斯坦利对研究设计的经典分析用语来说,我们的研究属于"静态组间比较",是有弱点的研究设计。然而,这些只是潜在的弱点,是否实际存在,必须视各研究不同的情况而定。(1981:474)

此研究的基础是针对 1978 年 3 月 28 日事故爆发时正在三里岛上班的人们所做的一项调查研究,当时 2 号反应堆的冷却系统出现故障,铀开始溶解。此项调查研究是在意外事故之后 5 - 6 个月进行的。这份调查问卷测量每位工人对在核电厂工作的态度。如果他们只测量电厂员工在意外事件之后的态度,研究者就无法了解态度的改变是不是意外事件的后果。为此他们选择了附近另一家基本相似的核能发电厂,通过比较改进了研究设计,他们把这家电厂的员工当做控制组来做问卷调查,因而构成了"静态组间比较"。

即使有了实验组与控制组,这些作者仍然对其设计所潜在的问题有所警觉。特别是其设计假设这两组员工除了意外事故这一事实之外,彼此是相等的。如果研究者能够把员工随机分派到这两家工厂,他们就可以如此假定,但是实际情况并非如此。反之,他们需要比较两组的特征,然后推测两组是否相似。最后,研究者下结论说,这两组员工十分相似,他们之所以分别在两家工厂上班,只是因为离家近的缘故。

尽管证明了这两组员工彼此相似,研究者还面临另一种可比性问题,他们无法找到所有在事故发生时受雇于三里岛的员工,研究者对这个问题的讨论如下:

> 这项研究的特殊问题是人口流失问题。意外发生以后,三里岛的研究对象中一部分人已经永久地离开了这个地方而无法联系,而另一个核电厂则无此现象;这种偏颇的情形很可能降低人们对于该事件影响程度的估计。通过核查电话公司注销号码或空号资料,我们估计这个偏误无足轻重(1%)。(Kasl, Chisolm and Eskenazi, 1981: 475)

我们从三里岛的例子可看出自然实验所涉及的特殊问题以及把这些问题纳入考察的可能办法。社会研究一般来说需要机智与洞见,而自然实验尤其如此。〖239〗

在本章的前面,我介绍了一个假设看关于黑人历史的影片可以减轻偏见的例子。包罗奇、格鲁博和罗科(Sandra Ball-Rokeach, Joel Grube, and Milton Rokeach, 1981)用自然实验法在现实生活里探讨了这一话题。1977 年,美国广播电视网一连 8 天晚上播映根据哈利(Alex Haley)的小说改编的电视连续剧《根》。这部连续剧吸引了有史以来最多的电视观众。包罗奇及其同事想要知道《根》是否改变了美国白人对黑人的态度。1979 年,机会来了,《根》的续集《根:下一代》在电视上播出。尽管随机指派一些人观看或不观看这个节目会更有利于测量(从研究者的观点),但是这不可能。作为替代,研究者在华盛顿州选了 4 个样本,并寄出问卷来测量他们对黑人的态度。在这部电视剧最后一集播出之后,受访者接到电话,调查他们看了几集。接着，问卷寄给受访者，再测量他们对黑人的态度。

通过将看过与没看过这部电视剧的受访者在播出前后的态度进行比较，研究者得出了若干结论。例如，比起对黑人抱有偏见的人，主张平等的人特别可能收看节目（这是一种自我选择的现象）。比较看过此节目者的前后态度发现，节目本身的效果并不明显或者毫无效果，看过的人并不比以往更加主张人人平等。

这个例子预告了第 12 章的议题，评估研究可视为自然实验的一种特殊类型。我们将看到，它是把实验的逻辑应用到实地调查上，用以观察、分析现实生活中刺激的效果。因为这种社会研究形式日益重要，我将用一章的篇幅探讨这种研究。

实验法的优缺点

实验法是研究因果关系的首要工具。不过，跟所有其他的研究方法一样，实验法在拥有很多优势之余，也不免有其不足。

受控实验的主要优点在于把实验变量与它带来的影响分离开来。就基本实验理念而言，这个优点是显而易见的。实验一开始，就发现受试者具有某些特征，经过实验刺激，发现他们具有不同的特征。只要受试者并未受到其他刺激，我们就可以认为，特征的改变归因于实验刺激。

另一优势是，由于实验有一定的范围限制，省时、省钱，只需要很少的受试者，我们可以经常用几个不同组的受试者重复做同一实验（当然并不尽然，但重复进行实验通常比重复调查研究更容易）。如同所有其他形式的科学研究，研究结果的可重复性会让我们对其效度与概化更为深信不疑。

室内实验的最大弱点在于人为造作。能在实验室内发生的社会过程，未必能在自然的社会环境里发生。如果我们回想本章常用的例子，一部关于黑人历史的影片，也许真的有助于减弱实验室受试者的偏见。然而，这未必意味着同一部影片在全国各地电影院放映就有助于减弱一般民众的偏见。就自然实验而言，人为造作所构成的负面影响要小得多。〖240〗

在说到坎贝尔、斯坦利和库克的内在无效度和外在无效度时，我们可以通过合理的实验设计来控制那些问题。这种可能指出了实验方法的极大优势：它严密的逻辑性是其他观察方法难以比拟的。

本章要点

导言

- 在实验中，社会工作者通常会选择一组受试者，在通过他们做实验，然后观察其反映。

适于实验法的议题

- 实验是控制检验因果过程的卓越工具。

古典实验

- 古典实验通过对实验组与控制组做前测及后测，来检验实验刺激（自变量）对因变量的效果。

- 一般而言，一组受试者是否能代表更大的总体并不比实验组与控制组之间的相似更加重要。

- 双盲实验能够防止实验者的偏见，因为实验者和受试者都不知道谁是控制组、谁是实验组。

选择受试者

- 要使实验组与控制组具有可比性，可以使用概率抽样、随机化和配对的方法。其中，随机化是最一般的方法。在一些设计中，它还可以和配对结合起来使用。

实验设计的变体

- 坎贝尔和斯坦利描述了前实验的三种形式：单次研究设计、单组前后测设计、静态组间比较。

- 坎贝尔和斯坦利列出了实验设计的内在无效度的 12 种来源。利用随机分配方法的古典实验能够克服内在无效度的这 12 种来源。

- 实验也面临外在无效度问题：实验发现未必反映现实生活。

- 实验环境与刺激之间的交互作用也是古典实验所未能避免的外在无效度的一个例子。

- 所罗门四组设计和古典实验的其他变体，能够防范外在无效度问题。

- 坎贝尔和斯坦利建议，如果适当地把受试者随机分派到实验组和控制组，实验前测是不必要的。

实验法举例

- 基于"期望—状态"的实验法表明，实验设计以及实验是怎样证明与现实世界的关联。

其他实验环境

- 越来越多的研究者利用网络来做实验。

- 自然实验经常在现实世界的社会生活中发生，社会研究者可以用和实验室实验相同的方式进行研究。

实验法的优缺点

- 跟所有的研究方法一样，实验法也有其优缺点。其主要缺点在于人为造作：实验中发生的事情未必会在现实世界中发生。其优势在于：它能够将自变量独立开来，从而可以进行因果推论；相对容易复制；严密性。

关键术语

以下术语是根据章节中的内容来界定的，在出现该术语的页末也有相应的介绍，和本书末尾的总术语表是一样的。

前测 后测 实验组 控制组 双盲实验 随机化 配对 内在无效度 外在无效度

复习和练习

1. 在图书馆或者网站上，查找一个实验研究报告。找出因变量和刺激。

2. 从本章讨论的导致内在无效度的 12 种来源中挑选 6 种举例说明（非本书举过的例子）。

3. 假设一个实验设计，并说明外在无效度问题。

4. 认真思考你曾目睹或读到的最近发生的自然灾难。设计一个研究框架，把天灾当做一项自然实验来研究。以两三段的篇幅写出研究大纲。

5. 在本章中，我们简短地讨论了"安慰剂效应"问题。到全球互联网上找出一个关于安慰剂效应扮演重要角色的研究。写出此研究的简报，并附上资料的来源。（提示：你也许要利用网络搜索"placebo"这个词。）

补充读物

Campbell, Donald, and Julian Stanley. 1963. *Experimental and Quasi-Experimental Designs for Research*. Chicago：Rand McNally. 对于社会研究实验法的逻辑与方法有精辟的分析，特别有益于将实验法的逻辑应用在其他社会研究方法上。虽然有些陈旧，但该书已获得经典地位而经常被引用。

Cook, Thomas D., and Donald T. Campbell. 1979. *Quasi-Experimentation：Design and Analysis Issues for Field Settings*. Chicago：Rand McNally. 前书的扩大及更新版本。

Jones, Stephen R. G. 1990. "Worker Independence and Output：The Hawthorne Studies Re-

evaluated." *American Sociological Review* 55：176 –
190. 本文回顾了许多经典研究并质疑那些在本
章出现的传统解释。

Martin, David W. 1996. *Doing Psychology
Experiments*. 4th ed. Monterey, CA：Brooks/Cole.
利用幽默的方式,讲解研究方法背后深刻的逻
辑。本书主要强调研究思想对最初研究的特殊
重要性。譬如从实验或文献回顾中获得思想。

Ray, William J. 2000. *Methods toward a Sci-
ence of Behavior and Experience*. 6th ed. Belmont,
CA：Wadsworth. 对于社会科学研究方法的一个
完整考察,特别强调实验法,本书在科学哲学方
面有独到的见解。

SPSS **练习**

请在本书附的小册子中练习使用 SPSS（社
会学数据包）。每章都提供了练习,并有使用
SPSS 的入门方法。

网络资源

社会学 & 现状：研究方法

1. 在最后复习本章之前,先做做测试 *Soci-
ologynow*：*Research Methods*,看看有哪些地方需
要重点复习。在本书的最前面,有关于这个在线
工具的信息以及如何得到这些资源。

2. 可按照 *Sociologynow*：*Research Methods* 根
据测试结果提供的学习计划进行复习。使用学
习计划的互动练习和其他资源掌握材料。

3. 复习完毕后,再进行一次测试,以确认
已充分准备好学习下一章的内容。

《社会研究方法》第十一版所附带的网站资源

Http：// sociology. wadsworth. com/ babbie-
practice11e/登录后,你会发现对你的课程很有帮
助的学习资源。这些资源包括辅导测试和反馈、
在线练习、Flash 卡片和每一章的章节辅导以及在
虚拟空间中扩展的方案、社会研究、GSS 数据以
及数据分析软件,如 SPSS 和 NVivo 的使用入
门等。

这一章的网址链接

我们需要认识到互联网是一个变动的实体,
随时刷新。不过,这些网站还是相对稳定的。你
也可以参照书上网址,进入更多的网址链接。参
考本书中的相应的网址链接,这些链接地址提供
了到本书出版为止有关实验的信息。

雅虎! 目录：测验和实验

http：//dir. yahoo. com/Social_Science/Psy-
chology/Research/Tests_and_Experiments/

在此你会发现很多与各种类型的社会科学
实验相关的网站。其中有些是向你介绍过去的或
正在进行的实验,有些则会邀请你参加实验——
或者作为受试者或者作为实验者。

William D. Hacker 社会科学实验实验室

http：//ssel. caltech. edu/

这个位于加利福尼亚技术学院的实验室使
得学生有机会作为受试者参加在线实验——还
是有报酬的。

斯坦福囚徒实验

http：//www. prisonexp. org/

该网站上有与著名的社会科学实验（揭示
了这类研究中的一些问题）相关的幻灯片。

第 9 章

调查研究

章节概述

　　研究者可以通过多种调查方式——邮寄问卷、亲身访问和在线调查——来收集资料。社会研究者应该了解如何选择一个合适的方法并有效地贯彻。

导 言

调查研究（survey research）是一项非常古老的研究技术。譬如我们发现《圣经·旧约》就曾提到：

> 瘟疫之后，上帝对摩西和亚伦的儿子以利撒神父说："对 20 岁以上的以色列子民进行普查……"（Numbers 26：1－2）

古埃及的统治者也曾为了治理其领土而进行普查。耶稣未能在家中出生，就是由于约瑟夫和玛丽正前往约瑟夫的老家进行一项罗马帝国的普查。〖244〗

1880 年，有人曾在法国工人中进行过一次鲜为人知的调查。一位德国政治社会学家邮寄了约 2.5 万份问卷给工人，目的是为了测定他们遭受雇主剥削的程度。那份长长的问卷包括以下问题：

> 你们的雇主或他的代理人是否会以狡

诈的手段榨取你们的部分酬劳？

如果是按件计酬，产品的质量会不会是雇主狡猾地榨取你们工资的一个托词？

这项调查的主持者不是盖洛普，而是马克思（［1880］1956：208）。尽管寄出的问卷有2.5万份之多，但却没有任何返回的记录。

如今，调查研究是一种在社会科学中经常使用的观察方法。在一个典型的调查中，研究者先选择调查对象作为样本，然后利用标准化的问卷来进行调查。第7章中我们详细探讨了抽样技术。本章则讨论如何设计问卷和操作问卷的多种选择，以保证受访者能够充分回答问题。

本章还包括对二手分析方法的简短讨论，也就是说，分析由他人所收集的调查数据（而这些数据是他人为了其他研究目的而收集的）。近年来，对调查结果的这种使用方法，已经成为调查研究的一个重要方面。对学生和一些缺乏研究经费的人而言，这种方法尤为有用。

下面，让我们来看一看这些能教你们使用调查研究方法的议题。

适于调查研究的议题

调查可用于描述性、解释性和探索性的研究，通常以个体为研究单位。虽然也可以使用其他的分析单位，比如群体或互动，但它们仍需要把个体作为**受访者**①（respondents）或是资料提供者。因此，尽管我们可以把离婚作为分析单位用于调查，但是调查的问卷必须由离婚者（或一些其他的资料提供者）来填答。

有一些社会科学家期望收集原始资料描述某个群体的状况，而这个群体对他而言太大了，以致无法直接观察，这时，调查研究可能就是最好的方法。严谨的概率抽样能提供具有代表性的样本，该样本成员的特征能反应较大群体的特征。而严谨的标准化的结构性问卷，能保证从所有受访者那里获取相同形式的数据。

调查还是测量群众态度与倾向性的一个出色工具。民意测验——像盖洛普、哈里斯、路波、杨克洛维奇——是这一用途的众所周知的例子。事实上，民意调查太流行了，以致公众对这种方法有意见。那些不相信（或者想要相信）民意调查的人对民意调查的准确性存在质疑（那些在民意测验上落后的候选人总是试图说服选民不要相信那些民意调查）。不过，民意调查也因为太准确了而受到批评——比如，民意调查会在大选当天（但是实际投票结果还没有出来之前）公布"结果"。

由于有一些议题和/或其"发现"引人注目，但调查本身却极不科学，使得民众对民意调查的看法变得更为复杂。最近调查人类性事的"海蒂报告书"（Hite Reports）就是个很好的例子。一方面，作者海蒂（Shere Hite）受到新闻界的很多关注。同时，她也遭到研究界对她资料收集方法的猛烈批评。例如，1987年的海蒂报告是根据对全国妇女所进行的问卷调查所写的——但是，是什么样的妇女呢？海蒂报道说她通过各种不同的组织分发了近10万份问卷，最后回收了约4500份。〖245〗

4500份和10万份就抽样调查而言是相当大的数量，但考虑到海蒂所用的研究方法，这4500位回答者并不能很好地代表全美妇女。正像当年《文学文摘》所收集的200万份选票样本显示兰登将以压倒性的胜利击败罗斯福（FDR）一样，没有真正代表全美选民。

有时候，人们会不恰当地借调查研究之名来

----

① 受访者：通过回答调查问卷来提供分析资料的个体。

达到不同的目的。例如，你们本人可能接过一通电话，告诉你们很幸运地成为某项研究的样本之一，但你们发现第一个问题却是"你们想不想只坐在家中，就能够在一星期内赚得数千美金？"或是你们有可能被告知只要能说出一分钱上的总统肖像是谁，就可以赢得一份奖品（你们可以告诉他们是猫王）。很不幸，确实有一些不道德的人通过电话利用一般民众对于调查研究的合作意愿。

同样地，一些政党群体与慈善机构也开始进行电话式"研究"。他们经常假装要收集某些议题的公众意见，但最后却要受访者给予金钱资助。

最近的政治运动又发明了另一种伪装形态的调查研究，称之为"强迫性的民意调查"（push poll）。为此，美国民意研究协会不得不对此行径加以谴责：

> 所谓的"强迫性民意调查"是一种电话行销的技巧，他们借打电话来诱导潜在的投票者，向他们灌输关于某位候选人的错误的或误导性的"资料"，借口说看看这项"资料"是如何影响选民的抉择。事实上，其目的并非是要测量民众的意见，而是要操控它（"强迫"选民，从支持某个候选人转而投向反对阵营）。像这样的民意调查，就会对选民发出错误或误导性的信息，以对某些候选人进行毁谤。这些人打着合法的民意调查旗帜，其目的却是要进行竞选宣传。（Bednarz，1996）

简言之，"调查研究"或"民意测验"有时会被误用。然而，如果正确地加以运用，调查研究可以成为社会研究中一个相当有用的工具。要设计有用的（和可信的）调查研究，首先要设计好的问题。现在我们转向这个问题。

提问的原则

在社会研究中，当研究者向受访者提问并以此作为收集资料的方式时，变量通常都是需要操作化的。有时候是由访问者来提问，有时候问题则是写下来并交由受访者完成。在其他情况下，一些一般性的原则能够帮助研究者建构问题和提出问题，这些问题都是对变量的绝佳操作化，同时还能够避免那些容易导致无用甚至误导信息的缺陷。

调查包括了对**问卷**①（questionnaire）——一种用以得到对分析有用的信息的工具——的运用。下面的几点对于设计结构化的问卷是很有用的，当然也可以用于在定性研究、深度访谈中更为开放的问卷，只是作用稍微小点而已。不过，不管在什么时候，其基本的逻辑对于提问来说都是相当有价值的。〖246〗

选择合适的问题形式

我们就从一些在问卷设计时你所能够接触到的一些选择开始吧。这些选择包括：使用问题还是陈述？选择开放式问题还是封闭式问题？

问题和陈述

尽管问卷这个词语意味着一组问题的汇总，但是典型的问卷中所包含的陈述可能和问题一样多。这不是没有道理的。研究者通常会对受访者的态度或者观点的强烈程度感兴趣。如果可以通过相对简短的陈述来总结态度，那么你就可以提出一些陈述并让受访者回答他们同意或者不

---

① 问卷：其中包括了问题和其他类型的项目。我们用它来获取和分析相关的信息。问卷主要是在调查研究中使用，但同时也可以在实验、实地研究和其他观测方法中使用。

同意。也许你还记得，李克特就是通过李克特量表来格式化这个程序的。在李克特量表中，受访者面对的答案包括十分同意、同意、不同意和十分不同意，或者分为十分赞成、赞成等等。

问题和陈述都很有助益。在同一问卷中同时使用问题和陈述将会让你在项目设计中更具灵活性，同时也能够让你的问卷更加吸引人。

开放式问题和封闭式问题

在提问时，研究者有两种可行性选择。他们可以问**开放式问题**①（open-ended questions）：受访者被要求针对问题做出自己的回答。比如，你可能问受访者，"你感觉现在的美国所面临的最重要的问题是什么？"，然后给出一个空格，让受访者自己填写答案（或者请受访者口头回答）。在第 10 章，我们还将看到，深度访谈和定性访谈就基本上依赖于开放式问题。不过，在调查研究中也会用到开放式问题。

而在**封闭式问题**②（closed-ended questions）中，受访者被要求在研究者所提供的答案中选择一个答案。因为封闭式问题能够保证回答具有更高的一致性，并且比开放式问题更容易操作，因而在调查研究中相当流行。

在进行电脑分析之前，我们必须对开放式回答进行编码（第 14 章将会讨论这个问题）。编码过程通常需要研究者解释回答的意义，这就是误解和研究偏见埋下了种子。还有一种不好的可能就是，受访者的回答可能和研究者的意图本质上并不相关。而封闭式回答则可以直接转化为电子格式。

封闭式问题的主要缺点在于研究者所提供的结构式回答。当问题的有关答案都很清楚时，问题不大。但是，研究者所提供的结构式回答可能会忽略一些重要的回答。比如在问"美国所面临的最重要问题"时，研究者所提供的答案列表就可能省略了某些受访者可能认为重要的

问题。

封闭问卷的结构应该遵循两条结构要求。首先，答案的分类应该穷尽所有的可能性：也就是应该包括所有可能的回答。研究常常通过增加诸如"其他（请注明：＿＿＿＿＿）"一项来保证穷尽。其次，答案的分类必须是互斥的。不应该让受访者觉得好像可以选多个答案（有些时候，你可能希望得到多个答案，但这又会给资料处理和分析带来麻烦）。为了保证你的分类是互斥的，你就要问问自己：受访者是否可能合理地选择不止一个答案？此外，增加一个回答问题的说明（让受访者选择一个最准确的答案）很有帮助。不过，这丝毫也不意味着我们在仔细建构答案方面可以稍微松懈。〖247〗

问题要清楚

问卷中的问题必须清楚、明确，本来是无需强调的，但是，调查中不清楚的、含糊的问题的大量存在使得我们还是有必要对此加以强调。很多意见和观点对于研究者来说可能是再清楚不过了，但是对于受访者来说却可能并非如此。因为我们对这些主题都比较关注，而受访者则可能根本就没有留意过这些问题。或者，如果我们对相关主题只有肤浅的了解，我们也不可能充分地表达问题的意图。如问题"你如何看待被提议的和平方案？"就可能会引起受访者的反问："哪一个提案？"因此，问题必须清楚，这样受访者才能够准确地知道研究者问的是什么。

---

① 开放式问题：受访者被要求做出自己的回答的问题。深度访谈和定性访谈就基本依赖于开放式问题。

② 封闭式问题：受访者被要求在研究者所提供的答案中选择一个答案。因为封闭式问题能够保证回答具有更高的一致性，并且比开放式问题更容易操作，因而在调查研究中相当流行。

误解的可能性几乎是无穷的，也没有哪一个研究者可以完全避免（Polivka and Rotheb, 1993）。美国最大的研究计划之一——人口普查局正在进行的"当前人口调查"（CPS），测量了国家失业率。一部分对雇佣模式的测量集中在受访者在"上星期"——人口普查局指的是星期日到星期六——的活动。而旨在揭示该研究准确性的报告却指出：超过一半的受访者将"上星期"只当成了星期一到星期五。同样地，尽管人口普查局将"全职工作"定义为每周工作 35 或超过 35 小时，但是评估报告显示：有些受访者将其当成了传统的每周工作 40 小时。由此，CPS 在 1994 年就被修改了这些问题中的措辞，以明确人口普查局的界定。

同样，用"本地美国人"这个词来表示印第安人，通常都会过多地代表了调查中的种族群体。很明显，很多受访者将其理解成了"出生在美国"。

避免双重问题

研究者常常会问受访者一个实际上具有多重内容的问题，但又期待着单一答案。当研究者将一个复杂问题看做是一个问题时，这种窘境就更可能发生。比如，你可能会问受访者是否同意以下陈述："美国应该放弃太空计划，并将钱财用在民用事业上。"尽管很多人会毫不含糊地同意，而有些人则会完全不同意，但是还有一部分人则可能无法回答。有些人赞成放弃太空计划并建议将这些资金返还给纳税人。也有些人会支持继续发展太空计划，同时也更加大力发展民用事业。可见，后一部分人就无法简单地回答同意或者不同意，除非你不介意被误导。

作为一般准则，我们应该检查出现在问卷、问题中的词语是否表达了双重问题。见插页文章"双重问题及其避免"，你会发现这一问题的

变异。〖248〗

受访者必须胜任回答

在要求受访者提供信息的时候，你应该不断地问自己：他们是否能够提供可靠的信息？在一项儿童抚养的研究中，你可能会问受访者他们几岁的时候学会和他们的父母对话。暂且不管如何界定"和父母对话"这个问题，大部分受访者能否记住确切的时间就相当可疑。

另一个例子是，学生组织的领导人会偶尔要求学生们提供有关会费应该如何使用的方案。典型地，受访者被要求提供可资利用的资金的百分之多少应该用于哪些活动。如果对这些活动的本质和费用没有很好的了解，受访者是不可能给出有意义的回答的。比如，管理费用可能得不到大家的支持，尽管管理对于活动而言是相当重要的。

一个研究青少年的驾驶经历的团体，坚持用一个开放式问题来问他们自从获得执照以来行驶的英里数。尽管顾问认为很少有人能够准确地记得这种信息，但他们还是采用了这个问题。在回答中，有些青少年所给出的答案是成千上万英里。

受访者必须愿意回答

我们常常意欲从那些不愿意和我们分享的人那里学习。比如，边燕杰指出：从中国人口中得到公正的、坦诚的回答是很困难的事情。〖249〗

（在这里）为了自保，人们通常很小心地回答涉及非个人事件的问题。比如，1966－1976 十年"文革"期间，由于全国范围的激进的政治运动，使用调查技术收集人们的生命经历、特征以及对党政权态度的有效、可靠的数据基本是不可能的。（1994：19－20）

双重问题及其避免

专业的研究者有时候也会提出双重问题，甚至一些更糟糕的问题。1986 年 4 月，在美国与利比亚的关系处于低谷的时候，一些观察家建议美国通过快速战争来结束这种困境。哈里斯民意调查机构（Harris Poll）试图发现美国的大众舆论。

　　如果利比亚现在增加针对美国的恐怖主义活动，而我们也对利比亚不断造成更多的破坏，那么不可避免地，美国会错误地发动战争并入侵利比亚。

受访者有三个可选答案：同意、不同意、不确定。不过，请注意这个复杂的问题中所包含的要素：

　　1. 利比亚会增加它针对美国的恐怖主义活动吗？
　　2. 美国会对利比亚造成更多的破坏吗？
　　3. 美国会不可避免地发动战争吗？
　　4. 美国会侵入利比亚吗？
　　5. 这种行为是对的还是错的？

这几个要素包含了很多的可能回答——而不是研究者所提供的三个选择。即使我们假想利比亚会增加恐怖主义活动，而美国也会以增加破坏来实施报复，我们还是起码可以找到 7 种不同的后果：

	美国不会开战	战争是可能的，但不是不可避免的	战争是不可避免的
美国不会入侵利比亚	1	2	3
美国入侵利比亚，但是错的		4	5
美国入侵利比亚，但是对的		6	7

对利比亚形势的预测，显然不是大众舆论调查中的双重问题的惟一例子。下面是哈里斯民意调查机构就收集大众对苏联总书记戈尔巴乔夫（Gorbachev）的看法时，所使用的问题：

　　他是这样一位俄罗斯领导人：他承认苏联和美国都具有摧毁对方的核导弹，因此认为达成武器控制协议对双方都有好处。

　　他看起来更现代、开化，并具有吸引力，这是世界和平的征兆。

　　尽管他看起来更为现代、富有吸引力，但并不足以认为他和其他苏联领导人有很大不一样。

在每个问题中，你能发现多少要素？人们对每个要素可能有多少种回答？简单的"同意"或是"不同意"意味着什么？

资料来源：分别见 *World Opinion Update* 在 1985 年 10 月和 1986 年 5 月的报道。

有时候，美国的受访者会说他们还没有做出决定。而实际上，他们已经有了观点，他们只是不想让别人知道他们是少数派。在这种情况下，他们就不愿意告诉一个陌生人（访问者）真实的想法。针对这个问题，盖洛普组织就利用"秘密投票"的方式来模拟真实的选举情形："投票者"具有完全的匿名性。在对盖洛普在 1944 – 1988 年之间所获得的大选资料的分析中，斯密斯和毕晓普（1992）发现这一技巧大大减少了受访者回答"尚未决定"的百分比。

而且，这个问题还不局限于调查研究。麦特歇尔（Richard Mitchell, 1991: 100）在其对美国活命主义者进行的实地研究中也面临同样的问题：

> 比如，活命主义者在隐瞒他们的认同和偏好上是相当矛盾的。他们意识到保密能够保护他们免遭不相信他们的多数人的嘲笑，但是这种自我隔绝又减少了其招募成员和进行信息交换的机会……
>
> "偷偷摸摸的"活命主义者远避电话、使用绰号和别名，并小心翼翼地向陌生人隐藏他们的地址。不过，一旦我受邀参加群体会议，我发现他们都是相当合作的受访者。

问题应该中肯

同样，问卷中的问题对于绝大多数受访者来说都必须是中肯的。当有些态度只有极少数的受访者会考虑或者真正在意时，那么测量结果就不太可能有用。当然，受访者也可能会表达一些他从来没有想过的态度，这样，你就冒被误导的风险了。

当你就假想的人和事征求受访者的回答时，你就可以看到这个风险。在我所主持的一次政治民意调查中，我问受访者是否熟悉社区里的 15 个政治人物。作为一个方法论练习，我捏造了一个名字：约翰。在收回来的问卷中，9% 的受访者回答说他们对约翰很熟悉。在这些认为很熟悉约翰的受访者中，还有一半的人说在电视上看见过他，并在报纸上看过关于他的文章。

当你获得针对假想事物的回答时，你可能会漠视这些回答。但是，当这些事物是真的时，你可能就会无法分辨哪些回答反映了真实的态度，而哪些回答反映了对不相关的问题的回答。

理想地，我们宁愿受访者简单地回答"不知道"、"没有什么意见"或者"尚未决定"。不幸的是，他们经常捏造答案。

问题越短越好

为了达到明确性、精确性和中肯性，研究者倾向于使用长而复杂的问题。这是需要避免的。受访者通常都不愿意为了理解问题而去认真分析问题。问题的设计最好是能够让受访者迅速阅读、理解其内容，并可以毫不困难地选择或者提供一个答案。一般来说，我们都假定受访者阅读和给出答案的速度都很快。因此，我们也就需要提供清楚的、短小的、不容易引起误解的问题。〖250〗

避免否定性问题

问卷中的否定，极容易导致误解。当被问及是否同意"美国不应该承认古巴"这个陈述时，相当部分的受访者都会忽略"不"，并在这个基础上做出回答。这样，有些人本来可能是反对的，但却选择了同意；而另一些则可能刚好相反。而且你还永远也分不清楚谁是谁。

同样的考虑也适用于其他"否定"词。比如，在关于支持公民自由的研究中，受访者被问及他们是否感到"应该禁止下列类型的人在公立学校任教"，并列出了一个目录，其中包括三 K 党等。回答的分类是"是"和"否"。将对这问题的回答与其他反映了支持公民自由的回答进行对比，发现很多回答了"是"的人，却支持这种人在公立学校任教。（而后来的研究中所使用的"同意"和"禁止"则更好地解决了这个问题。）

1993 年，美国犹太人委员会委托做的一项全国调查得出了惊人的结论：5 人中就有 1 人相信纳粹大屠杀——据报道 600 万犹太人被杀害

——并没发生，而且，3 人中就有 1 人会对其是否发生过表示怀疑。研究发现表明，美国的大屠杀修正者运动强有力地影响了公众。

针对爆炸性新闻的结论，研究者重新考察了被问的实际问题：对你来说，对犹太人的纳粹大屠杀从未发生，是可能的或者不可能的？很显然，这个复杂的、双重否定的问题困扰了部分受访者。

随后，新的调查问了这样的问题：对你来说，纳粹对犹太人的大屠杀从未发生是可能的吗？或者你确定它发生过吗？调查发现，这次只有 1% 的受访者相信大屠杀没发生过，另外 8% 的人表示不确定。

避免带有倾向性的问题和词语

回顾一下第 5 章中关于概念化和操作化的讨论，社会科学中的概念并没有终极的真实意义。偏见并没有最终的、正确的定义；某人是否具有偏见取决于我们对这个词语的界定。同样的规则也适用于我们通过问卷所获得的回答。

某人对问题的回答的意义，在很大程度上取决于措词。每个问题和答案都是如此。有些问题可能比另外一些问题更为鼓励某些回答。在问卷中，**倾向性**① （bias）指的是鼓励受访者以某种特定方式回答问题的特性。

绝大多数的研究者都承认像"难道你不同意美国总统……"这样的问题带有很强的倾向性，也没有哪个著名的研究者会使用这种问题。不过，不用高兴得太早，问题和词语的倾向性往往比这微妙得多。〖251〗

对享有声望的人或机构的态度或者立场的简单提及也会具有倾向性。问题"你同意还是不同意最高法院最近的决定……"也具有同样的效果。这种措词不会导致所有的人或者大多数人都同意权威人物或者机构的观点，但是却极有可能增加对这种观点的支持。

有时候，不同形式的措词的影响相对比较微妙。比如，当拉辛斯基（Kenneth Rasinski，1989）分析几个关于针对政府开销的态度的 GSS 研究的结果时，发现方案被接受的方式影响着它们所获得的公众支持的程度。下面是一些比较：

更多支持	更少支持
"帮助穷人"	"福利"
"遏制不断上升的犯罪率"	"法律实施"
"解决吸毒问题"	"禁毒"
"解决大城市问题"	"援助大城市"
"提高黑人景况"	"帮助黑人"
"保护社会安全"	"社会安全"

比如，在 1986 年，62.8% 的受访者认为在"帮助穷人"上花费太少，但在当年的配对调查中，只有 23.1% 的受访者认为我们在"福利"上花费太少。

在这种背景下，就要提防研究者所谓的对问题和回答的社会渴望。当我们从人们那里收集信息的时候，他们会以一种他们认为有助于保持其"好"形象的方式来过滤他们的回答。在面对面的访谈中，尤其是这样。比如，某男人可能认为女人呆在厨房里会更好，不应该有投票权，在公共场合应保持沉默等等。不过，当被问及是否支持性别平等时，他可能不想被看做是一个盲目的爱国者。当认识到其观点已经不合乎这个时代时，他可能会选择回答"是"。

防止这种问题的最好方法是想象一下你对你所给出的答案的感觉。如果你自己都觉得困窘、不正当、残忍、愚蠢、不负责任或者因为某

---

① 倾向性：倾向于将被测量的事物引向某特定方向的测量设备的特性。比如，问题"难道你不认为总统做得正确吗？"就有倾向性，因为它鼓励更为赞成的回答。

回答而感到被社会排斥，那么就要认真思考其他人在给出这些答案时的感觉。

特定措辞的倾向性效果通常是很难预期的。无论在调查中还是在实验中，有时候都需要问受访者一些假定的情景，并询问他们在其中的可能行为。因为这些情景通常都包括其他人，而情景中所使用的名字就可能影响回答。比如，研究者很早就认识到假定情景中的人物的姓名和性别都会影响回答。卡索夫（Joseph Kasof, 1993）的研究指出了具体姓名的重要性：它们普遍地激起关于吸引力、年龄、智力等的正面或者负面想象。卡索夫对过去研究的回顾表明：受到正面评价的姓名更多地用于男性而非女性。

跟所有其他研究一样，认真地检查问题的目的和设计问题是相当有帮助的。你不必认为在提问方式上存在终极的"对"或"错"。不过，当你感到难以把握时，就要记得多问几次。

这就是提问的原则。下面我们来看看如何建构问卷。

问卷的建构

问卷在社会研究中的多种观察方式中都会用到。虽然结构化问卷对于调查研究来说是必不可少的，同时也是和调查研究最为直接相关的，不过结构化问卷也还广泛应用于实验、实地研究以及其他资料收集活动中。因此，问卷的建构对于研究者来说就是一项重要的实践技巧。不过，在讨论建构问卷的技巧之前，我们先来讨论问卷格式问题。〖252〗

一般的问卷格式

问卷的格式和问题本身及其措辞同等重要。安排不合理的问卷可能会导致受访者遗漏一些问题、混淆问题本意，甚至导致受访者直接扔掉问卷。

作为一般性的准则，问卷应该平展、整齐。没有经验的研究者容易担心他们的问卷看起来太长，这样，他们就会在同一行中搁几个问题。他们会将问题简化，并试图尽可能地减少问卷的页面数量。这种做法完全是一种馊主意，甚至是危险的。将不止一个问题搁在同一行会导致部分受访者遗漏后面的问题。一些受访者则会误解那些被简缩的问题。更为一般的是，那些在第一页就花费了大量时间的受访者，比那些能够迅速完成前面几页的受访者，更容易感受到挫折——尽管前者的问卷页数较少。而且，后者可能犯的错误相对较少，而且也无需重读那些被简化的但是容易让人糊涂的问题。此外，后者也无需在一个狭小的空间里填写长长的答案。

对访员来说，同样的问题也会在面对面或电话访问中出现。如同自行填答问卷的受访者，访员可能会遗失一些问题，失去他们的立场甚至会感觉失败和慌乱。问卷必须以支持研究工作的方式被设计，包括特别说明和指导原则。

问卷中的问题应该平展、整齐，这个要求不能忽视。将很多问题搅在一起简直就是一场大灾难——不管是受访者自己完成的问卷，还是有接受过训练的访谈者协助完成的问卷。而且，这种问卷的处理过程也是一场噩梦。我将在第 14 章更深入地讨论。

回答的格式

在最为常见的问卷中，受访者被要求从一系列的答案中选择一个。就此而言，我的经验告诉我留足了空间的盒式选择是最好的格式。现代的信息处理使得盒式选择的应用成为当前的实践技术，在铅字中间设置盒式选择也相当简单、整洁。你可以用括号［ ］来代替，但是如果你是在电脑上设计问卷，那么我建议你使用一些更为灵巧的盒式选择，因为它们会让你的问卷看起来更加专业。比如：□ ○ □。

除了使用盒式选择之外，你还可以在每个回答旁边给出一个数字，让受访者圈上相应的数字（见图 9 - 1）。这种方法在以后的资料处理阶段时具有额外的优势，因为它指定了编码数字（见第 14 章）。不过，如果采用这种方法，你需要为受访者提供清楚、明显的说明，因为很多受访者喜欢打钩——这会给资料处理带来麻烦（当由访谈者来记录回答时，这种技术尤其有效）。

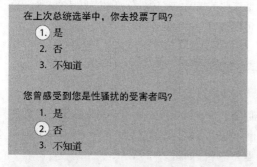

在上次总统选举中，你去投票了吗？
1. 是
2. 否
3. 不知道

您曾感受到您是性骚扰的受害者吗？
1. 是
2. 否
3. 不知道

图 9 - 1　圈选答案

关联问题

在问卷中，通常都会存在某些跟部分受访者相关而与另一部分受访者不相关的问题。比如，在一项关于避孕控制方法的研究中，你大概就不合适问男性是否服用避孕药。

这类情形往往发生在研究者试图就特定主题询问一系列问题的情况下。你可能想要问受访者是否属于某特定组织，而且，如果是的话，你还想知道他们参加集会的频率，等等。或者，你可能想要问受访者是否听到过某政治事件，并试图了解那些听到过该事件的人的相关态度。

类似这种的后继问题就是**关联问题**① （contingency question）：该问题是否被回答和受访者对系列问题中的第一个问题的回答有关。对关

联问题的恰当使用，能够方便受访者对问卷的回答，因为这样他们就无需试着回答那些跟他们不相关的问题。〖253〗

关联问题可以采取多种格式。图 9 - 2 所显示的就是最清楚、最有效的一种了。在这个格式中，需要注意两个关键要素。首先，关联问题是独立于其他问题的——它被搁在边上并用一个方格框起来。其次，在关联问题和与其相关的答案之间有一个箭头相连。在图示中，只有那些回答了"是"的受访者才需要回答关联问题，而其他受访者则跳过这个问题即可。

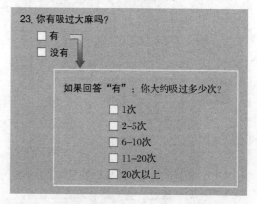

23. 你有吸过大麻吗？
□ 有
□ 没有

如果回答"有"：你大约吸过多少次？
□ 1次
□ 2-5次
□ 6-10次
□ 11-20次
□ 20次以上

图 9 - 2　关联问题格式。关联式问题提供了一种结构，用于逻辑性地深入探讨某个领域。

图 9 - 2 中所显示的问题也可以用一个问题来表示。比如"如果有的话，你吸食过多少次大麻？"回答分类是："从不"、"1 次"、"2 - 5 次"等等。这个单一问题就适用于所有的受访

① 关联问题：只针对部分受访者的问题，其是否需要回答取决于受访者对其他问题的回答。比如，所有的受访者都被问及是否属于"科萨·诺斯特拉"（Cosa Nostra），只有那些回答了"是"的受访者才会被问及他们参加集会、夜餐的频率。后者就是一个关联问题。

者，而且每一个受访者都可以找到一个合适的答案分类。不过，这种提法可能会给受访者一定的压力，因为问题问的是他们吸食大麻的次数，尽管它也包括了那些从不吸食大麻的例外。图9-2所展示的关联问题的格式就降低了对受访者在回答吸食大麻时所感受到的微小压力。

如果使用得当，即使是很复杂的关联问题也不会让受访者觉得混乱。图9-3就展现了一个更为复杂的例子。〖254〗

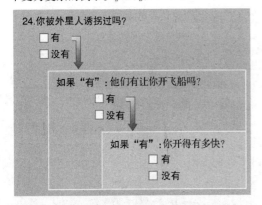

图9-3 关联表格。对某些应答者而言，有时要跳过一些问题。为避免混淆，在问题结尾处必须要有清晰的说明。

有时候，一套关联问题长到足以跨越好几页。假如你在研究大学生的政治活动，你有好多问题需要问那些参与过联邦、州或者地方选举投票的学生。你可以通过最初的问题，如"你曾参加过联邦、州或者地方选举吗？"来遴选出那些相关的受访者。不过，在一个延伸了好几页的方格中搁置那么多的关联问题似乎有点难以想象。这样的话，还不如在每个回答的后面设置一个圆括号，并在括号内写上要求受访者回答或者跳过的关联问题的提示。图9-4就是一个相关的图示。

13. 你曾参与过联邦、州或者地方选举的投票吗？

☐ 有（继续回答问题14-25。）
☐ 没有（请跳过问题14-25。直接回答第8页的问题26。）

图9-4 跳答提示

除了这些提示之外，在包含了关联问题的该页的页眉给出的提示也是相当有帮助的。比如，你可以说，"此页只适用于那些参加过联邦、州或者地方选举的受访者。"清楚的提示，能够帮助那些不相关的受访者免遭阅读和回答之苦，也可提高那些相关的受访者回答的可能性。

矩阵问题

我们经常想要问几个具有相同答案分类的问题，尤其是当我们使用李克特答案分类的时候。这个时候，我们就可以建构一个矩阵式的问题和答案。如图9-5所示。

这种格式具有好几个优点。首先，它有效地利用了空间。其次，受访者能够更迅速地完成这种格式的问题。此外，这种格式还能够提高回答之间的可比较性。由于受访者能够迅速地回忆起在上一个问题上所做出的回答，他们就可以通过比较他们在两个问题之间的同意的强度来决定他们的回答，比如选择"十分同意"还是"同意"。

不过，使用这种矩阵格式也存在一些固有的危险。它的优点可能导致你将同样的答案选项应用在一些并不太合适的问题上。矩阵问题格式还可能会强化一些受访者的回答模式：他们用同一个答案，如"同意"来回答所有的陈述。当某组陈述是以几个具有相同倾向（比如，民主政治观）的问题开始，而且只有最后的几个问题才是以相反的倾向进行陈述时，尤其是这样。受

17. 在下列陈述中，请选择你是很同意（SA）、同意（A）、不同意（D）、很不同意（SD）或者尚未决定（U）。

	SA	A	D	SD	U
a. 这个国家最需要的是更多法律和秩序	☐	☐	☐	☐	☐
b. 警察不应该携带武器	☐	☐	☐	☐	☐
c. 在暴乱中，抢劫者应该就地枪杀 等等	☐	☐	☐	☐	☐

图 9 – 5　矩阵问题格式。矩阵问题是提供同一类封闭问题的有效形式。

访者可能会假定所有的陈述都代表了相同的倾向，这样他们就会读得很快，其中的误解也就难免，错误的回答自然也就出现。通过交叉放置代表了不同倾向的陈述，和尽量使得陈述简短、清楚，这个问题也可以在一定程度上得到解决。〖255〗

问卷中的问题序列

问卷中的问题序列也会影响到回答。首先，一个问题的出现可能会影响到对后面问题的回答。比如，如果前面已经问过好几个关于恐怖主义对美国的危害的问题，接下来的一个问题是问受访者他们认为美国所面临的威胁是什么（开放式问题），那么恐怖主义就更可能被引用。在这种情况下，就应该先问开放式问题。

同样，如果受访者已经被问及评定他们总体的宗教虔诚度（总体而言，你的宗教对你的重要性），那么他们在后面被问及有关宗教虔诚度的具体方面时，就会尽量和前面的回答保持一致。反过来也是一样。如果受访者先被问及有关他们的宗教虔诚度的不同方面，他们随后的总体评定也会反映先前的回答。

问题序列的影响并不是相同的。当本顿和达理（J, Edwin Benton and John Daly, 1991）在进行一次当地政府的调查时，发现受教育程度比较低的受访者比那些受教育程度相对比较高的受访者，更容易受问题序列的影响。

有些研究者试图通过随机排列问题的顺序来克服这个问题。不过这种努力多半都是徒劳无功的。首先，随机的问题序列极有可能是混乱的、无用的。其次，随机序列还使得问题不好回答，因为它们不得不经常转换他们的注意力。最后，即使是随机的问题序列也具有上面讨论过的问题。

最好的解决办法是对问题保持敏感。虽然你不可能避免问题序列出现问题，但你可以尝试着估测其影响，这样你就可以有效地解释结构。在研究中，如果问题序列相当重要，你可以用多种不同的问题序列来建构多个版本的问卷。通过比较不同版本的问卷所收集的资料，你就可以判断各个版本的效果。至少，你也应该用不同版本的问卷进行预调查。（我们马上就会讨论到预调查问题。）

在访谈和自填式问卷中的问题序列是不一样的。在后者，通常是以最吸引人的问题开始的。这样，那些潜在的受访者在看了前几个问题之后就会有兴趣回答问卷。这些问题问的可能是他们所不愿意表达的态度。不过，刚开始的问题可不要吓着人（比如，一开始就问关于性行为或者吸毒的问题就很不恰当）。在自填式问卷中，那些人口学资料（年龄、性别等）一般都放在末尾。很多缺乏经验的研究者就会将这些问题搁在问卷的前边，并以此作为一种固定模式，但是受访者可对这种设计不感兴趣。

访谈调查则刚好相反。潜在的受访者一旦开门迎接，访谈者就要给人以和蔼、亲善的感觉。在简短的研究介绍之后，访谈者最好就接着列举家庭成员，并开始收集个人的相关人口学资料。这些问题通常都比较容易回答，也不太唐突。前面的工作是想让受访者放松，并营造一种比较融洽的气氛，而在这个基础之上，访谈者就可以进入其他更为敏感的话题了。以诸如"你相信魔法吗？"这类问题开始的访谈多半都会过早夭折。〖256〗

问卷说明

不管是自填式问卷，还是由访谈者代填的问卷，都应该在合适的地方附有一个清楚的说明和介绍。

在自填式问卷前面附上完成该问卷所需的说明，是很有帮助的。尽管现在的很多人对问卷及其格式都有所了解，不过最好还是在问卷的开头就告诉他们你想要得到什么：提醒他们画圈或者在方框里打 X 来选择他们对问题的回答，或者在需要的时候写出他们的回答。如果问卷中有很多开放式问题，就需要说明一下多长的回答比较适宜。如果你希望受访者详细说明他们对封闭式问题的回答，那你也要注明。

如果一份问卷还分为多个部分——政治态度、宗教态度、背景资料，那么每个部分的内容和目的都应该给出简短的陈述。比如，"在这一部分，我们想要了解人们认为什么是最重要的社区问题"。对于自行填答问卷末尾部分的人口学问题，也应该有这样的说明："最后，我们想

要了解你的一些私人资料，这样我们就可以比较不同类型的人在这个问题上的态度差异。"

类似这样的简单说明，都有助于帮助受访者理解问卷。这些说明能够让问卷看起来更为清楚、有条理，尤其是当问卷涉及多种类型的资料时。这些说明也有助于调整受访者的思维，以便更好地回答不同部分的问题。

为了方便回答，有些问题可能需要特殊的说明。尤其是当这个问题所需的说明具有独特性时，一些具体的例子能够很好地说明这一点。

尽管封闭式问题的可选答案都尽可能地互相排斥，但是受访者还是可能觉得有不止一个答案合适。如果你只想要一个答案，你就应该说明白。一个例子是："在下面的问题中，请选择你进大学的主要原因。"主要问题后面通常都会有一个附加说明："请选择一个最佳答案。"另一方面，如果你想要受访者尽可能多地选答案，你也应该说清楚。

当需要受访者对所给出的选择排序时，也应该给出说明，同时也应该使用一种不同类型的回答格式（比如，用空格而不是方格）。说明应该指出要排列几个答案（比如，全部、前两个、第一个和最后一个、最重要的和最次要的）。说明还应该指出排列的次序（比如，"请在最重要的问题旁边写上 1，第二重要的旁边写 2，依此类推"）。不过，这种排序对于受访者来说通常都是比较困难的，因为他们不得不因此而多看几遍问题。因此，只有在其他方法无法获得所需的资料时，才使用这个技巧。

在矩阵问题中，也需要给出特别说明，除非问卷通篇所使用的都是同一个格式。有时候，受访者需要每行选择一个回答；有时候则需要在每一列中选择一个回答。只要问卷同时包含了这两种格式，那么就需要一个说明来澄清哪个是哪个。〖257〗

预调查

不管研究者在设计资料收集的手段——比如问卷——上多仔细、多认真，还是存在错误的可能性——实际上是肯定存在的。研究者通常都会犯这些错误：问题过于模糊，受访者无法回答，有些则违背了刚才讨论过的原则。

避免这种错误的最有效办法就是对问卷（全部或者部分）进行豫调查。比如，将问卷分发给你保龄球协会的 10 各成员。预调查的对象无需具有代表性，不过你也至少应该找那些跟问卷相关的人赖完成。

大体上，叫人完成问卷往往都比通过阅读来查找错误有效。有些问题常常看起来很好，但实际上却可能是无法回答的。

泼勒索（Stanley Presser）和布莱尔（Johnny Blair）(1994) 介绍过几种不同的预调查策略，并给出了每一种策略的效果。他们甚至还区分了每种方法的成本差异。

关于问卷的建构，还有很多的原则和技巧，但如果要面面俱到的话，那就又得出一本书了。现在，我将以一个真实问卷作为例子——其中展示了这些需要注意的事项是如何在实践中得到贯彻的——来结束这个讨论。

不过，在此之前，我还想提及问卷设计中很重要的一点：预编码。因为通过问卷收集起来的信息通常都要转化成电子格式，所以问卷本身都应该有其处理资料的方法。这些方法指定了特定信息在机读资料文档中的存储位置。注意：下面的例子已经借助神秘的数字——就是问题和回答分类旁边的数字——完成了预编码了。

一个综合例子

图 9-6 是芝加哥大学的全国民意调查中心在其 GSS 中所使用的问卷的一部分。该问卷是自行填答式的，它所涉及的是人们对政府的态度。

自填式问卷

至此，我们已经讨论了如何明确地表达问题和设计有效的问卷。不过，尽管这些工作很重要，但是，如果这些问卷未能带来有用的数据——这意味着受访者真正完成了问卷，但这些辛苦是白费的。现在，我们转向获得问卷的结果的主要方法。

在本章，我多次提到访谈、自填式问卷之间的关系。事实上，存在三种主要的实施调查的方法：自我填答的问卷——受访者自己完成问卷；访谈者和受访者面对面地进行调查；电话调查。这一节和下面两节将分别讨论这三种方法。

虽然在自行填答问卷调查中，邮寄问卷是一个最常用的方法，可是仍有几种相当普遍的方法可以运用。有时，把一群受访者召集到同一地点同时填答问卷也是比较好的方式。对于正在上心理学导论的学生进行调查，则最好在课堂中进行。而对高中生，最好是在老师指导的时间来进行。

最近有人对用"留置家中"收集问卷的方式进行了一些实验。就是由研究人员将问卷送至受访对象家中，并向其解释整个研究，然后把问卷留给受访对象自行完成，稍后再由研究者取回。〖260〗

留置家中的方式可以和邮寄问卷的方法结合运用。我们可以把问卷邮寄至受访者家中，然后再派研究人员登门回收问卷，以便检查问卷是否填答完整。当然，也可以倒过来进行，就是由研究人员将问卷送至受访者家中，并请受访者填答完全后自行将问卷寄回研究单位。

10. 下面是政府可能做的经济措施。请圈上那个最能体现你的态度的数字选项。

> 1. 强烈支持
> 2. 支持
> 3. 既不支持也不反对
> 4. 反对
> 5. 强烈反对

请圈上一个数字

a. 通过立法来调控工资··················	1	2	3	4	5	28/
b. 通过立法调控价格··················	1	2	3	4	5	29/
c. 削减政府开支··················	1	2	3	4	5	30/
e. 政府通过财政手段来创造就业机会··	1	2	3	4	5	31/
e. 减少对商业的监管··················	1	2	3	4	5	32/
f. 支持工业以开发新产品和新技术····	1	2	3	4	5	33/
g. 防止工业的衰退以保护工作机会····	1	2	3	4	5	34/
h. 减少工作周数以创造更多的工作····	1	2	3	4	5	35/

11. 下列各项是政府的不同开支领域。请圈上最能体现你对政府开支分配的数字。

记住：如果你选了"多很多"，这意味着你可能就要多交点税哦。

> 1. 多很多
> 2. 多点
> 3. 就和现在一样
> 4. 少点
> 5. 少很多
> 8. 不知道

请圈上一个数字

a. 环境··················	1	2	3	4	5	8	36/
b. 健康··················	1	2	3	4	5	8	37/
c. 警察和法律实施··········	1	2	3	4	5	8	38/
d. 教育··················	1	2	3	4	5	8	39/
e. 军事和国防············	1	2	3	4	5	8	40/
f. 退休补贴··············	1	2	3	4	5	8	41/
g. 失业补贴··············	1	2	3	4	5	8	42/
h. 文化和艺术············	1	2	3	4	5	8	43/

12. 如果政府必须在降低通货膨胀和降低失业率之间做出选择，你觉得应该哪个优先？

降低通货膨胀··················	1	44/
降低失业率··················	2	
不知道··················	8	

13. 你是否认为这个国家的工会太过于强大，还是太过于弱小了？

太强大了··················	1	45/
有点强··················	2	
刚刚好那么强··················	3	
弱··················	4	
太弱了··················	5	
不知道··················	8	

图 9-6 一个样板问卷。从综合社会调查中摘选的问卷。综合社会调查是世界上学者们使用数据的主要来源之一。

14. 商业和工业怎么样？它们是太强了还是太弱了？

太强了 ··· 1	46/
强 ·· 2	
刚刚好 ··· 3	
弱 ·· 4	
太弱了 ··· 5	
不知道 ··· 8	

15. 联邦政府的力量是强还是弱？

太强了 ··· 1	47/
强 ·· 2	
刚刚好 ··· 3	
弱 ·· 4	
太弱了 ··· 5	
不知道 ··· 8	

16. 总的来说，你觉得工会总体上对国家影响怎么样？

相当好 ··· 1	48/
很好 ·· 2	
好 ·· 3	
不是很好 ·· 4	
一点都不好 ·· 5	
不知道 ··· 8	

17. 您认为政府在这些工业领域应该扮演怎样的角色？

> 1. 所有它
> 2. 控制价格和利润但不所有它
> 3. 既不所有它，也不控制价格和利润
> 8. 无法选择

请圈选一个数字

a. 电力 ····················1	2	3	8	49/
b. 钢铁 ····················1	2	3	8	50/
c. 银行与保险 ··············1	2	3	8	51/

18. 总体上看，政府应该有或没有责任去：

> 1. 绝对应该
> 2. 也许应该
> 3. 也许不应该
> 4. 绝对不应该
> 8. 无法选择

请圈选一个数字

a. 为所有期望工作的人提供工作 ·······1	2	3	4	8	52/
b. 使价格得到控制 ··················1	2	3	4	8	53/
c. 对病患者提供医疗保障 ············1	2	3	4	8	54/
d. 为老年人提供体面的生活 ··········1	2	3	4	8	55/

图 9 – 6

（续）

总体来看，当研究人员前去发送或取回问卷，或两者兼具时，其完成率都较单纯的邮寄问卷高得多。这种方法所附带的实验是想指出一些既能有助于降低研究的花费又能提高回收率的技术。邮寄问卷的调查方式是自行填写问卷的一个典型方法，接下来的部分将针对这个方法进行仔细的推敲。

邮寄问卷的分发和回收

邮寄问卷是资料收集的基本方法，除了寄送问卷外，随邮件还得附上一封说明信和贴上邮票的回邮信封，以便让受访者寄回。我想你们这一生中至少也收到过一两封这样的邮件吧？作为一个受访者，研究者的期望是，你们完成问卷并将之塞进信封中寄回。假如，偶然间你们收到类似这样的问卷却未能寄回，回想一下你们没有寄回的理由对你们以后的研究是极有价值的！下次，当你们计划要邮寄问卷给别人时，请你们将刚才想到的理由铭记在心。

般人未能将问卷寄回的最主要原因是嫌麻烦。为了克服这个问题，研究者也想到一些方法，使寄回问卷这件事变得容易些。比如，自邮寄问卷（self-mailing）省去了回函信封，当答卷人把这种问卷折叠成一个特殊的样式时，回函地址便会显露在外，这样受访者就无须担忧丢失回函信封了！

还有许多更精心设计的方法可以利用。这一章的后面还会提到一种大学生问卷调查表，它夹在一个具有特殊的、有两折封底的小册子里。一旦完成问卷后，受访者只需将封底折出，沿着书册的周围将它包好，再沿着边缘用胶带将之封好即可。折叠出来的封页上已备妥回函地址和邮资。当我在几年后重作这一研究时，我进一步改进了设计：在封面和封底上，都加了可折叠的书页，一个是用来将问卷寄出，另一个是用来将问

卷回收。如此，便彻底避免了使用信封。

这里要说明的是，这些旨在使问卷完成和回收更加容易的任何努力，都有助于你们的研究工作。你们想象一下自己收到一份毫无回寄准备的问卷，设想你们必须（1）找一个信封；（2）写上地址；（3）还要查出所需邮资；（4）贴上邮票。你们认为你们自己寄回问卷的可能性有多高呢？

下面将针对处理邮务上的几种选择，给你们提供一些简要意见。关于问卷邮寄和回收的方式可以有不同的选择。在寄出信件时，基本上采用平信邮资或大宗邮件邮资。首先，大宗邮件较为便宜（询问当地邮政的费用和程序）。在回收问卷时，可以采用贴邮票或商业回函许可两种方式。两种方式的费用差异相当复杂。如果你们使用贴邮票的方式，那么不论受访者有没有寄回问卷，你们都得支付这笔费用，如果使用商业回函许可，则只需支付邮寄回来的邮资，但是你们还必须多支付大约 5 分钱的额外费用。也就是说，假如有大量的问卷寄回，贴邮票方式会比较便宜。相反，假如回收问卷的数量较少，商业回函许可的费用比较低（当然，你们事前不会知道回函率的多寡）。【261】

在选择邮政作业方式时，还有许多其他的事项需要考虑。例如有些研究者认为，使用邮票比大宗邮件或商业回函许可显得更有"人情味"且更有诚意。另外，有些人担心受访者会私吞邮票用作它途，而并不将问卷邮寄回来。然而，大宗邮件与商业回函许可业务都需要与邮政当局建立账目，因此，对于小型的调查而言，贴邮票的方式较容易。

监控问卷的回收

邮寄问卷提出了一个对研究而言颇有价值的新议题。当你们开始回收问卷时，千万别懒散

地坐在那儿休息，你们应该开始着手记录受访者回函的各项数据。

在这项工作中，回函率的图解是相当宝贵的工具。问卷被寄出的头一天应在图上标明第一天，而且每一天都依此类推，问卷回函的数量也应该记录在图上。作为工作的辅助工具，通常要收集两种图表。一方面，必须显示每一天的回函数量——增加或减少。另一方面，也必须记载累计的数量或百分比。当你们着手勾画数据成功回收的图景时，这件工作会给你们某种程度的满足感。然而，更为重要的是，它能告诉你们数据资料收集得怎么样了。如果你们准备补寄问卷（follow-up mailings），图表可以告诉你们何时寄出较为适宜（后来寄出邮件的日期也应该记录在图表上）。

当填写完成的问卷被寄回时，每一份问卷都应该打开，稍微过目一下，并记上识别代号。这些回收问卷的识别代号一定要按序号编列，即使已经使用了其他的识别代号（如 ID）。有两个例子可以用来说明这一程序的好处。

如果你们正在研究人们对政治人物的态度，在收集资料的过程中，假设这位政治家出现桃色丑闻，在大众知悉这件事以及问卷被收到的时间点上，你们就可以探讨这项消息对结果的影响程度（复习一下第 8 章讨论过的历史事件和实验之间的关联）。

另一个例子则不这么具有轰动性。调查中连续的识别代号对于估计未回函者所造成的偏差有一定的作用。除了更直接地检测偏差之外，还可以假定没有回答问卷者与延迟回答的受访者是相似的，而与立即回答的受访者不同。在资料收集过程中，不同时点的问卷回收率也可以用来分析样本偏误。例如，如果学生的学科平均成绩呈现持续下降的情形（也就是说，立即答完者的得分更高，而晚答完者会有较低的得分），根据以上的经验就可以推测，那些未能填答的学生会有较低的学科平均成绩。尽管这不是统计上评估偏差的恰当方法，但我们仍可以利用这些粗略的估计结果。

如果要补寄问卷，那么，问卷回收时我们就应该准备邮寄了。本章稍后要讨论的案例，将更加详细地介绍有关的细节。

补寄问卷

补寄问卷有几种可行的办法。最简单的是对未回函者另外发出一封催收信件，更好的方式则是重新寄出一份调查问卷并附上一封催收的信函。假如两三星期后应该有回音的受访者仍未将问卷寄回，那么就有可能是问卷遗失或是误放了，催收信可以促使他们找出原来的问卷，但如果找不到，这封催收信也等于白寄了！

就补寄问卷而言，方法论文献坚持认为这是一个提高邮寄问卷回收率的有效方式。一般而言，受访者拖延回复问卷的时间越长，则他们越有可能根本不愿意回复。在恰当的时间进行问卷的追踪，只是给他们一个回复的额外刺激。

补寄问卷的效果可以从问卷回收率的曲线图上一览无余。最初的邮寄问卷，会有一个先增加然后逐步减少的过程，而进行追踪后，回收率又会回升，每追踪一次，回收率就会被刺激一回。实际上，三次邮件沟通（最初的一次加上两次追踪）是最有效的。[262]

补寄问卷的时机也很重要。方法论文献所提供的指导不很精确。根据我的经验，不同的邮寄时间间距，以两到三星期较为合宜（假如邮寄的时间——寄出和回收——超过两天或三天，补寄的时间间距则可增加几天）。

假如在问卷中无法识别样本中的受访者，你们就不能给未回函者只寄催收邮件，在这样的情况下，你们应该将追踪邮件寄给所有的受访者对象，感谢那些已寄回问卷的受访者，并且提醒那些仍未寄回的受访者，鼓励他们将问卷寄回（本章稍后部分将要描述的案例，给你提供了一种可以应用于匿名邮寄问卷调查的方法）。

可接受的应答率

在邮寄问卷的调查研究中，有一个初涉调查研究的人经常问起的问题，那就是回收率要达到多少——或者说**应答率**①（response rate）——的问题。这里有一点必须要指出，调查研究的分析中如果运用到推论统计时，我们会假定所有样本都应该填完问卷并寄回。既然这几乎是不可能的，偏误就成为我们必须要注意的问题了。经过研究者的测试（并希望）回收的样本应该近似于原始样本的一个随机抽样，也就是研究总体在某种程度上的一组较小的随机样本。

然而，回收率是受访者样本代表性的一项指标。比起低回收率来，较高的问卷回收率，偏误也较小。但是回收率多高才算高呢？相反，较低的回收率是一项危险的信号，因为未回函的受访对象与回函者可能代表两种不同的属性，绝对不仅仅只是参与意愿的不同而已。例如，伯尔斯坦（Richard Bolstein, 1991）发现在选举前的民意测验中没有表示意见的，比较不可能前去投票。这样，根据受访者的数据来估计投票率，就会超过实际投票人数。

但是，什么是高的或低的回收率呢？迅速地浏览有关调查的文献就会发现，可接受的回收率范围很广。每一个都可能提出这样的声明：在这类调查研究中，这样的回收率算是颇高的（一位美国参议员根据一项民意测验的 4% 回收率做出了这项声明）。即使如此，我们仍有可能对回收率提出一些简单的等级规则。我认为要进行分析和撰写报告，问卷回收率至少要有 50% 才是足够的；要至少达到 60% 的回收率才

算是好的；而达到 70% 就非常好。但要记住，以上数据都只是概略的指标，并没有统计上的基础。事实上，一个经过验证且没有偏误的回收问卷要比有偏误的高回收率重要得多。假如你要作更进一步的探讨，可以参见米勒（Delbert Miller, 1991：145 – 155）的著作，书中针对这个问题回顾了几个具体的研究，并提出一个较好的观念来探讨回收率的变化性。〚263〛

你们可以想象，调查研究者们讨论的最多的问题之一就是如何提高回收率。回想一下，在前面的讨论中，我们的重点集中在邮寄和回收问卷的各种办法上，其实我们关心的也就是这个问题。调查研究者发展了一些独创的技巧来面对这个议题。有些人进行各种形式的新奇实验，另一些人则设法付费给受访者。付费的本身也存在着问题，付很高的酬劳给数百或数千个受访者，当然是昂贵的。我们可以运用其他有创意的替代方案。一些研究者曾经说过："我们愿意付钱来让你们收集一些微不足道的意见。随信附上两分钱。"另有人会附上二角五分，并建议受访者将这小小的报酬给小孩子过过瘾，当然也有人会附上纸钞来答谢受访者。同样地，达文（Michael Davern, 2003）及其同事发现，在面对面的访谈中，金钱刺激也会提高完成率（下节中我们会对之加以讨论）。

迪尔曼（Don Dillman, 1978）曾整理过一些有关调查研究者在邮寄问卷时用来提高回收率的卓越方法，并针对每项方法的影响进行了评估。更重要的是，他强调各个研究方面的必要性，他称之为"完全设计方法"（Total Design Method），迪尔曼认为这比一两样小花招更为重要。

---

① 应答率：参与调查的人数与样本总数之比（百分比的形式），也称为完成率。在自行填答的调查中也称为返还率，即返还问卷占所发出问卷的比例。

最近，亚玛里诺、斯金纳和柴尔德斯（Francis J. Yammarino, Steven J. Skinner and Terry Y. Childers, 1991）曾一起使用不同的技术深入分析调查中的回收率，可惜他们的研究结果太过复杂而很难进行简单的摘要，不过其中有一些对研究设计相当有益的指导方针。

问卷调查案例

一项邮寄问卷调查所牵涉的具体步骤很多，但却可以轻松地从实际例子中学到。我将详细地描述一个学生所进行的研究（作为系统抽样的一个例子，我们曾在第 7 章中讨论过），用来总结上面这一节。你们很快将看到这项研究并未能达到理想状态，但对我们目前的目的来说挺不错。这是我调查研究方法课研究生班的学生所进行的一项研究。

你们可能能回忆起，从大学的注册名单上通过分层系统抽样程序，大约 1100 名学生被抽中，每一个被抽中的学生通过电脑打印出 6 份不干胶邮件标签。

到了我们准备分发问卷的时候，才发现研究经费的短缺，使得我们无法针对这全部 1100 名学生多次邮寄问卷（问卷印制的费用比预期的要高得多）。结果，我们有系统地抽选出 2/3 的邮件标签，获得了一组 733 人的子样本。

原本我们要保持问卷的匿名性，以期受访者能诚实回答一些敏感性的问题（之后针对同一总体、同一议题进行研究，结果显示并不需要匿名），因此问卷并没有记上任何学生的识别代号。但同时，我们又希望在补寄问卷时，只寄给那些未回函者以节省研究经费。

为了达到上述两种目标，我们发明了一种特殊的使用明信片的方法，就是寄给每一位学生没有识别代码的问卷，并加上一张写上研究室住址的明信片，明信片反面贴有学生的邮寄标签。我们在说明信上请求学生完成并寄回问卷，并保证完全匿名，同时请学生将明信片一并寄回。当我们收到明信片时，便能获知某个学生已经寄回问卷，而无须找出是哪一份问卷。这个程序有助于随后补寄问卷工作的顺利进行。

将 32 页问卷印制成小册子，并采用三折的封面——前面我们曾描述过，这样可以确保问卷被寄回时无须再用额外的信封。

说明信中介绍了我们所要进行的研究和目的，并印制在小册子的封面上。同时，它还解释了我们为何要进行这项研究（获得学生对不同议题的看法）以及为何会抽选到某个学生，当然也要说明每个学生意见的重要性，最后要提示寄回问卷的程序。〖264〗

为了让同学们确实感受到调查的匿名性，我们对使用明信片的方法作了一番解释。随后说明了这个调查的主办单位的情况，并提供了一个电话号码给那些想进一步询问相关信息的受访者（大约有 5 个学生打电话来询问）。

我们把说明信函印在问卷上，避免了在信封内附寄一封信函的手续，因此也简化了装邮件的工作。

首次邮寄的资料按照下列步骤来封装：（1）给每位学生邮寄问卷的标签要粘在明信片上；（2）另一张标签粘在信封上；（3）每一个信封里都要装有一张明信片和一份问卷，并且要浏览一下，确保明信片上的名字与信封上的是同一人。

调查问卷的分发是以大宗邮件来处理的。把问卷塞入信封以后，我们就按邮政编码把它们分为几组，扎成捆，然后送到邮局。

首次邮件寄出后不久，研究室就收到了回函和明信片。就像本章前面所描述的一般，我们要将问卷打开并检查问卷，再给予识别代号。每收到一封明信片，就去核对该学生存底的邮寄标签，查到后就将标签核销。

　　两三个星期后，所有未被核销的邮寄标签就被拿来作为补寄问卷之用。除了一项例外（在这次邮件中加放一封具体的、单独的恳请函），整个装订的程序就是对上一次的重复。这封新的信件要说明大多数的同学已经寄回问卷，但是其他没有寄回问卷的同学与我们的合作也非常重要。

　　正如我们预料的那样，补寄问卷刺激了新一轮问卷回收高潮。我们照例遵循相同的程序进行登记，并从回收的明信片中，查找那些需要核销的邮寄标签。很不幸，由于时间和金钱的限制，我们无法遵照最初的计划，进行第三次问卷补寄。但是，仅这两次的邮寄结果我们就获得了62% 的回收率。

　　我相信，通过这个例子，你们对自填式邮寄问卷的整个执行过程和有可能涉及的问题有了充分的认识。现在让我们转向另一种主要的调查研究方法：访谈调查。

访谈调查

　　访谈① （interview）是收集调查资料的一种替代方法。这种方法不是让受访者亲自阅读并填答问卷，而是由研究者派遣访员口头提问，并记录受访者的回答。典型的访问通常是以面对面的方式来进行，可是正如你们将看到的，电话访问遵循的指导方针也大体相同。

　　同时，尽管你有可能独自完成一项小型研究，但大部分的访问研究将需要一个以上的访员。这一节的部分内容将讨论训练和督导访员的方法。

　　这一节主要讨论问卷调查访谈。第 10 章将谈谈经常运用在实地调查的、结构比较松散的深度访谈。

访问员的角色

　　由访员收集问卷资料比起受访者自行填答问卷，有一些优点。先就回收率来说，访谈调查就比邮寄问卷的回收率高得多。一个设计与执行皆正确的访问调查，应该至少能达到 80%~85% 左右的回收率（联邦政府支持的研究通常都要求达到这样的回收率）。受访者似乎不太会去拒绝已经站在家门口的访员，但把邮寄来的问卷丢到一旁的可能性是比较大的。

　　再就问卷的内容来看，一个访员的出现通常能减少"我不知道"和"没有意见"之类的答案。假如减少这类反应对我们的研究而言很重要，我们可以指导访员去仔细追问这些答案。（假如你们必须选择一个答案，哪一个最接近你们的感觉呢？）

　　访员还能对一些容易混淆的问卷项目提供相关的指导。当受访者明显误解了问题的本意或是表示不了解题意时，访员可以进行澄清，以便获得相关的答案（诸如此类的澄清说明必须严格地控制，也就是通过一套正式的规则执行，后面我们会谈到这一点）。〖265〗

　　最后，访员不但能问问题，还能观察受访者。例如，有时我们会觉得受访者对种族问题太敏感，这时访员可以把它记录下来。同样，访员还可以观察受访者的居住条件、财产、说英文的能力以及对研究的总体反应等等。在一个对学生所作的调查中，受访者须填写一个短短的自填式问卷，是关于性态度及行为的。当一个学生完成问卷后，访员很详细地记载他的穿着打扮。

　　这又涉及一个伦理问题。有一些研究者反对

----

　　① 访谈：访谈者直接向受访者提问的资料收集方式。访谈可以通过面对面的方式进行，也可以通过电话进行。

以上的作为，因为这违反了访问中受访者同意配合的原则。虽然伦理上的问题在社会研究中很少被论及，甚至是被摒弃在门外的，但在研究过程中对伦理议题保持一些敏感度还是很重要的。我们在第 3 章对此已有详细讨论。

调查研究必须植根于认知与行为理论中并非实际存在的刺激—反应说上。我们必须假定每个问卷的题目对于所有受访者而言都具有相同的意义。除此之外，也希望从不同受访者所获得的反应，都具有相同的意义，虽然这是不可能达到的目标，调查问卷的设计是尽量希望能接近理想的状态。

可见，访员必须能配合这个情况。访员的一切表现，不应该影响受访者的知觉及其意见。也就是说，访员应该只是问题与答案传递过程中的一个中立的媒介。

假如这个目标能成功地实现，不同的访员将能从同一受访者身上，收集到完全一致的反应（回想一下前面讨论过的信度问题）。在地域性样本中，中立立场特别重要。为节省时间和金钱，通常会指派同一访员在某特定地理区域内完成所有访问，比如城市中的一条街，或是邻近的一组街道。假如访员的任何行为影响了获得的反馈资料，这种偏误往往有可能被解释成是某个区域的特质。

我们假设有个研究要对低价房屋的态度进行调查，目的是帮助寻找一个地点实行新的政府资助发展计划。某访员被指派到某区域进行访问，通过说话或动作，他也许显露出对低价房屋发展计划的厌恶，受访者有可能因此按访员所持的立场来回答问题。调查的结果将指出，这一区域的人强烈反对这套发展计划。其实这个结果只不过反映了访问员当时的态度罢了！

访谈调查守则

随着调查对象和研究内容的变化，访谈中的态度也有所不同。然而，对大多数的访问而言，还是适用的，仍然有一些具有普适性的、一般性的指导原则。

外观与举止

一般的规则是，访员的穿着应与受访对象风格相似。一位身着华贵服饰的访者，有可能较难取得穷困受访者的良好合作和反应。而一位穿着寒酸的访员，同样也会较难取得富有受访者的合作。如果访员的衣着与外观在某种程度上确实与受访者不同，那么应该是整齐清洁、衣着得体。虽然中产阶级的整齐与干净，不一定能被所有美国社会完全接受，但它起码是主流规范，应该能被大多数的受访者所接受。

穿着打扮常被视为一个人态度与倾向的表征。如果你们身穿牛仔装，染着绿色的头发，戴着如剃刀般尖锐的耳环，这样的穿法有可能是在告诉我们你们在政治上是主张激进的、性开放的，喜欢服用禁药等等。当然，这些信息不一定完全正确。〖266〗

在举止上，访员起码要表现得神情愉悦。因为访员事实上介入了受访者的个人生活和态度，他必须要能传达一种诚恳的兴致来了解受访者，而不至于像是在打探一般。首先，他们必须要保持轻松与友善的态度，但也不能太随便或是太热情。优秀的访员应该能在最短的时间内，判断出最能让受访者感到舒服的态度和受访者最喜欢的谈话方式。显然，假如访员能够变成受访者最感到舒服的模样，你们的访问就会更加成功。其次，既然受访者被要求自愿拨出一些时间来提供他们自己的资料，他们应该也要从研究者及访员的身上获得尽可能愉快的经验。

熟悉调查的问卷

假如访员不熟悉调查的问卷，将使研究遭受损失并让受访者承受不公平的负担。访谈可能会多花时间或进行得不愉快。此外，访员仅仅浏览两三遍问卷是不能真正熟悉问卷的。访员应仔细研读问卷，逐条逐条地，而且应大声朗读这份问卷。

最后，访员要能够对受访者清晰无误地逐字逐句念出整份问卷。一个理想的访员，就要像演员在戏剧或电影中念台词一般，尽力像自然对话一样念出问题，但又必须完全遵循问卷中所使用的语言。

同样，访员必须熟悉为问卷而设计的说明书。不可避免地，有些问题并不完全适用于某个受访者，这时，访员就必须决定在这种情况下该如何为受访者解释这些问句。提供给访员的说明书就是针对这样一些情况，给予访员足够的指导。但是访员必须要知道整个说明书的组织及内容，才能够有效地运用这份说明书。对访员来说，宁可让答案空在那儿，也胜过临时足足花上 5 分钟去从说明书中现找有关的指导。

谨遵问卷中的遣词造句

本章的第一部分曾谈到问卷的遣词造句对于收集答案的重要性。问题措辞上的些微改变，就有可能使受访者倾向回答"是"而不回答"否"。即使你们非常小心地处理问卷项目上的措辞希望能用以获得想要的资料，而且还确保受访者的理解与你们的完全一致，可是当访员用自己的措辞来翻新问题时，你们所有的努力其实都是白费。

准确地记录答案

一旦问卷包含了需要受访者用自己的语言回答的开放式问题，那么逐字逐句、确切无疑地记录受访者所给予的答案是相当重要的。千万不要试图总结、解释或修改受访者粗糙的文法。

确切无误是特别重要的，因为对访员而言，在分析之前是不会知道这些答案如何归类的。即使是研究者本人，也需要阅读过上百份问卷，才会知道归类的标准。例如，我们去访问受访者对自己社区内交通状况的感想，可能有个受访者回答道路上的汽车太多了，应该想办法来限制汽车的数量。另外一个受访者可能表示需要更多的道路。假如访员都用"交通阻塞"来记录以上这两种陈述，研究者将无法根据最原始的答案来区分两者的差异。

有时受访者可能口齿不清，使得口头上的回答太过含糊。这时，访员可以根据受访者的动作或语调了解答案的内容。在这样的情况下，还是应该准确记录受访者的口语答案，只是访员要加一些边缘注释，说明自己的解释以及这样做的原因。〖267〗

在更多的情况下，研究者可以使用边缘注释来解释受访者口头语言之外的一些信息，例如受访者回答时明显的迟疑、愤怒、困窘等等。然而，在上述每种情况下，口头答案还是都应该被准确地记录下来。

深入追问受访者

有时候，受访者会给出一些不适合问卷问题的回答。在这种情况下，就需要追问①（probe），或者说要求更详细的回答。例如我们的问题给出一个态度陈述，并询问受访者是非常同意、同意、不同意或是非常不同意。而受访者可能会回答："我想这是事实。"这时访员就必须要接着这个回答来追问："你们的意思是非常同

---

① 追问：一种在访谈中会用到的技巧，以获得更为详尽的答案。通常是间接的词语或者问题，可以鼓励受访者提供更详细的回答。比如"还有什么"和"是什么样的呢"。

意，或只是同意而已?"假如必要的话，访员可以向受访者解释，要求他必须选择所列举的答案中的某一项。如果受访者坚持不愿选择其中之一，访员就得准确地记录受访者所回答的答案。

深入追问经常用于开放式问题。例如，一个针对交通的问题，受访者有可能只是简单地回答"相当糟糕"，可是通过不同的深入追问，访员就可能获得更加详尽的陈述。有时候，追问的最好方式是静默。访员拿着铅笔静静地坐在那儿，这时，受访者就极有可能会说些补充意见来填补这段缄默（报社的记者最善于运用这个技巧）。也可以运用适当的口头追问，像"是什么样的呢"或"在哪些方面呢"。也许，使用得最多的一个有效的追问方式是"还有其他的吗"。

通常，深入追问答案是相当必要的，这将为研究分析提供充足的资料。然而，在每一种情况下，在这样的深入追问中，保持绝对中立的立场是十分必要的。在任何一方面，深入追问都不应该影响到其后的回答。每当你们认为某问题需要追问以求得更确切的答案时，就应该在问卷中这个问题的后面，列出一个或一个以上的追问形式。这种做法有两个重要的优点。首先，将有更多的时间来设想更好且更中立的追问方式。第二，无论何时需要，所有的访员们将能使用同样的追问方式。因此，即使这个深入追问的方式并不是完全中立的，但所有受访者的反应都是受到同一个来源的刺激。这和我们前面讲的问卷措辞是同一个逻辑。虽然一个问题不应该有偏见，不过即使问题里掺杂了一点偏见，对每一个受访者，我们还是必须用同一个问题来进行访问。

协调与控制

大部分的调查访问都需要几个访员的协助。当然，在大型调查中，这些访员是雇用的，他们的工作是计酬的。作为一个学生研究者，你们可以找些朋友来协助进行访问工作。可是，无论如何，一旦研究工作涉及不止一个访员时，就要花点儿功夫去小心管理了。这种管理有以下两个方面：训练访员和访问期间的督导。

访员培训最好以介绍这项调查研究作为开头。即使访员只是参与资料收集阶段的工作，让他们了解访问结果的运用以及研究的目的，对访员而言也是相当有用的。在访员不太了解情况的时候，往往会士气低落、干劲不足。

如同本章开头所讨论的，要训练访员如何访问，最好从一般的守则及程序开始着手，然后再来讨论问卷本身。对问卷的讨论最好是全组人员一起逐题讨论。千万不要简单地问一下"问卷第一页的内容，有没有人有问题"。一定要大声地念出第一个问题，解释这个问题的目的，然后回答访员提问，并考虑他们的意见和补充。在处理完他们所有的问题和意见以后，再接着问下一个题目。〚268〛

最好准备一份说明书来辅助访问的问卷。说明书用来解释和澄清问卷中某些可能产生的困难或是混淆的情况。在草拟问卷题目时，最好要设法想到可能产生的问题。譬如一些特殊情境可能会使问题较难回答，而调查的说明书则应该提供详细的指导来处理这些可能发生的情况。例如，即使年龄这样的简单问题有时也会使人犯难。假设受访者说自己在下星期就25岁了，这时访员可能不确定到底是要记录受访者目前的年龄，还是最接近的年龄。说明书就得针对这类问题进行解释，并说明解决的办法（也许你们要指定最后的生日作为年龄的依据，那就应当使所有的个案都一致）。

如果你们备有一套说明书，当你们介绍问卷中的每一个题目时，应该与访员一起查看说明书。一定要确信你们的访员完全理解了这份说明书。

在访员培训阶段，他们可能会提出许多很麻烦的问题。譬如，他们可能会问："假如这样……我该怎么办？"在这种情况下，你们千万不要仓促地给予回答。如果有说明书，一定要告诉他们如何从说明书中找出解决问题的方法。如果没有说明书，就要告诉他们在一般逻辑下处理这种情况的方法以及研究的目的。对这类问题只给出随意的且无法解释清楚的答案，只会把访员搞糊涂，他们因此极有可能不会严肃地对待这项工作。假如你们被问倒了，就承认吧！告诉他们给你们点时间去寻找答案，然后很谨慎地考虑一下这些情况，并把你们的答案告诉所有的访员和向他们解释你们的理由。

当把问卷讨论一遍后，你们应该在每个人面前作一两次示范访问，最好不要访问你们的访员。你们要清楚地认识到，对你们所培训的人而言，你们所示范的访问是一个典范。一定要做好这项工作，而且要尽可能接近实际的访谈情况。在整个示范过程中，不要半途中断去说明该如何处理某个复杂的情况，而应该小心处理好，然后再作解释。只要答案是前后一致的，就根本不要管示范过程中接受访问的人给你们的是真实的或是假设的答案，因为这是无关紧要的（在逻辑校验通过的情况下，访员也无法判断受访者给出的是真实的还是假设的答案——译者注）。

示范访问结束后，就可以将访员两两分组，并让他们互相访问对方。当他们访问结束后，将各自的角色对调，再进行一次。其实对访问来说，访问本身就是最好的训练，当你们的访员在进行互访时，你们应该四处转转，听一下他们的练习，这样一来，你们就能知道他们做得如何。当这项练习结束后，把大家集中在一起交换彼此的经验，并且询问他们有没有其他问题。

访员训练的最后阶段应该要有一些"真实"的访问，即让访员在实际状况下进行访问。你们也许要为访员指定受访的人选，或者让他们自行寻找对象，无论如何，千万不要使用样本上的名单。当每一个访员都完成了 3~5 次访问时，一定要求他们向你们汇报，检查一下访员所完成的问卷，看看是否有误解的迹象，并且再一次回答访员的疑问。一旦你们确认某个访员完全掌握了访问方法，就可以派给这名访员研究样本，实际进行操作。

在访问进行期间，不断督导访员的工作是相当重要的。如果访员做了二三十个访问而你们却一眼也没看，这是相当不明智的。你们应该一次指派 20 个访问，等访员完成问卷并带回给你们后，就要将问卷好好看一下，再指派另外 20 份出去。虽然这样好像显得太过谨慎，但却可以避免发生误解，因为有些误解在研究初期可能很难察觉。〖269〗

假如你是惟一的访员，这些意见似乎与你关系不大。然而，还是有很多问题值得你考虑的，例如为问卷准备详尽说明，作为解答较麻烦问题的依据。否则，就可能在研究进行中冒险做出很特别的决定，然后开始后悔或是忘记了它。另外，不论是独自一人进行研究还是跟着一大群访员的复杂大型研究，实际演练对于两者都同样重要。

电话访问

对专业研究者而言，很长一段时间内，电话访问的名声很糟。电话只能用来调查有电话的对象。早些年，当时这项调查方法产生了相当程度的社会阶层偏误，因为这种方法把穷人排除在调查之外。《文学文摘》1936 年的那次惨败就是极生动的说明。尽管投票者是通过邮件来调查的，可是样本来自电话用户，这些人在经济大萧条的缓慢复苏中，确实是没有多大代表性的。随着时间的演变，电话已经成为美国家庭的标准配备，根据人口普查局的估计（1996：Table 1224），1993 年约有 93.4% 的家庭拥有电话，因此早期的阶层偏误问题实际上已不再存在了。

但是，未登录到电话簿上的名单，仍旧是抽样中的一个问题。假如调查的样本是从当地的电话簿中抽选的，就可能完全忽略了那群相当有钱的人，因为这些人通常要求不将电话号码刊载在电话簿上。不过只要充分地运用先进的电话抽样技术：随机号码的拨号（random-digit dialing），这一偏误就可以避免。

电话调查方法有许多优点，这也是它愈来愈流行的原因。按顺序来看，最大的优点应该是金钱与时间上的好处。在面对面的家庭访问中，你们可能得开车前往几里外的受访者家中，却发觉没人在家，只能再开车回研究室，然后隔天再去一次，可能又发现没人在家。但让你们的手指头来做这趟旅行，则既便宜又快速。

在进行电话访问时，你们可以随意穿着而不会影响到受访者的回答。而且，有时在受访者未能亲眼看见你们的情况下，反而会更加诚实地去回答，这答案也许是社会所不能认同的。同样，电话访问更可能让你们深入地追问更加敏感的领域，当然也有例外（在某种程度上，当无法看见提问的人时，人们会变得更容易起疑，认为所谓的"调查"的结果，只会被拿来当做推销杂志或是分时公寓的用途）。

无论如何，你们应该明白在通过电话沟通时，即使并没有受到对方的目光注视，人们还是很容易谈论自己。例如，研究者担心访员姓氏所造成的影响（特别是当这个研究涉及种族问题

时），并讨论让所有的访员都使用不带感情色彩的"艺名"，像史密斯或是琼斯等（女性访员经常要求这样做，以避免在进行访问之后可能遇到的骚扰）。

假如有好几个访员共同参与这个计划，在资料收集上电话调查能够提供给你们相当大的管理权。所有的访员都是从研究室中打电话，如发现任何问题，他们就能从负责人员那里得到澄清说明。若是单独前往偏远的地方，访员与督导每周会面一次，其余时间他只有自己处理这些问题。

最后，电话调查方式之所以日见普及，还有一个重要的原因，那就是个人的安全问题。迪尔曼（Don Dillman, 1978：4）曾做过这样的描述：

> 访员必须要能够自在地处理某些情境，如陌生人的那种不信任的眼光，也必须能成功地应付受访者的拒访。为了接触到许多受访者的家庭，愈来愈多的访员必须在晚间工作。在有些情况下，对一些个人安全常受到威胁的城市地区，就有必要对访员进行保护。

在进行面对面的访问时，其实双方都有安全上的顾虑。潜在受访者可能因为害怕陌生访员而拒绝接受访问，而访员本身亦有可能陷入危险之中。而一旦出现问题，研究者有可能被控告并被要求支付巨额赔偿，这就使事情变得更糟了！

电话访问还涉及其他一些问题。正如我曾经提到的，确实大量存在着假冒研究之名的各式推销活动，这对研究的进行造成了某些阻碍。顺便一提，如果你们接到任何有疑问的电话，就直接询问访员这访问是只为了研究之用，还是另有涉及销售上的"意图"。如果真有任何疑问，就直接记下访员的名字、电话号码和公司名称，假如

声音捕捉

詹姆斯·丹尼米勒（James E. Dannemiller）

檀香山，SMS 研究中心

电脑辅助电话访问（CATI）各种技术的发展，带给调查研究和市场调查莫大的好处，虽然它主要还是"像往常一般"，用于资料的收集、编码以及分析。然而由调查研究系统（Survey Systems）所研究发展的"声音捕捉"技术，却向我们展现了非同寻常的可能性，对这种可能性我们还只是刚刚开始探索罢了！

在以电脑辅助电访为基础的电话访问过程中，访员可以启动电脑并开始用数字化方法，记录受访者的所有反应。例如，访员可能发现某位受访者对于电视节目偏好最近有所转变，这时，访员可以询问受访者："你们为什么会有这样的转变呢?"并开始记下其答案（在开始进行访问之时，访员就应征求受访者的同意，才来进行访问过程的录音工作）。

稍后，编码人员重放录音并进行编码——与他们对访员输入资料的处理一样。这提供了一个简洁又正确的方式，来完成这项常规性的工作。但事实上，这只是这一新方法的一个小小用途。

此外，我们还可以将这些口语资料录入交叉图表中。由此，我们可以制出一个性别、年龄与换台（切换新闻节目）原因等交叉的分析表格。这样，我们可以依次听见年轻男性、年轻女性、中年男性等不同受访者的回答。在一个这样的研究中，我们发现年轻的与年长的男性，同样都倾向于看电视新闻节目，而中年男性则更多地看别的节目。一个接一个地听中年男性的回答，从中我们发现了一个共同的说法："嗯，现在我也有点年纪了……"像这样的独白在访员匆忙的记录中可能常常被遗漏。但是，这样口语化的资料在这里展现了其戏剧性的效果。中年男性似乎在告诉我们，他们的"成熟感"促使他们去看某些特定的节目，在多年的束缚之后，他们要回头寻找自己年轻时喜欢的节目。

这种类型的资料特别能打动委托你们研究的人，尤其是用在顾客满意度的调查上。这比摘要出我们觉得委托者的消费群喜不喜欢……一类的结论更为吸引人，我们可以让受访问者用自己的语言，来直接对委托人说话，就像是小组座谈会所要求的一般。此外，我们还发现如果让第一线的员工（例如银行出纳人员）听听这些反映，比起由上司来教训他们的对错，效果要好得多。

正如这些经验所带来的刺激一样，我有个很强烈的感觉，历尽艰辛，我们终于可以开始为更自由地运用各种资料注入各种可能性了。

对方拒绝配合，就直接把电话挂了。

电话会被轻易地挂掉，这是电话访问的另一项短处。只要你们能顺利进入受访者家中进行访谈，他就不会轻易地在访问中途把你们撵出去。可是在电话访问时要突然终止访问是相当容易的，受访者只消说："哎呀！有人来了！我得走了。"或是"我的天呀！猪正在吃我的豪华汽车！"（当你们坐在他家客厅时，这种事情就不容易假装了！）〖270〗

录音电话愈来愈普及，这是电话访问的另一个潜在问题。1988 年春天，塔克和范恩伯格（Peter S. Tuckel and Barry M. Feinberg, 1991:

201）估计，约有 1/4 至 1/5 的美国家庭拥有电话答录机。一项由沃尔克研究所（Walker Research）进行的研究显示（1998），约有一半的人表示，答录机主要被用来"过滤"一些电话。塔克与范恩伯格的研究显示，录音电话的使用对电话访问时接触潜在受访者，仍未有明显的影响。由此，研究者认为，录音电话的数量仍会持续增长，"而拥有者的社会人口统计特征也将改变"，这个事实将造成"随着电话答录机的使用，行为模式也会有不同的风貌"（1991：216）。近期的研究已经表明这些因素，包括录音电话，已经降低了电话访问的回答率。塔克和奥尼尔（Peter Tuckel, Harry O'Neill, 2002）以及其他一些人就考察了这些因素，诸如来电显示、录音电话、电话营销以及电话线与传真机或互联网通道相连。现在的调查研究者必须应付这些难题。

电脑辅助电话访问

我们将在第 14 章介绍电脑对社会调查的影响，特别是在资料处理和分析时。当然电脑也改变了电话访问的一些特点。过几年后，你们将常常听到所谓的"CATI"，即"电脑辅助电访"（Computer-assisted Telephone Interview）这个新名词，这种方法已经为越来越多的学术、政府以及商业调查者使用。这项技术虽然在实际应用上可以有多种形式，不过在这里我们还是可以大概谈谈。

想象一下访员戴着耳机、坐在电脑屏幕前的情景。电脑主机的程序已设置好，通过随机方式选择电话号码并自动拨号（随机拨号可以避免未登录电话号码所造成的问题）。屏幕上出现介绍词（您好！我是……）和你们所要询问的第一个问题（您可不可以告诉我在这个住址里共住了几人？）

当受访者接起电话后，访员即向受访者问好，并介绍正在进行的研究，然后开始询问电脑屏幕上显示的第一道题目。受访者回答后，访员将答案输入电脑终端——不论是逐字逐句的开放式问题的答案，或有编码归类的封闭式问题的答案。这些答案会立即被存入电脑主机。然后，第二个问题出现在屏幕上，访员依此提问，受访者作答，同样，答案被输入电脑——访问如此进行着。〖271〗

除了在资料收集方面具有明显的优点外，这套"电脑辅助电访"会自动地准备分析所需的资料，而且事实上，研究者可以在访问还没结束前就开始分析资料，这样可以提前获知整个分析可能呈现什么结果。电脑技术运用于资料收集的发展，其实是今天调查研究中相当令人振奋的事情。虽然目前它主要的运用还只在电话访问方面，但是，正如我们在"声音捕捉"（Voice Capture）这一插页文章中讨论的，它的潜能其实是无穷的。

电访的应答率

前面我们已经讨论了邮寄问卷的回函率问题，对访谈来说，这同样很重要。在第 7 章中，当我们计算抽样误差以确定调查估计的准确率时，潜在的假设就是样本中每个被抽中的人都会参与，而这几乎是不可能的。既然不可能做到，研究者就必须让被选中人的参与最大化。与邮寄问卷调查相比，尽管访谈会获取更高的回答率，但近期的访谈成功率却下降了。通过分析密歇根大学消费者态度调查的回答率趋势，柯汀（Richard Curtin）、普雷瑟（Stanley Presser）和辛格（Eleanor Singer）2005 年概括出近年来总体下降的模式。1979 到 1996 年，电话访问的回答率从 72% 下降到 60%，平均每年降低四分之三个百分点。1996 之后，双倍下降。这些增加的不回答主要是因为拒绝和联系不上引起的。与此形成对照，全国社会调查使用人员访谈，其回答率 1975 到 1998 年在 73.5% 到 82.4% 间。然而 2000 年和 2002 年的调查，GSS 的回答率却是 70%。下降主要是由于被拒绝，因为与电话访问相比，入户调查的接触率太高。多数研究者相信电话营销的普及是造成合法电话访谈遭遇前述问题的一大罪人。州或国家的"不能打"名单也许会缓解这种情况。另外，我们知道，诸如录音电话等其他因素也造成了这些问题（Tuckel and O'Neill, 2002）。回答率仍是调查研究中的一大问题。〖272〗

新技术与访谈研究

就像电脑辅助电话访谈（CATI）一样，很多其他影响着人们生活的新技术也为调研研究提供了新的可能性。比如，自我填答问卷上最近的技术革新就是引入了电脑。其中包括（Nicholls, Baker, and Martin, 1996）：

CAPI［电脑辅助亲身访谈（computer-assisted personal interviewing）］：跟 CATI 相似，但更多地用于面对面的访谈，而非电话访谈。

CASI［电脑辅助自我访谈（computer-assisted self-interviewing）］：研究的工作人员将电脑带到受访者的家里，受访者直接在电脑上阅读问卷并输入答案。

CSAQ［电子化的自我填答问卷（computerized self-administered questionnaire）］：受访者通过软盘、电子公告牌或者其他方式获得问卷，并运行相关程序。该程序能够提问并接收受访者的答案。之后，受访者返还数据文档即可。

TDE［按键输入资料（touchtone data entry）］：受访者打电话到研究组织，一系列的电子化随之激活，受访者利用电话的按键来输入答案。

VR［声音确认（voice recognition）］：跟要求受访者利用按键输入答案的 TDE 不同，这个系统能够辨认声音。

尼克拉斯（Nicholls）及其同事认为这些技术比传统的技术更为有效，并且不会降低数据的质量。

沃克（Jeffery Walker 1994）还探讨过利用传真机来进行调查的可能性。研究者把问卷传真给受访者，而受访者也以同样的方式把答案传真给研究者。当然，这种调查方式只能够代表那些拥有传真机的总体。沃克的报告还提醒传真调查的回收率并没有面对面访谈的回收率高，但是由于其催促更为直观，因而比邮寄或者电话访谈的回收率高。有一个研究表明，那些没有回答邮寄问卷的人当中，如果收到传真催促的话，有 83% 的人会填答问卷。

我已经提到过，作为社会研究的消费者，你应该意识到那些用调查来赚钱的调查。这个问题已经侵入了"传真调查"领域，"应该宣布持枪为不合法吗？"这个传真就是明证。其中两个传真答案"是"和"不"。下面还有小字提示："拨打这个电话的费用是每分钟 2.95 美元，大民主，小价钱。拨打这个电话大约要花费 1－2 分钟。"也许不难想象这 2.95 跑到哪里去了吧。

调查研究中的新技术还包括对因特网和万维网——20 世纪晚期影响最为深远的技术发展——的利用。一些研究者感觉到因特网也能够用于进行有意义的调查研究。〖273〗

库泊（Mick Couper 2001）就当前的和以后的在线研究议题有过一个相当精彩的概括：

在万维网上进行的调查的迅速发展，让

某些人认为网络（尤其是环球网）调查将会取代传统的收集资料的调查方法。有些人对此则心怀谨慎，甚至还抱有怀疑的态度。很明显，我们正处于调查研究的一个新纪元的门口，但是，将来究竟会如何，我们的确还不清楚。（Couper 2001：464）

很多社会研究者凭直觉怀疑在线调查的代表性：那些被在线调查的人是否代表了有意义的总体？比如所有的美国成人、所有投票者等。这种批评跟对传真调查、还有更早的电话调查的批评其实是一样的。

Cogix（www. cogix. com）的创始人，威尔逊（Camilo Wilson 1999），指出某些人是相当适合于在线调查的，尤其是那些访问特定网站的人。比如，威尔逊指出，为在线公司做的市场研究就应该在网上进行。针对这个目的，其公司也开发出专门的软件：Views Flash。尽管网上调查很容易从那些访问特定网站的人那里收集资料，但是威尔逊认为：调查的抽样技术能够在没有调查成千上万的潜在消费者的情况下，保证获得足够的消费者资料。

不过，普及又如何呢？当我正在修订此书的时候，调查研究团体里正在酝酿着一次大争论。泰勒（Humphrey Taylor）和特汉尼安（George Terhanian）（1999）的一篇名为"艰难的岁月再次来临"，也为这次争论添加了油醋。在承认需要保持谨慎的同时，他们认为在线调查也应该得到其应有的地位：

> 对所有新的资料收集方法的可靠性的一个检验，是看它对投票行为的预测能力。为此，去年的秋季，我们估计了 1998 年的选举结果和美国 14 个州的参议院选择，并在四个独立的场合下运用了在线调查方法。（1999：20）

研究者和进行相同项目的 52 家电话调查机构比较了他们的结果。在线调查正确地预测了 22 个中的 21 个，也就是 95% 的正确率。不过，简单地挑出胜者并不足以证明其效力：调查的结果与不同候选人所实际获得的得票率究竟相差多少？泰勒和特汉尼安的报告表明他们的预测跟实际的得票率平均相差 6.8%。52 家电话调查机构的预测和实际得票率的相差平均是 6.2%。

麦特菲斯基（Warren Mitofsky 1999）则反对在线调查。他不仅不同意泰勒和特汉尼安计算误差范围的方式，他还认为新技术需要一种更为合理的理论基础。

在线调查的一个核心是要正确评估并给予不同的受访者不同的权重——就像在第 7 章的配额抽样中所讨论的。泰勒和特汉尼安也意识到了配额抽样的批评，但是他们的第一个在线调查只是表明那是他们追求的技术。事实上，他们得出结论说："这是一个不会停止的趋势，并且还在加速发展。那些还不及时赶上的人极有可能会被遗弃。"（1999：23）

今天对在线调查提出的警示，跟本书在 1975 年的第一版中所出现的对电话调查的警示是极其相似的。库泊（2001：466）有过类似的观察：

> 几年前，我预测到电子资料收集方法——比如因特网——的快速发展，会在调查行业带来一种分歧：基于概率抽样和利用传统资料收集方法的高质量调查和专注于低成本、快速回收而相对忽视了代表性和准确性的调查之间的分歧。现在看来，我是错的，我了解了网络在调查行业的影响。这似乎更多的是一种分裂而非分歧（至少就在线调查而言），这些支持者都试图为其特定方法或者产品创造或是寻找一个生存的环境。这也再不是"快速但粗糙的"和"昂

贵的但高质量的"区分了；而是有了一大批代表着不同层次的质量和成本的指针了。

在线调查是否能够赢得像今天的电话调查所具有的尊重和广泛使用，至今还不清楚。不过，有一点却是不容争议的：那些认为这种技术有用的学生应该充分认识到这种方法的潜在缺点。〖274〗

与此同时，研究者也正在聚集有关这项新技术的经验资料，为不断扩展的成功积累教训。比如，抽样调查公司就提出了在线调查中应该遵循和避免的问题：

　　一定在邀请和调查中使用一致的措辞。一定不要在邀请中使用诸如"惟一的 ID 号码"这样的名词，而在开始调查时，则要求受访者输入他们的"密码"。

　　一定要使用简单、直白的语言。

　　一定不要使受访者只有在 URL 栏中输入信息才能够进入调查界面。

　　一定要向所有完成调查的人提供共选结果。当有回报时，受访者会很乐意提供信息的，尤其是对那些青年人和十几岁的年轻人来说。

　　一定要为邮寄做好日程安排，当然也取决于研究的目的和受访者的类型。在傍晚、晚上或是周末——也就是受访者最可能在家里阅读信件的时间——发出邀请，尤其是当研究要求受访者查看一下厨房或者家里的其他地方的时候。如果计划要发出一份父子问卷，那么就在孩子可能在屋的时候发出邀请。一定不要在大清早，因为小孩多在学校里，这样他们是无法完成问卷调查的。

　　一定要意识到技术的局限性。比如网络电视的使用者当前还不能够通过 Java 来进行调查。如果受访者的系统需要激活 Java 系统或者需要进入 video，那么就要在研究开始时——而不是在研究过程中——就提醒你的小组成员。

　　一定要检查激励、报酬和奖品以决定最佳的给予，以便能够获得最好的回答。调查越长通常需要越大的激励。

　　一定要将研究限制在 15 分钟之内。

　　（资料来源：http：//www. worldopinion. com/the_frame/frame4. html. Reprinted with permission.）

万维网（www）已经在调查和其他研究技术中得到很广泛的使用。在下面地址中，我们还可以看到一些例子：

　　盖洛普组织：

　　http：//www. gallup. com/

　　哈里斯在线民意调查：

　　http：//www. harrisinteractive. com/

　　SMS 研究：http：//www. smshawaii. com/

　　网上商场市场研究/调查：

　　http：//www. streamlinesurveys. com/Streamline/estore/index. html

　　左各比（Zogby）国际：

　　http：//www. zogby. com/

在另一个关于提高在线调查的回答率方式的研究中，波特和威特康（Stephen Porter and Michael Whitcomb, 2003）发现，有些在邮寄问卷调查中有效的技术——比如把请求人格化或改变研究者的外在地位——对新的媒介却作用很小，甚至没有作用。与此同时，详细说明受访者为何被抽中及设定最终期限却提高了回答率。将来会有更多的实验力图提高在线调查的有效性。〖275〗

不同调查方法的比较

截至目前，我们已经讨论了几种收集研究资料的方法。现在，还是让我们花点时间来对这些方法再做个直接的比较吧！一般说来，自填式问卷要比访谈经济、快捷。这些考虑对于没有研究经费，却又想用调查来做课程论文的学生来说，可能是比较重要的。此外，假如你们使用的是自填式邮寄问卷方式，做全国性调查的花费并不会比只进行本地调查的花费更多。可是全国性的访谈调查（不论是面对面访谈或是电话访谈）比本地访问就贵得多。还有，邮寄问卷调查涉及的工作人员通常较少，有时甚至一个人就够了，尽管你们不应该低估其中的工作量。另外，访问时，受访者有时会不情愿透露一些有争议性或越轨的态度及行为，可是在匿名的自填式问卷中，就有可能披露其意见。

访谈调查法也有许多优点，譬如这种方法通常较少得到填答不全的问卷。在自填式问卷中受访者可能会跳着填答，可是在访谈中访员会被告知这是不允许的。在使用电脑辅助电访时，电脑会进一步地检查问卷是否填答完整。总之，访问调查较于自填式问卷，通常能达到较高的完成比率。

虽然自填式问卷在处理敏感性问题时比较有效，而访谈调查法则被视为适合用来调查较复杂的问题。最简单的例子包括家庭成员的计算以及判断某个地址是否包括了一个以上的家庭单位。虽然这个所谓的家庭单位，已经被普查局定义清楚且标准化了，而且可以根据这个概念来对访员进行培训，但有时在实际调查中还是会出现这样那样的问题。这在自填式问卷调查上就相当难沟通了，这正显示出访谈调查法更适合处理复杂的意外问题。

对访员来说，根据样本的住址或是电话号码来进行访问，会比只用受访者姓名来进行更为现实可行。访员可以前往一个指定的地址，或是找一组指派的电话介绍自己进行的研究，再根据研究的进一步指示，从该住址选出适当的人接受访问调查。相对的，自填式问卷如果不知受访者姓名，而只是寄给某地址的"住户"收，那么，回收情况通常很糟。

最后，除了访问时针对问题的答案外，访员在面对面地访问受访者时，还能够进行一些重要的观察活动。在家访时，访员可以记载邻居、居住单位的种种特征。访员还可以记录受访者的特征，或自己与受访者互动的情况，譬如这位受访者是否很难沟通、是否有敌意，或是有说谎的嫌疑等等。

电话访问与面对面访谈的方法相比，时间与金钱方面的优势比较明显。电话访问不但相当便宜，而且从起草计划到执行，其过程相当快捷。再者，如果访问到高犯罪率地区，访员的安全也是一个问题。此外，由于访员并没有与受访者面对面接触，所以也会降低访员影响受访者回答的情况。有一件事可以说明电话访问的普及程度：布莱尔（Johnny Blair）与其同事（1995）针对电话访问的抽样设计，编辑了一套目录，竟超过了 200 项。

在线调查也具有邮寄调查的很多优点和缺点。一旦可资利用的软件得到了进一步的发展，其费用就可能大幅度降低。不过，其很重要的缺点在于在线回答的人很难代表更有一般性的总体。

很明显，在社会研究中，每一种调查方法都有其地位。你自己必须衡量三种方法的优缺点，以符合自己的研究需要和自己所拥有的资源。

调查研究的优缺点

不管是运用哪种具体方法，调查研究都跟社会科学研究中的其他观察方法一样，有其优缺点。重要的是，我们要能决定哪一种调查研究方法更适合你们的研究目的。〖276〗

在描述大样本特征时，调查研究是相当有用的方法。审慎地根据概率方法抽样，并结合一份标准化的问卷，能使你们很好地描绘一个学生总体、一个城市、一个国家或其他任何大型群体的特征。调查研究能不可思议地得出正确的失业率、投票意愿（虽然官方档案的调查也能够在几个项目上提供相当正确的资料，如结婚、出生或是死亡记录），但其他的观察方法却没有提供这样的正确答案的能力。

调查研究使得大样本的调查具有可行性，特别是自填式问卷方法。调查 2000 个受访者并不是稀奇的事，大样本数对于描述性和解释性的分析非常重要，当要同时分析几个变量时，尤其需要足够大的样本。

从某种意义上说，调查研究也有弹性。你们可以就某个议题问很多问题，并由此使你们的分析具有一定的弹性空间。在实验设计方法中，你们需要事先对概念进行操作化，可是在调查研究方法中，却允许你们从实际的观察中发展操作化定义。

最后要说明的是，标准化问卷对于测量相当有帮助。前面的章节曾经讨论过，多数概念都呈现出模棱两可的特征：他们并没有终极的真实意义，一个人的宗教虔诚度一定与别人不太相同。虽然在关系到研究目标的方面你们必须要定义概念，然而，同一个定义并不一定完全适用于所有受访者。调查研究者必须做到对所有的受访者询问同样的题目，并假定给出相同回答的所有受访者具有同样的意图。

调查研究也有一些缺点。首先，方才提到的标准化要求常常导致我们削足适履。标准化问卷列出的选项，通常代表我们在评估人们的态度、取向、环境和经验时的最小公分母。在设计问题时，也许你们无法做到使它最适用于某些受访者，不过你们必须保证它要适用于所有的受访者，尽管适用的程度可能不是很高。就这个观念而言，调查研究在处理较复杂的议题时，总是显露出肤浅的一面。即使这个问题可以部分通过复杂的分析来消除，却仍旧是调查研究固有的天性。

同样地，调查研究很少能处理社会生活的情境。即使问卷可以提供这方面的信息，可是调查研究者也很少能把握受访者在整个生活状况中的所想、所为。但是，参与观察者却可以掌握这些（请参考第 10 章）。

调查研究法就某些方面来看，其实是相当缺乏弹性的。当研究采用直接观察法时，我们能够根据实地工作的实际情况做些调整修正。可是在调查研究法中，开头就要有一个保持不变的研究设计。譬如作为实地工作者，你们必须能够察觉到在研究现象中运作的重要的新变量，并且小心地观察它。而调查研究者则无法察觉新的变量，也不能做任何处理。

最后，如前面所提到的，调查研究法和实验法都会受到一些人为因素的影响。当你们发现一个人在问卷上给了保守的答案，那并不表示这个人就是保守的；若发现一个人给了满是偏见的答案，也不表示这个人也是充满偏见的。这个缺点在行动领域中特别显著，调查研究并不能测量社会行动，它只能够收集回溯性行动的自我报告，或是将来的、假设性的行动。

这个问题有两个层面可以探讨。首先，研究的议题可能不适合用问卷来测量；第二，研究某个议题——譬如态度——的行为本身会对受访者产生影响。比如，调查研究的受访者可能从没有想过州长是否该受到弹劾，但访员问到了这个问题，这时，受访者才形成自己的意见。〖277〗

　　一般来说，调查研究的效度较弱，信度却较强。譬如与实地研究相比，调查研究的人为影响因素会造成效度上的问题。举个例子，人们对某议题的意见很少表现为对某个陈述非常同意、同意、不同意、非常不同意等特定的形式。那么，在这样的例子中，受访者在调查中的回答，就当成是对研究者本人最初编制问卷时头脑中思想的近似反映。无论如何，这个评论需要结合前面讨论效度模糊性的内容来加以考虑。当我们说这是一个有效的或是无效的测量时，事实上假定了我们所要测量的东西存在着"真正"的定义，可是许多学者目前已经否决了这项假定。

　　信度的概念则清晰得多。通过对所有研究对象施以同样的标准化的刺激，调查研究避免了研究者自身观察方面的信度问题。此外，对问句的谨慎措辞也可以减少研究对象自身可能产生的信度问题。

　　同所有观察方法一样，对调查研究方法固有的或是可能的缺点的充分认识，可以使你们在某些案例中部分地克服它们。总的来说，当你们能够运用几种不同的方法对某议题进行研究时，你们就已经有了最安全的基础。

二手分析

　　作为观察方式的一种，调查研究涉及下列几个步骤：(1) 设计问卷结构，(2) 抽选样本以及 (3) 收集资料（通过访问或自填式问卷）。事实上，我们将发现，调查是最主要的研究方法。对一个大范围的调查而言，从概念化到取得资料的整个过程，花上你们几个月或一年以上

的时间，一点也不奇怪（小范围的调查当然可以较快地完成）。然而，通过对二手资料的分析，你们可以满足自己对某些具体社会问题的兴趣。譬如，你们可以对一组有 2000 名受访者的全国性样本进行资料分析，这将免去执行调查所需耗费的庞大经费与时间。

　　二手分析① (secondary analysis) 指的是某人所收集和加工的资料被另一人所用——经常是出于不同的目的。1960 年代开始，调查研究者开始意识到那些搁在档案室里的资料的潜在价值，尽管现在的研究者和原先的调查设计和资料分析都没有什么关系。即使某研究者进行了调查并对资料进行过分析，同样的数据也能够为那些具有不同兴趣的研究者用来作进一步的分析。这样，如果你对政治观点和关于性别平等的态度之间的关系感兴趣，你就应该通过对那些恰好包含了这两个相关问题的数据库进行分析，来检验研究问题。

　　最初的资料档案跟图书馆极其相似，同时也有一些差异。首先，与书本不同，数据档案包含了资料库：首先穿孔卡片，然后是磁带。今天则是电子磁盘、CD – ROMs 或者在线服务器。其次，你总是要把书还给图书馆，但是你可以保留从资料库中获得的资料。

　　当前最有名的二手分析例子是 GSS。每年或每隔一年，联邦政府委员会下属的、位于芝加哥大学的国家民意研究中心 (NORC) 都会进行一次大型的全国性调查，并就大量的社会科学变量收集资料。这些调查的目的是为学者免费或者便宜提供资料。GSS 是由戴维斯 (James A. Davis)

---

① 二手分析：指的是某人所收集和加工的资料被另一人所用——经常是出于不同的目的。尤其适合于调查资料。资料档案就是储存和分发二手分析的资料的仓库或说图书馆。

于 1972 年创立的。现在主要由戴维斯、史密斯（Tom W. Smith）和麦斯登（Peter V. Marsden）负责。他们的努力为社会科学研究及社会科学教育贡献良多。在 http：//webapp. icpsr. umich. edu/GSS/ 上你可以获得更多的信息。〖278〗

此外还有很多二手分析所需的资料来源。康涅狄格大学的路波中心（The Roper Center for Public Opinion Research）（http：//www. roper-center. uconn. edu/）是一个出色的来源。该中心还出版关于公众民意调查的期刊《公众视角》。国家民意调查（Polling the Nation）（http：//www. pollingthenations. com/）是一个知识库，里面包含了美国以及其他 70 个国家的几千份的民意调查。只要交纳一定的金额，使用者就可以获得他们指定的具体研究资料——但不是整个研究。尽管这种费用对于学生来说太高了，但是你可以查查你的学校有没有订阅。因为二手分析涉及获取资料，然后进行大量的分析，我建议你们也考虑下其他途径。通常你们可以用较少的时间做一些有限的研究。打个比方说，你们在写关于宗教在现今美国人的生活中的影响的学期论文。你们想评论在关于堕胎的争论中罗马天主教的作用。尽管你们可以侥幸获得无根据的结论，但想象一下，用以下的补充材料，你们的论文将会有多大的说服力：

1. 登陆 GSS 网站（见图 9－7）：http：//webapp. icpsr. umich. edu/GSS。

2. 点击 "Codebook Indexes" 目录下的 "Subject"，然后打开 "Abortion"。它将给你提供一些问题，这些问题是关于堕胎态度的（比如，ABANY 问一个妇女是否应该出于某种原因而合法堕胎）。

3. 点击 "Analyze"。

4. 选择 "Frequencies or crosstabula-

tion"，然后点击 "Start"。

5. 输入 ABANY 作为因变量（行），RELIG 作为自变量（列）。在 "Selection Filter" 框输入 "YEAR（2000）" 使分析限于对当年的研究，如图 9－8 所示。（周陈注：由于数据变化，网站上的截图跟原文图不一致，请参照原文）

6. 点击 "Run the Table" 做分析。

你们分析得出的结果，如图 9－9 所示，会使你们大吃一惊。与基督徒（76.1%）和其他无宗教信仰的人（57.3%）相比，天主教徒（33.3%）支持堕胎的人更少，他们与美国新教徒（35.2%）并没有本质差别。

假设一份学期论文的结论是："罗马天主教对堕胎有很强的影响，但许多天主教徒也许并不同意，如表……所示。"这也许只是深入调查的一个开始，正如第 14 章讨论的定性分析。〖279〗

二手分析的优点是它比做第一手调查要更便宜、快速，而且，依靠做原始调查的那些人，你们也许可以从一流专家的工作中获益良多。二手分析会促使荟萃分析（meta－analysis），即研究者把以往的一些研究集中到一个特定的题目上。比如，为了增强你们对宗教和堕胎关系的理解，你们可以超越 GSS 资料，而分析其他许多研究的类似资料。

当然，二手分析也有缺点，关键的问题又是效度。一个研究者为了某个特定目的而进行资料的收集，并不能确保这些资料将能吻合你们的研究旨趣。比较常见的情况是，你们发现初始研究者所问的某个问题会 "很接近" 于你们感兴趣的问题，但是你们希望这个问题是以另一种形式出现的（就是你们要的形式），或另一个相关的问题也被询问过。这时，你们所面临的问题是，

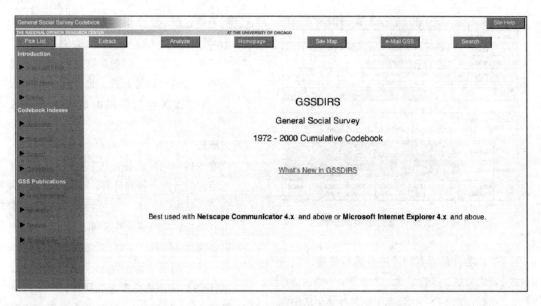

图 9 – 7　GSS 编码簿网站

SDA Tables Program
(Selected Study: GSS 1972–2000 Cumulative Data le)
Help: General / Recoding Variables

REQUIRED Variable names to specify
Row: RACDIF2

OPTIONAL Variable names to specify
Column: DEGREE
Control:
Selection Filter(s): YEAR(2000)　　　　Example: age (18–50) gender(1)
Weight: No Weight

Percentaging: ☑Column ☐Row ☐Total

Other options
☐Statistics ☐Suppress table ☐Question text
☑Color coding ☐Show T-statistic

Run the Table　Clear Fields

图 9 – 8　填表

Variables			
Role	Name	Label	Range
Row	abany	ABORTION IF WOMAN WANTS FOR ANY REASON	1-2
Column	relig	RS RELIGIOUS PREFERENCE	1-1
Filter	year(2000)	GSS YEAR FOR THIS RESPONDENT	1972-2

Cells contain: -Column percent -N of cases		1 PROTESTANT	2 CATHOLIC	3 JEWISH	4 NONE	5 OTHER (SPECIFY)
abany	1: YES	35.2 337	33.3 142	76.1 35	57.3 141	76.2 16
	2: NO	64.8 621	66.7 284	23.9 11	42.7 105	23.8 5
	COL TOTAL	100.0 958	100.0 426	100.0 46	100.0 246	100.0 21

图 9-9　宗教对堕胎态度的影响

问卷上的题目是否真的能够有效地测量你们所要分析的变量。尽管如此，二手资料还是相当有用。而且，它还再一次展示了回答社会生活中各种问题的各类可行办法。其实，没有任何一种方法能解决所有问题。而且，发现事物的方法是无限的。当你们开始从不同的角度来探讨某个问题，就会获得丰富的专业知识。〖280〗

　　本章中，我讨论了调查研究中的二手分析，因为它是与操作技术联系最密切的一种分析。然而，对社会研究资料的再分析并没必要局限于那些研究已收集的资料。比如，菲尔丁（Nigel Fielding，2004）考察了对档案和定性资料分析的可能性。

本章要点

导言

- 调查研究是社会研究中相当普遍的一套方法，即从研究总体中抽选样本，并对样本进行问卷调查。

适于调查研究的议题

- 调查研究特别适合对一个大的总体进行描述性的研究，当然，调查的资料也可以用作解释性的目的。

- 问卷通过以下方法来收集资料：（1）问人们问题，或者（2）问他们是否同意代表了不同观点的陈述。问题可以是开放式（受访者自己组织回答）的，也可以是封闭式（受访者在问卷所提供的选项中选择回答）的。

提问的原则

- 问卷中的问题应该符合几个原则：（1）问题形式应该符合研究计划；（2）问题应该清楚、精确；（3）一个问题应该只问一件事（比如，应该避免双重问题）；（4）受访者必须胜任回答；（5）受访者必须愿意回答；（6）问题应该中肯；（7）问题应该简短；（8）应该避免否定性问题，以免误导受访者；（9）避免在问题中使用带有倾向性的词语。

问卷的建构

- 问卷的格式会影响所收集到的资料的质量。
- 关联问题的清晰格式对于保证受访者回答全部相关问题是相当重要的。
- 当几个问题都使用同样的回答分类时，矩阵问题就相当有效。
- 问卷中的问题的顺序会影响回答。
- 要想获得适当的回答，清楚的问卷说明是相当重要的。
- 在应用于研究样本之前，对问卷进行预调查是必需的。
- 问卷调查有三种基本方法：自填式问卷、面对面访谈和电话调查。

自填式问卷

- 通常情况下，进行自填式问卷调查，需要补寄问卷（补寄一份问卷给那些对第一次出的问卷没有反应的受访者）。对回收问卷的恰当管理可以给补寄问卷提供指导，即什么时候补寄问卷比较合适。

访谈调查

- 访员必备的特征是保持中立：在资料收集过程中，访员不能对问卷上的答案产生任何影响。

- 必须对访员进行认真训练，使他们能够熟悉问卷并正确无误地逐字逐题询问受访者，也要能准确地记录受访者所给的答案。

- 访谈者可以通过深入追问，来就那些回答不完全或模棱两可的答案得出比较周全的答案。理想地说，所有的访谈者都应该使用同样的深入追问。

电话访问

- 电话访谈比面对面的访谈更为便宜、有效，而且还能够对资料的收集实施更多的监控。电脑辅助电话技术（CATI）的使用前景尤为广阔。

新技术与访谈调查

- 新技术为社会研究者提供了更多的机会和选择。其中包括各种电脑辅助的资料收集和分析的方法，此外还可以通过传真和在线调查来进行调查。不过，后两种方法必须小心地使用，因为受访者可能并不代表所要研究的总体。

不同调查方法的比较

- 自填式问卷与访谈调查法相比，优点在于经济、迅速、不因访员而产生偏差，还有，因为较具匿名性与非公开化，可促成受访者更诚实地回答敏感问题。

- 访谈调查相对于自填式问卷的优势，在于前者少有回答不完整的问卷，也较少有误解问卷题目的情况，回收率也较高，在抽样和具体观察中，还有较大的弹性。

- 电话调查相对于面对面的访谈的优点是省时省钱。前者的访谈员也比后者的访谈员更为安全，并且对访谈本身的影响较小。

- 在线调查跟邮寄调查相比，具有很多优势和劣势。在线调查虽然比较便宜，但是其代表性较差。

调查研究的优缺点

- 一般来说，调查研究法的优点在于经济和可以收集到大量的资料。而资料收集时的标准化过程，呈现了调查研究法的另一个特别的长处。

- 调查研究的不足在于：受人为因素影响，并且有些肤浅、相对不够灵活。使用调查方法，我们很难对社会过程的自然状态有一个充分认识。一般来说，调查研究具有相对低的效度和相对高的信度。

二手分析

- 二手分析为社会研究者提供了一种简便、便宜的"收集"资料的重要方法。但其效度可能不高。

关键术语

以下术语是根据章节中的内容来界定的，在出现该术语的页末也有相应的介绍，和本书末尾的总术语表是一样的。

受访者　问卷　开放式问题　封闭式问题　倾向性　关联问题　回答率　访谈　追问　二手分析

复习和练习

1. 就下列开放式问题，设计能够在问卷中使用的相应的封闭式问题。

   a. 去年你家的总收入是多少？

   b. 你如何看待太空穿梭计划？

   c. 宗教在你的生活中有多重要？

   d. 你入大学的主要原因是什么？

   e. 你认为你的社区所面临的最大问题是什么？

2. 请设计一组自填式问卷的关联式问题，以求
   获得以下信息：
   a. 受访者是否有工作？
   b. 如果受访者没有工作，是否在找工作？
   c. 如果受访者没有在找工作，那么他或她是
      否已经退休？是学生，还是家庭主妇？
   d. 如果受访者在找工作，已经找了多长时间？
3. 到杂志或报纸上找一份问卷（例如读者调
   查），把它带到课堂上进行评论，并就调查设
   计的其他方面加以评论。
4. 马上看看自己的衣着外表。看看其中有没有
   会在访谈中引起尴尬的地方。
5. 找一项在网上进行的调查研究，扼要地描述
   这个研究，并讨论其优缺点。

补充读物

Babbie Earl. 1990. *Survey Research Methods*.
Belmont ,CA：Wadsworth. 全面地总结了调查研究
法(你们想我会说它很糟糕吗?)。虽然这本教科
书与本书有部分重叠,但却涵盖了本书省略的部
分,即调查研究的技巧。

Bradburn, Norman M. , and Seymour Sudman.
1988. *Polls and Surveys：Understanding What They
Tell Us*. San Francisco：Jossey-Bass. 这些经验丰富
的调查研究者,回答了一般大众经常询问的有关
技巧的问题。

Couper, Mick P. , Michael W. Traugott, and
Mark J. Lamias. 2001. Web Survey Design and Ad-
ministration. *Public Opinion Quarterly* 65：230 – 53.
一个试验性研究以确定三种不同的万维网调查
设计中哪一种能得出最好的结果。

Dillman, Don A. 1999. *Mail and Telephone Sur-
veys：The Tailored Design Method*. 2nd ed. New
York：Wiley. 在邮寄问卷与电话调查方面的一本
杰出的方法论文献,对提高回收率提供了一些很

好的建议。

Elder, Glen H. Jr. , Eliza K. Pavalko, and E-
lizabeth C. Clipp. 1993. *Working with Archival Data：
Studying Lives*. Newbury Park，CA：Sage. 本书讨论
了在美国使用现有资料档案的可行性与技巧,特
别是提供了历时方面的资料。

Feick, Lawrence F. 1989. "Latent Class Analy-
sis of Survey Questions that Include Don't Know Re-
sponses. " *Public Opinion Quarterly* 53：525 – 47.
"Don't know" 可以代表很多事情,就像这一分析
所揭示的那样。

Fowler, Floyd J. , Jr. 1995. *Improving Survey
Questions：Design and Evaluation*. Thousand Oaks,
CA：Sage. 以浅显的方式讨论了问卷设计,包括对
问卷前测的许多建议。

Groves, Robert M. 1990. "Theories and Meth-
ods of Telephone Surveys," Pp. 221-40 in *Annual
Review of Sociology*. Vol. 16, edited by W. Richard
Scott and Judith Blake. Palo Alto, CA：Annual Re-
views. 本书试图在社会学和心理学理论的背景下
讨论电话访问,同时指出在使用这种研究方法时
可能常犯的各种错误。

Holbrook, Allyson L. Melanie C. Green, and
Jon A. Krosnick. 2003. Telephone versus Face-to-
Face Interviewing of National Probability Samples
with Long Questionnaires：Comparisons of Respond-
ent Satisficing and Social Desirability Response Bias.
Public Opinion Quarterly 67：79 – 125. 访问调查中
两种方法不同的考察。

Miller, Delbert. 1991. *Handbook of Research
Design and Social Measurement*. Newbury Park，CA：
Sage. 一本功能强大的参考书。该书尤其是第六
部分,引用、描述了大量在早期社会研究中所使用
的操作化测量。有时候还给出了问卷格式。虽然
这些例子的质量有高有低,但是却提供了各种可

能变通的绝佳例子。

Moore，David W. 2002. "Measuring New Types of Question-Order Effects：Additive and Subtractive." *Public Opinion Quarterly* 66：80 – 91. 其中给出大量关于问题的措词会影响回答的检验。

Sheatsley，Paul F. 1983. "Questionnaire Construction and Item Writing". Pp. 195 – 230 in *Handbook of Survey Research*，edited by Peter H. Rossi，James D. Wright，and Andy B. Anderson. New York：Academic Press. 该领域的专家所写的在这一方面的绝佳著作。

Smith，Eric R. A. N.，and Peverill Squire. 1990. "The Effects of Prestige Names in Question Wording". *Public Opinion Quarterly* 54：97 – 116. 它们不仅影响人们对问题的回答，而且还会影响教育程度与回答"不知道"的数量之间的相关。

Swafford，Michael. 1992. "Soviet Survey Research：The 1970's vs. The 1990's". *AAPOR News* 19 (3) No.：3 – 4. 作者将 1973 – 1974 年间调查研究在苏联所遭受的压制和后期新调查方法的使用进行了对比。例如，他指出苏联政府曾进行了一个全国性的调查来测量公众对德国统一的意见。

Tourangeau，Roger，Kenneth A. Rasinski，Norman Bradburn，and Roy D'Andrade. 1989. "Carryover Effects in Attitude Surveys". *Public Opinion Quarterly* 53：495 – 524. 作者在对 1000 人的电话调查中提了 6 个目标问题。他们发现了大量的差异。

Williams，Robin M.，Jr. 1989. "The American Soldier：An Assessment ,Several Wars Later"，*Pubic Opinion Quarterly* 53：155 – 74. 其中一位作者回顾了调查研究历史上的一项经典研究。

SPSS 练习

请在本书附的小册子中练习使用 SPSS（社会学数据包）。每章都提供了练习，并有使用 SPSS 的入门方法。

网络资源

社会学 & 现状：研究方法

1. 在最后复习本章之前，先做做测试 *Sociologynow*：*Research Methods*，看看有哪些地方需要重点复习。在本书的最前面，有关于这个在线工具的信息以及如何得到这些资源。

2. 可按照 *Sociologynow*：*Research Methods* 根据测试结果提供的学习计划进行复习。使用学习计划的互动练习和其他资源掌握材料。

3. 复习完毕后，再进行一次测试，以确认已充分准备好学习下一章的内容。

《社会研究方法》第十一版所附带的网站资源

Http：// sociology. wadsworth. com/ babbie-practice11e/登录后，你会发现对你的课程很有帮助的学习资源。这些资源包括辅导测试和反馈、在线练习、Flash 卡片和每一章的章节辅导以及在虚拟空间中扩展的方案、社会研究、GSS 数据以及数据分析软件，如 SPSS 和 NVivo 的使用入门等。

这一章的网址链接

我们需要认识到互联网是一个变动的实体，随时刷新。不过，这些网站还是相对稳定的。

伯克利大学调查研究中心

http：//srcweb. berkeley. edu/

国家民意调查

http：//www. pollingthenations. com

网上调查方法

http：//www. websm. org/

第 10 章

定性的实地研究

章节概述

　　定性的实地研究使得研究者能够在自然状况下观察社会生活：到行动发生的地点去看看。这种类型的研究比其他观察方法能够提供关于很多社会现象更丰富的理解，也使得研究者能够以一种深思熟虑的、周详计划的、主动的方式进行观察。

导 言

几章前已经提过,我们在一生之中总在不断进行社会研究。如果我们来看看最显著的观察方法:定性的实地研究,这种观点就会更加明显了。在某种程度上,只要我们进行观察,或者参与某一社会行为并试图理解它,我们就是在进行实地研究——不管是在大学教室里,还是在医生的等候室里,又或是在飞机上。我们向别人报告我们的观察时,我们就是在报告我们的实地研究成果。〖286〗

实地研究在社会科学中既古老也非常新颖,本章讲的许多技术,已经被几个世纪以来的社会研究者所使用,特别是人类学者的应用和贡献,使其发展成一项科学技术。然而,应该注意的是,严格说来,许多使用实地研究方法的人并不是社会科学研究者,新闻记者是一个例子,福利部门的个案工作人员也是。

虽然实地研究是一种"自然"活动,但还是有些技巧需要学习、磨炼。这一章将会详细讨论其中的技巧,回顾实地研究中的主要范式,并描述那些使得实地研究区别于一般观察的具体技术。

现在谈到的实地研究就是一种最显著的观察方法,它将使前面的这个说法更清晰。如果你们要了解某一事件,何不就到它发生的地方去看看,感受一下,甚至参与其中?虽然这些动作看似"自然",但你们将发现也得花工夫好好琢磨。这便是本章中所要谈到的内容。在这里,我们使用"实地研究"来概括有时被称为参与观察、直接观察和个案研究的所有研究方法。

我使用"定性的实地研究"一词,以使之区别于那些用来收集定量资料的方法。定量方法通过调查所获得的资料来计算总人口中的失业人口百分比、平均收入等等。实地研究则主要用于获得定性资料:本身并不容易被化约为数字的观察。例如一位实地研究者无法将政治集会领袖的家长式作风，或政府官员在公开谈话中的防御性回避用数字化的程度或等级表达，而可能将之注解为"家长式作风"或"防御性回避"。然而，这并不表示实地研究者不能收集定量资料。例如，也可以记录在一个实地情境内各种不同形式的互动次数——一般而言，实地研究是定性的。

实地观察与其他观察方法的不同之处在于它不仅仅是资料收集，也是典型的理论生成活动。实地研究者很少带着需要加以检验的、已明确定义的假设。比较典型的做法是，试图先从无法预测的进程中发现有意义的东西——从初始的观察，尝试性地推展出一般结论，这些结论能够启发进一步的观察，进行这种观察，然后再修正结论等等。简短地说，本书第一部分讨论的推理和归纳逻辑的转换，在好的实地研究中应是最为明显和必要的。不过，出于解释的目的，这一章主要集中于实地研究的一些理论基础和资料收集的技术。第 13 章将讨论如何分析定性资料。

适于实地研究的议题

实地研究的主要长处在于它能给研究者提供系统的观点。通过尽可能完全直接地观察与思考一种社会现象，也可以对其了解得比较深入和周全。这种类型的观察特别适合——但不是只适合——那些不宜简单定量的社会研究或研究议题。实地研究者应该承认，使用其他研究方法可能会忽略一些在态度和行为上的微小差异。

实地研究尤其适合在自然情境下研究态度和行为。相反，实验和问卷调查多在人为的情境下测量态度和行为。例如，实地研究就为在信仰复兴的聚会中对宗教信仰转变的动态过程研究提供了具有优势的方法（如果想知道是男性或女性比较倾向于改变信仰，就可以使用对成员名单的统计分析）。〖287〗

最后，实地研究特别适合跨越时间的社会过程研究。实地研究使研究者可以现场了解暴动事件的酝酿与发生，而胜过事后对其重新建构。

实地研究方法所适用的议题还包括校园示威、法庭诉讼、劳资协商、公众听证会或在相对有限的时间和空间内发生的事件。另一些类似的现象，则应该进行跨越时间和空间的综合考察。

洛夫兰夫妇（John and Lyn Lofland）在其著作《社会情境分析》（*Analyzing Social Settings*，1995：101 – 13）中，讨论了几种适合实地研究的社会生活因素。

1. 实践（Practices）：主要指各式各样的行为，比如交谈或阅读。

2. 情节（Episodes）：包括各种事件，诸如离婚、犯罪和疾病。

3. 邂逅（Encounters）：包含两人以上的会面以及在直接状态下与他人的互动。

4. 角色（Roles）：实地研究同样适合于分析人所处的地位以及在此地位上所表现的行为：职业、家庭角色、种族群体等。

5. 关系（Relationships）：有许多社会生活可以通过适合的角色丛的行为来考察，例如母子关系和朋友关系等。

6. 群体（Groups）：在关系之外也可以用于研究小群体，如朋党、运动团队、工作群体。

7. 组织（Organizations）：在小群体之外，也可用于研究正式组织，例如医院和学校。

8. 聚落（Settlements）：研究如国家这

样的大型社会组织是很困难的，实地研究者常对小型的社会如村落、贫民窟、邻近地区等进行研究。

9. 社会世界（Social World）：一些范围和人口都模糊不明的社会实体也可以成为社会科学研究的适当对象，诸如"运动世界"、"华尔街"等等。

10. 生活形态或亚文化（Life Styles or Subcultures）：最后，社会科学家们有时会将焦点放在生活方式雷同的人身上，例如"管理阶级"或"都市下层阶级"的群体。

在所有这些社会情境中，实地研究者可以揭露那些并非明显可见的事物，在此我们举一个具体的例子。

我特别感兴趣的议题之一（Babbie，1985）是公共事务责任的性质：谁负责给我们分派工作？谁负责维护如公园、购物中心、大厦等等公共场所的清洁？谁负责看护维修破损的道路标识？或者，如果被强风吹倒的垃圾筒在街上滚来滚去，谁负责清除？

这些问题的答案从表面上看非常清楚，在我们的社会中，分派这些事务的责任有正式和非正式的协议。政府的管理人员会负责维持公共场所的清洁，交通部门的人负责路标，也许警察会在刮风的日子负责清除在街上滚动的垃圾筒。当这些职责没有被完成的时候，我们可以去找某个人来责备。

其中令我着迷的是，将公共事务的责任分派给特殊个体，不只是免除其他人的责任，而根本就是禁止其他人为此负责。我的理解是：像你们或我这样的个人去为没有分派给我们的公共事务负责，是无法让人接受的。

让我举例来说明：如果你们穿过公园时丢下一堆垃圾，你们发现这种行为对你们周围的人而言是不能被接受的。人们会瞪你们，

对此抱怨，也许会有人来跟你们说什么。无论是哪种形式，你们都必须为乱丢垃圾受到明确的制裁。然而，具有讽刺意味的是，如果你们穿越同一个公园，并清理一堆别人丢下的垃圾，很可能这种行为对你们周围的人来说也是不可接受的。你们可能会为了清理垃圾而受到明确的制裁。

当我开始和学生讨论这个模式时，大部分人都觉得这种说法很荒谬。虽然我们会为了乱丢垃圾而被制裁，但很明显，清理公共场所会带来奖赏，人们会因为我们做了这些事而感到高兴。当然，我所有的学生都说，他们会因为有人清理公共场所而感到高兴，所以，很可能当我们问起其他人，对于有人清理公共场所的垃圾或负责处理某些社会的问题他们会如何反应时，学生们都说其他人也会因此而感到高兴。〔288〕

为了处理这项议题，我建议学生们开始在他们的日常活动中解决一些公共问题，并在这么做的时候注意以下两点：

1. 当他们解决并不属于他们责任范围内的公共问题时有什么感受？
2. 周围人的反应如何？

学生们开始捡垃圾、修路标、将翻倒的路障归位、清理并装饰宿舍区的公共场所、修剪阻碍路口能见度的树木、修理公共游乐场的设施、打扫公共厕所，还有其他数以百计不是他们职责范围以内的各种公共问题。

他们在大部分的报告中表示，对于自己所做的事情都感觉非常不舒适，自己感到很傻、很伪善、很引人注目以及其他各种令人不愿再继续表现这些行为的感觉，而几乎每一个例子中，周围的反应都使得个人不舒适感增加。一个学生将一个造成困扰已数月而又久

未使用的破损报纸箱从公车站牌移走,结果邻居却请来了警察。另一个学生决定疏通因暴风雨而阻塞的排水沟,却被一位坚持脏乱应留给清道夫清除的邻居呵斥。每个拾起垃圾的人都被鄙视、被嘲笑,通常也被贬低。一个年轻人捡起垃圾筒旁的垃圾,却被经过的路人骂为愚蠢。很清楚,对我们来说,在公共场所捡垃圾只有三种可被接受的解释:

　　1. 是你们丢的而且被抓到了,有人强迫你们清除你们留下的杂物。
　　2. 是你们丢的且良心不安。
　　3. 你们在偷垃圾。

　　在正常情况下,个人为公共事务负责任是很难被接受的。

　　很明显,我们除了通过实地研究,不会发现公共事务中个人责任协议的力量和本质。社会规范认为负责任是一件好事(有时甚至是好公民的表现),如果问人们对这件事的看法,则会产生"这是好的"的共识。只有在生活中真的做了且观察了,才能获得真相。

　　这个故事中一个有趣的注脚是,我们发现,当人们经过了初步反应并发现学生修理公物的原因只是要让这些公物发挥用途之后,路人们就倾向于加入帮忙的行列。虽然我们有一些非常强烈的共识,认为对公物负责很"不安全",但是当一个人的意愿超越于这些共识之上,就使得做这些事变得安全,这种意愿使得其他人在做这件事的时候也有安全感,因此他们就都这么做了。

　　新闻记者和报章杂志的记者也会使用相同的技术,但是千万不要将它们和实地研究混为一谈,因为它们与资料的关系是完全不同的。比如,在新闻和社会学中,个体访谈都是很常用的一种方法;不过,社会学家并不简单地报告研究对象的态度、信念或者经历。社会学家的目的是要从访谈中获取资料,以便进一步更为一般性地理解社会生活。

　　此外,还需要强调定性研究的两个重要方面。首先,"定性的实地研究"包含了很多类型的研究。我们在这一章还将看到,不同范式的认识论对基本的问题——比如,"什么是资料?""我们应该如何收集资料?"和"我们应该如何分析资料?"——有着不同的研究方法。其次,我们应该记住我们在研究中想要回答的问题决定了我们需要使用的方法类型。"女性如何过她们的日常生活,以表现她们作为母亲、伙伴和生计优胜者的角色?"这样的问题就需要深入访谈和直接观察。对广告战的评估则需要和专题小组进行讨论。不过,在大多数情况下,研究者都有可替用的方法。〖289〗

　　总的来说,实地研究具备在自然情境下探索社会生活的优点。尽管有些事物可以通过问卷或在实验室进行研究,但有些不行,而且在实地的直接观察中,可以让你们看到不能预期或测量的微妙之处或其他事件。

定性的实地研究所要注意的特殊事项

　　每种研究方法都有需要考虑的特殊事项,定性的实地研究也不例外。当你使用实地研究方法时,你就要考虑你作为观察者所扮演的角色以及你与观察对象的关系。下面就让我们来具体探讨。

观察者的不同角色

　　在实地研究中,观察者可以扮演好几种角色,包括参与他们所要观察的活动(修理公物的学生们就是这种)。在这一章中,我使用"实地研究"多于人们经常使用的"参与观察",因为实地研究者并不必须参与他们研究的事物,虽然他们经常在该行动的场景中直接研究。就像马歇尔和罗斯曼(Catherine Marshall and Gretchen Rossman, 1995:60)所指出的:

> 研究者计划扮演的角色包含了不同的"参与程度"——也就是在日常生活中实际参与的程度。完全参与是一种极端,研究者以研究情境中所创造的单一角色或是角色组,继续他的平常生活。另一种极端则是完全观察者,研究者完全不参与,甚至规避研究情境下的社会互动。当然,随着研究过程的进展,研究者也许会混合采用所有可能的方式。

在这个意义上,完全参与者可能是研究情境下的真正参与者(例如校园示威活动的参与者)或可假装是真正参与者。在任何事件中,如果你们扮演完全参与者的角色,就要让人们视你们为参与者,而非研究者。例如,你们要研究的是一群未受教育又不善表达的人,说话举止像个大学教授或学生恐怕就不适当。

在此必须提醒你们注意的是,即使社会研究者本身也有伦理问题。为了要使他们相信你们并向你们告白,就隐藏自己的研究者身份是道德的吗?科学的利益(研究的科学价值)可以抵消这项伦理关怀吗?虽然许多专业机构都提出了这项议题,但研究规范应用在某些特定情况时,还是有些模糊暧昧。

相对于伦理关怀的是科学关怀。没有一位研究者单单为了欺骗的目的去欺瞒他的研究对象,这么做应该是因为:如果研究对象不知道研究者正在进行研究计划,将表现得自然而诚实,而资料也将更具有效度与信度。如果研究对象知道他们正被研究,可能会在某些方面修正他

们的行为。这就是所谓的"**反应性**"① 难题。首先,他们可能驱逐研究者;其次,他们可能会修正他们的言论和行为,表现得比原来的做法更值得尊敬;第三,社会过程的本身可能会产生激烈的变化;例如学生们正在着手计划烧毁大学行政大楼,一旦他们察觉在这个群体中的一分子是一个正在进行研究计划的社会科学家,也许就会全体放弃。〖290〗

另一方面,如果你们是完全参与者,你们自身也许会影响到你们的研究。例如,假设你们被问及这个群体下一步该怎么做,无论你们说什么,在某些方面你们都将影响这个过程。如果群体采纳你们的建议,则你们对这个过程的影响是很明显的;如果群体决定不采纳你们的建议,这个拒绝的过程也可能对于以后所发生的事产生重大影响。最后,如果你们表示不知道接下来该怎么办,你们就为这个群体带来了不确定性以及不果断的整体感受。

这种既是参与者又是观察者的身份,无论采取或不采取什么行为,终将对被观察者产生一些效应,这是必然的;更严重的是,你们做或不做都会对即将发生的事产生重大的影响。虽然对这个问题的敏感可能提供了部分的防护,但是并没有任何一种完全的防护措施能预防这种效应(这种影响称为霍桑效应,第 8 章中已充分讨论过)。

基于这些伦理的或科学的考虑,实地研究者可以选择不同于完全参与者的其他角色。你们可以完全参与被研究的群体,但是明白地表示你们同时也在进行研究。例如你们是一个排球队的成员,也许就可以凭借这个位置展开运动社会学的

---

① 反应性:是指社会研究的研究对象可能会基于被研究的事实而反应,从而使他们的行为与正常状态的行为不一致。

研究，并且让你们的队友知道你们在做什么。然而这个角色也是具有危险性的，被研究者可能原本应该专注于自然的社会过程，却转移太多注意力在这个研究计划上，使得这个被观察的过程不再典型。或相反，你们自己可能会对于这些参与者的利益和观点过于认同，开始变得"现场化"而失去了科学的超然性。

在另一个极端，完全观察者则是在任何情况下观察社会过程都不成为其中的一部分，很可能由于研究者并未介入使得研究对象并不知情，例如，坐在公车站观察附近十字路口行人违规穿越马路的行为。虽然完全观察者比起完全参与者不那么影响研究，也不会"现场化"，但也不能对被研究者做出全面的理解，其观察也可能比较简略而空泛。

戴维斯（Fred Davis, 1973）将观察者可能扮演的两种极端角色形容成"火星人"和"皈依者"，后者指的是观察者越来越陷入研究情境，形成了现场化，下一节我们会更深入考察这个问题。

另一方面，你们也许会完全采用所谓的"火星人"策略，想象自己被送到火星上去观察新生命体的生活。你们大概很难觉察自己与火星人有所隔离。有些社会科学家在观察异于自身所属的文化社会阶层时，也会采取某种程度上的隔离。

马歇尔和罗斯曼（1995：60-61）也提到，研究者可以决定该花多少时间在研究情境中：你们可以完全成为这个情境的一部分，或是偶尔现身一下。更有甚者，你们可以将注意力集中于这个情境的某个单一面向，也可以企图观察它的每一个部分（重点是要扮演符合你们目的的适当角色）。

不同的情况要求研究者扮演不同的角色，可惜的是，并没有一个明确的标准，你们必须根据对情况的了解和自己的判断来决定。同时，你们也必须遵循方法论和伦理两方面的考虑来做决定。因为这些经常存在矛盾，使你们的决定变得困难，有时也会发现你们的角色限制了你们的研究。〖291〗

与研究对象的关系

介绍过在实地研究中可能扮演的各种角色之后，接着要将焦点放在你们与研究对象以及与研究对象的观点间该如何建立关系。

我们已经提过该如何假装拥有事实上非你们所属的社会地位，现在再看看身处这种环境之下，你们会有何感受。

假设你们要研究一个吸引你们住处附近许多民众参加的教派，也许会采取加入或假装加入的方式。花一点时间自问，"确实"加入和"假装"加入的差别是什么。主要的差别在于，你们是否真的接受了其他"真正"成员所共同分享的一切：信念、态度以及其他观点。如果这个教派的成员相信下周四的夜晚耶稣就会降临，毁灭世界并拯救他的信徒，你们真的会相信或只是假装相信？

传统地，社会科学家会强调这一类事件的"客观性"，在这里，指的是避免推翻这个群体的所有信仰。社会科学家除了不否定这种客观性以外，也承认由于自己相信研究对象的观点而获得的种种好处，洛夫兰夫妇（1995：61）将这种情况称为"自己人的理解"。毕竟，除非你们也认为这些成员的观点是对的（即使只是暂时如此），否则永远也没有办法了解他们的思想和行动。要完全理解你们所参与研究的现象，就必须相信耶稣下周四晚上真的会来。

接受一个异于自己想法的观点，对大部分的人来说是很不好受的。也许有时候你们会觉得某些观点真的令人难以容忍，但也得试着去接受，并把自己的观点想成比他们的还糟十倍。贝拉（Robert Bellah, 1970, 1974）为此提出了"象征现实主义"的概念，提醒社会研究者要视自己所研究的信念是值得尊敬的，而不是什么可笑的东西。如果你们能够很认真地看待这件事，也许就能体会谢弗和斯特宾斯（William Shaffir and Robert Stebbins, 1991：1）所做的结论："实地工作一定要在相当程度上考虑研究自己无法认同的种种活动，因为人性就在其中自然形成。"

当然，接受研究对象的观点也有其危险性。当你们抛开客观性这么做的时候，就不可能用你们的研究对象所欠缺的参考架构，来观察并了解这个现象。相信周四晚上世界就会终结，让你们可以体会这个信念对于信众所产生的意义，然而脱离了这个观点，你们才可能思考人们接受这个想法的各种原因。你们会发现有些人是由于心灵受创（例如，失业或离婚），而有些人则是由于参与特定的社会网络而被带入这个集会（例如，因为整个保龄队都参加了）。要注意的是，教派的成员也许会反对这些"客观"的解释，而且你们也许不会有机会在合理地考虑这个群体观点的情况之下，在研究情境以外和他们相处。

人类学家有时会用"主位"视角指相信研究对象的观点。相反，"客位"视角指为了取得更大的客观性而与研究对象的观点保持一定距离。〔292〕

由于这两种策略看似各自独立，却又各具重要的优点，这就产生了明显的两难困境。事实上，也许有可能同时采用两种策略。有时候你们可以随自己的意愿转换观点：在适当的时机接纳这个仪式的信念，不久，当然再抛开这些信念（更正确地说，是再采纳社会科学的观点）。在你们对这种研究方式更为擅长之后，就可以同时持有对立的观点，而不必一再转换。

我在对通灵（心灵进入人体，并通过人体发言）的研究中，发现自己不必脱离传统社会科学，就可以完全参与通灵的活动。我发现在这个领域中可以对所有想法都有所保留：不像其他的参与者一样相信它是真的，也不像大部分的科学家一样完全不相信。我接受这两种不同的可能性。请注意到，这么做和我们想"知道"这类事情是否合理，有多么的不同。

社会研究者常常会提及反身性问题——也就是说事物作用于其自身。这样，你自身的特性就会影响到你所看到的以及你解释的方式。不过，这个问题远比这里说的广泛；而且不仅适用于研究者，也适用于研究对象。假想你（1）在街上，（2）在流浪者的庇护所，或者（3）在社会福利所，访谈一个无家可归的流浪者。研究环境会影响研究对象的回答。也就是说，在不同的访谈地点，你可能会得到不同的结果。而且，在不同的背景下，你的表现也会有所不同。如果你反思过这种问题，你也就会理解研究的其他复杂面——正是它们将"只不过如此的简单观察"变得复杂。

我们可以把这一段讨论视为心理学的问题，因为它多半发生于研究者的脑子里。然而另有一个属于社会层面的问题。当你们深深涉入研究对象的生活中，就很容易受到他们个人的问题和危机的影响。例如，想象一下，某位教派中的成员生病了，需要送医院，你们会提供自己的交通工具吗？一定会的。再假设有人想借钱去买一套音响，你们会借钱给他吗？也许不会。但如果他们借这笔钱是为了填饱肚子呢？

对于解决这样的问题并没有黑白分明的规则。然而，我还是应该警告你们，类似的问题是可能发生的，不论你们是否暴露自己的研究者身份，都要好好地处理。因为这类问题就是参与观察的一部分，他们不会在问卷调查和实验等其他形式的研究中发生。

关于研究者与其研究对象的关系的讨论，属于"科学客观性"问题。在结束这部分的讨论之前，我们还要进一步讨论这个问题。

在传统的科学观看来，有某种权力和地位将研究者和研究对象区别开来。比如，当我们在第 8 章讨论实验设计时，实验者是无疑的主宰。实验者负责组织，并命令对象干什么。通常只有研究者才知道研究的真相。调查研究中也有类似的现象。设计问题的人决定挑选谁来回答问题，并对资料进行分析。

社会学家通常将这种关系看做是权力或者地位关系。在实验和调查设计中，研究者比研究对象具有更大的权力和更高的地位。研究者还拥有研究对象所不具有的特殊知识。他们虽然还不至于鲁莽地说自己优越于研究对象，但却有这种隐含的假定。（注意，教科书的作者和读者之间也有这种隐含的假定。）

在实地研究中，这些假定都是有问题的。当早期的欧洲人类学家着手研究那些所谓"原初"社会时，人类学家就被假定是知识最丰富的。比如，尽管本地人"相信"魔法，人类学家"知道"这是不可能的。虽然本地人说他们的仪式能够取悦于神灵，但人类学家却解释说这些仪式的"真正"功能在于创造社会认同、建立群体团结，等等。〖293〗

不过，社会研究者越是面对面地深入研究，他们就会越来越意识到那些潜在的研究者优越性的假定，他们也就越有可能考虑替代选择。当我们接触实地研究的不同范式时，我们就会看到：我们正在寻求解决办法，而且还略有成效。

一些定性的实地研究范式

虽然我将实地研究简单地描述为进入行动

发生的地点并进行观察，但其中还是存在很多不同的方法。这一部分探讨了实地研究的几种范式：自然主义、常人方法学、草根理论、个案研究和扩展的个案方法、制度民族志、参与行动研究。虽然上述列举还没有穷尽所有的方法，但也足以让你感觉到实地研究中的无限可能性。

有一点很重要，那就是每种范式并不对应着某种特定的方法。比如，在民族学方法和制度民族志研究中，你可以使用分析法院诉讼和专题小组的方法。本章的特色在于方法论——它关涉的是资料的意义，而不是资料是如何收集的。

自然主义

自然主义① （naturalism） 属于定性研究中的古老传统。最早的实地研究是在实证主义的假设下进行研究的，他们认为社会现实是外在的，他们认为研究者应该自然地进行观察并报告"现实"（Gubrium and Holstein，1997）。这一传统始于 20 世纪 30 年代和 40 年代，芝加哥大学社会学系——其师生到处观察、理解当地的邻里和社区——是其发源地。这个年代的研究者及其研究方法，现在都通常被称为芝加哥学派。

阐明这种研究传统的、最早的、也是最著名的研究之一是怀特（William Foote Whyte） 的《街角社会》（1943）中对康讷威利群体（一个意裔美国人的群体） 的民族志研究。**民族志**② （ethnography） 关注的是详细、准确地描述而不是解释。跟其他自然主义者一样，怀特相信，想要更丰富地了解街边的社会生活，就需要从内部

———————

① 自然主义：一种实地研究的方法。其假设存在客观的社会现实，而且这些现实能够被正确地观察和报告。

② 民族志：其对社会生活的关注在于详细、准确地描述，而非解释。

进行观察。怀特通过与"Doc"——其关键线人，似乎也是街头帮派的一个领导——联系，而参加了 Doc 所在的康讷威利群体的活动。他的研究提供了一些调查所无法提供的东西：对康讷威利这个意大利移民的生活的丰富、详细的描述。

怀特的研究的另一个重要特征是他从康讷威利群体自身的角度来进行报告。自然主义方法是要以他们"真实的"方式来陈述"他们的"故事，而不是以民族志学者所理解的"他们"的方式来陈述。怀特所收集的叙述就被当成是对康讷威利居民的真实生活的记录。

45 年以后，斯诺和安德鲁（David A. Snow and Leon Anderson, 1987）对德克萨斯州奥斯汀的无家可归的人的生活进行了解释性的实地研究。他们的主要任务是要理解无家可归者如何建构他们的认同，而且他们还知道社会给他们强加了很多污名。斯诺和安德鲁认为，为了达成这个目标，就必须以相当自然的方式来收集资料。跟怀特在《街角社会》中所使用的方法一样，他们也找到了一些关键的线人。他们进而追踪这些线人的日常活动，比如白天活动地点或者桥底下。斯诺和安德鲁所使用的方法就是记录他们所参与的对话，或者无家可归者之间的"交谈"。他们还会每天"听取报告"并且就他们所遇到的"交谈"做详细的实地记录。他们甚至录下他们与关键线人之间的深度访谈。

斯诺和安德鲁的研究跨度为 12 个月，记录了 405 个小时的活动，涉及 24 个场景。除了这些丰富的资料之外，他们还区别了无家可归者三种相关的谈话模式。首先，无家可归者试图和其他无家可归者保持一定的"距离"，同时，不管是对地位不高的工作，还是对他们所依赖的援助组织，也同样如此。其次，他们"信奉"其关于街头生活的认同、他们的群体成员感，或者是对他们为什么无家可归的原因的理解。再次，他们常常会谈论一些跟他们的日常生活形成对照的"虚构的故事"。比如，他们常常会说他们赚了很多钱，但实际上并没有那么多；他们甚至会说他们正在"致富"。〖294〗

米歇尔（Richard Mitchell, 2002）也提供了一个显示民族志报告的威力的例子。当前的美国历史中出现了来自秘密的生存主义群体的暴力幽灵：1992 年，在爱达荷州的鲁比山脊（Ruby Ridge）的袭击，导致白人至上主义者兰狄·维沃的妻子和儿子的死亡；1993 年，发生在德克萨斯州维克城市的克瑞士及其大卫帮分部之间的交火；还有 1995 年的蒂莫西爆炸案导致俄克拉荷马城 168 人在 9 层联邦大楼的碎石下丧生。

米歇尔描述了大量的生存主义个体和群体，试图理解他们的推理、计划以及他们可能的威胁。他发现生存主义者虽然对美国社会的将来感到无望，但绝大多数人都希望创造一种替代的生活和文化，而不是将每一个人都炸死。这并不是说所有的生存主义者都不是威胁分子，但是米歇尔的描述却使我们能够超越蒂莫西、克瑞士和维沃，进而获得一个有关生存主义更为全面的图景。

本章的目的是为你们介绍定性实地研究中已存在的一些不同方法，因此请注意：此处对民族志的讨论仅仅是对社会研究者已发展的部分方法的勾勒。如果你们对这种系统方法感兴趣，你们也许会想了解虚拟民族志的概念，它使用民族志的技术研究虚拟空间。在不同的方向上，自传式民族志有意假定个人的姿态，而抛弃研究者在此层面上的介入。你们可以搜索网络或学校图书馆以便了解更多关于民族志各种变量的知识。本章后面有一节将会讨论制度民族志，它把个体和组织联系了起来。

常人方法学

常人方法学① （ethnomethodology），我在第 2 章已经介绍过这种研究范式，它跟定性的实地研究存在相当的差异。常人方法学根源于现象学的哲学传统，这也是常人方法学者对人们报告其真实经历持怀疑态度的原因所在（Gubrium and Holstein，1997）。舒 茨（Alfred Schutz，1967，1970）将现象学引入社会学，他认为真实是社会地建构起来的，而不是外在的。人们不是以自然的方式来描述世界，而是以一种他们认为有意义的方式来描述世界。这样，现象学者认为怀特的街角帮是以他们的方式来描述他们的帮派生活的。但是，却不会告诉我们他们是如何以及为什么他们就是那样。这样，研究者就不能够依赖于他们的研究对象的故事来准确地描绘社会真实。

传统的民族志学者认为应该投身于特定的文化，并报告线人的故事；而常人方法学的目的则是理解线人对世界的理解。这样，一些实地研究者就觉得需要一些技巧来解释人们是如何理解日常世界的。在第 2 章已经提及，社会学家加芬克尔认为研究者可以通过打破常规来揭示人们想当然的规则。这就是加芬克尔所说的"常人方法学"。〖295〗

加芬克尔因他和他的学生一起做的一系列"破坏实验"而出名。所谓的"破坏实验"就是要打破常规（Heritage，1984）。比如，加芬克尔（1967）让他的学生做了一个"谈话澄清实验"。他要求学生和熟人或者朋友进行一般的谈话，但是要求对方对每一个陈述都做出澄清。通过这种技巧，他们发现了那些被想当然的谈话要素。下面是加芬克尔的学生所做的两个实验（1967：42）：

案例 1：

研究对象告诉实验者说他前天上班的时候车胎没气了。

研究对象：我的车胎没气了。

实验者：你的车胎没气了？什么意思？

她立即显得很惊讶。然后气呼呼地说："什么意思？什么意思？车胎没气了就是车胎没气了！这就是我的意思。没有别的。真是个变态的问题！"

案例 6：

研究对象欢快地在挥手。

研究对象：怎么样？

实验者：你说的怎么样指的是什么？我的健康、财富、作业、思想状态还是我的其他什么？

研究对象：（脸红而且马上失去控制。）你看！刚才我是很友好的。坦白说，我并不是要诅咒你。

通过"悬括"他们日常生活中的谈话中的期望，实验者就会发现平时互动的微妙之处。比如，虽然"怎样？"有很多可能的含义，但在互动中我们总是能够精确地知道其中的含义，就像研究对象最后一句中所说的那样。

常人方法学者并不是简单地对研究对象如何理解世界感兴趣。在案例中，研究对象肯定会认为实验者相当无礼、愚蠢或者傲慢。对话本身（而非线人）成为常人方法学研究的对象。总的来说，常人方法学的焦点是"互动"的潜在模式，正是这些模式规制着我们日常生活。

常人方法学者相信坚持自然主义分析的研究者会"失去分析常识世界及其文化的能力，

---

① 常人方法学：着力于发现社会生活中隐含的、通常没有说出来的假设和共识的一种方法。这种方法常常使用打破共识这种方式来解释共识的存在。

因为他们所使用的分析工具和视角本身就是他们所要研究的世界或者文化的一部分"(Gubrium and Holstein, 1997：43)。就自然主义方法和常人方法学之间的差异，韦德（Laurence Wieder）给出了一个绝佳的例子（Gubrium and Holstein, 1997）。在其研究（《语言和社会真实：罪犯密码的案例》，1988）中，韦德刚开始时使用的是民族志的方法：他走进监狱并与囚犯交朋友，进行参与观察。他认真地记录了舍友之间以及囚犯和监管者之间的互动。他最初的目的是要描述罪犯的真实生活。韦德的观察使得他发现了"罪犯密码"，而他认为正是这些罪犯密码导致了罪犯针对监管者的异常行为。这些密码包括了一系列的规则，比如"不准亲屁股"、"不准告密"和"不要相信监管者"等。这些规则也是部分罪犯用来抵制监管者帮助他们实现从监狱向社区转变的工具。〖296〗

韦德意识到这些密码不仅仅是对异常行为的揭示，更是"道德说教和正义的手段"（Wieder, 1988：175）。在这一点，韦德从自然主义方法转向了常人方法学。自然主义实地研究者的目的是要理解参与者所理解的社会生活，而常人方法学者则试图找到达成理解的方法。在罪犯密码这个案例中，韦德意识到罪犯利用密码来理解他们之间的互动和他们与监管者之间的互动，民族志方法也就由此转向了常人方法学。比如，罪犯将会说："你知道的，我不会告密的。"他用这句话来拒绝回答韦德的问题（p.168）。对于韦德来说，密码"就像是中止或者改变谈论话题的工具"（p.175）。甚至监管者也会利用密码来为他们不愿意帮助罪犯做辩护。虽然密码约束着行为，但也是控制互动的一种工具。

草根理论

草根理论来自于社会学家格拉索（Barney Glaser）和斯特劳斯（Anselm Strauss）的合作。他们将两种主要的研究传统——实证主义和互动主义——结合起来，于是就有了草根理论。本来，**草根理论**①（grounded theory）是要通过对来自观察资料的模式、主题和一般分类进行分析，进而得出理论。关于这一方法最初的主要陈述见格拉索和斯特劳斯的《草根理论的发现》（1967）。草根理论也可以被描述为在定性研究中，试图综合自然主义方法和实证主义，以达成"程序的系统化模式"的努力。

斯特劳斯和科宾（Juliet Corbin）（1990：43–46）认为草根理论可以让研究者在保证科学性的同时具有创造性——只要研究者遵循以下准则：

比较性思考：斯特劳斯和科宾认为，比较多次事件非常重要，它可以避免出现偏差（与基于最初观察的解释）。

获取多种观点：部分是研究中事件参与者的不同观点，但斯特劳斯和科宾强调，不同的观察技术也会提供很多种观点。

时不时地进行反思：随着资料的累积，你们会生成对"正在发生什么？"的解释，对照这些解释检查你们的资料则很重要。正如斯特劳斯和科宾（1998：45）所说：资料本身不会说谎。

保持怀疑的态度：当你试图解释资料时，你们应该把所有的理论解释视为暂时

---

① 草根理论：一种研究社会生活的归纳方法。它试图通过比较观察来总结出理论。这跟假设检验很不一样，在后者，假设来自于理论，并接受观察的检验。

的。它们需要接受新的观察的检验，永远都不要将它们视为既定事实。

遵循研究程序：伴随理论的演进，草根理论允许在资料收集中灵活处理，但斯特劳斯和科宾（1998：46）强调有三种技术是最重要的，即做比较、问问题和抽样。

草根理论强调研究程序。系统的编码对于资料分析的效度和信度尤其重要。因为其关于资料的观点，多少带有实证主义色彩，草根理论非常注重定性研究和定量研究的结合。下面是草根理论研究的两个例子。〖297〗

教学变革研究

康拉德（Clifton Conrad，1978）关于大学里的教学变革的研究是草根理论方法应用的一个早期例子。康拉德希望发现课程设置的变革源泉，并理解变革的过程。借助理论抽样——根据理论关联性来选择群体或者学院——的草根理论观点，康拉德选择了四个学院以供研究。在其中的两个学院中，变革的主要动力来自正式的课程委员会；而在另两个学院，变革的动力主要来自特别群体。

康拉德逐步解释了利用草根理论的方法来建构其关于教学变革的理论的优势。为了创建资料的分类他描述了系统的资料编码过程，并评估了这些分类相互匹配的程度。在资料和理论之间的来回碰撞，使得康拉德能够重新评估其关于教学变革的初始结论的有效性。

比如，刚开始时，教学变革好像主要是由管理者的推动而兴起的。但是通过对资料的检验和进一步的寻求，康拉德发现利益群体的压力才是变革的源泉。这些利益群体的出现实际上使得管理者成为变革的代理。

对来自两类大学的资料拟合度的评估，有助于修改理论建构。康拉德的结论认为大学课程的变革基于如下过程：内在的和外在的社会结构压力的存在，导致冲突和利益群体的出现；他们促使管理者介入，并建议改革当前的教学计划；这些变革其实是由那些最有权力的决策群体推动的。

罗马尼亚购物

就前苏联和东欧联盟经历了社会剧变，已经有很多的相关文章。约比司（Patrick Jobes）及其同事（1997）想要了解一般的罗马尼亚人的转变。他们的研究点是购物。

购物通常都被看做是一种常规性的、相对理性的活动，但研究者则认为在一个急剧变革的经济环境下，购物也可能成为社会问题。他们利用草根理论来探讨作为一个社会问题的购物，并寻找普通人解决这个问题的方式。

他们的第一个任务是要了解罗马尼亚人如何看待、理解购物。研究者——社会问题的参与者——访谈了 40 个购物者，询问他们是否遇到过与购物相关的问题以及他们的解决方法。

最初的访谈完成之后，研究者开始分析资料，并对回答进行分类——购物者最常遇到的问题及其解决方法。其中，最常见的问题就是缺钱。研究者由此得出第一个工作假设："购物者的社会经济地位影响到他们看待问题和寻求解决之道的方式。"（1997：133）这个以及其他假设帮助研究者在后来的访谈中将注意力集中在更为明确的变量上。

在研究过程中，他们还希望访谈其他类型的购物者。比如，当他们访谈学生时，他们发现不同类型的购物者还会选择不同类型的物品，这反过来又影响到他们所面对的问题以及所尝试的解决办法。

随着访谈的继续，又有了一些新的假设，也开始形成了标准化的问题。刚开始时，所有的问题都是开放式的，但到最后，他们也有了封闭式问题。

这个研究表明了草根理论关键的归纳式原则：在没有假设的情况下收集资料。最初的资料决定了所要观察的关键变量，而变量之间的关系的假设也同样来自于所收集的资料。不断持续的资料收集过程会影响研究者的理解，反过来，也使得资料收集的目的性更强。

个案研究和扩展了的个案方法

社会研究者经常谈起**个案研究**① （case studies）。个案研究将注意力集中在社会现象的一个或者几个案例上，比如一个村庄、一个家庭或者一个青少年帮派。拉珍和贝克（Charles Ragin and Howard Becker, 1992）指出，关于什么是"个案"还没有一致的看法，尽管该术语已被广泛使用。比如，被研究的个案可以是一段时间，而不是特定的群体。〚298〛

个案研究的主要目的可能是描述性的，如人类学家对史前部落的文化的描述。而对特定个案的深入研究也可以提供解释性的洞见，如社区研究者罗伯特和林德（Robert and Helen Lynd, 1929, 1937）和沃纳（W. Lloyd Warner, 1949）寻求理解美国小城镇中的社会分层的结构和过程。

个案研究者可能只是寻求对个别案例的独特理解，或者——就像在草根理论中看到的那样——个案研究有可能形成更一般的通则式理论的基础。

波罗威（Michael Burawoy）及其同事（1991）认为在理论和个案研究之间多少存在差异。在他们看来，**扩展的个案方法**②（extended case method）还有发现现有理论的缺陷并修改现有理论的目的。这种方法跟前面所讨论过的方法有着重大差异。

草根理论家试图不带预设地进入研究场景，

波罗威的观点则刚好相反："在进入之前，尽可能地列出想要观察的现象。"（Burawoy et al. 1991：9）波罗威将扩展的个案方法看做是重建、发展理论，而不是证明或者驳斥理论的方式。因此，他寻找观察与既有理论相冲突的方式和他所谓的"理论缺口和缄默"（1991：10）。这种实地研究的取向意味着，对于波罗威及其同事来说，事先熟悉文献是很有必要的；而草根理论家担心知道了其他人的结论可能会给他们的观察和理论带来倾向性。

为了更好地理解扩展的个案方法，我们来看看波罗威的学生所做的两个案例。

教师—学生协商

哈斯特（Leslie Hurst, 1991）着手研究一所中学的教师和学生之间的互动。她在进入实地之前，就先熟悉了关于学校的正式功能的既有的、相互冲突的各种理论。一些理论家认为学校的目的是要提高社会流动性，而有些人则认为学校的主要功能在于再生产既有的分层化的劳动分工。还有其他理论也解释了教师和学生的正式角色。

这些相互冲突的理论及其在教室中观察到的互动类型，撞击着哈斯特。基于作为学生的经历，哈斯特发现教师对学生的思维、身体和心灵有很大影响。但当她在位于加利福尼亚州伯克利市的爱默德中学担任志愿教师的时候，她在那里发现了一些很不一样的事情。在担任志愿教师期间，她有机会进入亨利老师（八级英语教师）和其他老师的教室、餐厅和英语系的会议。她还就教师和学生之间的协商写了很多实地记录。通过聚焦于学校、教师和家庭之间的功能分化，她

---

① 个案研究：对某社会现象的例子进行深度检验，比如一个村庄、一个家庭或者一个青少年帮派。

② 扩展的个案方法：波罗威所发展出来的一种个案研究方法，它是用来发现现有社会理论的缺陷并发展现有理论的。

解释了教师—学生之间的协商本质。

在哈斯特的观察中，学校履行着控制学生的"身体"的功能——比如，通过规制他们在学校里的活动。学生的"思维"也会受到教师的影响，虽然学生的家庭掌管着他们的"心灵"；也就是说，家庭需要在个人价值、态度、品行、礼貌上对小孩进行社会化教育。如果学生在入学之时不具有这些基本素质，那么在哈斯特看来，教师就"必须和学生在学生应该如何行为和课堂礼貌等问题上达成妥协"（1991：185）。

哈斯特认为教师和学生之间持续不断的协商，是"身体"（学校所关心的）和"心灵"（家庭的掌管范围）分离的表达。教师在控制学生的思维方面所具有的惩罚能力相当有限，因此只好通过协商来"控制学生的身体和品行"（1991：185），或者像哈斯特所界定的："照顾"学生的身体和心灵。〖299〗

哈斯特蕊为她不同于传统的社会学视角的地方是：

> 我并不以未来主义的眼光来打量学校。我不是依据训练、社会化或者教化人们以与将来的层级相适应的角度来看待学校。这种看待学校的方法忽略了课堂和教育中协商的、无序的一面。未来主义视角试图强加一种秩序并且关注学校的体验，从而错失了日常的真实。（1991：186）

总的来说，通过认为课堂、学校和家庭具有不同的功能——而这又解释了课堂中"协商秩序"的出现——哈斯特的研究试图发展传统的社会学关于教育的理解。

向艾滋病开战

弗克斯（Katherine Fox，2001）研究的是一个与艾滋病做斗争的机构——该机构的主要工作是分发避孕套和给静脉注射药物者分发清洁针头的漂白粉。这是发现理解异常行为的理论解释模型的限制——尤其是"治疗模型"认为吸毒者会自己到诊所去看病——的极好案例。弗克斯跟研究对象——多半是吸毒者或者以前是妓女——的互动就与那个模型相矛盾。

在开始时，有必要理解吸毒者的亚文化，并利用这些知识来设计更为现实的政策和计划。比如，目标使用者必须相信计划的工作人员是可信赖的，他们必须相信工作人员的兴趣只在于提供漂白粉和避孕套。目标使用者必须了解他们也不会因此而被捕。

弗克斯的实地研究并不满足于对吸毒者进行调查。她还研究了与艾滋病做斗争的机构的工作人员，她发现该计划对于研究主管和研究对象的意味并不一样。一些实际提供漂白粉和避孕套的志愿者，因为觉得他们的努力难以大幅度改变现实而感到沮丧。很多人都认为这个计划只是针对艾滋病和吸毒问题中的一些小环节。有些人甚至不愿意做实地记录。另一方面，主管则需要实地记录和报告，用来向资助该项活动的联邦政府和州府机构证明其活动的有效性。弗克斯的研究揭示了艾滋病研究计划是如何演化出科层惰性的：其目标成为自身维系的源泉。

这两个研究都说明了扩展的个案方法的操作。研究者在进入实地场景之前，对已有的理论已经有了全面的理解，而且试图发现跟已有理论相冲突的地方，以修改这些理论。对个案研究方法的一种批评是，由于其只关注某现象的一个方面而缺乏归纳性。然而，当很多个案被深度研究时，这种危险就会降低，即比较性的个案研究。你们可以在本书第11章对历史/比较分析法的讨论中看到一些例子。

制度民族志

制度民族志① （institutional ethnography） 发源于斯密斯（Dorothy Smith，1978）：斯密斯为了更好地理解女性的日常经历，从而着力去揭示那些建构了这些经历的权力关系。今天，这个方法已经被扩展到那些建构了所有的被压迫对象的经历的意识形态领域。[300]

斯密斯和其他社会学家相信，如果研究者就"事情如何运转"这个问题来询问女性或者其他附属群体，他们就会发现那些建构了他们的现实的制度实践（M. L. Campbell，1998；D. Smith，1978）。这种询问的目的是要揭示那些经常被传统的研究类型所忽视的压迫。

就研究对象本身并不是调查的焦点而言，斯密斯的方法论和常人方法学很相似。制度民族志从个人的经历开始，但其目的却是要揭示建构和主宰了那些经历的制度性权力关系。在这个过程中，研究者能够揭示那些可能出于官方目的而进行的调查所忽视的社会侧面。

这种方法将"微观层次"的个人日常经历和"宏观层次"的制度联结起来。就像坎贝尔（M. L. Campbell）所说的：

> 跟其他形式的民族志一样，制度民族志依赖于访谈、观察和文档资料。通过将这些资料看做是进入实地场景的社会关系的"入门砖"，而不是兴趣本身或者主题，制度民族志从其他民族志方法中分离出来。（1998：57）

下面是民族志方法应用的两个案例。

抚育、学校教育和儿童发展

第一个制度民族志的案例来自格力菲斯（Alison Griffith，1995）。格力菲斯和斯密斯一道收集了有关抚育、学校教育和儿童发展的关系的资料。格力菲斯先从跟母亲们进行访谈开始进行研究，其研究对象来自南安大略湖的三个城市，访谈的内容主要涉及母亲们如何协调家庭与学校的关系以及其中的日常活动。跟母亲们的访谈也构成了跟父亲、教师、学校管理者、社会工作者、学校心理学家和相关政府官员的访谈的基础。

在她的研究中，格力菲斯解释了抚育如何从母亲—儿童这种互动关系转变成"儿童中心化"模式。她发现学校、媒体（杂志和电视节目）、州政府和儿童发展项目专家所使用的说辞都相当地相似。

教师和儿童发展专家希望母亲和学校应该合作，以帮助儿童不仅在学校取得成功同时也在生活中获取成功。但是由于不均等的资源，并不是所有的母亲都以同样的方式参与这个"好"儿童发展计划。格力菲斯发现，跟中产阶级的母亲相比，工薪阶层的母亲的激励就没有那么强烈。格力菲斯认为儿童发展计划是嵌入在学校制度里的，通过将中产阶级关于家庭—学校的关系规范应用于每一个人而再生产这种阶级关系。

强迫性的异性恋

制度民族志的第二个例子来自哈亚特（Didi Khayatt，1995）的研究。哈亚特的研究涉及的是学校里的强迫性的异性恋的制度化及其对女同性恋学生的影响。在 1990 年，哈亚特访问了多伦多 12 个年龄为 15 - 24 岁之间的女同性恋，然后扩展到其他学生、教师、辅导员和管理者。

哈亚特发现学校的管理实践导致了一种强迫性的异性恋，而这又导致了女同性恋学生的边缘感和攻击。比如，学校并不惩罚那些打骂同性恋学生的行为。为了不让学生感觉到同性恋也是

_____

① 制度民族志：一种利用个人经历来揭示个人活动于其中的权力关系和其他制度特性的方法。

一种可行选择，关于同性恋的话题都被排挤出课程设计。〖301〗

上述两个学生的研究都是从女性的观点出发的——母亲和女同性恋。不过，跟强调对象的观点不一样的是，以上两个分析关注的都是塑造了女性经历和现实的权力关系。

参与行动研究

最后一种实地研究范式将会把我们此前关于研究者和研究对象之间的地位和权力关系的讨论引向深入。在**参与行动研究**①（participatory action research，PAR）范式中，研究者的功能是要为研究对象——特别是弱势群体——出谋划策，以帮助他们更好地实现自己的利益。在这种研究中，处于弱势的研究对象找出他们自己的问题和所渴求的结果，然后研究者就设计方案以帮助他们实现目的。

这种方法最初出现在第三世界的发展项目当中，但迅速在欧洲和北美得到应用（Gaventa，1991）。这种方法强烈批评古典社会科学研究。在参与行动研究范式看来，传统研究是一种"精英模式"（Whyte，Greenwood and Lazes，1991），并将研究主体还原为研究的对象。很多支持这种范式的人都认为，应该取消研究者和被研究对象之间的差别。他们认为那些会受到研究影响的对象也应该参与到设计中来。

这种方法还隐含地认为，研究不仅具有知识生产的功能，还是一种"意识教育、发展和行动动员的手段"（Gaventa，1991：121 – 22）。参与行动研究的支持者认为研究者和研究对象之间应该平等。一旦人们将自己看做是研究者，他们就会重新获得对知识的掌控权。

这种方法的案例包括社区权力结构研究、公司研究和"知情权"运动（Whyte，Greenwood and Lazes 1991）。下面是利用参与行动研究

范式进行的两个公司研究的例子。

施乐公司

在管理层领导和工会领导的支持下，施乐公司实施了参与行动研究项目。管理层的目的是要降低成本，以保证公司能够在竞争不断加剧的市场中得到进一步发展。工会所提的目标多少有点宽泛：在优化工作环境的同时降低生产成本并提高生产率。

公司管理者则先关注实际问题；他们并不怎么关注劳动合同和有问题的管理政策。管理层正准备实行"外包"方案，这会导致裁员 180 人；而工会则开始动员起来以反对这个方案。施乐公司一个顾问拉兹斯（Peter Lazes）花了一个月的时间来说服管理层和工会，以创立一个由束线部的员工组成的"成本研究团队"（CST）。

8 个全职员工被指派到 CST 工作 6 个月。他们的任务是研究在为公司节省 320 万美金的同时保留这 180 个职位的可能性。该团队可以获得所有的财务信息，并有权向公司的任何一人获取信息。这种策略使得员工能够超越他们平时的工作范围来提供建议。在怀特及其同事看来，"这种设计使得 CST 能够让管理层解释并证明其服务的正当性"（1991：27）。经过研究，CST 建议实施变革。该建议在管理层贯彻实施下，为公司节省了计划中的 320 万美金。〖302〗

管理层对这个结果也相当满意，并将束线部的 CST 计划扩展到另外三个同样受到竞争威胁的部门。结果同样令人满意。

施乐公司这个个案研究是参与行动研究的一个相当有趣的案例，因为它展示了知识的生产并不总是由精英们来完成的。"专家"也无须是

---

① 参与行动研究：在这种社会研究中，研究对象对研究目的和程序具有一定的控制权；它反对那种认为研究者优于研究对象的假定。

专业的。怀特及其同事认为，"在施乐公司，参与行动研究创造并指导了一次强大的组织学习过程——在这个过程中工会和管理层互相学习；他们还从顾问那里学到不少东西，而顾问也从他们那里学到很多"（1991：30）。

PAR 和福利政策

参与行动研究经常涉及穷人，他们比其他群体更难影响那些影响着他们的生活的政策和行动。括斯、库尼和朗贺斯特（Bernita Quoss, Margaret Cooney and Terri Longhurst, 2000）的研究涉及的是怀俄明州的福利政策。很多的大学生都是福利受益人，他们进行研究并游说怀俄明政府接受继续教育——作为州府的新福利规则下的"工作"。

这个方案与 1996 年的个人责任和工作机会法案（PRWORA）的精神是相违背的。后者

> 消除了本来在 1988 年家庭支持法案（FSA）下可获得的教育弃权。这些弃权允许合格的参与者获得 AFDC 计划所提供的现金资助，这样他们就可以用进大学的方式来替代工作训练需要。对那些获得了弃权证书的福利参与者的经验研究表明：总的来说，教育是最有效的脱贫和实现自足的方式。（Quoss, Cooney and Longhurst 2000：47）

学生一开始就建立了一个名为"授权"的鏖织，并在大学里广为宣传，获得了很多学生和教师的支持。他们汇编了跟这个主题有关的既有研究并和州立法议员建立了联系。到 1997 年召开立法会议之时，学生们就已经着手要求修改州的福利法案以适应联邦政策的变动。

学生们准备了很多小册子和其他研究报告并分发出去，而这些内容都是会引起议员的注意的。他们还参加了委员会并一对一地游说立法议员。当在讨论中出现错误或是误导性的资料时，学生就会指出错误并做出更正。

最终，他们成功了。怀俄州的福利受益人有权获得继续教育的机会，以此作为摆脱贫穷的有效途径。

阻止拆除

在另一个研究者直接参与研究的例子中，洛夫兰（John Lofland, 2003）详细描述了加州戴维斯一栋历史建筑物的拆除以及社区居民试图阻止这次拆除。使该书非同一般的一点在于它依赖一些照片和复印的新闻稿件以及政府的公文作为分析的原材料，洛夫兰将其称为"纪录社会学"。〖303〗

洛夫兰说，起初，他是作为一个积极的参与者卷入该事件的，他与其他社区成员一起试图阻止 Aggie 酒店（也称为终点大楼或终点酒店）的拆除。1924 年建于大约有 1000 名居民的小镇，Aggie 酒店最终成为人口增长和城市化发展的受害者。洛夫兰说他作为研究者的身份始于 2000 年 9 月 18 日，那天 Aggie 酒店的拆除开始。

> 在此之前，我只是一个卷入此事的居民，与其他人一起，试图用某些方式保护终点大楼。这也是本书中这个日期前由我自己拍摄的照片很少的原因，但此后，照片就多了。从那天开始我认真地用相机和实地笔记记录发生的事情。
>
> 因此，知情同意（如今，研究中经常提到）的问题在 9 月 18 日前是不相干的，可那天之后，我向遇到的每个人说我在写一本关于此建筑的书却成了一个习惯。（Lofland 2003：20）

回想第 3 章中对知情同意的讨论，它是保护研究对象的一种方法。在这个案例中，如洛夫兰多次提到的，明示同意并不是必需的，因为研究

的行动是公众性的。而且，作为社会研究者，他的本能会确保他恰当地对待研究对象。

　　洛夫兰的目的之一是研究这次失败的保护"历史遗迹"的行动，从而为将来的活动家提供有用的信息。这也表明，参与行动研究有很多种不同的形式。

　　对研究方法的研究而言，它也非常有价值，因为，作为研究方法教科书的作者，洛夫兰对研究的方法论方面非常敏感。

> 　　我参与的深度和强度是双刃剑。一方面，与其他人相比，我的参与为我提供了一个更贴近的观察。我是局内人。也就是说，我能收集到那种对其他未参与的人来说不能及的资料。
>
> 　　另一方面，我的参与身份很明显存在偏见的危险。我总是提醒自己这点并尽全力修正。但最终，我还是不能成为最终法官。每位读者都会生成他自己的判断。然而，我希望上面提到的"电子记录"的证据有助于研究者做出自己的判断。这会让读者们对我依赖少些，而用其他别的方法研究这个事件。（Lofland 2003：20）

　　你们可以看到，表面简单的观察社会行动的过程正如它显现的那样有许多微妙的重要的变化形式。我们在第 2 章已看到，所有我们的思考都是在范式内部形成并由其形塑的，无论我们是否意识到。定性实证研究者在生成一些范式并以此丰富对社会生活的观察方面总是罕见地深思熟虑。

定性实地研究操作

　　到目前为止，在本章我们已经讨论了适合做定性实地研究的议题、需要注意的事项和一些决定了不同的研究类型的范式。同时，我们还学习了一些相关的实地研究案例。现在我们就要来看看进行实地研究所需要的具体技巧。下面我们从研究者如何为实地研究做准备开始。

实地研究的准备工作

　　假设现在你们决定对一个校园政治组织进行实地研究，再假设你们并不是这个群体的成员，对这个群体也不很了解，而且将对其中的参与者表明你们的研究身份。这一节将讨论在对这个群体进行直接观察之前，你们应该做的几项准备。〖304〗

　　建议你们在开始时先搜寻相关的文献，就像其他的研究方法一样，先增加你们对研究对象的了解以及别人对于这个议题的看法。（关于图书馆的使用在附录 A 中将有介绍，在此毋庸赘述。）

　　下一步可能希望运用线人，你们可以先和已经研究过这个学生政治群体或和对它比较熟悉的人进行讨论，特别是你们会发现和一个或是多个线人进行讨论相当有帮助（见第 7 章的探讨）。也许你们有朋友就是成员，不然就去认识一个。假如和线人的关系发展超越你们的研究角色，对于你们的准备工作就会更有助益。在和群体成员这样的线人协商时，注意不要妥协或限制了日后的研究发展。要知道你们给他所造成的印象以及你们所建立的角色，都会影响你们日后的努力。例如，在最初的印象中把自己塑造成联邦调查局的秘密探员，就会不利于日后对这个群体的观察。

　　对于线人所提供的信息也必须有所警觉。虽然他们对于研究对象比你们有更直接和亲身的体验，但他们所知道的可能是事实和个人观点的综合。在这个例子中，政治群体的成员就不可能给你们完全无偏见的信息。在你们决定和这个群体进行第一次的接触之前，应该已经对它相当熟悉，并且了解其中所存在的一般性的处世哲学。

你们和研究对象进行最初的接触有各种不同的方法，至于如何进行，部分取决于你们计划扮演的角色。特别是如果你们打算成为完全参与者，就必须找个方法获得被研究者的认同。如果你们想研究餐厅里的洗碗工，最直接的办法就是去找一份洗碗的工作。在这个学生政治群体的例子里，你们就可以加入他们的组织。

很多适合实地研究的社会过程十分开放，可以让你们更简单更直接地和研究对象接触。如果你们想研究群众示威，就到示威现场；如果你们想观察行人违规的方式，就去守着一个繁忙的路口。

当你们想和他们进行更正式的接触且表明你们的研究者身份时，必须能够和他们建立相当的关系。你们应该去接触一个可以令你们舒适的参与者并获得他的协助。如果你们研究的是一个正式群体，可以试着接触其中的领导者，或是找一个能为你引见的线人。

在你们和这个群体初次接触时可能会有许多选择，你们应该了解你们的选择将影响日后的观察。设想一下，假如你们要研究一个大学，并从高层行政人员开始着手，首先你们对这个大学的最初印象，将通过这个行政人员的观点而成型，这和学生或教职员的观点是截然不同的。这个最初印象可能影响你们日后将要观察和诠释的方式，即使你们本身对这个影响毫无知觉。

接下来，如果这个行政人员支持你们的研究计划，并且鼓励学生和教职员与你们合作，这群人可能会把你们视为和行政人员是同一阵线的人士，而影响了他们要对你们说的话。例如，职员可能会很不愿意告诉你们关于加入工会的

计划。

你们和研究的对象进行直接而正式的接触时，他们可能会要求你们解释研究目的，这时你们又陷入伦理问题的两难。完全告知你们的研究目的，可能会失去他们的合作或是严重影响他们的行为；但只说明你们认为他们可以接受的，则可能是彻底的欺骗。要知道，你们的这些决定大多取决于你们的研究目的、你们的研究性质、你们的观察方法和其他此类的因素，但伦理问题必须考虑在内。〖305〗

以往的实地研究无法提出方法论或伦理上的明确法则供人遵循。不论你苗所说的目的是什么，你们的研究者身份可能会令那些乐于被科学家视为具有研究价值的人们热烈地欢迎，或是造成你们完全被排斥甚至更糟。例如，不要冲进一个黑社会犯罪组织的会议声称你们要写一篇组织犯罪的课程论文。

定性访谈

从某个角度来说，实地研究是到行为发生的地点单纯地观察和聆听。如棒球传奇贝拉（Yogi Berra）所言："仅仅通过观察，你就能看到很多"——假若你足够专心。但诚如我提过的，与此同时，实地研究可以加入更主动的研究行为，有时候提出问题并记录人们的答案也是很合适的做法。现场观察一场全面爆发的暴动，一定会少了些什么，如果你们不知道为什么会发生暴动，就去问问别人吧。

当曼吉娃（Cecilia Menjivar, 2000）试图了解居住在旧金山的萨尔瓦多移民的经历时，她觉得深度访谈——再辅之以亲身观察——可能是个好方法。在她开始研究之前，她发现了比我们所能想象的更为复杂的社会过程和结构体系。对于新移民来说，已经在美国的家庭成员的支持是相当重要的，但是曼吉娃发现她的访谈对象都不

太愿意寻求亲戚的帮助。这是因为：一方面，他们可能危害那些在美国非法居住或是处于穷困境地的家人。同时，寻求帮助也会使自己欠下人情债。曼吉娃还发现萨尔瓦多人的性别规范使得女性移民的境地更加困窘，因为她们不被允许从男性那里获得帮助，除非她们对该男性负有性义务。这些都是通过开放式的深度访谈才发现的问题。

第 9 章已经讨论过关于访谈的问题。然而这与你们在实地研究中将使用的访谈不同，处理的方法也应该截然不同。在问卷调查中通常使用结构性问卷，而非结构性问题则更适合实地研究。鲁宾夫妇（Herbert and Riene Rubin, 1995：43）指出了其中的差异："定性研究的设计是弹性的、反复的、持续的，并非事前加以准备然后受其束缚。"

> 定性访谈的设计是反复式的。这表示每一次你们重复收集信息的基本过程——加以分析、筛选、验证——你们就越接近研究现象清晰可信的模式。定性访谈的持续性指的是，在研究过程中一再地修正问题的形式。（Rubin and Rubin, 1995：46-47）

跟调查不一样，**定性访谈**①（qualitative interview）是根据大致的研究计划在访问者和受访者之间的互动，而不是一组特定的、必须使用一定的字眼和顺序来询问的问题。与此同时，不管是定性访谈者还是调查访谈者，都必须相当熟悉访谈的问题。因为只有这样，访谈才可能顺利、自然地进行。〖306〗

定性访谈就是在本质上由访问者确立对话的方向，再针对受访者提出的若干特殊议题加以追问。理想的情况是由受访者负责大部分的谈话。如果你说话的时间超过了 5% 的访谈时间，那么你就要提醒自己是不是太健谈了。

克维尔（Steinar Kvale, 1996：3-5）用两种隐喻说明了这种访谈：访问者既是矿工，也是游人。第一种说明了当研究对象身怀特殊信息时，访问者的工作就是挖掘它。相反，在第二种情况时，访问者

> 应该在外在景观之间游移，然后和邂逅的人们交谈。游人可以发现一个国家的许多方面，例如不知名的地区，或拿着地图在各个区域漫游……游人式的访问者可以和当地居民友好相处，并提出问题引导研究对象说出自己生活世界中的故事。

对所有人而言，提问和记录答案是很自然的过程，而且看来简单得不足以让实地研究者作为一项技能。然而还是要小心一点，问题的措辞是非常需要技巧的，我们所问的问题常常导致答案的偏差。有时候我们给了受访者乐观的压力，有时候我们又将问题放在特殊的环境中进而忽略了其他最相关的答案。

假设你们要找出学生在校园内暴动掠夺的原因，你们可能会把问题的焦点放在学生对于教务长最近要求他们在校园中随身携带《社会研究方法》的感受（这对我来说很重要）。虽然你们可能收集了很多学生关于这项政策的反应，但他们也可能为了其他原因而暴动，或只是为了寻求刺激。实地研究的访问可以很恰当地帮你们找出原因。

虽然你们可以根据要问的概念来设计访问，但实地研究的一项特殊优点就在实地情境中的弹性。由最初的问题所引发的答案可以形成其后的问题，在这种情况下，只问事先构思的问题并记录答案是没有用的。你们必须发问、聆听答

---

① 定性访谈：跟调查访谈相比，定性访谈的基础是一组进行深度访谈的主题，而不是标准化的问题。

案，诠释它对研究的意义，然后更深入地挖掘之前的答案而建构另一个问题，或是重新将这个人的注意力拉回到与研究相关的议题上来。简而言之，你们必须能够几乎同时聆听、思考和谈话。

第 9 章关于深入调查的讨论对于获取深入的答案却不产生误导提供了有效的指引。要学好如何做一个听众的技巧，要感兴趣但不要陷进去。要学会说："这是怎么回事？""用什么方法？""你们这么说指的是？""能不能针对这点举个例子？"要学着很期盼地注视和聆听，让被访问的人填补沉默的时间。

与此同时，在访谈互动中你们不能只是被动的接收者，必须用一些希望被解答的问题和希望提出的议题来带动访问，你们必须学会巧妙导引对话走向的技术。

从东方的武术中你们可以学到一些东西。一个武术大师从不抵抗对手的攻击而是接受它，然后巧妙地将其引导至可接受的方向。在访问中你们应该学习类似的技巧，不要试图中断和受访者进行的讨论，而应该顺着他所说的，再岔开这个意见，回到符合研究目的的方向上来。大多数人都喜欢与真正感兴趣的人说话，中断和他们的对话就等于告诉他们你们不感兴趣，而要求他们针对一个特定的方向详细说明就等于告诉他们你们的兴趣所在。〚307〛

参考一下这个大学生选择专业的假想例子：

你：你主修什么？

答：工程学。

你：哦。为什么会选择工程学？

答：我有个叔叔在 1981 年获选为亚利桑纳州的最佳工程师。

你：哇！真了不起！

答：对啊！他是负责发展吐桑市（Tucson）新市民中心的工程师，这个消息在大部分的工程期刊上都刊登过。

你：哦。你曾经和他谈过你想成为工程师这件事吗？

答：谈过，他说他进入工程界真是十分意外。当他高中毕业后需要一份工作，所以就去当建筑工人。他花了 8 年的时间从基层做起，再决定去念大学，回来之后就成了其中的顶尖人物。

你：那你的主要兴趣跟你叔叔的一样在公共工程，还是对工程学的其他分支更有兴趣？

答：事实上我的取向比较偏向电子工程（特别是电脑）。我从高中开始自己摸索微电脑，我的长远计划是……

请注意，这个访问是如何开始漫谈到受访者的叔叔的故事。第一次试图将焦点拉回到受访者本身的专业时失败了（你曾经和他……），而第二次却成功了（那你的主要兴趣……），这个学生现在开始提供你们所要找的信息了。发展用这种方式"控制"对话的能力对你们来说是很重要的。

鲁宾夫妇为控制这种"引导式交谈"提供了几种方法：

如果你们能控制主要话题的数量，就能够让谈话方向从一个议题转向另一个主题。转换的过程必须平顺而合乎逻辑。"刚才我们讨论了母亲，现在我们再来讨论父亲。"听来就显得唐突。比较平顺的转换应该是"你们说你们的母亲不太关心你们在学校的表现，那你们的父亲会比较关心吗？"转换越不平顺，就越显得访问者是要完成一项程序，而不是想聆听受访者所说的话。（Rubin and Rubin, 1995：123）

因为实地研究的访问太像一般的对话，因此

访问者要不断提醒自己这不是在进行一般对话。在一般的对话里，我们每个人都想成为风趣而值得交谈的人。下次和不太认识的人聊天的时候注意一下自己的举动，你们会发现大部分的注意力都花在想出一些有趣的事来说，并希望因此给人造成好的印象。通常我们因为忙着想下一步要说的内容，而听不见彼此说些什么。作为访问者，表现风趣的欲望会对你们的工作造成反效果，你们应该用感兴趣的态度来使对方变得风趣（顺便一提，这么做的话，人们真的会觉得你们是很棒的谈话对象）。

洛夫兰夫妇（John and Lyn Lofland，1995：56－57）建议研究者在访问时扮演"一般人可接受的无知者"（socially acceptable incompetent）这样的角色。你们应该让自己看起来不太知情，即使是最浅显的一面也需别人的援助。

> 一个自然情境的研究者，在定义上几乎就是一个什么都不了解的人。他很无知，而且需要指引。这种观望者和发问者将学生角色发挥到了极致。（Lofland and Lofland，1995：56）

在完整的实地研究中，访问是绝对必要的部分。稍后我会强调每天晚上回顾记录的重要性——要清楚你们已经观察到了什么，更要明白你们研究的情况，并找出你们在进一步观察时应该多注意的地方。你们必须以同样的方法回顾你们的访问记录，找出所有你们该问而没问的问题，在下一次你们访问别人的时候要开始发问。〖308〗

克维尔（1996：88）为完成访谈的程序列举了 7 个步骤：

1. 定出议题：将访谈目的以及欲探讨的概念明确化。

2. 设计：列出达到目标需经历的过程，包括伦理方面的考虑。

3. 访谈：进行实地访谈。

4. 改写：建立关于访谈内容的文件。

5. 分析：确定收集到的资料与研究之间的联系。

6. 确证：检查资料的信度和效度。

7. 报告：告诉别人你们学到了什么。

访问就像实地研究的其他状况一样要靠练习才能进步，幸运的是它可以让你们在任何你们想练习的时候进行练习。就拿你们的朋友练习吧！

专题小组

虽然到目前为止，我们所讨论的实地研究都专注于研究现实生活中的人们，但是，研究者有时候也会将研究对象带到实验室进行定性访谈和观察。**专题小组**①（focus group）方法，也称为专题小组访谈法，就是一种定性方法。它基于结构化的或者半结构化、非结构化的访谈。它允许研究者/访谈人系统地提问并同时对几个人提问。专题小组这种技术通常用在市场调研中，但肯定不是只用在市场研究中了。

想象你正在构思如何介绍一种新产品。我们假定你发明了一种电脑，它不仅能够包含文字处理、电子数据表、资料分析等等，而且还可以连接传真机、AM/FM/TV 调频、CD 播放器、双面磁带、微波炉、假牙清洁器和煮咖啡的电炉。为了突出它的计算和煮咖啡的特征，你可能会称它为"电脑壶"。你认为这种新电脑可以卖 28,000元，此外你还想了解一下人们是否会购买。为此，专题小组方法就很有帮助。

---

① 专题小组：同时访谈一群人，并鼓励讨论。这种技术经常在市场调研中使用，比如请一群消费者评估产品或者讨论某种商品。

专题小组通常由 12 – 15 人组成，他们坐在一个房间里参加一些主题讨论——在这个案例中，就是讨论电脑壶的可接受性和销售前景。通常都是根据主题来选择相关的对象。比如，既然电脑壶的成本比较高，那么专题小组的参与者就应该是那些收入较高的群体。其他相似的考虑也影响到对象的挑选。

专题小组的参与者并不是通过严格的概率抽样挑选出来的。这意味着参与者并不具有统计上的代表性。不过，研究的目的是要探索而不是描述或者解释。虽然这样，在研究中一般都会选择多个专题小组，因为一个 7 – 12 人的小组极有可能太不典型以致无法提供一般性的认识。

甘逊（William Gamson, 1992）就曾利用专题小组来分析美国市民如何形成他们的政治观点。甘逊挑选了四个主题——积极行动（affirmative action）、核能、工业问题和阿拉伯—以色列冲突。甘逊先是对报刊进行了内容分析，以对影响我们的政治观点的媒体背景有个了解。然后就召集专题小组进行讨论。在这个过程中，甘逊就获得了人们如何与其朋友谈论话题的第一手观察。〖309〗

克鲁格（Richard Krueger）指出专题小组具有 5 个优点：

> 1. 该技术是社会取向的研究方法，试图抓住社会环境中真实生活的资料。
> 2. 很有弹性。
> 3. 具有很高的表面效度。
> 4. 结果来得快。
> 5. 成本低。
>
> （1988：47）

除了这些优点之外，专题小组访谈还经常引出研究者所没有想到的一些内容，这也是个体访谈所收集不到的资料。比如，某些参与者可能会嘲笑产品的名字中少了一个字母。这就可以帮助厂家避免此后更大的尴尬。

不过，克鲁格也提到了专题小组方法的一些不足：

> 1. 研究者的控制能力降低了。
> 2. 资料难以分析。
> 3. 协调人员需要特殊技巧。
> 4. 小组间的差异也很麻烦。
> 5. 小组之间总是存在差异。
> 6. 讨论必须在有益的环境下进行。
>
> （1988：44 – 45）

我们可以看到，专题小组有一些优点，但也有不足。跟其他类型的访谈相比，在专题小组访谈中，研究者需要更多的技巧。要协调那么多人的讨论实在是一个很大的挑战。如果让某个受访者滔滔不绝，就会降低其他受访者参与讨论和表达想法的可能性。这会导致群体一致性或者说"群体思维"，也就是人们倾向于和小组中多数人的意见和决定保持一致。访谈者需要意识到这个现象并努力使得每个人都有充分表达自己想法的机会。另外，你也不要在引导访谈和受访者时做得太过分了，否则访谈就成了你展现观点的舞台了。

虽然专题小组研究不同于其他类型的实地研究，但是它进一步展现了社会研究中面对面交流的可能性。最后，摩根（David Morgan, 1993）认为，在构思问卷问题的时候，使用专题小组方法简直就是太棒了！与其他社会研究技术类似，专题小组正在适应新的沟通形式。例如，西尔弗曼（George Silverman, 2005）就讨论了电话和线上专题小组。

观察的记录

实地研究方法最大的长处，就是研究者能够

在行为现场观察并思考。即使是录音机和相机，都不能完全捕捉这个社会过程的所有相关方面。在直接观察和访谈中，把一切过程完整而真实地记录下来是很重要的。如果可能的话，你们应该在观察的时候记录你们的观察；若不可行，也应该在事后尽快地记下笔记。

你们的记录应该包含你们的经验观察和你们对他们的诠释，要记下你们"知道"已经发生的和你们"认为"已经发生的事，然而重要的是，你们也要将这些不同的记录加以区别。例如你们可能记录 X 君对群体领袖的计划提出了反对意见（观察），你们"认为"这表示 X 君有接管该群体领导地位的倾向（诠释），还有你们"认为"自己听到了领导者对这个反对意见的回应（试验性观察）。〖310〗

当然，正如你们不能期望观察到所有事物一样，你们也不可能记录所有观察到的东西。就像你们的观察代表的是所有可能观察中的实际样本，你们的记录代表的也是你们所观察的样本，当然你们应该记录观察中最重要的部分而不是随机抽样。附有研究者的备忘录的访谈记录提供了一个例子，是由桑德琳（Sandrine Zerbib）从与一个女电影导演的深度访谈中得到的。

在研究开始之前，有些最重要的观察是可以预料的，有些则会随着观察的进展逐渐明显。有时候如果你们准备了标准的记录格式，就会使你们的记录工作简单些。例如在行人违规的研究中，你们可以预期几种行人特性，这对于你们的分析可能最有帮助——如年龄、性别、社会阶级、种族等等——然后准备一份可以让实际观察很容易记录的格式，或你们可以事先发明一套符号速记法来加快你们的记录。在研究群众集会的参与程度时，你们可能会先用格子表示会议室中的不同区域，然后就可以很简便、快速、确实地记录听众的位置。

任何事前的准备，都不应该局限于对不在预料之内的事件或其他方面的记录。相反，加速处理可预料的观察，可以让你们更自由地观察非预期中的情况。

我相信你们已经很熟悉笔记的过程，每个学生都一样。就像前面提过的，每个人大概都对实地研究有些了解。然而要成为一个好的实地研究者就需要记好笔记，好的笔记需要小心审慎的注意力以及一些特殊技巧。有一些守则是可以依循的，你们可以从本章前面洛夫兰夫妇的《社会情景分析》（1995：91-96）中学到很多。

首先，除非必要，不要过分信赖你们的记忆力，因为那是不值得信赖的。试试以下这个实验：回想一下最近你们看过的几部很喜欢的电影。现在举出其中的 5 名男女演员，谁的头发最长？谁最常开口说话？谁的意见别人最愿意听？如果你们回答这些问题都不太困难，那么你们对这些答案有多肯定？你们是否愿意在一组公正的裁判下打赌 100 美元，看看你们能回想起什么？

即使你们很自豪地拥有照相机式的记忆力，在观察时或在事后尽快地做笔记也是好主意。如果在观察时做笔记，就请别太冒失，如果人们看见你们将他们的言行都写下来，很可能会表现得不一样。〖311〗

再者，分阶段记笔记也是一个很好的办法。在第一阶段为了跟上访谈，你们可以做简略的记录（像用字和词组），在离开那个情景之后，再将记录详细地重写。如果你们在观察事件之后很快地这么做，那么现场简略的记录应该会让你们回想起大部分的细节，拖得越久，回想就越难。

这个方法听来很合逻辑，但真要付诸实践还是需要相当的自律的。仔细地观察和记录是很累人的，特别是当你们在刺激或有压力的情况下去做且持续的时间较长的时候。如果你们花了 8 小时的时间进行直接观察并且记录人们如何处理

附有研究者的备忘录的访谈记录

星期四，8 月 26 日，12：00 - 1：00

R：女导演在日常经历中、日常生活中所面临的最大问题是什么？

J：生存。

哦。能否多说一点？

[我需要依照我的访谈计划来进行，如果不继续追问，访谈对象就不会展开回答。]

好的，我的意思就是，你知道吧，努力找到工作，你知道吧，找到一份好工作，这样你才能够找到下一份工作。在存在如此的困难的情况下就更是如此了，你知道吧。要找到一份好工作就更是难上加难了，因为……你不可以表现平平，你必须 [347] 一直拼命做。但是有时候你还没有机会这样做，或者因为你没有一个好制作人，或者因为你压力太大以致看起来很邋遢或者你的手稿太糟糕。你还必须用一个丝包包住你散乱的头发。你知道吗？你比那些男人会遭受到多得多的打击，因为你是个女的……他们都看着你呢。而且女人在这么个位置上更加引人注目。

[Joy 似乎在谈论电影行业的特点。那里没有很多机会，而且为了保住工作，她必须建立起一定的声誉。而只有继续导演，她才能够继续维持或者提高她的声誉。她认为这对女人来说更加艰难，但是她没有解释。]

噢……你在当时的感觉是怎么样的？……人们是否有意识地把你当成女的？你是否感觉到受到了差别对待？[我试图让她说点更为详细的个人经历，但不引导她的回答。]

是的，哦，是的，我的意思是……很多女性都富有同情心。你知道吧，当你第一次进入工作地点的时候，他们都已经习惯了说："哦，就是那个女人，很不一样啊。"有时候，真是有点恐怖。他们会抵制你的工作，他们会怠工，在灯光移动、布景上故意拖延时间，或者其他……这个时候，你就是在浪费时间。接着就是打报告到 [368] 办公室，等等。接下来的还是这种无休止的重复。他们还不明白周边的情况就开始进入下一步工作，他们甚至会忘了叫上摄影师……他们就是要给你制造麻烦。他们不想和女性一起工作，因为他们讨厌女人。你知道吗，这只是其中的一部分。

[我需要回顾有关制度歧视的文献。Joy 所面临的问题并不是个别现象。不管她是否抱怨，她都面临双重困境，她也不会得到公正对待。在评估她的工作质量方面，时间应该是一个可以量化的指标，就像其他行业所采用的一样。问题在于她是个女的。回顾一下有关处于高层位置的女性的文献。我还要继续问我的采访对象与其工作伙伴之间在拍摄场景中的动态关系。在拍摄中，除了导演之外，摄影师的地位是最高的。进行其他访谈来发现他们之间的冲突的原因所在。]

[方法（下一次访谈中需要用到的）：尽量避免电话访谈，除非受访者提出这样的要求。因为这样很难判定受访者对问题的感觉。此外，还需要身体语言，因为我在访谈过程中感到太紧张了点。]

注：括弧里的数字代表了一个没有听清楚的词语。也是其在记录中出现的位置的标记。每个访谈者都从 0 开始计。这个数字帮助研究者在复习访谈时能够迅速找到该页。

灾情惨重的水患，那么，接下来的第一件事可能就是躺下来睡一觉、把衣服弄干或喝点东西。这时，你们需要从报社记者身上获得灵感，他们也经历了同样的重重艰难，但必须在截稿前把这些事写出来。

第三，不可避免地，你们会疑惑到底该记多少。在观察之后，是否值得把所有回想起的细节都记下？一般的指导原则应该是"是"。一般说来，在你们有机会回顾并分析大量的信息之前，并不能真的确定什么重要或什么不重要，所以你们甚至该记录在开始时看起来并不重要的东西，也许最后它会变得很重要。而且记录这些不重要细节的过程本身，可能会使你们回忆起重要的事。

你们应该要了解，你们的实地笔记大部分都不会反映在研究计划的总结报告上。更严格地说，你们做的大部分笔记都是白费。但平心而论，即使最富的金矿每吨也只能提炼出 30 克的纯金，也就是说这个金矿的 99.997% 都是浪费的。但是这 30 克的黄金只能被锻打成 18 平方英尺的面积的金箔（相当于 685 页厚的书页）。人们用一吨重废料做注脚，选用的只是最精华的部分。

就像实地研究的其他方面一样（所有的研究都是这样），要想熟练就必须多练习。实地研究的优点是，你们可以从现在就开始练习而且在任何情况下都可以持续，不需要真的参与一项有组织的研究计划来观察和记录。举例来说，你们可以从自愿担任会议的记录人员开始进行这种练习过程。或是在某个周末，随便在校园里找一个阴凉地，就可以观察并记录过往人群的具体特征了。你还可以在超市或者繁忙的街道边做同样的事情。请记住：观察和记录是一种专业技能，跟其他有价值的技能一样——熟能生巧！〖312〗

定性实地研究的伦理

我不停地说，所有形式的社会研究都有其伦理问题。实地研究由于导致研究者与研究对象直接而亲密的接触，特别容易产生伦理问题。洛夫兰夫妇（1995：63）就提到过以下问题：

- 在人们不知道你们将记录交谈内容的情况下和他们交谈，是合乎伦理的吗？
- 为了自身的目的而从你们讨厌的人身上取得信息，是合乎伦理的吗？
- 目睹人们强烈需要援助却无直接反应，是合乎伦理的吗？
- 身处于一个你们自己并不全心全意赞同的情境，是合乎伦理的吗？
- 策略性地营造和其他人的关系，是合乎伦理的吗？
- 在派系林立的情况下投靠一边或是保持中立，是合乎伦理的吗？
- 为了接近人们的生活和心灵，不惜和他们进行金钱交易，是合乎伦理的吗？
- 利用线人或结盟的方式来接近人群或是不了解的事物，是合乎伦理的吗？

实地研究的筹划阶段和实施阶段都需要注意这些伦理问题。

定性实地研究的优缺点

跟所有的研究方法一样，定性的实地研究有其突出的优点，也有其明显的不足。就像我已经提过的，实地研究对于研究行为和态度的细微差异和考察长时间的社会过程特别有效。因为这些因素，这种方法的主要优点在于它所能达到的深度。虽然其他研究方法会被指责为肤浅，但这项指控很少针对实地研究。

弹性是实地研究的另一项优势，如前面讨论过的，在这个方法中，你们可以随时修正你们的研究设计。甚至可以在任何机会来临时随时准备进行实地研究，但你们不能轻易地展开一项问卷调查或实验。

实地研究花费相对较少。其他的社会科学研究方法可能要求昂贵的器材或是高佣金的研究人员，而实地研究可以在研究者带着一本笔记本和一支笔的情况下进行。这不是说实地研究绝对花费很少，例如，这个研究计划的性质可能需要许多训练有素的观察者，也可能需要昂贵的记录器材，或研究者希望参与观察昂贵的巴黎夜总会中的互动。

实地研究也有一些缺点。第一，由于是定性而不是定量，它很少能针对大型群体做出精确的统计性陈述。例如观察洗衣厂里人们随意的政治讨论，不会对全体选民未来投票行为产生可信的推论，但是这个研究可以对政治态度的形成过程提出重要的见解。〔313〕

为了更进一步评估实地研究，我们再把焦点转到效度和信度的议题上。你们应该还记得效度和信度都代表了测量的品质。效度是指是否确实测量了该被测量的，而不是其他无关的事物。在另一方面，信度就是可重复性：如果你们一再重复相同的测量，是不是会得到相同的结果？我们来看看实地研究在这些方面的情况。

效度

比起问卷调查以及实验的测量方法通常太肤浅又不确实有效的评论，实地研究似乎能提供更好的测量效果。我们回顾几个实地研究的例子来看看其中的原因。

"设身处地"是要洞悉人类事件本质的一项有力的技巧。例如我们来听听护士所说病人在

对抗癌症上的障碍：

> 阻碍病人对抗癌症的一般恐惧如下：
>
> 对死亡的恐惧：这是对病人而言以及死亡对他的"重要他人"（significant others）而言所代表的意义。
>
> 对无能的恐惧：因为癌症是一种伴随间歇性疼痛的慢性病，常造成周期性的压力。个人应变能力的变异和持续的调整，会造成在日常起居行为上对他人的依赖，结果就变成一个负担。
>
> 对疏离的恐惧：怕重要他人和照顾者离开而造成的无助和绝望感。
>
> 对传染的恐惧：担心癌症会传染或遗传。
>
> 对失去个人尊严的恐惧：怕失去对所有身体机能的控制而变得彻底脆弱。（Garant，1980：2167）

这些观察和概念化本身是很有价值的，另外，他们也提供了更进一步研究的基础——定性或是定量的都合适。

现在听听豪威（Joseph Howell，1973）所谈到的，在华盛顿特区的克雷街（Clay Street）（一个白人劳工阶级住宅区）如何以"险恶"作为生活的基础成分。

大部分克雷街的人无论在比喻还是实际的意义上都视自己为斗士，他们认为自己是不能受压迫的、强壮、独立的人。对巴比（Bobbi）来说，身为一个斗士就是要和社会福利部门交战以及咒骂社工人员和医生，还要表示用安眠药混在巴瑞（Barry）的啤酒中，并且拿扫帚打他的头。对巴瑞来说，尽管告发他的老板并拒绝把门关好会使自己被解雇，但意味着在和艾尔（Al）的决斗中获胜，或是随意使唤布巴（Bubba）以及

不时让巴比吃点苦头。

　　琼（June）和山姆（Sam）的好斗性格不那么强，虽然他们都暗示，如果受压迫他们也会反抗。但作为一个斗士，泰德（Ted）和派格（Peg）兄弟、莱斯（Les）和罗尼（Lonnie）、阿琳（Arlene）和菲莉斯（Phyllis）之间在保龄球道上也几乎掀起了冲突。(1973：292)

　　即使没听到豪威在这一段中所提的插曲，你们对于生活在克雷街这个险恶的地方也会有清楚的印象。"险恶"这个概念比起在一段特定时间内该地区打架次数的统计数更为有力。〖314〗

　　这些例子指出了实地研究相对于问卷调查和实验的效度优势。这些系统的测量让实地研究能够挖掘概念的深刻含义，如自由和保守，对问卷调查和实验来说都是不可行的。实地研究者一般以举出详尽的实例来取代对概念的定义。

信　度

　　实地研究在信度方面也有一些潜在的问题。假设你们在对自己最好的朋友充分了解的基础上描述他们的政治取向，当然，你们对这个人的预估不会有肤浅的问题。你们使用的测量方法可以显示一定的效度，然而我们不能确定，即使经过相同数量的观察，别人也能用同样的方式来描述你们朋友的政治态度。

　　即使是实地研究的深度测量，通常也是非常个人化的。我如何判断你们朋友的政治取向，绝大部分取决于我自己，就像你们根据你们的政治取向来判断一样。可想而知，即使我觉得我观察到的是火爆激进，你们却可能将自己的朋友描述成中间派。

　　如同我前面所提及的，使用定性技术的研究者都意识到了这个问题，并且努力解决。不仅个别的研究者经常挑出他们本身的偏见及观点，基于科学的通性，同事之间也应该就这一点相互协助。因此，对于实地研究中任何的纯粹描述都要小心。如果研究者报告某个俱乐部成员都非常保守，你们就得知道这个判断不可避免地和研究者本人的政治观有关。在这种情况下，就可以采用比较性评估：例如比较谁比谁保守。即使我们有不同的政治取向，也会在比较中求得一些共识。

　　诚如我们所见，实地研究对社会科学家而言是潜在的有力工具，它在问卷调查和实验的优缺点之间提供了有力的平衡。然而不只有这些观察方法可使用，在第三部分的其他章我们将继续讨论其他方法。

本章要点

导言

- 实地研究是一种在自然情境下直接观察社会现象的社会研究方法。一般地，实地研究都是定性的而不是定量的。

- 在实地研究中，观察、资料处理和分析是相互交织、循环的。

适于实地研究的议题

- 实地研究尤其适合于那些难以定量化的、适宜在自然情景下进行研究的和历时变化的主题和过程。其中包括实践、情节、邂逅、角色、关系、群体、组织、聚落、社会世界、生活形态和亚文化。

定性的实地研究所要注意的特殊事项

- 实地研究中所涉及一个特殊事项是观察者、研究者与研究对象之间的关系问题。作为一个实地研究者，你必须决定：是作为一个外来者进行观察，还是作为参与者进行观察？是否需要公开自己作为研究者的身份？如何和研究对象协商好关系?

一些定性的实地研究范式

- 实地研究有好多种指导范式,比如自然主义、常人方法学、草根理论、个案研究和扩展的个案方法、制度民族志和参与行动研究。

实地研究操作

- 实地研究的准备工作包括背景研究、决定如何接触研究对象以及解决你和研究对象的关系问题。
- 实地研究中的深度访谈的结构化程度,通常都比调查研究中的深度访谈的低。定性访谈是一种带有指导原则的谈话。有效的访谈需要听的技巧和引导交谈的能力。
- 为了创立一个专题小组,研究者将研究对象聚在一起并观察他们在探讨某个具体问题时的互动。
- 只要可能,研究者就应该记录实地观察的内容,否则也应该尽快地记录下来。
- 实地研究的优势在于能够提供深入的理解、有弹性并且花费小。

定性实地研究的伦理

- 负责任的实地研究都会面临一些来自研究者和研究对象直接接触所产生的伦理问题。

定性实地研究的优缺点

- 与问卷调查和实验相比,实地研究测量一般具有较高的效度但信度较低。同时,实地研究通常不适于对大群体进行统计描述。

关键术语

以下术语是根据章节中的内容来界定的,在出现该术语的页末也有相应的介绍,和本书末尾的总术语表是一样的。

自然主义 民族志 常人方法学 草根理论 个案研究 扩展的个案方法 制度民族志

参与行动研究 定性访谈 专题小组 反应性

复习和练习

1. 想一想你们所参与或很熟悉的群体或活动。以两三段的文字叙述一下外人可以怎么样有效地研究这个群体或行为,他应该先读些什么,进行什么样的接触等等。

2. 选择本章所讨论的任何两种范式,然后说说在这两种范式下你在练习 1 中的假设应该如何进行。比较一下这些范式以及不同范式下研究的差异。

3. 说明你们对实验、问卷调查和实地研究不同优缺点的了解。为各种方法选出一个合适的研究领域(比如,偏见、政治倾向性和教育),然后简短地描述不同方法下的研究。最后解释为什么你所选择的方法对于该问题来说是最适宜的方法。

4. 回到你作答练习 1 而设计的例子,列出 5 种你能想到的会遇到的伦理问题。

5. 通过 InfoTrac College Edition,寻找一个利用草根理论做的研究报告。总结其研究设计和主要发现。

补充读物

Adler, Patricia A, and Peter Adler. 2003. "The Promise and Pitfalls of Going into the Field." *Contexts* 2(2): 41 – 47. 关于实地研究复杂性的一个出色的报告,提供区别好的和不太好的民族志的技巧。

Burawoy, Michael. 1998. "The Extended Case Method." *Sociological Theory* 16(1): 4 – 33. 该范式的创造者对之进行了讨论。

Denzin, Norman K., and Yvonna S. Lincoln, eds. 1994. *Handbook of Qualitative Research*. Thousand Oaks, CA: Sage. 这本手册收入了大量关于定性的实地研究的文章。这本书也有三卷本的版本:Vol 1. *The Landscape of Qualitative Research*: *Theories and Issures*; Vol 2. *Strategies of Qualitative Inquiry*; and Vol 3. *Interpreting Qualitative Materials*.

Gans, Herbert J. 1999. "Participant Observation in the Era of 'Ethnography'." *Journal of Contemporary Ethnography* 28(5): 540 – 48. 关于参与观察的近期发展和出现的问题的深刻讨论。

Gubrium, Jaber F., and James A. Holstein. 1997. *The New Language of Qualitative Method*. New-York: Oxford University Press. 这本书为理解定性的实地研究的传统的主要方法提供了必要的基础。

Johnson, Jeffrey C. 1990. *Selecting Ethnographic Informants*. Newbury Park, CA: Sage. 作者讨论了应用于实地研究抽样中的不同策略。

Kelle, Udo, ed. 1995. *Computer-Aided Qualitative Data Analysis*: *Theory, Methods, and Practice*. Thousand Oaks, CA: Sage. 由国际学者群体所报道的关于他们使用各种定性资料分析软件的经验。

Kvale, Steinar. 1996. *Interviews*: *An Introduction to Qualitative Research Interviewing*. Thousand Oaks, CA: Sage. 对于深度访谈方法的深刻呈现。作者除了谈到表现技巧之外,也介绍了在后现代主义背景和其他指导原则下的访谈。

Lofland, John and Lyn Lofland. 1995. *Analyzing Social Settings*. 3rd ed. Belmont, CA: Wadsworth 对于实地研究方法从开始到结束的呈现。这本著名的作品成功地描绘出科学研究逻辑和观察、沟通、记录、建档、报告及其他所有在实地研究中的现实情况的关系。另外本书还包含了丰富的实地研究实例供参考。

Long, Andrew F., and Mary Godfrey. 2004. "An Evaluation Tool to Assess the Quality of Qualitative Research Studies." *International Journal of Social Research Methods* 7(2): 181 – 96. 评估定量研究质量的标准,比如调查,已经存在一段时间,但评估定性研究的标准却未定。这篇文章为后一个目的提供了一种评估工具。

Morgan, David L., ed. 1993. *Successful Focus Groups*: *Advancing the State of the Art*. Newbury Park, CA: Sage. 这本关于专题小组的运用的文集指出了一些需要考虑的特别方面。

Shaffir, William B., and Robert A. Stebbins eds. 1991. *Experiencing Fieldwork*: *An inside View of Qualitative Research*. Newbury Park, CA: Sage. 多位实地研究者讨论这项技术的本质以及回想实地中的经验。是一个在学习一些技巧的同时,也可以获得这个方法的"感觉"的机会。

Shostak, Arthur ed. 1997. *Our Sociological Eye*: *Personal Essays on Society and Culture*. Port Washington, NY: Alfred. 一部社会科学内省的文集。文集对于思考社会学研究过程——特别是实地研究——提供了具体、内行的观点。

Silverman, David. 1999. *Doing Qualitative Research*: *A Practical Handbook*. Thousand Oaks, CA: Sage. 这本书的焦点是收集和解释定性资料的过程。

Strauss, Anselm, and Juliet Corbin. 1998. *Basics of Qualitative Research*: *Techniques and Procedures for Developing Grounded Theory* . Thousand oaks, CA: Sage. 在资料收集和分析之前需要阅读的相当重要的一本书——如果你准备使用草根理论这种方法的话。

Uwe, Flick. 1998. *An Introduction to Qualitative Research*. Thousand Oaks, CA: Sage. 进入定性研究的实地田野之前的入门读物。

SPSS **练习**

请在本书附的小册子中练习使用 SPSS（社会学数据包）。每章都提供了练习，并有使用 SPSS 的入门方法。

网络资源

社会学 & 现状：研究方法

1. 在最后复习本章之前，先做测试 *Sociologynow*：*Research Methods*，看看有哪些地方需要重点复习。在本书的最前面，有关于这个在线工具的信息以及如何得到这些资源。

2. 可按照 *Sociologynow*：*Research Methods* 根据测试结果提供的学习计划进行复习。使用学习计划的互动练习和其他资源掌握材料。

3. 复习完毕后，再进行一次测试，以确认已充分准备好学习下一章的内容。

《社会研究方法》第十一版所附带的网站资源

Http：// sociology. wadsworth. com/ babbie-practice11e/登录后，你会发现对你的课程很有帮助的学习资源。这些资源包括辅导测试和反馈、在线练习、Flash 卡片和每一章的章节辅导以及在虚拟空间中扩展的方案、社会研究、GSS 数据以及数据分析软件，如 SPSS 和 NVivo 的使用入门等。

这一章的网址链接

我们需要认识到互联网是一个变动的实体，随时刷新。不过，这些网站还是相对稳定的。

Rahmat M. Samik-Ibrahim，草根理论的在线文章

http：//www. vlsm. org/ rms46. citations-gtm2. htm

顾名思义，这个网站包含了很多运用或是讨论草根理论的学术文章的热门链接。

Goshen 大学：参与行动研究的网页链接

http：//www. goshen. edu/ soan/ soan96p. htm

其中，你可以看到社会研究者在研究方案的设计和实施过程中可以采取的多种行动。

Dr. Rita S. Y. Berry，"通过深度访谈来收集资料"

http：//www. leeds. ac. uk/educol/docume-nts/000001172. htm

关于资料收集技巧冗长的、应用性的讨论。

第 *11* 章

非介入性研究

章节概述

　　本章概括地介绍了三种非介入研究法：内容分析法、既有统计资料分析法、历史/比较分析法。其中的每一种方法都可以使研究者无需身处实地来研究社会生活，而且不会在研究过程中影响到研究对象。

导　言

到目前为止，除了实地调查中完全的观察者之外，我们所讨论的观察模式都要求观察者不同程度地介入研究的对象。最明显的例子就是实验法，再就是调查研究法。如我们所见，即使是实地调查研究者，也会在研究过程中改变研究对象。〖319〗

然而，本书曾经提过的一个例子却可以完全地免除这种危险。涂尔干对自杀的分析就没有以任何方式影响任何一个自杀者（见第 5 章）。涂尔干的研究是**非介入性研究**①（unobtrusive research）——或者说是在不影响研究对象的情况下研究社会行为的方法——的一个例子。非介入性研究可以是定性的也可以是定量的。

本章主要讨论三种非介入性研究法：内容分析法、既有统计资料分析法以及历史/比较研究法。内容分析法用于考察社会人为事实，主要指成文文件，比如报纸文章。涂尔干的研究是既有统计资料分析法的一个范例。正如你们将要见到的，在你们周围有一大堆资料正等着你们来使用。通过它，你们就可以了解社会生活。最后，历史/比较分析法是一种在社会科学中具有悠久历史并且在目前广受欢迎的研究形式。正如实地调查一样，历史/比较分析是一种定性研究方法。观察和分析的主要来源是历史记录。历史/比较分析法的名字之所以包含"比较"两个字，是由于社会科学家——对照于只描述特殊历史事件的历史学家——试图发现不同时期和地点的一般模式。

为了更进一步考察这三种研究方法，我想把你们的注意力吸引到一本杰出的著作上，它将会开发你们对于非介入性方法潜力的敏感度。同时，我也是从这本著作中吸收了非介入性方法（unobtrusive measures）这个术语。

1966 年，威伯（Eugene J. Webb）和三个同事出版了一本讨论社会研究的优秀著作（2000

---

① 非介入性研究：一种在不影响研究对象的情况下研究社会行为的方法。它可以是定性的也可以是定量的。

年再版），现在，这本书已经成为一部经典。书中关注的问题就是非介入性或称无回应性研究（non-reactive research）。威伯和他的同事通过观察人们不小心遗留的线索来研究人类的行为。例如，假如你们想知道在博物馆哪样展品最受欢迎，你们可以进行民意调查，但是，人们会告诉你们的是，他们认为你们要听到的答案或回答是能使他们看起来更有学识或更严肃的答案。当然，你们可以站在不同的展品旁边并计算经过这件展品的参观者人数，但是人们可能更有兴趣来看看你们在做什么。威伯及其同事建议，你们应该去检查不同展品前面地板的磨损程度，面前地砖磨损最严重的，便是最受欢迎的展品。想知道哪样展品最受小孩子欢迎吗？寻找一下玻璃框上的口水吧。如果想知道最受欢迎的收音机电台，你们只需安排一部机器去检查送修车辆的收音机频道设定。

这种可能性是无限的。如同侦探的调查一样，社会研究者也需要寻找线索，如果你们停下来观察，就会发现社会行为的线索遍布在你们的周围，你们所看到的每样东西都展现着某些重要的社会科学问题的答案——而你们需要去做的，只是去想问题。

虽然非介入性研究有信度和效度问题，但是，运用一些小技巧便可以处理它们或是均衡地处置它们。我鼓励你们去读威伯的书，那既是一种享受，也可能对你们运用既有资料进行社会调查具有启发性。现在，让我们转移注意力到社会科学家常用的三种非介入性研究。首先是内容分析法。

内容分析法

在导言中我已经提到，**内容分析法**①（content analysis）是对被记载下来的人类传播媒介的研究。其内容可以包括书籍、杂志、网页、诗歌、报纸、歌曲、绘画、讲演、信件、电子邮件、网络上的布告、法律条文和宪章以及其他任何类似的成分或集合。瑞哈茨（Shulamit Reinharz, 1992：146 – 147）指出，女性主义的研究者也曾使用内容分析法来研究"儿童读物、童话故事、告示牌、女性主义的散文及小说、小孩的美术作品、风尚、粗体字的明信片、女性手册、艺术作品、报纸的修辞、临床记录、研究成果、社会学导论教科书以及引述等。这里提到的还只是其中的一小部分"。在另一个例子中，当米若拉（William Mirola, 2003：273）探讨在美国争取一天 8 小时工作制运动中宗教的作用时，他的资料就是"来自芝加哥劳工、宗教以及非宗教的新闻报道，来自小册子，来自运动中三个有代表性的派系的 8 小时工作制支持者的演讲"。〖320〗

适于内容分析法的议题

内容分析法特别适用于传播媒介方面的研究，并回答传播媒介研究的一个经典问题："谁说了什么、对谁说、为什么说、如何说以及产生什么影响？"法国流行小说比美国流行小说更关注于爱情吗？60 年代的英国流行音乐比同一时期的德国流行音乐在政治上表现得更愤世嫉俗吗？优先强调利益议题的政治候选人比强调崇高理想的竞争者更常当选吗？上面的每一个问题都是一个社会科学研究议题。第一个强调的是国家特征，第二是政治取向，第三是政治过程。虽然这些议题可以通过观察个别人来做研究，但是内容分析法提供了另一种视角。

双亲曾是奴隶的威尔斯的研究是内容分析

---

① 内容分析法：对记载下来的人类传播媒介的研究，如书籍、网站、绘画和法律。

法的早期例子。1891 年，威尔斯要检验一个普遍流行的假设，即在南方受到私刑的黑人男性主要是因为强奸了白人女性。作为一种研究方法，她考察了前 10 年 728 个处以死刑的报道。在其中，只有三分之一的案例被控强奸罪，其中更只有不到三分之一的案例被判罪。他们主要的罪名是无礼，即没有"待在属于他们的地方"（Reinharz, 1992：146）。

奈斯比特和阿布尔丹（Naisbitt and Aburdene, 1990）的最畅销的《2000 年大趋势》（*Magatrend 2000*），便是使用内容分析法以判断现代美国生活的主要趋势。为出版每季的趋势报告，作者们有规律地考察着每月数以千计的地区报纸。他们的著作考察了一些他们观察到的普遍趋势。

对于某些议题，内容分析法比任何其他调查方法更为适用。假如你们对于电视暴力有兴趣。也许你们会察觉到男性产品的制造厂商比别的厂商更容易赞助暴力性的电视节目。假如这是真的，内容分析法将会是找出这种现象的最佳方法。

简而言之，下面是你们将采取的步骤。第一，你们必须为你们调查中的两个主要变量给出操作性定义：男性产品及暴力。本章后面提到的编码将会讨论一些可以采用的方法。最后，你们需要一份观看电视、分类赞助厂商以及评估节目暴力程度的计划。

其次，你们必须决定要观看什么。或许你们会决定（1）要观看什么频道，（2）观看哪些天以及（3）哪些时段。然后，你们可以采购一些啤酒和土豆片，开始观看、分类和记录。一旦观看的部分结束了，你们就可以分析所收集的资料，并确定男性产品制造商是否比别的厂商更积极地赞助暴力节目。〖321〗

罗斯曼（Gabriel Rossman, 2002）对大众传

媒有不同的关注。公众对媒体越来越集中到少数团体手中感到担忧，罗斯曼决定问下面的问题：如果一份报纸与一家电影制作公司同属一家联合企业，那么你们会相信该报对其母公司出品的电影所做的评论吗？

根据罗斯曼的发现，你们肯定不会相信。因为许多报纸对电影的排名是定量的（比如，4 部电影中有 3 部胜出），罗斯曼可以做简单的、定量分析。对每个电影评论，他问了两个主要问题：（1）该部电影是由拥有该报的同家公司出品的吗？（2）该部电影的排名是？他发现，的确，母公司出品的电影的排名会高于其他电影。而且由同家母公司拥有的报纸给出的排名会高于其他报纸给定的。当母公司斥巨资制作高成本的电影时，这种情况尤其显著。

作为观察法的一个模式，内容分析法要求仔细地处理要关心的内容，而该模式中对所得资料的分析和其他模式一样，特别强调为什么以及产生什么影响。

内容分析法的抽样

和对人的研究一样，在对传播媒介的研究中，要直接观察所有自己有兴趣的对象，常常是不可能的。在有关电视暴力与赞助厂商的研究中，我建议你们不要尝试去观看所有播放的节目，那将是不可能的，即使观看了所有的节目，在你们获得结果之前，大脑也可能会短路。通常，比较适当的方法是抽样。让我们再次从分析单位开始，然后回顾一些适用于内容分析方法的抽样技术。

分析单位

回忆第 4 章我们就可以了解到，确定恰当的分析单位（即确定哪一个或谁是我们描述或解释的个体单位）本身就是一项复杂的工

作。譬如，假如我们要计算家庭平均收入，就以单个家庭作为分析单位。此外，我们还必须询问家庭个别成员的收入。因而个体就作为观察单位，而个别的家庭仍将是分析单位。同样，我们可能想通过城市大小、地理区位、种族构成以及其他差异性来比较不同城市的犯罪率。即使上述城市特征对该城市个别居民的行为和特征来说只发挥部分作用，城市仍然是最终的分析单位。在内容分析中，议题的复杂性通常表现得比其他研究法更为明显，尤其当分析单位与观察单位不一样的时候。下面的一些例子就很说明问题。

议题的复杂性通常表现得比其他研究法更为明显，尤其当分析单位与观察单位不一样的时候。下面的一些例子就很说明问题。

假设我们想了解是刑法还是民法在男女之间制造了最大的差异。在这个例子中，刑法与民法两者将同时作为观察单位和分析单位。我们可以选择一个国家的刑法和民法作为例子，并且按它是否在男女之间制造差异来分类。在这个方法下，我们可以看是刑法还是民法更注重性别划分。

如果我们希望了解针对不同种族团体制定不同法律的国家是否同时也比其他国家更容易制定一些区别对待男女的法律。虽然这个问题的检验也包含着个别法案的编码，然而后者的分析单位仍然是个别的国家，而非法律。

或者更大幅度地改变议题，假设我们对写实派绘画有兴趣。假如我们想比较写实派与非写实派绘画的相对声望，这时，个别的绘画作品将是我们的分析单位；另一方面，假如我们想了解写实派的画家是富裕还是贫困、受过教育还是没受过教育，或赞同资本主义还是其他社会制度等特征，这时，个别的画家便是我们的分析单位。

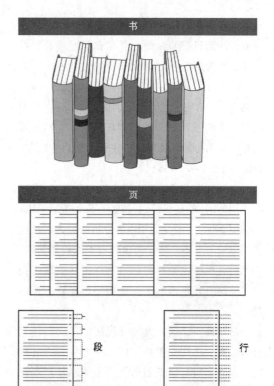

图 11 - 1　内容分析法的一些可能的分析单位

澄清这个议题非常重要，因为选择抽样方法时必须考虑什么是分析单位。假如分析单位是个别作者，则抽样设计就应该选择适合于研究问题的全部或是部分作者。如果书是分析单位，我们就应该选择书作为样本，而不管它们的作者。伯格（Brucd Berg, 1989：112 - 113）指出，假使你们要分析文本材料，那么分析单位可能是字词、题目、体裁、段落、项目（例如书或信件）、概念、语意或者是以上各项的合并。图 11 - 1 阐明了其中的一些可能性。〖322〗

但是这并不是说抽样时只考虑分析单位。的确，我们常常会做次级抽样——从次级类别中选择样本——针对个别的分析单位。因此，假如作者是分析单位，我们可以（1）从所有的作者总体中选择样本作者，（2）从被选择的作者的作品中选择部分作品以及（3）从被选择的每本书中，选取一部分进行观察和编码。

最后，让我们看一个比较容易弄糊涂的例子：对电视暴力及其赞助者的研究。"男性用品的制造商比其他赞助者更有可能赞助暴力性节目吗？"这个研究问题的研究单位是什么？是电视节目？赞助商？暴力的实例？

在最简单的研究设计中，上述几种都不是。尽管你们可以用不同的方法来进行调查，然而最直接的方法是把商业广告作为分析单位。你们可以使用两种观察单位：广告和节目（在广告之间的节目）。你们可能要观察这两个单位，根据这些广告是否在介绍男性产品以及节目本

身的暴力内容来进行分类。节目的分类将会转换到与之相邻的广告上。图11－2就是一种可能的记录范例。

请注意在图11－2的研究设计解说中，一起出现的广告被用括号连在一起，并给予相同的分值。此外，紧接着某个广告后的暴力出现数量与下一个广告之前的数量是相同的。这个简单的例子将告诉我们如何通过赞助商以及与它相关的暴力程度来为广告分类。举例而言，第一次出现的 Grunt 刮胡水广告被编码为一个男性产品而且有十个相关的暴力例子。而 Buttercup 女性内衣广告则被编码为非男性产品广告，而且没有相关的暴力实例。

赞助厂商		男用产品?			出现暴力的次数	
		是	否	?	之前	之后
1st	Grunt Aftershave	✓			6	4
	Brute Jock Straps	✓			6	4
2nd	Bald-No-More Lotion	✓			4	3
3rd	Grunt Aftershave	✓			3	0
	Snowflake Toothpaste		✓		3	0
	Godliness Cleanser		✓		3	0
4th	Big Thumb Hammers			✓	0	1
5th	Snowflake Toothpaste		✓		1	0
	Big Thumb Hammers			✓	1	0
6th	Buttercup Bras		✓		0	0

图 11－2　电视暴力记录表的范例

在图示中，我们记录了 4 个男性产品的广告，每个广告都伴有平均 7.5 个暴力实例，而 4 个非男性产品的广告，则只有平均 1.75 个暴力的实例。另外两个无法确定为男性或非男性产品的广告，则每个平均有 1 个暴力实例。假如经过大量检验，这种差异模式仍然存在的话，我们就可以认为，男性产品的厂商比其他的厂商更可能赞助暴力性的电视节目。〖323〗

这个图例的要点是想说明如何将分析单位转化为收集和分析的资料。在确定抽样策略之前，你们必须弄清楚分析单位。只是在这个例子中，你们不能用广告来抽样。除非你们有办法得到广播电台的安排表，因为你们无法知道何时出现广告。此外，你们还必须像观看广告一样地观看节目内容。因此，你们必须建立一个可以包括所有你们要观察事物的抽样设计。

在设计抽样时，你们必须建立一个抽样总体。在上述的例子中，你们必须考虑：观察哪些电视台？必须要观察多长时段——天数？每天必须观察哪几个小时？然后，你们要观察并编码多少广告用于分析？所以要试看电视，并确定每小时出现多少广告，然后就可以确定需要多少观察时间。

现在你们已经准备好样本选择方案了。事实上，假如你们有助手的话，就需要从不同的电视台抽样，你们每一个人可以在相同的时段观看不同的频道，但是，让我们假设你们是一个人在工作。你们用来选择和观看的最终抽样框也许与下面的类似：

1 月 7 日，第 2 频道，晚上 7 - 9 点。
1 月 7 日，第 4 频道，晚上 7 - 9 点。
1 月 7 日，第 9 频道，晚上 7 - 9 点。
1 月 7 日，第 2 频道，晚上 9 - 11 点。
1 月 7 日，第 4 频道，晚上 9 - 11 点。
1 月 7 日，第 9 频道，晚上 9 - 11 点。

1 月 8 日，第 2 频道，晚上 7 - 9 点。
1 月 8 日，第 4 频道，晚上 7 - 9 点。
1 月 8 日，第 9 频道，晚上 7 - 9 点。
1 月 8 日，第 2 频道，晚上 9 - 11 点。
1 月 8 日，第 4 频道，晚上 9 - 11 点。
1 月 8 日，第 9 频道，晚上 9 - 11 点。
1 月 9 日，第 2 频道，晚上 7 - 9 点。
1 月 9 日，第 4 频道，晚上 7 - 9 点。
依此类推。

注意，在上面的图示中，我已经替你们做了几项决定。首先，我假定适合你们研究的频道是第 2、4 和 9 频道。我也假定你们发现晚上 7 - 11 点是最恰当的时段，而且两个小时的观看就足够了。另外，我也选择 1 月 7 日作为开始日期。在实际的情况中，以上所有决定都应该基于你们的仔细思考，或根据你们的实际研究来决定。〖324〗

一旦你们清楚了研究中的分析单位、适合这些单位的观察方式，同时也设计出类似上面图示的抽样框后，抽样就简单了。你们可以使用的选择正如第 7 章描述的：随机、系统及分层抽样等。

抽样技术

正如你们已经看到的，如果对散文进行内容分析，就可以采用以下任何一个或全部层次的抽样。至于其他的传播媒介，也可以寻找概念上与上述层次相同者进行抽样。

第 7 章讨论的任何常用抽样技术都可以用于内容分析。我们可以将随机抽样或系统抽样方法用于法国以及美国的小说家，或用于密西西比州的法律，甚至莎士比亚的独白。我们可以从托尔斯泰的作品《战争与和平》中（从随机起始点）每隔 23 段选出一段。或者，我们可以将所有披头士所灌录的歌曲编号，并随机地选出 25 首。

分层抽样也适宜于内容分析。举例而言，要分析美国报纸社论的立场，我们首先可按地区分别收集所有的报纸，并查出出版物所在的社区大小、出版的频率，或者平均的发行量。然后我们可以对报纸采取分层随机抽样或是系统抽样进行分析。这个过程完成之后，我们便可以从每一份抽中的报纸中挑出一些社论，或者也可以按年代次序来分层。

整群抽样也同样适用于内容分析。实际上，假如在上述例子中单个的社论是分析单位，那么抽样的第一步，对报纸的选择就是整群抽样。在关于政治演讲的分析中，我们也许会选择政客作为样本，那么每个政客就代表了一整群政治演讲。前面提到过的电视广告研究，也是另一个整群抽样的例子。

有一点必须再次声明，当我们找到分析单位的时候，抽样仍然会派上用场。假如小说是分析单位，那我们将抽出一些小说家，然后对这些小说家的作品进行再抽样，然后再从这些小说中抽样出一些段落。然后我们便可以为了描述这些小说本身而分析这些段落的内容（研究者通常称样本中的样本为子样本或二次抽样）。

现在让我们转向对观察材料的编码和分类。本书第四部分将处理这种分类的操作问题，并得出描述性或解释性的结论。

内容分析法的编码

内容分析法在本质上是一种**编码**①（coding）。编码是将原始材料转换成标准化形式材料的过程。在内容分析中，传播——口语的、书写的或其他——都是按照某种概念框架进行编码或分类。因此，报纸社论也就被编码为自由的或是保守的。收音机广播按照是否具有宣传性来编码。小说则按照是否浪漫来编码，绘画按照是否为写实派来编码，政治演讲则按照是否具有

人身攻击来编码。以上的这些术语都包含许多种解释，所以研究者必须清晰地定义。〖325〗

内容分析中的编码包含着概念化和操作化逻辑，这些在第 5 章已经讨论过了。在内容分析中（就像在其他的研究法中一样），你们必须推敲概念框架，并且发展出与框架相关的具体方法。

显性内容和隐性内容

在前面实地调查的讨论中我们发现，在了解的过程中，研究者面对着深度理解和具体理解之间的选择。通常，这也分别代表着对效度与信度的选择。一般而言，实地调查者即使要冒风险（即另一个观察者可以在相同情境中获得不同判断），仍然会倾向在深入观察和资料收集的基础上进行判断。但问卷调查（通过利用标准化的问卷）则代表了另一种极端：全然的具体性，即通过对变量的具体测量也不能令人满意地反映那些变量。但是，对于这个问题，内容分析法有更多的选择。

对于媒介的**显性内容**②（manifest content）——可见的、表面内容——的编码多接近于标准化的问卷使用。例如，要判断一本小说的色情内容，你们可以简单地考察"爱"这个字在每本小说中出现的次数，或在每一页中所出现的平均次数。或者，你们也可以将下列术语列一张表，诸如：爱、接吻、拥抱、爱抚，用来作为判断这本小说色情特征的指标。这样做的优点是简单和编码十分可靠，同时也准确地使研究报告的读者知道这本小说的色情特征是如何被测量的。但是相对的，它也有个缺点，即存在效度问

---

① 编码：将原始资料转变成标准化的形式的过程，以使资料适于机器处理和分析。
② 显性内容：与内容分析法相关的、传播媒介中所包含的有形的词语，区别于隐性内容。

题。"色情小说"比"爱"出现的次数具有更丰富及更深层的含义。

同样，你们也可以对传媒的**隐性内容**①（latent content）进行编码（即其深层含义）。一个眼前的例子就是，你们可以读完整本小说或是几段几页，并对这本小说的色情内容进行评论。虽然你们的评论无可避免地会受到诸如爱、接吻这些字出现频率的影响，但是不会完全依赖这些字出现的次数。

尽管第二种方法为开发传播媒介的深层含义提供了较好的设计，但是却以牺牲可靠性和具体性为代价。尤其是，为某本书编码的人不止一个人，不同的人则可能采用不同的定义或标准。因为对于相同的一段文字，并不是每个人都认为它具有色情含义。即使是你们自己本人做的所有编码，你们也没有办法保证整个工作中的定义或标准会一以贯之。此外，一般而言，阅读你们研究报告的读者，也无法确定你们所采用的定义。

无论如何，关于这种两难的最好解决办法就是两种方法都用。例如，奥斯特（Carol Auster）在对女童子军（Girl Scouts）的研究中就对年轻女性的社会化转变感兴趣。为了要探究这一点，她对女童子军手册每一版都进行内容分析。其中，奥斯特对于妇女是否应该受限于家务特别有研究兴趣。根据对显性内容的分析，她指出："我发现，尽管 1913 年时有 23% 的妇女生活集中在家务上，但是，这个比例在 1963 年降到了 13%，到了 1980 年，更只剩下 7% 了。"（1985：361）

她在隐性内容的分析中也指出，女童子军所表现出的解放，大致反映了在一般美国社会中所发生的情形。其中，制服的改变就是一项指标："从裙装到裤装的转变，反映了女性在实际生活中角色的转变，即她们更多地出现在肢体

活动的领域，也反映了对于现代女性身体的各种想象。"（1985：362）我们所见到女性科学家、太空探索人员以及女性维修人员的徽章图样都是证明。〚326〛

概念化和编码表的制作

就所有研究方法而言，概念化与操作化一般都包含着理论关怀与经验观察的互动。例如，假如你们认为某些报纸社论是自由派的，其他是保守派的，不妨反问自己为何会如此认为。读一些社论，并且问一问自己：哪些是自由派的，哪些是保守派的？一份报纸社论的政治取向是通过它的显性内容或是通过它的语气最明显地表现出来的吗？观点的形成是建立在特定术语运用（譬如左翼、法西斯等等）的基础上，还是建立在社论对特定议题或政治人格的支持或反对上？

归纳及演绎两种方法都适用于这个活动。假如你们正在检验理论命题，你们的理论应该具有经验指标。假如你们一开始就运用了具体的经验观察，你们应该从这些观察中引申出一般的相关规则，并将它们用于其他经验观察上。

伯格（1989：111）将编码的发展放在草根理论的背景下，并将其比喻为解决问题：

> 编码以及和草根理论的发展有关的基础程序的确是一项艰难的工作，而且必须认真对待，但是，就像许多人享受拼图的乐趣一样，许多研究者也在编码与分析的过程中获得满足。当研究者……开始将片断的问题拼凑成较完整的图像时，这个过程确实令人感到兴奋。

在整个活动进行期间你们应该谨记，任何变量的操作化定义都应该包含着它本身内在的特

---

① 隐性内容：与内容分析法相关的、传播媒介中所隐含的意义，区别于它们的显性内容。

征。此外，这些特征应该同时具有互斥性及周延性，例如，一份报纸的社论不应该同时被描述为自由派的与保守派的，虽然你们可能认为有一些是介于两者之间。将一本小说编码为色情的或非色情的，对于你们的研究目的可能已经是足够的了，不过也应该考虑到有些是反色情的。绘画可以被分类为写实性的或非写实性的，假如适合你们的研究目的，你们还可以进一步再将它们分类为写实派、抽象派、隐喻派等等。

为了更进一步理解内容分析法可以使用不同的测量层次，你们可能会使用定类测量来描述报纸社论是自由派的或是保守派的或者使用精确一些的定序尺度，从极端的自由派到极端的保守派。但是无论如何，你们必须谨记，隐含在编码方法中的测量层次——定性的、定序的、定距的或是定比的，并不必然地反映变量特征。假如"爱"这个字在 A 小说出现 100 次，在 B 小说出现 50 次，你们可以确切地说"爱"这个字在 A 小说中是 B 小说中出现次数的两倍，但是这并不表示 A 小说比 B 小说的色情程度高出两倍。同样，也不能说一份问卷陈述中有两倍的反犹太立场。

计算和保持记录

假如你们要定量评估内容分析资料，那么在编码的时候就在资料处理上留有余地。首先，编码的最终结果必须是数字化的。假如正在计算某些字、短语或是其他显性内容的次数，这种作法就尤其必要。即使整个是为显性内容编码，用数字来代表编码也是必要的：1 = 非常自由派，2 = 适度自由派，3 = 适度保守派，等等。

第二，在记录上清楚地说明分析单位与观察单位之间的区别是十分必要的，尤其是在两者并不相同的情况下。当然，最先的编码必须和观察单位有所关联。例如，假如小说家是你们的分析单位，你们希望通过对他们作品内容的分

析来区分他们，那么主要的记录就必须是小说。然后，你们可以将个别的小说分数合计来区分每一个小说家。〚327〛

第三，在计算过程中，记录计算的基础也非常重要。知道某个画家写实派作品的数目，却不知道他或她实际作品的总数是没有用的；因为假如作品中写实类型作品的比例很高，这个画家很可能会被视为写实派。同样地，如果我们只知道在一本小说中，"爱"这个字出现了 87 次而不知道小说总共用了多少字，那对我们也没有多大意义。假如每一个观察对象都被编码为某个变量的属性，那么观察基础就很容易解决。例如，以每篇社论的政治取向来编码它们，而不是简单地计算某个既定资料中自由派社论的次数，即使它必须被编码为"没有明显的取向"。

现在假定我们想描述和解释不同报纸的言论政策。图 11－3 提供了一份标签卡，这份记录是关于报社社论的。需注意的是，报纸是分析单位。每份报纸都被指定一个明确的数字以利于计算。第二栏是用来为每份报纸的社论数目编码。那是信息中的重要部分，因为我们要据此说明"所有社论中有 22% 是赞成联合国的"，而不只是"有 8 篇赞成联合国的社论"。

在图 11－3 中有一栏是用于主观判断报纸社论的内容（这些项目稍后会用来和几个客观的测量做比较），其他栏目则记录具有特定社论立场的社论篇数。在真实的内容分析中，还会有记录社论立场以及报纸上非社论信息的栏目，例如出版的地区、发行量等等。

定性资料分析

并非所有的内容分析都需要计算。有时对于资料进行定性评估，反而是最恰当的。奥斯特对于女童子军手册中制服和语言（前面讨论过的）转变的检验，便是一个例子。

报纸编号	被评估的社论数量	主观评价 1. 非常自由 2. 比较自由 3. 中间派 4. 比较保守 5. 非常保守	"孤立主义"社论的篇数	"赞成联合国"社论的篇数	"反对联合国"社论的篇数
001	37	2	0	8	0
002	26	5	10	0	6
003	44	4	2	1	2
004	22	3	1	2	3
005	30	1	0	6	0

图 11－3　记录清单样本（部分）

伯格（1989：123－125）讨论了检验定性假设的技巧，即"负面案例检验"。首先，在草根理论的传统中，开始时就得检验可能服从于某一一般假设的资料。譬如说你们想检验一个新社区集会的领导形态，你们采取的办法是检验会议记录，看看谁可以一提出提案马上就获得通过。结果，你们的初步检验指出，越富有的人越容易成为这种领导者。〖328〗

第二，试图从资料中找出与初始假设相矛盾的案例。就上述例子而言，你们可以寻找提案获得通过的穷人以及提案未获得通过的富人。

第三，你们必须再考察这些矛盾的案例，然后（1）决定放弃初始假设，或是（2）看看如何修改假设。

假设在矛盾案例的分析中，你们注意到每一个并不富有的领导者都具有高学历——有硕士学位；而无法成为领导者的富人则只具有一般的教育程度。那么，你们便可以修改假设，将

教育及财富视为成为社团领导者的两项条件。也许，你们又发现一些成为领导者的途径（白领工作/收入以及大学学历）——除此之外，那些最有钱以及/或者教育程度最高的人，都是最活跃的领导者。

这种过程就是葛拉瑟及斯特劳斯（Barney Glaser and Anselm Strauss，1967）所谓的分析归纳法。由于它一开始便进行观察，所以具有归纳的性质。再者，因为它不仅描述，而且试图找出模式以及变量间的关系，因此它具有分析的性质。

当然，就像其他方法一样，在这种分析方法中也存在危险性。最主要的危险就是你们可能将观察结果分错类别，以至于产生了意外的假设。例如，你们可以错误地认为没有大学学历就不能成为领导者，或认为工厂领班也算是白领阶层等。

伯格（1989：124）提出了避免这些错误的技巧：

1. 如果有足够的案例，那么你们应该

从每种类别中随机地进行选择——以免只挑选那些最支持假设的案例。

2. 对于你们提出的每一种主张，至少举出三个案例。

3. 让非研究者来仔细地检查你们的分析说明，看看他们是否同意。

4. 报告所有与你们的研究发现相矛盾的案例——只要它不符合你们的假设。总而言之，你们必须了解，只有极少数的社会模式是百分之百一致的，所以你们可能会发现某件重要的事项，尽管它并不符合现有的各种社会生活。无论如何，在这方面你们应该诚实面对你们的读者。

内容分析法举例

有些研究指出，在电视中的女性过分拘泥于传统的角色。克雷格（R. Stephen Craig）（1992）从这个议题出发，进一步地考察不同时期的电视节目中对于男性与女性的描绘。

为了要研究电视广告中性别的刻板印象，克雷格从1990年1月6日到14日的几个时段中选择了2209个广告来分析。〖329〗

> 在平时（在这个例子中，指的是星期一到星期五，下午2-4点），这个时段主要是播放连续剧，而挑选这个时段的主要原因，是它的收视群中有高比例的女性。在周末部分（星期六及星期天下午连续两天都是体育节目）挑选这个时段，是着眼于它有高比例的男性观众。晚上的"黄金时段"（星期一到星期五，晚上9-11点）则被选来作为一个基础，用来和过去的研究以及其他的部分进行比较。（1992：199）

每一个节目都以几种方式编码。"角色"被编码为：

都是成年男性

都是成年女性

都是成人，性别混合

男性成人以及小孩或是年轻人（没有女性）

女性成人以及小孩或者年轻人（没有男性）

混合年龄及性别

此外，克雷格的编码员也记录下哪一个人物在商业广告期间出现在荧光屏上的时间最长——主要出现的人物——以及这个人物扮演什么角色（例如，夫妇、名人、家长）、商品广告的种类（例如，身体用品、酒）、布景（例如，厨房、学校、公司）以及画外音。

表11-1指出了节目中男性和女性出现次数的不同。女性较常出现在白天的节目（指的是连续剧）中，男性则在周末节目占有优势（指的是体育节目），在晚上的黄金时段，则是男性与女性出现次数相当。

克雷格也发现了描述男性与女性方式的其他差异：

> 更进一步的分析指出，在每天的任何一个时段，相对于女性，男性的主要角色多半是名人、专家等，而女性则有很高的比例被描述为访问者/教师、家长/夫妇或是性对象/模特儿……女性在周末则比在平日有更高的比例被描述为性对象/模特儿。（1992：204）

表11-1 三个时段节目中成人主要角色性别出现的比例

	白天	晚上	周末
成年男性	40	52	80
成年女性	60	48	20

资料来源：R. Stephen Craig，"The Effect of Television Day Part on Gender Portrayals in Television Commercials：A Content Analysis," *Sex Roles* 26. Nos. 5/6（1992：204）.

研究结果也显示，不同时段会有不同的广告出现，正如你们认为的，几乎所有白天的广告都是关于身体、食物或是家庭用品的。然而这些广告只是周末广告的三分之一而已。相对而言，周末的广告则强调汽车（29%）、商业产品或服务（27%）或是酒（10%），实际上，在平时的白天和晚上几乎没有酒的广告。

正如你们猜到的，女性多出现在家庭场景中，男性则多出现在家庭以外。其他的研究结果还反映了男女所扮演的不同角色。

> 在周末广告中出现的女性，她的身边几乎一定有男性，而且很少作为广告的主角。她们多半扮演服务男性的角色（例如，饭店的女招待员、秘书、女服务员），或是只在广告中作为性对象或模特儿来展现。（1992：208）

虽然克雷格的部分发现不一定使你们惊讶，但却告诉我们"常识并不总是符合事实"。同时，知道某个情境特征的细节（像这样的内容分析所提供的细节）也是有用的。〚330〛

内容分析法的优缺点

内容分析法最大的优点就是它的经济性，这是就时间以及金钱而言的。例如，一个大学生就可独立从事内容分析，然而从事调查就不是很适当了。它并不要求大量的研究人员，也不要求特别的设备。只要你们能够接触资料并加以编码，你们就可以从事内容分析。

内容分析的另一个优点是安全。假如你们发现调查或实验做得不很完美，你们可能被迫要再花时间和金钱去重复整个研究计划。有时候，假如做得不太详尽，要再重做一次几乎不太可能，因为被研究的事件可能已经不再存在了。然而内容分析法可以比别的研究方法更容易重做其中的一部分。此外，你们可能只需要重新将资料中某个部分重新编码，而不是重做整个研究。

另外一点是，内容分析法允许你们研究一段时间内发生的事情。例如，你们可以将焦点集中在 1850 – 1860 年的美国小说中所传达的对于黑人的印象。或者，你们也可以考察从 1850 年到现在的印象转变。

最后，内容分析法还有一个优点，即本章开始时便提到的非介入性。也就是说，内容分析法很少花费精力在试者上。因为小说已经写出来了，著作已经完成了，演讲也已经发表了，内容分析法并没有花费精力在这些上面。这个优点并非所有研究法都具备。

但是，内容分析法也同样有缺点。就一点而言，内容分析法被局限在考察已经记录好的传播内容上。这样的传播内容可能是口头的、书面的或是图像的，但是它们必须以某种方式记录以便于分析。

就我们的了解，内容分析法在效度与信度上，同样具有优点及缺点。就效度而言，除非你们碰巧研究了传播内容的产生过程，否则仍然无法避免效度的问题。

另一方面，内容分析法所研究的具体资料能够增加信度。假如你们愿意的话，你们总是可以编码、再编码甚至三编码以确定这些编码的一致性。相反，就实地调查来说，在事实发生后，你们无法通过对观察及分类进行操作以确保较大的信度。

现在，让我们从内容分析转移到相关的研究方法：对既有资料的分析。虽然在这个方法中，分析的要旨在于数目而不是传播内容，我想你们仍然可以从中发觉其与内容分析法相似的地方。

既有统计资料分析法

通常，使用官方或准官方统计资料来从事社会科学研究不但可能而且也很必要。这不同于二手资料分析，在二手资料分析中，你们获得其他人的资料并进行自己的统计分析。在本节中，我们将考察利用其他人已经完成的资料来进行分析的几种方法。

这种方法相当重要，因为现有的统计资料至少是一种补充性的资料来源。例如，假如你们想进行一项政治态度的调查，你们的检验最好包括投票模式、投票率或与你们研究兴趣相关的类似统计数据，并从中提出你们的研究发现。或者，假如你们在对一条生产线的士气提升实验计划进行评估性研究，那么关于怠工、请病假等等的统计资料对你们将大有助益，并且将和你们自己的研究产生关联。现有的统计资料时常可以提供历史的或概念性的文本，你们可以根据这些文本进行研究定位。

现有统计资料也可以作为社会科学调查的主要资料。一个经典的研究是本章开篇中就已经提到的：涂尔干的《自杀论》（1897）。在分析这种方法的问题之前，我们先来看看涂尔干的研究。〚331〛

涂尔干的自杀研究

人们为何会自杀？每个自杀案无疑都有它独特的历史和解释，然而，所有的这类个案，也无疑可以根据某些共同的原因来分类：诸如理财失败、恋爱的困扰、羞耻以及其他的个人问题。然而，法国社会学家涂尔干在强调自杀这个问题时，心中所思考的是一些不同的问题。他想发现鼓励或是抑制自杀发生的环境条件，尤其是社会条件。

涂尔干越考察手边的资料，就发现越多的差异模式。其中最吸引他注意力的就是自杀率的相对稳定。他考察了许多国家，发现年复一年的自杀率几乎是相同的。但是他也发现在炎热的夏季，自杀出现了不成比例数量，这个发现引导他建立了一个假设：温度与自杀有关。假如这个假设成立，南欧国家的自杀率应该比温带国家高。然而，涂尔干却发现，自杀率最高的国家是在中纬度的国家，所以温度的假设并不成立。

他也考查了下面几个变量：年龄（35 岁是最普遍的自杀年龄）、性别（男女性别比例大约是 4:1）以及许多其他的因素。最后，从不同的资料来源得出了一般模式。

就相当一段时间内具有稳定性的自杀率而言，涂尔干发现这样的稳定性并不是铁板一块。他发现在政治动荡的时期自杀率会上扬，这种现象在 1848 年左右的许多欧洲国家都存在。这个观察使他建立了另一个假设：自杀与"社会均衡的破坏"有关。换个角度讲，社会稳定与整合似乎是对抗自杀的保护伞。

涂尔干通过对几套不同资料的分析，使这个一般性的假设获得了证明和解释。欧洲国家的自杀率有着极大的不同。例如，德国萨克森（Saxony）的自杀率是意大利的 10 倍，而不同国家的排列顺序并不随时间的变化而改变。当涂尔干考虑到不同国家的许多其他因素时，他注意到一个显著的现象：以基督教为主的国家比以天主教为主的国家有更高的自杀率。以新教为主的国家每 100 万人中有 199 人自杀；新教与天主教混合的国家则有 96 人；以天主教为主的国家则只有 58 人（Durkheim, 1897：152）。

涂尔干认为，虽然自杀率和宗教有关系，但是其他因素，比如经济和文化发展水平的因素也可用来解释国家之间自杀率的差异。假如宗教对于自杀真正有影响，那么在既定的国家当中，我们应该会发现宗教上的差异。为了验证这个假设，涂尔干首先注意到，德国的巴伐利亚（Bavaria）天主教徒最多、自杀率也最低，而普鲁士新教（Prussia）最多的地区则自杀率最高。然而，涂尔干并不因此而满足，他还考察了构成这些地区的人口和宗教。

表 11 – 2 显示了他的研究结果。正如你们看到的，在巴伐利亚和普鲁士各省份中，其中有最多新教徒的省份也同时有最高的自杀率。这增加了涂尔干的信心，认为宗教在自杀问题中扮演一个很重要的角色。

最后回到较为一般的理论层次，涂尔干将他在宗教上的发现和早期在政治动荡时期的发现加以合并。最简单地说，涂尔干指出许多自杀都是失范（anomie）的产物，或是对社会不稳定或不整合的一种反映。在政治动荡时期，人们感觉到社会的旧方式瓦解了、感到道德沦丧或是忧郁，而自杀则是这种极端不适应的最后结果。从另一方面来看，社会的整合——反映在个人认为自己是连贯的、持续的社会整体的一部分——则提供了对抗忧郁及自杀的力量。这也就是为什么宗教的差异可以解释自杀的原因。天主教，作为一个结构较健全以及较整合的宗教系统，给人们以连贯和稳定的感觉，远超过结构松散的新教。〖332〗

表 11 – 2　根据宗教分布所呈现的德国各省的自杀率

各省的宗教特征	每百万居民中的自杀者	各省的宗教特征	每百万居民中的自杀者
巴伐利亚各省（1867 – 1875）＊		普鲁士各省（1883 – 1890）	
天主教徒少于50%		**新教徒超过**90%	
莱茵河西岸地区	167	萨克林	309. 4
中弗兰科尼亚	207	石勒苏益格	312. 5
上弗兰科尼亚	204	波美拉尼亚	171. 5
平均	192	平均	264. 6
天主教徒占50%		**新教徒占**68% – 89%	
下弗兰科尼亚	157	汉诺威	212. 3
斯瓦比亚	118	黑森	200. 3
平均	135	勃兰登堡与柏林	296. 3
天主教徒超过90%		东普鲁士	171. 3
上莱茵河西岸地区	64	平均	220. 0
上巴伐利亚	114	西普鲁士	123. 9
下巴伐利亚	19	西里西亚	260. 2
平均	75	威斯特法利亚	107. 5
		平均	163. 6

＊注意：15 岁以下的人口都被省略。

资料来源：Adapted from Emile Durkheim, *Suicide*（Glencoe, IL: Free Press,［1897］, 1951），153.

从这些理论中，涂尔干提出了失范性自杀（anomic suicide）的概念，更重要的是，为社会科学增加了失范这个语汇。

当然了，涂尔干的经典研究在这里已经被大大简化了。我认为通读原著你们将会有更多收获。无论如何，这个研究给了你们一个很好的范例，它告诉你们利用政府机构和其他组织定期收集和报告的大量资料来从事研究的可能性。

全球化的后果

在美国甚至在世界范围内，"全球化"这个概念的争议性都越来越大：从学术争辩到街边激烈的争论。一种观点认为是美国形态的资本主义扩散到发展中国家的经济殖民。另一种很不相同的观点则将全球化看做是新殖民主义剥削：跨国大公司掠夺贫穷国家的资源和人民。当然了，还存在其他很多互不相容的观点。

肯拓（Jeffrey Kentor, 2001）想用资料来实证全球化如何影响发展中国家。最后，他采用的资料是世界银行的资料："世界发展指标"。（要想更详细地了解这些数据，你可以登录 http：//www.worldbank.org/）。

肯拓注意到此前测量全球化的方法有好多，他自己使用的指标是一个国家经济中国外投资跟国家经济总量的百分比。肯拓认为百分比比总量更能体现依赖的程度。

在其对 88 个人均 GDP 少于 10,000 美元的国家的分析中，肯拓发现对国外投资的依赖倾向于增加国内居民收入的不平等程度。依赖的程度越高，收入分化就越厉害。肯拓推理认为，全球化导致了收入很高的精英的出现，他们通过为国外大公司工作而获得了高于一般市民的地位。但是，由于国外投资所获取利润一般都返回到投资国而不是帮助穷国致富，因此穷国的大多数人所获得的都很少，甚至没有经济上的收益。〖333〗

反过来，收入不平等又提高了出生率，从而导致人口增长。（这个过程太过复杂这里就不再分析。）人口增长无疑又为那些本来就穷得难于抚育那么多人口的国家带来了更多的问题。

这个研究案例，跟我们早前所看到的涂尔干的研究，都应该能够开阔你对这些社会现象的理解——而这些现象又都是借助其他人收集、汇编的资料来完成的。

分析单位

就像我们在《自杀论》中所看到的例子一样，包含在既有统计资料中的分析单位，通常并不是个别的。因此，涂尔干被要求采用政治地理的单位：国家、地区、省以及城市。假如你们正在研究犯罪率，相同的情况可能也会出现，诸如意外事件发生率和疾病等等。就它们的特征而言，最常见的现有资料都是集合性的，它们描述的是团体。

现有统计资料的集合特征也有一些问题，尽管这些问题不是无法克服的。例如，涂尔干想判断到底是新教徒还是天主教徒比较容易自杀。然而，他手边的资料并没有指出自杀者的宗教信仰。因此，他不能说是否新教徒比天主教徒更倾向于自杀，虽然他有如此推论。因为新教徒的国家和地区比天主教的国家和地区有着较高的自杀率，所以他做了这样的推论。

然而，得出这种结论可有点冒险。因为团体层次的行为模式并不总是与个体层次的模式相吻合。这种错误即区位谬误（见第 4 章）。例如，天主教徒在新教徒占优势的地区内自杀也是可能的。也许天主教徒在新教徒占优势的地区受到严重的迫害，以至于他们想到绝望并自杀。因此，尽管新教徒国家有较高自杀率，但不一定所有自杀的人都是新教徒。

涂尔干用两种方式避免了区位谬误。第一，他的结论来自严格的理论推论和经验事实。正如刚才所说的，理论与事实的相符产生了一个相反的解释。第二，广泛地用各种方法不断测试他的结论，进而证实了结论的正确性。在新教国家中的自杀率比在天主教的国家高，在天主教国家的新教地区的自杀率比在新教国家的天主教地区的高。这些研究结果的重复，使他的结论获得了充分的证据。〖334〗

效度问题

当我们的研究是基于对现有资料的分析时，我们就明显地受到既有资料的限制。通常，既有资料并不能准确地反映我们感兴趣的事物，而我们的测量也无法全然有效地代表变量或我们想用以得出结论的概念。

两种科学的特性可以用来处理对现有统计资料进行分析时所遭遇的效度问题：逻辑推理以及重复验证。作为逻辑推理的一个例子，你们可以回想到，涂尔干并不能确定自杀者的宗教信仰，他只知道他研究自杀地区的主要宗教信仰，因此解释道，在以新教为主的地区，自杀者应该是新教徒。

在社会研究中，复证（replication）是解决效度问题的一般方法。回想前面对指标互换性的讨论（见第 5 章）。在悲伤的电影中哭泣并不是对同情心的有效测量，就如将小鸟放回巢中也不是对同情心的有效测量一样，哭得多少也无法证明女性更富有同情心。同样地，捐钱给慈善机构也会代表着某些同情以外的事情等等。这些事项中无法单独地证明女性比男性更富有同情心。但是假如女性在所有测量中都比男性表现出更多的同情，那就明显地加重了支持这个结论的分量。在对现有统计资料的分析中，用一点机敏与推理通常可以帮助你发现一些检验假设的独立测量，假如所有的检验都确认这个假设，这个证据就可以支持你们进展中的观点。

信度问题

现有统计资料的分析还依赖于统计资料本身的质量，它们准确地报道了所要报道的东西吗？这是一个实质性的问题，因为政府统计资料的重要图表有时大体上是不精确的。

参考关于犯罪的研究。由于许多犯罪研究主要依赖官方的犯罪统计资料，而资料本身来自于批判性的评估，由此得出的结论也就不值得鼓励。假如为了解释的目的，你们对追踪美国人服用大麻的长期趋势有兴趣。贩卖或拥有大麻而遭到逮捕的官方统计人数似乎是一个合理的测量。是吗？不一定！

开始时，你们就会面对一个严重的效度问题。在 1937 年大麻税法案通过以前，在美国境内种植大麻是合法的，所以逮捕记录并无法提供有效的测量。但是假如你们把调查限制在 1937 年以后，由于法案的执行和犯罪记录的保存问题，你们仍然会碰到信度的问题。

例如，执法会遭遇到各种压力。公民对于大麻的抗议或许是由一个会制造声势的团体所领导的，其结果也许是警察"取缔毒品交易"，特别是如果刚好碰到选举或编制预算的年份。一个煽动性的压力集团也可产生相似的效果。此外，其他行业的综合压力也对警察取缔大麻有一定的影响。

狄弗勒（Lois DeFleur, 1975）曾经追踪 1942 - 1970 年间芝加哥对于毒贩的逮捕模式，他指出，官方记载所呈现的毒品服用史比从警方的实际操作和他们承受政治压力所呈现的毒品服用史，其精确性要相差很多。在另一个不同层次的分析上，布莱克（Donald Black, 1970）和其他人则分析了影响警方逮捕还是警告违规者

美国#1？

1999 年 9 月 19 日，ABC 电视台播出了一条特别消息（由 John Stossel 主持）：看看美国在世界排行中排第几！随着节目的进行，人们越来越清楚地看到：美国的表现还不赖——无可争议的#1——而我们成功的关键在于我们自由放任的资本主义体系。为了突出强调后一点，Stossel 指出其他成功的事迹也同样归功于自由放任的资本主义。

在 Stossel 看来，香港是自由市场经济的领头羊。Stossel 认为香港拥有"惟一的一个有盈余的政府，而且还是很大盈余"。你对这个结论怎么看？对你有说服力吗？

媒体的看门人——《公正并准确报道》（*FAIR*），对 Stossel 的言论评价是：

> 任何一个注意华盛顿政治的人都知道，美国政府的联邦赤字盈余已经持续一年多了；而且 1 年总量已经达到了 700 亿美元。去年同样出现赤字盈余的国家还有英国、加拿大、澳大利亚、丹麦、芬兰、爱尔兰、新泽西、挪威和瑞典。

Stossel 继续比较了香港（一个成功的资本主义神话）和自由经济的对立面："中国正处于停滞状态，并且常常处于贫穷。中国现在正处于第三世界发展的瓶颈。它曾经是世界领头人物。"FAIR 再一次给出了不同的评估：

> 实际上，中国的经济一点也不"停滞"。财政部的 Lawrence Summers 在去年一次发言中提到："自 1980 年经济改革以来，中国是历史上经济增长最快的国家。"虽然中国已经采纳了市场经济的很多要素，但是其企业的绝大部分所有权还是由政府掌控。

在媒体和其他地方，你会找到很多所谓基于既有统计分析的判断。不过，我们还是需要核对这些"事实"。

资料来源：Fairness and Accuracy in Reporting, "Action Alert：ABC News Gives up on Accuracy?" September 28, 1999. 可以从以下网址获得 http：//www. fair. org/activism/stossel-america. html.

的因素。研究显示，犯罪者穿着体面或随便、对警方是否有礼貌等等，都会影响官方的犯罪统计。如果考虑到未登录的犯罪，有时实际的犯罪数可能比警方统计的多出 10 倍，正因为如此，犯罪统计的可信度受到了质疑。

这些对于犯罪统计的评论只关系到地方层次。国家层次的犯罪统计也有类似的情形，美国联邦调查局的年度犯罪统一报告就是一例。除了地方层次的问题以外，国家层次的统计也有一些问题。不同的地方司法当局对犯罪的定义也不同，这样，国家层次的统计就会出现偏差。另外，参与联邦调查局的计划也是志愿性的，因此，它的资料也是不完全的。

最后，记录的保持过程，也会影响已经保存或已经报告过的记录。当一个执法单位改善了它的记录保存系统——例如，用电脑处理——则表面的犯罪率总是戏剧性地增加，即使在犯罪、报告或是调查的数目并没有增加的情况下也是如此。

面对现有统计分析中出现的信度问题，第一

世界各国的苦难指数

在 1992 年，人口危机委员会，一个致力于对抗人口爆炸的非营利组织，分析了世界各国或地区的相对苦难程度。委员会用下面的 10 个指标评估了每个人口在 100 万或更多的国家——所有指标都以 10 分来代表苦难的最高程度：

- 平均寿命
- 每人每天的卡路里供应
- 获得干净饮用水的人口百分比
- 婴儿免疫的比例
- 中等学校的注册比例
- 国民生产毛额
- 通货膨胀
- 每一千人的电话数目
- 政治自由
- 公民权

接下来是用上述指标排序的国家。记住，高分是整体苦难的标志。

极度人类苦难指数

93——莫桑比克

92——索马里

89——阿富汗、海地、苏丹

88——扎伊尔

87——老挝

86——几内亚、安哥拉

85——埃塞俄比亚、乌干达

84——柬埔寨、塞拉里昂

82——乍得、几内亚比绍

81——加纳、缅甸

79——马拉维

77——喀麦隆、毛里塔尼亚

76——卢旺达、越南、利比里亚

75——布隆迪、肯尼亚、马达加斯加、也门

高度人类苦难指数

74——象牙海岸

73——不丹、布吉纳法索、中非共和国

71——坦桑尼亚、多哥

70——莱索托、马里、尼日尔、尼日利亚

69——危地马拉、尼泊尔

68——孟加拉、玻利维亚、赞比亚

67——巴基斯坦

66——尼加拉瓜、巴布亚新几内亚、塞内加尔、斯威士兰、津巴布韦

65——伊拉克

64——赞比亚、刚果、萨尔瓦多、印度尼西亚、叙利亚

63——科摩罗、印度、巴拉圭、秘鲁

62——贝宁、洪都拉斯

61——黎巴嫩、中国、圭亚那、南非

59——埃及、摩洛哥

58——厄瓜多尔、斯里兰卡

57——博茨瓦纳

56——伊朗

55——苏里南

54——阿尔及利亚、泰国

53——多米尼加共和国、墨西哥、突尼斯、土耳其

51——利比亚、哥伦比亚、委内瑞拉

50——巴西、阿曼、菲律宾

适度人类苦难指数

49——所罗门群岛

47——阿尔巴尼亚

45——瓦努阿图

44——牙买加、罗马尼亚、沙特阿拉伯、塞舌尔、前南斯拉夫

世界各国的苦难指数（续）

43——蒙古	**轻度人类苦难指数**
41——约旦	21——以色列
40——马来西亚、毛里求斯	19——希腊
39——阿根廷	16——英国
38——古巴、巴拿马	12——意大利
37——智利、乌拉圭、朝鲜	11——巴巴多斯、爱尔兰、西班牙、瑞典
34——哥斯达黎加、韩国、阿拉伯联合酋	8——芬兰、新西兰
长国	7——法国、冰岛、日本、卢森堡
33——波兰	6——奥地利、德国
32——保加利亚、匈牙利、卡塔尔	5——美国
31——前苏联	4——澳大利亚、挪威
29——巴林、中国香港地区、特立尼达和多	3——加拿大、瑞士
巴哥	2——比利时、荷兰
28——科威特、新加坡	1——丹麦
25——捷克、葡萄牙、中国台湾地区	

个防护措施就是要知道这个问题可能存在。调查资料收集的特征并制作一览表，可以帮助你们评估缺乏可信度的特征及其程度，而你们也可以判断它对于研究工作的潜在影响。如果你们同时使用前面讨论的逻辑推理及复证等方法，通常你们就可以处理这个问题了。上面的文章"美国#1？"就展示了通过认真检验对既有统计资料的应用你可以发现什么东西。〖335〗

既有统计资料的来源

如果把可以用来分析的资料来源全部列出，可能就足以编写一本书了。我想提出一小部分资料来源来引导你们寻找与自己研究兴趣相关的其他资料。

毫无疑问，你们可以买到最有价值的单册书，就是由美国商务部每年出版的《美国统计摘要》（*Statistical Abstract of the United States*），它是关于美国的最好资料来源，包括美国各州、一些城市的统计资料和全国的资料。除此之外，还有什么方法能让你们知道每年的全美歇业工厂数量、主要城市的居民财产税、全美被报道的水污染排放数量、全美公司的数量以及其他数以百计的有用信息呢？可喜的是，胡佛商业出版社为节约成本出版了该书的软封面版本，书名为《美国年鉴》（*The American Almanac*），千万不要把它与对社会科学研究来说缺乏信度和用处的其他年鉴混淆。然而，较好的是，你们也可以去买《统计摘要》的光碟版，它使资料检索和转换变得更容易。最好的是，你们可以从网络上免费下载《统计摘要》，网址是：http：//www.census. gov/statab/www/。

联邦机构——劳动局、农业局、交通局等

——公布了大量的资料系列。要想知道哪些可以获得，那就到图书馆去吧，寻找政府文档部分并花几个小时浏览一下架子就搞定了。你也可以登录美国政府印刷局的网站（http：//www. access. gpo. gov）并四处看看。

寻找统计资料的最新方法则是利用全球互联网。以下的这些网站，足以说明这种新资源的丰富性：〚336〛

- （美国）人口普查局（Bureau of the Census）：http：//www. census. gov/
- （美国）劳工统计局（Bureau of Labor Statistics）：http：//stats. bls. gov/
- （美国）教育部（Department of Education）：http：//www. ed. gov/
- （美国）交通统计局（Bureau of Transportation Statistics）：http：//www. bts. gov/
- （美国）联邦调查局（Federal Bureau of Investigation）：http：//www. fbi. gov/
- （美国）中央情报局（Central Intelligence Agency）：http：//www. cig. gov/
- 世界银行（The World Bank）：http：//www. worldbank. org/

通过联合国，你们也可以获得全世界的统计资料。联合国的《人口年鉴》（Demographic Yearbook）显示了世界各国的年度重要统计资料（出生、死亡以及其他与人口相关的资料）。其他的出版物也公布了许多其他类型的资料。再一次强调，图书馆以及网络搜索是获得有用资料的最好途径。

非官方机构提供的资料，就如你们交的税金那么多。商会时常出版商业资料，私人消费团体也如此。纳德（Ralph Nader）有关于汽车安全的资料，《共同目标》（Common Cause）则有政治与政府的内容。盖洛普公司出版了盖洛普民意调查中心自 1935 年开始的民意测验参考书籍。

像人口普查局这样的组织也出版美国以及国际的各种人口资料，便于人们进行二次分析。譬如《世界人口资料》（World Population Data Sheet）以及《人口公报》（Population Bulletin）便是社会科学家大量使用的资源。你们也可以从《社会指标、社会趋势以及生活质量的社会研究与报告评论季刊》（SINET）中找到社会指标方面的资料。〚337〛

我列出的来源只是极少的一部分。既然存在这么多已收集的资料，那么缺乏资金进行昂贵的资料收集再也不是做不出好的、有用的社会研究的借口了。

现有的统计资料足以让你们进行一些相当复杂的测量。插页文章"世界各国的苦难指数"描述了人口危机委员会（Population Crisis Committee）所做的分析。

历史/比较分析法

在本章的最后一部分，我们将考察**历史/比较分析法**① （historical/comparative research），一种与前面讨论的有本质不同的研究法，虽然它与实地调查、内容分析和既有统计资料分析法有点重叠。历史/比较方法包含了社会学家、政治科学家及其他社会科学者对历史方法的使用。

第 4 章讨论历时研究设计时，处理资料的焦点（无论是一个特别的小团体还是一个国家）主要集中在一时一地。这样的焦点，虽然正确地描绘了当代社会科学研究的主要动力，却也淹没了社会科学家追踪随着时间变化而发展的社会

———
① 历史/比较分析法：研究社会（或者其他社会单位）的历时变化，并对不同的社会进行比较。

形式以及在跨文化比较中寻求发现的兴趣。马奥尼和来舒麦雅（James Mahoney, Dietrich Rueschemeyer, 2003：4）指出，当今的历史/比较研究者"关注的议题很多，但他们有一个共识，即对大规模的、极其重要的方面提供历史性的草根解释。"因此，你们会发现历史/比较研究处理的议题是诸如社会阶级、资本主义、宗教、变革等。〖338〗

所以在这一节，在描述过去和现在一些主要的历史及比较研究法的例子之后，我将转而讨论这种方法的关键要素。

历史/比较分析法举例

社会学的奠基人孔德（August Comte）视这门新学科为思想发展史的最后阶段。在他用宏大的笔法描绘的进化图景中，人们是从对宗教的信任转到形而上学再到科学阶段的。而科学则是从生物学及其他自然科学出发，发展到心理学，最后才发展到科学社会学。

许多后来的社会科学家也将注意力放在广泛的历史过程上。很多人考察社会形式的历史发展，从最简单的到最复杂的，从乡村（农业社会）到都市（工业社会）。例如，美国人类学家摩尔根（Lewis Morgan）就认为进步是从"野蛮"到"蒙昧"再到"文明"（1870）。另一位人类学家雷德菲尔德（Robert Redfield）也指出了从"俗民社会"到"都市社会"的变迁（1941）。涂尔干也把社会演化大体上看成是一个分工的过程（1893）。在一个较独特的分析中，马克思考察经济系统的历史性进步，从原始到封建再到资本主义（1867）。在这个文本中他写道，所有的历史都是人类的阶级斗争史——有产者试图维持他们的优势，而无产者则斗争以获得较好的生活。超越资本主义，马克思看到了社会主义的发展以及最终走向共产主义的远景。

然而，并非社会科学中的所有历史研究都有这种进步论特色。事实上，有些研究历史记录的社会科学作品指出一种大循环式的而非线性的发展。最能代表这种观点的就是索罗金（Pitirim A. Sorokin），他在 1917 年曾经参与俄国革命，并且担任首相克伦斯基（Kerensky）的秘书。后来克伦斯基与索罗金两人虽在政治上失势，但是，索罗金却开始了他的第二事业——成为一位美国社会学家。

尽管孔德解释历史的发展是从宗教到科学，索罗金（1937－1940）则提出社会是在两个观点间做循环式的交替，他称为"意象的"和"感觉的"。索罗金在感觉的观点中，将事实定义为感觉经验。相反，在意象的观点中，则大量地强调精神的和宗教的因素。索罗金对历史记录的见解更进一步指出，连接意象的和感觉的两者之间的通道必须通过他称之为"理念"的第三个观点。理念的观点将感觉的和意象的元素合并为一个整合的、理性的世界观。

这些例子列举了历史/比较研究已经考察过的一些议题。为了更进一步了解历史/比较研究，让我们再看看一些较详细的例子。〖339〗

韦伯和理念的角色

马克思在分析经济史时，提出了经济决定论的观点。也就是说，他认为经济因素决定了社会其他方面的特征。例如，马克思的分析指出，欧洲教会的功能就是支持资本家的现状并使之合法化——宗教是用来维持他们对无权力者进行支配的有力工具。马克思在他著名的一段话中提出"宗教是被压迫人民的渴望，是无热诚世界的情感，是无情状况的灵魂，是人民的鸦片"（Bottomore and Rubel, ［1843］1956：27）。

韦伯，一位德国社会学家，并不同意上述观点。韦伯并不否认经济因素能够而且的确影响社会其他方面，但他认为经济决定论并不能解释所有事情。的确，韦伯说过，经济形式可能来自于非经济的理念。在他的宗教社会学研究中，韦伯验证了宗教制度是社会行为的来源而不只是经济状况的反映。他关于这一点最著名的陈述是在《新教伦理与资本主义精神》（The Protestant Ethic & The Spirit of Capitalism，［1905］1958）一书中。以下是韦伯论点的一个简短概括。

加尔文（John Calvin, 1509 - 1564），一位法国神学家，同时也是宗教改革的重要人物。他教导说，每个个体最终是被救赎还是被诅咒已经被上帝决定了：这个观念被称之为命定说。加尔文论证道，上帝通过使人们在现世中获得成功与否来传达其决定。上帝给予每个人一个俗世的"召唤"（calling）——职业或事业——并通过"召唤"来告示人们的成功或失败。具有讽刺意味的是，这个观点使得加尔文的信徒通过努力工作、节俭以及致力于经济成功来寻找他们获得救赎的证明。

在韦伯的分析中，加尔文主义提供了资本主义发展的重要动力。加尔文教徒并不把金钱"浪费"于世俗的享受上，而是将金钱再投资于他们的经济企业，因此提供了资本主义发展的必要资本。在解释资本主义起源前，韦伯研究了早期新教徒教会的官方文件，研读了加尔文以及其他教会领导者的讲道，并且解释了其他相关的历史文件。

在三个其他的研究中，韦伯对犹太教（［1934］1952）以及中国（［1934］1951）和印度的宗教（［1934］1958）进行了详细的历史分析。在其他方面，韦伯想知道为什么资本主义并没有在中国、印度以及以色列的古代社会中发展。在这三个宗教中，他并没有发现任何支持资本累积及再投资的教义——这就增强了他关于新教角色的结论。

日本宗教和资本主义

韦伯关于新教伦理与资本主义的议题，已经成为社会科学的一部经典作品。毫不溜人惊讶的是，其他学者也曾经尝试在其他的历史情境中来检验韦伯的命题。然而，至今尚未有比贝拉（Robert Bellah）的研究更为有趣的分析。贝拉考察了 19 世纪晚期和 20 世纪早期资本主义在日本的发展，他称之为德川时代的宗教（Tokugawa Religion, 1957）。

作为一名学生，贝拉对韦伯及日本社会发生了兴趣。这两方面的兴趣不可避免地使他在 1951 年首次将他的博士论文议题构想为"论日本的经济伦理"，以此作为与韦伯对中国、印度及犹太主义研究的比较：《世界宗教的经济伦理》（recalled in Bellah, 1967：168）。最初，贝拉描绘他的研究设计如下：〔340〕

> 问题必须具体和有限——不能研究一般的历史——因为时间的范围是几个世纪。对在日本不同情况下个人实际表现的经济伦理开展实地调查，如果可能，与美国的样本进行对照（问卷、访问等等）。（1967：168）

贝拉最初的计划是想调查当时的日本人及美国人。然而，他并没有获得足够的资助以完成当初的构想。作为替代，他把自己沉浸在日本宗教的历史记录中，试图寻找在日本出现的资本主义根源。

经过几年的研究，贝拉发现了许多线索。在 1952 年对有关这个议题的一份报告中，贝拉感觉到答案就在武士道（Bushido）的武士（samurai）法典和武士阶级所实行的儒教中。

> 在这里，我认为我们已经发现了这个世界性禁欲主义的发展，至少相当于在欧洲所

发现的。此外，这个阶级的职业包含了不受传统主义限制的成就，惟一的限制是个人的能力，无论官僚、医生、老师、学者或其他任何对武士阶级开放的角色都如此。
(Quoted in Bellah，1967：171)

无论如何，武士只是日本社会的一个组成部分。所以贝拉继续关注一般的日本宗教。虽然他对日文的理解并不是很好，但是他仍然要阅读日本宗教的经典。由于这些束缚和时间压力，贝拉决定将他的注意力集中在一个团体上：神道教（Shingaku），一个在 19 世纪及 20 世纪流行于商人间的宗教。他发现神道教对于资本主义的发展有两个影响。它提供一个类似于加尔文主义的"召唤"观念的工作态度，而且也使得做生意成为日本人可以接受的职业。原先，商人在日本的地位很低。

此外，贝拉还考察了天皇在宗教和政治中的角色以及天皇崇拜在每个时期对经济的影响。最后，贝拉的研究指出了日本资本主义发展的宗教和哲学因素。不过假如他从事原先的计划去采集美国及日本配对的样本，他可能就无法对日本宗教获得如此深刻的理解了。

上面我已经给出两个例子并论证了历史/比较研究者处理与分析有关的变量的方式。下面是几个更简洁的例子，我以此来阐明当今的历史/比较研究者感兴趣的议题。

基督教的兴起：斯塔克（Rodney Stark，1997）在他著作的副标题中就提出了他的研究问题：模糊的、边缘的基督运动何以在几个世纪内成为西方世界中占主导地位的宗教？对很多人来说，问题的答案就是对基督教神秘命运的信仰。没有"揭露"基督教的信仰，斯塔克力图寻求一种科学的解释，于是对既存的历史记录进行了分析，这

些记录概略地记录了基督教起初几个世纪内基督徒的数量增长。他指出，基督徒的早期增长率并不是很快，而只是与当时摩门教徒的增长相似。接下来，他又考察了促使基督徒在罗马帝国时期超越当时处于统治地位的异教徒的增加的因素。例如，早期的基督教堂与异教相比对女性更友好，这样女性基督徒就会增加，而她们通常会改变她们丈夫的信仰。在大瘟疫时期，早期的基督徒更愿意照料患病的朋友及其家庭成员，而这不仅增加了基督徒的存活，也促使基督教更吸引人。在分析的每个转点，斯塔克都会对文化因素的人口影响进行计算。该研究是社会研究方法如何使非科学的领域如信仰和宗教清楚明白地显示出来的一个例子。

国际政策：戴弗雷姆（Mathieu Deflem，2002）力图研究警察系统的现在国际合作是如何形成的。我们都听说过关于国际警察组织的电影或电视。戴弗雷姆回溯至 19 世纪中期，并追踪了其在二战时期的发展。他的分析考察了本国政府警察系统的科层综合与那些政府对独立需要之间的张力。〚341〛

理解美国：培罗（Charles Perrow，2002）力图理解独特的美国形式的资本主义。与欧洲资本主义国家相比，美国对为平民提供需要兴趣不大，而愿意为大亨企业出大力。培罗认为，这个事实早在 19 世纪末期就已成定局，主要是因为高等法院的决定有利于纺织和铁路工业。

美国民主：斯考科波（Theda Skocpol，2003）对托克维尔（Alexis de Tocqueville）在 1840 年《论美国的民主》中的观点很感兴趣，即对民主的公民认同出现在美国人生活的方方面面。这就如民主的决策制定在新

的世界中是遗传的，但是发生了什么？斯考科波对当代美国文化的分析表明，"消失的民主"不能很容易地被左的或右的意识形态所解释。

这些历史/比较研究的例子，应该已经让你们对这种研究方法的潜力有了一些了解。我们再来考察在这种方法中所使用的资料来源和技术。

历史/比较分析法的资料来源

正如我们在现有统计资料中所看到的个案，可供历史研究使用的资料也是无穷的。历史学家们也许已经研究过任何你们感兴趣的东西，这就是你们的起点，因为他们的分析给你们提供了某个议题的基础，一个深入研究的起点。

在这样的情况下，你们通常希望超越别人的结论，即通过考察一些"原始资料"来获得你们自己的结论。当然，这些资料总会根据研究的议题不同而有所不同。在贝拉对德川时代宗教的研究中，原始资料包括了神道教教师的布道。当托马斯和纳尼茨基（W. I. Thomas and Florian Znaniecki, 1918）研究本世纪初期移民到美国的波兰农民调适过程时，他们考察了移民者写给他们在波兰家属的信件（通过报纸广告获得这些信件）。其他研究者则分析旧的日记。然而，这些私人文件只能掌握问题的表面。在研究家庭生活史的过程中，罗兹曼（Ellen Rothman）指出了以下的来源：

> 除了私人来源外，有一些公共资料也会显露家庭的历史。报纸从地方观点所提供的以往家庭生活中教育、法律、娱乐方面的资料特别丰富；杂志则反应家庭生活的一般化模式。学生们通常发现自己对主流家庭的价值认知及期望的资料很感兴趣。杂志可以同时提供许多不同的来源：可见

的资料（图像及广告）、评论（社论及建议栏）以及小说。受欢迎的期刊中后两类资料尤其丰富。关怀家庭问题的许多建议——从管教小孩的适当方法到节约壁纸的办法——从 19 世纪早期到现在都充满杂志各栏。提供家庭生活一般经验建议及认知的说教仍在继续出现。（1981：53）

一般来说，各种组织都有自己的文件，假如你们正在研究一些组织的发展——例如，像贝拉研究神道教——你们就应该考察它的正式文件：证照、政策陈述、领导者演讲等等。如果我正在研究当代日本宗教团体——创加学会（Sokagakkai）——的兴起，我不仅要关注这个团体的周报及杂志，还要得到原领导者所有演讲的合集，只有这样我才有可能去追踪它历来的成员。在研究中我发现，在开始的时候，全世界都有成员登记参加。后来，重心转向日本。在日本成员团体有了一定规模之后，对于在全世界的征召登记的情况重又恢复了（Babbie, 1966）。〖342〗

通常，政府文件是一个重要的资料来源。为了更进一步地了解美国的种族关系，希金博特姆（A. Leon Higginbotham, Jr.）考察了 200 年来的涉及种族的法律及法庭个案。他自己是第一位被指定为联邦法官的黑人，希金博特姆发现法律并不在保护黑人，而是顽固地压迫黑人。在最早的法庭个案中，对于黑人到底是定了契约的仆人或是奴隶有相当多的含糊之处。后来的法庭个案以及法律澄清了这个问题——将黑人视为低人一等。

历史分析可以使用的资料实在是太广泛了，以致无法完全包含在这个标题下，虽然我相信到目前为止我所提出的一些例子将会帮助你们找到所需要的资料，但我仍然希望在这里给你们一些提醒。

就像我们在现有统计资料的部分所看到的，你们不能完全相信资料的正确性——官方的或是非官方的、初级的或是次级的。最保险的办法

阅读及评估文件

罗恩·阿明扎德（Ron Aminzade）

芭芭拉·莱斯雷特（Barbara Laslett）

明尼苏达大学

下面这些评论的目的是想让你们对历史学家所做的解释工作的种类以及他们对于资料来源的批判取向有一个了解，以帮助你们了解历史学家如何用既有的资料来重建过去，如何评估不同文件的可信度以及如何确认推论及解释的范围等等。以下是一些历史学家对于文件所提出的问题：

1. 谁做了这些文件？为什么有人写出这些文件呢？为什么这些文件保存这么多年？它们使用什么方法来取得文件中的信息呢？

2. 文件中的偏见是什么？如何检查或修改这些偏见？文件涉及的个人、事件等等的样本是如何计算或代表的？文件是在什么样的制度限制和组织形式下准备的？在什么程度上文件提供了制度性活动指标而不只是被研究的现象？对事件观察的文件与对事件目击的文件的时间差距是什么？文件的制作人希望它有多秘密或公开？成规、习俗及风俗在文件中扮演什么样的角色？如果只是依赖这些文件所包含的证据，你们对过去的见解将受到如何的扭曲？对于相同的议题你们还可能看到哪些文件？

3. 文件的作者使用哪些主要的范畴或概念来组织想传达的信息？这些范畴有怎样的选择性或根本没有选择性？

4. 这些文件提出了什么样的理论议题和辩论议题？这些文件帮助回答了什么样的历史的以及/或者社会学的问题？人们从这些文件提供的信息中可以做什么样的有效推论？人们根据这些文件提供的信息，可以做哪种概化？

就是重复检验。在历史案例研究中，则在于证实。假如几种来源指出相同的"事实"，那么对"事实"的信心就应该增加。

此外，你们还要留意资料的偏见。假如有关政治运动发展的所有资料都来自该运动本身，你们就无法获得丰富的观点。中世纪上流社会富裕生活的日记并不能够使你们对那个时期的生活有正确的了解。如果可能的话，应该尽量从不同的来源获取资料以代表不同的观点。以下是贝拉对"神道教"进行分析时所说的：

人们可以说西方学者选择的资料带有偏见，然而，事实是这些资料来自于不同国家的西方学者，基本出发点也不同，而且时间近乎一个世纪，因此它们发生偏差的可能性就已经降低了。（Bellah, 1967：179）

贝拉所提出的议题是相当重要的。就像阿明扎德和莱斯雷特（Ron Aminzade and Barbara Laslett）共同执笔的"阅读及评估文件"所指出的，如何评估这样的文件并从中取得所需资料也是一门艺术。

在这张问题表中，阿明扎德和莱斯雷特所做的批评性回顾敦促我们阅读历史/比较研究目的之外的能为我所用的历史文献。试试用表中的一些问题去研究诸如总统新闻发布会、广告或（让我喘口气)大学课本。所有这些都没有提供直接的现实,而只包括了作者和他人的主观性。

分析技术

在此,我无法穷尽对历史/比较分析资料的分析。因为历史/比较研究法是一种定性研究法,因而不可能简单地列出几个步骤。不过呢,还是有一些评论的。〖343〗

韦伯使用了德语 verstehen,也就是"理解"来指涉一种以质为本的社会研究法。他指出,研究者必须能设身处地地思考被研究者的环境、观点和感觉,以便能适当地解释他们的行动。当然这个概念适用于历史/比较研究。

历史/比较研究者必须从大量详细描述研究议题的作品中发现模式。通常我们用韦伯称之为"理想型"(ideal type)——即由社会现象的本质特征所组成的概念模型——的形式来称呼它。例如,韦伯自己便对科层体系做了详细的研究。在观察了大量实际的科层组织后,韦伯(1925)详细描述一般科层制的重要特征:依规则办事、分层权威结构以及书面文件档案等等。韦伯不只是列出了他观察到的所有实际科层制的一般特征。他还需要完全了解科层制运作的本质,以创造一个"完美的"(理想型)科层制的理论模型。图 11 - 4 从正负面对作为一般社会现象的科层制给出了一个更新的图解描绘。

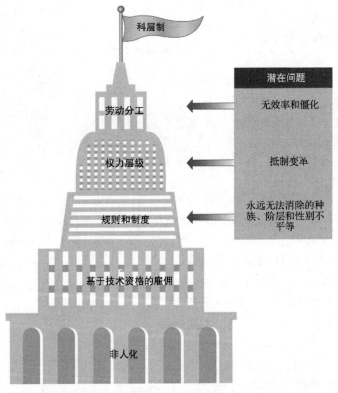

图 11 - 4 科层制的一些正负面

资料来源:Diana Kendall, *Sociology in Our Times.* 4th ed.(Belmont,CA:Wadsworth, © 2003)。已获准使用。

通常历史/比较研究属于一个特别的理论范式。因此马克思主义的学者可能会对通过分析特定的历史状况——如美国说西班牙语人的历史——来确定其是否可以用马克思主义的冲突理论来研究。有时，历史/比较研究者试图在新的情境中复证前人的研究——正如贝拉在韦伯的宗教与经济关系的脉络中对德川宗教的研究。

虽然历史/比较研究经常被视为一种定性而非定量技术，但这决不是必然的。历史分析者时常使用时间序列资料来观察因时而变的情况，如人口、犯罪率、失业、婴儿死亡率等等。然而，这些资料的分析有时需要复杂的技术。伊萨克和格里芬（Larry W. Isaac and Larry J. Griffin，1989）讨论过使用回归分析中的变异数（见第16 章）来确定历史过程中有意义的分野点和区分变量产生某些关系的时段。他们对将历史视为一个逐步发展过程的观点进行批判，将关注点放在分合次数的统计关系上，并论证这种关系随着时间的变化而改变。〚345〛

伊萨克及格里芬提出了许多关于理论、研究法和他们所强调的"历史事实"之间关系的议题。他们的分析再次对那些认为把历史记录具有实证性的天真假设提出了警告。

本章要点

导言

- 非介入性方法是研究社会行为而不对其产生影响的方法。

内容分析法

- 内容分析是一种适用于研究人类的传播媒介的社会研究方法。此外，也被用于研究传播过程和社会行为的其他方面。
- 传播的要素，例如字、段落和书籍，都是内容分析中有用的分析单位。标准的概率抽样技术有时也适用于内容分析。

- 编码就是根据一些概念框架将原始资料分类。编码同时适用于显性内容和隐性内容。而究竟是否属于隐性内容则取决于研究者的判断。
- 定量技术和定性技术都适用于解释内容、分析资料。
- 内容分析法的优点包括经济、安全和能够研究一长段时间内发生的事件。其缺点是局限于已经记录下来的内容，并且还有信度和效度问题。

既有统计资料分析法

- 许多政府和非政府的机构提供的统计性资料都可以用来研究社会生活的各个方面。
- 与现有统计资料分析有关联的效度问题通常可以用逻辑推理和复证方法来进行处理。
- 现有统计资料通常有信度问题，使用它们时必须小心。

历史/比较分析法

- 社会科学家也使用历史/比较研究以发现不同文化中的历史模式。
- 历史/比较研究通常被看成是一种定性方法，但它也可以利用定量技术。

关键术语

以下术语是根据章节中的内容来界定的，在出现该术语的页末也有相应的介绍，和本书末尾的总术语表是一样的。

非介入性研究　内容分析　编码　显性内容　隐性内容　历史/比较研究

复习和练习

1. 设计一个内容分析方案来确定到底是共和党还是民主党更加支持宪法权利，比如言论自由、宗教信仰自由或者反对自证罪权。务必指出分析单位、抽样方法,并给出编码框。

2. 找出一则国际新闻故事,其中包含了两个国家或者文化群体的冲突,比如以色列和巴勒斯坦,并找出该国的新闻报道的网站。注意不同的事件报道方式。现在,从一个遥远的第三国中寻找关于这一事件的相关报告(比如,比较来自《耶路撒冷邮报》、《巴勒斯坦周刊》和《纽约时报》的报道)。第三方报道是否支持某一方? 如果是这样,你能否认为第三方报道偏袒于某一方或者最初的报道并不准确? 请解释你如何并且为什么得出这个结论。(你可以将《世界新闻评论》——http://www. worldpress. org——当做资料的替代性来源。它们包含了对同一事件的不同报道。)

3. 利用万维网找出有多少个国家的"生活期望值"高于美国。(你可能会用到人口参考局的资料:http://www. prb. org。)

4. 韦伯对世界上的主要宗教进行过大量的研究。请为他在这方面的研究列一个书目。

5. 在网页上,找到美国社会学协会中的"比较/历史社会学"部分(http://wwwz. asanet. org/sectionchs/),并概述其中时事通讯的一篇论文。

补充读物

Baker, Vern, and Charles Lambert. 1990. "The National Collegiate Athletic Association and the Governance of Higher Education." *Sociological Quarterly* 31(3) (403 – 421). 对于 NCAA 的产生和定型的历史性分析。

Berg, Bruce L. 1998. *Qualitative Research Methods for the Social Sciences.* 3rd ed. Boston: Allyn and Bacon. 包括了许多非介入性测量的杰出资料,其中有内容分析法的章节。虽然主要的焦点

是定性研究,但是作者仍然指出了连接定性与定量取向的逻辑。

Evans, William. 1996. "Computer-Supported Content Analysis: Trends, Tools, and Techniques." *Social Science Computer Review* 14(3): 269 – 279. 对目前有关内容分析的电脑软件做了一个整理,例如 CETA, DICTION, INTEXT, MCCA, MECA, TEXTPACK, VBPro 以及 WORDLINK.

Gould, Roger V., ed. 2000. The Rational Choice Controversy in Historical Sociology. Chicago: University of Chicago Press. 对历史研究中理论的形态及社会学中理性选择进行了辩论。

φyen, Else, ed. 1990. *Comparative Methodology: Theory and Practice in International Social Research.* Newbury Park, CA: Sage. 包含比较研究的许多方面的不同观点。而且资料来自许多不同的国家。

U. S. Bureau of the Census. 2004. *Statistical Abstract of the United States, 2004, National Data Book and Guide to Sources.* Washington, DC: U. S. Government Printing Office. 这是一本好书,虽然数百页的统计表不适合睡觉前阅读——但对每个社会科学家而言,都绝对是一本必需的资料书。

Webb, Eugene T., Donald T. Campbell, Richard D. Schwartz, Lee Sechrest, and Janet Belew Grove. 2000. *Unobtrusive MeaSures*, Rev. ed. Thousand Oaks, CA: Sage. 非介入研究法的大纲,包括自然的追踪、档案资源以及观察,还包含有关伦理的讨论以及测量的限制。

Weber, Robert Philip. 1990. *Basic Content Analysis.* Newbury Park, CA: Sage. 对于初学者,这是一本教导内容分析设计和实施的好书,包括一般性的议题和具体技术。

网络资源

社会学 & 现状：研究方法

1. 在最后复习本章之前，先做做测试 *Sociologynow：Research Methods*，看看有哪些地方需要重点复习。在本书的最前面，有关这个在线工具的信息以及如何得到这些资源。

2. 可按照 *Sociologynow：Research Methods* 根据测试结果提供的学习计划进行复习。使用学习计划的互动练习和其他资源掌握材料。

3. 复习完毕后，再进行一次测试，以确认已充分准备好学习下一章的内容。

《社会研究方法》第十一版所附带的网站资源

Http：// sociology. wadsworth. com/ babbie-practice11e/登录后，你会发现对你的课程很有帮助的学习资源。这些资源包括辅导测试和反馈、在线练习、Flash 卡片和每一章的章节辅导以及在虚拟空间中扩展的方案、社会研究、GSS 数据以及数据分析软件，如 SPSS 和 NVivo 的使用入门等。

这一章的网址链接

我们需要认识到互联网是一个变动的实体，随时刷新。不过，这些网站还是相对稳定的。

美国人口普查局，美国统计精要

http：//www. census. gov/statab/www/

一个关于美国的、极好的既有统计资料来源。

ASA，比较/历史社会学

http：//www2. asanet. org/sectionchs

美国社会协会中有关比较/历史研究部分的主页。其热门链接还会帮助你找到相关的研究工具、资料来源和其他资源。

第 12 章

评估研究

章节概述

　　现在要学习的是社会研究中正在被人们广泛使用的方法：社会干预评估。从本章中你们将学会判断一个社会项目成功与否。

导　言

你们可能不熟悉《让我们随着时代前进》（*Twende na Wakati*），它是在坦桑尼亚最受欢迎的广播剧，是一部肥皂剧。剧中的主角麦克瓦居（Mkwaju）是个卡车司机，对于性和性别都有着相当传统的观念。相反，裁缝师米汀都（Fundi Mitindo）和他的太太瓦丽蒂（Mama Waridi）对于男女角色问题、尤其是有关人口过剩与项目生育的问题，则有较为现代的看法。〖349〗

"让我们随着时代前进"这部广播剧是由国际人口交流组织（PCI）与坦桑尼亚政府的合作组织联合制作的，主题是这个国家目前正面对的两个主要问题：（1）人口增长速度是世界其他国家的两倍以及（2）艾滋病的流行，尤其是沿国际卡车流通线的流行。1991 年，那里有超

过 1/4 的卡车司机和一半以上娼妓的艾滋病病毒检验呈阳性，而避孕的普及率则只有 11%（Rogers et al. , 1996：5 - 6）。

这部广播剧的主要目的，是希望能改变人们对避孕和项目生育问题的看法和态度，并使这些政策得以实施。PCI 体会到用娱乐媒体进行宣传的效率要比传统的教育宣传活动高。

1993 - 1995 年间，"让我们随着时代前进"总共播出 208 集，播放对象是占坦桑尼亚人口 67% 的收音机听众，其中有 84% 的人收听了这部广播剧，这样使得该剧成为该国最受欢迎的节目。听众中有 90% 的人认为剧中的主角麦克瓦居是一个大男子主义的卡车司机，只有 3% 的人认为他是正面角色。可是却有 2/3 以上的人认为女商人瓦丽蒂和她的裁缝丈夫是正面角色。

调查指出，这部广播剧产生了许多影响，它影响了人们的知识、态度与行为。例如，收听广播剧的听众中，有 49% 的已婚女性指出，她们

现在已经开始遵守项目生育政策，但是在非听众中，却只有 19% 的人实施。除此以外，还有其他的影响：

> 在 1994 年，有 72% 的听众说，由于收听了"让我们随着时代前进"，他们采取了艾滋病预防措施，而在我们 1995 年的调查中，这个比例增加到了 82%。这些人当中，有 77% 的人采取了一夫一妻制，有 16% 的人开始使用避孕套，有 6% 的人不再和别人共用剃刀或针头。（Rogers et al.，1996：21）

社会科学方法的一种特殊形式使我们可以对这部广播剧造成的影响进行评估，即评估研究——有时亦称为项目评估。更确切地说，评估研究与其说是一种研究方法，不如说是一种研究目的。其目的在于评估社会干预的影响，如：新教学方法、对假释新构想和许多诸如此类的项目。许多方法——调查、实验等等——都可以用于评估研究。

评估研究的历史可能与一般的社会研究一样长。当人们为了一个特定目的进行社会改革时，尽管不是有意识的，但他们关心的仍是改革的实际结果。在最近几年，评估研究正迅速地受到欢迎并成为一种活泼的研究方式，这一点已经反映在教科书、课程和各种项目中。评估研究的普及表明社会科学的大众化趋势。因此，你们可能会读到更多的评估研究报告，作为研究者，你们也可能会被要求进行评估研究。

评估研究的普及，无疑反映了社会科学家要改变世界的欲望。同时，我们也无法忽略以下因素的影响：（1）联邦政府日益要求使用项目评估来帮助完成新的项目；（2）已有足够的研究基金来满足这些要求。无论上述影响如何，有一点很清楚，相对于以往而言，社会科学家将更多地把他们的研究技术运用到现实中来。

在本章中，我们将讨论这种社会研究形式的一些要素。我们将从评估研究的议题开始，然后转移到几个主要的操作面：测量、研究设计和实施。我们将会了解到，设计问题与回答问题一样重要。自从评估研究被应用到生活中，就已经出现了一些特殊的问题，我们将讨论其中的部分问题。除了特殊的后勤问题之外，在一般的评估研究及其具体技术中，通常都会出现伦理方面的问题。当你们阅读项目评估报告时，你们应该对这些问题特别留意。〚350〛

评估是一种应用研究——它想对实际社会生活有一些影响。因此，要考虑是否应该或如何在实际中使用它。正如你们将要看到的，评估研究的确切含义并不一定会对实际生活产生影响，更多的将是为意识形态而非科学的争论焦点。因为，由于某些政治原因，评估研究的结果很容易被否定，或者被忽视或被遗忘、被横倒在书架上或放在书柜中沾满灰尘。

本章的末尾将会介绍大规模评估所需的一种特殊资源——即社会指标研究。这种研究也在迅速地普及。在本质上，它包含了评判社会"健康"情况的综合性指标，类似于能被用来诊断和预测经济发展的经济指标。

适于评估研究的议题

一般而言，在准备或执行社会干预时，评估研究就很适用。所谓社会干预，是指在一定的社会环境下，为了获得某些具体的结果而采取行动。简单来说，**评估研究**① （evalution research）就是确定预期结果是否出现的研究过程。

适合评估研究的议题很多。当联邦政府废止

---

① 评估研究：评估研究就是要判断某社会干预——比如某项试图解决社会问题的措施——的结果。

义务兵役系统时，军事研究者就特别留意该举措对征兵的影响。当某些州放松了在大麻方面的法律时，研究者就在探讨这种举措造成的结果，即给大麻使用和其他社会行为带来的影响。离婚无过失的改革提高了离婚率，那么与之相关的社会问题是减少了还是增加了呢？无过失汽车保险真的降低了保险费用吗？为外国提供援助的机构也会实施评估来确定是否取得预期结果。

评估研究有许多"变异"形式。**需求评估研究**①力求确定问题的存在和程度，尤其是在一部分人口，比如老年人口中。**成本—收益研究**②是确定项目的结果是否可以通过它的支出（财政或其他方面）获得合法性。**检测研究**③提供了关注议题——比如，犯罪率或流行病的爆发——的稳定信息流。有时候，检测包含了追加的干预。阅读下面大自然保护协会关于"适应性管理"的描述，大自然协会是一个寻求保护自然的公共利益组织。

> 首先，伙伴们先估定假设、为保护区设定管理目标。基于这样的评估，小组开始行动，然后检测环境的变化情况。对结果进行测量后，伙伴们精制他们的假定、目标和检测过程，反映他们从前面的经历中获取的经验。一切具备后，完整的过程重新开始。（2005：3）

大多数评估研究是指**项目评估/结果评估**④：确定一项社会干预是否产生出预期的结果。下面是一个实例。〚351〛

几年前全国高速公路及交通安全局（National Highway and Transportation Safety Administration，NHTS）执行的国家驾驶教育项目的评估曾引起了不小的争论。希尔茨（Philip Hilts）报告说：

> 多年来，汽车保险业给予参加驾驶教育课程的小孩大量的保费折扣，因为统计显示，他们发生事故的概率较小。
>
> 然而，新研究初步的结果指出，驾驶教育并不能够防止或减少偶发性的交通事故。（Hilts，1981：4）

对乔治亚洲（同时也包含亚特兰大）德卡巴（Dekalb）县 1.75 万名年轻人的分析结果表明，接受驾驶培训的学生与没有接受驾驶培训的学生，发生事故及交通冲突的概率差不多。虽然问题并没有完全解决，但是这个研究已经揭露出驾驶培训方面的一些细微问题。

首先，它指出驾驶教育是否能产生影响大体上是由学生的自我特性决定的。参与驾驶教育的学生较少出现交通事故和交通冲突——无论有没有参与驾驶培训（实习）。例如，获得较高分数的学生，比较容易被指定参加驾驶培训，他们也较少发生事故。

然而，较令人吃惊的是，驾驶培训实际上会增加交通事故！相对于没有驾驶教育而言，驾驶教育会鼓励一些学生更早获取驾照。在对康乃狄克州 10 个停办驾驶培训城镇的研究发现，3/4 本来可以通过课程领取驾驶执照的人，因此延迟了领取驾照的时间，直到他们满 18 岁或者更年长（Hilts，1981：4）。

正如你们所想到的，初步的结果并没有被那些与驾驶课程有密切关系的人所接受。然而，这个问题有些复杂，因为全国高速公路及交通安全

---

① 需求评估研究：旨在确定问题的存在和程度，尤其是在一部分人口，比如老年人口中存在的问题。

② 是确定项目的结果是否可以通过它的支出（财政或其他方面）获得合法性。

③ 提供了关注议题——比如，犯罪率或流行病的爆发——的稳定信息流。

④ 确定一项社会干预是否产生出预期的结果。

局也正对一个新的、更密集的培训项目进行评估——初步的结果显示这个新的项目是有效的。

下面的例子有些不同。安多卡（Rudolf Andorka），一位匈牙利社会学家，对本国市场经济转型特别感兴趣。在 1989 年东欧瓦解之前，安多卡和他的同事就对国家的"第二经济"进行观察——这是非社会主义经济成分。他们观察了第二经济的起落过程，并且总结出其对匈牙利社会的影响。其中一个结论是："……第二经济，早先或许倾向于减少收入不平等现象，或者至少是改善生活最贫困的人们的生活水准，但到了 80 年代，却使得贫富不均的现象更为明显。"（Andorka，1990：111）

正如你看到的，适合评估研究的实际上都是相当重要的问题：工作、项目、投资以及信仰和价值。我们将考察这些问题是如何被回答的——即评估研究是如何进行的。

问题设计：测量问题

几年以前，我曾领导一个制度研究小组去研究与大学运作相关的因素。通常，我们要对课程的新项目进行评估。以下描述的是在这种情况下会出现的一些典型的问题，同时也指出了做好评估研究会遇到的一些主要障碍。

学校的教员通常会到我的办公室来告诉我，学校要对他们获准进行的新项目进行评估。这就指出了一个普遍存在的问题：接受评估的人通常对评估的前景并不感到兴奋。对于他们而言，独立的评估将会威胁到项目的生存，甚至会威胁到他们的工作。〚352〛

然而，我想说的是，主要的问题不在于评估本身，而在于干预的目的。"新项目的目的是什么？"类似于这样的问题通常都只能获得模糊的回答，例如，"学生将会对数学有更深刻的理解，而不只是简单地记住运算公式"。好极了！但是，我们如何对"更深刻的理解"进行测量呢？在这种情况下，人们往往认为传统测量手段无法对他们新项目的结果进行测量。毫无疑问，背离传统的创新通常都会遇到这样的问题。但是，如何才能对创新的结果进行非传统的测量呢？有时候，对这样的问题的讨论会产生这样的结果，即认为创新的结果是"不可测量的"。

评估研究的一个基本障碍就是要对"不可测量的"效果进行测量。因此，评估研究作为一种方法，就是试图去发现某物存在或不存在、某现象发生或是不发生。为了进行评估研究，我们必须能够操作化、观察以及确认到底什么存在或是不存在。

通常，项目效果可以从已经出版的项目文件中获得。因此，当霍华德和诺曼（Edward Howard and Darlene Norman）对印第安那州维格（Vigo）县的公共图书馆绩效进行评估时，他们便从图书馆董事会提出的办馆目的开始。

> 获取信息的方式有购买或赠予以及记录或生产，这些获得的信息能够产生相关的潜在用途，并被提供给社区的市民。
>
> 为了将这些信息有效地组织起来进行传送并建立方便的获取通道，需要装备相应的设备，并在使用时提供相应的帮助。
>
> 为了使社区成为一个更好的地方，让市民更加了解生活的意义，就应该最有效地发挥这些信息的作用。（1981：306）

正像研究者所说的，"我们可以将这个图书馆做的每件事与它的目的进行比较"。他们于是开始制定适用于每个目的的操作化方法。

尽管评估研究设计的重点通常要围绕"官方"的干预目的，但仅仅围绕"官方"的干预目的是不够的。例如，麦迪逊（Anna-Marie

Madison，1992）就警告说，被设计来帮助弱势种族的项目，并不一定能反映被援助对象的真正需求：

> 中产阶级白人研究者有着天生的文化偏见，他们用自己的方式理解低收入的少数民族，就可能会导致错误的假定、错误的因果关系命题、无效的社会理论以及无效的项目理论。从错误的前提推演出来的描述性理论又已经被当成了常识，并因此可能对项目的参与者产生负面的影响。（1992：38）

因此，在开始评估时，研究者必须进行研究设计，并在设计中清楚地指出项目可能带来的结果。下面让我们来仔细看看评估研究所要用到的一些测量方法。

说明结果

我已经说过，对于评估研究的测量而言，主要的变量就是结果变量或反应变量。假如一个社会项目要完成某件事，我们就必须能够对这件事进行测量。假如你们想减少偏见，那就需要能够对偏见进行测量。假如你们要增加夫妻之间的和谐，也要能够测量夫妻之间的和谐程度。

因此，重要的是事先能够在定义上达成共识：〖353〗

> 当无法就标准达成共识时，最困难的情况就出现了。例如，很多人无法就"严重"吸毒的定义达成共识——应该被定义成每周有 15% 或是更多的学生吸毒，还是每月有 5% 或更多的学生服用高纯度的毒品，如可卡因或 PCP，或者学生是否在 7 年级的时候就开始吸毒、使用率如何、使用的特性如何、使用者的年龄等等……研究者应该尽可能在研究开始之前，与研究结果

> 的使用者（例如，咨询团体）达成共识，或者至少确定研究产生的相关资料符合所有潜在利益群体所设定的标准。（Hedrick，Bickman，and Rog 1993：27）

有时候，问题的定义和问题的解决办法是由法律或规范所决定的，因此，你们必须了解并适应这些法律和规范。此外，除了就定义达成共识以外，你们也必须就如何进行测量达成共识。例如，因为有不同的方法来统计"每周吸毒"学生的百分比，所以你们必须让所有相关的群体了解并接受你们的方法。

在坦桑尼亚广播剧的例子中，研究者对几项结果进行了测量。其中一项是他们想传播有关项目生育和艾滋病的知识。例如，人们往往认为艾滋病毒是通过蚊子传播的，所以可以使用杀虫剂来避免，这种观点无疑是错误的。广播剧中有一集想纠正这种观念。对听众的研究表明，广播剧播出后，这种错误观念的确减少了（Rogers et al. 1996：21）。

还有，PCI 也要改善坦桑尼亚居民对于家庭规模、性别角色、艾滋病以及其他相关主题的观念。研究的结果的确显示出，广播剧确实对以上的观念有影响。最后，这个项目还想改变人们的行为。虽然我们已经了解听众在艾滋病预防方面的改变，也知道有许多听众开始遵守项目生育，不过，在人们的说法与做法之间总是存在不一致的情况，因此研究者需要寻找独立的、确定性的资料。

坦桑尼亚官方的艾滋病控制项目还负责为市民提供免费的避孕套，在广播剧播放的地区内，1992-1994 年播出期间，政府送出的避孕套数量增加了 6 倍。相对的，在没有播出该剧的地区则只增加了 1.4 倍。

测量实验环境

对实验中的因变量进行测量只是一个开始。正如里肯和博里奇（Henry Riecken and Robert Boruch，1974：120 - 121）指出的，对实验环境的各个方面进行测量是很重要的。虽然这些变量都处在实验之外，然而却会影响到实验本身。例如，如果要评估一个旨在培训非技术人员使他们有机会就业的项目，那么最初要测量的就是他们在完成培训以后的成功地找到工作的情况。当然，你们必须观察并统计这些人的就业率；另外，在评估的过程中，你也应该确定是什么因素影响着社会的就业/失业率。在评估造成低就业率的因素时，也应该把就业市场的总体萧条考虑在内。否则，如果所有的实验参与者在完成培训后都找到了工作，就可能是由于工作机会的增加，而不是因为项目本身的作用使然。如果与对照组进行比较（即进行补充式测量方法），将会使你们更精确地评估该项目所产生的影响。

辨明干预因素

除了对项目结果进行相关测量以外，你们还必须测量项目的干预——实验的刺激物。一种方法是，如果研究设计包括了实验组和对照组，就可以对两个组进行测量。也就是说，实验组的人接受刺激，而对照组的人不接受刺激。然而，在现实中，问题却并不如此简单与直接。

还是让我们来看职业培训的例子。有些人会参加这个项目，有些人则不会。但是请想想看，职业培训是什么。有些人会全程参与，另一些人则会漏掉一大堆课程或在应该出席时鬼混。所以我们要测量参与项目的程度和质量。假如这个项目是有效的，我们应该会发现全程参与者比非全程参与者有更高的就业率。〖354〗

还有一些因素也会混淆实验刺激。假如你们正在评估一项新的治疗性无能的心理疗法，接受治疗的人组成实验组，我们将会比较实验组与对照组（接受其他治疗或者没有接受治疗者）的复原率。记录实验组医师的姓名可能会有帮助，因为有些医生的治疗效果可能比其他人的要好。假如真有这种情况，我们就必须找出这些医生的治疗效果比别人的好的原因，以便从中获得更多的东西并使我们对于治疗本身的了解更细致。

界定总体

在评估一项干预时，很重要的一步就是要界定该计划适用的总体。理想地说，所有合适的对象都应该被放进实验组和控制组，因为只有这样才能够保证研究设计的有效性。不过，界定总体本身就明确了测量方法。比如，假定我们在评估新的心理治疗方法，这种方法对于有心理疾病的人或许很适合，问题是，我们如何才能更专业地定义和测量心理疾病呢？前面提过的职业培训项目是针对找工作有困难的人的，但对有心理疾病的人则需要更专门的定义。

除了定义评估对象的总体之外，还应该对研究的变量进行精确的测量。例如，即使随机方法可以等概率地将患有轻微或严重心理讲病的人分配到实验组和对照组中，我们也要对不同实验对象患病的程度进行随时追踪，因为某种治疗方法也许只对轻微心理失调的人有效。同样，我们还要测量诸如性别、年龄、种族等相关的人口变量，因为某种治疗方法也许只对女性、年长者或其他人有效果。

新的与已有的测量

在测量不同变量时，研究者必须决定是设计

新的测量标准呢，还是使用其他人曾使用过的测量方法。如果研究的是从未被测量过的变量，选择就十分简单。如果不是，研究者就得对现存的相关测量工具进行比较，找到最适合于其研究情况和目的的那一种工具。在社会研究中，这是常见的问题，因此也被应用到评估研究中。让我们从总体上来看看这两点的优势吧。

为某个研究专门设计测量方法常常会使测量具有较大的相关性和较好的效度。假如我们对心理治疗法的评估针对的是病人复原率，那么，我们就可以在复员率方面建立比较细致的测量方法，因为我们可能无法找到任何针对这个方面的标准心理测量方法。然而，建立自己的测量方法可能会无法具备现有测量方法的优点，尤其是，建立一个好的测量方法需要时间和精力，而使用现存的测量方法可以节省大量的时间与精力。就科学性而言，经常被研究者使用的测量方法都具有可比较性，这一点对我们的研究可能非常重要。假如实验治疗法在标准测量中获得的平均分为 10 分，那么，我们就可以把这个治疗方法与其他使用过这种标准测量的治疗方法进行比较。最后，人们长期使用的测量方法通常有较好的效度和信度，而新建的测量则需要进行试用，甚至用起来还有点提心吊胆。〖355〗

操作化的成功/失败

评估研究最重要的方面就是确定被评估的项目是成功还是失败。前面提过的外语项目，也许能够帮助学生在学习外语方面表现得更好，但是多好才算够好？探访狱中配偶的项目的可能会提高士气，但是要提高多少士气才算够？

正如你们的预期一样，对这些问题的回答几乎从来没有一个清楚的答案。这个两难的来源就是一般所说的成本/效益分析。如项目获得多少收益、需要多少成本？假如收益超过成本，那么项目就继续进行。如果相反，就放弃。这的确是够简单的，因为只有一个简单的经济原理而已：假如你们花了 20 元生产的某个东西只卖了 18 元，那么，你们的做法一定与前面讲的相同。

不幸的是，评估研究者面临的情况很少只涉及经济方面。外语学习项目可能要让学校给每人花费 100 美元才能使学生的分数平均提高 15 分。由于分数无法转换成金钱，所以也无法计算成本与收益。

在实际中，成功或失败的标准有时候可以通过比较不同的项目来确定。假如一个不同的外语项目只要学校给每人花费 50 元并可以增加 20 分，无疑，人们就会认为这个项目会比前者成功——假定分数对两个项目而言都是有效的测量，且那个较便宜的项目没有负面的、非预期的结果。

最后，成功或失败的标准也只是一种共识，项目负责人可能事先已经设定了一个具体的结果，并将它作为成功的指标。假如真是如此，你们需要做的就是确认研究设计能够测量到特定的结果。我提出这些明确要求的理由很简单，因为研究者有时并不能满足这些要求。如果真的不能满足，那就只有尴尬了。

总之，在评估研究中研究者必须认真地对待测量问题。研究者有必要小心地确定所有需要测量的变量，并且对每一个都进行测量。然而，研究者必须理解这样的决定并不完全是科学的，因为评估研究者通常必须与被评估的项目负责人共同设计测量策略。如果项目的目的是要获得结果 Y，而评估的却是是否达到了结果 X，这样就没有任何意义（不过，你们要知道，评估设计有时候也要测量非预期的结果）。

除此之外，还有政治方面的选择。因为评估研究通常会影响其他人的职业利益——他们喜爱的项目可能被停止、他们可能被解雇或丧失自己的职业地位——这就是评估研究的结果容易引发争议的原因。

让我们转向研究者们普遍使用的评估设计吧。

评估研究设计的类型

我在本章的开头就已经提到，评估研究本身并不是一种方法，而是社会研究方法的应用。这样，在评估研究中就可以包含好几种研究设计。以下是三种主要的、适用于评估研究的研究设计：实验设计、准实验设计和定性评估。〖356〗

实验设计

第 8 章已经介绍了研究者在研究社会生活时使用的实验设计，其中有许多设计可以用于评估研究。我们再来看看传统的实验模型如何被用来评估前面提到的心理治疗法。

由于治疗法被用来治疗性无能，我们应该从确认能够接受这种治疗方法的病人群体开始。这种确认可以由试用新药的研究者完成。假设我们评估的诊所已经有 100 名患者在接受性无能治疗，我们便可以用既有的定义作为起点，同时保留对每一个病人病情状况的评估。

无论如何，为了评估研究的目的，我们需要专门研究性无能问题。也许应该包括：是否有性行为（在一定时间内）、多久发生一次性行为、是否达到过高潮。另一种情况是，对结果的评估也可能基于一些医师通过访问对患者进行的独立评估。无论是哪一种情况，我们都要就测量方法达成一致。

在最简单的设计中，我们可以随机地将 100

名病人分配到实验组和对照组；前者接受新的治疗，后者不接受任何治疗。出于伦理的考虑，我们也许无法对对照组患者完全不进行治疗，所以我们可以让对照组患者接受传统的治疗。

将患者分为实验组和对照组之后，我们还要就实验周期达成共识。也许新疗法的设计者认为新疗法在两个月内应该奏效，并由此达成共识。不过，这个时候不需要过多地考虑研究工作到底需要多少时间，因为实验和评估的目的就是要确认新疗法产生效果到底需要多长时间。可以想象的是，后来人们达成了共识，把测量复员率的周期定为一周，并根据继续观察所得到资料对实验结果进行了评估。

让我们再进一步。如果新疗法包括让病人看色情电影，我们就得对这个刺激进行详细说明。病人看这种电影的频率如何？每次的时间多长？私下看还是一起看？医生应该在场吗？也许我们应该在电影放映时观察病人，并且进行实验刺激测量。是否有些病人渴望看这种影片，而另一些人则远离荧幕？这些都是要提出的问题，因此必须设计具体的测量方式。

当实验设计好之后，接下来就是开始行动。我们要记录观察到的一切，积累大量的资料以备分析之用。随着研究工作的展开，我们便能确定这个新疗法是否达到了预期的（或非预期的）结果。我们还可以说明电影是否对轻微患者或是严重患者有效，是否对年轻患者有用，是否对老年患者没有用等等。

这个简单的例子告诉你们，第 8 章介绍的标准实验设计能够用于评估研究。不过，你们将要读到的许多评估研究将不一定完全和这个例子一样。在现实生活中，评估研究通常要进行准实验设计，让我们看看它到底是什么。

准实验设计

准实验设计①（quasi-experiments）与 "真" 实验设计的主要区别不是随机地进行实验或对照分组。因为在评估研究中，不可能完全进行随机实验分组。即使如此，我们仍然可以设计和实施一些评估研究。在本节中，我将对这种研究设计进行描述。〚357〛

时间序列设计

为了解释 **时间序列设计**②（time-series design）——即研究随着时间而变动的过程——我们将以评估一些假设资料的意义作为起点。假如我告诉你们我有一个有效的技术，这个技术可以使学生来参与我所讲授的课程。为了证明我的说法，我将告诉你们星期一只有 4 个学生在课堂中发问或发表评论；到了星期三，我挤出一些课程时间进行开放讨论，对校园内的热门议题进行讨论；到星期五，当我们再回到课程主题的时候，将有 8 个学生发问或发表评论。换句话说，我相信星期三对热门议题的讨论已经使课堂参与者的数量增长了两倍。图 12 –1 展示了这一点。

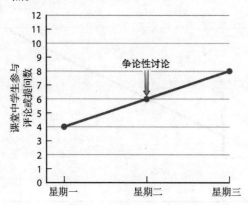

图 12 –1 课程参与的观察：开放讨论前后

我是否已经让你们相信，星期三的开放讨论已经达到了我所说的效果？或许你们会认为我的资料并不能够证明这点。两次观察（星期一及星期五）并不能够证明任何事情。最理想的状况是，我应该教两个班级，即将学生随机地分为两班，并且只在其中一班进行开放式讨论，然后在星期五比较这两个班级。但是我并没有两个班级，也无法随机分派学生。相反的，我记录了一个班级的学生在整个学期中的课程参与情况。这个记录将帮助你们进行时间序列研究。

图 12 –2 显示的是，随着时间变化，课程参与的三种可能模式——两个分别表示在星期三开放讨论之前和之后的状况。哪个模式能够使你们相信讨论真的达到了我说的影响呢？

假如时间序列的结果看起来像图 12 –2 的模式一，你们就可以认为课程参与量的增加已经出现在星期三的讨论之前，而且还在持续，在讨论课程之后也没有什么影响。长期的资料似乎说明，即使没有星期三的讨论，增加的趋势仍然会发生。所以模式一与我提出的特别课程会增加课程参与量的说法是矛盾的。

模式二也与我的说法相矛盾。因为课程参与的情况在整个学期中呈现着上下有规律的跳跃。有时从一节课到另一节课参与量是增加的，而有时候则是减少的；星期三的开放式讨论只是刚好处于参与量增加的时间而已。此外，我们也注意到，尽管星期三之后参与量有所增加，之后却是减少的趋势。

只有模式三支持我的说法。正如我们看到

---

① 准实验设计：一种有点类似于实验设计但又不是很严格的方法，它缺少实验设计中一些关键性的要素，比如前测、后测和/或控制组。

② 时间序列设计：该研究设计研究随时间而变动的过程，比如对降低限速标准前后的交通事故的研究。

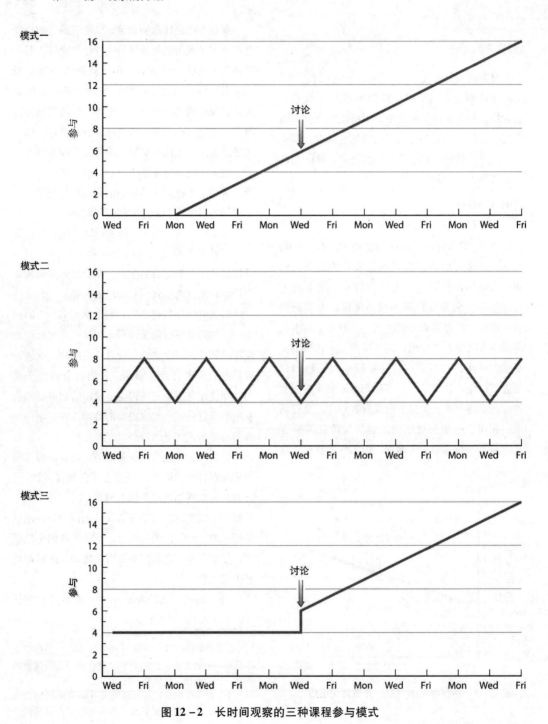

图 12 – 2 长时间观察的三种课程参与模式

的，在星期三讨论课开始之前参与量一直很稳定，每节课只有 4 个学生参与。在讨论课之后不仅参与的水准提高两倍，而且之后还在持续地增加。虽然这些资料无法保证其不受到一些外在因素的影响（譬如我提出课程参与量将算入学生的成绩中），但是它们确实排除了参与量的增加来自于成熟过程（即模式一）或来自于有规律的波动（即模式二）的可能性。〖359〗

非同等对照组

时间序列设计只包含了"实验"组，你们可能会考虑到对照组的情况。有时候，随机地从一个普通群体中将实验对象分配到实验组与对照组是不可能的。然而，寻找一个与实验组相似的、现存的"对照"组却是可能的。这种群体就是**非同等对照组**① （nonequivalent control group）。例如，假设一所中学正在对某个班级实施新的外语项目，你们一定能在同一个学校中发现另一个相似的：学生数量、学习成绩、性别、种族、智商等因素几乎相同。也就是说，第二个班级可以作为比较的参照点。在学期结束时，如果两个班级进行同样的外语测验，你们就可以比较他们的表现了。以下的例子选自两个学校，目的是对禁止吸烟、喝酒、吸毒的项目进行评估。

两所学校的比较，并非采用随机方式来指派"实验组"与"对照组"。在这两所学校中，当地的肺病防治协会（Lung Association）已经指定了一所学校，校方也在寻求处理抽烟、喝酒和吸毒的办法，这就是我们的实验组。"对照组"学校的选择条件是方便观察、人数相当、校方允许我们进行调查并对过程进行测量。总体上看，校长认为，现有的健康教育项目是有效的，而且相信学生中的抽烟者只是少数。也就是说，社

区提供的两所学校是相似的。根据学生家长的反映，两所学校的学生中，抽烟的比例大约为 40% 多一点。 （McAlister et al. 1980: 720）

在观察开始时，实验组与对照组具有相同（低）的吸烟人数。在研究进行了 21 个月以后，两个群体的抽烟人数都增加了，但是实验组增加的数量比对照组的少，这就证明该项目对学生的行为有影响。

多元时间序列设计

有时候，对"纯"实验控制之外过程的评估可以运用一个以上的时间序列方法。**多元时间序列设计**② （multiple time-series designs）就是刚才描述过的非同等对照组设计的升级版。维丝（Carol Weiss）提供了这种设计的一个有用例子：

多元时间序列的一个有趣例子，是对康乃狄克州取缔高速公路超速项目的评估。评估者收集项目实施前后的交通事故报告。他们发现在取缔后伤亡率降低，但是由于几年来这个序列呈现着不稳定的上下波动模式，所以他们也无法确定事故率降低是否归因于这个项目。然后，他们便比较来自于四个邻近的且没有实施该项目的州的时间序列统计资料，这些州的事故率没有降低。因此，这个比较使得人们对结论产生了信心，认为项目确实发生了某种影响。 （1972: 69）

虽然这个研究设计不像随机分组设计那样

----

① 非同等对照组：跟实验组相类似的控制组，但不是随机产生的。这种控制组在因变量或者跟因变量相关的变量上，与实验组有显著不同。
② 多元时间序列设计：运用多套时间序列资料，进行比较分析的方法。比如对几个国家或者城市在一段时间内的交通事故率。

好，但是，与对实验组进行评估却找不到比较参照物的情况相比较，这也算是一种改进了。这就使得准实验设计变得更有意义了。这种评估研究最主要的特点就是可比较性，下面的例子说明了这一点。〖360〗

在贫困国家中，农村发展问题日益受到重视，同时吸引了许多发达国家的关心与支持。通过国家对外援助项目和世界银行等国际机构，发达国家正将它们的技术和技能同发展中国家分享。然而，这些项目却产生了复杂的影响。一般的情况是，应用于传统社会的现代技术并没有产生预期的结果。

唐东和布朗（Rajesh Tandon and L. Dave Brown, 1981）进行了一个实验，在这个实验中，同时实施技术培训和农村组织教育计划。他们感到，让贫困的农夫学习如何在农村组织中运用集体的影响——例如，要求政府官员采取必要的行动——是很重要的。只有这样，他们的新技能才能获得效果。

正在进行的项目包括了干预和评估，该项目选出了 25 个村子来进行技术培训。再从每个村中选出 2 名农夫学习新的农业技术，然后再将他们送回家，负责把这些知识和乡村的其他人分享，同时与其他的农夫合作组成合作群体，共同传播新技术。两年后，作者从这 25 个村中随机抽出了 2 个村（称为 A 组与 B 组）接受特别培训，并用 11 个村作为对照组。经过人口特性的仔细比较，实验组与对照组具有相似性，所以这两者之间具有可比性。

两个实验村的合作群体一起接受组织提供的特别培训。项目给参与培训的人一些有关组织和对政府提出要求的资料，同时给他们机会模拟家乡的具体情景。这种培训进行了三天。

评估所考虑的效果变量与合作群体的培训活动有关，而培训的目的是为了改善他们的境况。评估工作总共研究了 6 个种类。例如"积极动议的"被定义为以积极的态度去影响别人或影响群体成员，而不是消极和退却（Tandon and Brown, 1981：180）。评估的资料来自于一些日记，这些日记是合作群体的领导者从培训开始时便写下的。研究者阅读整个日记并且统计由合作群体成员提出的建议。两个研究者独立地将日记编码，并且比较他们的结果以测试编码过程的可信度。

图 12 - 3 把两个实验组提出的积极动议以及来自于对照组的建议进行了比较。其他的测量也显示有相似的结果。

关于这个图，有两件事需要注意。第一，由 2 个实验组及 11 个对照组所提出的建议，在数量方面有着戏剧性的差异。这一点似乎更能确定特别培训项目的作用。第二，要注意到对照组的建议数量也有增加。研究者解释说，这可能是传染的结果。因为所有的村落彼此邻近，实验组合作群体学习的课程部分地传到了对照组村落。

这个例子说明了多元时间序列设计的效用，尤其在评估中无法运用真的实验时。〖361〗

定性评估

我们刚刚讲的都是结构性的且多半是定量的评估步骤，但是你们应该知道，评估也可以是不那么结构性的甚至是定性的。例如，巴特和奥布赖特（Pauline Bart and Patricia O'Brien, 1985）的深度访谈，她们的对象是强奸的受害者和成功抵抗强奸的女性，她们的目的是希望通过评估，发现阻止强奸的各种可能性。她们发现，抵抗（例如，喊叫、踢、逃跑）与让形势更糟糕的害怕相比，更容易阻止强奸。

有时候，即使是结构性的、定量的评估，也会产生非预期的、定性的结果。社会研究者斯蒂尔（Paul Steel）的评估项目主要针对怀孕期间

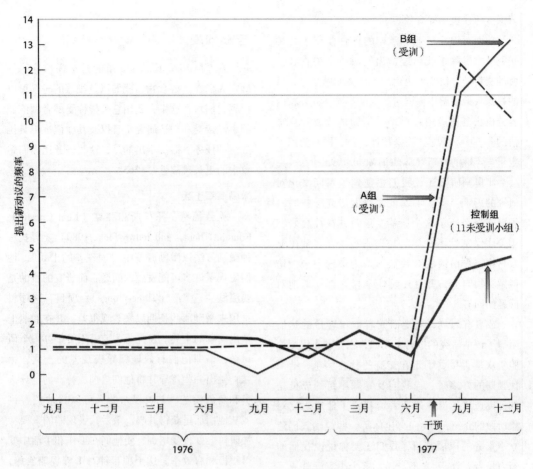

图 12 – 3 随时间变化的积极动议

资料来源：Rajesh Tandon and L. Dave Brown，"Organization-Building for Rural Development：An Experiment in India"，*Journal of Applied Behavior Science*，April-June 1981，p. 182.

吸毒的孕妇。其中的一项内容涉及公共卫生护士对孕妇的警告，即持续的吸毒将会产下过轻的婴儿（头脑平均会比正常儿童小 10%）。然而，通过对项目参与者进行深度访谈，他发现项目漏掉了一项重要信息：婴儿过轻是一件坏事。在斯蒂尔访谈的许多年轻女性中，她们反而认为，婴儿过轻将会使生产更为容易。

在另一个项目中，一位地方检察官实施了被一般认为是进步的、文明的项目，即如果吸毒

的孕妇被逮捕了，如果她（1）同意停止吸毒以及（2）成功地完成戒毒项目，那么就可以免于诉讼。同样，深度访谈指出，这个项目并没有按照它原有的设想运作。斯蒂尔发现了一个特殊的地方，当年轻的女性因为吸毒被逮捕时，收容所的同伴就会建议她在保释期间立刻怀孕（Personal Communication，November 22，1993）。

因此，最有效的评估是综合了定性与定量部分的研究。虽然使用统计比较很有用，对过程进

行深度访谈也一样有效。

前面对坦桑尼亚广播剧的评估使用了几种研究技术。除了我已经指出的对听众调查和诊所的资料外，研究者也运用了许多专题小组，目的是深入地了解广播剧对听众的影响。此外，内容分析法也被应用到对每一集的情节或听众来信的分析中。总之，在这项评估中，同时使用了定量与定性的技巧（Swalehe et al. 1995）。

肥皂剧研究还让我们感受到了不同文化对研究的影响。我在埃塞俄比亚做研究准备的时候就亲身经历了这个影响。跟西方在社会研究中关注保密性不一样的是，那些在埃塞俄比亚农村中接受访谈的对象显得因为被选中来做访谈感到很自豪，并且还想让全村人都知道他对问题的回答。

或者有时候，当地研究者取悦客户的热情阻碍了评估研究的进行。比如，在专题小组中检验听众是否接受了正在交流的社会信息。结果比预期的好多了。当我问及专题小组的成员是如何挑选时，当地研究者给我说了他对研究对象所做的介绍："我们会让你听一些鼓励人们建立小家庭的广播节目，我们还要你说说我们的努力是否有效。"毫不奇怪，这个小家庭就成了这些人认同的东西。〖362〗

这些经历，还有先前提到的相关内容，都暗示了评估研究的实际操作过程中可能出现的问题。当然，每种研究都存在某些问题；但评估研究在这方面的倾向则显得尤为特殊。关于这一点我们还将继续深入探讨。

社会环境

在这一部分，我们将考察评估研究的一些后勤问题。最后，我将对使用评估研究的结果做一个评论。

后勤问题

在军队环境下，后勤指的是军需供应——确定人们在需要食物、武器以及帐篷的时候可以得到它们。在这里，我用它来指称受试者做该做的事、接受和归还研究工具以及其他似乎不具挑战性的任务。需要指出的是，这些任务比你们想象中的更具挑战性。〖363〗

激励海军士兵

克劳福特、托马斯和芬克（Kent Crawford, Edmund Thomas and Jeffrey Fink, 1980）要寻找一种激励方法以激励海军中"表现差的士兵"。他们发现了许多可能发生的问题，而研究的目的是要测试"三叉"（Three-pronged）项目，这项目是用来激励那些长期以来表现很差、并在舰船上常出问题的士兵。首先是为监督人员举办一个研讨会，培训他们有效地领导表现差的士兵；第二，挑出一些督导并将他们培训成特殊的辅导人员和角色模范——表现差的人可以找他们咨询或从他们那里获得共鸣。最后，表现差的人要参加研讨会并接受培训，使他们在工作和生活中变得积极和有效率。这个项目针对 1 艘舰船实施，并且从其他 4 艘船中选择海军士兵组成对照组。

开始的时候，研究者报告说，督导人员并不热衷于参与这个项目。

> 督导人员对处理这些议题颇有抗拒之心，这并不令人意外。他们之所以不愿承担这些问题，是因为他们自认为知道造成这种现实的原因：招募体系、招募培训，双亲及社会都会对表现不佳的士兵产生影响，这些因素都远非督导人员所能控制。（Crawford, Thomas and Fink, 1980：488）

最后，这些不情愿的督导人员也加入了，而且"原先不情愿的督导人员也开始谨慎乐观，到后来也热心起来了"（1980：489）。

然而，表现差的士兵还有更多的问题。研究者要求对他们的态度及人格进行前测及后测，只有这样才能对由项目引起的改变进行测量和评估。

> 不幸的是，所有表现较差的士兵强烈地拒绝接受所谓的人格测验，因此，结论说到，在这种情况下收集到的资料将在效度上产生问题。对伦理的考虑也使我们不能强迫表现较差者接受"测验"。（Crawford et al，1980：490）

结果，研究者必须依靠访问表现差的士兵和督导人员，并对他们态度变化进行测量。然而，受试者继续在制造问题。

最初，船上长官命令 15 个表现差的人参加实验。然而，在 15 个人中，有一个进了医院，另一个被指派任务而无法参加，还有一个请假外出（缺席但没有离开）。因此，实验开始时就只有 12 人。在实验结束之前，又有 3 人服役完毕离开海军，另一个因不守纪律而被逐出。因此，这个实验结束时只剩下 8 个人，虽然评估获得了正面的结果，但是这么少的受试人数使得研究结果无法进行概化。

评估研究中特殊的后勤问题来自于实际的社会生活环境。虽然评估研究的模式是实验（研究者可以对变化进行控制），但是事务却发生在人们无法控制的日常生活中。当然，实地调查中的参与观察者也无法控制所观察到的现象，只是这种方法并不要求进行控制。如果你们认识了缺乏控制的影响，我想，你们就已经开始了解评估研究者面临的困难了。〖364〗

行政控制

就像前面的例子提过的，评估工作的后勤细节通常都在项目实施者的控制范围内。让我

们假设你们正在评估"配偶探访"项目，在这个项目中，罪犯被允许在一段时间内让配偶探访，并且可以在探访期发生性行为。结果，在研究进行的第四天，一个男性犯人穿着他太太的衣服逃跑了。尽管你们可能假定他的精神会因为逃跑而大大改善，但是，事件的出现却在许多方面使你们的研究设计变得更加复杂。或许典狱长会全盘终止你们的工作，那么评估工作该怎么办？或者典狱长能够勇敢地面对现实，要查看你们随机罪犯样本的资料，并且否决"有风险者"。这样实验组与对照组的可比性问题就出现了。另一种选择就是更严格地加强安全措施，以防止新的脱逃事件发生。问题是，如果这样做，实验的刺激就改变了。一些资料可能反映了原始的刺激，另一些资料可能反映的不是。虽然你们可以区分两种刺激，但是你们仔细设计的研究却可能陷入逻辑上的混乱。

也许你们在着手评估在军队中进行种族关系演讲对偏见的影响。在仔细考察了可以用来研究的士兵之后，你们随机地指定了其中的一些人参加演讲，而另一些不必出席。而且名册在几个星期前就已经传阅了。在指定的日期和时间，演讲开始了。每件事似乎都进行得很顺利，直到你们开始检查档案并发现名字不符。通过检查，你们发现实地操练、伙房的工作以及各种突发事件，都需要一些受试者在演讲的时候到别的地方去。真是够糟糕了！更糟糕的是后来你们发现，上级长官指派了其他的人代替缺席者。他们找了谁呢？是那些没有别的事做的士兵或无法做重要事情的士兵。所有这些也许是在你们要提交报告的前一个星期才弄明白的。

这些就是评估研究者面对的后勤问题。你们应该熟悉这些问题，并理解为什么一些研究没有办法满足标准实验设计的要求。这一点非常重要。但是，在你们读评估研究报告时，你们也会

发现——如我前面提过的——在实际生活中，仍然有可能实施有控制的社会研究。

正如评估研究有特别的后勤问题一样，它也有特别的伦理问题，因为那些问题可能会影响研究的科学质量，所以我们应该加以考虑。

伦理议题

伦理和评估在许多方面都是交错的。有时候，正在评估的社会干预也会引出伦理问题。在评估用校车接送儿童以求教育整合的项目时，就把研究者直接放在了校车接送本身的政治、意识形态和伦理的环境中。想要评估一个在小学实施的性教育项目，就不可能不置身于性教育议题之中，而且研究者也会发现，想保持公平很困难。评估研究也许要求一些小孩直接接触性教育，也就是说，你们要确定哪个小孩接受性教育（从科学的观点来看，你们应该负责选择）。那就意味着孩子的父母因为孩子接受性教育而感到愤怒时，你们将担负直接的责任。

现在，让我们来看看"光明"的一面。或许实验项目对参与者本身具有相当大的价值。假设正在评估的新工业安全项目将大幅度地降低受伤率。那么，被研究设计置入对照组的成员应该怎么办？显然，评估者的行为将是对照组成员可能受到伤害的原因之一。

有时候，评估研究只是非伦理行为的一个面具。我曾经提过强迫性民意调查，在表面上，它是要评估各种政治活动的影响，但是实际上，它却是要散布一些恶意的错误信息。不过，这还不是最恶劣的例子。〖365〗

在 1932 年，研究者在阿拉巴马州的塔斯克基（Tuskegee）进行一个项目，向患有梅毒的贫穷男性提供免费的治疗。几年之后，已经有几百位男子参与了这个项目。但他们一直被蒙在鼓里的是，事实上他们并没有接受任何治疗，因

为研究的目的在于观察这种疾病的自然过程。即使在盘尼西林的作用被证实以后，研究者仍然不愿用这种方法治疗病人。尽管现在进行不伦理的研究必须事先获得同意，不过，在那个年代，这种情况也不普遍。问题是，当研究期刊披露这个项目后，研究者仍然不认为他们有任何过错。即使 1965 年有人向美国疾病控制中心提出抗议，也没有获得任何回应（J. Jones, 1981）。

我的这些评论并不是要指出评估研究的黑暗面。相反，我希望评估研究者的行动真实地反映实际生活的结果。最后，所有的社会研究都有伦理问题，我们将在以后再来探讨这个主题。

研究结果的应用

评估研究还有一个实际生活的层面，这一点你们应该知道。因为评估研究的目的是确定社会干预的成功与失败，所以评估的结果会影响到被评估项目的继续或停止。

然而，现实并没有那么简单，也没有那么合情合理。很多因素都会干扰对评估研究结果的评价，有时是具体的、有时是微妙的，就像尼克松（Richard Nixon）总统指定蓝带国家委员会来研究色情书刊带来的影响一样。经过艰巨且多方面的评估，委员会的报告表明，色情书刊并没有导致负面的社会效应。例如，接触色情书刊并没有使犯罪的可能性增加。正因为如此，你们可能期望在这个研究之后，会有自由化的法案出现。但是相反的，尼克松总统却认为该委员会的研究结果是错误的。

类似的、不那么戏剧性的例子不胜枚举。毫无疑问，每一个评估研究者都可以说自己所进行的研究——提供了清楚的研究结果和明显政策含义——被忽略了。就像插页文章"'三打'法案的成效"所揭示的那样。

这里有三个重要的理由可以说明评估研究

"三打" 法案的成效

萨克拉曼多市(Sacramento)(AP)——在加利福尼亚州已经贯彻了 5 年的"三打"法(一种法案——译者注)的始作俑者——认为,这个法案有效地制止了超过 100 万宗的案件,并由此节省了 217 亿美元。

州府官员琼斯(Bill Jones)于周五在萨克拉曼多召开的犯罪防范会议上对"三打"提出了自己的相关解释。

Baylnsider, March 1, 1999

在 20 世纪 90 年代,联邦和很多州政府都采取了"三打"法。其目的是想通过制服"职业犯罪人员"来降低犯罪率。比如,在加利福尼亚,在 1994 年那时的法律下,第二次犯下重罪的人会受到双倍的惩罚;第三次的话就肯定要在监狱里呆上 25 年了。在那些年,还只有加利福尼亚实行了这种法令。

那些支持"三打"立法的人,比如上面提到的琼斯,敏锐地将 90 年代犯罪率的急剧下降和该法案的实施联系起来。虽然不认为"三打"法案是犯罪率下降的惟一原因,但琼斯还是认为,"如果你看到杀人案件在 5 年内下降了 51%,我保证你也会认为'三打'法就是一个重要原因"。

虽然政治家们信誓旦旦,但是观察家们还是在寻找其他证据。比如,一些批评这些法令的人指出,犯罪率的下降并不仅仅发生在加州,而是全国性的,也就是说那些没有实施"三打"法案的州的犯罪率也下降了。事实上,加州那些没怎么执行这个法案的地方的犯罪率也同样下降了。而且,在"三打"法案还没有真正实施之前,加州的犯罪率就已经开始下降了。1994 年,格林伍德(Peter Greenwood)与其兰德公司(Rand Corporation)的同事就估测,该法案的实施每年耗费了加州将近 55 亿美元,尤其是当"职业犯罪人员"在监

狱里待的时间变长时。尽管他们并不否认这个法案对控制犯罪有一定的效果——那些呆在牢里的人肯定不会在街上继续犯罪了。一个后续研究(Greenwood, Rydell, and Model, 1996)认为这个法案并不是打击犯罪的有效方法。他们的评估认为,在"三打"方面投入 100 万能够抑制 60 宗犯罪,而同样的资金如果用在教育投资上,让学生安心上学、毕业的话,则可以避免 258 宗犯罪。

犯罪学家长久以来就认为绝大多数的案件都是年轻人主犯的。将注意力集中在年长的"职业犯罪人员"身上,对年轻的罪犯就几乎没有影响或者影响很小。事实上,"三打"将打击力量不成比例地放在了那些行将末路的"老手"上。

爱尔文和奥斯廷(John Irwin and James Austin, 1997)的批评就更为全面了,他们认为美国人过于滥用牢狱这种惩罚手段了,以致他们忽视了其他更为有效的解决方式。通常,监禁比治疗会引起更为严重的问题。

不过,跟很多其他社会干预一样,在加州和其他地方对"三打"法案的大部分支持,都跟反对犯罪的大众情绪以及这种情绪的政治意含有关。这样,虽然对这些法案的评估研究会带来一些变化,但是,极可能没有你想象的那么快!

资料来源:Peter W. Greenwood, C. Peter Rydell, and Kargn Model, *Diverting Children from a Life of Crime: Measuring Costs and Benefits* (Santa Monica, CA: Rand Coporation, 1996); Peter W. Greenwood et al., *Three Strikes and You're Out, Estimated Benefits and Costs of California's New Mandatery-Sentencing law* (Santa Moni- ca, CA: Rand Corporation, 1994); John Irwin and James Austin, It's About Time: America's Imprisonment Binge (Belmont, CA: Wadsworth 1997); "*State Saved $ 21.7 Billion with Five-Year-Old 'Three Strikes' Law,*" *Baylnsider, March 1, 1999.*

的结果并非都被付诸实施。第一，研究结果并非总是用非研究者可以理解的方式表达出来。第二，评估结果有时与宗教信仰相矛盾，如同我们前面提到关于色情书刊的例子。假如每个人都知道色情书刊是不好的，便会导致各种偏差，那么，研究结果的影响就有限了。同样的例子，当哥白尼说地球绕着太阳转的时候，人们认为他疯了，因为任何人都说地球是不动的。第三个使用评估结果的障碍就是既得利益。假如我提出一个新的重生计划，并且深信它将使得以往的罪犯不再有牢狱之灾，同时假设人们叫它做"巴比计划"，如果你们的评估认为这个计划不可行，那么你们认为我会怎样想呢？我可能会因为误导人们而表示道歉并放弃我的计划而转行。但是更有可能的是，我可能会说你们的评估没有价值，并且开始劝说一些群体向有关机构游说，使项目得以继续进行。

在我们前面提过的驾驶教育培训的例子中，希尔茨报告了起初人们对研究者做出的一些反应：

> 伯纳森（Ray Burneson），全国安全委员会的交通安全专家，批评这项研究说，它只是一个群体的产品（NHTSA），那些人相信"你们无法做任何事情来培训驾车人。你们所能够做的就是改善医疗设施及建造更牢固的车子以应付可能的车祸……这与整个培训的理论相违背"。（1981：4）

因为评估研究发生在实际的生活当中，它影响实际生活，同时也被影响。这里有一个社会研究者熟知的例子。〖367〗

强奸罪修正法案

多年以来，许多社会科学家和观察者都已经注意到了一些强奸案的起诉问题。人们通常认为，被害人在出庭作证时所承受的痛苦几乎和被强奸时的痛苦不相上下。通常，辩方律师会认为是她鼓励这种性行为的产生，并具有值得怀疑的道德性质；其他的人身攻击更是要推脱强奸犯的责任。

这些批评使得许多州政府都想在立法中解决这个问题。斯庞和霍尼（Cassie Spohn and Julie Horney，1990）对追踪各种立法的影响产生兴趣，并归纳了几种新法律思想造成的影响：

> 最普遍的改变就是：（1）重新定义强奸，并用一系列分级的侵犯行动定义来取代单一的强奸罪，等级的分别是由"是否有恶劣行径"来决定的；（2）改变认罪的标准，即取消"被害人必须用身体抵抗攻击者"的要求；（3）取消被害人证词必须被认可的要求；以及（4）对于被害人先前性行为证据的引证加以限制。（1990：2）

一般认为，这样的立法将鼓励被强奸女性报案，当案件送至法庭后，也会增加定罪率。为了验证后者的可能性，研究者将焦点集中在1970 - 1985 年这段时间，在伊利诺州库克（Cook）县的情况是："我们的资料有4628 个案件，包括405 个偏差性强奸案、745 个暴力性攻击案和37 个性攻击案。"（1990：4）表12 - 1 展示了一些他们的发现。

这些研究者认为：

> 在我们的分析中，发现特别重要的影响就是增加了平均的最高服刑年限；强奸案平均增加了几乎48 个月，而性侵犯案平均增加了36 个月。资料指出，在这些变化产生影响之前，平均刑期已有增加，

表 12 – 1　立法前后的强奸案件分析

	强奸	
	之前 （N = 2252）	之后 （N = 2369）
个案结果（百分比）		
初犯定罪	45.8%	45.4%
再犯定罪	20.6	19.4
未定罪	33.6	35.1
一般刑期（月）		
初犯定罪	96.0	144.0
再犯定罪	36.0	36.0

所以我们从实际改革日期前一年的资料开始计算，结果是，影响的效果更大而且仍然显著，这表明影响不能仅仅归因于立法的改革。(1990：10)

除了对既有统计资料的分析之外，斯庞和霍尼也访问了法官和律师，了解了他们对法律实施效果的看法。他们的意见都很正面：

法官、检察官以及芝加哥辩护律师强调，强奸案件受到比以往更慎重的处理，而受害人也因法律的变化而受到更人道的对待，这都是立法的改变。这些教育性的效果是重要的，也让主张强奸罪修正法案的人士感到欣慰。(1990：17)

这样，该研究就发现了出乎研究者意料的其他效应。这个研究展示了跟踪社会干预的重要性，因为只有这样我们才能够判断干预是否实现、如何实现和在何种程度上实现了其预定的目标。〖368〗

防止殴打妻子

在一个类似的例子中，印第安那波里市 (Indianapolis) 的研究者将注意力集中在殴打妻子的问题上，他们特别关注的是起诉殴打者是否会导致以后的暴力事件。作为"印第安那波里市起诉实验"的一部分，福特和罗格利 (David Ford and Mary Jean Rogeli, 1992) 对起诉的不同选择进行了研究。

殴打妻子的案例有以下各种模式，如福特和罗格利所摘录的：

在殴打妇女之后，某人可能会也可能不会打电话叫警方到达现场（不是由被害人就是由其他人）。假如警方到达现场，警察会要求报案人提供证据以便没有逮捕令的情况下执行逮捕。假如调查到证据，警察就会根据自己的判断来确定是否进行逮捕。如果实施当场逮捕，警察会把可能的原因录成口供并将嫌犯送入法庭以进行初审。如果没有人打电话给警方或是通知警方而警方没有逮捕罪犯，被害人可能会自己到法院去进行控诉，并且自己去录口供以控告男性。经过法官批准后，被控的殴打者或被传唤到法庭、或被逮捕到庭，以对他进行初步的审讯。（1992：184）

假如妻子要控告丈夫，但是后来又犹豫了，那该如何呢？许多法庭禁止这种行为，目的是为了完成诉讼，以保障被害者的利益。在印第安那波里市起诉实验中，如果控方在起诉中需要再考虑，则该实验容许撤回控诉。此外，法庭也有几种选择。因为殴打妻子大部分起因于性别主义、压力及无法发泄的愤怒等不稳定因素，所以，在印第安那波里市起诉实验中创造了一些新方法，如教育人们如何控制愤怒。

假如被告承认他的罪行，并且愿意参与控制愤怒的辅导项目，则法庭可能延后审判。另外，如果被告成功地完成了这个项目，那么法官有可能在后来的日子里不再对他进行庭审。另一种选择是，即使接受庭审并被认定有罪，如果他参加了控制愤怒项目，也可获得缓刑。最后，假如被告被发现有罪，他也可能被给予诸如入狱等传统的处罚。

在防止后来殴打妻子的诸多可能性中，哪一种是最有效的呢？这是福特和罗格利所强调的。以下是一些他们的发现。

第一，他们的研究显示，被带到法庭进行初次审讯的人，无论审讯的结果如何，他们往后都较少殴打妻子。仅仅是被带进司法体系，就已产生了影响。

第二，有权撤回控诉的女性比起没有这项权利的女性，在往后的日子里较少被虐待。特别是，与其他起诉政策相比，把用逮捕令逮捕被告和提供被害人撤回控诉的权利两种政策合并使用，更能为受害者在往后的日子里提供安全保障（Ford and Regoli, 1992）。

然而，赋予被害人撤回控诉的权利也有一些奇怪的影响。运用这项权利的女性，比那些坚持控诉的女性更容易受到虐待。研究者解释道，当被害人的控诉意识明确受到司法机构的持续支持时，未来的暴力事件就会减少。

> 对任何一种暴力行为都会产生反应的系统，当然包括对新的暴力行为的反应，这就说明了受害人和司法体系之间的连带关系很强。它提醒被告，受害人确有决心结束这种暴力关系，而且司法体系毫不动摇地为受害人提供保护。（Ford and Regoli, 1992：204）

显然，我们无法对控制愤怒辅导课程的绩效进行简单的评估。运用政策使被告接受控制愤怒辅导对于防止新的暴力事件似乎无效。然而，研究者指出，政策效应不应该与实际的辅导效果相混淆。因为有些被告想要接受辅导但却从未参加辅导，因此，合理的评估仍需要收集更多的有关辅导的信息，而这个分析仍在持续。〖369〗

此外，这些研究者警告说，他们的研究结果只是一般的模式，遭到殴打的妻子必须选择适合她们特殊情况的课程，而且不应该盲目地以整个模式为基础进行行动。就此而言，这个研究也许在建构刑事司法体系方面（例如，赋予受害者撤回控诉的权利）更为有用。

最后，印第安那波里市起诉实验也提出了存在评估研究中的共同问题，即实际的执行效果与期望达到的结果之间有出入。例如，研究者用不同的方式把嫌犯带到法庭，具体地说，法庭可以签发传票令丈夫出庭，或发逮捕令逮捕丈夫。研究者关心的是，逮捕丈夫可能会增加他的愤怒。但实际上，不论丈夫是被传唤或被逮捕，造成的愤怒并无差别，对此，研究者感到疑惑不解。

解决这个麻烦的方法在于原则与实际之间的差异：

> 原则上，虽然用逮捕令逮捕比当场逮捕的惩罚性要弱一些，但却与传唤没有什么不同。人们通常知道逮捕令意味着逮捕，并会选择方便的时候到案或者与拘捕机关联络并请自行到案。因此，他不会有被逮捕、被戴上手铐以及从被工作处带离的明确处罚感。（Ford，1989：9 – 10）

总之，评估研究的科学品质之外的很多因素影响着评估结果的应用。而且，就像我们在前面看到的那样，评估者控制范围之外的很多因素也影响着研究本身的质量。不过，好在这些缺陷跟评估研究的潜在价值比起来，根本就算不了什么！

社会指标研究

在本章结论部分，我想以一种研究方法来总结你们所学的评估研究和既有资料分析法。在社会研究中另一个快速成长的领域是**社会指标**①（social indicators）的发展与观测，集合性的统计资料反映了一个社会或社会群体的社会状况。就像经济学使用诸如国民生产总值（GNP）等指标来展示国家的经济发展情况一样，我们可以用相似的模式来观测社会的各方面。

假如我们想比较不同社会的相对健康条件，就可以比较它们的死亡率（每1000人的死亡者数量）。或更具体地说，可以观察婴儿的死亡率：每1000个初生婴儿在一岁以内的死亡者数量。也许还有其他观测健康条件的因素，如人均医生数、人均医院病床数、人均住院日数等等。请鳍意，社会之间的比较是借着计算每人的比例来评估的（由人口的规模来区分，或是由一些固定单位，诸如每1000人）。

在我们对社会指标进行进一步的讨论之前，回想一下第11章的既有统计资料分析。一言蔽之，既有统计资料常常是不可信的，原因是这些资料的收集、储存和计算模式。记住这一点，我们就可以看看一些可用的方法，社会指标也就可以大规模地应用在评估研究上。〖370〗

死刑与阻吓

死刑防止了诸如谋杀等重大的犯罪吗？每当某个州废止或恢复死刑以及每次有人被执行死刑时，对这个问题的讨论就会热烈起来。支持死刑的人通常会主张，死刑的威胁将会使潜在的谋杀者停止谋杀。反对者则争辩说，并没有影响。社会指标倒是可以用来阐明这个问题。

假如死刑确实可以阻吓人们，那么我们就可以预计执行死刑的州比没有执行死刑的州有较低的谋杀率。这样的比较不仅可能，而且已经被编成书出版了。表 12 - 2 是贝里（William Bailey，1975）编辑的资料，显然与死刑决定谋杀率的观点直接相矛盾。在 1967 和 1968 两年，有死刑的州比没有死刑的州的谋杀率超出许多。一些人批评了贝里对资料的解释，说大部分的州最近几年并没有使用死刑，甚至有的只是记载曾经使

---

① 社会指标：反映社会生活的状态或质量的测量，比如犯罪率、婴儿死亡率、每10万人中医生数量等等。社会指标通常是用来判断某一社会变革的性质。

表 12 - 2　执行死刑与不执行死刑的州，每 10 万人中一级谋杀与二级谋杀的平均发生率（1967 vs. 1968）

	无死刑的州		有死刑的州	
	1967	**1968**	**1967**	**1968**
一级谋杀	0.18	0.21	1.47	1.58
二级谋杀	0.30	0.43	1.92	1.03
谋杀总计	0.48	0.64	1.38	1.59

资料来源：引自 William C. Bailey, "Murder and Capital Punishment," in William J. Chambliss, ed., *Criminal Law in Action*. Copyright © 1975 by John Wiley & Sons, Inc. 已获准使用。

用过。怎么可以用来解释为什么死刑并没有在阻止谋杀上起作用呢？然而，更进一步的分析却与这样的解释相矛盾。当贝里将没有执行死刑的州与执行死刑的州做比较时，他发现在谋杀率上并没有什么不同。

无论如何，另一种相反的解释也是可能的，即贝里对资料的解释是可逆的。也许死刑的存在作为一种选择只是高谋杀率存在的结果：谋杀率较高的州采用死刑；谋杀率较低的州则没有采用，或者曾经在书籍上记载过，但是现在已经被取消了。如果是这样，那么，采用死刑应该会使谋杀率降低，取缔死刑将会增加谋杀率，且资料应该（广泛的集合）体现在表 12 - 2 中。然而，事实并非如此。分析显示，随着时间的推移，废止死刑的州的谋杀率并没有增加多少，同样地，采用死刑的州的谋杀率也没有减少多少。

从前面的讨论可以知道，使用社会指标资料不但可以在同一时间比较不同群体，也可以跨越时段，而把两者结合起来就更能阐明主题。

虽然总的谋杀率已经大幅度上涨，不过贝里所观察到的 1967 年和 1968 年的模式仍然存在。比如，1999 年，38 个采用死刑的州的谋杀率是 5.86/10 万人；而 12 个没有死刑的州的对应数字是 3.84/10 万人（美国人口普查局，2001：22，183）。

目前，使用社会指标的工作正在进行。一方面，研究者正在发展更精准的指标——想找出一般变量的哪个指标在观察社会生活上最为有效。同时，研究者也致力于发现整个社会中各变量之间的关系。

包含了社会研究很多方面内容的万维网是很有价值的资源。要想深入挖掘社会指标的更多内涵，你可以登录社会测量法公司（Sociometrics Corporation）的网站（http://www.socio.com/）。或者就是简单地用搜索引擎搜索"社会指标"。〖371〗

电脑模拟

社会指标研究最诱人的前景之一是电脑模拟。当我们用数学方程描述相互关联的社会变量之间的关系时（例如，人口增长与汽车数量增加之间的关系是什么？），就可以把那些方程式和变量之间的关联储存在电脑中。如果有足够数量且正确的方程式就可以利用电脑检验特定社会变迁的影响，而不需要在实际生活中运作。

例如，假如某个州要将其旅游行业的规模扩大一倍。我们便可以将项目输入电脑的模拟模型中，在几秒或几分钟之后，我们便可获得旅游业增加的直接或间接的结果。我们也可以知道需要什么新的公共设施、需要哪种公共机构（例如警察局或消防队需要增加）和需要多少钱、劳动力需要什么样的素质、需要向它提供哪种培训、所有有意和无意的结果将是什么、有多少新收入或税收将会怎样等等。凭着这个结果，公共规划者可以说，"假如我们只把这个行业的规模增加一半"，那么立刻就有另一个新的结果出现。

在梅多斯夫妇（Donella and Dennis Meadows, 1972, 1992）以及他们在达特茅斯和麻省理工学院（Dartmouth and Massachusetts Institute of Technology）的同事的研究中，你们可以发现所有电脑模拟的出色例证。他们将各种不可取代的自然资源（例如，石油、煤、铁）、以往人口和经济增长模式和实际增长与资源使用的关系输入电脑，使用复杂的电脑模拟模型，便可以在各种情况下，预测不同资源在未来各种使用模式下的使用年限。这些模型也可以超越原先的悲观计划，预测较不悲观的未来以及获得这种未来所需要的行动。很清楚，电脑模拟的作用不只是表现在评估研究领域，梅多斯和他人使用的仅仅只是斯特拉（Stella）"系统动力学"分析程序的一个微电脑版本（参见 Donella Meadows et al. 1972; Donella Meadows, Meadows and Randers, 1992）。

这种潜能概略地指出了评估研究的特殊价值。纵观人类历史，我们运用社会安排的方法笨拙地改善着这些研究，以寻找更好的结果。而评估研究则提供我们一个方法，让我们知道某些社会安排是否真的能使事物变得更美好。社会指标允许我们在广大的范围做决定；电脑模拟则开启了一种新的希望，使我们无需真正经历，就能够知道某种社会干预的影响。

本章要点

导言/适合评估研究的议题

- 评估研究是一种应用性研究，它研究的是社会干预的效果。

问题设计：测量问题

- 认真设计问题（包括相关的测量及成功或失败的标准）是评估研究的重要方面。评估者尤其需要认真明确结果、测量实验内容、辨明干预因素、界定总体，并决定是使用已有的测量还是设计一种新测量。

评估研究设计的类型

- 评估研究一般采用实验或准实验设计。准实验设计包括时间序列研究和使用非同等对照组等。
- 评估者也可以使用定性的资料收集方法。定量的和定性的资料分析都适用于评估研究，甚至同一研究中就可以同时使用两种方法。

社会环境

- 评估研究伴随着特别的后勤及伦理问题，因为评估研究的对象是实际生活中每天发生的事情。
- 评估研究的结果没有必要一定付诸实施，尤其当它们与官方的观点相冲突时。

社会指标研究

- 社会指标能够对广泛的社会过程提供解释。有时电脑模拟模型可以用来指出社会干预可能产生的结果，而不需要在实际生活中去经历。

关键术语

以下术语是根据章节中的内容来界定的，在出现该术语的页末也有相应的介绍，和本书末尾的总术语表是一样的。

成本—收益研究　检测研究　需求评估研究　项目评估/结果评估　评估研究　准实验研究　时间序列设计　非同等对照组　多元时间序列设计　社会指标

复习和练习

1. 假设某个社区建立了一个可以自由喝酒、吸毒的中心以图降低十几岁的青少年的酗酒、吸毒的状况。描述一下你如何着手来评估这个中心的有效性。并且说明你的设计是实验设计、准实验设计还是定性的设计(或者是以上的混合)。

2. 复习本章提到的针对表现差的海军士兵的项目的评估。重新设计这个评估计划,以便处理在实际研究中所出现的问题。

3. 讨论一下你在练习 1 中的研究可能涉及的潜在政治问题和伦理问题。

4. 用一点时间思考在你们的生活中曾经发生变化的社会各方面,将那些变化设定为社会指标,使其可以用来观测你们社会的生活质量。

5. 美国狱政局致力于对监狱的各种运作进行评估研究。找到一项这样的研究,并将研究设计及发现做一个简短的摘要。参照 http://www.bop.gov/news/research-projects.jsp。

补充读物

Berg, Richard, and Peter H. Rossi. 1998. *Thinking about Program Evaluation*. Thousand Oaks, CA: Sage. 这是一本伟大的著作,它可以帮助你在评估研究方面打下坚实的基础。同时还包含了大量的案例。

Bickman, Leonard, and Debra J. Rog, eds. 1998. *Handbook of Applied Social Research Methods*. Thousand Oaks, CA: Sage. 两位主编提供了能够说明评估的所有阶段的大量例子,从计划到资料的收集和分析。另外,其中还包含了评估研究所特有的伦理问题。

Chen, Huey-Tsyh. 1990. *Theory-Driven Evaluations*. Newbury Park, CA: Sage。作者认为,如果想要评估研究有意义和起作用,评估研究就要用理论作基础。

Cunningham, J. Barton. 1993. *Action Research and Organizational Development*. Westport, CT: Praeger。这本书敦促研究者理论联系实际,并成为致力于组织化生活的参与者和运用社会研究来观测与解决问题。

Hedrick, Terry E., Leonard Bickman, and Debra J. Rog. 1993. *Applied Research Design: A Practical Guide*. Newbury Park, CA: Sage。评估研究的导论,正如它的副标题所指出的,这是一本实用指南,直接调和研究设计与实施之间经常出现的矛盾。

Rossi, Peter H., and Howard E. Freeman. 1996. *Evaluation: A Systematic Approach*. Newbury Park, CA: Sage. 本书在评估研究的总体介绍方面是一本杰出的资料书。作者除了讨论评估研究的主要概念以外,还提供了许多例子,这些例子对指导你们自己的研究可能会有所助益。

Swanson, David A., and Louis G. Pol. 2004. "Contemporary Developments in Applied Demography with the United States". Joint issue of Journal of Applied Sociology 21 (2) and *Sociological Practice* 6 (2): 26 – 56. 人口统计学为许多宏观层次的问题提供了评估工具,作者们描述了加强该领域实用方面的近期趋势。

SPSS 练习

请在本书附的小册子中练习使用 SPSS (社会学数据包)。每章都提供了练习,并有使用 SPSS 的入门方法。

网络资源

社会学 & 现状:研究方法

1. 在最后复习本章之前,先做做测试 *Soci-*

ologynow：*Research Methods*，看看有哪些地方需要重点复习。在本书的最前面，有关于这个在线工具的信息以及如何得到这些资源。

2. 可按照 *Sociologynow*：*Research Methods* 根据测试结果提供的学习计划进行复习。使用学习计划的互动练习和其他资源掌握材料。

3. 复习完毕后，再进行一次测试，以确认已充分准备好学习下一章的内容。

《社会研究方法》第十一版所附带的网站资源

Http：// sociology. wadsworth. com/ babbie-practice11e/登录后，你会发现对你的课程很有帮助的学习资源。这些资源包括辅导测试和反馈、在线练习、Flash 卡片和每一章的章节辅导以及在虚拟空间中扩展的方案、社会研究、GSS 数据以及数据分析软件，如 SPSS 和 NVivo 的使用入门等。

这一章的网址链接

我们需要认识到互联网是一个变动的实体，随时刷新。不过，这些网站还是相对稳定的。

ERIC，评估和评价的交易所

http：//ericae. net/

教育资源信息中心（ERIC）为教育领域的评估研究提供了强大的资源后盾。

UNICEF，研究和评估

http：//www. unicef. org/evaluation/index. html/

它会告诉联合国是如何评估它那些旨在提高全世界的女性和儿童的生活质量的项目的。

美国统计总局，评估研究和方法

http：//www. gao. gov/special. pubs/erm. html

从中你会看到评估研究对于这个议会看门人来说，的确是太重要了。

第 **4** 篇

资料分析

第4篇将讨论如何分析社会研究的资料。在本篇的各个章节中，我们将考察从观察开始到最终成果报告形成的各个步骤。

在第1章，我对定性资料与定量资料做了基本的区分。在其后的讨论中，我们已经看到社会研究常常同时应用到这两种类型的资料。不过，对定量资料和定性资料的分析存在很大的差异，我们对这两者也是分开讨论。

在勾画第4篇的轮廓之前，我还想说明一下得到高质量的资料分析的难易之处。见下图，"1"是最容易做到的，而"4"是最难的。

	简单的	复杂的
定性的	1	4
定量的	2	3

（1）就我的经验来说，对社会生活进行观察并由此推测其中的含意，是相对比较容易的。不过，这种推测对我们理解社会生活并没有多大的帮助。

（2）即使是做简单的定量资料分析也比上述情况稍微艰难一点，因为这起码也需要一定层次的统计技巧。不过，统计资料分析常常并没有什么真正的意义。像科学主义这样的术语有时候就被用来指称那些模仿自然科学但又缺乏真实意义的尝试。

（3）进行复杂的、有意义的定量资料分析需要很多思考和想象力。不过这并不必然要求很高深的统计技巧，就像拉扎斯菲尔德(Paul Lazarsfeld)和斯涛弗(Sam Stouffer)那样。其所需要的是对变量之间有意义的模式的渴望和确认的能力。在这一过程中，已经有了很多进行定量资料分析的强大工具，但是，真正好的发现都不是通过对技术的死记硬背、生搬硬套得来的。

（4）社会科学家最艰难的任务其实是进行高深的定性资料分析。虽然这个过程同样需要在（3）所提到的献身精神和相关能力，它更需要研究者的洞察力而不是分析工具。今天的定性分析不仅仅是一种科学，也是一种艺术。

我希望这一篇中的章节能够给予你一些分析的工具并磨砺你的洞察力，这对于进行复杂的资料分析——不管是定性的还是定量的——是相当必要的。

第13章讨论的是定性资料分析。我们首先了解这种分析方法的理论基础，然后再考察其中的程序——这些程序有助于发现定性资料内含的意义。最后，我将介绍一些专门为定性资料分析量身定做的电脑程序。

第14章介绍的是定量资料分析的逻辑。我们将首先考察单变量的陈述方式与分析方式。然后我们再继续讨论两个变量之间的关系，并学习如何建立及辨读简单的频次分布表。最后，第14章还将涉及一些多变量的分析和关于社会诊断学的讨论。

第15章则探讨由哥伦比亚大学的拉扎斯菲尔德所发展出来的资料分析的详析模型(the elaboration model)。这一章还将深入探讨多变量分析。同时，第15章将以频次分布表的使用为例来讨论因果分析的逻辑。这一逻辑在第16章讨论其他统计分析时也会用到。这一逻辑模型本身是用于定量分析的，但是，在分析定性资料方面，也同样适用。

第16章则介绍社会科学研究者常用的统计方法，包括一些较高级的多变量分析。我将在前面学过的理论和逻辑背景下来介绍这些方法，而非仅仅只是展示如何用电脑来进行统计计算（电脑本身便会处理）。因此，通过这一章的学习，你们应该知道什么时候该选择使用哪种方法以及如何借助电脑来完成这些工作。

最后，第17章讨论的是以文字形式出现的社会研究：如何阅读和撰写社会研究。这一章所包含的要素就是研究过程的压轴好戏了：对已有文献的回顾涉及阅读社会研究的技巧，而社会研究的撰写则又影响到你的研究报告的形式，进而影响你如何和他人交流你的研究结果。

第 *13* 章

定性资料分析

章节概述

　　定性资料分析是对得自参与观察、内容分析、深度访谈和其他形式的定性研究技术的观察进行非数字化的评估。虽然定性分析既是一门科学又是一门艺术，但是它仍然有其自己的逻辑和技术——有些在电脑程序的辅助下功能就更强大了。

导　言

第 4 篇的后面章节会讨论对社会研究资料的定量分析，有时也称为统计分析。社会科学研究近几十年来的发展倾向于使用定量资料分析技术。不过，这种偏向有时候就会暗淡了社会观察中另一种分析方法：**定性分析**①（qualitative analysis）——它不需要将社会研究的资料鳖化成数字形式。定性分析方法的出现早于定量分析方法。这种资料分析方法相当有用，社会科学对这种方法的兴趣也似乎正在复苏。

统计分析可能会吓着某些学生，但其中的步骤有时候却是通过一种死记硬背的方式来习得的。也就是说，这种死记硬背的学习使得定量分析方法本身的巨大潜力无法在实践中完全发挥出来。〚378〛

要以一种死记硬背的方式来学习定性分析方法就更是难上加难了。在这种情况下，理解必须先于实践。在这一章，我们先探讨定性分析中研究和理论的联结；然后介绍在探求理论目标过程中那些被证明是可行的程序、方法。最后，在介绍几种简单的人工技巧之后，我们还要来看看一些电脑程序。

理论与分析的联结

在第 10 章（本书的其他地方也提到过）已经提到，定性研究方法需要在资料和理论之间进行持续的相互激荡。为此，在涉及实地研究和内容分析的章节中，我就对定性资料分析进行过一定的讨论。在定量分析中，有时候比较容易陷进资料收集的后勤工作和资料的统计分析中去，而忽视了理论。在定性研究中，这种情况就不那么可能出现，因为在定性研究中，资料收集、分析和理论之间的互动更紧密。

在接下来的讨论中，我将会用到斯特劳斯和科宾（Anselm Strauss and Juliet Corbin, 1994：278）所给出的理论图景。他们认为那是"概念

---

① 定性分析：对观察进行非数字化的考察和解释的过程，其目的是要发现内在的意义和关系模式。尤其应用在实地研究和历史研究中。

和概念组之间的可能关系"。他们强调"可能的"来表示理论代表了我们对生活的最好理解。我们的研究越是证实了特定概念之间的特定关系，我们就越有信心说我们对社会现实的理解是正确的。

定性研究有时候只是为了纯粹的描述——比如人类学家的民族志就详细地描述先前不为人知的某个部落的生活细节，不过本章关注的却是寻求解释模式的定性研究。我们将看到，有些模式是历时模式，有些则是变量之间的因果关系。下面让我们来看看定性研究者揭示这些模式的一些方法。

发现模式

约翰和罗浮兰（John and Lyn Lofland，1995：127 - 45）提出了六种在特定研究主题下寻求模式的方法。假如你对某地方的儿童虐待感兴趣。为了从资料中发现有意义的东西，你需要想想以下问题：

1. 频次：被研究的那个地方，儿童在一定时间内受到虐待的次数？（需要注意的是实际存在的频次和人们愿意告诉的频次之间可能存在差异。）

2. 级别：虐待的程度如何？有多残忍？

3. 结构：都有哪些不同的类型：身体虐待、思想虐待、性虐待？它们之间是否存在某种关联？

4. 过程：结构要素之间存在某种次序吗？虐待人先从身体虐待开始，然后是思想虐待和性虐待？或者，是否存在不同的次序？

5. 原因：虐待儿童的原因是什么？在哪个社会阶级中更为常见？或者在不同的宗教或者种族群体中存在差异？在经济环境好或坏的时候更多儿童被虐待？〖379〗

6. 结果：儿童虐待如何影响受害人，包括长期和短期？这又会给虐待人带来什么改变？

在分析你的资料的时候，最重要的是，你要找出适用于多个不同的研究个案的解释模式。胡伯曼和米尔斯（Michael Huberman and Matthew Miles，1994：435f）提供了两种进行跨个案分析：变量导向分析和个案导向分析。**变量导向分析①**（variable-oriented analysis）跟我们已经多次讨论过的一种模式很相似。比如我们要预测是否决定进大学。胡伯曼和米尔斯认为，我们可以分析一些变量，如"性别、社会经济地位、父母期望、学校表现、同辈群体支持和进大学的决定"（1994：435）。这样，我们就可以判断究竟是男性还是女性更可能进大学。我们分析的焦点是变量之间的相互关系，而被观察的人则主要是这些变量的载体。

变量导向分析可能让你想起第 1 章关于通则式解释的讨论。这里的目的是想通过相对少的变量来达到部分解释。试图在两三个变量的基础上解释投票意愿的政治民意调查机构使用的也就是这种方法。这并不是说研究者能够藉此预测每个人的行为，甚至也不是说全面地解释了每个人的动机。不过，有时候，它还是可以进行部分的解释。

你可能还会回想起第 1 章导言中所提到的个案式解释：我们试图充分、全面地理解某个个案。在投票这个例子中，我们可能试图尽量研究影响某个人的投票决定的所有因素。这种分析导向就是胡伯曼和米尔斯说的**个案导向分析②**

---

① 变量导向分析：描述和/或解释特定变量的分析方法。

② 个案导向分析：试图通过探讨每个细节来理解某个或几个个案的分析方法。

（case-oriented analysis）。

　　在个案导向分析中，我会更细致地探讨一个具体的个案，比如个案 005：女性、中产阶级、父母期待很高等等。不过，其中的测量也就需要很仔细了。在真正的个案分析中，我们需要分析个案 005 的所有历史：莫伦，其母亲是个社工，但是因为不能在户外工作而苦恼不堪；其父亲想要她在自家的花厂中工作。年表也很重要：两年前，就在莫伦决定做一份稳定的工作及其母亲给她一本社工学校的剪贴簿之前，莫伦最亲密的朋友决定进大学。莫伦于是决定参加兽医学习课程。（1994：436）

　　这个简缩的解说应该可以让你对这类分析有个大概了解。当然，一个完整的分析比这详尽，而且更为深入。不过，这种全面的、个案式解释不能提供一般法则。在人们为什么选择上大学这个问题上，它没有提供任何理论解释。

　　即使如此，除了深入理解某个人之外，这种方法还可以让研究者认识到研究对象经验中的关键因素，而这些因素就可能会构成更为一般性的社会概念或者变量。比如，莫伦的母亲的社工训练可以看成是"母亲的教育"。她朋友的决定可以看做是"同辈群体的影响"。更明确地说，这些都可以看做是影响进大学这个因变量的自变量。

　　当然，一个个案不可能构成一个理论——所以胡伯曼和米尔斯才会提到**跨个案分析**①（cross-case analysis）。在跨个案分析中，研究者还会涉及其他研究对象，并会考察他们生活中的全部详细信息，不过特别关注那些首要个案中的重要变量。其他研究对象的母亲的教育程度多高？哪种教育？其亲密朋友有无进大学？〖380〗

　　后继个案的主要影响变量可能会和首要个案很相似。有些个案则可能和首要个案完全不一样。这些其他个案就需要研究者挖掘其他重要变量，也就需要研究者探索为什么一些个案反映了某种模式，而另一些个案又反映了另一种模式。

草根理论方法

　　刚才描述的跨个案方法听起来应该似曾相识吧。在第 10 章关于草根理论的讨论中，我们已经看到定性研究者有时候是如何试图在纯粹归纳的基础上建构理论的。这种方法从观察而不是假设入手，它寻求发现模式并自下而上发展理论。其中没有任何的预设，尽管有些研究者会在先前的草根理论上建构理论、细化理论。

　　草根理论的发源得归功于格拉索和安瑟尔姆·斯特劳斯（1967），他们在一次医学社会学的临床研究中创建了这种方法。（你可以在网页 http：//www. groundedtheory. com/vidseries1. html 上找到格拉索关于草根理论的讨论。）自那以后，它就演变成了一种方法，不过两个创始人所走的方向就稍微有所不同了。下面的讨论所关涉的就是**草根理论方法**②（grounded theory method；GTM）的基础概念和程序。

　　除了在资料的基础上进行归纳的原则之外，GTM 还使用**持续比较法**③（constant comparative method）。在格拉索和斯特劳斯最初的表述中，GTM 包括了四个阶段（1967：105 - 13）：

　　1. "将适用的事件和每个范畴进行比

----

　　① 跨个案分析：对多于一个的个案进行分析——可以是变量导向分析也可以是个案导向分析。

　　② 草根理论方法：格拉索和斯特劳斯创立的一种归纳方法。在这种方法中，理论只来自于资料而不是演绎。

　　③ 持续比较法：草根理论的一个构成部分，就是说观察之间相互比较，并将观察和建构中的归纳理论进行比较。

较"。格拉索和斯特劳斯在研究医护人员对她们照料下的病人的可能死亡的反应时，发现医护人员将病人的逝世归因于"社会过失"。在某个个案中出现这个概念的时候，他们就开始在其他个案中搜寻相同的现象。当他们发现这个概念出现在好几个医护人员中时，他们就比较了不同的事件。这个过程和第 5 章的概念化过程——明确那些得自资料的概念的本质和维度——很相似。

2. "合并分类及其特性"。在此，研究者开始注意概念之间的关系。比如在对社会过失进行衡量时，格拉索和斯特劳斯发现医护人员尤其注意病人的年龄、教育以及家庭责任。一旦这些关系显露出来，研究者就要注意这些概念了。

3. "划定理论的界限"。最后，随着概念之间的关系模式清晰化了，研究者就可以忽视最初关注的但又和研究显然不相关的概念。除了减少分类之外，理论本身也会变得简单。比如格拉索和斯特劳斯在对社会过失的分析中，就发现评估过程可以概化到医护人员和病人之外：所有的医院人员都是以这种方式来对付所有病人的（不管死的还是活的）。

4. "组织理论"。最后，研究者必须将他的或她的发现变成文字以和他人分享。或许你已经有过相关的经验：将你对某事的理解和他人交流有助于你修改甚至改进你对该主题理解。在 GTM，写作阶段被认为是研究过程的一部分。本章的后一部分（在论文集中）会进一步详细讨论这个话题。〖381〗

这个简短的回顾或许可以让你对草根理论有个大概印象。跟 GTM 相关的很多技术都可以在印刷资料或是网页上找到。其中一本很关键的出版物是斯特劳斯和科宾的《定性研究的基础》（*Basics of Qualitative Research*，1990）。这本书细化并扩展了格拉索和斯特劳斯的原著。在网站上，你也可以搜索"草根理论"。

需要注意的是，GTM 也只不过是定性资料的一种分析方法。在这一节的剩余部分，我们还会提到其他集中专业技术。

符号学

符号学① （semiotics） 被界定为是"符号科学"，它与符号和意义有密切关系。符号学通常应用在第 11 章所讨论的内容分析中，不过也可以应用在很多研究背景中。

曼宁和库浪 – 斯万 （Peter Manning and Betsy Cullum-Swan，1994：466） 对符号学的实用性作过论述："符号学基于语言，而语言只不过是具有不同程度的一致性、应用性和复杂性的多种符号体系中的一种。摩尔斯式电码、礼节、数学、音乐甚至高速公路上的指示牌都是语言体系的例子。"

任何符号本身并没有内在意义，意义只存在于思维之中。所以，符号的特定含义都是对于特定的人而言的。不过，我们对特定符号的含义所取得的认同使得符号学成为一门社会科学。就像曼宁和库浪 – 斯万所指出的：

> 比如，照以前的惯例来说，百合意指死亡、复活节、复苏。吸烟意指香烟和癌症，玛丽莲·梦露意味着性感。每一种这种联系都是社会的、任意的，所以在内容和表达之间也就存在多种关联。（1994：466）

---

① 符号学：对符号以及与符号相关的意义的研究。通常应用在内容分析中。

为了更好地探求这种关联，你可以看看图 13-1 中的符号和意义之间的关系。我十分相信你知道答案，因此我也就无须给出答案了。（好的，你应该说 1c，2a，3b，4e，5d。）我想问的是：这些符号和它们的意义之间有什么联系？你可以写封邮件问问火星上的社会科学家。（你还可以附上情绪肖像。）

符号	意义
1. 猩猩木	a. 好运气
2. 马蹄铁	b. 第一名
3. 蓝丝带	c. 圣诞节
4. "干杯"	d. 行动
5. "瘸腿"	e. 对着照片笑

图 13-1　符号和意义的匹配

毫无疑问，图 13-1 中的每一种关联的背后都有一个故事，你和我所"了解"的意义都是社会地建构的。符号学分析包括了对有意识地或者无意识地附在符号上的意义的寻求。〖382〗

请看俄勒冈州波特兰的一个酒店大厅里的一个符号，见图 13-2。这些模糊的符号表示的是什么意思？第一层想要表达的似乎是美国最新的禁烟运动。那些想要吸烟的客人们可就要对不起了：这是一个健康的场所。同时，第二层意思是酒店也不希望对吸烟者不友好：吸烟者还是可以找到吸烟区的。任何人都不会觉得被排斥了。一个市场范式比一个逻辑范式能够更好地理解这个符号。

当然了，符号学所对付的"符号"可远远不止这些。事实上，绝大部分都不是这样的。任何表示了一定意义的东西都是符号。符号包括商标、动物、人和消费品。有时候，符号主义的分析就很灵巧。戈夫曼（Erving Goffman）在《性别广告》（*Gender Advertisements*，1979）中的

图 13-2　混合符号？

分析就很经典。戈夫曼的注意力集中在杂志和报纸上的广告图画。广告的公开目的显然是为了销售产品。但戈夫曼的问题是：广告还宣传了什么？尤其是，在男性和女性方面，广告说了些什么？

通过分析同时包含了男性和女性的图画，戈夫曼对其发现感到相当震惊：男性往往都比女性高大。（事实上，在很多情况下，广告中的图画都成功地传达了这样一种信号：女人附属于男人。）最常见的一个解释是：平均来看，男人比女人重也比女人高。但是戈夫曼的解释模式却意味着完全不同的含义：尺寸和位置意味着地位。更大、更高表示更高的社会地位——更有权力和权威（1979：28）。戈夫曼认为广告所传达的意思是男人比女人重要。

在弗洛伊德"有时候雪茄就是生殖器"（他是一个烟民）的观点看来，你何以能够判断广告所传达的只是生物上的差异还是有关社会地位的信息？部分地，戈夫曼的结论也基于对例外的分析。在那些女人显得比男人高的图画中，男人都是低社会地位的代表——比如主妇旁边的厨师。这就证实了戈夫曼关于尺寸和高度代表社会地位的主要观点。

对图画中不同高度的男人的分析也得出同样的结论。那些具有较高地位的男人通常都会高点，不管是跟侍应说话的绅士，还是向其助手指点工作的老板。在那些实际高度不明显的地方，戈夫曼指出头在图画中占有重要地位。助手蹲伏着，而老板是侧靠在他的上方。仆人的头是低垂的，并且低于主人的头。

广告暗示的信息是，广告中人物的头位置越高，他就越重要。在大多数有男人和女人同时出现的广告中，可以清楚地看出来，男人被刻画得更重要。不管是有意还是无意，广告中所隐含的信息就是男人比女人更强大，拥有更高的

地位。〖383〗

除了物理尺寸的差异之外，戈夫曼还比较了其他几种差异。男人一般都是能动角色，而女人则多半是被动角色。医生（男性）检查孩子，而护士（女性）或者母亲则在一旁看着，一般还是满脸的钦佩。一般都是男人在指导女人打网球（而且男人的头还总是高出一点）。男人紧握烈马的缰绳，而女人则骑在男人的身后并紧抱男人的腰。女人是抱着足球，而男人则在踢球。男人在拍照，而女人则在照片里。

戈夫曼认为这种图示模式微妙地维持了性别刻板印象。虽然人们公开说支持性别平等，但是这些广告图画却以一种并不显眼的方式建立了男女"正当角色"的从容背景。

谈话分析

常人方法学试图揭示社会生活中隐含的假设和结构。**谈话分析**①（conversation analysis，CA）就是试图通过认真审查我们谈话的方式来达到这个目的。在第 10 章关于常人方法学的探讨中，我们已经看过了谈话分析的一些例子。在此，我们将进一步深入探讨这种技术。

西沃曼（David Silverman, 1999）通过总结其他 CA 理论家和研究者的成果，提出了三个基础性假设。首先，谈话是一种社会建构的活动。跟其他社会结构一样，谈话建构了行为规则。比如，对方都期待我们做出回应，而且不要打断人家说话。在电话谈话中，应接电话的人一般应该先说话（比如"喂"）。不信的话，什么时候你接电话的时候不说话，你就可以证实这一规则的存在了。你或许还记得这正是常人方法学家倾向

---

① 谈话分析：对谈话细节的仔细分析，这种方法建立在详尽记录——包括休止符、感叹词、支吾声等——的基础上。

于要做的事情。

其次，西沃曼指出谈话必须放在背景中来理解。在不同的背景下，同样的话语会有完全不同的意义。比如，"你也一样"跟在"我不喜欢你的外表"或"玩得开心"之后就会有完全不一样的含义。

最后，CA 的目的是要通过分析精确、详尽的谈话记录来理解谈话的意义。这种记录是相当折磨人的，不仅需要准确地记录词语，还要准确记录所有的啊、嗯、不正确的语法和停顿等等。事实上，停顿有时候一秒钟就会将近 10 次。

这种分析的实际应用有很多。比如，亲讷尔和马娅纳德（Ann Marie Kinnel and Douglas Maynard，1996）分析了艾滋病病毒测试中心的职员和病人之间的谈话，以探索人们是如何交流关于安全性生活的信息的。她们发现职员倾向于提供标准化的信息而不是直接针对病人实际的具体情况。而且，他们似乎还不太愿意就性问题给出直接建议，而就只满足于信息。

这些讨论应该可以为你提供定性分析方法的大概。现在，我们来看看一些在定性研究中通常会用到的资料处理和资料分析技术。〖384〗

定性资料处理

在这一节的开篇，我就要提出一个警示。定性分析既是一门科学，也是一门艺术。根本就不存在什么可以保证成功的僵化步骤。

这跟学习如何画水彩画或者谱写交响曲很相似。教育对于这两种活动来说无疑是可行的，而且大学里也基本上都有这两门课程。每门课程都有其惯例、技巧甚至秘密。不过，指导所能做到的也就是这些了。最后的结果如何还是得看你自己。定性资料处理也是如此。

这部分内容包括了定性资料的编码、撰写备忘录和勾画概念图。虽然这些内容还无法告诉你"如何"动手，但起码能够帮助你发现定性资料的一些规则。

编码

不管你是在参与观察、深度访谈、收集传记材料、进行内容分析，还是其他形式的定性研究，你都要面对大量的资料——而且基本上都是文本形式的素材。你该怎么办？

在分析定性的社会研究的资料过程中，一个关键的过程就是编码——就是对个体的信息进行分门别类，此外还有一些检索系统。这些程序可以让你在心血来潮的时候找到那些相关的素材。

假定你正在记载社会运动的发展。你想起要记录关于该运动发源的细节。这个时候你就需要这些信息了。如果你所有的记录都根据主题分类了，那么你就可以直接、轻松地找到相关素材。一个简单的编码和检索格式，起码要求在文件夹上写明其相关的主题，比如"历史"。在这个例子中，资料检索指的就是抽出"历史"这个文件夹，并在其中搜寻你所需要的记录。

在本章的后面部分你还会看到，在一些相当精致的电脑程序的帮助下，这个检索过程会更快、更可靠、更精确。你不仅可以浏览"历史"档案，你还可以直接浏览"最早的历史"或者运动的"创建"。

编码还有另外一个更为重要的目的。就像前面所讨论的那样，资料分析的目的是要发现资料之间的模式——指向对社会生活进行理论性理解的模式。编码和概念之间的关联对于这一过程来说是相当关键的，它需要的是一个相当精确的系统，而不是简单的统计文件夹。在这一节，我们假定你是进行手工编码。而这一章的结论部分则会介绍电脑程序在定性资料分析中的应用。

编码单位

你应该还记得此前有关内容分析的讨论：在编码之前先明确分析的标准化单位，对于统计分析来说是相当重要的。比如，你要比较美国小说和法国小说，你可以对其中的句子、段落、章节或者整本书进行评估和编码。而且，对小说中的同一单位进行编码非常重要。这种一致性是定量分析所必需的。只有对每一小说中的同一单位——段落——都进行同样的编码，我们才能够做出类似于"23% 的段落包含了比喻"这样的总结。

不过，定性分析中的资料编码则很不一样。概念才是定性编码的组织原则。在一个给定的文档中，适合于进行编码的文本单位也有多种。在一项组织研究中，"规模"的每个编码单位可能只需要几个单词，而"任务"则可能要占上好几页。或者，关于热烈的股东大会的长篇描述也可以编码成"内部意见分歧"。

同时还要认识到既定的编码分类可以应用到长短不一的文本素材。比如，某些关于组织任务的介绍可能很简短，而有些则很长。在定量分析中，标准化是一个关键原则，但在定性分析中，则不是如此。〖385〗

手工编码

在继续编码的逻辑之前，我们先花点时间来看看现实是怎么样的。约翰和罗浮兰（1995：188）对手工文档整理进行过这样的描述：

> 在 20 世纪 80 年代末，个人电脑普及之前，编码都是手工操作。研究者都需要建立一个很庞大的文件夹，其中都会有一个编码簿——这个编码簿要么搁在资料中间，要么就在某个合适的文件夹中间……在影印普及之前，一些田野工作者还用复写纸来复印他们的田野记录，并在记录的复印件的空白处标上编码，然后用剪刀剪下来。接着，他们就将这些纸片搁在相应的文件夹中。

就像罗浮兰所指出的那样，个人电脑大大简化了编码工作。不过，包含着文字内容并代表着编码分类的纸片，对于理解编码过程还是很有帮助的。在下一部分，当我建议我们对一段内容进行某种编码时，你就可以在脑海中想象：我们将这段内容印在一张纸片上，并将这张纸片搁在相应的文件夹里。如果我们赋予了该段内容两个编码，则可以说我们将这段内容复制成两份并分别搁在代表了这两种编码的文件夹里。

建立编码

那么，你该如何分类？格拉索和斯特劳斯（1967：101f）还考虑到了出于检验得自己有理论的假设这个目的，而对资料进行编码的可能性。在这种情况下，编码就是由理论决定的，而且通常是以变量的形式出现。

不过，在这一部分，我们将继续关注**开放编码**①（open coding）、轴心式编码和选择式编码中更为普通的过程。斯特劳斯和科宾（1990：60）将开放编码界定为：

> 为了揭示、发展和命名概念，必须开放文档，将其中包含的思想、见解展示出来。没有这个基础性的第一步，后面的分析和交流就不可能实现。在开放编码中，资料被分解成不连续的各个部分，并进行严密的分析、比较异同。在本质上或在意义上有关联

———————

① 开放编码：在定性资料分析中，对概念的初始分类和标注。在开放编码中，编码是由研究者对资料的检验和质问决定的。

的事件，事物和行为都会归在相同的但更抽象的类目下。

开放编码只是资料分析的逻辑出发点，资料分析很快就会受到三种编码的反复互相作用。首先研究文档的某一主体部分（比如采访的一部分），通过反复阅读，找到其中的主要概念。任何一篇特定资料分配几个编码，反映同等数量的概念。下面是一个受访者所说的话，他的身份是学生，请注意其中的概念：

> 我认为，教授至少应该给我部分学分，因为我还交过作业。

显而易见的编码是：教授、作业和打分。开放编码的结果是找出与研究对象相关的众多概念。需要进行开放编码的文档越多，编码的数量也就越多。

轴心式编码的目的是找到研究中的核心概念。尽管轴心式编码使用的是开放编码的结果，在其开始后仍然可以继续使用开放编码寻找概念。轴心式编码包括对资料进行重新归类，其中，可以使用开放编码的类目寻找更具分析性的概念。比如，刚才上文提到的例子中也包括"对公平的理解"这一概念。它可能会在对学生的采访中频繁出现，因此，它可以作为理解学生关注点的重要因素。出现在这一句话中的另外一个轴心式编码是"权力关系"，因为可以看到，教授在对学生施加影响。〚386〛

选择式编码的目的是找出研究中的核心编码：与其他编码相关的编码。上文提到的两个轴心式编码可以构建成更为宽泛的概念："教授—学生关系"。当然，在实际的资料分析中，我们讨论的决定是基于众多的文本资料的，而不是基于单独的引述。草根理论方法的基本理念是，关系的模式能够通过广泛深入地检查、观察结果总结出来。

下面就是一个说明你如何进行这一过程的具体例子。假定你想知道人们为什么那么憎恶同性恋。你调查了一些反对同性恋者的态度，这些人还引用了一些宗教基础来佐证他们的感情。更为具体的是，他们还引用了《利未记》（修订标准版本）中的一些段落。

> *18：22* 你不应该像和一个女人睡觉那样和一个男人睡觉；这是一件让人感到憎恨的事情。

> *20：13* 如果一个男人像和一个女人睡觉那样和一个男人睡觉，那么他们两个都做了一件令人憎恨的事情；他们都应该被判处死刑，并将他们的血洒在他们身上。

虽然这里表达的观点似乎比较模糊，但你可以在一个更深的角度来分析其观点。对《利未记》的定性分析可能会有助于对那些反对同性恋的禁令有一个更为丰富的理解：他们这种态度是与犹太教和基督教所共有的道德教条相吻合的。

我们先来分析一下上面所引用的两段内容。我们可以将这两段编码为"同性恋"。这显然是我们分析中的一个核心概念。只要我们关注到在《利未记》中的同性恋话题，我们就不能忽略这两段。

同性恋这个概念实在是太重要了，我们需要更加仔细地来看看其在研究中的含义。我们对同性恋的初始定义是：男人"像和女人睡觉那样"和男人睡觉。虽然一个律师可能会说，"我认为，如果我们事实上并没有躺下……我们还是可以认为上面所说的睡觉就是指发生性关系，虽然我们无法判定睡觉这个词究竟包含了哪些具体的行为"。

不过，需要注意的是，禁令似乎只注意到男同性恋；而女同性恋则没有被提及。在我们的分析中，这两段都可以编码为"男同性恋"。这说明了编码的两个重要方面：（1）每一单位可以有超过一个的编码，和（2）等级编码（一个包含了另一个）。上面的两段就是都有两个编码。

此外，还可以用一个更一般化的编码："被禁止的行为。"这个编码很重要，因为：首先，从分析的立场来说，同性恋并不是什么天生的错。研究的目的是要探讨宗教教条是如何禁止这种行为并将其看做是错的。其次，我们对《利未记》的研究还会卷入其他被禁止的行为。

在刚才引用的两段内容中，至少还有两个更为重要的概念："憎恨"和"判处死刑"。需要注意的是，尽管这显然是和"被禁止的行为"相关的，但绝不是完全一样的。停车不付钱这种行为是不允许的，但是很少人会憎恨这种行为，更不会有人说要将这种人判处死刑。我们可以给这两段赋以两个新编码。

我们想在这关键两段的基础上展开，并探讨《利未记》中的其他内容。我们接着就给其他的章节编码。在接下来的分析中，我们将会用到前面的那些编码并适当地增加新的编码。在我们增加新编码的时候，我们还需要回顾先前的章节，以判断新的编码是否能够应用到那些章节中。〖387〗

下面就是那些我们决定要编码为"憎恨"的段落。（表明"憎恶"部分的文字用黑体字标出）

7：18　作为祭品的肉如果在第三天才**被吃掉**，那么那些供奉这些肉的人就不会被接受，也不可信；这是一件令人憎恨的事情，而那个吃肉的人也将承受这种罪行。

7：21　任何**触摸了不干净事物的人**，不管是不干净的人还是动物还是其他不净的可憎事物；**然后又吃了为企求和平而供奉给神的肉的人**，都应该被隔绝人世。

11：10　河里或海洋里任何没有鳞的生物、水中的浮游生物和水中有生命的生物，都是你应该憎恨的对象。

11：11　它们对你来说都是值得憎恨的：**它们的肉是你所不能吃的，其尸体也是你憎恨的对象。**

11：12　水中任何没有鳞的东西都是招人憎恨的东西。

11：13　这些鸟你也应该憎恨：你**所不能吃的就是可憎恨的：老鹰、秃鹰、鱼鹰。**

11：14　风筝和猎鹰也属于此类。

11：15　所有的**大乌鸦**也都属于此类。

11：16　鸵鸟、夜莺、海鸥和鹰都属于此类。

11：17　猫头鹰、鸬鹚、朱鹭。

11：18　水鸡、鹈鹕、腐烂的秃鹰。

11：19　鹤、苍鹭也属于此类，还有戴胜鸟和蝙蝠。

11：20　**所有四肢着地的**、带翅膀的昆虫都是可憎恨的。

11：41　所有地球上的**浮游生物**都是可憎恨的事物；是不能吃的。

11：42　所有带有腹部的、所有四肢着地的、**所有很多脚的**、所有群聚的，你都不能吃；它们都是可憎恨的。

11：43　你不要因为这些**群聚生物**而使得自己被憎恨，也不要因为这些东西而玷污了自己，除非你不干净了。

18：22　你不应该**像和一个女人睡觉那样和一个男人睡觉**；这是一件让人感到憎恨的事情。

19：6　在祭品供出来的当天，或者第二天，就应该吃掉；如果留到第三天之后，就应该烧掉。

19：7　如果**祭品在第三天被吃掉**，这就可以憎恨；是不可接受的。

19：8 每一个吃了的人都有罪行，因为他亵渎了神圣的事物；这个人也应该被隔绝起来。

20：13 如果**一个男人像和一个女人睡觉那样和一个男人睡觉**，那么他们两个都做了一件令人憎恨的事情；他们都应该被判处死刑，并将他们的血洒在他们身上。

20：25 所以，你应该区分干净的畜生和不干净的畜生、干净的鸟和不干净的鸟；你**不要因为这些畜生和鸟而使自己遭人憎恨**。

可见，男同性恋不是《利未记》中惟一被憎恨的事情。你在比较这些段落时，仔细比较其中的异同，你很容易发现绝大多数的憎恨都和饮食有关——尤其是那些被看做是"不干净的"食物。其他憎恨则跟祭品的处理不当有关。"饮食规则"和"仪式祭祀"就成了在我们的分析需要用到的额外概念和编码。〖388〗

在前面，我已经提到将死刑作为我们的分析中需要探讨的概念。在这种方法的指导下，我们发现除了男同性恋之外，还有很多行为都会被判处死刑。其中包括：

20：2 将你的孩子奉献给闪米族的神（人祭）。

20：9 诅咒你的父母。

20：10 与你邻居的妻子通奸。

20：11 与你父亲的妻子通奸。

20：12 与你的儿媳妇通奸。

20：14 同时娶妻子及其母亲。

20：15 男人和动物发生性关系（动物也要处死）。

20：16 女人和动物发生性关系。

20：27 通灵或者神汉。

24：16 亵渎神灵的名字。

24：17 杀人。

你会看到，在《利未记》中死刑是被广泛采用的：从诅咒到谋杀，还包括男同性恋。

一个关于禁止行为的扩展分析——不包括憎恨和死刑——也包括了很长的一个列单，其中包括诽谤、复仇、吝啬、诅咒耳聋者和在盲人前边搁置障碍物者。在《利未记》中的 19 章 19 节，引用了神灵的命令："你不要给你家的牛喂不一样的东西；你不要在一块地上种两种作物；你的外衣也不要用两种衣料来做。"紧接着他还说，"你不要吃任何带血的肉。不要去占卜也不要相信魔法。不要在鬓角上卷发，也不要损坏你的胡须"。虽然《利未记》没有禁止穿耳洞，但文身确实禁止的。所有这些相关的内容都可以编码为"被禁止的行为"，当然也还可以有其他编码（回想一下"饮食规则"）。

我希望这个简短的分析能够让你对编码的产生和应用有所了解。你也应该开始留意编码何以能够让你更好地理解文本中的信息，并能够让你在需要的时候检索信息。

备忘录

在草根理论方法中，编码过程可不止包括对文本的简单分类。当你对资料进行编码时，你还需要用到**备忘录**①（memoing）——为自己和项目中的其他人撰写备忘录或者记录——这种技术。你在分析中所写的部分内容还可能成为你最终报告的一部分；其中的大部分内容起码也会刺激你的写作。

在草根理论中，这些备忘录尤其重要。斯特

——————

① 备忘录：即在定性研究（如草根理论）中所作的记录，它是分析资料的一部分。备忘录既可以描述、界定概念，涉及方法论问题，或者提供初始的理论陈述。

劳斯和科宾（1990：197f）区分了三种类型的备忘录：编码记录、理论记录和操作记录。

编码记录将编码标签及其意义对应起来。编码记录相当重要，因为我们所用到的每一个名词的意义都可能不同于其日常意义——这在所有的社会研究中都是如此。所以，就很有必要记下你的分析中所用到的编码所对应的清晰含义。比如，在《利未记》分析中，你可能需要一个编码记录来指示憎恨的含义以及你是如何在你的文本分析中使用编码的。

理论记录覆盖了很多主题：维度和概念的深层含义的反映，概念之间的关系，理论假设等等。我们都需要不断地思考事物的本质，并试图发现本质、理解其中的意义。在定性资料的分析中，记下这些想法是至关重要的，即使是那些后来被发现是无用的东西。它们在长度上也会有很大差异，但是为了能够分类和组织，你应该将其归纳为单一的主要想法。在《利未记》分析中，就需要一个理论记录来讨论这些禁令主要谈及男性的行为而很少谈及女性行为这一现象的隐含方式。

操作记录所关注的主要是方法论问题。其中部分会关注资料收集环境，这对后面理解资料也有关系。还有一些则是指向以后的资料收集的记录。〖389〗

备忘录的撰写是贯穿于整个资料收集和分析过程的。这样，当你重读记录或者抄本、文本的编码，或者和其他人讨论方案的时候，以前的想法又会浮现在你眼前。要养成这样一个好习惯：一有想法就马上记下来。

约翰和罗浮兰（1995：193f）的分类则多少有所不同。他们所说的备忘录主要是跟最后的写作阶段相联系的。基础性备忘录是：

> 某相对具体的事件的详尽分析透视图。工作人员可以写下一个或者几十个甚至更多的备忘录，这取决于不同的方案规模。备忘录建立在选择性代码和编码的基础上，它是整个方案的弹药库。（1995：194）

分类备忘录是建立在几个基础性备忘录基础之上，并代表了分析中的核心主题。一旦有想法，我们就可以建立基础性备忘录，无须特定的意义和理由；而我们撰写分类备忘录则是要发现或者建立资料之间的关系。一个分类备忘录能将一组相关的基础性备忘录联结起来。而几个不同的分类备忘录也就可以对应方案中的不同方面。

最后是综合备忘录。综合备忘录将几个分类备忘录串联起来，并由此突现整个研究的内在逻辑。它讲述了一个连贯的、全面的故事，并将其投影在理论背景上。不过，任何一个真实的计划都可以有很多不同的结果。所以，资料分析也可以有好几个综合备忘录。

注意：虽然我们经常将协作看做是一个从开始到结论的线性过程，但备忘录却远不是这样。它实际上是一个创造争议和混乱的过程，并最终发现其中的规则。

要想进一步探讨这个过程，就需要参考上述讨论和本章末尾中所引用的研究。你还可以在网站上找到大量的相关资料。比如，你可以在 http://www.vlsm.org/gnm/gnm-gtm3.html 上找到格拉索有关撰写备忘录的规则。最后，要想真正把握这个过程，最好的途径还是实践。即使你手头上没有研究计划，你也可以先写写课堂记录，或者找一篇期刊文章并对其进行编码。

概念图

现在我们已经很清楚地知道了，在定性资料分析中需要花费大量的时间将想法记在纸（或者电子文档）上；不过这个过程还不只限于文字。要是将一些概念搁在一个图表上——这个过程就是**概念图**①（concept mapping）——的话，我们常常能够更好地发现概念之间的关系。有些研究者喜欢将其主要概念搁在一张纸上，而有些研究者则将其概念搁在好几张纸上、黑板上、电子文档或者其他媒介上。图 13-3 展示了我们是如何将一些概念（戈夫曼解释性别和广告的关系时用到的）联结起来的。（这个图是由一个名为"灵感"的电脑程序创建的。）

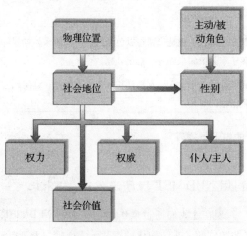

图 13-3　概念图举例

顺便提一下，本节所讨论的很多主题不仅适用于定性分析，也适用于定量分析。的确，概念图对于两种类型的分析来说都是适用的。几种类型的备忘录也同样适用于两者。而有关编码的讨论也适合于开放问卷，尽管后者是为了统计分析和定量分析而设计的。（在下一章关于定量资料的讨论中我们还会提到编码。）知道了定性技术和定量技术存在交叉之后，现在就可以来介绍个人电脑了。个人电脑主要用于定量研究但是对定性分析同样很有帮助。〚390〛

定性资料的电脑处理

电脑的出现——大型机和微机——给定量研究带来了无穷的恩惠。它使得我们可以快速完成极其复杂的统计。不过，电脑对定性研究的重要性则多少有点被忽视了。一些定性研究者相当迅速地利用电脑来处理非数字化的任务，不过利用的都是些电脑的基本功能罢了。那些符合定性研究特定需要的电脑程序的出现就晚多了。不过，今天已经有了好几个强大的电脑程序可以用了。

我们先来看看定性研究中可能利用基本的电脑工具的一些方式。可能只有那些还使用复写纸的人才会在这个层次上利用电脑了。"更简便的编辑"和"更快捷的复制"远远没有抓住这种进步的核心。

除了基本的资料记录和储存、简单的文字处理程序之外，利用"查找"或"搜寻"命令可以让你很快就跳到包含关键词的那一段内容。进一步地，你还可以在段落旁边标上编码，这样你就可以搜寻这些关键词。

在定性资料分析和处理中，也可以使用资料库和电子数据表程序。图 13-4 就简单地说明了如何利用电子数据表来处理《利未记》中的章节内容。左边的三列代表的是我们所讨论过的三个概念。"X"的意思是说右边的内容包含了该概念。这样，就对那些关涉到死刑的段落进行了归类。另一个简单的"分类"命令同样可以对关涉到性、同性恋或者其他编码概念的段落进行分类。

这个简短的举例说明了在定性资料分析中

① 概念图：概念以及概念之间的关系的图表表示。概念图在理论形成过程中很有帮助。

性别	同性恋	死亡	诗节	段落
×	×	×	20：13	如果一个男人像和一个女人睡觉那样和一个男人睡觉，那么他们两个都做了一件令人憎恨的事情；他们都应该被判处死刑，并将他们的血洒在他们身上。
×		×	20：12	如果一个男人与其儿媳妇通奸，那么两人都要处死；这是乱伦，将他们的血洒在他们身上。
×		×	20：15	如果男人和动物发生性关系，那么处死他；动物也要处死。
		×	20：09	任何一个人，如果诅咒其父母，都要处死，并将他们的血洒在他们身上。
		×	20：02	不管是以色列人，还是逗留在以色列的任何其他人，如果他将他的孩子奉献给闪米族神，都要处死。
×	×		18：22	你不应该像和一个女人睡觉那样和一个男人睡觉；这是一件让人感到憎恨的事情。

图 13-4 定性分析的电子数据表

利用快捷的电脑程序的可行性。很高兴，还有很多专门的程序。下面是英国的苏雷大学（http：//www. soc. surrey. ac. uk/sru/SRU1. html）的社会学家所列出的程序清单：

The Ethnograph

HyperQual

HyperResearch

HyperSoft

NUD*IST

Qualrus

QUALOG

Textbase Alpha

SONAR

Atlas. ti

该网站还对每一种程序做了简要的介绍，此外还有价格和联系方式。〚391〛

利用 NUD*IST 程序来分析《利未记》

现在让我们通过操作刚才提到的 NUD*IST（非数值的、非结构化的资料，索引搜寻和理论建立）程序，来看看定性资料分析程序是如何运作的。虽然每种程序的特点和分析方法都多少有点不同，不过 NUD*IST 程序是最流行的程序而且很有代表性。我们会先对《利未记》进行简短分析，然后我们还会分析一个关注女性电影导演的研究。

我们可以在 NUD*IST 中直接输入需要编码的文本素材，不过在一般情况下，文本素材都是已经有了的——比如田野记录，此处以《利未记》中的章节为例，这些内容都可以直接传输到程序中。菜单命令使得这个操作相当简单快捷，不过就是要求文本必须是很简单的格式（也就是说，没有文字处理或者其他格式）。

图 13-5 展示了文本在 NUD*IST 中的显示。

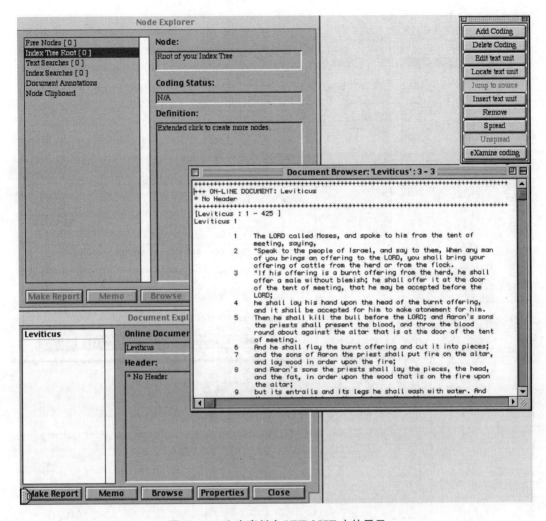

图 13 – 5　文本素材在 NUD * IST 中的显示

在这一节的图示中，我使用的是 NUD * IST 的麦金托什机（Macintosh）版本。而在电影导演的图示中，我会用 Windows 版本。这样你也就可以比较两种界面的异同。

在"文件打开"窗口选择文档，并点击"浏览"，你就可以看到该文档。文档窗口的大小和位置都可以调，你可以选择你喜欢的尺寸和位置。

需要注意图示中右上角的按钮。通过这些按钮你可以选择部分文档内容进行编辑、编码或者进行其他操作。

现在我们可以创建一个概念编码："同性恋"。它代表的是男同性恋。图 13 – 6 展示了创建概念编码的过程。

我们为四个概念创建了编码之后，就可以对文本素材进行编码。图 13 – 7 展示了这个过程。

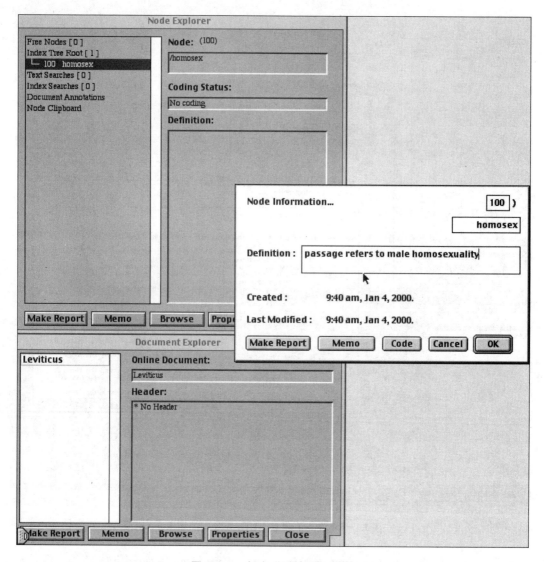

图 13 – 6 创建"同性恋"编码

在文档浏览中，你可以看到 22：13 已经被选中（见其周边的方框）。然后点击"增加编码"键（没有包含在图中）。这时电脑就会要求我们指定合适的编码。最简单的方法就是点击"浏览"键，你就会看到当前的编码列表。在例子中，我选择了"同性恋"并输入了编码 ID（100）。

文本素材一旦编码完毕，该程序就可以进行分析了。一个简单的例子是，我们可能想汇总所有被编码为"同性恋"的段落。通过这个程序我们可以立即看到结果，并寻找其中的异同。

图 13 – 8 显示了 NUD*IST 是如何汇总关于男同性恋的段落的。而你所需要做的就是在"节

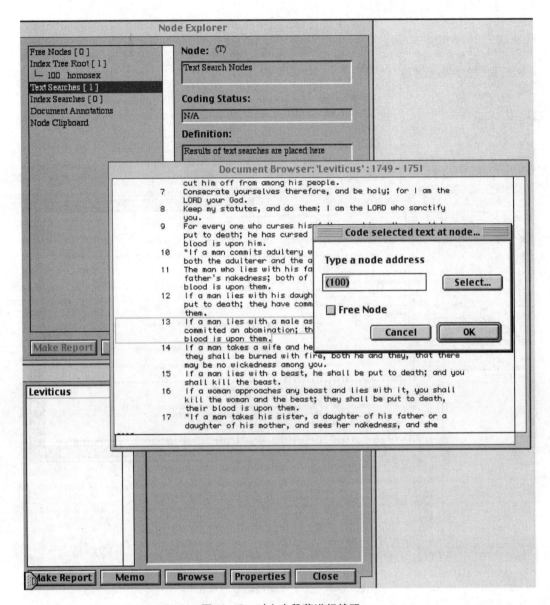

图 13-7　对文本段落进行编码

点打开"窗口中选择编码名字并点击"进行报告"键。〖392〗

　　这个简单的例子展示了为定性资料分析量身做的电脑程序的功能。为了进一步了解其功用，我们继续看看另一个不同的研究案例。〖393〗

左毕波：利用 NVivo 理解女性电影导演

　　左毕波（Sandrine Zerbib）是一个法国社会

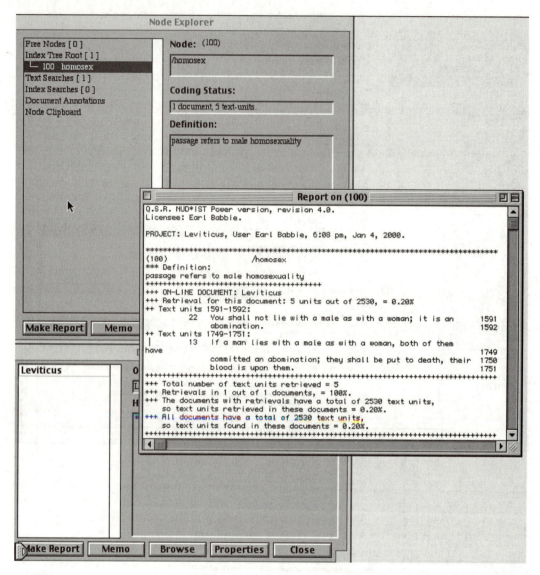

图 13－8 关于"同性恋"的报告

学家。她对在电影世界中打破男性导演一统天下这种局面的女性导演所面临的特殊困难很感兴趣，并试图进行了解。在研究中，她对 30 个女导演进行了深度访谈。汇编了好多小时的访谈记录之后，她利用 NUD*IST 来进行分析。我们先来看看她自己的描述：

很多定性分析的软件都可以帮助研究者同时分析来自不同访谈者的好几个访谈。不过，我发现在 NUD*IST 中先开始一个重要访谈的效率更高。你需要转录你的访谈或者至少应该预先读，这样你才能够选到你认为最有成效的访谈。你应该相信自己，因为你正在成为你所研究的领域的专家；而且对访谈进行比较、对照，也会帮助你判断你分析的准确性。

在访谈了 30 个女性电影导演之后，我对主题已经有了一定的感觉，因为这种感觉在每个访谈中都不断出现。不过，我仍然需要一个工具来综合这些访谈内容和我的感觉。我从跟 Joy 的访谈开始。我在记录中就已经写过要将跟她的访谈作为分析的基点。Joy 是相对年长的一个，她似乎有强烈的观点要表达。

图 13-9 是我跟 Joy 的访谈的纯文本内容。（窗口中只能看见部分内容。）

在你自己进行编码的时候，记住 NUD*IST 只会读文本文档。所以你没有必要在你的访谈记录中用太花哨的格式，所有的格式都是不必要的。在这个基础上，你就可以开始编码了。你可以简单地突出某些词汇、句子或者段落，并加上注（也就是编码）。第一步是建立"自由编码"，也就是相互独立的编码。你还必须决定每个编码所强调的文本内容量。不过你需要记得在研究报告中也使用这些引用。你还需要对整个访谈进行拆分。尽量不要遗漏任何东西。你一不小心就会忘记引用，因为你很快就会找到一个更好的。

建立了编码之后，你首先就想使用这些可能还包含了其他潜在编码的宽泛分类。但你还想让你的编码体系更为具体点，这样效度会更好。比如，在图 13-10 中，我建立了"过去"这个自由编码，因为我的访谈对象谈到，过去对于女性导演来说更是一个极大的挑战。在过去，女性导演比现

图 13-9　跟 Joy 的访谈文本

在更少。我决定对这个编码进行界定，这样我就会记得我为什么使用"过去"这个编码。

我还想用另一个自由编码"现在"。这样我就可以将"变化"搁在索引根目录下，并在"变化"之下建立"过去"和"现在"两个子编码。〖397〗

在图 13-11 中，我强调了包含着好几个内容的一段。Joy 谈到了美国导演协会（DGA，或者导演联盟），而且还更具体地谈到了该协会主席的努力。她还对性别不平等表达了其想法。在她看来，如果在好莱坞也存在对女性的偏见，那么对于女人来说，只有天赋是远远不够的。于是我决定再增加两个编码："DGA"（我需要建立的）和

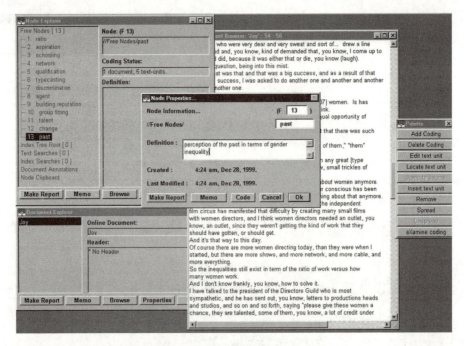

图 13－10 创建编码"过去"

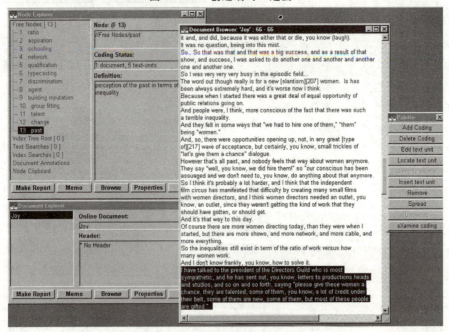

图 13－11 对访谈段落进行编码

"歧视"（我已经建立了）。

在图 13 – 12 中，我试图将一些自由编码
转变成索引树。我觉得该软件在移动编码、
重命名或者查找每个编码下的引用方面都相
当好用。你可以给你先前错误编码的引用赋
予不同的编码。我建议你最好还是在建构编
码树之前先使用自由编码，因为这样你就可
以理解分类是如何相互关联的。对其他访谈
进行编码也有助于你组织你的编码体系。

在图 13 – 13 中，我又加入了两个访谈
（Berta 的和 Queena 的）。我可以一个屏幕中
同时浏览三个访谈。由于还处于分析的初
期，我选择逐个分析这两个访谈。现在意义
就开始突现了；我开始寻找其中的模式。
NUD*IST 可以记录三个访谈中每个引用的
各种编码的数量。如果某些编码经常出现
在某个引用中，我们就可以发现哪些编码的
重叠率最高。

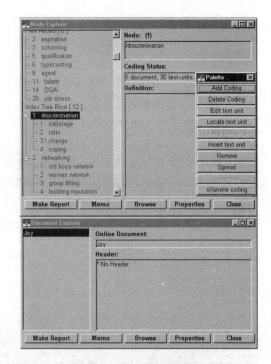

图 13 – 12 创建索引树

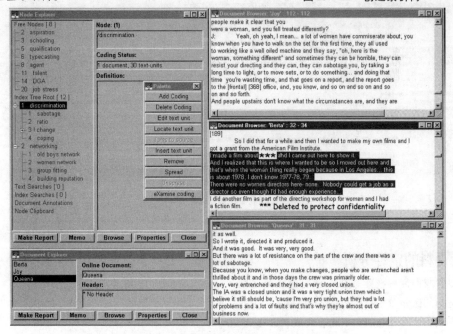

图 13 – 13 在分析中再加入两个案例

在最初的观察中，我发现"怠工"是 Joy 和 Queena 比较常用的词。于是我决定看看所有包括了"怠工"这个编码的引用。图 13 – 14 显示了 NUD*IST 所给出的报告的第一页。该程序搜索了所有在线文档中包含了"怠工"（"歧视"的子编码）的引用。它还显示了指派给每个文本单位的数字，这样我们就可以回去看整篇文档背景下的引用。

上面所提到的过程只不过是这个程序的一部分功能而已。在使用之前，你还要花费一定的时间去学习这个软件。对我有用的软件不一定适合你。在市场上有很多定性研究分析软件；去找找适合你需要的吧。〖398〗

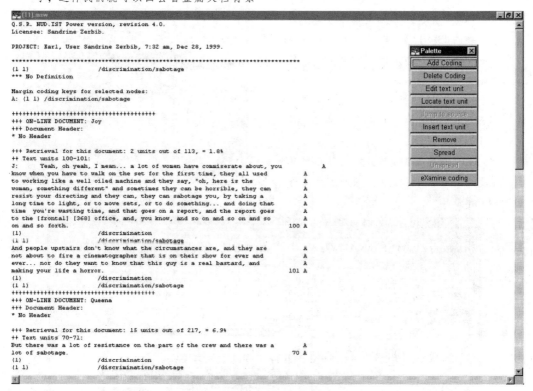

图 13 – 14　分析编码"怠工"

定量资料的定性分析

尽管我们需要在定性研究和定量研究之间做出适当的区分，并经常分别讨论这两者，但我丝毫不认为这两者之间是不相容的或者对立的。除非这两种模式你都能运用自如，否则你作为

社会研究者的潜在能力就会受到限制。

在第 14 章，我将介绍一些可以加强定性研究的定量分析的方法。在本章的结尾，我想说的是，定量资料何以需要定性评估。〖400〗

图 13 – 15 是 FBI 收集的发生在美国的犯罪记录。这些资料通常都是以表格的形式出现的。

现在你可以留意一下三维图所展现的犯罪模式的清晰性。虽然是统计资料，但其意义却是通过图形本身表现出来的。方程式——虽然对于某些目的来说是很有效的——表达并不会比图形表达更清楚。事实上，几乎不需再用文字来描述这个模式。这个例子说明：有时候千言万语抵不过一个图！

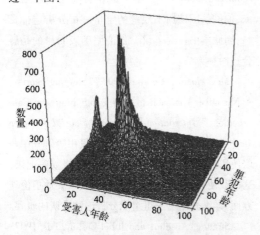

图 13－15　根据一对一的受害人和犯罪人的年龄汇总的杀人案件数量

资料来源：Michael D. Maltz, "Visualizing Homocide: a Research Note", Journal of Quantitative Criminology 15, no. 4 (1998)：401.

本章要点

导言

- 定性分析是对观察进行非数值化的检验和解释。

理论与分析的联结

- 定性分析是理论与分析之间的持续互动。在分析定性资料的时候，我们试图发现诸如历时变化的模式或者变量之间可能的因果联结。
- 发现和解释这些模式的方法包括草根理论、符号学和谈话分析。

定性资料处理

- 定性资料处理既是一门科学也是一门艺术。资料准备的三个核心工具是编码、备忘录和概念图。
- 跟统计分析中所用到的标准化的单位相比，定性分析中所用到的编码单位会因文档不同而有很大不同。虽然编码可能来自于理论，但研究者经常使用开放编码——由研究者的分析和对资料的质疑决定。
- 备忘录在好几个资料处理阶段中都是可以用到的。备忘录通常被用来记录编码意义、理论观点、初步结论和其他有助于分析的想法。
- 概念图利用图表来探索资料之间的关系。

定性资料的电脑处理

- 多种电脑程序，比如 NUD*IST，都是专门为了定性资料分析而设计的。另外，研究者还可以利用一般软件工具的功能，比如文字处理、数据库和电子表格等。

定量资料的定性分析

- 尽管定性方法与定量方法看似不相容甚至是对立的，然而同一研究项目中常常会用到这两种方法。

关键术语

以下术语是根据章节中的内容来界定的，在出现该术语的页末也有相应的介绍，和本书末尾的总术语表是一样的。

轴心式编码　选择性编码　定性分析　变量导向分析　个案导向分析　跨个案分析　草根理论　持续比较方法　符号学　谈话分析　开放编码　备忘录　概念图

复习和练习

1. 复习戈夫曼对性别广告的分析，然后收集杂志或者报纸上的相关广告并进行分析，以探讨性别和地位之间的关系。

2. 复习《利未记》有关同性恋的讨论，并设想一种进行跨个案分析的方法。

3. 假定你正在对革命性的文档，比如《独立宣言》和《人权宣言》(法国大革命中的)进行跨个案分析。找出下列句子中的核心概念并进行编码：

> 在人类发展的进程中，我们需要解除人们之间的政治依附，承认自然法和自然之神赋予他们的平等的、独立的权利；我们需要尊重他人的意见，而这就要求我们公开我们孤立他人的原因。

4. 为练习 3 写一个编码记录和理论记录。

5. 通过图书馆、InfoTrac College Edition 或者网站，查找一个利用谈话分析写出的研究报告。用你的话来总结其主要结论。

补充读物

Berg, Bruce. 1998. *Qualitative Research Methods for the Social Science*. Boston：Allyn and Bacon. 详细地介绍了收集和分析定性资料的技术，对研究伦理有独特的敏感性。

Denzin, Norman K., and Yvonna S. Lincoln. 1994. *Handbook of Qualitative Research*. Thousand Oaks, CA：Sage. 有关定性研究的很多方面的丰富资源，包括理论上和实践上的。

Glaser, Barney G., and Anselm L. Strauss. 1967. *The Discovery of Grounded Theory：Strategies for Qualitative Research*. Chicago：Aldine. 草根理论的经典陈述，其实践建议至今还相当有用。

Hutchby, Ian, and Robin Wooffitt. 1998. *Conversation Analysis：Principles, Practices and Applications*. Cambridge, England：Polity Press. 关于谈话分析的绝佳概括。该书不仅讨论了该理论的使用技术，还讨论了一些可能的应用。

Jacobson, David. 1999. "Doing Research in Cyber-space." *Field Methods* 11 (2)：127 – 45. Jacobson 通过研究以电脑为媒介的传播证明，在社会研究中，因特网的应用不局限于检查和试验。

King, Gary, Robert O. Keohane, and Sidney Verba. 1994. *Designing Social Inquiry：Scientific Inference in Qualitative Research*. Princeton, NJ：Princeton University Press. 本书的作者是三名政治学家，他们试图使用不规范的定量分析分析定性资料，因此本书备受争议。他们明确表明目的是融合这两种方法。

McCormack, Coralie. 2004. "Storying Stories：A Narrative Approach to In – Depth Interview Conversation." *International Journal of Social Research Methodology* 7 (3)：219 – 36. 定量田野研究中普遍使用的深度访谈可能会产生冗长的叙述记录，这往往使分析者望而生畏。本篇文章关注了伦理方面，详细介绍了一组组织分析这种访谈的步骤。

Strauss, Anselm, and Juliet Corbin, eds. 1997. *Grounded Theory in Practice*. Thousand Oaks, CA：Sage. 这是对草根理论的最新阐述，特别指导了编码和记录。

Strauss, Anselm, and Juliet Corbin. 1998. *Basics of Qualitative Research：Techniques and Procedures for Developing Grounded Theory*. Thousand Oaks, CA：Sage.

SPSS 练习

请在本书附的小册子中练习使用 SPSS（社会学数据包）。每章都提供了练习，并有使用 SPSS 的入门方法。

网络资源

社会学 & 现状：研究方法

1. 在最后复习本章之前，先做做测试 *Soci-*

ologynow：*Research Methods*，看看有哪些地方需要重点复习。在本书的最前面，有关于这个在线工具的信息以及如何得到这些资源。

2. 可按照 *Sociologynow*：*Research Methods* 根据测试结果提供的学习计划进行复习。使用学习计划的互动练习和其他资源掌握材料。

3. 复习完毕后，再进行一次测试，以确认已充分准备好学习下一章的内容。

《社会研究方法》第十一版所附带的网站资源

Http：// sociology. wadsworth. com/ babbie-practice11e/登录后，你会发现对你的课程很有帮蛀的学习资源。这些资源包括辅导测试和反馈、在线练习、Flash 卡片和每一章的章节辅导以及在虚拟空间中扩展的方案、社会研究、GSS 数据以及数据分析软件，如 SPSS 和 NVivo 的使用入门等。

这一章的网址链接

我们需要认识到互联网是一个变动的实体，随时刷新。不过，这些网站还是相对稳定的。在本书的网站中可以找到更多的网址链接。这些网址在本书出版时提供了各种定性研究和分析的资料。

论坛：定性社会研究

http：// www. qualitative-research. net/ fqs/ fqs-eng. htm

其中包含了多种语言的期刊，涉及定性研究的方方面面，既有摘要也有全文。

定性分析的一些电脑程序

http：// www. ideaworks. com/ Qualrus. shtml

Qualrus

http：// www. qsr. com. au/

NUD*IST，N4，NVivo，N5

http：// www. qualisresearch. com/ info. htm

Ethnograph

http：// www. atlasti. de/

Atlas. ti

http：// www. researchware. com/

HyperResearch

Judy Norris，定性资料分析的软件清单

http：// www. qualitativeresearch. uga. edu/ QualPage/

这个网站提供了更多定性资料分析软件，并说明了电脑分析定性资料的可能性。

第 *14* 章

定量资料分析

章 节 概 述

　　社会资料通常都要转变成数值形式之后才进行统计分析。在这一章，我们会先讨论资料的定量化过程，然后转入分析。定量分析可以是描述性的或者解释性的；可以是单变量的，也可以是双变量或者多变量的。我们将从利用简单但强大的资料处理方式来进行的定量分析来进行探讨。

要的基本步骤。

导　言

第 13 章，我们已经看了社会研究者分析定性资料的逻辑和技术。这一章将探讨**定量分析**①（quantitative analysis），或者说研究者将资料转化成数值形式并进行统计分析的技术。

我们会先来看看定量化——将资料转化成数值格式的过程。这个过程就是将社会科学资料转化成机读形式——一种电脑和定量分析中所使用的其他机器所能够识别和处理的形式。

剩下的部分将讨论定量资料分析中的技术和逻辑。先是最简单的情况：单变量分析，然后是双变量分析（包含了两个变量）。最后我们还会介绍多变量分析，或者说同时分析几个变量，比如年龄、教育和偏见。〚405〛

在我们进行任何类型的分析之前，我们都需要先将资料定量化。下面我们就来看看将资料转化成机读形式以进行电脑处理和分析所需

资料的定量化

今天，定量分析基本上都是电脑操作了，比如 SPSS 和 MicroCase。而这些程序要想发挥其威力，就必须能够阅读你在研究中所收集的资料。比如，你进行了调查。你的部分资料天生就是数值形式的：比如年龄或者收入。对问卷的回答本质上却是定性的，不过大部分都很容易转化成定量资料，如乱写的年龄。

其他资料也同样很容易定量化：将男性和女性转化成"1"和"2"，这在社会科学中是司空见惯的了。研究者还可以轻易地将数值指派给这些变量，如宗教从属关系、政治党派和国家地区。

不过，也有些资料比较有挑战性。如果一位

————————

①　定量分析：为了描述和解释观察所反映的现象而使用的数值表示和处理方法。

受访者告诉你们说，现在的佛蒙特州斯托（Stowe）地区所面临的最大问题是臭氧层空洞的扩大问题，电脑是根本不会明白这类问题的。因此，你们必须将这个问题转换，以便电脑能够读懂：这个过程就是"编码"。我们在第 11 章讨论内容分析和第 13 章的定性资料分析中，曾经提到过类似的编码。下面我们就来看看定量分析中特定的编码过程（coding）。

当搜集完资料以后，常常要给资料进行编码，而在进行量化分析的时候，往往还要采用一些其他的研究方法。例如，开放式问卷所得到的非数字化答案，必须先进行编码，然后才能用来做进一步的分析。就内容分析来说，这时候所要做的工作，就是将所搜集的资料按照不同特质，把它们归类为一些变量，而每个变量则包含了一套有限的属性资料。例如，假设研究者问受访者："你们从事什么职业？"他所得到的答案可能有很多种。碰到这种情况，一种做法是将每一位受访者所报的职业都分别给予一个编码。然而，这种做法还是无助于分析工作。特别是当同一属性下有不同的主题时，情况更是如此。

既有的职业变量编码方案可能有许多种，也许没有一种称得上理想。例如有的将职业区分为专业技术类、管理类、职员类、非熟练技术工人类等。另一种职业分类的方法则是依照不同的经济部门来划分：如制造业类、保健业类、商业类等等。除此之外，还有一种分类方法，就是将这两种方法一并进行考虑。使用既有的编码方案让你能够将你的研究和其他人的相关研究进行比较（见劳工统计局的例子 http：//stats. bls. gov/soc/soc_majo. htm）。

选择职业类别的编码方案，必须和研究中所使用的理论概念相符。对于有些研究来说，只要将所有职业编成白领和蓝领两类就已经足够了。而对于另外一些研究而言，则只要分为自我

雇佣和被雇佣两种类型。还有的更简单，如某个研究和平事业的人，他可能只希望知道哪些职业是与国防建设相关的就可以了。〖406〗

虽然编码方案必须配合研究的特别需要，但其中有一个总的原则，即使在编码时把资料分得很细，一旦不再需要这么细的分类时，我们仍然可以把这些资料进行重新的归并（附录 I 就描述了在 SPSS 中如何处理这类问题）。但若资料一开始便粗略地编入少数的类别中，那么分析时有很多细节性的信息将因此而完全丧失。因此，建议你们在编码过程中，最好将资料分得详细一点。

设计编码类别

编码有两种基本方法。第一种，你们可根据研究需要，设计出一种相对容易的编码方案。如前面所提到的和平事业研究者就属此例，他只要看哪些职业与国防建设有关系就可以了。或者，你还想利用既有的编码方案，这样你就可以将你的研究和先前的研究进行比较。

第二种编码方式来自于你的资料，就像第 13 章所讨论的那样。假定我们在一次自填式的校园调查中问到学生们认为其学校面临的最大问题是什么。下面是他们可能给出的答案：

> 学费太高
> 停车位不够
> 教员不知所为
> 找不到辅导员
> 课程不够
> 宿舍里有蟑螂
> 规制太多
> 自助食物不干净
> 书本开销太高
> 财政帮助不够

回顾一下蹽些回答并看看是否可以归到哪个类别。要知道不存在什么正确答案；针对这10 个回答就有好几个编码方案。

我们先从第一个回答开始："学费太高"。这个回答反映了什么一般性关注领域？一个显而易见的可能就是"财政关注"。是否还有其他回答也适合搁在这个类别中？表 14 - 1 给出了适合这个分类的回答。

表 14 - 1   能够被放在"财政关注"分类中的学生回答

	财政关注
学费太高	X
停车位不够	
教员不知所为	
找不到辅导员	
课程不够	
宿舍里有蟑螂	
规制太多	
自助食物不干净	
书本开销太高	X
财政帮助不够	X

更抽象来说，第一个回答也可以看做是反映了非学术关注。如果你的研究兴趣还包括了对学术关注和非学术关注进行区分的话，那么这种分类也是中肯的。如果真是如此，那么回答编码就是表 14 - 2 所显示的那样。

注意：在表 14 - 2 中，我并没有对"书本开销太高"进行编码，因为这个关注不属于这两个分类。书本是学术计划中的一部分，但其开销则不是。这就表示我们需要重新设计我们的编码方案。根据我们的研究目的，我们可能对那些学术问题尤其感兴趣；这样我们可以将其编码为"学术的"。不过，我们也可能对非学术的问题更感兴趣，这样我们也可以将其编码为"非学术的"。或者，还有一种选择：我们可以为那些同时包含了学术的和非学术的回答建立一个独立分类。〖407〗

表 14 - 2   被编码为"学术的"和"非学术的"学生关注

	学术的	非学术的
学费太高		X
停车位不够		X
教员不知所为	X	
找不到辅导员	X	
课程不够	X	
宿舍里有蟑螂		X
规制太多	X	
自助食物不干净		X
书本开销太高		
财政帮助不够		X

表 14 - 3   被编码为"管理"和"设施"的非学术关注

	学术的	管理	设施
学费太高		X	
停车位不够			X
教员不知所为	X		
找不到辅导员	X		
课程不够	X		
宿舍里有蟑螂			X
规制太多	X		
自助食物不干净			X
书本开销太高	X		
财政帮助不够		X	

还有一种选择是，我们可能想要将非学术的关注分为管理事物和校园设施两类。表 14 - 3 就对前 10 个回答进行了编码。

正如这些例子所展示的那样，对一套资料的编码，有多种可行的方案可供选择。只是你的选择要和你的研究目的相匹配，并反映资料本身所呈现的逻辑。通常，在编码过程中，你还会修改编码类别。不过要记住：只要你改变了编码类别，你就要回头看看前面的资料以判断这种新的类别是否合适。

和一套属性组成一个变量以及封闭问卷中的回答类别一样，编码类别也需要详尽，也需要独一无二。每段编码的信息应该归入一个而且仅一个类别。一个特定的回答如果同时可归于一个以上编码类别，或者无法归入任何一个类别，那么，这两种情况都说明资料和编码方案有不匹配的地方。

如果你比较幸运，有人帮助你们做编码工作的话，你们就只要好好地界定每个编码类别并训练助理，这样他们就可以将每个答案列入适当的类别中了。但是首先，你们必须解释你们设计编码的理由以及每个类别的意义是什么，并举例进行说明。为了确保你们的编码员能够完全理解你们的意思，你们得事先做几个案例给他们作参照。接下来，你们还要把自己所做的案例和编码员所做的进行比较。这其中不能有任何的偏差。即使你们彼此之间完全达成一致，你们也至少应该从整个编码过程中抽出一部分案例，检查其中的编码程序是否正确。

如果你不够幸运而没有人帮忙，这时候，身为编码者，核对编码程序依然是很重要的。因为没有人是完美的，尤其是当一名研究者急欲找出研究结果的时候。例如，在你们研究新兴教派时，假设你们已经得出了一种印象，就是那些没有正常家庭的人，容易加入新的教派，以此来替代家庭的作用。这时候就会出现一种危险的情形，当你们发现某一受访者是无家可归者，你们将下意识地试图从此人的叙述中，寻求任何微小的证据以证明你们的假设。碰到这种情况，针对你们的研究案例，你们必须尽可能地找另外一个人来帮你们进行编码，然后再进行核对，看看他的分类方法是否和你们的一样。〖408〗

建立编码簿

编码的最终产物，便是将资料中所有项目转换成数字码。这些数字码代表了每个变量的不同属性，然后以卡片或者列表的形式把它们归总成为资料文档。一本**编码簿**① （codebook）其实就是相关变量的记录本，从中你们可以查到自己所需要的变量，包括每个变量中的属性号码。

编码簿具有两个基本功能：第一，它是编码过程中的基本指南。第二，在分析的时候，它告诉你们每个变量在资料文档中的位置以及每个号码所代表的意思。在分析资料时，如果你们想看看某两个变量之间的关系，只要在编码簿中检索你们想要知道的变量，就能得到每个变量所代表的信息。

图 14 - 1 列出了一本编码簿中的一部分，它是根据全国社会调查中的两个变量制作出来的。虽然编码簿有各种各样的形式，但是在这个例子中，我已经列出了一些基本的要素。

在这个图表中，有几个方面是值得注意的。首先，每一个变量，都是以原有变量的缩写形式来界定：如政治观点（POLVIEWS）、参与（ATTEND）。例如，我们可以用"参与"来表示受访者到教堂去参加做礼拜的情况。在这个例子中，我沿用了全国社会调查的格式，因为这些资料已经输入 SPSS了。这样做，是因为考虑到别的资料组和（或者）分析程序已经被格式化成不同的变量了。例如，有的人使用数字编码来代替原有的缩写形式。不过，当你们遇到问题时，就必须找一个内行的人来帮你们解答疑难。

――――――――

① 编码簿：资料处理和分析中所需的一个文档。它能够告诉我们不同的资料在资料文档中的位置。编码簿一般用以识别资料的位置和用来代表不同变量属性的编码的意义。

其次，每本编码簿必须对变量进行完整的定义。以问卷为例，正如我们大家所知道的，对于问卷中要问的问题，用词必须准确，这是因为问卷的用字遣词，深深地影响到受访者的回答。在"政治观点"的例子中，我们先交给受访者一张卡片，上面包含有几种政治观点的类别，而

受访者必须选择最能符合他态度的那种类别。

此外，编码簿还必须指出每种变量的属性。因此，在"政治观点"这个案例中，受访者才能够界定自己的政治倾向为"极度自由派的"、"自由派的"或是"偏向自由派的"等等。

政治观点

最近我们听到了许多关于自由党与保守党的谈论。我给你们一张分成七个等级的量表，分别用来表示人们可能持有的不同的政治态度，从"极度自由派的"——1 分，到"极度保守派的"——7 分。请问，你们的观点是属于其中的哪一种呢？

1. 极度自由派的
2. 自由派的
3. 偏向自由派的
4. 中立的
5. 偏向保守派的
6. 保守派的
7. 极度保守派的
8. 不知道
9. 无所谓

参与

你们多久做一次礼拜？

0. 从不
1. 一年不到一次
2. 一年大概一两次
3. 一年几次
4. 大概一个月一次
5. 一个月 2 – 3 次
6. 几乎每周
7. 每周
8. 一周几次
9. 不知道，没有回答

图 14 – 1   编码簿部分范例

最后，再给每种属性都贴上一个数字标签。例如，在政治观点案例中，"极度自由派的"编码为类别 1。这种数字编码可用于各种资料的处理：譬如，如果你们想要把类别 1 – 3 的（所有"自由派的"）答案合并起来。这时候使用数目标签可就方便多了。〖409〗

你可以访问 GSS（http://webapp. icpsr. umich. edu/GSS/）上的编码簿。如果你知道其所代表的名字（比如，政治观点），那你就可以在列表中找到它。另外，你可以通过浏览"主题索引"来查找一特定主题下的所有不同问题。

数据登录

除了将资料转化成定量形式之外，想进行定量分析的研究还需要将资料转化成机读格式，这样，电脑才能够读取并处理资料。有很多方法都可以完成这个步骤，而究竟采用什么方法则取决于资料的原始形式和你所采用的电脑程序。在此，我将简单地向你介绍这个过程。如果你正在做这种工作，那你就要能够保证你的工作和你特定的资料来源以及你所使用的程序相适应了。

如果你的资料是通过问卷收集得来的，那么

你可以在问卷上进行编码。然后，资料登录专家（包括你自己）就可以将资料登录进 SPSS 资料矩阵，或者先登录进 Excel 电子表格，然后再转到 SPSS 上。

有时候，研究者也使用光学扫描单来收集资料。将这些单据放进机器，其中的黑色标记就会转化成电脑能够分析的资料。这种程序只适用于那些能够使用这种单据的研究对象，而且通常都被限制在封闭式问题中。

还有一些时候，资料登录跟资料收集同步进行。比如，电脑辅助的电脑访谈就是如此。访谈者直接将受访者的回答输入电脑以供分析（见第 9 章）。更为省事的是，在线调查可以要求受访者直接将他们的回答敲进数据库。这样也就不再需要劳累访谈者或者资料登录人员了。

一旦资料完全量化并且登录进电脑，研究者就可以开始定量分析了。下面我们来看看本章开篇中所提到的三种情况：单变量、双变量和多变量分析。

单变量分析

单变量分析[①]（univariate analysis）是一次只检验一个变量的分布情形——尤其是其属性分布。比如，测量了性别之后，我们就想看看研究对象中有多少是男性，多少是女性。

分布

表示单变量资料最基本的形式是将所有的单个样本都报告出来，也就是按照问题中的变量列出研究每一样本的属性。让我们以全国社会调查资料中参加礼拜活动，即"参加"（ATTEND）变量为例。表 14–4 列出了 SPSS 对这个变量的分析结果。〚410〛

表 14–4 全国社会调查中 2000 年参加礼拜活动的频次统计

参加 （ATTEND）		你们多久上一次教堂参加礼拜？			
数值标签	数值	频次	百分比	有效百分比	累计百分比
从未	0	583	20.79	21.3	21.3
一年少于一次	1	219	7.8	8.0	29.3
一年一次	2	334	11.9	12.2	41.5
一年几次	3	369	13.1	13.5	55.0
一个月一次	4	197	7.0	7.2	62.2
一个月两三次	5	221	7.8	8.1	70.3
几乎每周一次	6	131	4.77	4.8	75.0
每周一次	7	488	17.3	17.8	92.9
一周超过一次	8	195	6.9	7.1	100.0
不知道、没回答	9	80	2.8	缺损	
总计		2817	100.0	100.0	
有效样本	2737	缺损值	80		

[①] 单变量分析：出于描述的目的，对单个变量进行分析。频次分布、平均值和离散趋势测量都是单变量分析。它跟双变量分析和多变量分析形成对照。

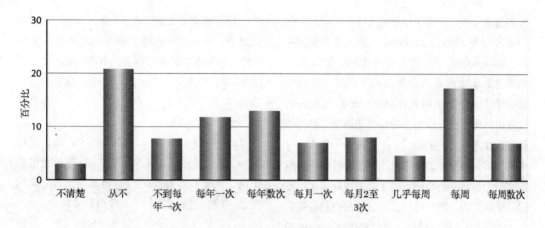

图 14 – 2　全国社会调查中 2000 年参加礼拜次数条形图

我们逐步地来分析这个表。首先，如果你们先看这个表的最下面，就会看到它总共分析了 2817 个样本。你们也会看到，其中有 80 个样本的答案，不是"不知道"（DK）、就是"没有回答"（NA）。所以我们将基于 2737 个有效样本，来评估美国人 2000 年做礼拜的情形。

再看这个表的上面，你们就会看到有 583 个人回答他们从未上过教堂。这个数字本身并无法告诉我们关于宗教实践的任何事情。这个数字本身也无法告诉我们美国人参加礼拜的次数是多是少。

譬如，假设你们的朋友告诉你们他或她喝了半打啤酒，那么他们喝酒是多还是少呢？请注意你们对这句话的反应取决于到底是在一个月、一个星期、一天或是一小时喝完了半打啤酒。在做礼拜的例子中，我们同样需要某些基础来评价从没去过教堂的人。

一种方法是计算那些说自己从来没有去过教堂的人数所占的百分比。如果你们拿 583 除以有答案的人数，即 2737，那么得到 21.3 的百分比，它在该表中是作为"有效百分比"出现的。这样我们就能了解，21% 或大约每 5 个美国人中

有 1 个人，他的答案是从不上教堂。

为了避免让你们误以为美国人无宗教信仰，请再看表 14 – 4，并找出频率最高的答案项：每周一次，有 17.8% 的受访者回答了这个答案。再加上回答每周超过一次的比例，即 7.1%，这样算起来，则有超过四分之一（24.9%）的美国人说他们参加礼拜的次数是每周至少一次。

频次分布①（frequency distribution）就是对一样本中变量的不同属性出现次数的描述。有时，以图形表示更容易看出频次分布。图 14 – 2 是用 SPSS 根据全国社会调查中关于"参加"的资料制作的。其中左边的纵轴表示的是每种回答所占的百分比，而横轴则是各种回答。注意表 14 – 4 中的百分比和图 14 – 2 中的黑条高度的相符性。〖411〗

集中趋势

除了简单报告属性的总体分布——有时也

----

① 频次分布：就是对一样本中变量的不同属性出现次数的描述。比如说，样本的 53% 是男性，47% 是女性

称为边缘分布，或者简单地说边缘——以外，你们还可用**平均数**① （average） 或 "集中趋势" （central tendency） 方式来呈现资料。你对集中趋势这个概念或许已经很熟悉了，因为我们在日常生活中会经常用各种类型的平均数来表达变量值的典型性。比如，在棒球比赛中，平均击球率为 0.300，即是说，每 10 次能击中 3 次——平均而言。就整个赛季来说，可能有时候一次也没有击中，而有时候则可能连续击中好多次。不过，平均来说，我们可以说击手的击中趋势就是每 10 次击中 3 次。同样，你的得分也是一种平均分，它综合考虑你所有的得分——有时是 A，有时是 B，有时是 C （我知道你不会得到一个低于 C 的得分）。

像这种平均数更应该称之为算术**平均值**② （mean，总和除以案例总数）。算术平均值只是多种测量集中趋势或者说典型值方法中的一种。还有两种选择是**众数**③ （modal，出现最多次之属性） 和**中位数**④ （median，按顺序排列后观察属性最中间的那个属性）。以下就是这三种平均数的计算。

假设你们要设计一个以青少年为对象的实验。他们的年龄分布为 13 – 19 岁，如下表所示：

年龄	数量
13	3
14	4
15	6
16	8
17	4
18	3
19	3

现在你们已经知道了这 31 名受访者的实际年龄，那么他们有多大呢？是一般而言还是用平均数来表达？让我们来看看三种你们可能回答的方式。

最简单的方式就是算出众数，即出现次数最多之值。从表中你们可见 16 岁的青少年 （共有 8 位） 比其他年龄者都要多，因此，年龄众数便是 16 岁，如图 14 – 3 所示。这还包括了某些更靠近 17 岁 （而不是 16 岁） 但又还没有到生日的那部分人。〖412〗

图 14 – 3 同时也显示平均值 （mean） 的计算，共有三个步骤： （1） 将每一个年龄数值乘上属于该年龄之人数； （2） 将前述所有之乘积加总； （3） 将加总所得之和除以总人数。

在年龄这个例子中，需要特殊的调整。就像在关于众数的讨论中所揭示的那样，那些 13 岁的人实际上包括刚好 13 岁和那些刚好低于 14 岁的。而且可以很合理地假定，作为一个群体，全国 13 岁的人在一年这个时间取值内是均匀分布的，也就是说平均值是 13.5 岁。这对于每个年龄群体都是如此。所以，在最终的计算结果上加上 0.5 是很合适的，这样平均年龄就是 16.37。如图 14 – 3 所示。

至于中位数则是指最中间那个数的数值，假使我们能获得每位受访者最确切的年龄 （例如，17 岁又 124 天），那么我们便可将这 31 位受访者按年龄大小依序排列。如此一来，这一序列最

---

① 平均数：代表集中趋势——典型性或常规性——的一个含糊术语。算术平均值、中位数和众数都是数学平均数的具体例子。

② 平均值：加总多个观察值，除以观察单位总数所得到一个平均值。比如，如果你原来 10 门课的平均得分是 4.0。而你这门课程的得分是 F，那么你新的平均得分 （平均值） 就是 3.6。

③ 众数：代表着最常出现的观察值或者属性。比如，如果一个样本中有 1000 个新教徒、275 个基督教徒和 33 个犹太教徒，那么新教徒就是众数类别。

④ 中位数：在观察属性排列中位于 "中间" 的那个个案的值。比如，如果 5 个人的年龄分别是 16、17、20、54 和 88，那么中位数就是 20 （平均数是 39）。

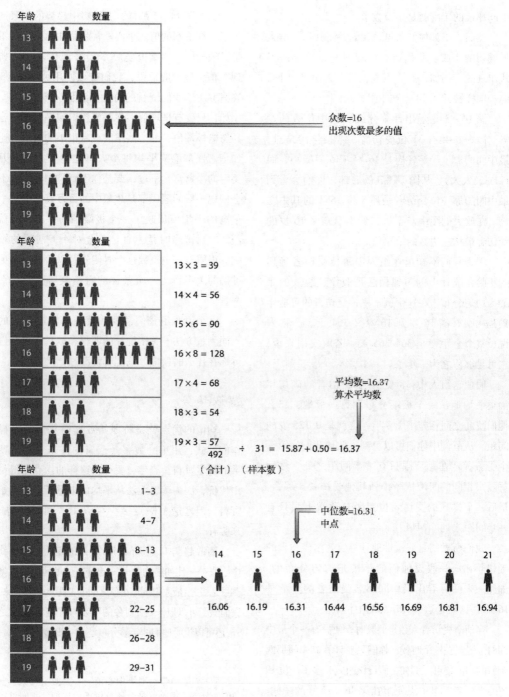

图 14 – 3　三种"平均数"

中间那位的年龄就是中位数了。

然而，正如你们所见，我们并不知道这群人最确切的年龄。我们所有的资料是以分组的形式出现的：例如，有 3 个人实际年龄并不相同，但却同样被并入 13 岁那一组。

图 14 - 3 显示出计算分组资料中位数的逻辑。因为总共有 31 位受访者，若按年龄来排，最中间的那位受访者应是 16 岁（15 岁嫌小，而 17 岁又太大）。从图 14 - 3 的底部，你们会看到最中间的那一位受访者是那 8 位 16 岁的其中之一。在放大的图中甚至可以看出是众多 16 岁的受访者中从左边数的第三位。

因为我们不知道这组人中每位受访者确切的年龄，统计上的习惯做法是假设这组人的年龄为均匀分布。在这个例子里，受访者的可能年龄是从刚好满 16 岁到 16 岁又 364 天。严格来说，整个全距便是 364/365 天。若就实用来说，它可足够称之为一年了。

假使这组人中，8 位 16 岁受访者的确切年龄很平均地从一个极端分布到另一极端，那么他们彼此之间相差了 1/8 年，也就是 0.125 岁的间距。从范例中你们可以见到，假使我们将第一个受访者定在距下限只有一半间距之处，然后每隔一相同的间距依序排列其他受访者，那么，最后一个排入的受访者位置距最顶端上限只有一半间距之处。〖414〗

我们所做的是假设性地计算这 8 名受访者的确切年龄——假设他们的年龄是均匀分布的。如此一来便可看出最中间那名受访者的年龄是 16. 31，这便是这组人年龄的中位数。

当所有受访者人数是偶数时，便没有一个最中间的位置。在这个时候，你们只要计算靠中间那两个值的均值便可。例如，假设该组人又多了一位 19 岁的受访者，组中点便落在第 16 - 17 号的中间。也就是说中位数是（16. 31 + 16. 44）/2 = 16. 38。

就像图 14 - 3 那样，三种集中趋势的测量产生了三种不同的值。事实经常就是如此，但并不是必须如此。那么究竟哪个最好地代表了"典型"值？更一般地说，我们应该使用哪个测量？答案取决于我们资料的特性和我们分析的目的。比如，只要有平均值，你就要意识到平均值最容易忽略极端值——一些很大或者很小的数值。比如华盛顿雷德蒙平均每个人可能拥有超过百万美金的净财富。不过，要是你不到雷德蒙，你不会发现一般的居民都是想象中的百万富翁。一个很高的平均值反映了一个极端值——比尔·盖茨的净财富当时是上百亿美金对 4 万居民的影响。很明显，中位数这个时候就可以给你一个更准确的关于作为一个整体的雷德蒙居民的财富图景。

这个说明了我们需要认真选择集中趋势的不同测量方法。关于统计的课程和教科书将会告诉你在什么时候应该采用哪种测量。

离散趋势

均值的优点就是将原始数据简化成最易操作的形式：用单一数字（或属性）来表示某变量的详尽资料。当然，要得到这样的优点也得付出代价，因为读者无法从平均值来重新得知原始资料。但是这个缺点多少可以用"离散趋势"来弥补。

离散趋势① （dispersion）指的是测量值围绕中心值——比如平均数——的分布。最简单的离散测量是极差:最大值到最小值之间的差距。如此一来，我们除了可以报告调查对象的年龄均值是 15. 87 岁之外,还可以说明他们的年龄分布是 13 - 19 岁。

---

① 离散趋势：围绕中心值—— 比如平均数——的值的分布。极差就是个简单例子。比如，我们可以报告说平均年龄是 37. 9，范围从 12 岁到 89 岁。

另一种较为复杂的离散趋势测量方式是**标准差**①（standard deviation）。这种测量的逻辑在第 7 章讨论抽样分布的标准误差时提到过。本质上，标准差是某套资料的变异程度的指标。高的标准差意味着资料比较离散；低的标准差意味着资料比较聚集。图 14-4 说明了这个基本观点。注意：职业高尔夫球手虽然平均得分不高，但是很稳定——较小的标准差。而一些笨蛋的平均得分可能较高，但是没那么稳定：有时表现很好，有时很差。〖415〗

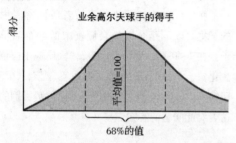

a. 高标准差=值的分布很分散

业余高尔夫球手的得手

得分

平均值=100

68%的值

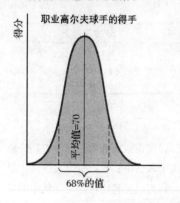

b. 低标准差=值的分布很集中

职业高尔夫球手的得手

得分

平均值=70

68%的值

图 14-4 高和低标准差

另外，还有许多其他方式可以测量离散趋势。譬如在公布智力测验分数时，你们可以用**四分互差**（interquartile range），即调查对象中前四分之一的分数的范围，然后第二个四分之一的

分数的范围等等。假如最高的那个四分之一的分数范围为 120-150，而最低的那个四分之一的分数范围是为 60-90，那么你们可以报告四分互差为 120-90，或 30，而分数均值是 102。

连续变量和离散变量

前述计算方法并不适用于所有变量。要了解这一点，我们必须考察两种不同形式的变量：连续的和离散的。**连续变量**②（continuous variable，或者定距变量）以微小的速度稳定增加。比如，年龄就稳定地随时间变化逐步增加。**离散变量**③（discrete variable）从一个类别跳到另一类别，中间没有联结。比如性别、军阶和大学年级（你一步就从一年级新生跳到二年级）。

在分析离散变量——比如定类或定序变量——时，那么前面讨论的一些方式便不适用了。严格说来，只有定距或定比尺度的变量才可以计算中位数和均值（参考第 5 章）。假如问题中所用的变量是性别，那么原始数值（23 个女性飞车党骑士）或百分比（7% 是女性）才是恰当和有用

---

① 标准差：对围绕平均值的离散趋势的测量。比如说68%的个案将会位于离平均值加减一个标准差的范围内；95%的个案将会位于加减两个标准差的范围内；99.9%的个案位于加减三个标准差的范围内。比如，如果某群体的平均年龄是 30 岁，而标准差为 10。那么68%的人的年龄在 20 和 40 岁之间。标准差越小，值就越围绕平均值而聚集；如果标准差很大，值就越分散。

② 连续变量：其属性是逐步、稳定增加的变量。如年龄和收入。一群人的年龄可以包括 21、22、23、24 等等，它可以分解为每年甚至更细。与此形成对比的是离散变量，比如性别或者宗教归属，它们的属性都是不连续的。

③ 离散变量：其属性彼此隔离，或者说不连续的变量。比如性别或者宗教归属，一个属性与下一个属性并不连贯。年龄（连续变量）的属性可以从 21、22 稳定连续地增到 23 等等；而性别中的男性和女性之间则没有什么连续性。

的分析。计算众数也是合宜的分析,虽然它的意义不大,因为它只能告诉我们"大部分是男性";但无论如何你们也不能用均值、中位数。不过,在宗教归属资料中运用众数则比较有意思,比如"美国的大多数人都是新教徒"。

细节和可处理性

在表达单变量——以及其他——资料时,你们将会局限在两种常互相冲突的目标上。一方面,你们应将最完整的资料细节提供给读者。另一方面,资料也该以最方便、最容易处理的方式呈现出来。而这两个目标却经常彼此直接冲突。因此,你们会发现你们一直在这两者间寻求最好的折中。一个可行的解决办法便用上述某种形式来呈现一组资料,比如说,你们可以用平均年龄和标准差来描述未分组年龄的分布。〖416〗

从对这些单变量分析的介绍性讨论中可以看出,这些看似简单的事情实际上可以是很复杂的。在任何情形下,这节所学的对我们将要讨论的亚群体比较及双变量分析都非常重要。

子群比较

单变量分析描述了研究的分析单位。如果它们是一个来自某一更大规模的人群,那么我们可借此对这个更大的人群做出描述推论。双变量和多变量分析的主要目的则在于解释。然而,在我们进入解释之前,必须先考虑到对子群的描述。

我们可以描述样本、受访者或回答者内部的子集。以下是全国社会调查中的一个简单例子:在 2000 年,受访者回答,"大麻应不应该合法化?"。有 33.5% 的受访者回答应该,66.5% 回答不应该。表 14-5 表现了不同年龄类别的受访者对此问题的答案。

表 14-5 2000 年不同年龄段的子群对大麻合法化的反应

	21 岁以下	21-35	36-54	55 岁及以上
应该合法化	42%	42%	35%	23%
不应该合法化	58	58	65	77
100% =	(64)	(500)	(715)	(501)

资料来源:2000 年全国社会调查。

子群比较可以告诉我们人口中的不同子群对这个问题是如何反应的。毫无疑问,你可以在结果中找到一个模式,我们将在后文中讨论这个问题。但是首先,我们先看看另外一些子群是怎么回答这个问题的。

表 14-6 表现了不同的政治子群对大麻合法化的态度,划分子群的依据是保守和自由。在察看这个图表之前,你得假设结果是怎样的,并猜测其原因。在这个表格中,我把百分比改成了竖排的以便阅读。你可以竖着比较这个案例中的各个子群。

在检查原因之前,我们先考虑一下另外一个子群比较的例子,这个例子能让我们处理表格化的问题。

表 14 - 6　2000 年不同政治倾向的子群对大麻合法化的反应

	应该合法化	不应该合法化	100% =
极端自由	55%	45	(69)
自由	54%	46	(199)
稍自由	41%	59	(172)
中立	32%	68	(649)
稍保守	30%	70	(244)
保守	20%	80	(280)
极端保守	25%	75	(57)

资料来源：2000 年全国社会调查。

表 14 - 7　对联合国的态度："联合国在解决它所必须面对的问题时，处理得如何？"

	前西德	英国	法国	日本	美国
做得非常好	2%	7%	2%	1%	5%
做得不错	46	39	45	11	46
做得不好	21	28	22	43	27
做得非常差	6	9	3	5	13
不知道	26	17	28	41	10

资料来源："5-Nation Survey Finds Hope for U. N. ", New York Times, June 26, 1985, p. 6.

合并答案的类别

　　教科书中的表格通常比研究报告中的或你们自己的资料分析中的都要简单。因此，在这一节和下一节中我们会谈到两个基本问题并提供解决的办法。

　　我们从表 14 - 7 中所报告的资料开始。该表资料是由《纽约时报》、哥伦比亚广播公司（CBS）新闻部和《国际先驱论坛报》在 1985 年所做的有关对联合国态度的多国民意调查。表 14 - 7 所显示的问题是关于民众对于联合国处理其事务的一般态度。

　　问题在于：表 14 - 7 中 5 个国家的人民如何比较他们对于联合国工作的态度呢？在你们看过该表后，你们会发现表中有太多数字，而你们很难从表中看出任何有意义的模式。

　　表 14 - 7 所显示的一部分问题在于选择两个极端答案者，也就是回答"做得非常好"及"做得非常差"的所占比例太少。也许我们会倾向只去看表中第二行——那些回答"做得不错"的人——但这却是不恰当的。仅看第二行，我们可能会得到一个结论，认为西德和美国对联合国的表现最为肯定（46%），紧接着是法国（45%），然后是英国（39%），而日本（11%）是所有 5 国当中最不持肯定态度者。〖417〗

这样的过程非常不妥，因为它忽略了那些给以最肯定回答"做得非常好"的回答者。在这种情况下，你们就应该将答案中最极端者予以合并。在这个例题中是将"非常好"与"不错"合并，"非常差"与"不好"合并。假如这是你们自己在做资料分析，你们就该明智地把所合并类别的原始频次加起来，再重新计算合并后新的百分比。但如果是分析像这样的已公布的表格，则直接把百分比加起来即可，如表14-8 所示。根据合并过后的表 14-8 类别所示，我们现在可以很容易地判别这些国家中哪些对联合国的表现还不错。目前，美国显然是最肯定的；前西德、英国和法国只是略少一些，甚至彼此间根本没太大差别；而日本则对联合国的表现评价很低。虽然我们现在得到的结论与根据表 14-7 第二行所作的结论相距并不太远，但至少我们必须注意到英国现在显得比以前肯定得多。

在此，我要提醒你们一个可能的危险。假如你们匆匆忙忙地看了表 14-7 第二行的资料，然后注意到英国比美国、前西德和法国对联合国的评价要低。接着，你们很可能觉得应该想出一个解释为何如此的理由——也许你们创造了一个很好的心理历史理论来说明一度强盛的大英帝国还经历过衰败的痛苦。如果你们向外推销你们的理论，便会有人出来指出，正确的结果是，英国所给予的评价实际上并不比其他的欧洲国家消极。请注意这样的危险并非来源于假设。这样的事情经常发生，只要借助适当的合并答案类别，就可以避免这种错误。〖418〗

处理"不知道"

表 14-7 和表 14-8 同样列举了分析调查资料时另一种常见的问题。在问人们对一些问题的看法时，通常要给他们提供"不知道"或"无意见"选项。但在分析资料时，你们该如何处理这些答案呢？

值得注意的是，在这个例子中各国回答"不知道"的比例，从美国只有 10% 到日本的 41%，差异相当大。如果有相当大比例的人说不知道，那么表中的结果就很难表达清楚。比如此例中，我们真的能因为有许多日本人未发表任何意见，便认为日本不会像其他国家一样认为联合国表现不错吗？这里有个简单的方式可以将回答"不知道"者排除进而重新计算百分比。只看表 14-8 中第一列的百分比：前西德人对联合国表现的回答。有 26% 的回答者说"不知道"。这表示那些回答"做得好"或"做得不好"共占总体的 74%（100 减去 26）。如果我们将那 48% 回答"做得不错或很好"者除以 0.74（那些发表了任何一种意见者），我们便可说在所有发表意见的前西德人中，有 65% 的人认为联合国做得不错或者非常好（48%/0.74 = 65%）。

表 14-8　合并的极端类别

	前西德	英国	法国	日本	美国
做得不错或很好	48%	46%	47%	12%	51%
做得不好或很差	27	37	25	48	40
不知道	26	17	28	41	10

表 14 – 9　删去"不知道"

	前西德	英国	法国	日本	美国
做得不错或很好	65%	55%	65%	20%	57%
做得不好或很差	35%	45%	35%	81%	44%

表 14 – 9 显示了去除"不知道"这一类之后的新比例。必须注意的是，这组新资料提供了与前述表格稍有不同的解释。特别是现在法国和前西德对联合国有最多肯定的评价，而美国和英国则稍低。虽然日本仍是最低，但持肯定评价的比例已从 12% 上升至 20%。

目前你们看到了资料的三种版本，你们也许会自问："哪种是对的？"答案取决于你们分析并解释资料的目的。假如在你们的研究中区分"非常好"和"好"的差别并非必要，那么就可以将它们合并，因为这会使表格易读易懂。

但是，要不要将"不知道"包括在分析之内，则较难决定。假如你们想要知道大家是否熟悉联合国的工作，那么有相当大比例的日本人没有意见或许便会是一个重要的发现。但在另一方面，假如你们想知道人们如何对某个问题进行投票表决，那么那些说"不知道"的人要么不去投票，要么把票平均投给两方，则将"不知道"排除在分析之外或许比较妥当。不论是哪一种情况，资料中的事实是，一部分人说不知道，而剩下的人则分别表示了不同意见。因此，恰当的做法是把包含和不包含"不知道"的两种资料都报告出来，这样读者便可以获得自己的结论。〚419〛

定性研究的数字化描述

虽然本章主要讨论定量研究，但是你们应该了解到，这里的讨论也与定性研究有关。深入的定性研究结果，通常可以借助一些数字化的检验来确认。例如，当希尔弗曼（David Silverman）想比较病人分别在私人诊所和国家卫生部门（National Health Service, NHS）接受癌症治疗的效果时，他的作法便是深入分析医生与病人的互动。

> 我的分析方法主要是定性的而且……我选取医生和病人谈话的细节，并对背景和某些行为资料进行简要的民族志分析。此外，我还建构了一种编码形式，这使我能核对一些对医生与病人互动的原始测量。（1993：163）

希尔弗曼以定性观察为基础的数据资料以及他对情况的深入了解，都使得他能够采取更适当的定量分析。请听听他对定性与定量方法互动的讨论：

> 我的整个印象是，私人诊所的诊疗时间比国家卫生部门要长得多。在检验的过程中，资料显示确实如此。前者的时间几乎是后者的两倍（20 分钟与 11 分钟）。这种差异在统计上是相当显著的。然而由于某种理由，我想起来，有个国家卫生部门诊所的诊疗时间短得反常。因此我觉得比较这两个部门诊疗的更公平做法，应该是排除这家诊所，并且应该比较两个部门单个医生的诊疗。结果这个案例的子群显示，两个部门诊疗时间的平均差距降为 3 分钟。虽然显著性降低了，但仍具有统计显著性。然而最后如果我仅仅比较相同医生诊疗新病人的情况，就会发现国家卫生部门诊所的病人诊疗时间比私人诊所平均要多出 4 分钟（34 分钟

与 30 分钟）。（1993：163 – 164）

这个例子进一步显示了社会研究中方法结合的特殊力量。定性与定量分析的结合特别具有潜力。

双变量分析

和单变量分析比起来，子群比较构成了一种包含两个变量的**双变量分析**① （bivariate analysis）。正如我们前面所看到的，单变量分析纯粹是为了描述。比较子群的目的主要也是描述。大多数社会研究中的双变量分析还加入了另外一项：变量之间的关系。因此单变量分析和子群比较集中在描述研究中的人（或其他分析单位），而双变量分析则是集中在变量及其相互关系上。

请注意表 14 – 10 可以被视为子群比较的范例。它描述了 2000 年全国社会调查资料中男性和女性上教堂的情况。它同时比较和描述了女性上教堂比男性频繁。然而，同样的表格也可被

表 14 – 10　男性与女性于 2000 年上教堂的情况

	男性	女性
每周去	25%	33%
不常去	75	66
100% =	(1199)	(1538)

注：四舍五入得到的整数百分比相加在某种情况下可能会是 99% 或 101%。这类误差称为舍入误差。.

视为解释性双变量分析，反映了一些不同的关系。该表表示，性别变量对"上教堂"变量有影响。上教堂行为在此是因变量，它部分地被自变量——性别所决定。〖420〗

这样的解释性双变量分析就涉及第 1 章所介绍的"变量语言"了。经过适当的转换，我们不再把男性和女性当做不同的子群来讨论，而是将性别当做一个变量：一个对另一变量有影响的变量。解释表 14 – 10 的逻辑可按照第 2 章

所讨论的有关葛洛克的"慰藉假设"：

1. 在美国社会中女性仍被视为二等公民；

2. 在世俗社会中无法获得地位满足的人，可能会将宗教作为一种地位的替代来源；

3. 因此女性会比男性更倾向于信仰宗教。

表 14 – 10 所显示的资料证实了前面的解释。女性中有 34% 每周都上教堂，而男性只有 25% 每周如此。

变量间因果关系的逻辑，对于构建和理解百分比表格有重要意义。对于资料分析新手而言，一个主要的困扰就是对如何确定表格正确的"百分比的方向"。例如在表 14 – 10 中，我把受访者分为两个子群——男性和女性——然后描述每个子群的行为。这是建立这种表格的正确方式。然而，值得注意的是我们也可能用不同的方法来建立表格，尽管不一定适当。我们可以首先依上教堂的频率把受访者分为数个子群，然后再依男女性别比例来描述各子群。但这个方式对解释来说没有意义。表 14 – 10 显示，性别会影响人们上教堂的频率。假若我们用另一种方式来建立表格，它显示的是上教堂的频率会影响你们的性别——这是根本不合理的。因为你们的行为不可能决定你们的性别。

还有一个问题也会使资料分析新手感到困难。那就是如何"解读"百分比表格？表 14 – 10 常会被解释成："在女性当中，有 33% 会每周上教堂，而有 66% 并不常去教堂；因此，女性

---

① 双变量分析：为了决定两个变量之间的经验关系而同时对两个变量进行分析。一个简单的百分比表格或者一个简单的相关系数的计算，都是双变量分析的例子。

并不经常上教堂。"然而这并不是正确的解读方式。当结论是性别——作为一个变量——对于上教堂的频率有影响时，你们必须依据男女性别的比较结果来下结论。特别是，我们应该拿33%来和25%比较，这时你们便会注意到女性比男性更可能每周上教堂。对理解解释性双变量表格而言，子群比较是很必要的。

在制作表 14 - 10 时，我习惯使用所谓的"纵向百分比"。这是指你们可顺着每一列将各百分比累加，其总和是 100%（如表中注释所示，可能会出现舍入误差）。而读表时则按行横向。在标明"每周"的那一行上，男性每周上教堂的百分比是多少？而女性又是多少？

每个表格中百分比的方向是主观确定的，有一些研究人员喜欢用横向百分比。他们会将表 14 - 10 的男、女性别放在表的左侧成为两行，而把"每周去"以及"不常去"放在表的顶端成为列。表中实际数字也会相应移动位置，每一行的百分比总和约是 100%。在这种情况下，你们会顺着列来读表，询问男性和女性经常上教堂的百分比。两种表格所用的逻辑和所得的结论是一样的，只不过形式不一样罢了。〖421〗

因此，在读表格时，你们需要找出该表百分比的方向。通常从表头或变量分析的逻辑中便可以很明显地看出。最后，你们应该在每行和每列加总百分比。如果是各列加总为 100%，那么该表便是纵向百分比。假使是各行总和为 100%，那就是横向百分比。规则如下：

1. 如果表格是纵向百分比，按行横向来读；

2. 如果表格是横向百分比，按列纵向来读。

百分比表格

图 14 - 5 展现了用两个变量建立百分比表格的逻辑。我用的变量是"性别"和"对于男女两性平等的态度"。

这里有另一个例子。假如我们想了解有关报纸的社论对于大麻合法化的立场，便可针对某年内全国日报样本中出现的相关主题的社论进行内容分析。每一篇社论都依其对大麻合法化的立场分为赞成、中立、反对。我们想检验社论立场和报纸出版的社区类型之间的关系，因为猜想农村地区的报纸可能会比城市地区的报纸更保守，因此按照报纸刊行的社区人口数量，我们将每份报纸（也就是每篇社论）进行分类。

表 14 - 11 提供了一些假设的数据，这些数据描述了农村地区和城市地区报纸的社论策略。请注意在这个例子中分析单位是单篇社论。表14 - 11 告诉我们，在人口低于 10 万的地区发行的报纸的样本中有 127 篇社论是有关大麻的（注

表 14 - 11　有关报纸社论对大麻合法化立场的假设性数据

社论对大麻合法化立场	社区规模	
	少于 100,000	多于 100,000
赞成	11%	32%
中立	29%	40%
反对	60%	28%
100% =	(127)	(438)

a. 有一些男性和女性不是赞成（＝）两性平等，就是反对（≠）两性平等

b. 将这些男性和女性区分开（自变量）。

c. 在每个性别团体中，再将赞成两性平等者与反对者区分开（因变量）。

d. 数出表中每格人数

e. 女性赞成平等的比例是多少？

f. 男性赞成平等的比例是多少？

g. 结论

　　尽管男性和女性中赞成性别平等的人都占多数，女性更容易赞成。因此，性别仍是影响对性别平等态度的因素之一。

赞成平等	80%	60%
反对平等	20%	40%
总计	100%	100%

图 14 - 5　表格百分比

意：用人口数作区分纯粹只是为了方便解释，并不意味着农村绝对是指人口少于 10 万的社区）。在这些社论中，11%（14 篇）赞成大麻合法化，29%持中立立场，而 60%反对。而在人口超过 10 万的地区发行的报纸的样本中，有 438 篇相关社论，其中 32%（140 篇）赞成大麻合法化，40%中立，另有 28%持反对立场。

当我们比较城市和农村报纸社论的立场时，正如你们所料，农村比城市报纸更不支持大麻合法化。因为我们注意到更大比例（32%）的城市报纸持支持立场，而农村报纸只有 11%；我们也看到农村报纸社论的反对比例高于城市报纸（60%∶28%）。应该注意的是，这个表格假设社区规模可能影响该地区报纸社论对该问题的立场，而不是社论立场影响社区规模。

建立和解读双元表格

在介绍多变量分析之前，让我们回顾一下制作解释性双变量表格的几个步骤：〖423〗

1. 按照自变量的属性将样本分组；

2. 按照因变量的属性来描述这些分组好的子群体；

3. 最后，按照因变量属性将自变量的子群相比较，以解读这个表格。

我们因循这些步骤，再次分析性别和对于两性平等的态度间的关系。按照前述理由，性别应是自变量；对于两性平等的态度则是因变量。我们继续如下：

1. 样本区分为男性和女性；

2. 按照对两性平等赞成或反对的态度来描述每个性别子群；

3. 按照赞成两性平等的比例来比较男、女性别差异。

在社论对大麻合法化策略的例子中，社区规模是自变量，而报纸社论立场是因变量。表格则应如下述逐步建立：

1. 依报纸发行地的社区规模将社论分成子群；

2. 按照对大麻合法化持赞成、中立或反对立场的百分比来描述这两个社论的子群；

3. 按照赞成大麻合法化的比例大小来比较这两个社论子群。

双变量分析往往表现很典型的因果解释。这两个假设性例子便内含了社会科学家所说因果关系的本质。

我们前面所考察的那些表格通常被称为**列联表**①（contingency table）：因变量值必须依靠自变量值而定。虽然社会科学界中对列联表的使用非常普遍，但它们的形式却从未标准化。结果便是文献中有各种各样形式的表格。不过，只要表格容易解读，并没有理由一定要标准化。但有一些原则是在介绍大多数的表格资料时必须遵守的：

1. 表格必须要有表头或标题，以简洁地描述表中的内容。

2. 变量原来的内容必须清楚说明——如果可能的话，可呈现在表格中，或者写在正文中，再外加一段附于表中。当变量是取自于对态度问题的回答时，这个信息尤为重要，因为答案的意义主要取决于问题的问法。

3. 每一个变量的属性必须清楚地说明。

————————

① 列联表：用百分比分布来表示变量关系的格式。

表 14 – 12 多变量关系：上教堂、性别、年龄

	"你们多久上一次教堂？"			
	小于 40 岁		40 岁及以上	
	男性	女性	男性	女性
大约每周 *	20	23	30	38
不常	80	77	70	62
100% =	(504)	(602)	(695)	(936)

* 大约每周 = "一周超过一次"、"每周"、"几乎每周"。

资料来源：2000 年全国社会调查。

尽管需要简化复杂的类别，但在表格中其意义必须很清楚。当然，完整的描述必须在正文中有所说明。

4. 当在表格中使用百分比时，必须要说明计算基准。将每一类别的原始数据都写出来是多余的，因为这些数值可以从百分比及基础重建。此外，将数目及百分比同时列出常会造成混淆，使得解读更为不易。

5. 若因缺失资料（例如无答案）而必须将某些样本删除，其数量必须标示于表格中。

多变量分析介绍

多变量分析①（multivariate analysis）——或者说同时对超过两个的变量进行分析——的逻辑，可以看做是双变量分析的扩展。明确地说，我们可以在对子群进行较复杂的描述基础上建立多变量表格。其步骤基本上与前述双变量表格的建立是相同的。不过，我们将会有不止一个自变量而不是一个因变量和一个自变量。在解释上也不再是用一个自变量来解释一个因变量，而是运用多个自变量来解释。〖424〗

让我们回到上教堂那个例子。假设我们认为年龄同样也会影响宗教行为：葛洛克的慰藉假设提示年纪大的人比年轻人更笃信宗教。建立表格的第一步骤，我们会同时按照两个自变量的属性，将所有样本分成几个子群：年轻男性、年老男性、年轻女性、年老女性。接着按照因变量上教堂来描述这些子群，同时也会做一些比较。结果如表 14 – 12：2000 年全国社会调查资料分析所显示。

依循惯例，这个表也是纵向百分比，因此应该按行横向来解读：

1. 在男性与女性当中，年老者上教堂比年轻者频繁。女性中，40 岁以下者有 32%，而 40 岁及以上者有 48% 经常上

---

① 多变量分析：对几个变量之间的关系的同时分析。比如，同时分析年龄、性别和社会阶级对宗教虔诚度的影响。

教堂。

2. 在每一个年龄组中，女性上教堂比男性频繁。在低于 40 岁的年龄组中，23% 的女性每周上教堂，而只有 20% 男性如此；在 40 岁及以上的年龄组中，有 38% 的女性及 30% 的男性每周如此。

3. 如表中测量所示，性别比年龄对宗教活动的参与更有影响。

4. 性别和年龄分别对上教堂有独立的影响。在任一个自变量的属性内，另一个自变量属性仍对行为有影响。

5. 同样地，两个自变量对于行为具有累加的作用。年老女性最常上教堂（38%），而年轻男性最不常如此（20%）。

在结束这一节之前，我们还要提及另一种表示这些资料的格式。本章所显示的几个表格并不太有效率。当因变量——上教堂——为二

分变量时（两个属性），只要知道其中一个属性，读者便可很容易计算出另一个。也就是说，假如我们知道 40 岁以下女性中有 23% 每周上教堂，那么我们可以马上知道有 77% 很少上教堂。因此，根本没有必要报出那些不常上教堂的百分比。〖425〗

这样，表 14 - 12 可以用另一种形式表现，结果如表 14 - 13。在表 14 - 13 中，每个格子中所显示的百分比代表两个自变量的交互作用。而在百分比之下括弧内的数字，则表示百分比基础的样本总数。例如，读者知道样本中 602 位 40 岁以下女性有 23% 每周上教堂，据此，我们可算出 602 位女性中有 138 位每周上教堂，而另有 464 位（或 77%）年轻女性很少上教堂。这个表比前一个容易解读，而它并没有牺牲任何细节资料。

表 14 - 13
表 14 - 12 的简化形式

	每周上教堂的百分化	
	男	女
40 岁以下	20	23
	(504)	(602)
40 岁及以上	30	38
	(695)	(936)

资料来源：2000 年全国社会调查

社会诊断学

我们正在研究的多元技术可以成为诊断社会问题的强大工具。它们可以用事实代替观点，用资料分析平息意识形态的分歧。

让我们回到以前介绍过的有关性别和收入的问题上来。女性在劳动力市场所得一直都比男性少，许多解释被用以说明这个差异。其中有一个解释是因为传统的家庭模式，女性作为一个群体参与劳动市场较少，许多人都是在养育子女的任务完成后，才开始从事家庭以外的工作。因此女性群体在工作中的资格通常比男性低，而薪水是随工作年限而增加的。根据人口普查局 1984

表 14-14　1984 年性别、工作年限和收入（21-64 岁全职职工）

现职的工作年限	平均每小时收入（美元）		
	男	女	女性与男性的工资比
少于 2 年	8.46	6.03	0.71
2 至 4 年	9.38	6.78	0.72
5 至 9 年	10.42	7.56	0.73
10 年或以上	12.38	7.91	0.64

资料来源：U. S. Bureau of the Census, Current Population Reports, Series P-70, No. 10, *Male-Female Differences in Work Experience, Occupation, and Earning*, 1984 (Washington, DC：U. S. Government Printing Office, 1987), 4.

年的研究显示，这个理由有一半是事实，如表 14-14 所示。

　　表 14-14 显示，首先，工作年限确实会影响收入。不论男性或女性，工作年限愈长赚得愈多。这点可由表中前两列看出。

　　该表同样也显示，不论工作年限长短，女性就是赚钱比男性少。这点可通过比较行的平均工资得知，女性与男性工资比率可从第三列中得见。这项分析显示工作年限对工资是一个相当重要的决定因素；但它并不能对女性工资少于男性这个模式提出任何合适的解释。事实上，我们可以看到具有 10 年或以上工作年限的女性所得工资（＄7.91/每小时）明显比工作年限少于 2 年的男性要少（＄8.46/每小时）。

　　这些资料显示出男女工资的差异，并非仅在于男性的工作时间较长。一定还有另外的解释说明这个差异：教育和照料小孩的责任等等。除了性别歧视的原因外，计算表 14-14 的研究人员还考虑了其他可能合理解释男女工资差异的变量。除了现职工作年限，他们所考虑到的变量包括：

- 担任现职的年数
- 就业总年数
- 是否经常是全职工作
- 婚姻状况
- 所居住城市规模
- 是否有工会的保护
- 行业类别
- 公司的员工人数
- 是私人还是公有的雇主
- 是否非自愿地离开前一工作
- 现在职业和前一工作间隔时间的长短
- 种族
- 是否有残疾
- 健康状况
- 小孩的年龄
- 在高中时是否修过学术课程
- 高中时修过多少数学、科学和外语课程
- 上私立或公立高中
- 教育程度高低
- 该行业中女性所占百分比
- 大学的专业

　　上述每一个变量都有可能影响收入，而且男性和女性在这些方面有别，也能解释男女收入的差异。当所有这些变量都被纳入考虑范围时，研究人员就可以解释男女工资差异 60% 的原因。而剩余 40% 的差异，则不是因为有其他合理的变量解释，就是纯粹由于偏见所致。只有同时分

析几个变量——也就是多变量分析，我们才可能得出像上面那样的结论。〖426〗

我希望这个例子展示了如何用定量资料分析来表示和检验日常谈话所隐含的逻辑。在读以上文字的时候，你可能会问，这些数据都是1984年的，现在的情形是不是好些了呢？事实上最近的数据表明，情况并没多大改观。

在2000年，男性全职，平均一年的总收入是50,557美元。而女性平均一年的总收入是32,641美元，相当于男性的69%（美国人口普查局2000：440）。但是这一差异是否代表了性别歧视或者反映了合理的因素呢？

例如，一些人认为教育水平影响了收入，在过去，女性受教育程度比男性低。因此，我们可以检查教育程度是否可以解释女性从总体上比男性收入要低。表14-15提供了一组资料来检验这一假设。

此表显示，在每一相对的教育水平下，女性比男性的收入都少。很明显，教育不能解释这个差异。

事实上，教育能够掩盖性别差异的程度。如果不把教育水平考虑在内，女性与男性的工资比是0.69或69%。但是在表14-15中，6个教育类别中有4个收入差异更大。这个表格显示了

一种奇怪的现象：女性全职员工的教育水平比男性要高，而不是低。因为教育水平影响收入，当把教育水平考虑在内时，女性较高的受教育水平降低了明显的收入差距。

这是你现在应该学会的分析方法。

还有一个日常能够观察到的例子是，少数民族比白人申请人更不可能得到银行贷款。一个相反的解释是少数民族申请人破产的可能性较高或者他们可以用来承保贷款——同意或者拒绝的合理基础——的抵押物较少。不过，我们刚才所讨论的多变量分析可以解决拒绝问题。

我们先来看看那些破产的可能性并不特别高而且还具有一定抵押物的那些人。在获得贷款方面，白人和少数民族具有同等可能性吗？我们可以在控制抵押物水平的基础上进行一些子群分析。如果每一子群中的白人和少数民族有相同的可能性获得贷款，我们的结论就是不存在歧视。如果少数民族得到贷款的可能性较低，那么就意味着破产和抵押物差异这种解释就不正确——这正好又加强了歧视的存在。〖427〗

所有这些都明示：社会研究者可以在为人类服务方面扮演一个强有力的角色。他可以帮助我们判断当前的事务进展，并能够为我们提供如何达到目的地的方法。

表14-15 教育、性别和收入

教育水平	年平均收入（男）单位：美元	年平均收入（女）单位：美元	女性与男性的工资比
少于9年	24,692	17,131	0.69
9至12年	28,832	19,063	0.66
高中毕业	36,770	24,970	0.68
专科	44,911	29,273	0.65
大学肄业	46,226	31,681	0.69
本科及以上	77,963	47,224	0.61

资料来源：U. S. Bureau of the Census, Statistical Abstract of the United States (Washington, DC: U. S. Government Printing Office, 2000), Table 666, p.440.

欢迎来到社会研究世界！

本章要点

导言

- 定量分析：研究者将资料转化成数值形式并进行统计分析的技术。

资料定量

- 有些资料，比如年龄和收入，天生就是数值形式的。
- 定量化常常包括编码成用数值来表示的类别。
- 研究者可以使用既有的编码方案，如普查局关于职业的分类，或者设计他们自己的编码分类。不管在哪一种情况下，编码方案都必须适合于研究的特性和目标。
- 编码簿就是一个描述了指派给不同变量的标识符和代表了这些变量属性的编码的文档。

单变量分析

- 单变量分析是针对单一变量作分析。由于单变量分析并不包含两个或更多变量之间的关系，因此其目的是描述而不是解释。
- 有几种技术可以保证研究者总结他们的原始资料以让它们更方便处理的同时，尽可能地保持它们的原有细节。频次分布、平均数、群体资料和离散趋势测量都是跟单变量相关的资料总结方式。

子群比较

- 子群比较可以用来描述子群之间在某些变量上的相似性和差异。

双变量分析

- 双变量分析关注的是变量之间的关系而非群体之间的比较。双变量分析探讨的是自变量和因变量之间的统计相关。其目的通常是解释，而不是描述。
- 双变量分析的结果常常用列联表的格式来表达。列联表是用来揭示自变量对因变量的影响的。

多变量分析概述

- 多变量分析是同时分析几个变量间关系的方法，可对两个变量间关系有更完整的了解。
- 虽然本章讨论的主题主要与定量研究有关，但是其中的逻辑与技巧，仍然适用于定性研究者。

社会诊断学

- 社会诊断学是决定诸如种族、性别歧视的社会问题性质的定量分析方法。

关键术语

以下术语是根据章节中的内容来界定的，在出现该术语的页末也有相应的介绍，和本书末尾的总术语表是一样的。

定量分析 编码簿 单变量分析 频次分布 平均数 平均值 众数 中位数 离散趋势 标准差 连续变量 离散变量 双变量分析 列联表 多变量分析

复习和练习

1. 你所在大学的专业可以分为几类？建立一个编码体系以根据一些有意义的变量将它们分类。然后用一个不同的变量来建立一个不同的编码体系。
2. 能够用多少种数值方式来描述你自己？你天生的数值属性是什么？你能否用定量术语来表达你的一些定性属性？
3. 请依据下列信息制作一个列联表并解释：150 名民主党员赞成提高最低工资，50 名反对；100 名共和党员赞成提高最低工资，30 名反对。

4. 利用下列表格中的资料制作并解释表格，包括：

年龄	政治倾向	对堕胎的态度	次数
年轻	自由派	赞成	90
年轻	自由派	反对	10
年轻	保守派	赞成	60
年轻	保守派	反对	40
年老	自由派	赞成	60
年老	自由派	反对	40
年老	保守派	赞成	20
年老	保守派	反对	80

a. 年龄和对堕胎态度之间的双变量关系。

b. 政治倾向和对堕胎的态度之间的双变量关系。

c. 年龄、政治倾向和对堕胎的态度之间的多变量关系。

补充读物

Babbie, Earl, Fred Halley, and Jeanne Zaino. 2000. *Adventures in Social Research*. Newbury Park, CA：Pine Forge Press. 该书向你介绍了在 Windows 中利用 SPSS 来进行社会研究资料分析的方法。社会研究经常用到的几种基础的统计技术在此都有所讨论和说明。

Bernstein, Ira H., and Pau Havig. 1999. *Computer Literacy：Getting the Most from Your PC*. Thousand Oaks, CA：Sage. 对社会科学家利用电脑的不同方式做了总结，包括很多应用广泛的程序。

Davis, James. 1971. *Elementary Survey Analysis*. Englewood Cliffs, NJ：Prentice-Hall. 一本叙述清楚的介绍研究分析的读本。除了本书第 14 章的内容以外，还有对测量、统计和详析模式的介绍，值得一读。

Ferrante, Joan, and Angela Vaughn. 1999. *Let's Go Sociology：Travels on the Internet*. Belmont, CA：Wadsworth. 这本比较短小的书很好读。它很好地介绍了互联网，介绍了很多社会研究者所感兴趣的网站。

Lewis-Beck, Michael. 1995. *Data Analysis：An Introduction*. Volume 103 in the Quantitative Application in the Social Sciences series. Thousand Oaks, CA：Sage. 这是一本相当风行的简练之作。其中的统计语言对于初学者来说都相当好懂。你会对其解释的清晰性和例子的透彻感到相当舒服。

Nardi, Peter. 2006. *Interpreting Data：A Guide to Understanding Research*. Boston：Pearson. 这本优秀的小册子通俗易懂地讲述了社会研究中常用的统计分析。

Newton, Rae R., and Kjell Erik Rudestam. 1999. *Your Statistical Consultant：Answers to Your Data Analysis Questions*. Thousand Oaks, CA：Sage. 这本书同样相当出色。它回答了你在研究中遇到的或者即将遇到的所有类型的问题。

Ziesel, Hans. 1957. *Say It with Figures*. New

York：Harper & Row. 一本讨论表格制作及其他基础分析的出色的作品。即使它很老旧，但也许仍是现有的讨论这类主题的书目中最好的。它可读性很强，而且有许多实际的例子，有助于了解。

SPSS 练习

请在本书附的小册子中练习使用 SPSS（社会学数据包）。每章都提供了练习，并有使用 SPSS 的入门方法。

网络资源

社会学 & 现状：研究方法

1. 在最后复习本章之前，先做做测试 *Sociologynow：Research Methods*，看看有哪些地方需要重点复习。在本书的最前面，有关于这个在线工具的信息以及如何得到这些资源。

2. 可按照 *Sociologynow：Research Methods* 根据测试结果提供的学习计划进行复习。使用学习计划的互动练习和其他资源掌握材料。

3. 复习完毕后，再进行一次测试，以确认已充分准备好学习下一章的内容。

《社会研究方法》第十一版所附带的网站资源

Http:// sociology. wadsworth. com/ babbie-practice11e/登录后，你会发现对你的课程很有帮助的学习资源。这些资源包括辅导测试和反馈、在线练习、Flash 卡片和每一章的章节辅导以及在虚拟空间中扩展的方案、社会研究、GSS 数据以及数据分析软件，如 SPSS 和 NVivo 的使用入门等。

这一章的网址链接

我们需要认识到互联网是一个变动的实体，随时刷新。不过，这些网站还是相对稳定的。在本书的网站中可以找到更多的网址链接。这些网址在本书出版时提供了各种定性研究和分析的资料。

密歇根大学，调查文件和分析

http: //webapp. icpsr. umich. edu/GSS/

其中有一个你可以用来在线分析 GSS 资料的程序；而且还无须支付高昂的价格。

Hee-Joe Cho 和 Willian Trochim，类别资料分析

http: //www. socialresearchmethods. net/tutorial/Cho/outline. htm

这个网站提供了大量对定性资料和定序资料的分析技术和逻辑。

第 15 章

详析模式

章节概述

　　详析模式说明了多变量分析和因果分析的基本逻辑。对简单的百分比表格形式的逻辑的探讨，则可以帮助理解更为复杂的分析方法。

导　言

　　这一章主要致力于社会科学分析中的一种取向，这种取向有许多名称，诸如**详析模式**①（the elaboration model）、阐明方法（the interpretation method）、哥伦比亚学派（the Columbia School）或拉扎斯菲尔德方法（the Lazarsfeld method）。之所以具有许多名称是因为其目的在于将各变量间的实证关系加以"详细分析"以"阐明"这些关系，而这一方法是由拉扎斯菲尔德（Paul Lazarsfeld）在哥伦比亚大学任教时发展出来的一种方法。详析模式是一种进行多变量分析的方法。〖431〗

　　研究者运用详析模式，即通过同时引入另外一些变量来理解两个变量之间的关系。这种方法基本上是从列联表发展来的，也可以和其他统计技术一起使用，后面的第 16 章对此将有进一步的介绍。

　　我坚信详析模式在社会研究中可以提供最清晰的因果分析逻辑，尤其是通过列联表的使用，这一模型更能展现科学分析的逻辑过程。而且，如果你们能通过使用列联表而对详析模式的运用有充分的了解，那么这将大大提高你们运用和理解更复杂的统计技术（例如：偏回归和对数线性模型）的能力。从某种意义上来说，本章中对详析模式的讨论是第 4 章中虚假关系讨论的扩展。社会学中因果关系的一个标准是：两个变量之间的关系不是主观联系起来的，也不是由另外一个变量引起的。比如一场大火中消防车的数量和损失的大小之间的关系。我们可以清楚看到火势大小是如何影响消防车和损失的关系的。火势越大，消防车就越多；同样，火越大，造成的损失也就越大。这一假设中用到的逻辑和详析模式中用到的逻辑是一样的。通过假设的和真实的例子，我们可以看到，通过检测观察到的关系，我们可以有各种发现和逻辑阐释。虚假关系只是其中一种可能性。详析模式创始者之一帕特里夏·肯德尔（Patricia Kendall）所写的插页文章"为什么使用详析法？"提供了另一个充分的证明。

详析模式的历史

　　了解详析模式的发展历史，有助于对科学研究的实际运作有更具体的了解。前面第 1 章已经

---

　　① 详析模式：通过控制第三个变量的影响来理解两变量之间的关系的逻辑模式。其主要是拉扎斯菲尔德发展出来的。详析模式的多种结果是复证、辨明、阐明和标明。

为什么使用详析法?

帕特里夏·肯德尔（Patricia Kendall）

纽约市立大学皇后学院社会学系

　　一个真正的控制实验必须具备几个条件。其中最重要的有：（a）组建一定条件下具有相同特征的实验组（experimental group）和对照组（control group）（可以经由随机数表或掷钱币等随机过程将每个人随机分入这两组）；（b）必须确保刺激是由实验者引入而非由外在事件引起；（c）必须等待，以考察刺激是否造成了预期的效果。

　　例如，我们假设就读于常春藤盟校者比上其他大学或学院的学生在事业上能获得更大的成就。我们如何通过一个真正的实验来验证它呢？假使你们说："找一群四十几岁的人，看看他们当中哪些人曾就读于常春藤盟校，再比较他们是否比就读于其他学校者更有成就。"如果这是你们的答案，那么，你们错了。

　　一个真正的实验要求研究者选取几个高中毕业班，将各班随机地分入实验组和控制组，然后将实验组的学生送入常春藤盟校（不管他们的财力状况和学业成绩，也不管这些学校是否愿意接受这些学生），而将控制组的学生送入其他大专院校，等20年左右，当这两组人都到达他们的事业巅峰期时，再来测量这两组人的相对成就如何。当然，这是一个不寻常的过程。

　　社会学家也会去研究破碎家庭是否会导致青少年的偏差行为。我们如何对此进行经验性的研究呢？假使按照前一例的做法，你们会发现根本不可能用实验方法来研究这个假设。只要想想实验者必须去做什么就知道了。

　　真正实验法的一些必要条件在社会学研究中是如此不切实际，以至于在几乎所有情况下我们不得不采用其他不太理想的方法，除了某些最微小的情况。例如我们可以实验性地研究一种讲课方式是否比另一种使学生受益更大，或是研究一部电影是否会影响观众的态度。但是这些通常都不是我们真正感兴趣的问题。

　　因此，我们依靠近似的方法（通常是调查），而这种方法是有缺陷的。不过，详析模式使我们能对调查资料进行检验，注意其可能存在的缺点，从而使我们能对重要的问题做出相当精确的结论。

提过，在第二次世界大战期间，斯托弗（Samuel Stouffer）在美国陆军中组织并领导了一个特别社会研究部门。在整个战争期间，这个研究部门在美国军人中进行了大量各式各样的调查。虽然这些研究的目标彼此多少有些不同，但它们都是在探讨影响军人战斗力的因素。

　　其中有几个检验军队士气的研究。因为士气似乎会影响战斗力，所以提高士气也许可以提高战斗力。斯托弗和他的同事努力找出一些影响士气的变量。另一方面，他们试图通过经验验证一些普遍为人接受的命题。这些命题如下：

　　1. 晋升一定会影响到士兵的士气，因此服务于晋升速度较慢的单位的士兵，士气会相对较低。

　　2. 因为南方存在种族隔离与种族歧视，因此，在北方训练营中训练的黑人士兵会比在南方受训的黑人士兵的士气高。

　　3. 受教育程度较高的士兵会比受教育

程度较低的士兵更倾向于对自己被征召入伍感到怨愤。〚432〛

上述每个命题在逻辑上都很合理，而且一般人也认为的确如此。斯托弗决定用实证方法来检验这些命题。但出乎他的意料，没有一个命题被证实。

第一，也许你们还记得第 1 章所讨论过的那个命题：在提升速度最慢的宪兵部队（Military Police）服役的士兵，较之在提升速度最快的航空部队（Army Air Corps）服役的士兵，较少抱怨他们的升迁系统；第二，黑人士兵不论在南方的还是在北方的训练营受训，他们的士气没有什么不同；第三，受教育程度较低的士兵反而比受教育程度较高的士兵更倾向于对被征入伍感到怨愤。

斯托弗并不试图掩盖这些结果，或是只做统计显著水平检验，然后就发表这些结果，他在问："为什么？"他发现问题的答案存在于参照群体(reference group)和相对剥夺(relative deprivation)这两个概念中。简单地说，斯托弗指出，士兵并不会依据绝对的、客观的标准来评价他们在生活中所处的位置，而是根据他们相对于周围的人所处的位置来评价。他们用以与自己比较的那些人便是他们的参照群体，如果比较的结果是自己处于较低地位，他们便会有相对剥夺感。

运用参照群体及相对剥夺的概念，斯托弗为他的实证资料中每一种异常情况都找到了答案。对于晋升问题，他指出，士兵将自己的经历与周围人进行对比，据此来评断升迁系统是否公平。在宪兵部队中，升迁很慢，机会又少，士兵很少发现某个条件不如自己的同伴反而比自己晋升得快。相反，在陆军航空大队中，快速晋升率却意味着许多士兵察觉到，很多条件不如自己的同伴却晋升得飞快。于是，颇具讽刺意味

的是，宪兵们认为升迁系统总的来说是公平的，但航空部队的队员却不这么认为。

类似的分析也可以用来解释黑人士兵的情形。黑人士兵并不比较各自在南方和北方的情形，而是拿自己的地位与周围黑人居民的地位做比较。在南方，种族歧视很严重，那儿的士兵发现当军人多少可以使自己同周围社区中对他们不利的文化规则相隔离。南方的黑人居民整体上是被歧视的，他们被剥夺了自尊、好的工作等等。比较起来，黑人军人的地位稍好一点。而在北方，许多黑人士兵发现很多黑人居民都有收入很好的工作。由于在北方种族歧视情况并不严重，因此，当军人并不会对他们在社区的地位有任何帮助。〚433〛

最后，参照群体和相对剥夺的概念，似乎也可以解释受教育程度高的士兵反而比受教育程度低者较愿意接受征召的奇怪现象。斯托弗的解释如下：

1. 整体而言，一个人的朋友具有和自己相同的受教育程度。

2. 受教育程度较低的役龄男子，会比受教育程度较高者更可能从事生产线上的半技术职业或是农场工作。

3. 战争期间，许多工业生产线及农场上的工作对国家整体利益而言相当重要，因此从事这些工作的人可免被征召。

4. 受教育程度较低的男子会比受教育程度较高的男子更有可能拥有从事免征召职业的朋友。

5. 当与自己的朋友相比时，受教育程度低的被征召者，比受教育程度高者更有可能感到自己被歧视。（1949 – 1950：122 – 27）

斯托弗的解释解开了这三个异常结果的谜

底。但是，因为这些解释并非原有研究计划中的内容，他尚缺乏实证资料予以验证。尽管如此，斯托弗的逻辑说明却为以后详析模式的发展提供了基础：通过引入其他控制变量来理解两变量之间的关系。

1946 年，拉扎斯菲尔德和他在哥伦比亚大学的同事们正式发展了详析模式。在考察斯托弗的研究方法时，拉扎斯菲尔德和肯德尔利用详析模式的逻辑展示了一些假设性的表格，证明了如果确有实证资料，斯托弗有关受教育程度与接受征召之间关系的论点是可以得到证实的（Kendall and Lazarsfeld，1950）。

详析模式的核心逻辑是先从观察到的两个变量之间的关系和一个变量可能影响另一个变量的可能性出发。在斯托弗的案例中，最初的两个变量是教育水平和征召接受程度。由于士兵的教育水平是先于征召入伍（并对征召有其看法）的，所以教育水平才可能是原因，或者自变量。而征召接受程度则是结果，或者说因变量。不过，我们上面已经看到，观察到的关系和研究者的设想刚好相反。

详析模式检验的是其他变量对最先观察到的关系的影响。有时候这种分析能够揭示因果关系发生的机制，有时候则可以证伪原有的因果关系。

在上面的案例中，额外变量就是士兵的朋友是否被缓征。在斯托弗推测性的解释中，这个变量揭示了具有更高教育水平的士兵更能够接受被征召之间的实际逻辑：因为教育水平较高者，其朋友也可能被征召入伍了。而那些教育水平较低的士兵则可能有更多被缓征的朋友，因此觉得受到了不公正对待。

拉扎斯菲尔德和肯德尔从斯托弗的资料所显示的有关受教育程度和征召接受程度之间的正相关开始着手（见表 15 - 1）。表中的"应该被缓征"和"不应该被缓征"表示的是士兵对其自身状况的评价。后者认为自己被征召入伍是公正的。〔434〕

然后，他们建立了一个符合经验数据的假设性表格以显示受教育程度与是否有朋友被缓征之间的关系。在表 15 - 2 中，我们可以看到在受教育程度高的士兵当中，有 19% 的人有朋友被缓征，而这一比例在受教育程度低者中为 79%。

表 15 - 1　斯托弗资料中受教育程度与征召接受程度之间关系

	受教育程度高（%）	受教育程度低（%）
不应该被缓征	88	70
应该被缓征	12	30
	100	100
	(1761)	(1879)

资料来源：Table15 - 1，15 - 2，15 - 3 and 15 - 4 are modified with permission of Macmillan publishing Co.，Inc.，from *Continuities in Social Research*：*Studies in the Scope and Method of "The American Soldier"* by Robert K. Merton and Paul F. Lazarsfeld(eds.). Copyright 1950 by The Free Press，a Corporation，renewed 1978 by Robert K. Merton.

表 15－2 受教育程度与缓征朋友之间的假设关系

有朋友被缓征吗？	受教育程度高（%）	受教育程度低（%）
有	19	79
没有	81	21
	100	100
	(1761)	(1879)

注意，在斯托弗的真实资料中，受教育程度高和低的士兵的人数一样多。在表中，你会看到接受或者怨恨被征召的人数和原始资料一样。只有回答朋友被缓征或者没有被缓征的相关资料是假设的。

斯托弗的解释接下来假设，有朋友被缓征的士兵会比没有朋友被缓征的士兵对自己的被征召更有抵制情绪。表 15－3 中呈现的假设数据支持了这一假设。

表 15－3 朋友是否缓征与对自己被征召的接受度之间的假设关系

	朋友被缓征	
	是（%）	否（%）
不应该被缓征	63	94
应该被缓征	37	6
	100	100
	(1819)	(1818)

表 15－2 和表 15－3 内的假设资料证实了斯托弗在他的解释中所指明的关联性。第一，受教育程度低的士兵比受教育程度高者更有可能拥有被缓征的朋友。第二，有朋友被缓征会让士兵更有可能认为自己也该被缓征。斯托弗认为这

两层关系便足以解释清楚原有的受教育程度和接受征召之间的关系。肯德尔和拉扎斯菲尔德构建了一个假设性的表格以证实斯托弗的解释（见表 15－4）。〖435〗

表 15－4 有无朋友被缓征影响受教育程度与接受征召态度之间关系的假设资料

	有朋友被缓征（%）		没有朋友被缓征（%）	
	高教育	低教育	高教育	低教育
不应该被缓征	63	63	94	95
应该被缓征	37	37	6	5
	100	100	100	100
100% =	(335)	(1484)	(1426)	(392)

回想一下那个最初的发现，受教育程度高　的被征召者比受教育程度低者更倾向于认为他

们的被征入伍是公平的。但在表15-4中，我们注意到，受教育程度对于那些报告说有朋友被缓征者的应征接受度并无影响：在两个受教育程度组中，都有63%的人认为他们不应被缓征。同样地，受教育程度对于那些报告说没有朋友被缓征者的应征接受度也没有显著影响：在不同受教育程度组中分别有94%和95%的人认为他们不该被缓征。

另一方面，对于受教育程度高者，是否愿意接受征召与有没有朋友被缓征之间有很强的关系：63%对94%。相同的情形也发生在受教育程度低者中。表15-4中的数据表明，必须通过有无朋友被缓征这一媒介因素的作用，受教育程度才会影响个人接受征召的意愿，只在这个意义上，斯托弗的论点得到了数据的支持。受教育程度高的被征召者，较少会有被缓征的朋友，因此更倾向于接受自己被征召是公平的看法。受教育程度低者则更有可能有被缓征的朋友，因此，会更不愿意接受自己的被征召。

你们必须认识到，斯托弗的解释或上述假设性资料，都没有否定原有关系的存在，即当受教育程度提高时，对自己被征召的接受度也随着增加。只是这种经验性的关系通过引进第三个变量才获得了解释。变量"有无缓征朋友"并没有否定原有关系；它仅是澄清了原有关系得以发生的机制。

这便是详析模式和多变量分析的核心所在。观察到两个变量（比如受教育程度和接受征召）之间的经验性关系之后，我们的目标是要通过引入其他变量（比如有缓征的朋友）造成的影响来了解这种关系的本质。从技术上说，为完成这一目标，我们首先要将样本按照**检验变量**①（test variable）或者说控制变量分成几个子变量。例如，在我们目前的例子中，有无朋友被缓征是控制变量，而样本也随之分成两组，有朋友被缓

征的以及没有朋友被缓征的。然后，两个原始变量（受教育程度和接受征召）间的关系在两个分样本中被分别重新计算。按照这种方式所建立的表格被称为分表，而在该表中发现的关系则称为**净关系**②（partial relationships）。接着，再将这个净关系与在所有样本中发现的原有关系——也就是**零阶关系**③（zero-order relationship），表示还没有控制其他变量时两变量之间的关系——进行比较。〖436〗

虽然我们刚开始时用的是假设性的资料来展示详析模式，但它还是展现了对实际测量的变量关系进行分析的逻辑方法。我们还会看到，假设性例子只描述了详析模式的一种可能结果。下面我们来看看其他可能结果。

详析范式

本节提供一些指南，以利于读者理解详析分析。首先，我们必须清楚，对于其他两个变量而言，检验变量是先导性的（在时间上更早）还是中介性的，因为位置的不同在多变量模型中所暗示的逻辑关系是不同的。假使检验变量是中介性的，就像在受教育程度、有无朋友被缓征与应征接受度这个例子中，那么分析就该是建立在如

————————
① 检验变量：在进一步澄清其他两变量之间的关系时保持不变的变量。比如，发现了教育和偏见之间存在相关关系；我们可以将性别看做是恒量，进而分别检验男性和女性各自的教育和偏见之间的关系。在这个例子中，性别就是检验变量。
② 净关系：详析模式中，控制了第三个变量的情况下，两个变量在子群中的相关关系。比如，政治党派和对堕胎的态度之间没有关系。但我们可以看看在男性和女性（也就是控制性别）中这种关系是否也是真实的。男性和女性中所发现的各自的相关关系就是净关系，有时也称为偏相关。
③ 零阶关系：在详析模式中，也就是在不引入控制变量的情况下，两变量之间的初始关系。

图 15 - 1 中所显示的模型基础之上。这其中多变量关系的逻辑是自变量（受教育程度）影响作为中介的检验变量（有无被缓征的朋友），中介变量再影响因变量（对征召的接受度）。

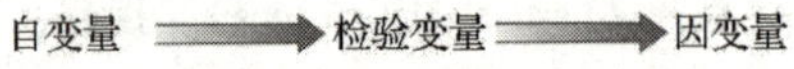

自变量 ➡ 检验变量 ➡ 因变量

图 15 - 1　中介性的检验变量

假使检验变量先于自变量及因变量，则必须使用另一个完全不同的模型（见图 15 - 2）。此时，检验变量同样影响自变量及因变量。当然，你们应意识到，在这里用"自变量"和"因变量"这样的名称，严格地说是不正确的。事实上，我们有一个自变量（检验变量）和两个因变量。然而，我之所以仍使用错误的名称，是顾及与前述例子的连贯性。"自变量"与"因变量"之间显示的经验上的关联性，由于都与

检验变量有关，所以两者之间并没有任何因果关系。也就是说，它们之间的经验性关系，纯粹是它们各自与检验变量间同时存在的关系的产物（接下来的例子会更进一步澄清这种关系）。

图 15 - 2　先导性的检验变量

表 15 - 5 是一个理解详析模式的指南。表中有两栏显示检验变量是先导性的还是中介性的。表的左边所显示的是净关系与自变量及因变量原有关系的比较。该表的主体则给出了一些技术上的名词——复证、辨明、阐明和标明——以说明每种情况。我们将依序讨论这些情况。

表 15 -5　详析范式

净关系与原有	检验变量	
关系的比较	先导	中介
相同关系	复证	复证
较小或消失	辨明	阐明
分裂*	标明	标明

*一种净关系与原有关系相同或较之更大，而另一净关系较原有关系更小或为零。

复证

复证①（replication）指净关系基本上和原有关系相同，而不论检验变量是先导性的还是中介性的。这意味着原有关系在测试情况下被复制了。假使在我们前述例子中，受教育程度仍然会影响对征召的接受度，不论其是否有朋友被缓征，那么我们便可说原有关系被复证了。不

过，请注意，这样的结果就没有证实斯托弗对原有关系的解释。朋友是否被缓征，就不会成为受教育程度借以影响征召接受度的机制了。

要了解复证到底是怎么回事，让我们先回到表 15 - 3 及表 15 - 4。试想我们原有的发现如表

---

① 复证：跟详析模式相关的一个技术术语，它指的是引入控制变量之后，原有的两变量关系并没有改变。这也就进一步加强了原关系为真的信心。

15－3 所示，是否有朋友被缓征会强烈影响到士兵怎样看待自己的被征召。一旦我们发现了这层关系，便会想知道这层关系是否也同样存在于受教育程度不同的士兵身上。要想得到答案，我们便需要将受教育程度作为控制或检验变量。〖437〗

表 15－4 就是这种检验的结果，虽然它的表达方式与我们把受教育程度当做控制变量的做法多少有些不同。不管怎样，我们可以从表中看出，不论他们的受教育程度是高是低，有无缓征朋友仍然会影响士兵对自己被征召的态度（比较第 1 列和第 3 列，再比较第 2 列和第 4 列）。这样的结果便复证了有无朋友被缓征与对自己被征召的态度间的关系。

研究者们经常使用详析模式，希望能在分样本中复证原有的发现。举个例子，假如我们发现教育与偏见之间存在相关关系，我们会引入一些检验变量，诸如年龄、地区、种族、宗教等等来测试原有关系的稳定性。假使原有关系重复出现于年轻人与老年人中、全国各地的人之中等等，那么，便可据此认定原有关系是真实而普遍的。

辨明

辨明① （explanation）这个名词是用来描述一个虚假关系（spurious relationship）；一个原有关系被后来引入的检验变量所解释了。这种情形的产生必须具备以下两个条件：（1）检验变量必须先导于自变量与因变量；（2）净关系必须是零或明显小于原有关系。以下几个例子可以说明这种情形：

我们再来看看第 4 章所提过的一个例子。不同地方的鹳鸟数目和该地区的小孩出生数目被发现存在经验性的关系。鹳鸟愈多的地区，孩子的出生率愈高。这种经验性关系会引导人们猜想鹳鸟的数目会影响生育率。然而，一个先导测试便可解释这一关系。乡村地区的鹳鸟数目和生育率都比都市地区高。在乡村地区，鹳鸟数与生育率之间并没有任何关联性，在都市地区也一样。

图 15－3 显示了城/乡这一变量如何导致鹳鸟和生育率之间看似有明显的关系。图中第 I 部分显示了原有关系。请注意，在城乡总方框中，鹳鸟多的各地区除一个地区外，都有较高的生育率；而在鹳鸟少的地区，除有一个例外，生育率都很低。再以百分比的形式来看，在鹳鸟多的地区中，93% 有高生育率，与之相对，鹳鸟少的地区只有 7% 拥有高生育率。这是个相当大的百分点差距，因此表示这两个变量之间具有很强的关联性。〖438〗

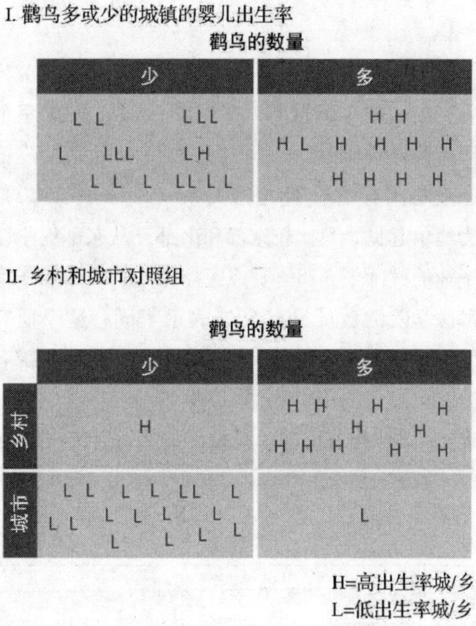

图 15－3　关于鹳鸟和婴儿间的事实

---

① 辨明：两变量之间的初始关系被证实是虚假的——因为引入控制变量后原关系消失了——这样一种详析模式结果。

图的第 II 部分将乡村地区与城市地区分开进行统计，然后分别检验各类地区的鹳鸟与婴孩的数量。现在我们可以看到，所有乡村地区都有高生育率，而所有都市地区的生育率都较低。同时请注意，只有一个乡村地区鹳鸟较少，而仅有一个都市地区有很多鹳鸟。

另有一个类似的例子，也是在第 4 章提过的。在火灾现场消防车的数量和火灾损失间有正相关关系。到现场的消防车愈多，火灾的损失愈大。有人也许会因而假定消防车本身造成了破坏。然而，一个先导变量——火灾的大小，就解释掉了原有的关系。大火灾比小火灾造成的破坏更大，同时，大火灾会比小火灾需要更多消防车。如果只考察大火灾，则原有关系消失（或者还会相反）；当只考察小火灾时，结果也一样。

最后，让我们用一个真实的例子，某研究发现，美国的不同区域——医学院教员在那里的医学院接受训练——与这些教员对医疗保险的态度之间存有经验性的关系（Babbie，1970）。为简单起见，只比较东部和南部。从东部医学院毕业的教师中，78% 赞成医疗保险；但毕业于南部医学院的教员只有 59% 表示赞同。这个研究发现看起来很合理，因为一般而言，比起东部各

州，南方各州似乎更抵制这类的计划，而医学院的训练又应该会影响医生的医疗态度。但是，当我们引入一个先导变量后，这种关系便被解释掉了。该变量即是这些教员的成长地。在东部长大的教员中，89% 进入东部的医学院学习，而只有 11% 进入南方的医学院。在南方长大的教员中，53% 进东部医学院而 47% 进南方医学院。而且，这些教员的生长地区也会影响到他对医疗保险的态度。在东部长大的人员中，84% 赞成医疗保险，而在南方长大的人员中，这一比例为 49%。

表 15 - 6 显示了三个变量——何处长大、受医学院训练地区、对医疗保险的态度——之间的关系。在东部长大的教员较倾向于支持医疗保险，而不论他们在何处接受训练。那些在南方长大的，相比之下较倾向于不支持医疗保险，同样，他们在何处接受训练对这一态度影响很小或者没有影响。因此，这份资料显示，受医学训练地区与对医疗保险的态度之间原有的关系是虚假的；它实际上是因为生长地区这一因素恰巧同时既作用于受医学训练的地区又作用于对医疗保险的态度。如果控制生长地区，如表15 - 6，则原有的关系在净关系中消失了。〖439〗

表 15 - 6　生长地区、受教育地区与对医疗保险的态度

| | | 赞成医疗保险的百分比 | |
| | | 生长的地区 | |
		东部	南方
接受医学训	东部	84	50
练的地区	南方	80	47

资料来源：Earl R. Babbie, *Science and Morality in Medicine*（Berkeley：University of California Press, 1970），181.

在插页文章"就读于常春藤盟校与职业成就间的关系"中，详析模式创始人之一肯德尔

重述了一项研究，该研究者本想通过详析模式发现一种辨明关系，却发现了复证关系。虽然这个

就读于常春藤盟校与职业成就间的关系

帕特里夏·肯德尔

纽约市立大学皇后学院社会学系

对调查分析而言，最主要的危险是原本以为存在的因果关系却被证明为是虚假的。也就是说，X 与 Y 之间原有的关系被先导性的检验变量解释掉了。更进一步地说，当控制了先导性测试因素时，X 与 Y 之间的净关系会降为零。

这种情况对于几十年前所做的一个研究发现而言，具有相当大的可能性。我在哥伦比亚大学的一个研究生帕特里夏·沙特·威斯特（Patricia Salter West）曾根据《时代》杂志在 1 万位男性订阅者中所进行的问卷调查来做她的学位论文。威斯特提出的许多假设中，有一个是假设从常春藤盟校（布朗、哥伦比亚、康乃尔、达特茅斯、哈佛、宾夕法尼亚、普林斯顿和耶鲁）毕业的男性，与毕业于其他院校的男性相比，在他们日后的事业上会更有成就（以他们的年薪来定义）。

初始的四分表（表 1）支持了威斯特的假设。

表 1 *

日后事业成就（Y）	所就读大学（X）检验变量	
	常春藤盟校	其他大专院校
成功	1300（65%）	2000（25%）
不成功	700（35%）	6000（75%）
总数	2000（100%）	8000（100%）

*我不得不自己创了一些数字，因为在威斯特出版的惟一版本中没有包括总数。参见 Ernest Havemann and Patricia Salter West, *They Went to College*（NewYork：Harcourt，Brace，1952）。

虽然这些数字是我假造的，但它们和威斯特从自己的研究中所发现的非常接近。就读于常春藤盟校的人看来比其他学校的毕业者有更大的成就。

但是，且慢！这种关系不是典型的虚假关系吗？谁可以供得起儿子上常春藤盟校？当然是那些有钱人。[1]谁又可以提供生意和业务关系给自己的儿子，以协助他们在事业上成功？当然还是那些有钱而有地位的人家。

换句话说，学生家庭的社会经济地位解释掉了这个明显的因果关系。事实上，威斯特的一些发现也显示了很可能实际情况就是如此。

---

① 由于威斯特并没有有关家庭社会经济地位的直接资料，她把那些在大学四年内能够完全为儿子提供资助的家庭，界定为有钱或有较高社会经济地位者。而那些其儿子必须在这四年中或完全、或部分地靠自己的家庭，则被界定为较穷或社会经济地位较低者。

就读于常春藤盟校与职业成就间的关系

表 2　根据家庭社会经济地位进入常春藤盟校就读率

就读学校（X）	家庭社会经济地位（T）	
	高	低
常春藤盟校	1500（33%）	500（9%）
其他院校	3000（67%）	5000（91%）
总数	4500（100%）	5500（100%）

那些来自有钱家庭的孩子中，有 1/3 就读于常春藤盟校；而家庭背景较差的孩子，11 人中只有 1 人就读于常春藤盟校。因此，在 X 和 T 这两个变量间就有非常强的相关（家庭社会经济地位 T 和日后事业成功 Y 之间也有类似的高度相关）。

这些所谓的边际相关(marginal correlations)的大小，显示了威斯特有关就读于常春藤盟校的因果关系之假设可能有误；相反，它表明，是学生家庭的社会经济地位造成了威斯特观察到的原有关系（即 X 与 Y 的关系）。

然而，我们还不能就此结束。关键问题是，一旦测试因素被控制，净关系会变得如何？结果如表 3 所示。

表 3　控制 T 时，X 与 Y 之间的净关系

日后成功与否（Y）	社会经济地位高（T）		社会经济地位低（T）	
	常春藤盟校（X）	其他学校（X）	常春藤盟校（X）	其他学校（X）
成功	1000（67%）	1000（33%）	300（60%）	1000（20%）
不成功	500（33%）	2000（67%）	200（40%）	4000（80%）
总数	1500（100%）	3000（100%）	500（100%）	5000（100%）

这些净关系显示，即使控制家庭社会经济地位，就读于常春藤盟校仍与日后的事业成功之间有显著关系。结果，威斯特所做的分析支持了她最初的假设。

尽管如此，威斯特仍无法证实她的假设，因为几乎永远都有其他的先导因素可能可以解释这一原有关系。例如，学生的智商（经由 IQ 测验或 SAT 的分数来测量）。常春藤盟校自豪于他们的学生很优秀。因此，他们愿意给那些具优异条件但却付不起学费和膳食费的学生以优秀奖学金。一旦获准进入了这些名牌大学，那些聪明的学生便会发展出各项技能并建立起各种关系，而这些都有助于日后的事业成功。因为威斯特并没有获得研究对象的智商资料，所以她无法研究一旦这个因素被引入，原有关系是否会消失。

总之，详析模式使得研究者排除了一些可能性，而又可从其他方面获得某种支持。但它无法使我们能证实任何事。

例子现在看来已有些陈旧，但其研究主题却仍是学生们相当感兴趣的：事业上的成功在多大程度上取决于念了一个"好学校"？

阐明

除了引入检验变量的时间不同以及由此带来的含意不同之外，**阐明**①（interpretation）和辨明是很类似的。前文有关受教育程度、朋友被缓征以及自己接受征召的态度的例子便是一个相当好的阐明的例子。就详析模式而言，受教育程度对接受征召态度的作用并没有被其他因素解释掉，它仍然是一个真实的关系。就实际的情况来看，受教育程度的差别导致接受征召态度的差别。而中介变量——朋友是否被缓征，只是帮助阐明该关系借以产生的机制。因此，阐明并不是否定原有因果关系的有效性，而是澄清这一关系运行的过程。

另有一个阐明的例子。研究者观察到来自破碎家庭的孩子，比来自完整家庭的孩子更容易有偏差行为。这个关系可以通过引入督导这个检验变量来加以阐明。在那些接受着督导的孩子们中，偏差行为的比率并不会受其父母是否离婚的影响。同样的情形也出现在没有受督导的孩子们中，也就是说，是由于破碎家庭与缺乏督导之间的关系，才导致原有关系的产生。

标明

有些时候详析模式会产生一些互相有显著差别的净关系。例如，一个净关系与原有的双变量关系相同或者更强，而第二个净关系却小于原有关系而且可能降至零。这种情形在详析模式中被称为**标明**②（specification）。即详细说明原有关系发生的不同情境。

现在来回顾一个探讨宗教参与之根源的研究，葛洛克和他的同事（Glock et al. 1967：92）发现那些圣公会（Episcopal Church）的教友们，随其社会地位的升高，他们的宗教参与程度则降低。表 15－7 显示了这个结果，该表是比较不同社会阶层的女性教区居民参与教堂活动的平均水平。〖440〗

葛洛克的分析是将这一发现置于其他因素的背景下来进行阐述的，他的结论认为宗教参与为那些在世俗社会被剥夺了满足感的人提供了一种替代的满足形式。这个结论解释了为什么女性比男性更倾向笃信宗教，或为何老年人比年轻人更倾向于此等等。葛洛克解释说，处于较低社会阶层（依受教育程度与收入而测量）的人，从世俗社会获得自尊的机会不如社会阶层高的人多。为了阐明这一点，他特别提出女性社会阶层的高低与其是否在世俗组织内担任公职之间，有很强的相关关系（见表 15－8）。葛洛克接着推论，只有在较低阶层妇女被剥夺了从世俗社会中获得满足的情况下，其社会阶层与宗教参与才具有相关关系，而这种关系在已经从世俗社会中获得了满足的女性中就不存在。他把是否担任世俗公职当做一个变量，用来作为是否从世俗社会获得满足的硬性指标。在这个检验中，对那些任公职者而言，社会阶层与宗教参与程度间就没有相关关系。〖441〗

表 15－9 展现了一个标明的例子。在担任世

---

① 阐明：跟详析模式相关联的一个术语。它表示的研究结果是说控制变量是原初相关关系的中间变量，也就是说，自变量通过影响控制变量来影响因变量。

② 标明：详析模式中用到的一个技术术语。它表示的详析结果是说引入控制变量之后，两变量之间的初始关系在某些子群中继续存在，而在另外一些子群中则不复存在。这个时候，你就要标明初始关系存在的条件：比如，存在于男性中间，而不存在女性中间。

表 15 – 7 圣公会妇女的社会阶层及其宗教参与均数

	社会阶层等级				
	低				高
	0	**1**	**2**	**3**	**4**
平均参与程度	0.63	0.58	0.49	0.48	0.45

资料来源:表 15 – 7、15 – 8 和 15 – 9 来自 Charles Y. Glock, Benjamin B. Ringer, and Earl R. Babbie. *To Comfort and to Challenge* (Berkeley:University of California Press,1967)。已获 The Regents of the University of California 授权使用。

注意:本表用均数分值而非百分比

表 15 – 8 社会阶层与在世俗组织中担任公职的关系

	社会阶层等级				
	低				高
	0	**1**	**2**	**3**	**4**
在世俗社会组织中任公职百分比	46	47	54	60	83

注意:本表用百分比

表 15 – 9 宗教参与、社会阶层和担任世俗公职

	各社会阶层的宗教参与均数				
	低				高
	0	**1**	**2**	**3**	**4**
担任公职	0.46	0.53	0.46	0.46	0.46
没有担任公职	0.62	0.55	0.47	0.46	0.40

俗公职的女性当中，社会阶级与宗教参与之间基本上不存在相关关系。该表还有效地标明了原有关系仍存在的情况:即在那些无法从世俗社会得到满足的女性中。

"标明"这个名词用于详析范式，它不管检验变量是先导性的还是中介性的。不论是哪种变量，其意义是相同的。我们要详细标明的是在何种特定情形下，原有关系仍存在。〖442〗

范式的调整

前面几节已经展现了由拉扎斯菲尔德和他的同事们发展出来的详析模式的基本逻辑。我们在本节中看一些逻辑上可能的变化形式，其中一些在罗森伯格（Morris Rosenberg，1968）的著作中可以找到。

第一，基本的范式假定两变量间有一个初始关系。在一个更复杂的模型中，区分正相关关系与负相关关系是很有用处的。但罗森伯格更进一步提出，即使初始关系为零，也可运用详析模式。他引用一个研究（成为工会成员的时间长短与对工会任用犹太人为职员的态度）作为例子（见表 15 – 10），最初的分析表明，成为工会成员时间的长短与对犹太人的态度之间并无关系:那些入会少于 4 年者和超过 4 年者，都同样

表 15 – 10 抑制变量范例

I. 在工会时间长短与对犹太人态度间无明显关系

	少于四年	四年或以上
不在乎犹太人是否在 工会任职的百分比	49.2	50.2
	(126)	(256)

II. 在每个年龄层中，在工会时间增长会提高接受犹太人任职的意愿

不在乎是否有犹太 人任职的百分比	在工会时间长短	
年龄	少于四年	四年或以上
29 岁或以下	56.4	62.7
	(78)	(51)
30 – 49 岁	37.1	48.3
	(35)	(116)
50 岁以上	38.4	56.1
	(13)	(89)

资料来源：引自 Morris Rosenberg, *The Logic of Survey Analysis* (New York：Basic Books, 1968)：88 – 89。已获使用授权。

愿意接受犹太人入会。然而，工会成员的年龄，却被发现抑制了成为会员的时间长短与对犹太人态度间的关系。整体来说，年轻成员比年纪大的成员对犹太人更为友好。同时，当然，年轻者成为工会成员的时间没有年纪大者那么久。但是，在特定的年龄层中，在工会待得越久的人也越支持犹太人担任工会职员。在这个例子中，年龄成为一个**抑制变量**①（suppressor variable），它掩盖了成为会员的时间长短与对犹太人态度之间的关系。

第二，基本模型的焦点在于净关系是否与原有关系相等或比其弱，但它没有提出任何指导原则，以辨明是什么构成了原有关系与净关系之间的显著差异。当你们使用详析模式时，就会经常发现自己在武断地决定某个净关系是否明显弱于原有关系。这一点暗示了可以给这个

范式加入新的维度。

第三，基本范式局限于认为净关系等同或弱于原有关系，这就忽略了另外两种可能性。净关系可以比原有关系更强，或者，就根本与原有关系相反——当原有关系为正相关时，净关系为负相关。〖443〗

罗森伯格提供了一个假想的例子。首先，他提到，某研究者可能在其研究中发现，劳工阶级受访者比中产阶级受访者更支持民权运动（见表 15 – 11）。他进一步指出，在这个例子中，种族可能是个**曲解变量**②（distorter variable），它歪曲了阶级与态度之间的真正关系。假定黑人受

---

① 抑制变量：在详析模式中，使得初始关系不能显现的检验变量。

② 曲解变量：在详析模式中，颠倒零阶关系的方向的变量。

表 15-11 曲解变量范例（假设性的）

I. 劳工阶级受访者似乎比中产阶级的受访者在民权问题上更开放		
民权指数	中产阶级	劳工阶级
高	37%	45%
低	63	55
	100	100
100% =	（120）	（120）

II. 控制种族因素后中产阶级表现为比劳工阶级在民权问题上更开放				
	社会阶级			
	黑人		白人	
民权指数	中产阶级	劳工阶级	中产阶级	劳工阶级
高	70%	50%	30%	20%
低	30	50	70	80
	100	100	100	100
100% =	（20）	（100）	（100）	（20）

资料来源：Morris Rosenberg, *The Logic of Survey Analysis*（NewYork：Basic Books, 1968）：94-95。已获使用授权。

访者会比白人受访者更支持民权运动，而在劳工阶级中他们占了大多数，而中产阶级中他们只占少数。而中产阶级中的黑人受访者，也许会比劳工阶级中的黑人受访者更支持该运动，同样的关系在白人中也会发现。如果控制种族变量，那么该研究者得出的结论会是：中锄阶级比劳工阶级更支持民权运动。

另有一个曲解变量的例子。瑟佛（Michel de Seve）做过一项研究。她检验了在同一组织工作的男女不同性别的起薪，很惊讶地发现女性所获得的起薪一般比她们的男性同事高。这里的曲解变量是被录用的时间。许多女性都是新近才获录用，而最近这些年的薪金总体上就高于早些年前的薪金，而大多数男性是在早些年前就被录用的（E. Cook, 1995）。

所有这些新的维度，进一步深化了"标明"这一概念。假使某一净关系与原关系相同，而另一净关系却比原关系强，对此你们会如何处理呢？你们应区分出一种状况，在这种状况下，原有关系得以保存；你们还要指明另一种状况，在这一状况下，原有关系显得更强。

最后，基本范式主要着重于二分式检验变量。实际上，详析模式并非局限于此——不论是理论上还是实用上——但如果检验变量将样本分成三个或更多个子样本，则基本范式会变得更复杂。此外，同时使用一个以上的检验变量时，范式也会变得更复杂。这些评论并不是对基本范式进行挑剔。相反，我试图给你们留下这样一个印象，详析模式并非是一种简单的演算法则——一套分析研究的过程。它更是一种逻辑设置，用来帮助研究者理解他或她的资料。对详析模式有透彻的了解会使一项复杂的分析变得容易。但是，它并不能告诉你们该引入哪个变量作为控制变量，也不会对详析结果的性质提出决定性的结论。这些事情,你们必须依靠自己的智慧,而这种智慧只能来自广泛的经验。在指出了基本详析模式过于简单之后,我还想说明的是,该模型只是提供了一个逻辑的框架。高级分析远比我们在阐述基本范式时所用的例子要复杂得多。〖444〗

但同时,如果你们能完全理解基本模型,你们就会更容易理解其他的方法,诸如相关、回归、因素分析等等。第 16 章将试图把净相关或净回归这些方法置于详析模式的背景下讲述。

详析与事后假设

在我们结束详析模式的讨论之前,还要将其与**事后假设**①(ex post facto hypothesizing,一种错误的推理形式)联系起来看一看。读者在各种方法论文献中会发现无数的对事后假设的警告。虽然提出这些禁令的动机是正确的,但有时,缺乏经验的研究者会弄不清其确切含意。

"事后假设"意味着"跟在事实屁股后面"。当你们观察到两个变量之间的经验关系后,简单地提出一种原因来说明该关系,这种做法有时就被称为事后假设。你们已得知两变量之间存在关系后,再提出一个假设来连接这两个变量。你们会记得,在本书前面的讨论中,所有的假设都有被证伪的可能。因此,除非你们能找出一些经验发现可以否证你们的假设,否则这个假设就不是真正的、研究者惯常意义上说的那种假设。也许你们会争辩说,一旦两变量之间的关系被观察到,那么任何有关此关系的假设都无法被推翻。

如果你们除了在事后用欺骗性的假设来修饰经验观察结果外什么也不干,那么你们说的倒也对。但是,在观察到女性比男性更倾向于信奉宗教以后,你们不应只是简单地断言女性之所以比男性更信奉宗教是因为一些社会行为的

普遍动力使然,而让你们的研究停留在这种最初的观察阶段。

对事后假设的限制也产生了不好的副作用,即它禁止研究者在事后建立良好而真实的假设。没有经验的研究者常被引导去相信,必须在检验资料之前建立好所有假设——即使这意味着会做出许多推论很差的假设。而且,他们也被引导去忽略那些不能证实先前假设的、实际观察到的关系。〖445〗

当然,几乎没有研究者会希望斯托弗隐瞒他在研究军人士气中的不寻常发现,他注意到那些奇怪的经验观察结果,并提出假设以推论导致那些现象的原因。而他的推论自此成为研究者们的无价之宝。关键是他的事后假设能够自我检验。在此,还要提出一个稍复杂些的观点。每个人都可从一堆资料中构想出一些假设来解释观察到的经验性关系,但详析模式可以在同一批资料中提供检测各种假设的逻辑工具。这种检验的一个很好的例子,是前文讨论过的社会阶级与宗教参与的关系。葛洛克用了社会剥夺理论来解释原有关系。如果他就此打住,那么他的论述可能会很有趣但却不具多少说服力。然而,他超越了这一点。他提出,如果该假设(社会剥夺理论)是对的,那么社会阶级和宗教参与间的关系在那群从世俗社会得到了满足感(即有在世俗组织中担任公职)的女性中应该会消失。这个假设接着也成为实证检验的对象。假使这个新假设没有被该资料证实,那他就必须重新思考。

这些额外的评论进一步说明了资料分析是一个持续的过程,它需要运用你们所有的智慧与毅力。如果一个研究者只是小心翼翼地排列其假

---

① 事后假设:在证实性的资料已经收集起来之后才提出的假设。由于不存在证伪的可能性,所以这种假设是没有意义的。

设，然后按照程式化的方式去检验它们，就只会导致一种模式化的研究。

为了避免你们担心事后验证的力度不如传统式的证明，我再重复前面提到过的论断，即"科学的证明"本身就是个矛盾的概念。没有任何东西被科学地"证实"过。假设、解释、理论或预感都可逃过一连串的被证伪，但却没有一个可以在任何完全的意义上被证实。一个假设是否被接受，取决于它受检验的程度和还没有被证伪。因此，没有任何假设可以根据一次检验，便被认定是可靠无误的——不论该假设产生于实证资料观察之前还是之后。记住这一点，你们就不会将自己排斥在一些你们可以利用的、有效的资料分析方法之外。你们会一直努力对你们的资料作最真切的理解，努力为全面性的理解发展出一些有意义的理论，并且，不拘泥于达到理解的方式。

本章要点

导言

- 详析模式是一种适用于社会研究的多变量分析方法。详析模式基本上是逻辑模型，它可说明其他多变量方法的基本逻辑。

详析模式的历史

- 在考察斯托弗关于陆军中教育和接受征召的关系时，拉扎斯菲尔德和肯德尔利用详析模式的逻辑展示了一些假设性的表格。
- 净关系是指在根据控制变量属性所形成的次级群体之内观察到的两变量之间的关系。
- 零阶关系：在详析模式中，也就是在不引入控制变量的情况下，两变量之间的初始关系。

详析范例

- 详析的基本步骤如下：（1）两变量间观察到有关系存在；（2）控制第三个变量，而将所有研究样本依照第三个变量的属性再划分开；（3）两变量间的原有关系在每个新划分的次级群体内重新计算；（4）比较原有关系和每个次群体内所发现的关系（净关系），提供对原有关系更全面的了解。
- 变量的逻辑关系依赖于检验变量发生的时间是先于其他两个变量，还是介于中间。
- 详析模式的结果包括复证（一组净关系基本上与相应的零阶关系相同）、辨明（控制先导变量后一组净关系降至零）、阐明（控制中介变量后一组净关系降至零）和标明（其中一个净关系降低——理想上是降至零，而另一个却维持和原关系一样或更强）。
- 抑制变量是指会掩盖其他两个变量之间关系的变量；曲解变量是指一个变量会造成另两个变量的原有关系颠倒：从负向变成正向或是相反。

详析和事后假设

- 事后假设是指建立一些假设去"预测"那些已经观察到的关系。在科学上这是无效的，因为不可能证伪这些假设。当然，这并不妨碍我们对任何观察到的关系进行推论；只是，我们不能将这些推论弄成"假设"形式。更重要的是，一个已观察到的关系及其可能的推论，很可能引出有关其他变量间尚未被验证的关系假设。详析模式是一种很好的逻辑工具，用来对资料进行展开性分析。

关键术语

以下术语是根据章节中的内容来界定的，在出现该术语的页末也有相应的介绍，和本书末尾的总术语表是一样的。

详析模式　检验变量　净关系　零阶关系　复证　辨明　阐明　标明　抑制变量　曲解变量　事后假设

复习和练习

1. 回顾斯托弗-肯德尔-拉扎斯菲尔德有关受教育程度、朋友被缓征和对自己被征召态度的例子。假使从朋友被缓征与对自己被征召的态度之间关系开始研究，然后，再控制受教育程度，他们可能会得到何种结论？

2. 用你们自己的话来描述以下概念的详析逻辑：

   a. 复证

   b. 阐明

   c. 辨明

   d. 标明

3. 回顾常春藤盟校和职业成功那篇文章。用你自己的话来解释肯德尔所说的"尽管如此，威斯特仍无法证实她的假设"。可以从威斯特的研究中得出什么合理结论？

4. 举一个有关抑制变量和曲解变量的例子。

5. 到全球互联网上搜寻关于发现虚假关系的研究报告。列出刊有这些文献的网址，引证并解释他们的发现。

补充读物

Glock, Charles, ed. 1967. *Survey Research in the Social Sciences.* New York：Russell Sage Foundation：Chapter 1. 对详析逻辑有很出色的讨论。葛洛克自己写的这一章内容，为详析模式提供了很详细的例证。

Lazarsfeld, Paul F. 1982. *The Varied Sociology of Paul F. Lazarsfeld.* Edited by Patricia L. Kendall. New York：Columbia University Press. 本书收集了由详析模式主要奠基人所写的有关社会研究逻辑的论文，由另一位奠基人编辑。

Lazarsfeld, Paul, Ann Pasanella, and Morris Rosenberg, eds. 1972. *Continuities in the Language of Social Research.* New York：Free Press. 一本杰出的文集，在概念讨论及实证说明方面都是一流的作品。第 II 部分特别与详析逻辑有关，虽然全书大部分地方都谈到了这个主题。

Merton, Robert K., James S. Coleman, and Peter H. Rossi, eds. 1979. *Qualitative and Quantitative Social Research.* New York：Free Press. 这本论文集是为对拉扎斯菲尔德表达敬意而写，它阐明了由拉扎斯菲尔德引介的社会研究逻辑。

Rosenberg, Morris. 1968. *The Logic of Survey Analysis.* New York：Basic Books. 现有有关详析模式的内容最丰富的作品。作者罗森伯格除了展示详析的基本范式外，更提出了它在逻辑上的延伸。很难说该书这一方面的内容与其他许多的例子间哪个比较重要。两者都很出色，而且，指导性是该书的一个重要特色。

Tacq, Jacques. 1997. *Multivariate Analysis Techniquesin in Social Science Research：From Problem to Analysis.* Thousand Oaks, CA：Sage. 如果你想对详析模式有个更好的理解，并进而为多变量分析奠定一个更坚实的基础，那么这本书相当适合你——它简明易读。作者利用不同学科中的真实研究案例来解释为什么要利用多变量分析和如何使用多变量分析。

SPSS 练习

请在本书附的小册子中练习使用 SPSS（社会学数据包）。每章都提供了练习，并有使用 SPSS 的入门方法。

网络资源

社会学 & 现状：研究方法

1. 在最后复习本章之前，先做做测试 *Sociologynow：Research Methods*，看看有哪些地方需要重点复习。在本书的最前面，有关于这个在线工具的信息以及如何得到这些资源。

2. 可按照 *Sociologynow*：*Research Methods* 根据测试结果提供的学习计划进行复习。使用学习计划的互动练习和其他资源掌握材料。

3. 复习完毕后，再进行一次测试，以确认已充分准备好学习下一章的内容。

《社会研究方法》第十一版所附带的网站资源

Http：// sociology. wadsworth. com/ babbie-practice11e/登录后，你会发现对你的课程很有帮助的学习资源。这些资源包括辅导测试和反馈、在线练习、Flash 卡片和每一章的章节辅导以及在虚拟空间中扩展的方案、社会研究、GSS 数据以及数据分析软件，如 SPSS 和 NVivo 的使用入门等。

这一章的网址链接

我们需要认识到互联网是一个变动的实体，随时刷新。不过，这些网站还是相对稳定的。在本书的网站中可以找到更多的网址链接。这些网址在本书出版时提供了各种定性研究和分析的资料。

Martin Tusler，详析模式

http：//www. uoregon. edu/ ~ mtusler/Show2/index. html

这个幻灯片会带你温习详析模式的逻辑，其中还有很多富有启发性的例子。

北卡罗莱纳州州立大学，详析模式

http：//www2. chass. ncsu. edu/mlvasu/ps471/D12. htm

IdeeWinfield，详析模式

http：//www. cofc. edu/ ~ winfield/socy371/elaboration-model. html

社会统计

章节概述

  借助统计，研究者可以总结资料、测量变量之间的相关，并从样本推论总体。你会发现社会研究中所经常使用的基本统计，其实没有你想象的那么复杂（也不会对你的社会生活构成那么大的威胁）。

导　言

这是我多年来的经验，许多学生都会对统计学望而却步，有时候统计会让他们觉得自己像

- 马戏团的小丑
- 头发长见识短的呆子
- 秃头鸭子
- 不会冒泡的啤酒
- 没有按钮的遥控器
- 玉米饼上的豆子
- 球场上的瘸子
- 保龄球一样的锈钝
- 凑不整的零钱
- 开不足马力的推进器①

有许多人对定量研究感到害怕，因为数学和统计使他们感到头疼。而事实上，的确有很多研究报告堆积了一堆没有详细说明的计算。在社会研究中，统计非常重要，但是否能正确地看待它也同样重要。〖450〗

最重要的是，经验研究是逻辑而不是数学运算。数学只是一种方便有效的语言，用来完成好的资料分析中的逻辑操作。统计是应用数学的分支，特别适用于许多不同的研究分析。本书的目的不是教给你统计，或是用统计折磨你，而是想勾画出一个逻辑背景。在这个背景中，你可以学习理解统计。

我们将讨论两种类型的统计：描述性统计和推论性统计。描述统计用可操作的方式来描述数据的方法。而另一方面，推论统计则帮助你们根据观察数据得出结论；最典型的是通过对样本的研究进而推论总体。然后，我会简要介绍一下在阅读社会学文章可能会遇到的一些分析技巧。

描述统计

正如我前面所说，**描述统计**②（descriptive

---

① 感谢这些来自互联网上的幽默。

② 描述统计：或者描述样本属性，或者描述样本中的变量关系的统计计算。描述统计只是对样本观察的总结；而推论统计则超越特定的描述而对样本所代表的总体特性进行推论。

statistics）是一种用可操作的方式进行定量描述的方法。有时我们要描述单一变量，有时又要描述变量之间的关联性。让我们看看这些方法。

资料简化

科学研究要搜集许多资料。假设我们对2000人进行调查，每人要回答100道题——这是常见的规模，现在我们便有惊人的20万个答案！没有一个人能在读完20万个答案后，得到任何有意义的结论。因此，许多科学研究使用了简化方式，使资料从一种不易辨明的细节形式"简化"为容易处理的摘要形式。

为了展开讨论，让我们先迅速地浏览一个由量化研究得来的原始资料矩阵。表 16 – 1 显示的是部分资料矩阵。矩阵中每一行表示一个人（或其他分析单位），每一列代表一个变量，而每一格则代表每一个人在每一个变量上得到的属性编号。表 16 – 1 第二列表示一个人的性别。"1"表示男性而"2"表示女性。这就是说第一和第二个人是男性，而第三个人则是女性，依此类推。

表 16 – 1　部分原始资料矩阵

	性别	年龄	教育	收入	职业	政治党派	政治取向	宗教信仰	宗教重要性
第一人	1	3	2	4	1	2	3	0	4
第二人	1	4	2	4	4	1	1	1	2
第三人	2	2	5	5	2	2	4	2	3
第四人	1	5	4	3	3	2	2	2	4
第五人	2	3	7	8	6	1	1	5	1
第六人	2	1	3	3	5	3	5	1	1

就年龄而言，第一个人的"3"表示 30 – 39 岁，第二人的"4"则意味 40 – 49 岁，然而年龄已经被编码（见第 14 章），表 16 – 1 所显示的编码就可以描述每一个人的年龄。

建立类似资料矩阵的时候，这些资料已经被简化了。如果年龄已被编过码，那么一个特定答案"33 岁"便会被简化成"30 – 39 岁"这一类别。在我们的调查中，那些受访者可能给我们60 或 70 种不同的年龄，但现在却可以简化成六七种类别。

第 14 章更深入地讨论过一些单变量的资料简化方法，如众数、中位数和均值，另有离散测量，如变异范围、标准差等。当然，也可以对两变量之间的关联性进行简化。〖451〗

相关性测量

任何两个变量间的相关性同样也可以用矩阵来表示，同时还可以加入两变量的频次分布。表16 – 2 就是这种矩阵。它提供了所有有关决定教育及偏见之间关系的性质及程度所需的信息。例如，有 23 个人（1）没受过教育，而且（2）偏见上的得分很高；而另有 77 个人（1）具有研究生程度，而且（2）偏见上的得分很低。

表 16 – 2　教育与偏见的假设性原始资料

偏见	教育程度				
	无	小学	中学	大学	研究生
高	23	34	156	67	16
中	11	21	123	102	23
低	6	12	95	164	77

如表 16 - 1 中的原始资料矩阵提供的信息就超过你们的理解能力。但是你们如果仔细研究该表，就会发现随着教育程度从"无"增加到"研究生程度"时，就出现了一个普遍的倾向，就是偏见随之降低。此外，另有许多不同的描述统计方式，可以让我们对资料矩阵进行简化。如何选择适当的方式，则基本上取决于两个变量的性质。

现在我们就开始讨论简化双变量相关性的一些方法。我们所要讨论的每个相关性测量都是基于同一个模型——**消减误差比例**①（proportionate reduction of error，PRE）。〖452〗

要了解这个模型是如何运作的，我们可以先假设研究对象在某个变量上的属性：例如，在问卷中他们回答某题的答案是"是"还是"否"。让我们先假设你们已经知道了所有样本的分布情形——譬如，60% 说"是"，而 40% 答"否"。假如始终猜众数（次数最多的）的答案为"是"，你们就会犯最少的错误。

其次，假设你们已知道第一个变量与其他变量（如性别）之间的实证关系。现在，每次在你们假设研究对象的答案是"是"或"否"时，我同时会告诉你们其性别。如果这两个变量确实相关，那么这回你们犯错的次数该更少。因此，通过对这两个变量间关系的了解，就可以计算 PRE：关系愈大，降低错误的概率便愈大。

这个基本的 PRE 模型可以根据不同的测量尺度——定性、定序、定距进行修正。接下来的部分将讨论每一种尺度的测量，而且会提出适于该尺度的一种关联性测量。但你们该知道的是，我们所讨论的只是在许多适当的测量中任意选择的三种。

定性变量

如果两变量包含的是定性资料（例如性别、宗教信仰、种族），λ 就是一种适当的测量。λ 是根据一变量值去猜测另一变量值的能力：通过知道另一变量值而获得的 PRE。

想象一下，我告诉你们一个房间可以容纳 100 个人，同时希望你们能猜猜每个人的性别，当然是一个一个来猜。假使男性与女性各占一半，你们将可能有一半猜对了，而另一半是错的。可是，假如在你们还没猜性别之前，我先告诉你们每一个人的职业，则情形又如何呢？

假如我说这个人是一个卡车司机，那么你们会猜哪一个性别呢？当然，你们有可能会很明智地猜"男性"，虽然现在有相当多的卡车司机是女性朋友，当然男性还是占多数。假使我说下一位是护士，你们则有可能很聪明地猜"女性"，

———————————————
① 消减误差比例（PRE）：评估关系强度的一个逻辑模型。其原理是知道了一个变量的值之后，再去猜测另一变量的值所能减少的误差。比如，如果我们知道了人们的教育水平，就能够提高估测其收入的准确程度，那么就可以说这两个变量之间存在相关。

接下来的逻辑是一样的。知道职业应当比不知道职业的时候更容易猜对。为了能准确地猜中性别（降低错误的比率），存在于性别与职业之间的某种相关性，便成为一个重要的指标。

这里还有另一个简单的例子，清楚地说明了 λ 的逻辑与方法，表 16 - 3 展示了性别与就业状况之间的关系。从整体上看，有 1100 人是受雇者，有 900 人不是受雇者。假如你们要猜测这个人是否在工作，由于你们知道了变量值的整体分布状况，你们将很有可能一直猜"在职"，因为这比猜测"失业"所犯的错误要少得多！虽然如此，在你们猜测的 2000 个答案中，还是会造成 900 个错误。〖453〗

假设你们曾看过表 16 - 3 的资料，而且在你们预测就业状况前被告知每一个人的性别。这回你们可能会改变方法。对每一位男性，你们会预测"在职"，而对每一位女性，则会预测"失业"。在这个例子里，你们会出 300 次差错——有 100 位男性没有工作，有 200 位女性在职——或者说，比你们不知道每个人的性别所做的预测少 600 次错误。

表 16 - 3　有关性别和就业状况的假设性资料

	男性	女性	总数
在职	900	200	1 100
失业	100	800	900
总数	1000	1000	2000

因此，λ 代表的是可以减少以整体分布为基础所产生的错误的部分。在这个假设的例子中，λ 等于 0.67：就是减少了"仅凭就业状况进行猜测"所产生的 900 个错误中的 600 个错误。从这一点来看，λ 测量了性别和就业状况间的统计关联性。

假使性别和就业状况在统计上是各自独立的，我们会发现男性和女性有相同的就业分布。

在这种情况下，知道性别并不能影响预测就业状况产生的错误，此时 λ 会是零。而另一种情形是，假如所有男性都就业，而所有女性都没工作；那么，知道性别就可以在预测时完全避免犯错误。你们可以（从总共 900 次的错误中）减少 900 次错误，所以 λ 会是 1.0——表示统计上完全相关。

λ 只是适于对两个定性变量关系进行测量的方法之一。你们也可以读一读其他教科书所讨论的适用方法。

定序变量

假设变量与顺序有关（例如，社会阶级、宗教虔诚度、异化程度），γ 则是一个测量关联性的适当选择。和 λ 一样，γ 是通过知道另一个变量的数值来推测某一变量值的能力。但是，γ 并不是去猜测变量的确切值，测量其值的依据是变量的排列顺序。对任何一对样本而言，你们要猜测的是相对于某一变量而言的另一变量的排列顺序（正向或负向）。

举个例子，有一群小学生，假定他们的年龄与身高有某种相关性，这应该是合理的。我们可以比较每一对学生：山姆（Sam）和玛丽（Mary）、山姆和佛瑞德（Fred）、玛丽和佛瑞德等等，来进行相关的检验。然后，我们应该要去除那些相同年龄组、相同身高组的所有配对，并将所有剩下来的组别（即那些年龄与身高都不同者）分成两大类：年纪最大且最高的小孩（"相同"的配对）以及那些年纪最大且最矮的小孩（"相对"的配对）。所以，假如山姆比玛丽年长也比她高，则山姆—玛丽这一对会被计算为"相同"的。假如山姆较为年长，却比玛丽矮小，则会被归为"相对"的（假如他们的年龄相仿以及/或者身高相同，我们将剔除这一对）。

为了确认年龄与身高间是否有相关性，我们

可以比较相同与相对组别的数量。例如，相同组别高于相对的组别，我们就可以认为两个变量间呈现"正向"相关——即有一方增加，另一方也会增加。假如是相对的组别多于相同的，我们则可以认为，两者间的关系呈现"负向"的相关性。如果相同与相对的组别一样多，则可以认为年龄与身高之间没有相关性，也就是两者彼此间是"独立"的。

这里有一个社会科学的范例，它展示了有关 γ 的简单运算。你们假设宗教信仰与政治保守主义之间呈现某种正向的关系，即假如 A 比 B 更信仰宗教，你们应该能猜测 A 同样也比 B 的态度更为保守。γ 是有关组间比较的一个比例关系，正好可以用来配合这个模式。

表 16－4 是有关社会阶级与偏见的资料。这两个变量间的关系是当社会阶级上升时，偏见降低，也就是社会阶级与偏见之间呈负相关。

表 16－4　有关社会阶级与偏见的假想资料

偏见	下层阶级	中产阶级	上层阶级
低	200	400	700
中	500	900	400
高	800	300	100

γ 是由两类数字计算而来：(1) 在两个变量上排列等级相同的配对数 (number of pairs)；(2) 在两个变量上排列等级相反的配对数。具有相同排列等级的配对计算如下：表中每一格的次数乘以所有出现在该格右下方所有格子中数量的总和，然后将这些总数全部相加。在表 16－4 中，具相同排列等级的配对数是 200 ×（900 ＋ 300 ＋ 400 ＋ 100）＋ 500 ×（300 ＋ 100）＋ 400 ×（400 ＋ 100）＋ 900 ×（100）或是 34,0000 ＋ 200,000 ＋ 200,000 ＋ 90,000 ＝ 830,000。

在两个变量上具相反排列顺序的配对计算如下：表中每一格的次数乘以出现在该格左下方所有格子中数量的总和，然后将这些总数全

部相加。表 16－4 中，具相反排列等级的配对数是 700 ×（500 ＋ 800 ＋ 900 ＋ 300）＋ 400 ×（800 ＋ 300）＋ 400 ×（500 ＋ 800）＋ 900 ×（800）或是 1,750,000 ＋ 440,000 ＋ 520,000 ＋ 720,000 ＝ 3,430,000。γ 就是由这些相同等级配对和相反等级配对计算得来：

$$\gamma = \frac{相同 － 相反}{相同 ＋ 相反}$$

在这个例子里，γ 等于（830,000 － 3,430,000）÷（830,000 ＋ 3,430,000）即 － 0.61。答案中负号表示负相关性，正如最初观察该表时显示的一样。在这个例子中，社会阶级和偏见表现为负向相关。而数字则表示配对中相反关系率比相同关系率多 61%。[454]

值得注意的是 λ 之值是在 0 与 1 之间变化，而 γ 值则在 － 1 与 ＋ 1 之间变化，这代表了关联的方向与程度。因为定性变量不存在顺序排列问题，所以谈两者的方向是没有意义的。（一个负的 λ 表示，在知道第一个变量的情况下去猜测第二个变量，会比在不知道第一个变量的情况下去猜测第二个变量犯的错误多，而这在逻辑上是不可能的。）

表 16－5 是当代社会研究中使用 γ 的例子。为了研究寡妇们崇拜死去丈夫的程度如何，罗帕塔（Helena Znaniecki Lopata, 1981）对 301 名概率抽样所得的寡妇进行问卷调查。问卷的部分内容要求受试者依照以下选项来描述死去的丈夫：

特质

极端正面								极端负面
好	1	2	3	4	5	6	7	坏
有出息	1	2	3	4	5	6	7	没出息
诚实	1	2	3	4	5	6	7	不诚实
优秀	1	2	3	4	5	6	7	低劣
仁慈	1	2	3	4	5	6	7	残酷
友善	1	2	3	4	5	6	7	不友善
热情	1	2	3	4	5	6	7	冷淡

受访者被要求在每一对相反的特征中，圈选一个号码来描述他们死去的丈夫。这些连接每一对特征的一串号码是定序尺度的测量。其次，罗帕塔要理出这些测量彼此间的关系。她很正确地选择了 γ 作为关联测量的工具。表 16 – 5 展示了她的调查结果。

表 16 – 5 所展现的形式被称为相关矩阵

（correlation matrix）。罗帕塔计算了每一对测量的 γ 值。例如，好与坏彼此间相互关联的 γ 程度等于 0.79。这种矩阵是用来表示几个变量间相互关联的一种方便的工具，你们应该经常在研究文献中看到。在这个例子中，我们可以看到所有变量彼此间都有强烈的相关性，虽然仍有些配对的相关性比其他的要强烈。〖455〗

表 16 –5   崇拜量表中语意差异项目和 γ 相关

	有出息	诚实	优秀	仁慈	友善	热情
好	0.79	0.88	0.80	0.90	0.79	0.83
有出息		0.84	0.71	0.77	0.68	0.72
诚实			0.83	0.89	0.79	0.82
优秀				0.78	0.60	0.73
仁慈					0.88	0.90
热情						0.90

资料来源：Helena Znaniecki Lopata，"Widowhood and Husband Sanctification"，*Journal of Marriage and the Family*（May 1981）：439 – 50.

γ 只是多种适用于测量定序变量关联性的方式之一。任何一本统计学导论都会对这个主题进行细致的介绍。

定距或定比变量

假使定距或定比变量（如年龄、收入、平均成绩等等）彼此间有关联的话，那么"皮尔森积差相关"（Pearson's product – moment correlation, r）是一个适当的测量方式。该相关的测量计算方式非常复杂，超过本书讨论范围，所以我们只进行一些一般性的论述。

与 γ 和 λ 一样，r 也是根据一变量的已知值来猜测另一变量值。然而，对于连续的定距或定比变量而言，要预测一变量的确切值是不太可能的。但另一方面，如果只预测两个变量值的顺序排列，就没有用到定比或定距变量的真正信

息。就意义而言，r 反映的是：如果知道一变量的值，能在多大程度上预测另一个变量的值？

要了解 r 的逻辑，得先看看你们会假设性地用什么方式来猜某特定变量的值。如果是定类变量，你们可能会一直猜众数值。但对于定距或定比的资料，你们就可能一直猜该变量的平均值以减少错误。虽然这种方式并不能保证猜测完全准确，但至少可以减少犯错的程度。比如，在猜测人们的收入时，如果你知道他们受教育的年数，并知道受教育年数为 0、1、2（等等）年的平均收入，那么你或许就可以估测得更加准确。

在计算 λ 时，错误的次数是通过一直猜众数值而来的。但在 r 的情形下，错误是来自实际值与均值之差的平方和的计算。这个总和就叫做"总变异量"（total variation）。

要了解这个概念,我们必须扩大检验范围。让我们先看看回归分析的逻辑,然后在那个环境中再回过来看相关。

回归分析

在前面的文章中,我已经提过描述两个变量相关性的通用模式:Y = f (X)。这个公式读成 Y 是 X 的函数,意指 Y 之值是通过 X 值的变动而得以解释。更直接地说,就是 X 造成 Y 的改变,或是 X 值决定 Y 值。**回归分析**① (regression analysis) 是用来决定 Y 对 X 特定函数的方法。回归分析有好几种形式,到底采用什么方法,取决于变量关系的复杂性。让我们从最简单的开始。〖456〗

线性回归

线性回归② (linear regression analysis) 最能清楚表达回归模型。在线性回归中,两个变量之间存在完美的线性关系。图 16 - 1 以点阵图形表示了假想研究中的 X 和 Y 值。它表现的是,在每一个样本中,X 和 Y 值完全相同。即某样本的 X 为 1 时,其 Y 值也为 1,依此类推。这两个变量的关系可以用方程表示为 Y = X;这叫做回归方程 (regression equation)。因为所有 4 点都在同一直线上,我们可通过这 4 点连成一条直线,即回归线 (regression line)。

线性回归模型具有重要的描述作用。回归线表达了 X 与 Y 的相关关系,而回归方程则是简化该相关性的有效形式。回归模型同样也具有推论价值。回归方程在某种程度上可以正确地描述两个变量间一般的关联性,而它也可被用来推测其他数值。例如,我们知道一个样本的 X 值是 3.5,则我们可以推测其 Y 值也为 3.5。

当然,实际的研究很少局限于 4 个样本,而变量之间的关联性也很少会像图 16 - 1 所示范的

如此清楚。图 16 - 2 显示的是一个较为实际的例子,表示从小型到中型城市,人口与犯罪率之间的假想关系。在点阵图中,每一点代表一个城市,而其位置则代表该城市的人口和犯罪率。就如在前一个例子中,Y 值 (犯罪率) 基本上与 X 值 (人口) 相当;所以当 X 值增加,Y 值也会随着增加。但是,其关联性却不像图 16 - 1 的例子那么清楚。

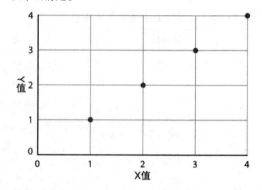

图 16 - 1 X 与 Y 值的简单点阵图

在图 16 - 2 中,根本不可能画上一条通过所有点的直线。不过,我们却可以画一条最接近的直线,即代表多个点的可能线性中最佳的那条。我已在图中画出了这条线。

如果你们学过几何,你们该知道图上任何直线都可以用方程 Y = a + bX 表示,其中 X 和 Y 表示两变量之值。在这个方程中,当 X 为 0 时,a 为 Y 值,而 b 则代表该直线的斜率。如果已知道 a 和 b 值,我们便可计算出每个 X 值上的 Y 值是多少。

回归分析能被用来建立回归方程以表示最

---

① 回归分析:用等式 (也称作回归方程式) 的形式来表示变量之间关系的一种资料分析方法。
② 线性回归:一种统计分析模型。它寻求能够最佳描述两个定比变量之间关系的直线等式。

靠近各分布点的那条几何线。这个方程在描述和推论上都非常有价值。首先，回归方程为两变量关系提供了数学描述。其次，回归方程让我们在知道 X 值的情况下推出 Y 值。回到图16 – 2，如果我们知道城市人口数，就可以推测出该城市犯罪率。〚456〛

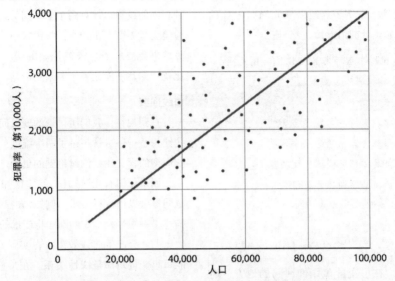

图 16 – 2 两变量值的点阵图加上回归线（假想的）

为改善猜测的结果，你们可建立一条"回归线"，并用回归方程进行叙述。如此一来，我们在知道某变量的值后可推测另一变量的值。各种方程的一般形式是 Y' = a + b（X），a 和 b 是已知值，X 是一变量值，Y' 则是被推算出的另一变量值，根据已知的 X 值，a 和 b 值的计算是要将实际的 Y 值和相对应的推测值（Y'）之间差异降低。Y 的实际值和推测值之差的平方和称为"未能解释的变异"（unexplained variation），因为它代表的是根据已知 X 值进行推测后仍然存在的误差。

而"已解释的变异"（explained variation）指的是总变异量与没有解释的变异之间的差。已解释的变异除以总变异量会产生"消减误差比例"，相当于 λ 计算过程中的类似数值。在目前的例子里，这个数值是相关系数的平方：r^2。

所以如果 r = 0.7，那么 r^2 = 0.49，意指大约一半的变异量已被解释。实际上，我们要计算 r 而非 r^2，因为该相关系数可以是正的也可以是负的，取决于两变量间关系的方向（计算 r^2 和开根号永远产生正值）。虽然我预测大多数用此测量方式的人，可以接触到一些具有这种功能的电脑程序，但请参考标准统计教科书中计算 r 的方法。〚457〛

不幸的是——或者可能是幸运的——社会生活太复杂了，简单的线性回归往往不足以表达事件实际状态。正如我们在第 14 章所见，百分比表格可能可以用来解释两个以上的变量。一旦变量数量增加，这种表格就更加复杂难懂。在这种情况下，回归模型提供了有用的替代方案。

多元回归

社会研究者经常会发现某因变量同时被多

个自变量影响。**多元回归分析**①（multiple regression analysis）便是分析这种情形的良好工具。亚格（Beverly Yerg, 1981）研究教师对体育的影响就是一个例子。她以多元回归方程的形式来叙述她预计的情形：

$$F = b_0 + b_1 I + b_2 X_1 + b_3 X_2 + b_4 X_3 + b_5 X_4 + e$$

F = 学生期末表现成绩

I = 学生最初表现成绩

X_1 = 指导及支持练习的混合影响

X_2 = 老师对内容精通的混合影响

X_3 = 提供具体相关训练的反馈组合

X_4 = 清楚简洁的训练示范组合

b = 回归加权

e = 残差

（摘自 Yerg, 1981：42）

请注意，在单变量 X 线性回归的地方，现在有多个 X，而且也有多个 b，而非只有一个。同时，亚格用 b_0 来代替 a，但其意义与前面所讨论的相同。最后，这个方程用残差（e）作为结束，即代表 Y 的变异量中无法被变量 X 解释的部分。〖458〗

然后，亚格开始用这个方程计算每个 b 值，以显示每个自变量在决定学生期末分数上各自的作用。她也计算多元相关系数作为所有 6 个变量预测期末成绩的指标。这中间所用的逻辑和前面讨论过的简单双变量的相关逻辑一样，而传统上用大写 R 代表。在这个例子里 R = 0.877，意指最后分数变异量的 77%（$0.877^2 = 0.77$）可以被这 6 个变量解释。

偏回归

在第 15 章解释详析模式时，我们特别研究的是，在第三个检验变量固定不变时，另两变量之间的关系。因此，我们现在可以观察到当年龄维持不变时教育对偏见的影响，即教育独自的

影响。为了做到这一点，我们就得分别计算在每个不同的年龄组中教育和偏见的关系。

偏回归②（partial regression）根据的就是这种相同的逻辑。计算两个变量间关系的基础就是检验变量不变。正如在详析模式中一样，这个计算结果会被拿来与未被控制的两变量间的关系比较，如此便能让整个关系更清楚。

曲线回归

直到现在，我们所讨论的变量间的关系都是线性关系——尽管超过了两个维度。事实上，回归模型的含义比我们讨论到的更为广泛。

如果你们有几何知识，就应该知道曲线函数也同样可以用方程表示。例如，方程 $X^2 + Y^2 = 25$ 描述了一个半径是 5 的圆。将变量的次方提升至大于 1 就会产生曲线效果。在实际研究中，不可能每组变量间都是线性关系。在某些情况下，**曲线回归分析**③（curvil linear regression analysis）会比直线回归模型对实际关系提供更好的了解。

不过，回想一下回归线所具有的两项功能。它描述一组实际观察，而且它也提供一个概括性的模型，可以推论从一般总体中观察得来的两变量间之关系。一个非常复杂的方程很可能会产生一条能经过每一个点的特殊线。在这种情况下，这条线就可以对实际观察值做很好的描述，但它不能保证可以对新的观察做适当的预测，也不能保证以任何有意义的方式概括性地代表两变量间关系。因此，它可能不太具有或根本不具有推论价值。

本书前面提到过细节平衡与资料简化问题。

---

① 多元回归分析：这种统计分析模型寻求代表了两个或更多的自变量对单个因变量影响等式。

② 偏回归：在这种回归分析中，某个或者多个变量的作用被控制住了。它跟详析模式很相似。

③ 曲线回归分析：在曲线回归分析中，利用曲线而不是直线来表达变量之间的关系。

研究者最终想要的是提供真实而又简单的资料表达方式。这样的努力同样也适用于回归分析。资料应该以最简单的形式表示（因此，直线回归被使用的频率最高），从而对实际资料做最佳的描述。在这方面，曲线回归分析为研究者提供了新的选择，但它却无法一次解决所有问题。没有任何一个方法可以如此。〖459〗

回归分析注意事项

用回归分析作统计推论根据的是相关分析中使用的相同假设：简单随机抽样、抽样误差的存在以及连续性的定距资料。因为社会科学研究很少能完全符合这些假定，所以你们在评估回归分析的结果时必须谨慎。

同样，回归线——直线或曲线——对"内推"（interpolation，估算介于观察到的样本之间的值）很有用，但在"外推"（extrapolation，估算超出观察范围的值）的使用上却不太可靠。在外推上有两个重要的限制。第一，你们可能会碰到那种看似不合逻辑推论的回归方程。例如，一个人口规模与犯罪率的方程很可能会显示，一个拥有 1000 人的小镇，一年有 123 件犯罪事件产生。虽然这个方程没有预测力，但却并不因此不合格，只是要将它的适用性限制在一定的范围内。第二，如果研究者超越了这个限制而进行外推，你们就可以据此批评他们。

前面已经向你们介绍过一些测量不同层次变量的技术。当两个变量的测量层次不一样的时候，事情就变得更复杂了。由于我们不打算在本书深究这个主题，所以，我在插页文章中提供一个由纳迪（Peter Nardi）归纳的要点"关联测量和测量层次"，如果你们碰到类似的状况，这将是一个很有用的参考。

关联的测量与测量层次

彼得·纳迪（Peter Nardi

比泽学院（Pitzer College）

注意一下这个表格本身的结构,是因变量和自变量所构成的,而这也是一般表格的通用格式。此外,也请留意一下测量的层次的等级。

假如你们要在交叉分析中使用一个定距/定比层次的变量,首先你们必须要将它重新编码成定序层次的变量。

		自变量		
		定性	定序	定距/定比
因变量	定性	交叉表 卡方	交叉表 卡方	
	定序	Lambda 交叉表 卡方 Lambda	Lambda 交叉表 卡方 Lambda Kendall's tau Sommers'd	
	定距/定比	平均数 t – test ANOVA	平均数 t – test ANOVA	Correlate Peason r 回归分析

推论统计

有许多（如果不是绝大部分）社会科学研究计划，涉及对从大量总体中搜集到的样本资料进行研究。一群被抽出的人可能被调查访问；一堆离婚记录样本可以被编码分析；一叠报纸样本可以通过内容分析来检验。研究者很少只为了描述样本本身而研究样本；在大多数情况下，他们的最终目标是要判断样本的总体特征。因此，通常你们会希望将对样本中单变量及多变量的解释发现当做"推论"（inferences）至总体的基础。

这一节将介绍这种用以**推论统计**①（inferential statistics）——用以将得自样本观察的发现推论在总体的测量。我们先从单变量资料开始，再逐步过渡到多变量。

单变量推论

第 14 章的开篇就介绍了单变量资料。每一种简要测量都是描述样本的方法。我们现在用这些方法对有关总体进行更广泛的推断。这个部分会提到两种单变量测量：百分比和均值。

假使样本中有 50% 的人表示在过去一年中得过感冒，我们对样本的总体所能给出的最佳估计是，整个总体中有 50% 的人得过感冒（当然，这个估计是根据简单随机样本进行的）。然而，总体中不可能刚好有整整 50% 的人去年得过感冒。但如果根据较严格的抽样设计来做随机选择，再将样本结果应用到总体时，我们就可以估算出预期的误差范围了。〚460〛

在第 7 章讨论抽样时，便讨论了这种估算的步骤，在此我们只进行简单复习。就百分比的情况而言，此数值

$$\sqrt{\frac{p \times q}{n}}$$

被称作"标准误"（standard error），其中 p 是百分比，q 等于 1 - p，n 是样本大小。正如第 8 章所讲，这个数值对测量抽样误差非常重要。我们可以有 68% 的信心，认为总体所得的数量会落在样本数量的正负一个标准误之间；我们也可以有 95% 的信心，认为它会落在正负两个标准误之间；或者我们具有 99.9% 的信心，认为它会落在正负三个标准误之间。

因此，任何有关抽样误差的叙述必须包含两个基本要素："置信水平"（confidence level，例如 95%）和"置信区间"（confidence interval，例如 ± 2.5%）。如果 1600 人的样本中有 50% 说他们这一年来得过感冒，我们便可说我们有 95% 的信心，认为总体中得感冒人的数量会在 47.5% 至 52.5% 之间。〚461〛

你们应该感觉到，在这个例子里我们已经超越了对样本的单纯描述，而进入到估计（推论）较大总体的领域了。要如此做的话，我们必须注意几个假设。

第一，样本必须来自需要推论的总体。从一本电话号码中抽出的样本，并不能正当地作为一个城市人口的推论基础。

第二，推论统计假定样本由简单随机抽样得到，但实际上，在抽样调查中不可能做到这一点。该统计也假定使用回置式抽样，但这几乎从未发生过；不过，这或许不是严重的问题。虽然系统抽样比随机抽样更常被使用，但如果做得正确，这大概也不是什么严重的问题。因为分层抽样增加了代表性，所以没有问题。但是，整群抽样就有问题了，因为其抽样误差太小。在街角进行抽样，很明显，就不能保证适用于进行推论统

---

① 推论统计：即从样本观察的发现推论到总体的统计方法。

计。标准误抽样技术还假设抽样的完成率是100％，完成率越低，误差就会越大。

第三，推论统计只针对抽样误差，而不考虑**非抽样误差**①（nonsampling error）。因此，虽然介于47.5％和52.5％的人（95％的信心）说他们去年得过感冒的回答可能是真实的，但我们却无法如此自信地去猜测实际情况。因为即使是一个良好的抽样设计，其非抽样误差可能比抽样误差要大，所以我们将样本发现推论回总体时，必须要特别小心。

统计显著性检验

对于两变量间既有的相关性是否显著、强烈、重要、有趣等值得说明的问题，并没有现成的科学答案。也许，最终的显著性检验全在于你们说服读者(现在和将来的)的能力。但同时也有一些推论性统计帮助你们，这些统计叫做"显著性参数检验"（parametric tests of significance）。正如这个名称所提示的，参数统计是指那些有关描述总体的参数的某些假说。这样我们就可以决定相关关系的**统计显著性**②（statistical significance）。"统计显著性"丝毫不意味着"重要性"或者"显著性"。统计显著性指的仅仅是样本中所观察到的关系能够归因于抽样误差的可能性。

从这一点上讲，统计显著性和实质显著性是有区别的。实质显著性是指变量之间的关系是否足够重要以产生不同。统计显著性可以计算出来，而实质显著性是用来判别的标准。

虽然**统计显著性检验**③（tests of statistical significance）在社会科学文献中被大量使用，但其背后的逻辑相当奥妙而且也常被误解。显著性检验的逻辑依据与本书其他地方所讨论的抽样逻辑是一样的。要了解这个逻辑，就让我们先回到有关单变量资料的抽样误差。〖462〗

样本统计量原则上会产生一个相应于总体

参数的最佳推论，但统计量和参数之间却很少会确定地对应。因此，我们所要叙述的是参数落在某个范围（置信区间）的概率。而该范围的不确定程度主要来自常规抽样误差。由此所得到的结果，除非因抽样误差所致，否则参数不太可能（improbable）会落在特定范围之外。所以，如果我们估计一个参数（在99.9％的信心度下）落在45％和55％之间，则暗示了在常规抽样误差为惟一估计误差来源的情况下，参数完全不可能为90％。这就是显著性检验的基本逻辑。

统计显著性的逻辑

我想利用一系列来自总体的样本图示来对统计显著性的逻辑作最佳说明。在对逻辑的讨论中我将要说明的是：

1. 研究总体中两独立变量的假设。
2. 常规概率样本的代表性假设。
3. 双变量条件下样本要素的联合分布。

图16–3代表一假想的人口，在256人中，一半为女性一半为男性。该图也显示每个人对男女平等的看法。图中，那些赞成平等者以空心的性别符号表示，而反对者则以实心的性别符号表示。

我们要探讨的问题是，性别与对男女平等观点之间是否有任何关系。更明确地说，我们要看女性是否比男性更倾向于支持性别平等，因为女性被预设会从中得到好处。花点时间看看图16–3，并从中找出答案。

---

① 非抽样误差：即来自抽样误差之外的资料质量的瑕疵。其中包括受访者对问题的误解、访谈者的错误记录、编码和打孔错误。

② 统计显著性：指的是样本中所观察到的关系能够归因于抽样误差的可能性。

③ 统计显著性检验：该类统计计算揭示的是样本中所观察到的关系能够归因于抽样误差的可能性。

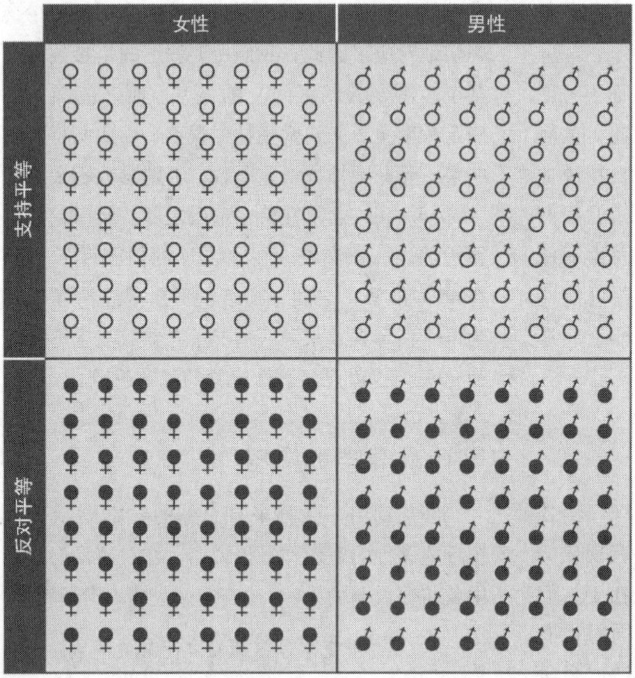

	女性	男性
支持平等	50%	50%
反对平等	50%	50%
	100%	100%

图例

♀ = 支持平等的女性

♂ = 支持平等的男性

♀ = 反对平等的女性

♂ = 反对平等的男性

图 16 – 3　假设人口中男、女赞成或反对性别平等

该图显示性别与对平等的态度之间并无关系。每个团体中，赞成与反对的人刚好各有一半。回想一下前面讨论的消减误差比例。在此例中，知道一个人的性别，并不能降低我们猜测他对平等的态度时会犯错的概率。图 16 – 3 下方的表格为你们提供表格方式的表达。

图 16 – 4 代表从一假想的总体中所选出的 1/4 样本。该图表明，从总体正中间所选出的"正方形"（1/4）是一个具有代表性的样本。我们的样本包含各种类型总共 16 人：一半男性，一半女性；每个性别团体中一半赞成平等，另一半反对平等。

图 16 – 4 所选择的样本可以让我们对较大的总体（特别是与对待平等的态度）作正确的推论。根据第 7 章所学的抽样逻辑，我们知道样本中性别与对待平等的态度之间并无关系；因此，

我们可以认为，在较大总体中二者也没有关系——因为我们假想的样本是符合抽样规则的。

当然，实际生活中的样本很少能如此恰当地反映其总体。譬如，在样本中多出一两个男性反对平等，或多出一些女性赞成的情形都是很寻常的事——即使在总体中这两个变量确无关系。正如在第 7 章中学到的，如此细微的变化是概率抽样的主要部分。〖463〗

然而，图 16 – 5 所显示的样本却还根本不足以反映总体。它抽出了太多赞成的女性和太多反对的男性。如图所示，样本中 3/4 的女性赞成平等，但只有 1/4 的男性如此认为。如果我们从这两个变量并不相关的总体中选出前面的样本，那么对这种样本的分析就足以产生误导。

一个正确的概率样本不可能像图 16 – 5 那样。但是，如果我们在抽样方法正确的情况下得

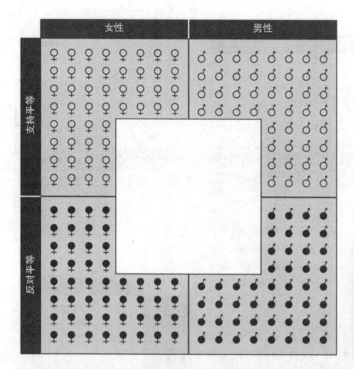
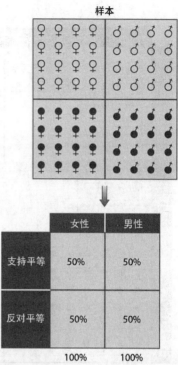

图 16 – 4 具有代表性的样本

到如此结果，就应该考虑其他的解释了。图16 – 6 说明的就是这样的情形。

图 16 – 6 展现的样本同样显示了性别与对待平等的态度之间有强烈的关系。而这次的理由就很不一样了。我们选择了相当具有代表性的样本，但也可看出这两个变量在总体内实际上有很强的关系。如图所示，女性比男性更倾向于赞成平等；在总体中如此，在样本中亦然。

实际上，在很多情况下，我们根本无从知道整个总体到底是怎样的情形，因此我们要进行抽样研究。所以，如果我们样本中发现了强烈的关系（如图 16 – 5 和图 16 – 6 所示），那么就要确定我们的研究结果是否正确地反映了总体，或者纯粹是抽样误差造成的。〖464〗

统计显著性检验的基本逻辑就是：当总体和样本中被假设独立的两个变量间产生任何差异时，我们可用两种方式来解释这样的差异：（1）可以归因于样本没有代表性；或（2）可以拒绝变量之间的独立性假设。概率抽样方式的逻辑和统计相关性提供了不同概率非代表性的程度差异（以抽样误差表示）。简单地说：有可能以最高概率出现最小程度的非代表性；或以最低概率出现最大程度的非代表性。

因此，从样本资料观察到的关系，其统计显著性通常用概率来表示。显著性在 0.05 的水平（$P \leqslant 0.05$）意指变量间的关系强度如所观察到的：纯粹因抽样误差所造成的概率，在 100 次中不会超过 5 次。换句话说，如果两

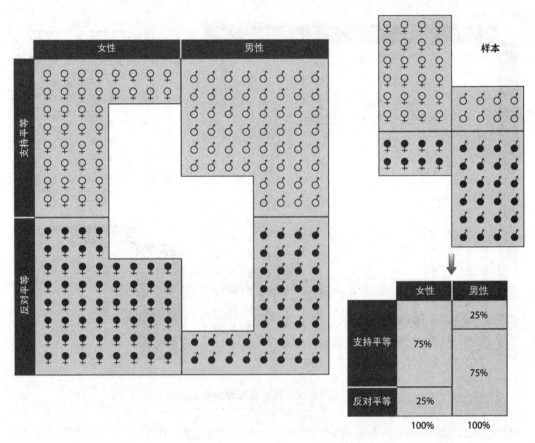

图 16 – 5　一个不具有代表性的样本

变量在总体中是互相独立的，而且有 100 个概率样本抽自该总体，那么绝不会超过 5 个样本产生如所观察到的那种强度关系。〖465〗

那么，与显著性检验中的置信区间相对应的就是抽样误差所产生的相关概率，即**显著水平**① (level of significance)。就如同置信区间一般，显著水平来自一个逻辑模型，即样本抽自某一总体。就现在的例子而言，我们假定在总体里变量间是不相关的，然后我们会问抽自该总体的样本中，有多少产生如同实证资料中所测得的相关程度：在研究报告中常用的三个显著水平是：0.05，0.01 和 0.001。这就是说，因为

抽样误差的原因使得测量到的相关概率分别是 5/100，1/100，1/1000。

使用显著性检验的研究者通常会按照两个模式中的一个。有一些会事先便定好的足够的显著水平。如果任何测得的相关因素在那个显著水平具有统计的显著性，便会被认为代表了两变量间真正的相关性。换句话说，他们不接受这个关

---

① 显著水平：在统计显著性检验中，观察到的经验关系能够归因于抽样误差的可能性。如果其出于抽样误差的可能性不超过 5%，那么就可以说在 0.05 水平上该关系是显著的。

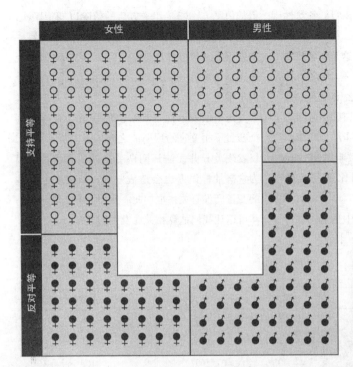

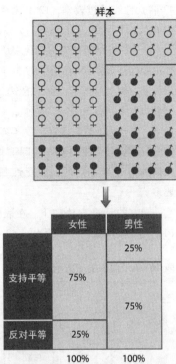

图 16－6 从变量间相关的总体中所获得的代表性样本

系，完全是因为抽样误差造成的。

另外一些研究者则喜欢针对每个相关性而使用特别的显著水平，而不管一般常用的 0.05，0.01 或 0.001。他们可能会需要一个既有的相关在 0.023 之上的显著水平，而非 0.05 显著水平，以说明因抽样误差而造成这种结果的概率，即 1000 次当中只有 23 次。〚466〛

卡 方

卡方（χ^2）在社会科学界经常用来检验显著性。它的根据是零假设：假设在总体中这两变量间无任何关系（在第 2 章中提到过）。有了两个变量观察值的分布，我们可以计算出如果两变量没关系时的期望值的共同分布。这样的结果在列联表中被称为"**期望频次**"（expected fre-

quencies）。然后我们会将这些期望频次分布，与实际从样本中得到的频次进行比较，接着确定两者间的差异完全因为抽样误差的概率有多少。以下例子会说明这个过程。

假设我们对某教堂教友的性别与上教堂的次数之间的关系很感兴趣。为了要验证这个关系，我们随机抽样了该教堂的 100 名教友。我们的样本中有 40 名男性，60 名女性；样本当中有 70% 的人说他们在前一周上过教堂，而有 30% 的人没有。

如果性别与上教堂之间没有关系，那么样本中 70% 的人也应该说在前一周上过教堂，而男性中的另 30% 则应该没有。而且女性当中也该出现同样的百分比模式。就如同表 16－6（第 I 部分）显示，在这个模型中，应有 28 名男性及

42 名女性有上过教堂，12 名男性和 18 名女性没有。

　　表 16-6 的第 Ⅱ 部分则代表从这 100 名教友样本中实际观察到的情况。实际上有 20 名男性报告前一周上过教堂，剩下的 20 名则没有。在女性样本中，有 50 名上过教堂，只有 10 名回答没有。将预期次数与观察次数（第 Ⅰ 部分和第 Ⅱ 部分）相比较，我们发现实际上教堂的男性比预期的稍微少了一些，而女性却比预期人数要多。

　　卡方的计算方法如下。在表中的每一格，（1）用观察值减去期望频次；（2）将上一步所得的值平方；（3）用平方后的值除以期望频次。这些步骤在表中每一格中都要做，然后将每一格所得之结果全部加总。（表 16-6 中 Ⅲ 部分代表逐格计算。）最后的加总值就是卡方：在这个例子中为 12.70。〔467〕

　　这个值表示样本观察值的联合分布与当两个变量不相关时的预期值之间的总差异。当然，仅发现差异并无法证明两变量间的相关性，因为常态抽样误差也会造成差异，即使整个总体的变量间没有关系也如此。然而，卡方值的大小却可以让我们估算相关性发生的概率。

表 16-6　假想的卡方检验例子

Ⅰ	期望值	男人	女人	总数
	去教堂	28	42	70
	不去教堂	12	18	30
	总数	40	60	100
Ⅱ	实际值	男人	女人	总数
	去教堂	20	50	70
	不去教堂	20	10	30
	总数	40	60	100
Ⅲ	(实际值 - 期望值)^2 ÷ 期望值	男人	女人	
	去教堂	2.29	1.52	$\chi^2 = 12.7$
	不去教堂	5.33	3.56	$p < 0.001$

自由度

　　要确定经验关系的统计显著性，就必须用一组标准化的卡方值。如此一来便需要计算自由度。让我们先做一个简短的介绍。"自由度"（degrees of freedom）指在某统计模型中所有变异的可能性。假使我要你们找出平均数为 11 的三个数字，那么将有无穷的答案：（11，11，11），（10，11，12），（-13，11，13）等等。假定现在我要求其中的一个数必须是 7，那么，余下的两个数也有无穷的组合。

　　但是，如果我告诉你们一个是 7、另一个必须是 10，那么第三个数的值就只有一个可能性了。如果三个数的平均数是 11，那么其总和必为 33。所以，在两个数的和为 17 的条件下，第三个数必须为 16。在这种情况下，自由度为 2。因为其中有两个数值可任由我们选择，一旦这两

个数被选定，第三个数便决定了。〖468〗

更广泛地说，每当我们要检验 N 个数的均值时，其自由度就是 N－1。因此，在 23 个数的情况下，我们可以对其中的 22 个数字进行任意选择，但第 23 个数却也因此被决定了。

类似的逻辑也可以应用在双变量表中，就像卡方分析一样。试想一份有关两个二分变量关系的表格：性别（男/女）和对堕胎的态度（赞成/反对）。该表对两个变量都提供边际频数。

对堕胎的态度	男人	女人	总数
赞成			500
反对			500
总数	500	500	1000

姑且不论这个假想的例子使用整数的方便性，你们应该注意到每一个格中的频次都有许多可能的数值。例如，有可能所有 500 名男性都赞成，而所有 500 名女性都反对；或刚好相反。也许每个格都是 250。当然，还有很多种可能性。

现在的问题是："在其他的数被边缘频次确定之前，我们到底能有几种选择自由来填这些格？"答案是"只有一种"。例如，假使我们知道有 300 名男性赞成，那么就只能有 200 名男性反对，而这种分配方法在女性当中刚好相反。

在这个例子里，我们可以说该表只有 1 个自由度。现在，让我们花几分钟来建立一个 3×3 的表格。假定你已知每个变量的边际频次，那么看看你们是否能确定它有几个自由度。

在卡方中，自由度的计算如下：频次表的行数减去 1，乘以列数减去 1。这可以写成 $(r-1) \times (c-1)$。如一个 3×3 的表格就有 4 个自由度。

在性别与上教堂的例子里，我们有 2 行和 2 列（扣掉"总数"栏），所以只有 1 个自由度。

从卡方值表中（见附录 D）可以发现，从两变量没有关系的总体中获得的只有 1 个自由度的随机样本的卡方值至少有 10% 的机会是 2.7。因此，如果我们从这个总体中选出 100 个样本，就可预期大概有 10 个样本可以产生至少是 2.7 的卡方值。而且，我们应预期只有 1% 的样本，其卡方值至少该有 6.6；仅有 0.5% 的样本，其卡方值至少是 7.9。卡方值愈高，表示该值愈不可能仅源于抽样误差。

在我们的例子中算出的卡方值为 12.70。如果性别和教堂在整个教友总体中是无关的，而且选出研究的样本数量很大，那么，我们预计的卡方值出现在这 1%（0.001）样本中的概率少于 1/10。因此，如果我们采用随机抽样，且总体中变量之间又无关系，这种情况下卡方值的概率应小于 0.001。因此，我们可以说在 0.001 的水平上变量之间具有统计显著性。因为观察到的关系不可能只是抽样误差所致。所以，我们很可能拒绝虚无假设，并认为教友总体中这两个变量是有关系的。

大多数的相关测量都可用类似的方式来检测统计显著性。标准卡方值表可帮助我们确定，在某一水平下某一相关性是否具统计显著性。任何一本标准统计教科书都会教你们如何使用这种表格，在此无须赘述。

注意事项

显著性检验为我们提供了确定变量间相关性显著与否的客观标准。它帮助我们排除被研究的总体中非真正相关的关系。但是，研究者在使用或阅读显著性报告时，有几个必须注意的事项。〖469〗

第一，我们是检验"统计显著性"，并没有检验客观的显著性。也许某一相关性并非因抽样误差而产生，但我们却因此没有考虑到两个变量之间存在微弱相关。回想一下抽样误差是样本大小的反函数；样本愈大则估计误差就愈小。因此，在一个大样本中所发现的 0.1 的相关性（在任意显著水平下）都可能非常显著，但同样的相关性，在较小的样本中可能就一点也不显著了。如果你们了解显著性检验的基本逻辑，就一定理解其中的道理：在大样本中，因抽样误差而产生相关性的概率较低。但是，不管在大或小样本中，它很可能代表的是一个非常微弱的相关关系，接近零相关。

统计显著性与实质显著性之间差别的最好说明也许就是完全确定观察到的差异绝非抽样误差所致，即当我们观察总体的时候，假设我们有办法知道全美及全俄每一个官员的年龄（为了讨论起见，我们再进一步假设美国官员的平均年龄是 45，俄国官员的平均年龄是 46），因此不可能有任何抽样误差。我们非常确定地知道俄国官员年龄比美国官员年龄要大。而我们可以说这个例子中不存在实质显著性。事实上，他们基本上是同龄的。

其次，为了不被上述假想的例子误导，你们不应该计算从总体资料中观察到的关系是否具统计显著性。切记，统计显著性检验只是测量抽样中变量之间关系的拟合程度（抽样误差对变量关系的影响）；如果没有抽样，就不会有抽样误差。

第三，显著性检验依据的抽样假设与计算置信区间相同。在某种程度上，实际抽样设计并未满足这些假设，因此，显著性检验也不是严格地合乎标准。

除了我们在此用卡方来检验统计显著性之外，另外还有许多常被社会科学家们使用的测量方法。方差分析和 t 检验就是两个经常碰到的例子。

就如本书讨论的许多其他事情一样，我也有个人的偏见。在这里，我比较反对显著性检验。之所以如此，并不是这些检验的统计逻辑（逻辑本身是合理的）。我考虑的主要是这种检验所引起的误导比启发还多，因为：

1. 显著性检验让实际抽样设计根本无法满足抽样假设。

2. 显著性检验所依据的是没有非抽样误差的假设，这在大多数实际的实证测量中是相当令人质疑的。

3. 事实上，显著性检验经常被用于测量相关性。而相关测量却又是在违反那些假设的情况下计算出来的（例如，积差相关是从定序资料中计算出来的）。

4. 统计显著性经常被误解为"相关强度"或实质显著性。

从 9 份心理学期刊和 3 份医学期刊的出版政策中得知，刚刚所表达的这些问题在新近的研究中（Sterling, Rosenbaum, and Weinkam, 1995）也曾被再三提及。就如研究者发现的，只要文章不说明变量间拥有某种统计上的显著相关性，大多数的期刊就不可能刊登。他们从拒绝信函中引述了下列一段话：

很不幸的，我们无法刊载这份原稿。虽说这篇稿件写得非常好，其中的研究也相当有水平，遗憾的是，其负面的结果对于这个领域几乎没什么贡削。我们期盼您继续努力从事这个领域的研究工作，在不久的将来，我们也会很乐意考虑您的其他稿件。（Sterling et al., 1995: 109）

假定有一位研究者进行一项科学性卓越的研究，要检验 X 是否影响到 Y，而结果证明了两者并没有统计上的显著关系，这是件好事。假如我们有意探讨癌症的起因、战争或是青少年的偏差行为等等，知道一个因素可能在实际上不会造成任何影响，这也是件好事。

这个想法将让研究者能更自由地看看其他方面的种种因素。〚470〛

诚如我们所见，无论如何，像这样的研究可能写得非常好，却又被拒绝刊载。其他的研究者有可能继续检验 X 与 Y 之间的关联性，却不知道在前人的研究中已经检验过两者间并没有任何因果关系（因为这些研究都没有出版），也没有更深入去分析 X 是否为 Y 的影响因素之一，这样就可能导致许多毫无意义的研究工作。

从学到的有关概率的观念中你们应该了解到，假如进行了足够的研究，最后应该可以测得 X 与 Y 之间的关系是否具有统计显著性。例如，如果两变量之间没有任何关系，我们将预测其相关的显著性为 0.05，也就是 100 次中占了 5 次，这也是显著性 0.05 的意义。假使执行了 100 次研究，我们就可以预期其中会出现 5 次结果，即两者间不存在任何因果关系！（而这 5 次的研究结果应该发表出来才对）

由此可以看出，问题的严重性在于我们过分地依赖于统计显著性检验了！不过与此同时（可能有点荒谬），我也觉得，显著性检验对研究者而言可以是一个宝贵的资源，即作为帮助了解资料有用性的工具。虽然前面的评论提出了对显著性检验极端保守的看法——也就是当所有条件符合时才用它，而我的看法却刚好相反。

我鼓励你们对任何一组资料用任何一种统计方法——不论是相关性测量或任何显著性检验，只要可以帮你们了解资料就行。即使在非控制抽样的情况下，对定性变量进行积差相关的计算并且检验统计显著水平，也能达到上述目的。我之所以这样说，是因为塞尔文（Hanan Selvin）所说的"资料开发技术"。只要最终能够引导我们了解资料和被研究的

社会就可以。

不过，这种极端自由的做法的代价就是放弃了严格的统计解释。你们将根本无法用在 0.05 水平上的显著相关作为研究发现重要性的基础。不管你们用什么方法得到发现，实证资料最终都应该以适当的方式得以表达，其中最重要的就是合乎逻辑。

其他多变量方法

本书绝大部分讨论的是基础性的资料操作，诸如列联表、百分比等等。详析模型以这种形式出现，本章到目前为止所提过的统计方法也是如此。

这一节中，你们将要认识其他几种常被社会科学家使用的多变量方式。先别担心是否要学会如何使用这些方法。我只是要你们对这些方法有足够的认识，以免日后你们碰到时会茫然不知所措。这一节所讲的每一种方法都会从详析模型的逻辑取向开始。这几种分析方式是"路径分析"（path analysis）、"时间序列分析"（time-series analysis）、"因素分析"（factor analysis）、方差分析（analysis of variance）、鉴别分析（discriminant analysis）、对数线性模型（log-linear model）、地理信息系统（geographic information systems）。但你们必须要了解的是，这些只是社会科学家们所使用的许多变量方式中的几种而已。

路径分析

路径分析①（path analysis）是一种探讨多个变量关系的"因果模型"（casual model）。其

① 路径分析：一种用图表格式来表达变量之间的因果关系的多变量分析模型。

基础是回归分析，但比用其他方法更能对多个变量间的关系提供有用的图解。路径分析假定一变量值依赖于另一变量值，所以首先要区分自变量和因变量。当然，区分变量关系并非只有路径分析才需要，只是路径分析提供了独特的方式用于解释结果。〖471〗

回想一下我在第 15 章的图 15 - 1 中所展示的详析模式之一。下面就用图示来表达的解释逻辑：

自变量→中介变量→因变量

这个逻辑表示自变量对中介变量有影响，而中介变量接着对因变量产生作用。路径分析需要在变量间建立类似的模式，但典型的路径图包含了比上图更多的变量。

除了用图形显示变量间的关系以外，路径分析也显示各种关系的强度。关系强度的计算是根据回归分析中所产生的数字，该数字类似于详析模型中的净关系。他们把这些数字称为"路径系数"（path coefficients），它代表了在模型中，当其他变量都固定不变时，每对变量间的关系强度。

例如，图 16 - 7 分析的焦点就在于基督教徒们反犹太情结的宗教原因。图中变量从左到右为（1）信奉正统教义（orthodoxy），意指个人接受有关上帝、耶稣及圣经中固有的传统信仰；（2）特殊神灵论（particularism），相信自己的宗教才是惟一真正信仰；（3）接受犹太人迫害钉死耶稣的观点；（4）对当代犹太人的宗教性敌意，诸如相信上帝正在惩罚他们或是他们正在遭受诅咒，除非他们皈依基督教；（5）世俗性反犹太情结（anti-semitism），诸如相信犹太人在商场上欺骗、对国家不忠等等。

一开始，研究者提出，世俗性反犹太情结的产生是通过前面 5 个变量产生的：信奉正统教义

造成接受特殊神灵论，而后者又产生相信历史上犹太人为迫害者的观点，该观点又引起对当代犹太人宗教上的敌意，最后，终于产生世俗性反犹太情结。

然而，这个路径图却显示了不同结果。例如，研究者发现，接受犹太人是耶稣迫害者这一观点似乎对整个过程不起作用。另外，虽然特殊神灵论是造成世俗性反犹太情结过程中的一部分原因，图中却显示信奉正统教义和宗教性的敌意对反犹太情结影响更直接。信奉正统教义甚至可以不顾特殊神灵论，而导致宗教性敌意，而宗教性敌意不管怎样都会导致世俗性的敌意。

对路径分析的最后一个评论是变量的顺序。虽然在处理变量间复杂的因果关系网时是一个相当好的方法，但你们应该知道路径分析本身并不能告诉你们变量间的因果顺序。路径图不是由电脑创造出来的，而是研究者自己确定的变量间的关系结构，电脑只是计算结构内的路径系数罢了。

时间序列分析

回归分析的变体常被用于检验时间序列资料，以表示一个或多个变量随时间而产生的改变。我相信你们知道美国的犯罪率多年来在持续上升。用**时间序列分析**①（time-series analysis），犯罪率可以用回归形式来表现长期趋势，并且提供检验趋势的解释——人口增长或是经济波动——如此得以对未来犯罪率进行预测。

图 16 - 8 是一个简单的例子，假设城市的盗窃犯罪率随着时间的推移而变化。图中每一点代表在该年警察局接获报案的盗窃数量。〖472〗

----

① 时间序列分析：对一历时变量（如犯罪率）的分析。

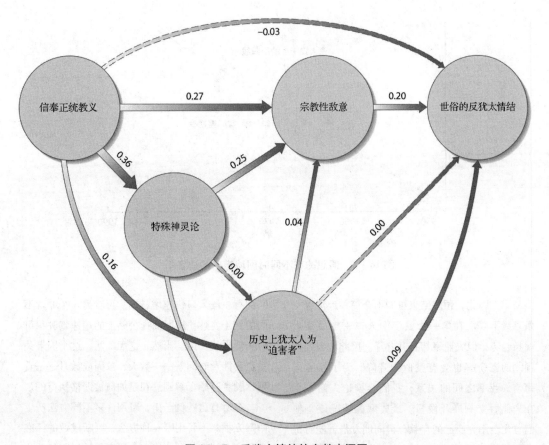

图 16 – 7 反犹太情结的宗教来源图

假如我们觉得盗窃是因人口过多而引起的现象,也许你们会推论拥挤会带来心理压力和挫折感,从而导致许多不同形态犯罪的增加。在讨论回归分析时,我们可以建立一个回归方程来表示盗窃和人口稠密之间的关系——以年代作为分析单位并对每个变量使用实际数量。在做出最合适的回归方程后,我们便可根据每年人口密度来计算该年的盗窃率。我们可假定该城市人口数(然后是密度)在稳步增长,则我们可以预测盗窃率也会增加。这些回归推测在图 16 – 8 中以虚线的形式显示。〖473〗

时间序列关系通常比这个简单的例子要复杂得多。至少有一点不同,即通常会有一个以上的因果变量。例如,我们会发现失业率同样也会对盗窃案产生巨大影响。因此,我们可以同时根据这两个因果变量发展出一个方程,以用来预测

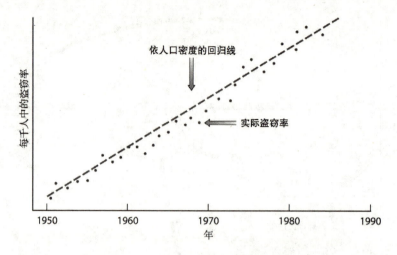

图 16 – 8　假想的在不同时间城市内的盗窃率

盗窃率。因此，预测结果可能不会简单地沿着一条直线下降。在第一个模型中人口密度呈稳步增长趋势，但失业率却有升有降。因此，我们所预测的盗窃率也会有类似的升降。为了探究盗窃与失业率之间的关系，我们会推论人们不会在失业后立刻展开偷窃。最典型的情况该是他们首先会用完自己的存款，再向朋友借，同时寄希望能找到工作。偷窃是最后迫不得已才会使用的手段。

"时差回归分析"（time-lagged regression analysis）可以用来说明这种较复杂的情况。因此，我们可以建立一个回归方程来预测某一年的盗窃率，该方程一部分的依据是前一年的失业率或是这两年的平均失业率。在这样的分析中，类似的可能性是无止境的。

如果你们仔细想一想，就会发现许多因果关系都可能涉及时间差。世界上许多贫穷国家的人口通过高出生率来对抗高死亡率。而且还可以不断观察到当某社会的死亡率急剧下降（例如通过医疗改善、公共卫生以及农作改良）时，该社会的出生率也会在稍后跟着下降，但中间却有一段人口快速增长期。再看另一个非常不同的例子，惩罚洲际高速公路上的超速驾驶很可能降低平均车速。当然，毫无疑问，这个因果关系也会涉及时间差——数天、数周或数月——直到驾驶者开始了解到惩罚是如何被严格执行的。

在所有这些例子里，可用许多不同方法产生回归方程。不管用哪一种方法，判断成败的标准是研究者到底能预测出多少因变量的实际值。

因素分析

因素分析是与回归分析很不一样的多变量分析取向。其统计基础比前面所讨论到的要复杂得多，所以必须在此进行一些概括性的讨论。

因素分析①（factor analysis）是一种复杂的代数方法，它用来探讨多个变量值变异的模式。一般而言，这些模式主要来自一些人为因素，而这些因素又与一些实际变量有紧密的联系，但彼此间却互相独立。这种复杂的操作必须通过电脑

―――――――――

①　因素分析：用来判断存在于一组具体观察内部的因素或者一般维度的复杂的代数方法。

来完成。〖474〗

假定数据中有个人偏见指标，即每一个指标都表示某种偏见，但没有一个指标可以提供完整测量。而且，所有这些项目必须在实际中具有高度的相关性。在做因素分析时，研究员必须找出一个人为的因素，而该因素与每一个测量偏见的项目都紧密联系。每一个受试者都会从这个人为因素上得到一个分数，而该分数可以成为每个项目的属性很好的预测。

假定现在同一个研究给受访者提供了另外几个数学能力指标，因素分析同样可以产生一个与每个项目都高度相关的人为因素。因素分析软件最后的输出结果包含了多种因素（人为因素），这些因素来自变量间的关系，加上每个变量和每个因素间的相关，即"因子负载"（factor loadings）。

在前述例子中，很可能有一个因素多少较能代表偏见，而另一个因素则较能代表数学能力。资料中测量偏见的项目会在偏见因素内有较高的负载（有相关），而在数学因素中负载较低，测量数学能力的项目则具有完全相反的模式。

然而事实上，因素分析并不是用这种形式进行的，而是将变量输入到软件中，进而产生一些具有适当因子负载的因素。接着，你们必须根据那些具有同样高负载的变量来确定因素的意义。但是，这些因素的产生与变量的意义无关，而是与实证关联性有关。下面有两个必须考虑的标准：（1）该因素必须能够解释变量的绝大部分变异；（2）每个因素彼此间多少应该互相独立。以下就是使用因素分析的一个例子。

这里就有一个应用因素分析的例子。许多社会研究者都曾探讨过违规行为问题。但是当你们深入看这个问题时，你们会发现有许多不同形态的违规行为。在怀俄明州的一个小镇上，

佛斯朗（Morris Forslund, 1980）对该镇一所高中学生进行了一次调查，以区别违规行为的类别。他在问卷内要学生报告是否有不同的违规行为，然后他将所得的答案进行因素分析。结果如表 16-7。

正如你们在表 16-7 所见，各式各样的违规行为列在左侧。表内数字则是分析中所得的 4 个因素的因子负载。你们应该注意到佛斯朗已为每个因素附上标题。我将每个因素标题的项目括起来。佛斯朗对结果作了以下说明：

> 在所有样本中可以很明显地找出 4 种不同的违规行为。为了对变异进行解释，每种违规行为都被给予了一个标题：（1）侵犯财物，包括破坏艺术品及偷窃；（2）没教养；（3）吸毒/旷课；（4）打架。有趣也有些令人惊讶的是，我们发现破坏艺术品和偷窃竟出现在同一因素内。它似乎显示这些侵犯财物的高中生，倾向于涉及艺术品的破坏和偷窃。同样有趣的是，吸毒、酗酒和旷课被归于同一个因素。(1980：4)

决定了整体模式之后，佛斯朗分别针对男生与女生重新进行了一次因素分析，并获得了同样的模式。〖475〗

这个例子显示，因素分析是找出大量变量间关系模式的有效方法。使用因素分析后，研究者就不必被迫去没有止境地比较相关因素——不管是简单的、净的或多元的——以找出这些模式。顺便说一句，因素分析也是社会研究运用电脑的极好例子。

因素分析也可将资料以读者或研究者可判读的形式表达。对一个既有因素，读者可以很容易地看出哪些变量在这个因素上有很高的负载，然后可就此找出内含的变量结果。或许读者可以轻易地发现一个既有的变量在某个因素上的负

表 16 - 7　因素分析：白人违规行为

违规行为	侵犯财物 因素 I	没教养 因素 II	吸毒/旷课 因素 III	打架 因素 IV
打破路灯等	0.669	0.126	0.119	0.167
打破窗子	0.637	0.093	0.077	0.215
破坏篱笆或晒衣架等	0.621	0.186	0.186	0.185
偷走价值 $ 2 - $ 50 的东西	0.616	0.187	0.233	0.068
放掉车胎气	0.587	0.243	0.054	0.156
偷走价值 $ 50 以上的东西	0.548	-0.017	0.276	0.034
丢鸡蛋或垃圾等物	0.526	0.339	-0.023	0.266
偷走价值 $ 2 以下的东西	0.486	0.393	0.143	0.077
从学校课桌内等处偷取东西	0.464	0.232	0.022	0.027
未得车主允许开别人的车	0.461	0.172	0.080	0.040
用油漆乱涂鸦	0.451	0.237	0.071	0.050
不服从双亲	0.054	0.642	0.209	0.039
在桌上、墙上等乱画	0.236	0.550	-0.061	0.021
用恶毒言语报复	0.134	0.537	0.045	0.100
不服从老师或学校职员	0.240	0.497	0.223	0.195
当面挑战父母亲	0.232	0.458	0.305	0.058
打匿名电话	0.373	0.446	0.029	0.013
吸大麻	0.054	0.064	0.755	-0.028
吸其他毒品以求快感	0.137	0.016	0.669	0.004
伪造签名	0.246	0.249	0.395	0.189
趁父亲不在喝酒	0.049	0.247	0.358	0.175
逃学	0.101	0.252	0.319	0.181
揍别人	0.309	0.088	0.181	0.043
打架斗殴	0.242	0.266	0.070	0.602
变异的百分比	**67.2**	**13.4**	**10.9**	**8.4**

资料来源：Morris A. Forslund，*Patterns of Delinquency Involvement*：*An Empirical Typology.* Paper presented at the Annual Meeting of the Western Association of Sociologists and Anthropologists，Lethbridge，Alberta，February 8，1980。上表摘自第 10 页。

载是高或是低。

　　不过，因素分析也有缺点。首先，如前所述，因素的产生并没有任何实质意义。研究者常会发现一组实质上相去甚远的变量却在同一因素上有很高的荷载量。例如，他们可能发现偏见与宗教虔诚在某因素上具有很高的正荷载，而教育也在同一因素上具有同样高的负荷载。这三个变量之间的关系当然很紧密，但它们代表的因素

是什么？没有经验的研究人员十有八九会将这种因素命名为"宗教—偏见性的缺乏教育"或一些类似的荒谬名词。〖476〗

其次，从哲学的立场看，因素分析也常被批判。回想一下前面叙述的一般标准，一个假设必须是可以被推翻的。如果一个研究者无法确立假设可能被推翻的情况是什么，那么该假设实际上不是自我重复就是毫无用处。在某种意义上，因素分析确实有这种缺点。不管输入什么资料，因素分析都是以产生因素的形式进行。所以，如果研究者问"这些变量间有任何关系吗"，答案永远都是"有"。在评估因素分析的结果时，这个事实也该被纳入考虑范围内。因素的产生绝不保证有任何实际的意义。

而我个人对因素分析的看法与其他复杂形式的分析一样。对社会科学研究者而言，它可以是一个非常有用的工具。只要这种分析可以帮助研究者了解资料主体，就应该鼓励使用。但就像在所有的情形下一样，你们必须时刻警惕的是，它只是一个工具，绝不会是神奇的万灵丹。

现在，我想重申一下，我对这几种方法只是点到为止，还有许多其他方式我未提及！随着研究的深入，你可能会更加深入地了解这些方法。

方差分析

我们前面讨论过，方差分析使用了统计显著性逻辑。我们研究的例子都可以归到代表自变量的组中去，每个组差异程度大小可以从一些自变量的角度分析。拿每组的差异程度与随机分布标准比较。如果我们将各个例子随机分配到各个组中去，那么我们是否能得到这种差别呢？

我们现在简要讲一下两种常见的方差分析形式：单因素方差分析和双因素方差分析。

单因素方差分析

假设要比较共和党人和民主党人的收入水平，以确认共和党人是不是真的比较富有。我们选择了一些个体样本，让他们回答两个问题：(1)他们属于哪个党；(2)他们去年的总收入。我们计算出每个政党收入的平均值，假如结果发现，共和党人收入的平均值是 $21,000，民主党人的是 $19,000。很明显，共和党人确实比较富有，但是差别是否"显著"呢？如果我们随机选择两个政治团体，那么我们有可能得到 $2000 这一差距么？

方差分析通过使用方差回答这一问题。简单地说，分布（如收入）方差是表示一组值靠近或偏离平均值的标准。〖477〗

图 16-9 表现了这两种可能性。在这两种分布中，共和党人的收入平均值是 $21,000，民主党是 $19,000。在 a 区中，大多数共和党人的收入接近 $21,000，大多数民主党人的收入接近中间值 $19,000。而 b 区中的情形则大相径庭。尽管这一部分的平均值和 a 区的平均值是一样的，但是两个党派的人收入差别都很大，在分布中也有很大部分的重合。从技术角度讲，b 区的方差比 a 区的方差要大。从表面上看，我们可以计算出图 16-9 中的 a 区真实地反映了共和党人和民主党人收入的差别。而 b 区的数据我们就不大能确定。在这种情况下，很可能是随机采样误差产生的正常方差得出了这两个平均值。

在实际的方差分析中，统计学计算常用于这一决策中，而不是依靠印象。平均值的差别用方差的标准倍数和分数表示。因为图 16-9a 区的方差比 b 区的方差小，所以 a 区中 $2000 所代表的差别比 b 区中大。平均值差别（用方差使之规范化）与标准统计表格比较（我们在讨论统计显著性时提到过这种表格，表明这些值的理论分布）。最后，我们可以得出结论，这一差别

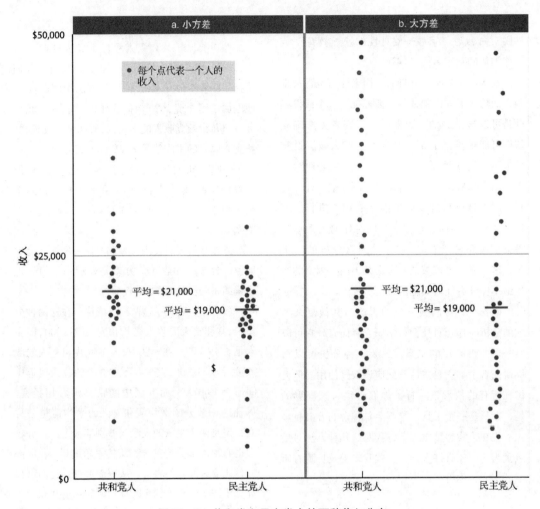

图 16 – 9　共和党和民主党人的两种收入分布

在某些显著性水平上是具有显著性的。比如我们可能发现，抽样误差可能大的就如走马观花得来的结果一样。因此，我们可以说，差别显著性是 0.0001。〖478〗

在这一例子中，为了突出步骤中的基本逻辑，我避开了实际的计算。在实践中，这些计算是由一些电脑软件完成的。

这一最简单的例子被称为两个平均值差别的"t 检验"。在两组以上的情况中，因为涉及

更多的对比，计算更加复杂。一般有必要比较组间方差和组内方差。最终分析结果和前面这个例子一样，用统计显著性表示，也有可能产生由随机采样误差产生的差别。

双因素方差分析

单因素方差分析是两个变量分析的形式（政党和收入是例子中的两个变量）。但是，我们在社会研究中，经常会遇到多变量的分析。双因素方差分析可以同步检查两个以上变量。例

如，假设我们怀疑共和党人和民主党人的收入差别是因为教育程度的不同。我们的假设是共和党人教育水平比民主党人要高，并且受过良好教育的人不分党派一般比受教育程度低的收入要高。双因素方差分析能够用类似于 15 章中讨论的详析模式和部分相关及回归的方式整理两种解释性变量的效果。

鉴别分析

鉴别分析①（Discriminant analysis）是本章讲到的一些技巧的有趣的变体。这种分析的逻辑类似于多元回归分析，只是它的变量可以是定性的。回归需要有内部变量。我们看下面这个例子来说明一下。

图 16 - 10 代表了 6 个作家。其中三名作家用铅笔写字，其他三个用电脑打字。（我知道还会有其他替代方法，但是这样简单点）。我们的任务是说明写作方式的不同。我们能找到一种方法预测一名作家是用笔还是电脑吗？

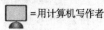用笔写作者

用计算机写作者

图 16 - 10 六个作者：三个人用笔，三个人用计算机

图 16 - 11 涉及两个我们认为影响作家如何写作的变量。年龄可能会有影响，年纪大的作家已经习惯了手写，并且可能难以适应新科技，而

年轻的作家已经习惯了用电脑打字。收入也可能有影响，电脑比铅笔要昂贵得多。图 16 - 11 用作者的年龄和收入来描叙。看看你能不能从这个图中得出结论，是什么因素影响了写作方式。

图 16 - 12 进一步证明了你可能得到的结论。但是收入就可以作为预测依据，至少对于这 6 个作家来说是这样的。收入不高于 30,000 美元的作家都使用铅笔，而收入高于 30,000 的都用电脑。

但是生活往往不是这么简单，就算是简化了的例子也没这么简单。所以我们来填点东西。图 16 - 13 还是以假设的作者的年龄和收入为变量，但是结构更为复杂。我们可以根据年龄或收入划出一条线将铅笔和电脑分开。

如果仔细研究一下图 16 - 13，就可以发现我们确实能画一条线将铅笔和电脑分开。这条线和任何一条坐标轴都不是垂直的。图 16 - 14 画出了我们想要的直线。为了充分利用这条线，我们需要找到一个能预测作家会落到线的哪一边的方法。图 16 - 15 表明了如何做。

通过建立一条新的垂直于分割线的直线，我们能计算出每个作家落在新的纬度上。这个计算方法与以前讨论的回归方程有点类似。方程式如下：

新纬度 = a + （b × 年龄） + （c × 收入）

鉴别分析软件能够根据年龄和收入，检查他们与写作方法的关系，然后产生一个方程式，是使用者能够通过年龄和收入来判断其他作家的写作方式。

对数线性模型

假设我们想知道政治倾向是不是和所属党

---

① 鉴别分析：与多元回归分析相似，只是因变量可以是定类变量。

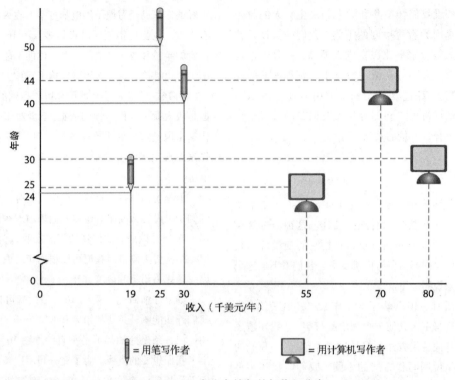

= 用笔写作者   = 用计算机写作者

图 16 – 11   六个作者的年龄与收入分布

派有关系。例如，自由派是不是比保守派更可能属于民主党？我们把样本分成两部分：自由派和保守派。我们能够计算出每个党派中民主党人所占的比重。如果发现自由派中这一比重较高的话，我们就能得出这样的结论：政治倾向和所属党派确实有关系。〚482〛

在这个例子和第 14 章和第 15 章的表格分析中，所有的自变量都包括两个因素，即有两个属性。如果自变量不是包括两个因素，情况就会变得很复杂。假设除了民主党人和共和党人外，还包括无党派人士，社会主义者和古典自由派，那么察看民主党中自由派和保守派的比例就毫无意义了，同样单独察看其他政治团体中这一比例也就没什么意义了。单独察看单个政治团体会产生更多的表格，并且不容易理解。

如果解释性变量不是包括两个因素，那么情况将更为复杂。假设除了自由派和保守派外，我们将中间派也考虑在内，或者我们将其他解释性变量如种族、信仰也考虑在内，那么得到的表格将极为复杂。

对数线性模型① （Log-linear models）为这样复杂的情况提供了解决方案。这一技术涉及精细的对数计算，依靠描述变量内在关系的模型，对比表格单元格的频率。

在大多数统计程序中，研究者开始进行对数线性分析之前就要找出适合资料的模型。这一模型是实验性的，描述一组变量是

————————

① 对数线性模型：一种特定的数据分析模型，用于描述变量间关系，并比较期望与观察值（频数）。

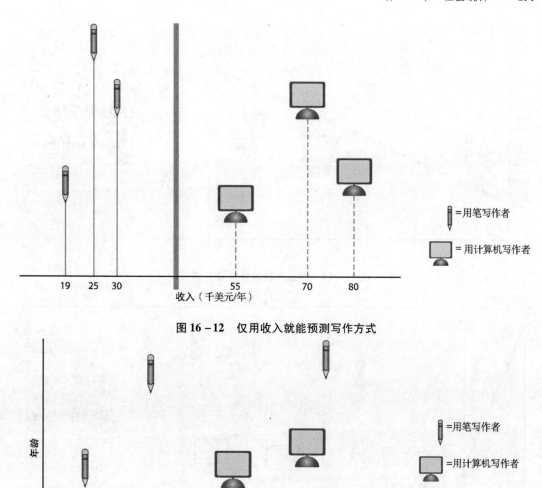

图 16 – 12 仅用收入就能预测写作方式

图 16 – 13 稍复杂些的模型

如何关联的。选择好模型后，如果模型适用，研究者需要估算特定大小的样本的频率。然后将估算值和观察到的值进行比较。（1977：76 – 77）

研究者在说明显性对数分析中检测的模型时，要考虑到因变量和每个自变量的直接关系，自变量对之间的关系和三个自变量的关系（和 15 章讲到的详析模式类似），或者更多变量之间的关系。我们来看一下以前提到的三个变量的例子。

我们猜想一个人所属政党（"政党"）是政

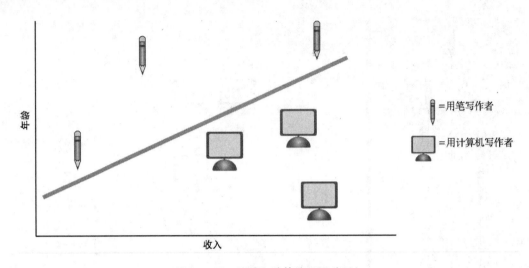

图 16 – 14　把笔和计算分开（分组）

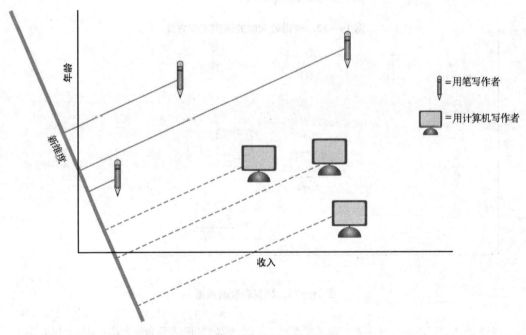

图 16 – 15　用新维度来看六个作者

治倾向("政见")和种族的函数。这个模型的组成就包括:(1)政见对政党的直接影响;(2)种族对政党的直接影响;(3)种族对政见的影响;(4)种族对政见和政党关系的影响(和详析模式一样);(5)政见对种族和政党关系的影响。以上每组影响都有一定的解释性,但是对数线性分析可以找出哪种是最重要的,哪种可以在实际操作中忽略不计。对数线性分析涉及大量复杂的计算都可以用电脑来完成。如果你能找到 *logit，probit，or multi-way frequency analysis*（MFA）的资料的话,就可以发现这些分析使用了这个模型。〖483〗

对数线性分析有两个主要缺陷。第一个是它的逻辑会产生很多数学假设,一组数据可能没办法满足这一要求。这个情况过于复杂,这里不再详述。第二,和其他汇总性技术一样,对数线性分析的结果不如简单的百分比和平均值的比较来的直观,容易理解。因此,对数线性模型即使从统计学的角度看比较好,也不适用于可以用简单的百分比表操作的例子中。它适用于用表格无法完成的复杂情况。

地理信息系统（GIS）

最后我们看一个非常不同的分析技术:**地理信息系统**①（Geographic Information Systems，GIS）。社会研究的很多资料包括地理信息,如:国家、州、市、县、人口普查区等。这些资料常常在统计表格中体现出来,这些资料的形式常常使用直观的图表。因此,美国人口普查资料越来越多地使用地图的形式。

美国 2000 年和 2004 年的总统大选分析用红色州（共和党）和蓝色州（民主党）表示。你应该见过这两个的分布图。一些研究者注意到没有任何一个州是全红或全蓝的,他们给那些各有半数人支持两个政党的州涂上了紫色。

另外一些研究者指出,这种分析中,县是更加合适的单位,能表明一个州中政治的多样性。在通常的做法中,共和党在农业县比较受支持,而民主党在城市中比较受支持。Robert Vanderbei（2004）使用 GIS 制作了 2004 年总统大选的格局,反映了这种情况。图 16 - 16 中的单位是县。对两个党派的倾向用阴影表示,每个县城柱形

的高度反映了每平方英里选民的人数:柱形越高,县城就更加城市化。

图 16 - 16　2004 年美国总统选举的 GIS 图
白 = 共和党　　　　黑 = 民主党

资源来源:Robert Vanderbei,"Election 2004 Results"（http://www.princeton.edu/~rvdb/JAVA/election 2004/）。

如果你对这种分析技术感兴趣,可以到网上搜索"GIS"或者"地理信息系统"。在读本书的时候,新的应用已经出现了。你会发现这一方法的应用不只局限于美国。

我们讲完了所有的使用比较广泛的社会学分析方法。我只是对其大概作了一下介绍,并且还有很多方法我没有提到。我的目的是介绍一下这些结束的大概情况,在今后的研究中,你或许还想更深入地了解这些技术。同时我也想让你了解他们,以防你在今后阅读报告中遇到他们。

本章要点

导言

- 统计学是数学的一支应用学科,常用于各种研究分析。

---

① 地理信息系统:研究者用地理单位来图形化地展现定量数据的分析技术。

描述统计

- 描述统计主要用于简化研究资料。有些描述性统计总结单变量属性的分布；另一些则总结变量间的相关性。

- 对变量间关系进行描述统计被称为相关性测量。

- 许多相关性测量是根据消减误差比例（PRE）模型实现的。该模型是根据（1）当我们试图猜测每个样本在某变量上的属性时，可能猜错的次数——如果我们只知该变量属性的分布，和（2）当我们知道变量总体的联合分布且每次猜测其中某变量时都被告之另一变量的属性，在这种情况下我们猜错的次数。这些测量包括 Lambda（λ）——它适用于测量两个定性变量间的相关性，它能清楚地说明 PRE 模型；Gamma（γ）——适用于测量两个定序变量间的相关性；皮尔森积差相关（r）——适用于测量两个定距或定比变量间的相关性。

- 回归分析用方程来表示变量间的关系，它可以根据一个或多个自变量的值来预测因变量的值。

- 回归方程是基于"回归线"计算而来的：直线与点阵图中每一点实际位置的最小差距。

- 回归分析包括线性回归分析、多元回归分析、偏回归分析和曲线回归分析。

推论统计

- 推论统计用于估测根据样本的发现来推论相关总体的概化程度。有些推论统计估测总体的单个变量的特征；其他——统计显著性检验——则估测总体中的变量关系。

- 有关总体某些特征的推论必须包括一个"置信区间"指标和一个"置信水平"。置信水平和置信区间计算的基础是概率理论，并假设研究中所使用的是常态概率抽样。

- 将样本中发现的变量间的相关性概化至总体的推论，涉及统计显著性检验。简单地说，这些检验在于估计观察到的变量间的相关在多大程度上导因于抽样误差，而不是存在于总体。因此，统计显著性检验是以概率理论为基础，并假设研究中用的是常态概率抽样。

- 社会科学中经常用到的一个统计显著性检验是卡方（X^2）。

- 对观察到的相关性显著水平的表达，采用的是该相关仅仅来自抽样误差的概率。如果说某相关性在 0.05 的水平是显著的，意思即指因抽样误差造成相关的机会是每 100 次不会超过 5 次。

- 社会研究者倾向于使用一套特别的显著水平以配合统计显著水平检验。它们是：0.05、0.01、0.001。这些都只是习惯用法。

- 统计显著性不应该与实际显著性混淆，后者是指观察到的相关性很强、很重要、很有意义或说值得写信回家告诉你妈妈。

- 严格说来，社会研究者在检验统计显著性时，几乎从没完全满足有关资料及方法的假设。尽管如此，这些检验可以对资料的分析及解释有所助益。但是，你们仍要留意在解释检验结果的"显著性"时，千万不要只看表面意义。

其他多元技术

- 路径分析——用图形将多个变量之间的因果关系网络表示出来；它说明了变量的主要"路径"，通过该路径，自变量引起了因变量。路径系数是标准化的回归系数，代表着变量间的偏关系。

- 时间序列分析——涉及时间发生的过程

（如：犯罪率）。

- 因素分析是用来判断存在于一组具体观察内部的因素或者一般维度的复杂的分析方法，只能通过电脑操作。这些纬度，或者指标通过假设纬度计算，假设纬度没有完美的经验变量代表，但是跟经验变量组有着密切的联系。因此负载表明了经验变量和特定指标间的相关度。

- 方差分析根据的是比较组群间和组群内的变量，决定组间差别发生在简单的随机采样中是否合理以及他们代表的变量间的关系是否真实。

- 鉴别分析通过建立假设的混合纬度来分开不同的变量，以证明各种差异。它的结果是一个方程式，依据假设的纬度计算人们的行为，并提供根据自变量预测值。

- 对数线性模型提供了分析几个有 2 个以上属性的名词性变量间复杂关系的方法。

- 地理信息系统为定量资料创立地图，通过图表描述地理单位。

关键术语

以下术语是根据章节中的内容来界定的，在出现该术语的页末也有相应的介绍，和本书末尾的总术语表是一样的。

描述统计　消减误差比例（PRE）　回归分析　线性回归分析　多元回归分析　偏回归分析　曲线回归分析　路径分析　时间序列分析　因素分析　推论统计　非抽样误差　统计显著性　统计显著性检验　显著性水平　方差分析　地理信息系统　对数线性模型

复习和练习

1. 用自己的话来解释测量相关的"消减误差比例"（PRE）的逻辑。

2. 用自己的话按照详析分析的逻辑来解释"偏回归分析"。

3. 用你们自己的话来区分"相关性测量"和"统计显著性检验"。

4. 找一个报告了其发现的统计显著性的研究，并评判其所报告的内容的清楚性。

5. 利用 InfoTrac College Edition 寻找一个利用因素分析所做的研究，并概述其发现。

补充读物

Babbie, Earl, Fred Halley, and Jeanne Zaino. 2000. *Adventures in Social Research*. Newbury Park, CA：Pine Forge Press. 本书介绍了用 SPSS 所做的社会研究资料分析。讨论并说明了社会研究者使用的多种基本统计方法。

Blalock, Hubert M., Jr. 1979. *Social Statistics*. New York：McGraw-Hill. 这本教科书数十年来都是社会科学的学生（及老师）的标准教材。Tad Blalock 的去世是社会学界的一大损失。

Frankfort – Nachmias, Chava, and Anna Leon-Guerrero. 2000. *Social Statistics for a Diverse Society*. 2nd ed. Thousand Oaks, CA：Pine Forge Press. 关于社会统计的综合性教科书。尤其值得一提的是，在表现很多社会科学家经常用到的统计方法逻辑时，作者所运用的图解方式相当精巧。

Healey, Joseph F. 1999. *Statistics：A Tool for Social Research*. Belmont, CA：Wadsworth. 对社会统计初学者而言，是相当好的材料。

Mohr, Lawrence B. 1990. *Understanding Significance Testing*. Newbury Park, CA：Sage. 对这个主题而言，这是一本相当好的书。包括统计显著性检验的详细方法及其检验的意义。

SPSS 练习

请在本书附的小册子中练习使用 SPSS（社会学数据包）。每章都提供了练习，并有使用 SPSS 的入门方法。

网络资源

社会学 & 现状：研究方法

1. 在最后复习本章之前，先做做测试 *Sociologynow*：*Research Methods*，看看有哪些地方需要重点复习。在本书的最前面，有关于这个在线工具的信息以及如何得到这些资源。

2. 可按照 *Sociologynow*：*Research Methods* 根据测试结果提供的学习计划进行复习。使用学习计划的互动练习和其他资源掌握材料。

3. 复习完毕后，再进行一次测试，以确认已充分准备好学习下一章的内容。

《社会研究方法》第十一版所附带的网站资源

Http：// sociology. wadsworth. com/ babbie-practice11e/登录后，你会发现对你的课程很有帮助的学习资源。这些资源包括辅导测试和反馈、在线练习、Flash 卡片和每一章的章节辅导以及在虚拟空间中扩展的方案、社会研究、GSS 数据以及数据分析软件，如 SPSS 和 NVivo 的使用入门等。

这一章的网址链接

我们需要认识到互联网是一个变动的实体，随时刷新。不过，这些网站还是相对稳定的。在本书的网站中可以找到更多的网址链接。这些网址在本书出版时提供了各种定性研究和分析的资料。

理解调查分析软件汇总

http：//www. fas. harvard. edu/ ~ stats/survey-soft/

这个连接汇集了许多调查资料的分析软件，包括复杂的抽样设计。

伊利诺斯大学伍巴拿分校

http：//www. stat. uiuc. edu/ ~ stat100/java/guess/PPApplet. html

只要你在散点图中输入散点，你就可以得到用图表式的相关或回归或其他统计结果。

虚拟学习中心，线性回归

http：//cne. gmu. edu/modules/dau/stat/regression/linregsn/linregsn_frm. html

其中有关于线性回归的大量讨论，还有实际运用的例子。

理解因素分析

http：//www. hawaii. edu/powerkills/UFA. HTM

这是由一个在很多情景中使用过因素分析的政治科学家所作的对因素分析的出色介绍。

第 17 章

阅读和撰写社会研究

章节概述

　　除非能够和其他人进行有效的交流，否则社会研究就一文不值。在阅读他人的研究和撰写自己的研究过程中是需要一些特殊技巧的。

导 言

有意义的科学研究不可避免地要和交流联姻，但是这个婚姻却并不总是轻松或者让人感到舒适的。科学家——社会科学家和其他——并不必然擅长和他人交流他们的方法和发现。这样，你就会经常发现很难阅读和理解他人的研究；而你在撰写自己的研究以达到有效的交流时也会感到困难重重。这最后一章就是准备处理这两个问题的。〚489〛

我们先来看如何阅读社会研究，然后再探讨如何撰写的问题。我在这两方面都会提供一些指导，不过你还是会发现最好的方式就是实践！你读得越多，读起来就越轻松；写得越多，就越好写。

文献回顾

除某些草根理论方法家之外，大多数社会研究者在研究设计时都是从文献回顾开始的，我们在第 4 章曾讨论过。大多数研究都可视为对某一特定主题前人研究成果的拓展。通过文献回顾，我们可以了解哪些是已知的，哪些是未知的。

多数情况下，你可以围绕你希望研究的关键词组织文献。比如，你想研究一些总体：伊拉克战争老兵、电脑黑客、天主教牧师、同性恋运动员等。任何情况下，你都可以确定一套术语来呈现你的核心关注点。

学校图书馆也许会提供一些搜索服务。假如你正在进行关于死刑态度的研究设计，如果学校图书馆可以获取 InforTrac College Edition 或类似项目，你就可以跟我一样，获得关于死刑的 8735 份报纸参考资料和 5489 期刊参考资料。InforTrac College Edition 索引允许缩小搜索范围，于是我找到关于对死刑"公众态度"的 249 个条目。部分条目是文献引文，部分是我可以在线阅读的全文。

另一来源是国会图书馆，登录网址是 http://catalog.loc.gov。点击"关键词检索"或"向导式检索"，你就可以获得很多资料了。当我界定关键词"死刑"且把搜索限定为 2000 年到 2005 年间出现的英文书后，网站列出了 3674 个条目，如下：

- Abolition of the death penalty: SAHRDC's submission to the National Comission for the Review of the Working of the Constitution.
- America's experiment with capital punishment: reflections on the past, present, and future of the ultimate penal sanction/ [edited by] James R. Acker.
- Beyond repair?: America's death penalty/ edited by Stephen P. Garvey.
- Capital Punishment: a bibliography/ C. Cliff, editor.
- Death penalty: influences and outcomes/ edited by Austin Sarat.

有时，简单的网络搜索是研究开始的有效方式。使用搜索引擎，如 Google, HotBot 或 Yahoo 来获取关于"死刑"的网络来源。一定要使用引号来查找语句而不是两个独立的词汇。你也可以在搜索请求中增加"公众言论"。通常，网络搜索会给你提供大量的条目，大多数可能对你没什么帮助。你需要从中挑选。后面，我还会给你们讲一些更具体的网络搜索原则。

不管你怎么着手做文献回顾，你都要考虑一个类似于滚雪球抽样的技巧。这个技巧我们在第 7 章讨论过。一旦你发现某本书或文章对你有帮助，记下其作者引用了哪些出版物。你很有可能从中找到对你有用的。事实上，你可能会发现一些内容被反复引用，这意味着它们是你所研究的领域内核心的参考资料。最后提到的这点很重要，因为文献回顾并不是引用某些内容来美化。相反，它是深入前人已经探究的成果，使用这些成果来设计你的研究吧！〚490〛

一旦你发现某些材料具有潜在的使用价值，赶快拿过来读读，看看是否能找到对自己的研究有用的东西。以下是关于读研究报告的方法。

期刊与书籍

你或许已经知道，你不可能像看小说那样来阅读社会研究。当然了，你可以这样做；但这显然不是最有效的方式。期刊文章和书籍的布局安排多少是有所不同的，所以在两者的阅读指导方面也会有所不同。

阅读期刊文章

在绝大多数的期刊文章，其开头都会有**摘要**①（abstract）。那就先读摘要吧。它会告诉你它的研究目的、所使用的方法和主要发现。

在一本好的侦探小说或者间谍小说里，悬念贯穿全书，并通常都以出人意料的结局收场。这可不是大多数学术作者所要追求的。社会研究是要有意识地反对这种做法的。社会研究者不会吊读者的口味，他们不会把 X 是否导致 Y 这样的结果当作悬念而留到最后；他们宁愿在摘要中放弃这些无谓的妙语与炒作。

摘要有两个功能。第一，它能够让你决定你是否还要继续读下去。如果你为了写文章而搜寻相关的文献，那么摘要就可以告诉你特定的文章是否相关。第二，摘要建构了文章的剩余部分的框架。它可能会激发你有关方法或者结论的疑问，从而为你进一步的阅读提供一个"工作表"。（最好是记下这些问题，然后找到答案。）

阅读完摘要之后，你就直接看文章末尾的小结和/或结论了。这会给你一个有关文章内容的更详细图景。（在阅读侦探小说或者间谍小说时，你也可以这样的；这样会读得更快，但是乐趣似乎也就少了。）记下你所注意到的新问题或者观察。

---

① 摘要：研究文章的概要。摘要通常都出现在文章的开头，它陈述了研究目的、研究方法和主要发现。

下一步就是要浏览文章了。留意每一节的标题和图表。在浏览过程中，你无需去研究这些东西；不过你还是可以多注意些那些你感兴趣的内容。浏览完之后，你应该就比较熟悉了。你应该清楚研究者的结论，并对达成这些结论所使用的方法有个全面印象。

现在你已经仔细阅读完整篇文章了，你也应该知道每节的标题和内容是如何与整篇文章相匹配的。继续做点记录。在你觉得以后需要引用的地方做些标记是相当必要的。

仔细阅读完之后，你最好还是再快速浏览一遍。这样你就能够再对全篇结构有个回顾。

如果你想要迅速理解你所阅读的内容，你可以找个人来解释给他听。如果你是在做跟课程有关的阅读，那么你应该不愁找不到人来听。如果你能够向一个之前没有接触过这篇文章的人讲清楚其中的内容和逻辑，那么就可以说，你已经理解了这篇文章。

阅读书籍

阅读期刊文章的方法其实也适用于阅读跟书本一样长的报告，有时也称为**研究专论**① （research monograph）。这种长篇的研究报告的要素和大体结构其实都与期刊文章差不多。不过，它用的就不是摘要，而是前言和第一章——其中包括了研究目的、方法和研究的主要发现。不过，一般来说，前言都没有那么正式而且比摘要容易理解。〚491〛

跟阅读期刊文章一样，阅读这些书本时也可以采取先浏览的方法。这样就可以大概了解其组织架构和表格、图形的运用等等。在这个过程中你也应该在一定程度上了解该书。还有，跟我在阅读期刊文章中的建议一样，在此你也应该做些记录，写下你的观察和问题。

如果你准备进行更加仔细地阅读，那你在每一章都应该这样做。先阅读第一章以对下面将要讨论什么有个大概了解，然后就跳到结论部分。浏览章节以便更加熟悉文章，然后更仔细地阅读，并做些记录。

跟阅读、赏析文献不一样的是，有时候你还可以跳过学术著作的某些内容。这完全取决于你的阅读目的。或许书中只有部分内容才和你的目的有关系。不过，如果你对研究者的发现很感兴趣，那你就要留意其中所使用的方法（比如，研究对象是谁？如何研究的？什么时候研究的？）了，因为只有这样你才能评判作者所得出的结论的质量。

研究报告评估

在这一部分，我提供了多组你在阅读和评估研究报告中可以留意的问题。这些问题也是对先前章节的补充，并有助于你更详细、深入地掌握相关主题。虽然很难穷尽，但我仍然希望这几组问题能够帮助你理解你所读的研究报告，并向你警示其中的潜在问题。

理论取向

- 该研究是否有理论关照，还是根本就不涉及理论？

- 研究者所采用的主要范式或者理论取向是什么？你可以从作者在对文献的回顾或者其他地方找到提示。

- 另一方面，作者试图否认某些范式或者理论吗？

- 是否检验了某些理论或者假设？

- 理论取向以何种方式建构研究所用的方法论？比如资料收集技术和对收集这些资料而

---

① 研究专论：一个跟书本一样长的研究报告——出版的或者没有出版的。它跟教科书、散文、小说等都不同。

忽视那些资料的判断。

- 所用的方法论是否适合于所涉及的理论主题？

研究设计

- 研究的目的何在？是探索、描述或解释，还是有综合的目的？

- 谁执行这项研究？谁提供经费？研究动机如何？如果研究结论正好涉及赞助者或研究者的利益，那么，你就要特别留意，尽管不会因此抹杀这些结论。

- 分析单位是什么？是不是合乎研究目的？研究结论是否适用于分析单位？举例来说，研究者是不是研究整个城市，而最后却针对个人发表评论？

- 是截面研究还是历时研究？特别注意不要以截面性质观察为基础，却提出历时性质的主张。

- 如果收集的资料是历时性的，就要确定每个时间点的测量方法是可比的，例如，如果涉及调查资料，是不是每次都是问同样的问题？如果是比较犯罪率或贫穷现象，就要确定每次都用相同的方式进行定义（例如，"贫穷"的定义就经常有所改变）。

- 如果是固定的连续样本，就要检查在研究期间退出的人数（样本流失）。

测量

- 研究中所用到的概念是什么？

- 研究者是否描绘变量的不同维度？其间的区别是否在分析和报告中都保持一致？

- 采用何种指标来测量这些维度和变量？每一种指标是否达到了测量的目的？每种指标能不能测量出其他内容？是不是信度高的测量？有没有测试过信度？

- 每一种变量的测量层次是什么：定性、定序、定距还是定比？层次适当不适当？

- 有没有使用复合测量方法：指标、量表，还是分类法？如果有，是否适合研究目的？有没有正确地使用？〖492〗

抽样

- 研究样本还是研究总体比较适当？记住：选择随机样本并不总是合适的。

- 如果采用样本，则概率抽样是否可行？目标抽样、滚雪球法或配额抽样，哪种适用？是否已使用了合适的抽样方法？

- 研究结论所适用的总体是什么？

- 研究者的目的是什么？如果是统计描述，则应该用严谨的随机抽样。

- 如果采用随机抽样，采用的抽样框是什么？是否足以代表研究总体？在抽样框中，研究总体的哪些特质要被剔除？哪些要被列入？

- 使用哪些特定的抽样方法：简单随机抽样、系统随机抽样或整群抽样？研究者是否在抽样前先对抽样框进行了分层？分层变量是否选择良好，即是不是和研究的变量相关？

- 样本量多大？完成率如何，即样本回收率如何？回收的与不回收的样本之间是否有差异？

- 即使假设受访者具有代表性，用这个样本量将产生多大的样本误差？

- 研究者是否测试过样本的代表性，例如比较研究总体和受访者中的性别分布，或年龄、种族、教育程度、收入？

- 最后，被研究的个体（或其他分析单位），能否代表被抽样的总体？即由样本获得的结论能否对总体或一般生活提供有意义的概括？

- 如果概率抽样和统计代表性对于某研究不适合，那么，研究对象和观察是否经过适当的选取，以便为所研究的现象提供更广泛的视角？研究者是否特别关注到异常和不确定的样本？

实验

- 实验的主要因变量是什么？例如，实验者想要达到什么效果？
- 实验刺激是什么？
- 与实验相关的其他变量是什么？是否已经过测量？
- 针对每个变量，仔细检查如何定义和测量。必须考虑到效度及信度的潜在问题。
- 是否使用适当的对照组？受试者是否随机分配到实验组和对照组，或采用配对方法？分配是否适当？研究者是否能说明实验组与对照组的原始差异？
- 是否进行过自变量的前测与后测？实验中出现"霍桑效应"的概率为多少？是否曾注意这个问题？例如，是否采用双盲设计？
- 内在效度是否因下列原因而发生问题：历史事件、受试者成熟度、测验、测量工具、统计回归、选择偏好、实验死亡率、因果时序不明、传播或模仿、补偿效应、补偿性竞争或自暴自弃？
- 在外在效度方面，实验者如何确保实验结果能够推论到现实生活？〖493〗

调查研究

- 研究是否能够经受住所有与抽样有关的相关问题的考验？
- 询问受访者哪些问题？问题的措辞是否准确？要注意研究者可能只是将问题意思概述出来。
- 如果采用封闭式问题，所提供的答案类别是否适当、完备并互斥？
- 如果采用开放式问题，答案如何分类？研究

者在为答案编码时，是否采取措施以避免自身成见的影响？

- 所有问题是否清晰、不模棱两可？会不会被受访者误解？如果会，所获得的答案会不会超出研究者原有的预期？
- 受访者是否有能力回答问题？即使不能，他们可能仍会回答，而答案可能仍有意义。
- 是否有任何提问包含两个以上的问题？检查是否有"和"与"或"之类的连词？受访者是否被要求对两个意见表示同意或不同意，但事实上他们也许只同意问题的一部分，而不同意另一部分？
- 问题中是否包含否定用语？如果是，受访者可能会误解，而回答不当。
- 问题中是否有潜在的社会期望？有没有任何过于明显的答案偏向或对错判断，使得受访者会基于别人的看法做答？
- 你自己会如何回答问题？一般做法是，你应该自问自己会如何作答，以测试所有的问题。你在作答时碰上的任何困难，都可能发生在别人身上。接下来，试着采取不同的假设立场（例如：自由派和保守派，有或没有宗教信仰），然后自问，持某种观念的人会如何看待这些问题。
- 如果研究者对既有资料进行二次分析，就必须确定最先收集这些资料的研究人员的素质。另外，这些可拿来分析的资料是否适合目前的研究目的？当时的问题能够同样反映目前正在分析的变量吗？

美国国家民意调查委员会（The National Council on Public Polls）针对如何做民意调查拟出 20 个问题，收录在本书的附录 G 中。

实地调查

- 什么理论范式影响了研究者的研究方法？

- 研究是否要检验假设或者从观察中抽象出理论？还是没有任何的理论关照？
- 研究的主要变量是什么？如何定义和测量？效度是否有任何问题？
- 信度如何？换成另一个研究者观察同样的事件，是否会有同样的分类？
- 影响研究发现或研究假设的分类是否会影响对观察的分类？
- 如果研究得出描述性的结论，如"这个团体的标准相当保守"，其中标准的隐含意义是什么？
- 把研究发现推及到更大社会层面的可能性如何？研究者在这方面提出什么主张？这些主张的根据是什么？
- 如果有访谈调查，如何挑选受访者？他们是否有足够的代表性？
- 研究者参与研究事件的程度如何？参与可能影响事件本身的程度有多大？
- 研究者是否表明他的研究身份？如果是，可能对被观察者的行为造成什么影响？
- 研究是否对观察对象表现出个人感情（不论正面或负面）？如果是，对观察结果及所获得的结论可能会造成什么影响？
- 研究者本身的文化认同或背景是否影响对观察的解释？〖494〗

内容分析

- 分析的关键变量是什么？它们适合研究问题吗？
- 资料的来源和形式怎样？它们适合研究问题吗？
- 资料的时间范围适合研究问题吗？
- 分析单位是什么？
- 如果做定量分析（1）样本选取合适吗？（2）统计技术合适吗？

- 如果做定量分析（1）资料范围合适吗（2）研究结论与资料吻合吗？

分析既有的统计资料

- 重新分析的资料最早由何人搜集？资料搜集方法有无任何缺失？原本搜集资料的目的是什么？是否会影响所搜集到的资料？
- 资料分析的单位是什么？是否适用于目前的研究和所获得的结论？有无区位谬误的危险？
- 资料是何时搜集的？是否仍适用于目前的情形？
- 目前的研究变量是什么？原研究者的定义是否适用目前的情形？

历史/比较研究

- 是描述性研究还是解释性研究？涉及截面比较或历时变化吗？
- 研究的分析单位是什么（比如，是国家还是社会运动）？
- 研究关键变量是什么？如果是解释性研究，要考察的因果关系是什么？
- 研究涉及其他研究技术，如既有统计资料分析、内容分析、调查研究或实地调查的运用吗？
- 使用本节讲的指导原则对研究的各方面进行评估。
- 资料范围，比如，比较的单位或观察的序号适合分析吗？
- 历史资料和其他资料被用作资料来源了吗？谁做的记录，记录的目的是什么？有倾向性吗？比如，贵族成员做的笔记不可能反映当时、当地农民的生活。

评估研究

- 接受分析的社会干预是什么？如何测量？是

否有效度或信度的问题?

- 观察的对象（或其他分析单位）是否适合?

- 如何定义"成功"? 指向个人、组织还是犯罪率? 测量是否恰当?

- 研究者是否将该项干预判定为成功或失败? 判断有无良好根据?

- 谁提供研究经费? 实际进行研究的是谁? 你是否相信研究者的客观性? 赞助人有没有以任何方式干预评估研究? 〖495〗

资料分析

- 研究设计和研究目的需要进行定性或定量的分析吗?

- 是如何对非标准化的资料进行编码的? 这个问题同时适用于定量分析和定性分析。在何种程度上编码（1）基于先前的理论，或者（2）来自资料?

- 研究者是否进行所有的相关分析? 是否已检验所有适用的变量? 两个变量之间的相关程度是否因为第三个变量而改变，从而导致观察所得的关系不实?

- 一项特定的研究发现真能够有所不同吗? 这很重要吗? 例如，次级团体之间的差异很重要或意义重大吗? 能提供任何未来行动的指导吗?

- 在得出结论和结论引申时，是否已经超出实际发现?

- 分析和解释资料时有无逻辑错误?

- 研究中的经验观察是否揭露了新的关系模式，并为社会生活的基本理论提供了基础? 研究者是否探讨了足以挑战新理论的反面案例?

- 资料分析使用何种统计技术? 是否适用于变量的测量等级?

- 如果检验了统计显著性，是否对其提出了正确的解释? 统计显著性与实际显著性是否混淆?

资料报告

- 研究者是否将这项研究放在原有相关研究的背景下? 这项研究是否增补、修正、复证或反驳了原有的研究?

- 整体而言，研究者是否完整地报告了研究设计和执行的细节? 在细节报告中是否出现了特别模糊或偏颇的情形?

- 研究者是否指出了任何研究设计或执行的缺失与错误? 对此议题的未来研究有无进一步建议?

我希望这部分内容能够帮助你相信阅读和理解社会研究的确有用。本章末尾的练习也会引导你阅读两篇期刊文章：一篇是定性的，一篇是定量的。我在前面已经说过，你在阅读方面的熟练程度取决于你在这方面的实践。

在讨论怎样撰写社会学研究报告供别人阅读前，我们来看看怎样阅读和评价从网络获取的资料。

合理利用网络

20 世纪后十年中，万维网已发展成社会研究的一个非常有价值的工具。显然，作为一种强大的力量，它将继续发展。像火药和电视一样，没人能保证网络一定能为人类合理的使用。许多老师禁止学生使用网上资源。与之不同的是，我鼓励利用网络资源，但是我会警惕一些给我的同事带来麻烦的问题。

这一节中，我会提出一些使用网络时的潜在问题，并给出一些避免的方式。

一些有帮助的网址

本书所提供的都是最新的网站地址。我将很多的素材都放在网站上，而不是像以前那样搁在附录里；这样，在下一次的教科书修订之前就可以对这些内容进行修订了。虽然如此，我还是想在此提一下几个关键网站；更重要的是就如何搜寻网站给出一些建议。

我要提及的第一个网站是专门为本书开设的，我在本书的开篇和每一章的结尾也都提到过。你可以将它看做是本书的一个扩展。该网站的地址是：http：//academic. cengage. com/Babbie。除了辅导你学习本书和在你的研究方法课程中提供指导之外，该网站还提供了很多关于其他资源的链接，所有这些都可以帮助你学习和实践社会研究。

下面，我先给出几个相当有用的网站：

- 全国社会调查

  http：//webapp. icpsr. umich. edu/GSS

- GSS 资源素材，奎因大学

  http：//www. soc. qc. edu/QC_Software/GSS. html

- 美国普查局

  http：//www. census. gov/

- 美国统计简要

  http：//www. census. gov/statab/www/brief. html

- 网络统计资源，密歇根大学

  http：//www. lib. umich. edu/govdocs/stats. html

- 社会科学虚拟图书馆

  http：//www. clas. ufl. edu/users/gthursby/socsci/

- 雅虎社会科学

  http：//dir. yahoo. com/Social_Science/

- QUALPAGE：定性研究的相关资源

  http：//www. qualitativeresearch. uga. edu/QualPage/

- 电脑辅助的定性资料分析软件，英格兰苏雷大学

  http：//caqdas. soc. surrey. ac. uk/

现在，我们假定你所需要的资料就在网络上的某个地方，但是你不知道具体在哪里。下面的内容会告诉你如何成为一个网络侦探。

搜寻网站

我不会去估计万维网有多少相关信息；因为网络的发展是如此的迅速，以致我现在给你的数字远远赶不上你阅读到此书时再去搜索到的数量。我只能说这里有数以百万计的页数。估计网上"事实"或是资料的页数都是不可能的事情，但是大部分你所遇到的实际问题都可以在网上找到答案。只不过，要找到答案可是需要一些技巧的。〖496〗

比如说，你想知道美国的第 13 任总统是谁。有几种简便的方式。最直接的方式就是打开一个**搜索引擎**①（search engines）；比如说 Google（http：//www. google. com）。当我搜寻"第 13 任总统"（thirteenth president）时，我得到的结果如图 17 - 1 所示。（回想一下我刚才说的，如果你现在重复这个操作，你所得到的结果可能多少会有所不同；因为网站上的内容是持续更新的。）

从图中的列表可以看到，答案是：费尔墨（Millard Fillmore）。在这种情况下，你就无须继续看下面的网页链接了，除非你还想了解更多关于他的相关信息。而且我们还在三个不同的网站

①　搜索引擎：一种专门设计来在万维网上查找出现特定名词的网页的电脑程序。

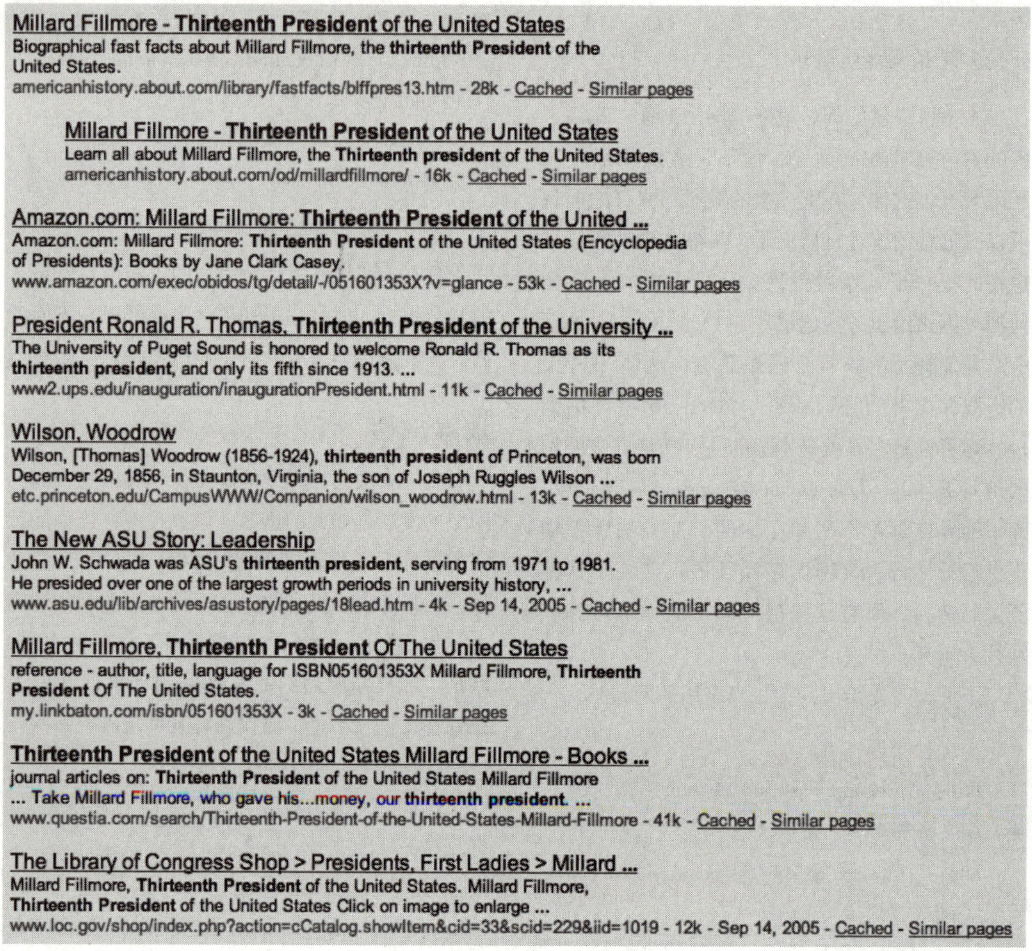

<u>Millard Fillmore - **Thirteenth President** of the United States</u>
Biographical fast facts about Millard Fillmore, the **thirteenth President** of the
United States.
americanhistory.about.com/library/fastfacts/blffpres13.htm - 28k - <u>Cached</u> - <u>Similar pages</u>

   <u>Millard Fillmore - **Thirteenth President** of the United States</u>
   Learn all about Millard Fillmore, the **Thirteenth president** of the United States.
   americanhistory.about.com/od/millardfillmore/ - 16k - <u>Cached</u> - <u>Similar pages</u>

<u>Amazon.com: Millard Fillmore: **Thirteenth President** of the United ...</u>
Amazon.com: Millard Fillmore: **Thirteenth President** of the United States (Encyclopedia
of Presidents): Books by Jane Clark Casey.
www.amazon.com/exec/obidos/tg/detail/-/051601353X?v=glance - 53k - <u>Cached</u> - <u>Similar pages</u>

<u>President Ronald R. Thomas, **Thirteenth President** of the University ...</u>
The University of Puget Sound is honored to welcome Ronald R. Thomas as its
thirteenth president, and only its fifth since 1913. ...
www2.ups.edu/inauguration/inaugurationPresident.html - 11k - <u>Cached</u> - <u>Similar pages</u>

<u>Wilson, Woodrow</u>
Wilson, [Thomas] Woodrow (1856-1924), **thirteenth president** of Princeton, was born
December 29, 1856, in Staunton, Virginia, the son of Joseph Ruggles Wilson ...
etc.princeton.edu/CampusWWW/Companion/wilson_woodrow.html - 13k - <u>Cached</u> - <u>Similar pages</u>

<u>The New ASU Story: Leadership</u>
John W. Schwada was ASU's **thirteenth president**, serving from 1971 to 1981.
He presided over one of the largest growth periods in university history, ...
www.asu.edu/lib/archives/asustory/pages/18lead.htm - 4k - Sep 14, 2005 - <u>Cached</u> - <u>Similar pages</u>

<u>Millard Fillmore, **Thirteenth President** Of The United States</u>
reference - author, title, language for ISBN051601353X Millard Fillmore, **Thirteenth
President** Of The United States.
my.linkbaton.com/isbn/051601353X - 3k - <u>Cached</u> - <u>Similar pages</u>

<u>**Thirteenth President** of the United States Millard Fillmore - Books ...</u>
journal articles on: **Thirteenth President** of the United States Millard Fillmore
... Take Millard Fillmore, who gave his...money, our **thirteenth president**. ...
www.questia.com/search/Thirteenth-President-of-the-United-States-Millard-Fillmore - 41k - <u>Cached</u> - <u>Similar pages</u>

<u>The Library of Congress Shop > Presidents, First Ladies > Millard ...</u>
Millard Fillmore, **Thirteenth President** of the United States. Millard Fillmore,
Thirteenth President of the United States Click on image to enlarge ...
www.loc.gov/shop/index.php?action=cCatalog.showItem&cid=33&scid=229&iid=1019 - 12k - Sep 14, 2005 - <u>Cached</u> - <u>Similar pages</u>

图 17－1 搜寻第 13 任总统

上得到相同的答案——每一个都增加了我们得到的是正确答案的信息。也要注意：第 3 个和第 4 个答案则是我们问题的模糊性——并没有明确指定是什么机构的"总统"（还有主席、会长之意——译者注）所导致的。〖497〗

还有一个更加详细的例子。比如，你想比较一下世界上各个国家的婴儿死亡率之间的差异。你或许已经掌握了有关的网站信息，但是我们先假定你还不知道。

利用 Google 或者其他搜索引擎，搜寻"婴儿死亡率"（infant mortality rate）。如果你像我一样，加上了引号，搜索引擎就会准确地搜寻这个短语，而不是恰好包括了这几个单词的网站。图 17－2 给出了我所得到的最初结果。

注意：有几个网页链接可能比我们所要的具体些——比如，第 1 个和第 3 个只给出了加拿大的资料。一个有效的网页搜寻通常都需要做好几次尝试。在这个例子中，我就增加了"世界"

Map & Graph: Countries by Health: **Infant mortality rate**
Our **infant mortality rate** is driven by our high accidental death rate and ... But our relatively high **infant mortality rate** relative to per capita income is ...
www.nationmaster.com/graph-T/hea_inf_mor_rat - 99k - Sep 13, 2005-
Cached - Similar pages

GeographyIQ - World Atlas - Rankings - **Infant mortality rate (All ...**
Worldwide **Infant mortality rate** (All Ascending) ranking information.
www.geographyiq.com/ranking/ranking_Infant_Mortality_Rate_aall.htm - 94k -
Cached - Similar pages

United Nations Statistics Division - Millennium Indicators
Indicator. 14. **Infant mortality rate** (UNICEF-WHO) ... MDG, 1230, **Infant mortality rate** (0-1 year) per 1000 live births (UNICEF estimates) · View data ...
millenniumindicators.un.org/unsd/mi/mi_indicator_xrxx.asp?ind_code=14 - 16k -
Cached - Similar pages

CIA - The World Factbook -- Rank Order - **Infant mortality rate**
Infant mortality rate (deaths/1000 live births). Date of Information. 1. Angola, 187.49, 2005 est. 2. Afghanistan, 163.07, 2005 est. ...
www.cia.gov/cia/publications/factbook/rankorder/2091rank.html - 92k -
Cached - Similar pages

State Rankings--Statistical Abstract of the United States--Infant ...
rankings of states for **infant mortality rate**. ... INFANT MORTALITY RATE -- 2001. [When states share the same rank, the next lower rank is omitted. ...
www.census.gov/statab/ranks/rank17.html - 15k - Sep 14, 2005 - Cached - Similar pages

Human Development Reports
Infant mortality rate (per 1000 live births) The probability of dying between birth and exactly one year of age, expressed per 1000 live births. ...
www.undp.org/hdr2003/indicator/indic_289.html - 83k - Cached - Similar pages

Health, Cuba Reports Record Low **Infant Mortality Rate**: Cuba News ...
Health, Cuba Reports Record Low **Infant Mortality Rate**: Cuba News, Cuba Travel, cultural, business news.. Cuba Travel eXPlorer.
www.cubaxp.com/modules/news/article-447.html - 45k - Cached - Similar pages

Infant mortality rate - deaths per 1000 live births - Flags, Maps ...
Infant mortality rate - deaths per 1000 live births - Flags, Maps, Economy, Geography, Climate, Natural Resources, Current Issues, International Agreements, ...
www.photius.com/wfb1999/rankings/infant_mortality_0.html - 52k - Cached - Similar pages

图 17 - 2　搜寻"婴儿死亡率"

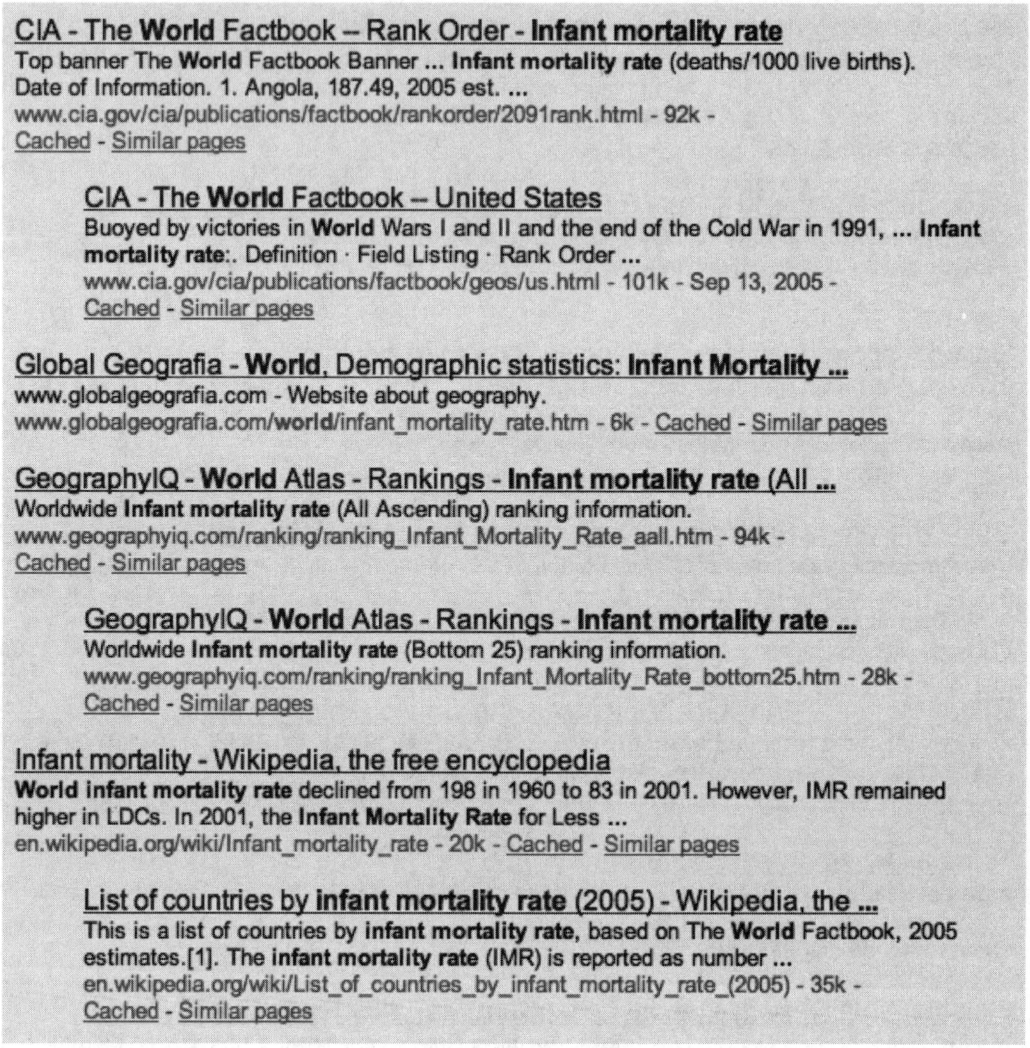

CIA - The **World** Factbook -- Rank Order - **Infant mortality rate**
Top banner The **World** Factbook Banner ... **Infant mortality rate** (deaths/1000 live births).
Date of Information. 1. Angola, 187.49, 2005 est. ...
www.cia.gov/cia/publications/factbook/rankorder/2091rank.html - 92k -
Cached - Similar pages

CIA - The **World** Factbook -- United States
Buoyed by victories in **World** Wars I and II and the end of the Cold War in 1991, ... **Infant mortality rate**:. Definition · Field Listing · Rank Order ...
www.cia.gov/cia/publications/factbook/geos/us.html - 101k - Sep 13, 2005 -
Cached - Similar pages

Global Geografia - **World**, Demographic statistics: **Infant Mortality** ...
www.globalgeografia.com - Website about geography.
www.globalgeografia.com/**world**/infant_mortality_rate.htm - 6k - Cached - Similar pages

GeographyIQ - **World** Atlas - Rankings - **Infant mortality rate** (All ...
Worldwide **Infant mortality rate** (All Ascending) ranking information.
www.geographyiq.com/ranking/ranking_Infant_Mortality_Rate_aall.htm - 94k -
Cached - Similar pages

GeographyIQ - **World** Atlas - Rankings - **Infant mortality rate** ...
Worldwide **Infant mortality rate** (Bottom 25) ranking information.
www.geographyiq.com/ranking/ranking_Infant_Mortality_Rate_bottom25.htm - 28k -
Cached - Similar pages

Infant mortality - Wikipedia, the free encyclopedia
World infant mortality rate declined from 198 in 1960 to 83 in 2001. However, IMR remained higher in LDCs. In 2001, the **Infant Mortality Rate** for Less ...
en.wikipedia.org/wiki/Infant_mortality_rate - 20k - Cached - Similar pages

List of countries by **infant mortality rate** (2005) - Wikipedia, the ...
This is a list of countries by **infant mortality rate**, based on The **World** Factbook, 2005 estimates.[1]. The **infant mortality rate** (IMR) is reported as number ...
en.wikipedia.org/wiki/List_of_countries_by_infant_mortality_rate_(2005) - 35k -
Cached - Similar pages

图 17－3　搜寻"世界'婴儿死亡率'"

这个词来做第二次搜索：即世界（World）"婴儿死亡率"。

跟其他搜索引擎一样，Google 对这个关键词的理解是搜查包含有"世界"和"婴儿死亡率"的网页。图 17－3 给出了第一次搜索结果。

第一个网页链接是"世界真相簿"（The-World Factbook）——中情局从很多地方搜集来的资料。第二、第三个信息来源是商业数据来源，Wikipedia 是由网络社区编写的免费的百科全书。要知道图 17－3 只是提供了从 google 上能找到的几个网址。Google 宣称自己已经拥有 1,630,000 个网页，可搜索到我们想要查找的信息。〖498〗

在你自己的机器上练习这些操作，并访问那

些网页链接，会对你有所帮助。你会发现有些网页是对相关主题的讨论，而不是什么数据表格。有些网页所提供的资料则极其有限（"有限的国家"）。因此，前面所提到的那么一个网页链接列表只是寻找相关资料的一个步骤，但绝不是最后一步！

评估网络资源的质量

尽管在进行有效的网页搜寻方面还有其他一些窍门，但你现在已经足以在实践中摸索、学习了。你很快就会发现在网上搜寻资料是相对轻松的一件事情。但要对你所获得的资料进行评估就要相对难一点了。我在前面已经间接地提到过资料的质量问题，但现在还是有必要进行更详细的分析。实际上，很多人对此都有很多论述。你该相信谁？如果你回答说"网络"，那么恭喜你：你答对了。

打开一个搜索引擎并搜寻跟"网站评估"（evalduating Web sites）相关的网站。图 17－4 给出了相应的结果。

你会发现大多数的地址中都含有"．edu"，这是很多大学院校所关注的一个主题。虽然每个网址对这个主题可能会有不同的取向，但是其中包含了一些共同的要素。你需要深入地研究一下其中的一个或是多个网站。下面是对大部分的普通问题的总结和对网站资料进行评估的一些建议。

1. **网站的编辑是谁**？从网站上获取信息最大的两个风险是（1）倾向性，和（2）庞杂。网络的开放性使得很多人都可以登录，但又缺乏审查制度。这也导致一定的危险性，因为每个人都可以在网上搁点什么东西。所以，你首先应该注意的是谁是网站的编辑：一个组织或者个体。

2. **该网站是否支持某特定立场**？万维网上很多网站都是得到特定政治、宗教、国家主义、社会或者其他立场的支持的。这种现实并不必然意味着其中的资料就是错的，虽然有时候可能是这样。不过，除了露骨的谎言之外，网站有时候还会只给出支持其立场的资料。你时时都要注意网站内容是否客观或者网站是否有解决倾向性的机制。而且你还要特别注意那些越出职权想说服你接受某观点的人。

3. **网站是否给出了准确、完整的参考文献**？当你看到资料的时候，你能够说出其来源吗——它们是如何得来的？如果网站上的资料是由其他人收集的，它是否告知你如何和原始研究者取得联系？如果资料是网站编辑汇编的，那么网站是否对其研究方法给出了充分的详细描述？如果资料来源并不清楚，那么你就跳过去找下一个链接吧。〚500〛

4. **资料是最新的吗**？还有一个问题是网站上的资料可能已经被编辑遗忘了。所以，你发现的关于犯罪率、和平协商年鉴等的资料完全可能是过时的。要保证你所获得的资料对于你的目的来说是适时的。

5. **资料是官方的吗**？在政府研究网站上搜寻资料通常是一个好办法。比如普查局、劳工统计局、联邦健康统计中心等等。要在大约100家的联邦研究机构中搜寻资料，那么联邦统计（http://www.fedstats.gov/）则是一个很好的起点。我们在第11章已经看到，官方机构给出的资料并不必然"真实"，但它们起码要保证客观性，而且还有专门的审查机构和制度来保证其客观性。

6. **是大学研究网站吗**？跟政府研究机

Evaluating Web Pages: Techniques to Apply & Questions to Ask
Includes checklist form (PDF) that can be used to analyze web sites and pages.
www.lib.berkeley.edu/TeachingLib/Guides/Internet/Evaluate.html - 46k -
Cached - Similar pages

Kathy Schrock's Guide for Educators - Critical Evaluation Surveys ...
... ...a great site which looks at the different types of pages; **Evaluating Web Sites** ...a rubric
and ... **Evaluating Web Sites**: What Makes a Web Site Good? ...
school.discovery.com/schrockguide/eval.html - 42k - Cached - Similar pages

Evaluating Web Sites
The User Context: The most important factor when **evaluating Web sites** is your search,
your needs. What are you using the Web for? Entertainment? ...
www.library.cornell.edu/olinuris/ref/research/webeval.html - 11k - Sep 13, 2005 -
Cached - Similar pages

Five criteria for evaluating Web pages
Evaluation of Web documents, How to interpret the basics. 1. Accuracy of Web Documents.
Who wrote the page and can you contact him or her? ...
www.library.cornell.edu/okuref/research/webcrit.html - 7k - Cached - Similar pages

Evaluating Web Sites
Lesley is a multi-site University with more than 150 locations throughout the continental
United States.
www.lesley.edu/library/guides/research/evaluating_web.html - 25k - Sep 13, 2005 -
Cached - Similar pages

Evaluation Criteria from "The Good, The Bad & The Ugly: or, Why ...
A easy to use guide for web evaluation. Lists evaluation criteria with links to actual pages that
illustrate each point. The Examples page can be used by ...
lib.nmsu.edu/instruction/evalcrit.html - 10k - Cached - Similar pages

Evaluating Web Sites for Educational Uses
This site contains a list of articles from librarians and other information specialists on Web
evaluations. In addition, a checklist for evaluating a Web ...
www.unc.edu/clt/guides/irg-49.html - 14k - Cached - Similar pages

Evaluating Web Sites for Accessibility
Goals for **evaluating Web sites** vary, and require different approaches to meet those goals:.
Preliminary review can:. identify general kinds of barriers on a ...
www.w3.org/WAI/eval/Overview.html - 31k - Cached - Similar pages

图 17 – 4　搜寻"网站评估"

构一样，大专院校的研究中心通常都是比较安全的资料源泉：它们都有保证研究的专业性的使命，并且还有相应的检查、审核制度（比如，同事审阅）。我在全书的通篇都提到的，芝加哥大学全国民意研究中心所主持的 GSS 就是一例。你完全可以相信其中的资料：不仅其资料具有合法性，而且你的老师也不会质疑你的资料来源。

7. 该资料是否和其他网站的资料相一致? 只要可能就要核实(截面检查)资料。我们已经看到,网站搜索所得到的结果往往都不止一个。花点时间去比较一下各个网站上的资料。如果几个网站上所提供的资料都是一样的,那你就可以有信心使用其中的任何一个。

有了上面的一些建议,再加上你的实践,那你利用网络的能力肯定会不断提高。而且,在你利用网络的同时,网络也在不断更新。

引用网络资源

如果你要利用网络上的资源,你必须在参考文献中注明资料来源,这样你的读者才能够找到原始资料——在相关背景下了解资料。这也可以使你免遭剽窃之嫌(本章的后面还会讨论这个问题)。

关于文献引用有很多标准格式,比如现代语言协会(MLA)、美国心理学协会(APA)、美国社会学协会(ASA)等所建立的标准。但不幸的是,这些大家都比较熟悉的格式都不适用于网络资源的引用。

好在上面所提到的组织——还有其他很多——都对网络资源引用这种挑战做出了回应。如果你不相信我,就用你最欣赏的搜索引擎搜寻"网络引用",你会发现很多指导。

你的老师可能会偏爱网络引用的某个格式。不过,下面却是普遍都需要包含的要素:

- **URL**① 或者网站地址。比如 http://www.fedstats.gov/qf/states/50000.html 提供了比较佛蒙特州和全美国的人口统计学资料。所以,如果我告诉你佛蒙特州的人口在 20 世纪 90 年代增长了 8.2%,你可以直接找到我们资料的来源。

- 登录网站的时间和日期。很多网站并不发生更改,就像上面提到的那个;但是也有很多网站时时变动。所以你要给出你登录的时间。

- 如果你引用文本内容,你就要附上作者和标题,还有出版信息。这跟引用打印内容一样。比如:John Doe. 2003. "How I Learned to Love the Web". *Journal of Web Worship* 5 (3):22 – 45.

- 有时候,你会利用 InfoTrac College Edition 或者另一种工具,来阅读一篇挂在网上但又已经出版的期刊文章。这些内容的引用应该根据出版格式,并且表明页码。如果做不到这一点,你也应该表明相关的章节。这样做的目的就是为了保证你的读者能够找到你所使用的原始网络资源。虽然,有时候你无法就网站上的文章给出一个详细地址,但是绝大多数的浏览器都能够帮助使用者通过特定词语或者短语来搜寻这些地址,并进而找到被引用的资料。

撰写社会研究

除非你能适当地和他人交流你的研究,否则你在前面那些步骤上所做的各种努力都等于零。这意味着,首先,好的社会研究报告需要好的语言(英语、西班牙语或者其他你所使用的语言)能力。每当我们希望"图表说话"时,图表常常保持沉默。而当我们过度使用复杂的术语或文

① URL:网页地址,一般都是以"http://"开头。它表示的是"统一的资源地址"或者"通用的资源地址"。

句时，交流的效果就会大打折扣。

　　每个研究者都应该每隔 3 个月复习一次斯特伦克和怀特（William Strunk Jr. and E. B. White）合著的一本经典小册子：《写作的要素》（*The Elements of Style*）。倘若你能切实这么做，即使有 10% 的研究内容不那么清楚，你的研究内容被理解的概率仍然很高。你的研究报告说不定还会被赞赏。〖503〗

　　此外，科学报告有几个功能，你最好能将之铭记在心。首先，报告要向观众传达一组特定的事实资料（data）和观点（ideas），因此必须把这些资料和观点说明清楚，同时提供足够的细节，以利于他人审慎评估。其次，科学报告应该被视为对整体科学知识的贡献。在保持适当谦虚的同时，你应该不断把自己的研究视为目前社会科学的新知识。最后，研究报告应该具备启发和引导进一步探讨的功能。

基本的注意事项

　　暂且不论上述的一般要领，因为不同的研究报告有不同的目的。适用于某一目的的报告如果用在其他目的上，也许完全不恰当。本节将讨论有关这部分的一些基本因素。

报告对象

　　在写报告草稿之前，你必须先自问：读者是谁？通常，你要把同行和一般读者区分开来。如果是写给前者看的，你可以对他们现有的知识做一定程度的假设。或许你可以简单地叙述几个论点，而不必详细解释。依此类推，你也可以适当地使用对一般读者而言较为深奥的术语。

　　在此同时，你仍然要时时谨记，任何科学都有派系之分。你的同行能接受的术语和假设，其他科学家却可能感到困惑。无论是针对内容或研究方法而言，这种情况都有可能发生。举例来

说，一位宗教学家在为一般社会学家写报告时，就应该把前人的研究结果，解释得比写给其他宗教学家的更详尽。

报告的形式和长度

　　我要先声明：以下论述适用于书面和口头报告。不过，这两种形式，仍然会对报告的特征造成影响。

　　一项研究计划能够产生哪些有用的报告？一开始，你可能想准备一篇短短的研究记录，以便在学术或专业期刊上发表。这类报告大致上应该要有 1－5 页（打印，双倍行距），而且要言简意赅。在有限的空间里，你无法长篇大论，就连对研究方法也要简单明了。基本上，你应该告诉读者为什么这样简短的说明能够表达你的研究结果，并说明研究结果是什么。

　　通常，研究者必须为研究资助者准备报告。当然，这类报告的长度可能有很大的差异。尽管如此，在准备这类报告时，还是应该考虑读者的属性——是科学家或普通人；此外，还要考虑当初资助这些项计划的原因。如果给资助者提供一篇毫无价值的报告，就会让他们觉得无趣。这样，不但策略失败，而且相当失礼。除此之外，概述研究结果如何提升了基本科学知识，也是一个不错的做法。〖504〗

　　工作论文是另一种形式的报告。特别是在进行一项庞大而复杂的研究时，针对当时的资料进行分析和解释并获得他人的评论，将对研究很有帮助。工作论文的内容应该包括初步的结果以及请求批评指教的用语，有的则只发表其中的一部分。由于工作论文并不会影响你的专业声誉，因此你尽可以畅谈未经证实的探索性解释，然后在报告中注明，并且请求评论。

　　很多研究计划的结果都会用书面报告的形式提交给专业会议。通常，这些书面报告和工作论文的功能相同。因此，你也可以向有兴趣的同

仁报告你的研究结果和想法，并请他们提供意见。虽然专业报告的长度因会议性质而有所不同，不过，我宁愿鼓励你写得简短，而不鼓励冗长。尽管工作论文允许你漫谈各种探索性结论，但是与会者却没有义务在你进行口头报告时被迫忍耐长篇大论。有兴趣的人总可以在会后询问进一步的细节；至于没有兴趣的人，也可以愉快地脱身。

也许最普遍的研究报告就是发表在学术期刊上的论文。同样，期刊论文的长度也不一致。你应该先查阅想要投稿的期刊，看看上面文章的长度。不过，25 页的报告可以作一个粗略的参考。报告的篇章结构主要根据期刊文章的结构。所以这点我不再多说。我只想指出，学生的课程论文，应该以此为模式。作为一般的规则，课程论文如果符合期刊的要求，也将是很好的课程论文。

至于一本著作，当然代表了研究报告的最高形式。书具有工作论文的所有优点——篇幅足够而且详尽。然而书也应该是精炼的作品。因为研究结果出版成书，就给予这些结果更大的权威和价值感，但你也要对你的读者负责。虽然有些同事可能会给出一些建议，可能还促使你修正你的观点；但是你必须了解，有些读者则会毫不怀疑地全盘接受。

报告目标

本书曾经讨论了社会研究的几种不同目的。在准备报告时，你要将这些目的放在心上。

有些报告着重于专题探索，其特性就是结论的探索性和不完整性。你应该向读者清楚地说明研究探索的目标，然后指出这项研究的缺失。探索性的报告有一个重要功能，那就是指出一个方向，以便针对同一个议题进行更深入的研究。

大部分的研究都有描述目的。这类研究报告的内容都含有描述的成分，你要小心地为读者分辨，哪些是对少量样本的描述，哪些则是推论到总体的描述。每当出现推论性描述时，你应当向读者说明这些描述的误差范围。

此外，许多研究还具有解释目的，研究者希望指出各个变量之间的因果关系。根据报告读者的类型，你应该把研究数据和结论背后的解释逻辑详细地进行说明。同时就像描述性报告一样，对于研究结论的相对准确性也要进行注解。

最后，某些研究报告可能着重于行动建议。譬如，研究偏见的学者，也许有意根据研究结果提出减少偏见的建议。然而，这种研究目的经常引起复杂的问题。因为研究者本身的价值观和倾向，可能影响其提出的建议。虽然根据个人判断提供建议是完全正常的作法，但是你必须确定，在建议的背后具有充分的研究基础。因此，你更要仔细地说明从经验数据到行动建议之间的逻辑。

报告的组织

虽然目的不同，报告的组织也有不同，但是我还是提供表达研究资料的一般形式。下面的论述最适合期刊报告，不过，只要稍加变化，几乎可以应用在各种形式的报告上。

目的和概论

如果你能够用一小段话开宗明义地道出研究的目的和主要结果，对读者来说总是有帮助的。在期刊报哥中，这种概论有时候可以用摘要和大纲的方式表达。〖505〗

有些研究者觉得这一小段很难写。譬如说，你的分析也许涉及大量探索性工作，但是，重要的研究结果，只有在抽象演绎和资料佐证下才能出现。因此你也许想带着读者一起经历同样刺激的研究旅程，用悬念和惊喜的方式，按时间顺序展现自己的发现。这种报告形式准确地呈现了研究的过程，具有教学上的价值。但是，许多读者也许对你的流水账没有兴趣，开始时也摸不清你的研究目的和结论，自然就很难了解研究的重要性。

　　一句法庭上的老生常谈："先告诉人们你要说什么，然后说你要说的，最后再说你刚刚说过的。"遵循这句话，你的研究报告准会做得很好。

文献回顾

　　接着，你要说明你的研究报告，是整体科学知识的一部分。在陈述完研究目的之后，你应该让读者了解这个领域到目前为止的已有研究，并且指出这些研究共同点和相抵触的地方。对文献的回顾奠定了你的研究基础，它展示了你的研究在一个更大的框架下的价值。

　　有时候你要质疑已为众人所接受的观点，为此，你应该详细地介绍导出这些结论的研究，然后指出已有的研究未曾考虑的因素或这些研究的逻辑错误。

　　如果你要着重解决过去研究中有争议的观点，你的研究文献就应该以两种相反的论调为主要框架。先概述支持其中一种观点的所有研究，再概述支持另一种观点的研究。最后对两种观点的差异提出解释。

　　对读者而言，你的研究文献或多或少还有参考书目的功能。因此，要把同一议题的相关研究做出索引。不过，这项工作也可能做过了头。你要避免洋洋洒洒的三大页的开场白，事无巨细地陈述领域内的所有研究。详细的书目最好放在报告后面的参考书目中。至于研究文献，则应该把重点放在和目前研究有直接关系的前人研究上。

避免抄袭

　　每当你引用别人的作品时，一定要清楚地注明是谁的作品。注意一定要避免**抄袭**①（plagiarism）——不论是蓄意或无意窃用了别人的话（words）或观点（ideas），并让别人以为是你自己的话或观点。对大学生而言，这是一个常见且容易混淆的问题，让我们花一点时间深入考察这个问题。

　　下面是有关避免抄袭的基本法则。

- 不能在不使用引号及给出完整出处的情况下，一字不漏地使用别人的文字。完整地给出出处可以指示引号中文字的来源，读者可以由此找得到引号中文字的原始出处。原则上，使用别人作品中一个段落的 8 个字或超过 8 个字却没有注明出处时，就违反了联邦著作权法。

- 至于重新编辑或重新叙述别人著作中的文字，并将修改过的文字以自己的作品方式呈现，也是抄袭。

- 最后，即使是把别人的观点当成是自己的观点来呈现，也是令人无法接受的——即使你使用了跟原作者完全不一样的文字来描述这个观点。

　　以下是一些在使用别人作品时，可接受和不可接受的例子：

原作品

增长的定律

　　系统就如婴儿：一旦你有了它，就永远拥有它。它们不会消失。相反，它们最显著的特征就是持续性。而且，它们不只是持续存在，它们还会增长。在它们增长的同时，还会侵蚀。帕金森（Parkinson）用粗略的方法描述了系统的生长潜

---

　　① 抄袭：将他人的话或者思想当作是自己的，就是一种智力剽窃。

力。例如。一般行政系统的年平均增长率为5%－6%，且与完成工作的多寡无关。时至今日，帕金森的观点仍是对的。我们必需尊重的是他严肃地开辟了这个重要的研究领域。但是帕金森并没有认知到一般性系统定律，即"帕金森定律"。

系统本身倾向以5%－6%的比例增长。

同样的，上述定律不过是一般性的宇宙起源式的系统理论基础而已。

系统倾向于扩张，以至于充满已知的宇宙空间。

现在让我们看看哪些利用盖尔（Gall）的作品的方式是可以接受的。

- 可接受——盖尔在他作品中有趣地将系统比喻为婴儿："系统就如婴儿：一旦你有了它，就永远拥有它。它们不会消失。相反，它们最显著的特征就是持续性。而且，它们不只是持续地存在，它们还会增长。"①

- 可接受——盖尔警告我们，系统就像婴儿，一经创造，就始终存在。更糟的是，他提醒我们，系统会持续地扩张、越来越大。②

- 可接受——学者同时建议：系统会自然地倾向于持续存在、增长与侵蚀。（Gall，1975：12－14）

注意：上述的例子都必须注明完整的出处——脚注和尾注都可以。参见诸如 APA 或者 ASA 的出版指南和《芝加哥文体指南》中适当地引用格式。〖506〗

现在再看看资料被不当引用时的常见错误。

- 不能被接受——在本文中，我要探讨在组织中创造的社会系统的一些特征。第一，系统就如婴儿：一旦你有了它，

就永远拥有它。它们不会消失。相反，它们最显著的特征就是持续性。而且，它们不只是持续地存在，它们还会增长。〔直接引用别人作品，而不使用引号或提供出处，是不能被接受的。〕

- 不能被接受——在本文中，我要探讨在组织中创造的社会系统的一些特征。第一，系统十分像婴儿：一旦你有它，它就属于你了。它们不会消失。相反，它们会持续存在。它们不仅持续存在，实际上，它们还会增长。〔重新编辑别人著作中的文字，并将编辑过的文字以自己的作品方式呈现，是不能被接受的。〕

- 不能被接受——在本文中，我要探讨在组织中创造的社会系统的一些特征。我注意到一旦你创造了一个系统，它似乎不会消失。恰恰相反，事实上，它们倾向于增长。从这个观点出发，我们可以说系统非常像儿童。〔重新叙述别人的观点，并以自己的观点呈现，是不能被接受的。〕

以上每一个不能被接受的例子都是抄袭的例子，它们是严重的侵权行为。但要承认的是，对抄袭的判断有一些灰色地带，例如有一些观点或多或少处于公共领域，并不属于任何人。有时也许的确是你自己的观点，但是却已经有人曾将之付诸文字了。如果你对于任何具体状况有疑问

———————

① John Gall, *Systemantics*: *How Systems Work and Especially How They Fail* (New York: Quadrangle, 1975), 12.

② John Gall, *Systemantics*: *How Systems Work and Especially How They Fail* (New York: Quadrangle, 1975), 12.

的话，可以事先与你的指导老师讨论。

我仔细地谈论了抄袭的问题，是因为你必须将自己的研究置于别人曾做过或说过的作品情境中，然而不适当地使用别人的作品就是严重的侵权。能够灵活而正确地运用别人的作品，是让你成为一个真正学者的一个重要部分。〖507〗

研究设计与执行

当一份包含了有趣发现与结论的研究报告，因为研究设计和执行方式而不能被读者了解时，那是十分令人沮丧的。因为所有的科学研究结果的价值都取决于资料的搜集和分析方式。

举例来说，在报告调查研究的设计与执行时，你必须包括以下的项目：总体、抽样框、抽样方法、样本大小、资料搜集方式、问卷回收率以及处理资料和分析资料的方法。当使用两种以上的研究方法时，还应该比较各种方法的细节。一个有经验的研究者能够用极少的篇幅来报告那些细节，并且不会牺牲读者评估这个研究所需的任何信息。

分析与阐释

在完成研究文献的探讨并描述了研究设计和执行方法以后，你就必须报告你所获得的研究资料了。下面将进一步指导如何处理资料。现在提供一些一般有用的建议。

资料介绍、资料应用与资料阐释等三部分，必须要逻辑地整合为一个整体。如果资料分析与研究结果彼此不相关，而仅在报告最后的部分将它们连接起来，那么，这样的报告读起来会令人十分沮丧。因此，每一个分析步骤都要有意义。你必须提出研究分析的基本原理，并提出相关的资料，阐释研究的结果，然后才指明研究结果所建议的未来研究方向。

总结与结论

根据前面的讨论，研究报告要有一个总结。注意，在总结中不要重复每一项研究结果，而要回顾主要的发现，并再一次地提出这些发现的重要性。

研究报告必须根据研究中的发现进行总结，并提出未来的研究方向。很多期刊文章结尾的陈述都是"我们需要更多相关的研究"。这样的结尾并没有错，只是你要对于未来的研究方向提出建议，不然就没有意义。此外，你还应该回顾研究的不足，并给未来从事相关研究的人一些建议，以免再次出现同样的不足。

报告分析结果的准则

尽管资料分析部分必须尽可能地提供细节，不过，也要避免混乱。你可以根据以下提出的目标来不断地考察你的报告，以达到上述的目标。

如果你使用的是定量资料，必须用一种能让读者复算的方式来表达。例如，根据图表中的百分比例，读者应该可以将它们打散并重新进行计算。也就是说，读者应该有足够的信息，可以将图表中的比例用另一种方式重新计算。

你必须就定量分析的所有方面提供足够的细节资料，以让二手分析者用同样的资料可以得到相同的分析，即其他研究者可以根据你的报告建立相同的指标与量表、同样的图表、一样的回归分析、因素分析等等。当然很少有人真的这么做，但是如果你的报告能够提供这样的信息并使得上述重复工作成为可能的话，那么，读者就有了充分的资料来评估你的研究。

提供细节！如果你正在做的是定性分析，你必须提供足够的细节，以让读者觉得好像跟你一起做过实地观察一样。只报告那些支持你的解释的那部分资料是远远不够的；你必须同时将跟你的解释相冲突的资料也拿出来。最后，你所提供的信息还要足以让读者得出完全不同的结论——尽管你希望你的解释是最合理的。事实上，读者必须能够独立地完全复制你的整个研究——不管其是否涉及对严重精神病患者的参与观察、关于司法商议的实验还是其他类型的研究。复制乃是科学的必要规范。单一的研究不能证明任何论点，只有一系列的研究才能够做到。然而，除非这一系列的研究都能被复制，不然它们就没意义。〖508〗

整合支持性资料。前面我曾提到整合与阐释资料的重要性。以下提出一些相关的准则。如果有图表和数字的话，必须将它们放在相关的内文附近。曾有学生在报告中描述分析结果，而把所有的图表放在报告的附录中。这样会妨碍读者阅读报告的。一般的规则是（1）描述图表的目的，（2）展示图表本身，（3）回顾并阐释图表本身。

结论明确。虽然研究的目的是要获得结论，但是，你要指明得到这些结论的特定基础。否则你就可能诱使你的读者接受没有根据的结论。

指出结论所依赖的所有条件或限制。通常你本人最清楚自己研究的缺失，而你必须给读者提供这些资料。反之，则可能会误导未来的研究，并造成研究经费的浪费。

我一开始就提过，研究报告应该用尽可能清楚的语句来书写。一些人总比另一些人写的报告更让人觉得清晰易懂。但是，要写得清晰易懂并不是一件容易的事情。我还是建议你阅读斯特伦克和怀特的书。如果能够按照下面的步骤来做，就一定能把报告写好。写完报告之后就阅读他们的书、再修正报告、再阅读一次，然后再一次修正报告。这将很花时间，但科学就是如此。

如果不能很好地将自己的研究结果转达给读者，一份设计完美、执行仔细、分析卓越的研究也会变得毫无价值。这一节试图提供一些一般性的准则来达到上述目标。然而，最好的准则淑报告本身要有逻辑、清晰并且诚实。最后，没有什么可以取代持之以恒的练习。

发表

尽管我在写本章时非常关注你在方法课程中被要求做的研究项目，你应该认识到研究生和本科生越来越多地将自己的研究成果作为专业论文发表或者印刷出版。

如果你想更进一步地探讨这些可能性，可能就会发现尽管很多学生向美国社会学协会投稿，但州立和地方协会要比国家协会对学生更为开放。一些学会有面向学生的特别讲座和项目。你可以登录这些协会的网站了解有哪些即将举办的会议，有哪些论题正在征稿。

你可以将论文提交给同意举办一个研讨会、讨论三五篇关于某项论题的负责人。这个负责人会挑选出能在会议上讨论的论文。学术会议上的口头陈述一般在 15－20 分钟，包括听众提问题的时间。陈述时可以参照打印出来的论文，也可以是一些提示条。但是现在也有人使用幻灯片，虽然人数还不多。

要想在学术期刊上发表文章，你得找到一个和你的研究领域相关的期刊。同样，对学生来说州立的和地方协会的期刊相对容易发表文章。每个期刊包括提交论文的说明，其中包括论文格式的说明。论文一般会由大约 3 个匿名人审阅，他们会将评论和建议提交给期刊编辑。这个过程被称为"同级评审"。有时可以接受手写稿，一些被返回修改并重新提交，一些则会被拒绝刊载。从提交论文到决定刊登论文的过程可能会持续几个月，并且正式出版之前还会耽搁一段时间的。〖509〗

为了支付出版的费用，有时期刊可能需要作者支付一小笔费用。作者会受到一些样刊，赠送给朋友、家人和同事。

我希望，本章，确切地说是本书将为你们从事和享受社会研究打开一个良好的开端。下次你们在思考歧视的原因、观察政治集会或者对最近电视上的潮流比较感兴趣时，你们就会具有社会研究的眼光，并用相关工具探索你的世界。

本章要点

导言

- 有意义的科学研究离不开交流。掌握如何读写需要练习。

文献回顾

- 社会研究者可以使用很多资源来做文献回顾，如图书馆和互联网。

阅读社会研究文献

- 阅读学术文献和阅读其他著作——如小说——不一样。
- 在阅读学术文献时，应该先阅读摘要、浏览各个部分，然后阅读结论部分，以更好地理解文章。
- 在阅读社会科学文献时应该做记录并记下你的问题。
- 在阅读社会研究报告时要记录的要素包括理论取向、研究设计、测量方法、抽样（如果有的话）以及几种资料收集方法中所特别需要考虑的问题。

使用互联网

- 网络是一种强有力的工具，不过也有一定的风险。
- 你在网络上所看到的东西都不一定是真实的。
- 资料的原始来源比其他各种变体都更好。

- 在评估网络资料来源时，你应该问下列问题：
  网站的作者是谁？
  该网站是否支持某立场？
  网站是否给出了正确、完整的参考书目？
  资料是最新的吗？
  官方资料通常都是一个好来源，不过也会有错误。
- 只要可能就要核实资料。
- 网络引用，跟其他参考目录一样，都要完整——以保证读者能够查找和评论所引用的内容。

社会研究写作

- 好的社会研究写作的目的是交流，而不是寻求发表。
- 留意自己读者的反应和自己的写作目的，对于研究报告的写作来说是相当重要的。
- 一定要避免抄袭——就是将人家的话当作自己的话。不过什么时候，只要你引用了别人的话，就要记得用上引号或者其他标记。在解释他人的词语或者观点时，作者都必须对其来源做全面的介绍。
- 研究报告应该对研究设计和实施做出说明。
- 报告中的分析每一步都应该很清楚，其结论也应该很明确，但也不用过度详细。
- 要想写出好的报告，研究者需要提供细节、整合支持你观点的资料并得出明确的结论。
- 越来越多的学生在学术会议上陈述自己的论文，在学术期刊上发表自己的文章。

关键术语

以下术语是根据章节中的内容来界定的，在出现该术语的页末也有相应的介绍，和本书末尾的总术语表是一样的。

摘要　研究专论　搜索引擎　URL　抄袭

复习和练习

1. 分析一个定量研究报告：Stanley Lieberson, Susan Dumais, Shyon Baumann, "The Instability of Androgynous Namees: The Symbolic Maintenance of Gender Boundaries", *American Journal of Sociology* 105 (5, March 2000)：1249 (你可以找到打印稿，或者通过 InfoTrac College Edition 找到在线文章)。下面的问题可以为你提供指导：

   a. 研究的理论基础是什么？

   b. 关键变量——比如男女不分、种族和性别隔离——是如何概念化和操作化的？

   c. 研究基于什么资料？

   d. 有控制变量吗？

   e. 分析单位是什么？

   f. 分析类型是什么？

   g. 作者发现什么了？

   h. 研究的优点和缺点是什么？

2. 分析一个定性研究报告：Dingxin Zhao, "State-Society Relations and the Discourses and Achtivities of the 1989 Beijing Student Movement", *American Journal of Sociology* 105 (6, May 2000)：1592 (你可以找到打印稿，或者通过 InfoTrac College Edition 找到在线文章)。下面的问题可以为你提供指导：

   a. 作者的主要研究问题是什么？

   b. 他所参照的理论的框架是什么？他用的是哪一个？

   c. 作者所使用的方法论是什么？他所选择的资料收集方法是什么？分析单位是什么？

   d. 作者有什么假设吗？如果有，是什么？

   e. 作者是如何概念化关键术语的？比如国家、国家—社会、传统主义。作者所说的新理想类型是什么？

   f. 他的发现是什么？

   g. 研究的重要性何在？作者说服你了吗？你发现其中的弱点了吗？

补充读物

Alexander, Jan, and Marsha Ann Tate. 1999. *Web Wisdom.* Mahwah, NJ：Erlbaum. 网络资料评估指南。

Birchfield, R. W. 1998. *The New Fowler's Modern English Usage.* 3rd ed. New York：Oxford University Press. H. W. Fowler 简明、睿智的《现代英语使用》自从其 1926 年发行第一版开始，就是"正确"英语的主要资源和评判标准。而第三版则保证其中的建议"现代化"。

Strunk, William, Jr. , and E. B. White. 1999. *The Elements of Style.* 4th ed. New York：Macmillan. 这本出色的小册子就语法和拼写方面提供了专门指导，但其主要功效在于其激发写作好作品的能力。

Walker, Janice R. , and Todd Taylor. 1998. *The Columbia Guide to Online Style.* New York：Columbia University Press. 在学术报告中引用网络资源的指南。

SPSS 练习

请在本书附的小册子中练习使用 SPSS (社会学数据包)。每章都提供了练习，并有使用 SPSS 的入门方法。

网络资源

社会学 & 现状：研究方法

1. 在最后复习本章之前，先做做测试 *Soci-*

ologynow：*Research Methods*，看看有哪些地方需要重点复习。在本书的最前面，有关于这个在线工具的信息以及如何得到这些资源。

2. 可按照 *Sociologynow*：*Research Methods* 根据测试结果提供的学习计划进行复习。使用学习计划的互动练习和其他资源掌握材料。

3. 复习完毕后，再进行一次测试，以确认已充分准备好学习下一章的内容。

《社会研究方法》第十一版所附带的网站资源

Http：// sociology. wadsworth. com/ babbie-practice11e/登录后，你会发现对你的课程很有帮助的学习资源。这些资源包括辅导测试和反馈、在线练习、Flash 卡片和每一章的章节辅导以及在虚拟空间中扩展的方案、社会研究、GSS 数据以及数据分析软件，如 SPSS 和 NVivo 的使用入门等。

这一章的网址链接

我们需要认识到互联网是一个变动的实体，随时刷新。不过，这些网站还是相对稳定的。在本书的网站中可以找到更多的网址链接。这些网址在本书出版时提供了各种定性研究和分析的资料。

在线社会研究

http：//www. socresonline. org. uk/

苏雷大学、Stirling 出版公司、Sage 出版公司和英国社会学协会共同出版的一份在线期刊。

定性报告

http：//www. nova. edu/ssss/QR/index. html

诺娃（Nova）东南大学出版的一份在线期刊。

通过万维网发行的学术期刊

http：//info. lib. uh. edu/wj/webjour. html

休斯顿大学图书馆的在线参考书目。

附　录

图书馆的使用

导 言

我们生活在一个充满了社会科学研究报告的世界中。每天的报纸、杂志、专业期刊、校刊、俱乐部简讯等等，几乎所有我们阅读的东西都包含着处理特定议题的报告。对某一主题的正式探讨，通常来讲，获取资料的最佳途径还是学院或大学图书馆。现在，获取图书馆资料有两种主要形式：传统文本形式和电子形式。我们先从传统的方式开始，稍后再看看电子类资料。

寻求协助

当你们想在图书馆里找资料的时候，最好的朋友就是图书馆的咨询服务人员，因为他们接受过专门的训练。有些图书馆有分科的咨询服务人员，如社会科学、人文学科、政府出版物等等。找到你们需要咨询的人，约定好时间，并告诉他或她你们的兴趣，服务人员很可能就会带你们接触一些可供参考的资料来源。

参考资料来源

也许你们已经听过"信息爆炸"这样的描述，图书馆就是其中的一个主要战场。幸运的是，有许多参考书为你们获取信息提供了指引。

图书出版目录

列出了全美所有新近出版的书籍——分别按照作者和标题排列。即使是绝版书，也应该能够在旧版的图书出版目录中找到。

期刊文献指南

以年刊的方式记载每月最新发表在各期刊杂志上的文章。《期刊文献指南》按照文章的议题加以编录，因此，它是针对特殊议题寻找资料的绝佳渠道。表 A–1 就是一个范例。

除了这些一般性的参考书之外，还有许多特别的参考资料来源。在此列举数例：

- 社会学摘要
- 心理学摘要
- 社会科学索引
- 社会科学引文索引
- 政府出版物大众指南
- 纽约时报索引
- 实录档案
- 编辑研究报告
- 商业期刊索引
- 政府出版物每月目录
- 公共事务信息服务公告
- 教育索引
- 应用科学及技术索引
- 地理期刊指南

MUSIC—*cont.*
Study and teaching
See also
Guitar—Study and teaching
Themes, motives, etc.
See also
Automobiles in music
Theory
See also
Atonality
Japan
The Japanese and Western music. L. Futoransky. il *The Courier (Unesco)* 40:38+ D '87
MUSIC, AMERICAN
See also
Jazz music
MUSIC, ELECTRONIC
See also
Computers—Musical use
Musical instruments, Electronic
MUSIC AND STATE
Viewpoint [government subsidies of opera] J. L. Poole. Opera News 52:4 F 13 '88
Soviet Union
Gorbachev sets the beat for Soviet rock. il *U.S. News & World Report* 104:8-9 F 8 '88
MUSIC AND THE BLIND
Call him Doc [D. Watson] F. L. Schultz. il pors *Country Journal* 15:44-53 F '88
MUSIC AND THE HANDICAPPED
See also
Guitarists, Handicapped
MUSIC CORPORATION OF AMERICA *See* MCA Inc.
MUSIC CRITICS AND CRITICISM
See also
Opera reviews
MUSIC FESTIVALS
Austria
Bregenz. H. Koegler. il *Opera News* 52:38 F 13 '88
Germany (West)
Bayreuth. J. H. Sutcliffe. il *Opera News* 52:36 Ja 30 '88
Great Britain
Buxton. E. Forbes. *Opera News* 52:40-1 F 13 '88
Italy
Torre del Lago (Puccini Festival) M. Hamlet-Mets. *Opera News* 52: 38-40 F 13 '88
Pennsylvania
Philadelphia [American Music Theater Festival] R. Baxter, *Opera News* 52:34 Ja 30 '88
MUSICAL COMEDIES, REVUES, ETC. *See* Musicals, revues, etc.
MUSICAL INSTRUMENTS, ELECTRONIC
It's alive with the sound of—well, just about everything (Synclavier synthesizer) L. Helm. il *Business Week* p75 F 8 '88
MUSICAL INSTRUMENTS INDUSTRY
See also
New England Digital Corporation
MUSICALS, REVUES, ETC.
Choreography
See Choreography
Reviews
Single works
Anything goes
Dance Magazine il 62:52-7 Ja '88. J. Gruen
Cabaret
Dance Magazine 62:73-4 Ja '88. H. M. Simpson
The chosen
The Nation 246:176 F 6 '88. T. M Disch
Into the woods
Dance Magazine 62:64 Ja '88. K. Grubb
Oil City Symphony
The Nation 246:175-6 F 6 '88. T. M. Disch
The phantom of the opera
Life il 11:88-92 F '88. M. Stasio
Maclean's il 101:51 F 8 '88. L. Black
New York il 21:89-90 F 8 '88. J. Simon
The New Yorker 63:97-8 F 8 '88. M. Kramer
Newsweek il por 111:68-70+ F 8 '88. J. Kroll
Rolling Stone il p26 F 25 '88. D. Handelman
Time il 131:83-4 F 8 '88. W. A. Henry
Stage setting and scenery
High-tech magic: follow that gondola [Phantom of the opera] J. Kroll. il *Newsweek* 111:70 F 8 '88
Writing
Changing the face of Broadway [A. Lloyd Webber] M. Stasio. il pors *Life* 11:88-92 F '88
MUSICIANS
See also

Drugs and musicians
Rock musicians
MUSKE, CAROL, 1945-
Skid [poem] *The New Yorker* 63:38 F 8 '88
MUSLIMS
See also
Islam
Afghanistan
Beyond the Afghan stalemate. L. Komisar. il *The New Leader* 71:5-6 Ja 11-25 '88
Middle East
The Islamic resurgence: a new phase? R. Wright. bibl f *Current History* 87:53-6+ F '88
MUTATION
See also
Transposons
MUTUAL FUNDS *See* Investment trusts
MUTUALISM (BIOLOGY) *See* Symbiosis
MUZIEKTHEATER (AMSTERDAM, NETHERLANDS)
See Opera houses
MYASTHENIA GRAVIS
Suzanne Rogers: "I looked at my face and thought, 'Who'd hire a freak?" A. W. Petrucelli. pors *Redbook* 170:104+ F '88
MYCOBACTERIAL DISEASES
See also
Tuberculosis
MYCOTOXINS *See* Toxins and antitoxins

N

N. W. AYER & SON, INC.
Ayer to the throne [Burger King ad campaign] B. Kanner. il *New York* 21:24+ F 29 '88
NADIS, STEVEN J.
Robot observatories. il *Omni (New York, N.Y.)* 10:24+ Ja '88
NAEP *See* National Assessment of Educational Progress
NAKAGAMI, KENJI, 1946-
about
Two contemporary writers. D. Palmé. *The Courier (Unesco)* 40:44 D '87
NAKED SHORT SELLING *See* Securities—Short selling
NANDINA
Nandina does the unexpected. il *Southern Living* 23:50 Ja '88
NAPLES (ITALY)
Music
See also
Opera—Italy
NARCOTIC ADDICTS *See* Drug abuse
NARCOTICS LAWS AND REGULATIONS
See also
Boats in narcotics regulation
Robots in narcotics regulation
Austria
A five-year penalty call [Czech hockey legend J. Bubla serving prison sentence for smuggling heroin] J. Holland. il por *Maclean's* 101:6 F 8 '88
Colombia
Battling the drug lords [Attorney General C. Hoyos murdered] E. Tolmie. il *Maclean's* 101:26 F 8 '88
Day of the assassins [Attorney General C. Hoyos murdered] M. S. Serrill. il por *Time* 131:42 F 8 '88
How cocaine rules the law in Colombia [assassination of Attorney General C. Hoyos] C. A. Robbins. il *U.S. News & World Report* 104:28-9 F 8 '88
Murderers of Medellín [assassination of Colombia's Attorney General C. Hoyos] F. Willey. il *Newsweek* 111:33 F 8 '88
NARCOTICS TRADE
See also
Boats in narcotics regulation
Narcotics laws and regulations
Robots in narcotics regulation
Teen drug dealers: uncovering the real story. W. White and K. Dickerson. il *Teen* 32:36-9+ F '88
Panama
The dictator in the dock [M. A. Noriega] N. Cooper. il por *Newsweek* 111:33 F 22 '88
Drugs, money and death [cover story, special section] il pors map *Newsweek* 111:32-6+ F 8 '88
More bad news for Noriega. N. Cooper. il por *Newsweek* 111:37 F 8 '88
Noriega's money machine [aides testify before Senate subcommittee] M. S. Serrill. il *Time* 131:39-40 F 22 '88

图 A-1　期刊文献指南中的一页

- 一般科学索引
- 生物及农业索引
- 护理及卫生索引
- 护理研究索引
- 小型杂志索引
- 流行期刊索引
- 传记索引
- 国会季刊周报
- 图书馆文献
- 参考书目索引

使用书库

为了严谨地从事研究，你们应该学会使用书库，那是图书馆大部分的藏书所在。我会告诉你们一些在图书馆找书的方法。

卡片目录

图书馆的书卡目录是获得藏书位置的主要参考系统。每一本书都分别登录在三张 3×5 的卡片上，然后再分别存放在三套以英文字母顺序排列的系统。第一套是著者目录，第二套是书名目录，第三套是议题目录。

如果你们想找某本特定的书，可以查它的作者或标题。如果你们是对某个议题的领域有广泛的兴趣，就该去查议题目录。表 A-2 提供了一个目录卡片的样本。

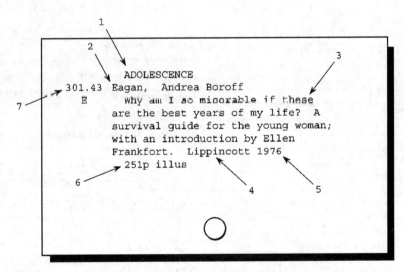

1. 议题（通常以英文大写）
2. 作者（先姓后名）
3. 书名
4. 出版者
5. 出版日期
6. 页数及附注（例如本书是否包含图表说明）
7. 索书号（让你们可以在书架上找到非文学类的书籍，文学类通常依照作者姓名字母顺序排列）

图 A-2　议题目卡的样本

资料来源：Lilian L. Shapiro, *Teaching Yourself in Libraries* (New York：H. W. Wilson, 1978)，3-4。已获授权使用。

国会图书馆分类法

当你们要研究某个议题时，很实用的策略是在该议题区查到某本书的索书号，到书库把这本书找出来，然后看看书架上它附近的书。因为书籍是按照议题陈列的，这个方法可以帮你们找到其他你们所不知道的相关书籍。

你们还可以直接到书库去看看你们要的议题区里的书。大多数图书馆都会根据国会图书馆的议题分类法，将书籍编号陈列（有些是根据杜威十进制图书分类法）。以下是选自国会图书馆分类法的部分类别：

国会图书馆分类法（部分）

A	**总类**	
B	**哲学、心理学、宗教**	
	B-BD	哲学
	BF	心理学
	BL-BX	宗教
C	**历史及相关科学**	
D	**历史（美洲以外）**	
	DA-DR	欧洲
	DS	亚洲
	DT	非洲
E-F	**历史（美洲）**	
	E	美国
	E51 – 99	北美印地安民族
	E185	非裔美人
	F101 – 1140	加拿大
	F1201 – 3799	拉丁美洲
G	**地理—人类学**	
	G-GF	地理学
	GC	海洋学
	GN	人类学
	GV	运动、娱乐、游戏
H	**社会科学**	
	H62. B2	社会科学研究方法
	HB-HJ	经济与商业
	HM-HX	社会学
J	**政治**	
	JK	美国
	JN	欧洲
	JQ	亚洲及非洲
	JX	国际关系
K	**法律**	
L	**教育**	
M	**音乐**	
N	**艺术**	
	NA	建筑
	NB	雕塑
	NC	平面艺术
	ND	绘画
	NE	版画
	NK	陶艺、纺织
P	**语言与文学**	
	PE	英语系
	PG	斯拉夫语系
	PJ-PM	东方语系
	PN	戏剧、演说、新闻学
	PQ	浪漫文学
	PR	英国文学
	PS	美国文学
	PT	日耳曼文学
Q	**科学**	
	QA	数学
	QB	天文学
	QC	物理学
	QD	化学
	QE	地质学

	QH-QR	生物学
R	医学	
	RK	牙科医学
	RT	护理
S	农业—动植物工业	
T	技术	
	TA-TL	工程学
	TR	摄影
U	军事科学	
V	海军科学	
Z	参考书目及图书馆学	

电脑化的图书馆资料

在未来的岁月里，你们会发现电脑化的图书馆资料将不断增加。有许多不同的电脑化图书馆系统，这里有一个电脑化图书馆运作的典型例子。

不论是在图书馆、电脑室还是在家里的电脑终端上，你们可以输入一本书的标题，它的目录卡片几秒钟之内就会显示在屏幕上。如果想更深入地了解这本书，通过在终端上输入指令就可以看到这本书的摘要。

你们也可以输入一个议题的名称，然后看看所有和这个议题相关的书籍及文章清单，略读过之后再决定哪些是你们真正要看的。

许多大学图书馆现在都提供期刊、书籍的互联网服务。这个电脑化的系统可以让你们通过网络找到可以利用的资料，有时，整篇的专题论文或整本书也可以下载下来。一般来讲，所在地的较大的图书馆都提供针对读者的文献传输服务。

AU Kinioch-Graham-C.

TI The Changing Definition and Content of Sociology in introductory Textbooks, 1894—1981.

SO International Review of Modern Sociology. 1984, 14, 1, Spring, 89–103.

DE Sociology–Education;　(D810300) . Textbooks;　(D863400) .

AB An analysis of 105 introductory sociology textbooks published between 1894 & 1981 reveals histor–ical changes in definitions of the discipline & major topics in relation to professional factors & chang–ing societal contexts. Predominant views of sociology in each decade are discussed, with the pre–vailing view being that of a　"scientific study of social structure in order to decrease conflict & de–viance, thereby increasing social control."　Consistencies in this orientation over time, coupled with the textbooks´ generally low sensitivity to social issues, are explored in terms of their authors´ rela–tive homogeneity in age & educational backgrounds. 1 Table, 23 References. Modified HA.

图 A – 3　摘自社会学摘要的一段研究简介

许多大学图书馆现在都可以连接教育资源信息中心（Educational Resources Information Center, ERIC）。这个电脑化的系统可以让你们在教育研究的领域之内，通过搜寻上百种教育期刊，找到你们感兴趣的文章。一般来讲，每个图书馆都应该有一个按学科分类的可以访问的数据库，可以使我们在按照关键词搜索时缩减搜索范围。通过限定出版物日期或语言种类，可以限定有效搜索的范围。一旦你们确定这些文章是你们感兴趣的，就可以让电脑把它们的摘要打印出来。

像《社会学摘要》和《心理学摘要》这类出版物，对社会科学研究者有着非常特殊的价值，因为它们刊出了相关书籍和文章的简介——通常由原作者所提供——让你们快速有效地找到大量的参考资料。当你们找到了这些参考资料，就可以检索原作品，以了解更多的细节。而且这些书籍和文章简介有手写的和电脑格式两种形式。

图 A－3 就是通过电脑搜寻《社会学摘要》所找到的一篇文章简介。我们先查询所有讨论社会学教科书的文章清单，看过这份清单之后，再查询每一篇文章的简介，几秒钟后便得到了这个范例：由社会学家金洛克（Grahm C. Kinloch）所写，刊载于《现代社会学国际评论》。

图 A－3 使用的一些英文缩写也许不能一目了然，AU 指作者，TI 指标题，SO 是文章出处，DE 是依据简介对该文所作的分类，而 AB 就是摘要。类似于《社会学摘要》这类电脑化资源，为现代社会科学家提供了强而有力的研究工具。你可以选择下载或打印你通过图书馆浏览器所搜寻到的任一主题的文献，还可以选择附带摘要或不带摘要。

如果不能在某个图书馆或图书馆网络中找到自己所需要的文献，你们也可以通过馆际互借来弥补其不足，通常这种服务是免费的。单个图书馆自身不可能拥有读者所需要的每个文献或多媒体资料（CD－ROM，videocassettes，laser disks，film），但是图书馆之间往往有资料共享协议，以满足用户多元需要。但是我们需要清楚，提出这种服务需求和获得相应的书籍或文章有一段时间间隔。

辅助读物

Bart, Pauline, and Linda Frankel. 1986. *The Student Sociologist's Handbook.* New York：Random House. 这是进行社会学研究的保命工具，包含了撰写研究报告的每一步骤：查询期刊、摘要和索引的服务，参考书目的使用及其他的二手资料，并包括了官方或非官方资料来源的完整指南。还附有特别讨论性别角色及女性研究的段落。

Li, Tze-chung. 1990. *Social Science Reference Sources：A Practical Guide.* Westport, CT：Greenwood Press. 列举并描述了所有形态的参考资料，包括电脑文件搜寻及其他出版来源。本书由两个部分构成：社会科学总论、社会科学分论。

Richilin-Klonsky, Judith, and Ellen Strenski, eds. 1998. *A Guide to Writing Sociology Papers.* New York：St. Martin's Press. 这是一本能给你的研究一些好的建议的册子，对于那些刚刚接触社会学或其他社会科学学科的人以及必须了解社会研究最基本方面的人来讲，这本书尤其有用。

B 综合社会调查（GSS）家户问卷

芝加哥大学的全国民意研究中心（The National Opinion Research Center，NORC）是世界上主要的社会研究中心之一，它所负责的全国社会调查（General Social Survey，GSS）也已经成为社会科学研究者的主要资料来源。你们也许已经注意到，本书列举的例证中有些就来自于这项社会调查，因此，现在我们也以这项调查作为访谈问卷范例。接下来的几页，是访员在收集样本家庭的基本人口资料时所采用的问卷样本。像这样的问卷，是社会科学家们使用的重要科学工具。就像你们必须用显微镜观察细胞和分子或用望远镜观测星相一样，问卷就是观察社会科学中各种议题的最佳工具。

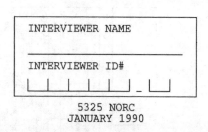

```
5325 NORC
JANUARY 1990
```

HOUSEHOLD ENUMERATION FOLDER
COMPLETE SAMPLING REPORT   HEF

INTRODUCTION:

Hello, I'm (YOUR NAME) from the National Opinion Research Center at the University of Chicago (SHOW ID CARD).

(We recently sent you a letter explaining that) Your household has been selected to take part in this year's GSS: America's Social Survey.

We've been conducting this study all over the country for more than fifteen years, learning about how people feel about issues like schools, crime, government spending, and the military. This year several households in your community will be participating in this important research.

First, I'd like to make sure that I have your street address described correctly. Is it (READ FROM ASSIGNMENT LABEL OR BOX BELOW: STREET NUMBER AND NAME, APARTMENT NUMBER OR OTHER DESCRIPTION OF HU.) IF EXACTLY THE SAME, CHECK BOX:

☐(GO TO Q.1, P.2)

IF DIFFERENT IN ANY WAY, EXAMINE SEGMENT PRINTOUT AND RECONCILE. EXPLAIN THE DIFFERENCE HERE:

_____

_____

IF DIFFERENCE CAN'T BE RESOLVED, CALL YOUR FIELD MANAGER BEFORE CONTINUING.

BEGIN DECK 01

INTERVIEWER: STICK ASSIGNMENT LABEL HERE
OR
IF THIS IS A CASE YOU'RE ADDING
TO YOUR ASSIGNMENT AS A MISSED HU,
COPY INFORMATION FROM ORIGINAL LABEL

(CASE #)	01-06/
(PSU)	07-09/
(SEG)	10-12/
(PT)	13/
(LINE #)	14-23/
(A, B, or C)	24/
(X or Y)	25/
(INTID)	26-31/

SURVEY 5325   CASE#

PSU

SEG   PT 1   LINE   BLK

LOCALITY

HU ADDRESS

HU DESCRIPTION

A, B, OR C   X OR Y

HEF-2

TIME
BEGAN:

AM
PM

1. Only one member of your household will be eligible for this survey. In order to scientifically select that person, first I need to list the names of the people who usually live here.

2. Please tell me the names of the people who usually live in this household. Let's start with the head of the household. LIST ON LINES 01-10 BELOW.

3. Have we forgotten anyone: such as babies or small children; roomers; people who usually live here, but are away temporarily—on business trips, vacations, at school, temporarily in a hospital, and so on?

Yes ☐ LIST ADDITIONAL PERSONS ON LINES 01-10 BELOW.
No ☐ GO TO Q.4.

4. Are there any people currently staying here—visitors, friends or relatives—who do not usually live here?

Yes ☐ LIST VISITORS ON LINES 11-14 BELOW.
No ☐ GO TO Q.5.

AFTER QS. 1-4, ASK QS. 5-8 FOR EACH PERSON.

9. Are any of the people we have listed staying somewhere else right now?
If NO, CHECK BOX AND SKIP TO Q. 12 ☐
IF YES, GO TO Q. 10 BELOW.

10. Who is staying somewhere else right now? CHECK (√) LINE OF EACH PERSON WHO IS AWAY.

11. ASK FOR EACH PERSON CHECKED (√) IN Q. 10: Where is (PERSON) staying right now: Is (PERSON) staying at another household; Is (he/she) traveling; Is (he/she) in some institution or dormitory—like at college, or in a hospital or something; or what?

CIRCLE CODE, FOLLOW INSTRUCTIONS

	First Name	Last name	5. What is (PERSON)'s relationship to (HEAD OF HOUSEHOLD)?	6. CODE SEX (ASK IF NOT OBVIOUS)?		7. How old was (HEAD/PERSON) on (his/her) last birthday?	8. IF 13 YRS OR OLDER ASK: Is (PERSON) now married, widowed, divorced, separated, or has (he/she) never been married?					Another House-hold	Travel-ing	Insti-tution	Other DK
				M	F		Ma	Wi	Di	Se	NM				
01			49 HEAD	50 1	2	51-52	53 1	2	3	4	5	54 1 CROSS OUT	2 LEAVE IN	3 CROSS OUT	55 4*
02			56	57 1	2	58-59	60 1	2	3	4	5	61 1 CROSS OUT	2 LEAVE IN	3 CROSS OUT	62 4*
03			63	64 1	2	65-66	67 1	2	3	4	5	68 1 CROSS OUT	2 LEAVE IN	3 CROSS OUT	69 4*
04	BEGIN DECK 03		07	08 1	2	09-10	11 1	2	3	4	5	12 1 CROSS OUT	2 LEAVE IN	3 CROSS OUT	13 4*

USUAL

VISITOR

05	14	15 1 2	16-17	18 1 2 3 4 5	19	1 CROSS OUT	2 LEAVE IN	3 CROSS OUT	20 4*
06	21	22 1 2	23-24	25 1 2 3 4 5	26	1 CROSS OUT	2 LEAVE IN	3 CROSS OUT	27 4*
07	28	29 1 2	30-31	32 1 2 3 4 5	33	1 CROSS OUT	2 LEAVE IN	3 CROSS OUT	34 4*
08	35	36 1 2	37-38	39 1 2 3 4 5	40	1 CROSS OUT	2 LEAVE IN	3 CROSS OUT	41 4*
09	42	43 1 2	44-45	46 1 2 3 4 5	47	1 CROSS OUT	2 LEAVE IN	3 CROSS OUT	48 4*
10	49	50 1 2	51-52	53 1 2 3 4 5	54	1 CROSS OUT	2 LEAVE IN	3 CROSS OUT	55 4*
11	56	57 1 2	58-59	60 1 2 3 4 5	61	1 CROSS OUT	2 LEAVE IN	3 CROSS OUT	62 4*
12	63	64 1 2	65-66	67 1 2 3 4 5	68	1 CROSS OUT	2 LEAVE IN	3 CROSS OUT	69 4*
13	BEGIN DECK 04 07	08 1 2	09-10	11 1 2 3 4 5	12	1 CROSS OUT	2 LEAVE IN	3 CROSS OUT	13 4*
14	14	15 1 2	16-17	18 1 2 3 4 5	19	1 CROSS OUT	2 LEAVE IN	3 CROSS OUT	20 4*

IF MORE THAN 10 USUAL PERSONS AND/OR MORE THAN 4 VISITORS, USE A BLANK HEF FOR ADDITIONAL LISTING.

AFTER Q.8 FOR LAST PERSON 13 OR OLDER, ASK Q.9.

*PROBE FOR DETAILS AND CHECK INTERVIEWER MANUAL FOR HELP IF NECESSARY

SAMPLING TABLE

NUMBER OF ELIGIBLE PERSONS LISTED ABOVE	INTERVIEW PERSON ON LINE NUMBER
	STICK SAMPLING PART OF ASSIGNMENT LABEL HERE. (If this is a "missed HU" added to your assignment, copy sampling numbers from original case.)
TWO	
THREE	
FOUR	
FIVE	
SIX OR MORE	

12. Now I'm going to scientifically select the one person in this household chosen for this study. By interviewing only the person picked in this way, we can be sure the views we find do accurately represent the views of the county as a whole.

STEP 1: ELIGIBLE PEOPLE: 18 OR OVER
NAME NOT CROSSED OUT ON HOUSEHOLD ENUMERATION (P.2)

IF ONLY ONE ELIGIBLE PERSON, GO TO Q.13 AND MAKE APPOINTMENT TO INTERVIEW THAT PERSON.

IF MORE THAN ONE, CONTINUE WITH STEPS 2-6 BELOW.

STEP 2: LIST NAMES OF ELIGIBLE PEOPLE IN SUMMARY BOX, IN ORDER OF AGE.

SUMMARY BOX

	LINE #	AGE	NAMES OF ELIGIBLE PERSONS
OLDEST (Not necessarily the head)	1		
	2		
	3		
	4		
	5		
YOUNGEST	6		

STEP 3: USE SAMPLING TABLE TO THE RIGHT TO SELECT WHICH ELIGIBLE PERSON TO INTERVIEW.

STEP 4: CIRCLE SELECTED R'S LINE # IN SUMMARY BOX.

STEP 5: PRINT SELECTED R'S NAME HERE:

STEP 6: ARRANGE TO INTERVIEW THIS PERSON. REQUEST PHONE AND MAILING INFORMATION (Qs.13 AND 14) TO HELP IN FOLLOW-UP.

13. If I have to talk with (SELECTED RESPONDENT), what phone numbers should I use?

Telephone number given: (　　) _____
                  AREA CODE   NUMBER

A. Code location of phone:
   In household 1 22/
   In home of neighbor 2
   Other (SPECIFY)_____ 3

B. If no number given, code
   No phone 4
   Refused 5

14. If I have to mail a note to (SELECTED RESPONDENT), what would be the best mailing address to use?

AND STREET/BOX #/RFD

POST OFFICE, TOWN

STATE   ZIP CODE

THANK RESPONDENT FOR THEIR TIME AND HELP.

TIME HEF ENDED: [　] AM [　] PM

LENGTH OF TIME FOR HEF: [　] MIN

IMMEDIATELY AFTER LEAVING THE HOUSEHOLD, FILL OUT A-D BELOW AND COMPLETE THE SAMPLING REPORT.

A. Date HEF administered: [　][　][　] 23-25/
                        MONTH DAY YEAR

B. Name of HEF informant:

C. List line number of HEF informant from Household Enumeration (P.2, Q.4)... [　] 26-27/
   (If non-household informant, line # = 22)

D. Race of household (by observation)
   White............................1 28/
   Black/Negro......................2
   American Indian..................3
   Asiatic, Oriental................4
   Other, mixed, not able to observe....5

E. List line number of selected respondent from Household Enumeration (P.2, Q.4)... [　] 29-30/

NIR

HEF-4 HEF-5
NON-INTERVIEW REPORT (NIR)

Name (if known): _____

Telephone number, (if available): _____

Please Circle Appropriate Code:

HEF not completed 1 31/
HEF complete/interview incomplete 2

1. Why were you unable to complete HEF/Interview at this address?

32-33/
NOT AN HU:
Condemned..........................(Ans. Q.2).01
Demolished.........................(Ans. Q.2).02
Place of business..................(Ans. Q.2).03
No such address/no such HU.........(Ans. Q.2).04
Group quarters.....................(Ans. Q.2).05
Vacation cabin.....................(Ans. Q.2).06
Not usable as permanent residence..(Ans. Q.2).07
Transient use (less than one month)...(Ans. Q.2).08
Not an HU for other reason.........(Ans. Q.2).09
Still under construction...........(Ans. Q.2).10
VACANT.........................(Skip to Q.7).11
REFUSED........................(Skip to Q.4).12
BREAKOFF.......................(Skip to Q.4).13
NOT HOME AFTER 4 CALLS.........(Skip to Q.3).14
RESPONDENT IS UNAVAILABLE FOR ENTIRE
FIELD PERIOD...................(Skip to Q.5).15
LANGUAGE PROBLEM (SPECIFY LANGUAGE SPOKEN)...(SKIP TO Q.7).16
TOO ILL (DESCRIBE SITUATION ON PAGE 7)...(Skip to Q.7).17
OTHER (DESCRIBE SITUATION ON PAGE 7)...(Skip to Q.7).18

2. IF NOT AN HU:
Describe the reason for this NIR fully, then go to Q.19.
34-35/

3. IF NOT AT HOME AFTER 4 CALLS:
Why do you think it has been so hard to find the occupants of this housing unit at home?
36-37/

A. Describe your efforts to obtain information about the occupants.
38-39/

4. IF REFUSED OR BREAKOFF:
Did the respondent give the refusal?

Yes ....(Ans. A) ...1 40/
No ....(Ans. B) ...2
DK, HEF not complete ....(Skip to Q.6) ...8
A. IF YES: Why did the respondent (refuse/breakoff)?
(Report verbatim remarks and reasons.) ..41-42
(SKIP TO Q. 6)

B. IF NO: Why were you unable to speak with
the respondent?
43-44/
(SKIP TO Q.6)

5. IF TEMPORARILY UNAVAILABLE FOR THE ENTIRE PERIOD:
What is the reason for this status?
45-46/

A. When will R be available?
47-48/

6. Was a follow-up letter sent to the respondent?
Yes ....(Ans. A) ...1 49/
No ....(Ans. B) ...2
DK 8
A. IF YES: Did you speak with R after receipt of letter?
Yes ....(Ans. A) ...1 50/
No ....(Ans. B) ...2
DK 8

B. IF NO: Why not?

ANSWER Q.7 UNLESS NOT AN HU:
7. Were you ever able to talk with someone at this HU (not necessarily a resident)?

Yes 2
No 3

A. Why not?   52-53/

8. On any calls were there people in the HU who did not answer the door?   54/
Yes, definitely 1
Suspect so 2
No reason to think so 3

> ANSWER Qs 9-17 FROM INFORMATION OBTAINED BY OBSERVATION
> AND/OR CONTACTS WITH HM MEMBERS, NEIGHBORS AND OTHER
> SOURCES.

9. What is the estimated income of R's family? (NOTE: IF MULTIPLE FAMILIES AND R NOT DETERMINED, ESTIMATE FOR PRIMARY FAMILY.)
Low 1 55/
Medium 2
High 3
Don't know/unable to observe 8

10. Were you able to complete the household listing?
Yes .... (Skip to Q.16) 1 56/
No .... (Ans. Qs. 11-20) ..2

11. What is the race of the residents?
White ....(definitely) 1 57/
White ....(probably) 2
Black ....(definitely) 3
Black ....(probably) 4
Hispanic 5
Asiatic/Oriental 6
Other (DESCRIBE) 7
Could not determine 8

12. Estimate the number of adults living in the HU.   58-59/
# of adults: [ ]

13. Estimate the number of adult males living in the HU.   60-61/
# of adults: [ ]

14. Is there a married (or living as married) couple living in the HU?
Yes 1 62/

Yes 2
No 3

15. What is your estimate of the age of the Household Head?
Under 30 ....1 63/
30-64 2
65 or older 3
Don't know 8

16. Type of structure.   64-65

Trailer...........................01
Detached single family house......02
2 family house, 2 units side by side......03
2 family house, 2 units one above the other......04
Detached 3-4 family house.........05
Rowhouse (3 or more units in an attached row)......06
Apartment house (5 or more units,
3 stories or less)................07
Apartment house (5 or more units,
4 stories or more)................08
Apartment in a partly commercial structure......09
Other (SPECIFY)...................10

17. Compared to house/apartments in the neighborhood, would you say the house/apartment was   1 66/
Far above average 1
Above average 2
Average 3
Below average 4
Far below average 5

18. ADDITIONAL COMMENTS:

19. Interviewer Name:

20. Interviewer Number: [ ][ ] - [ ][ ][ ][ ]

21. Enter Supervisor's name.

HEF-6
RECORD OF CALLS ON HOUSEHOLD

USE PENCIL

A. Day
M.1 Tu..2 W.3
Th.4 F.5 Sa.6
Su.7
B. Month
C. Date

D. Time
Pre3..1 3-6..2 Post 6..3
E. Type
Per..1 Tel..2 Mail..3
F. Outcome of Contact
If 35,37,45,47,82,92 Do G

G. Refusal Description

H. Results/Reason for Refusal. Give verbatim reasons and explain in all circumstances.

I. Purpose of Contact

J. Int'r Initials

A. [ ] 32/R
B. [ ] 33-34/R
C. [ ] 35-36/R

D. [ ] 37/R
E. [ ] 38/R
F. [ ] 39-40/R

G. M.....F | Age ————
Other char:
HEF Line # when complete ————

H.

I.　41/R
HEF.......1
Quex.......2

J.

A. [ ] 42/R
B. [ ] 43-44/R
C. [ ] 45-46/R

D. [ ] 47/R
E. [ ] 48/R
F. [ ] 49-50/R

G. M.....F | Age ————
Other char:
HEF Line # when complete ————

H.

I.　51/R
HEF.......1
Quex.......2

J.

A. [ ] 52/R
B. [ ] 53-54/R
C. [ ] 55-56/R

D. [ ] 57/R
E. [ ] 58/R
F. [ ] 59-60/R

G. M.....F | Age ————
Other char:
HEF Line # when complete ————

H.

I.　61/R
HEF.......1
Quex.......2

J.

A. [ ] 62/R
B. [ ] 63-64/R
C. [ ] 65-66/R

D. [ ] 67/R
E. [ ] 68/R
F. [ ] 69-70/R

G. M.....F | Age ————
Other char:
HEF Line # when complete ————

H.

I.　71/R
HEF.......1
Quex.......2

J.

BEGIN DECK 02

A.	07/R	D.	12/R	G. M.....F | Age
B.	08-09/R	E.	13/R	Other char:
C.	10-11/R	F.	14-15/R	HEF Line # when complete ___

H.	I. 16/R	J.
	HEF........1	
	Quex........2	

A.	17/R	D.	22/R	G. M.....F | Age
B.	18-19/R	E.	23/R	Other char:
C.	20-21/R	F.	24-25/R	HEF Line # when complete ___

H.	I. 26/R	J.
	HEF........1	
	Quex........2	

A.	27/R	D.	32/R	G. M.....F | Age
B.	28-29/R	E.	33/R	Other char:
C.	30-31/R	F.	34-35/R	HEF Line # when complete ___

H.	I. 36/R	J.
	HEF........1	
	Quex........2	

A.	37/R	D.	42/R	G. M.....F | Age
B.	38-39/R	E.	43/R	Other char:
C.	40-41/R	F.	44-45/R	HEF Line # when complete ___

H.	I. 46/R	J.
	HEF........1	
	Quex........2	

47-48

STATUS CODES FOR OUTCOME (COLUMN F)

TEMPORARY

HEF
31 No action
32 No one home/No answer/Busy
35 Temporary refusal/breakoff
36 Appointment
37 Broken appointment
38 HH not accessible
39 Other

QUEX
43 R not home/unavailable
45 Temp refusal/breakoff
46 Appointment
47 Broken appointment
49 Other

FINAL (Requires supervisor's approval)

HEF
10 No HU*
11 Vacant*
12 HH speaks no English*
82 Refusal/breakoff*
84 Not home/unavailable*
85 HH not accessible*
87 Other*

QUEX
13 R does not speak English*
92 Refusal/breakoff*
94 R absent entire field period*
97 Other*
60 Ballot Quex only
65 Ballot Quex & some, not all documents
67 Ballot Quex & all documents

USE CONTINUATION SHEET IF NECESSARY

*FILL OUT NIR

EVERYONE COMPLETE SAMPLING REPORT

10480	15011	01536	02011	81647	91646	69179	14194	62590	36207	20969	99570	91291	90700
22368	46573	25595	85393	30995	89198	27982	53402	93965	34095	52666	19174	39615	99505
24130	48360	22527	97265	76393	64809	15179	24830	49340	32081	30680	19655	63348	58629
42167	93093	06243	61680	07856	16376	39440	53537	71341	57004	00849	74917	97758	16379
37570	39975	81837	16656	06121	91782	60468	81305	49684	60672	14110	06927	01263	54613
77921	06907	11008	42751	27756	53498	18602	70659	90655	15053	21916	81825	44394	42880
99562	72905	56420	69994	98872	31016	71194	18738	44013	48840	63213	21069	10634	12952
96301	91977	05463	07972	18876	20922	94595	56869	69014	60045	18425	84903	42508	32307
89579	14342	63661	10281	17453	18103	57740	84378	25331	12566	58678	44947	05585	56941
85475	36857	53342	53988	53060	59533	38867	62300	08158	17983	16439	11458	18593	64952
28918	69578	88231	33276	70997	79936	56865	05859	90106	31595	01547	85590	91610	78188
63553	40961	48235	03427	49626	69445	18663	72695	52180	20847	12234	90511	33703	90322
09429	93969	52636	92737	88974	33488	36320	17617	30015	08272	84115	27156	30613	74952
10365	61129	87529	85689	48237	52267	67689	93394	01511	26358	85104	20285	29975	89868
07119	97336	71048	08178	77233	13916	47564	81056	97735	85977	29372	74461	28551	90707
51085	12765	51821	51259	77452	16308	60756	92144	49442	53900	70960	63990	75601	40719
02368	21382	52404	60268	89368	19885	55322	44819	01188	65255	64835	44919	05944	55157
01011	54092	33362	94904	31273	04146	18594	29852	71585	85030	51132	01915	92747	64951
52162	53916	46369	58586	23216	14513	83149	98736	23495	64350	94738	17752	35156	35749
07056	97628	33787	09998	42698	06691	76988	13602	51851	46104	88916	19509	25625	58104
48663	91245	85828	14346	09172	30168	90229	04734	59193	22178	30421	61666	99904	32812
54164	58492	22421	74103	47070	25306	76468	26384	58151	06646	21524	15227	96909	44592
32639	32363	05597	24200	13363	38005	94342	28728	35806	06912	17012	64161	18296	22851
29334	27001	87637	87308	58731	00256	45834	15398	46557	41135	10367	07684	36188	18510
02400	33062	28834	07351	19731	92420	60952	61280	50001	67658	32586	86679	50720	94953
81525	72295	04839	96423	24878	82651	66566	14778	76797	14780	13300	87074	79666	95725
29676	20591	68086	26432	46901	20849	89768	81536	86645	12659	92259	57102	80428	25280
00742	57392	39064	66432	84673	40027	32832	61362	98947	96067	64760	64584	96096	98253
05366	04213	25669	26422	44407	44048	37937	63904	45766	66134	75470	66520	34693	90449
91921	26418	64117	94305	26766	25940	39972	22209	71500	64568	91402	42416	07844	69618
00582	04711	87917	77341	42206	35126	74087	99547	81817	42607	43808	76655	62028	76630
00725	69884	62797	56170	86324	88072	76222	36086	84637	93161	76038	65855	77919	88006
69011	65795	95876	55293	18988	27354	26575	08625	40801	59920	29841	80150	12777	48501
25976	57948	29888	88604	67917	48708	18912	82271	65424	69774	33611	54262	85963	03547
09763	83473	73577	12908	30883	18317	28290	35797	05998	41688	34952	37888	38917	88050
91567	42595	27958	30134	04024	86385	29880	99730	55536	84855	29080	09250	79656	73211
17955	56349	90999	49127	20044	59931	06115	20542	18059	02008	73708	83517	36103	42791
46503	18584	18845	49618	02304	51038	20655	58727	28168	15475	56942	53389	20562	87338
92157	89634	94824	78171	84610	82834	09922	25417	44137	48413	25555	21246	35509	20468
14577	62765	35605	81263	39667	47358	56873	56307	61607	49518	89656	20103	77490	18062
98427	07523	33362	64270	01638	92477	66969	98420	04880	45585	46565	04102	46880	45709
34914	63976	88720	82765	34476	17032	87589	40836	32427	70002	70663	88863	77775	69348
70060	28277	39475	46473	23219	53416	94970	25832	69975	94884	19661	72828	00102	66794
53976	54914	06990	67245	68350	82948	11398	42878	80287	88267	47363	46634	06541	97809
76072	29515	40980	07391	58745	25774	22987	80059	39911	96189	41151	14222	60697	59583
90725	52210	83974	29992	65831	38857	50490	83765	55657	14361	31720	57375	56228	41546
64364	67412	33339	31926	14883	24413	59744	92351	97473	89286	35931	04110	23726	51900
08962	00358	31662	25388	61642	34072	81249	35648	56891	69352	48373	45578	78547	81788
95012	68379	93526	70765	10592	04542	76463	54328	02349	17247	28865	14777	62730	92277
15664	10493	20492	38391	91132	21999	59516	81652	27195	48223	46751	22923	32261	85653
16408	81899	04153	53381	79401	21438	83035	92350	36693	31238	59649	91754	72772	02338
18629	81953	05520	91962	04739	13092	97662	24822	94730	06496	35090	04822	86774	98289
73115	35101	47498	87637	99016	71060	88824	71013	18735	20286	23153	72924	35165	43040
57491	16703	23167	49323	45021	33132	12544	41035	80780	45393	44812	12515	98931	91202
30405	83946	23792	14422	15059	45799	22716	19792	09983	74353	68668	30429	70735	25499
16631	35006	85900	98275	32388	52390	16815	69298	82732	38480	73817	32523	41961	44437
96773	20206	42559	78985	05300	22164	24369	54224	35083	19687	11052	91491	60383	19746
38935	64202	14349	82674	66523	44133	00697	35552	35970	19124	63318	29686	03387	59846
31624	76384	17403	53363	44167	64486	64758	75366	76554	31601	12614	33072	60332	92325
78919	19474	23632	27889	47914	02584	37680	20801	72152	39339	34806	08930	85001	87820

03931	33309	57047	74211	63445	17361	62825	39908	05607	91284	68833	25570	38818	46920
74426	33278	43972	10119	89917	15665	52872	73823	73144	88662	88970	74492	51805	99378
09066	00903	20795	95452	92648	45454	09552	88815	16553	51125	79375	97596	16296	66092
42238	12426	87025	14267	20979	04508	64535	31355	86064	29472	47689	05974	52468	16834
16153	08002	26504	41744	81959	65642	74240	56302	00033	67107	77510	70625	28725	34191
21457	40742	29820	96783	29400	21840	15035	34537	33310	06116	95240	15957	16572	06004
21581	57802	02050	89728	17937	37621	47075	42080	97403	48626	68995	43805	33386	21597
55612	78095	83197	33732	05810	24813	86902	60397	16489	03264	88525	42786	05269	92532
44657	66999	99324	51281	84463	60563	79312	93454	68876	25471	93911	25650	12682	73572
91340	84979	46949	81973	37949	61023	43997	15263	80644	43942	89203	71795	99533	50501
91227	21199	31935	27022	84067	05462	35216	14486	29891	68607	41867	14951	91696	85065
50001	38140	66321	19924	72163	09538	12151	06878	91903	18749	34405	56087	82790	70925
65390	05224	72958	28609	81406	39147	25549	48542	42627	45233	57202	94617	23772	07896
27504	96131	83944	41575	10573	08619	64482	73923	36152	05184	94142	25299	84387	34925
37169	94851	39117	89632	00959	16487	65536	49071	39782	17095	02330	74301	00275	48280
11508	70225	51111	38351	19444	66499	71945	05422	13442	78675	84081	66938	93654	59894
37449	30362	06694	54690	04052	53115	62757	95348	78662	11163	81651	50245	34971	52924
46515	70331	85922	38329	57015	15765	97161	17869	45349	61796	66345	81073	49106	79860
30986	81223	42416	58353	21532	30502	32305	86482	05174	07901	54339	58861	74818	46942
63798	64995	46583	09785	44160	78128	83991	42865	92520	83531	80377	35909	81250	54238
82486	84846	99254	67632	43218	50076	21361	64816	51202	88124	41870	52689	51275	83556
21885	32906	92431	09060	64297	51674	64126	62570	26123	05155	59194	52799	28225	85762
60336	98782	07408	53458	13564	59089	26445	29789	85205	41001	12535	12133	14645	23541
43937	46891	24010	25560	86355	33941	25786	54990	71899	15475	95434	98227	21824	19585
97656	63175	89303	16275	07100	92063	21942	18611	47348	20203	18534	03862	78095	50136
03299	01221	05418	38982	55758	92237	26759	86367	21216	98442	08303	56613	91511	75928
79626	06486	03574	17668	07785	76020	79924	25651	83325	88428	85076	72811	22717	50585
85636	68335	47539	03129	65651	11977	02510	26113	99447	68645	34327	15152	55230	93448
18039	14367	61337	06177	12143	46609	32989	74014	64708	00533	35398	58408	13261	47908
08362	15656	60627	36478	65648	16764	53412	09013	07832	41574	17639	82163	60859	75567
79556	29068	04142	16268	15387	12856	66227	38358	22478	73373	88732	09443	82558	05250
92608	82674	27072	32534	17075	27698	98204	63863	11951	34648	88022	56148	34925	57031
23982	25835	40055	67006	12293	02753	14827	23235	35071	99704	37543	11601	35503	85171
09915	96306	05908	97901	28395	14186	00821	80703	70426	75647	76310	88717	37890	40129
59037	33300	26695	62247	69927	76123	50842	43834	86654	70959	79725	93872	28117	19233
42488	78077	69882	61657	34136	79180	97526	43092	04098	73571	80799	76536	71255	64239
46764	86273	63003	93017	31204	36692	40202	35275	57306	55543	53203	18098	47625	88684
03237	45430	55417	63282	90816	17349	88298	90183	36600	78406	06216	95787	42579	90730
86591	81482	52667	61582	14972	90053	89534	76036	49199	43716	97548	04379	46370	28672
38534	01715	94964	87288	65680	43772	39560	12918	86537	62738	19636	51132	25739	56947

Abridged from *Handbook of Tables for Probability and Statistics*, 2nd ed., edited by William H. Beyer (Cleveland: The Chemical Rubber Company, 1968). Used by permission of The Chemical Rubber Company.

D 卡方值分布表

	Probability						
df	.99	.98	.95	.90	.80	.70	.50
1	.0^{3}157	.0^{3}628	.00393	.0158	.0642	.148	.455
2	.0201	.0404	.103	.211	.446	.713	1.386
3	.115	.185	.352	.584	1.005	1.424	2.366
4	.297	.429	.711	1.064	1.649	2.195	3.357
5	.554	.752	1.145	1.610	2.343	3.000	4.351
6	.872	1.134	1.635	2.204	3.070	3.828	5.348
7	1.239	1.564	2.167	2.833	3.822	4.671	6.346
8	1.646	2.032	2.733	3.490	4.594	5.528	7.344
9	2.088	2.532	3.325	4.168	5.380	6.393	8.343
10	2.558	3.059	3.940	4.865	6.179	7.267	9.342
11	3.053	3.609	4.575	5.578	6.989	8.148	10.341
12	3.571	4.178	5.226	6.304	7.807	9.034	11.340
13	4.107	4.765	5.892	7.042	8.634	9.926	12.340
14	4.660	5.368	6.571	7.790	9.467	10.821	13.339
15	5.229	5.985	7.261	8.547	10.307	11.721	14.339
16	5.812	6.614	7.962	9.312	11.152	12.624	15.338
17	6.408	7.255	8.672	10.085	12.002	13.531	16.338
18	7.015	7.906	9.390	10.865	12.857	14.440	17.338
19	7.633	8.567	10.117	11.651	13.716	15.352	18.338
20	8.260	9.237	10.851	12.443	14.578	16.266	19.337
21	8.897	9.915	11.591	13.240	15.445	17.182	20.337
22	9.542	10.600	12.338	14.041	16.314	18.101	21.337
23	10.196	11.293	13.091	14.848	17.187	19.021	22.337
24	10.856	11.992	13.848	15.659	18.062	19.943	23.337
25	11.524	12.697	14.611	16.473	18.940	20.867	24.337
26	12.198	13.409	15.379	17.292	19.820	21.792	25.336
27	12.879	14.125	16.151	18.114	20.703	22.719	26.336
28	13.565	14.847	16.928	18.939	21.588	23.647	27.336
29	14.256	15.574	17.708	19.768	22.475	24.577	28.336
30	14.953	16.306	18.493	20.599	23.364	25.508	29.336

continued

For larger values of df, the expression $\sqrt{2\chi^2} - \sqrt{2df} - 1$ may be used as a normal deviate with unit variance, remembering that the probability of χ^2 corresponds with that of a single tail of the normal curve.

Source: I am grateful to the Literary Executor of the late Sir Ronald A. Fisher, F.R.S., to Dr. Frank Yates, F.R.S., and to Longman Group Ltd., London, for permission to reprint Table IV from their book *Statistical Tables for Biological, Agricultural, and Medical Research* (6th Edition, 1974).

Probability

df	.30	.20	.10	.05	.02	.01	.001
1	1.074	1.642	2.706	3.841	5.412	6.635	10.827
2	2.408	3.219	4.605	5.991	7.824	9.210	13.815
3	3.665	4.642	6.251	7.815	9.837	11.341	16.268
4	4.878	5.989	7.779	9.488	11.668	13.277	18.465
5	6.064	7.289	9.236	11.070	13.388	15.086	20.517
6	7.231	8.558	10.645	12.592	15.033	16.812	22.457
7	8.383	9.803	12.017	14.067	16.622	18.475	24.322
8	9.524	11.030	13.362	15.507	18.168	20.090	29.125
9	10.656	12.242	14.684	16.919	19.679	21.666	27.877
10	11.781	13.442	15.987	18.307	21.161	23.209	29.588
11	12.899	14.631	17.275	19.675	22.618	24.725	31.264
12	14.011	15.812	18.549	21.026	24.054	26.217	32.909
13	15.119	16.985	19.812	22.362	25.472	27.688	34.528
14	16.222	18.151	21.064	23.685	26.873	29.141	36.123
15	17.322	19.311	22.307	24.996	28.259	30.578	37.697
16	18.841	20.465	23.542	26.296	29.633	32.000	39.252
17	15.511	21.615	24.769	27.587	30.995	33.409	40.790
18	20.601	22.760	25.989	28.869	32.346	34.805	42.312
19	21.689	23.900	27.204	30.144	33.687	36.191	43.820
20	22.775	25.038	28.412	31.410	35.020	37.566	45.315
21	23.858	26.171	29.615	32.671	36.343	38.932	46.797
22	24.939	27.301	30.813	33.924	37.659	40.289	48.268
23	26.018	28.429	32.007	35.172	38.968	41.638	49.728
24	27.096	29.553	33.196	36.415	40.270	42.980	51.179
25	28.172	30.675	34.382	37.652	41.566	44.314	52.620
26	29.246	31.795	35.563	38.885	42.856	45.642	54.052
27	30.319	32.912	36.741	40.113	44.140	46.963	55.476
28	31.391	34.027	37.916	41.337	45.419	48.278	56.893
29	32.461	35.139	39.087	42.557	46.693	49.588	58.302
30	35.530	36.250	40.256	43.773	47.962	50.892	59.703

z	.00	.01	.02	.03	.04	.05	.06	.07	.08	.09
0.0	.0000	.0040	.0080	.0120	.0160	.0199	.0239	.0279	.0319	.0359
0.1	.0398	.0438	.0478	.0517	.0557	.0596	.0636	.0675	.0714	.0753
0.2	.0793	.0832	.0871	.0910	.0948	.0987	.1026	.1064	.1103	.1141
0.3	.1179	.1217	.1255	.1293	.1331	.1368	.1406	.1443	.1480	.1517
0.4	.1554	.1591	.1628	.1664	.1700	.1736	.1772	.1808	.1844	.1879
0.5	.1915	.1950	.1985	.2019	.2054	.2088	.2123	.2157	.2190	.2224
0.6	.2257	.2291	.2324	.2357	.2389	.2422	.2454	.2486	.2517	.2549
0.7	.2580	.2611	.2642	.2673	.2704	.2734	.2764	.2794	.2823	.2852
0.8	.2881	.2910	.2939	.2967	.2995	.3023	.3051	.3078	.3106	.3133
0.9	.3159	.3186	.3212	.3238	.3264	.3289	.3315	.3340	.3365	.3389
1.0	.3413	.3438	.3461	.3485	.3508	.3531	.3554	.3577	.3599	.3621
1.1	.3643	.3665	.3686	.3708	.3729	.3749	.3770	.3790	.3810	.3830
1.2	.3849	.3869	.3888	.3907	.3925	.3944	.3962	.3980	.3997	.4015
1.3	.4032	.4049	.4066	.4082	.4099	.4115	.4131	.4147	.4162	.4177
1.4	.4192	.4207	.4222	.4236	.4251	.4265	.4279	.4292	.4306	.4319
1.5	.4332	.4345	.4357	.4370	.4382	.4394	.4406	.4418	.4429	.4441
1.6	.4452	.4463	.4474	.4484	.4495	.4505	.4515	.4525	.4535	.4545
1.7	.4554	.4564	.4573	.4582	.4591	.4599	.4608	.4616	.4625	.4633
1.8	.4641	.4649	.4656	.4664	.4671	.4678	.4686	.4693	.4699	.4706
1.9	.4713	.4719	.4726	.4732	.4738	.4744	.4750	.4756	.4761	.4767
2.0	.4772	.4778	.4783	.4788	.4793	.4798	.4803	.4808	.4812	.4817
2.1	.4821	.4826	.4830	.4834	.4838	.4842	.4846	.4850	.4854	.4857
2.2	.4861	.4864	.4868	.4871	.4875	.4878	.4881	.4884	.4887	.4890
2.3	.4893	.4896	.4898	.4901	.4904	.4906	.4909	.4911	.4913	.4916
2.4	.4918	.4920	.4922	.4925	.4927	.4929	.4931	.4932	.4934	.4936
2.5	.4938	.4940	.4941	.4943	.4945	.4946	.4948	.4949	.4951	.4952
2.6	.4953	.4955	.4956	.4957	.4959	.4960	.4961	.4962	.4963	.4964
2.7	.4965	.4966	.4967	.4968	.4969	.4970	.4971	.4972	.4973	.4974
2.8	.4974	.4975	.4976	.4977	.4977	.4978	.4979	.4979	.4980	.4981
2.9	.4981	.4982	.4982	.4983	.4984	.4984	.4985	.4985	.4986	.4986
3.0	.4987	.4987	.4987	.4988	.4988	.4989	.4989	.4989	.4990	.4990

Abridged from *Table I* of *Statistical Tables and Formulas*, by A. Hald (New York: John Wiley & Sons, Inc., 1952). Used by permission of John Wiley & Sons, Inc.

如何使用本表：请找出样本量和样本二项式分布值的交叉点，出现的数字代表当置信度在95%时，以百分点（正负）所显示的抽样估计误差。

例如：400 名受访者样本中，60% 回答

"是"，40% 回答"否"，抽样误差估计为正负4.9 个百分点，则我们可以预测，当置信度为95% 时，总体中回答"是"的比例就落在55.1 – 64.9%的区间。

样本量	二项分布百分值				
	50/50	60/40	70/30	80/20	90/10
100	10	9.8	9.2	8	6
200	7.1	6.9	6.5	5.7	4.2
300	5.8	5.7	5.3	4.6	3.5
400	5	4.9	4.6	4	3
500	4.5	4.4	4.1	3.6	2.7
600	4.1	4	3.7	3.3	2.4
700	3.8	3.7	3.5	3	2.3
800	3.5	3.5	3.2	2.8	2.1
900	3.3	3.3	3.1	2.7	2
1000	3.2	3.1	2.9	2.5	1.9
1100	3	3	2.8	2.4	1.8
1200	2.9	2.8	2.6	2.3	1.7
1300	2.8	2.7	2.5	2.2	1.7
1400	2.7	2.6	2.4	2.1	1.6
1500	2.6	2.5	2.4	2.1	1.5
1600	2.5	2.4	2.3	2	1.5
1700	2.4	2.4	2.2	1.9	1.5
1800	2.4	2.3	2.2	1.9	1.4
1900	2.3	2.2	2.1	1.8	1.4
2000	2.2	2.2	2	1.8	1.3

涉及民意调查时新闻记者必问的 20 个问题*

谢尔登·高威塞（Sheldon R. Gawiser）

伊文思·威特（G. Evans Witt）合著

对于新闻记者与民意测验专家而言，他们收集资料最常用的工具就是提问。这里有 20 个问题，是新闻记者在面对民意调查时能处理的既负责又专业的问题，这可不是用来教初学者如何进行民意测验的问题。

民意测验工作具有"科学性"。有一些问题可以帮助你们判定一项民意测验具有"科学"价值，或者仅仅是一项非科学调查，只有娱乐效果，却毫无意义。

在科学的民意测验中，盖洛普民意调查最为著名，也是字号最老的一家。当然，还有其他一些颇具声望的公司也进行许许多多相当出色的调查。

非科学的调查即使相当普及，也不为人熟知。譬如以 900 号开头的电话拨入民意测验、街访、购物中心的民意测验，甚至在卫生纸上印上候选人的照片所进行的民意测验。

科学与非科学民意测验之间的最大差异，在于是谁挑选了什么样的受访者来进行调查。在科学的民意测验中，民意测验专家会设定并找出一群人来进行访问；而非科学的民意测验中，其受访对象通常是"自愿"提供他们的意见，也就是他们会自行选择民意测验。

一项进展顺利的科学的民意调查结果，除了能够可靠地指出那些受访者的意见之外，甚至可以代表所有美国人的意见。而一项非科学的民意调查结果，最多只能简单地告诉人们受访者的说法罢了。

运用这 20 个问题，新闻记者就能寻求事实的所在，并据此决定如何处理每天出现的种种民意测验。

1. 谁做的民意测验？

是哪家民意调查公司、研究单位、政治的竞选活动、公司或是其他的团体在进行民意测验呢？这是首先要提出的问题。

如果你们不清楚谁在执行这项民意测验，也就无法获得这里其他问题的答案。而且，假如提供民意调查结果的人不能够或是不愿意告诉你们这一点，就会引发有关调查结果可信度与真实性的严重问题。

就大多数的案例而言，声誉良好的民意调查公司都会提供相关的信息以协助人们评估这项调查。而且，声誉对于素质良好的公司也相当重要，他们在执行专门民意测验时，也会避免许多错误。

---

* 曾由公众舆论国家理事会作为小册子印行。这里得到准许付印。

2. 谁出钱做这项民意测验？

为什么要做这项调查？你们必须知道是谁支付了这项调查的费用，因为这将能告诉你们——以及你们的读者和听众——是谁想到了这些主题，并且愿意花钱来知道人们的想法，其实这是相当重要的。为什么要做这项调查本身，这一考察也会指出一些关键问题。

执行民意测验的目的，通常不是为了使世界更美好。他们总是为了某些原因才会进行民意调查，可能为了获得一些有用的信息，也可能为了实现某个特殊的目标。或者某个新闻机构为了获得一个好的故事而发起调查，也可能是某个政治家为了竞选连任，或某家公司为了促销新产品，甚至特殊利益团体想印证其观点具有普遍代表性。

所有这些都具有进行民意测验的正当性。

对身为新闻记者的你们而言，重要的是要注意民意测验的动机是否让人们对民意调查结果的正当性产生严重的质疑，以至于无法公布调查的结果。

由政治选举活动所发起的私人民意测验就是一个典型的可疑的民意测验例子。这样的民意测验纯粹只是为了要让候选人赢得选举，没有其他任何理由。这种调查可能运用了偏颇的问题或采用奇怪的抽样方法，这些都是为了赢得选举。例如，在选举活动中可能会通过民意测验来充分检验对一个新的标语或一个关键议题的立场，或是针对对手而发起的一次攻击等等。

由于准确地测量出一般大众的意见并不是候选人进行民意调查的目的，所以，对其结果的发表就得更加谨慎小心。

同样，特殊利益团体进行的调查也靠不住。例如，一个与环境有关的团体四处宣扬一项民意测验的结果，指出美国人民支持采用严格的标准来保护环境。尽管这种可能性存在，但是这

项民意调查也有可能是为某个特定团体在服务，或者在遣词造句、调查时机、访问对象或问卷问题的顺序等方面动过手脚。你们应该能够检验出这项民意测验是否能真实地代表公众的意见，而不是单纯地提出单一的观点。

3. 有多少受访者？

这是你们需要了解的另一项基本资料。民意测验只是给出一个概略的答案，所以，一项科学的民意测验，在其他条件相等的情况下，受访者的数量愈多，样本引起的误差也愈小。

但是，也要避免"越多越好"的陷阱。在其他条件相等的情况下，一项值得信任的调查应该是受访者愈多，抽样误差愈小，这是不争的事实。但是，在判断调查质量时，还有一些更为重要的影响因素。

4. 这些受访者如何被挑选出来？

为什么有些民意调查能准确地反映公众的意见，而有些民意调查却是不合科学要求的垃圾？主要的原因在于他们挑选受访对象的方法。

在科学的民意调查中，民意调查专家通常会使用特定的方法来选取受访对象，而不合科学要求的民意调查却往往是受访者自愿参与调查。

民意测验专家挑选受访者采用的是以数理为基础的方法，即目标总体中每个人被挑选的机会是可知的，因此，调查样本所得到的结果可以推论至总体。这种方法被称为随机抽样或概率抽样。这就是为什么我们只需要访问1000 名美国成年人就能正确地反映超过18,500 万美国成年人的意见的原因。

大多数科学样本的获得都会采用特殊的技术，使得经济上更为可行。例如，电话访问的抽样不会只是随机地选取电话号码而已。就我们所知，只有在电话交换局才能获得用于抽样的住宅电话，如果能把这些号码挑出来，就会减少无谓

的拨号次数。

但是，即使是随机抽样在实际执行时，也不可能完全是随机的，因为有些人并没有装电话、有些人会拒访，有些人根本就不在家。

5. 什么范围：国家、州或是地方（或是什么团体：教师、律师、民主党的支持者等等）这些人从什么地方被挑选出来？

虽然概率抽样所得出的结果，可以反映总体的概况，但是，总体的特征必须是可描述的。譬如，你们应该知道样本代表的是全美人民？一个州？或是一个城市？再举一个例子，在电话样本中，总体指的是住在家中且有电话的人。在大多数情况下，电话用户可能与一般的总体相似。但是如果要调查的是穷人或无家可归的人，电话用户就不是总体。当然，你们要记住，使用科学的抽样技术，并不意味着访问了正确的总体。

绝对重要的是，要知道受访者是从哪个团体中被抽选的。

例如，一项针对商人的调查只能反映商人的意见，而不是所有成年人的意见。只有当受访者是从所有美国成年人中被挑出的，这才能够反映所有美国成年人的意见。

政治民意调查对这个议题尤其敏感。

在预选或选举前做民意测验，那么，获得受访者的方法对民意调查结果而言就非常重要。如果选举中只有 25% 的合格选民前去投票，则此结果对我们针对成年人所做的民意调查就没什么用处。所以，要以登记选民、"可能的选民"、先前的预选选民等为基础进行民意调查，这些区分是重要的，而且也必须纳入考虑和说明中。

其实，民意测验中最重要的因素之一，就是要了解到底谁去投票了。

6. 调查结果是否反映了所有受访者的答案？

如果要误传民意调查结果，最简单的方法就是只报导某个次级团体的答案。例如，在有关选举的问题上，民主党员与共和党员之间有相当的差异，如果只引用民主党员的意见来代表所有成年人的意见，并据此来报导民意调查结果，就根本是误传民意。

如果以民主党员的意见为根据，在报导民意调查的结果时也只能说该结果代表了民主党员的意见而已。

当然，只报导一个次级团体的意见也可能是完全正确的。譬如，在共和党预选中所呈现的结果就代表了前去投票的共和党员的意见，而不是那些不去投票的民主党员的意见。

7. 谁是原本应该被访问却又没有被访问到的对象？

你们应该知道有多少人拒绝接受调查以及多少人没有被联络上。

所谓未应答率是指那些应该接受访问却又没有完成访问的对象的比率。他们有可能拒绝访问，或访员在打电话时受访者刚巧不在家，而且访员未能继续联络该受访者。

如果接受访问的 100 人是从 1000 人中随机抽选的，则该样本便不同于这 1000 人中有 100 名自愿参与者。对两种调查结果的判断也大不相同。假如有些样本并未被接触到，同样也会曲解研究的结果。

8. 民意调查是在什么时间进行的？

事件本身会对民意测验的结果产生戏剧性的影响。对民意调查结果的解释应该考虑调查期间所发生的重要事件。即使是最新出炉的民意调查结果也会受到事件后果的影响，可能总统刚好对全国发表了一篇动人的演说，可能股票市场正巧大跌，或正好遇到一艘油船沉没了，几百万加仑的原油泄入了美丽的海滩。

民意调查结果本身在几周或几个月内也许具有历史的正当性，但是却无法永远具有新闻的价值。

9. 访问是如何进行的？

这里有三种可能：家访、电话访问或者邮寄问卷调查。

目前的调查多采用电话，就是从访问中心打出访问的电话。可是，有些调查仍旧是派遣访员入户来进行访问。

有些调查采用邮寄方式来操作。在科学的民意测验中，民意调查专家会选取一些人，把问卷寄到他们的家里，由受访者填答问卷并寄回研究单位。

邮寄问卷调查可以说是资料取得的极好方法，但却比较费时。就调查结果的时效性而言，的确不如电话调查。而且邮寄问卷调查可能受到几种误差的影响，特别是回收率较低的问题。在许多邮寄问卷调查中，有很多受访者会放弃参与，这也使得调查结果受到质疑。

在购物中心、商店、餐厅或大街上所进行的调查，对赞助者来说可能有其效用，但是如果把调查结果发表在媒体上，就不是那么回事了。访问"街上的人"也许可以获得有趣的故事，但不能用来代表公众的意见。

10. 民意测验的方法是电话拨入（dial-in）、自行投寄（mail-in）还是优惠券使用者的调查？

假如你们看到的电话拨入、自行投寄和优惠券使用者的调查，请不要报道这些结果，因为受访者是自告奋勇参与的，其结果当然不具有任何正当性。请切记，民意测验的目的是描绘总体，而不只是关心样本。在这些假的民意调查中，并没有任何可行的办法能来描绘任何较大的群体。科学的民意测验总是能呈现与假民意调查不同的结果。

用 900 号的电话拨入民意测验，对于决定是否应该在星期六晚间实况节目中播出访谈节目（脱口秀）或让那些狂热的球迷们表达他们的意见（如谁是联赛中最好的四分卫）等是有价值的，也就是说仅仅具有娱乐性而已。但是，这种方法却无法告诉人们：电话是谁打进来？年纪多大？或每个人到底打进了几次电话？

你们千万不要被应答者的数量给蒙住了！有些例子指出，少数人打了数以千计的电话进来；即使总数有 50 万个电话，也没有一个人真正了解结果的意义何在。假如庞大的应答人数让你们印象深刻，请记住，《文学文摘》曾经有过 1200 万人的样本并由此预测兰登将会打败罗斯福。

优惠券使用者的民意测验也一样糟糕。有些案例指出，杂志或报纸会寄出一张优惠券并附上问卷。同样，我们无从知道谁在作答、答了几次。对那些使用优惠券的报章杂志订户而言，这些调查结果也毫无价值。

11. 什么是民意调查结果的抽样误差？

访问 1000 名成年人的科学性样本，的确能够正确地反映超过 18,500 万美国成年人的意见。这就是说，如果我们访问所有 18,500 万的成年人（如果可能的话），所得到的结果与访问上述 1000 人所得到的结果大致相同。

但是，如果另一个谨慎进行的民意测验访问 1000 名成年人所得出的结果与第一次调查的结果有些差异，这种情况说明了什么呢？其实，两次调查都没有问题，结果的差异是抽样所造成的误差，通常被称为边际误差。

这里的"误差"并非是概念上所谓的错误，而是对结果出现的可能性的估算，原因是我们运用了抽样调查。

民意测验专家用"置信水平"来表示由于使用抽样所造成的不确定范围，即通过样本所得到的结果会在多大的程度上代表总体，他们通常用 95% 的置信水平。

譬如一项全国性民意测验中有"三个百分点的边际误差",这就是说,如果对全国所有成年人进行访问,用同样的方法,在同一时间内询问与民意测验相同的问题;那么,在那段时间内,通过民意调查得到的答案,将有 95% 的会落在全面调查结果的加减 3% 的范围内。

请注意,这里探讨的并不是人们在调查中是否合作、是否理解了问题或是否还有其他方法等。抽样误差只是表示使用抽样方法必须考虑全部调查可能带来误差的概率。抽样误差不会告诉我们拒访率,或始终无法联络的访问对象的比率,也不会告诉我们某问题的遣词造句所引起的偏见或某个访员可能把自己的偏见带到了访问中。

请记住,抽样误差是用于每项调查结果——每项调查结果至少得加减三个百分点。因此,在民意测验中比较两位总统候选人情况时,两项数值同样都会受到抽样误差的影响。

民意调查结果的陈述也会引出相当严重的问题。和赛马一样,什么时候才能说哪匹马真正地超越了其他马匹呢?

当然,当两位候选人差距超过边际误差的两倍时——在我们的例子中有六个百分点——你们就可以很有信心地说,这项民意调查的结果显示,候选人 A 领先于候选人 B。

还有,当两位候选人的差距未能超过边际误差时,你们就不能肯定地说一位候选人领先于另一位,而应该说这场两者的情况"接近"或"大概势均力敌",或是"两位候选人之间只有微弱的差距"。

你们一定要记住,当你们报道次级团体(如妇女、黑人或年轻人)时,这些数字的边际误差要大于对全部群体进行调查时所产生的边际误差。

12. 还有哪些错误会毁掉民意测验的结果?

抽样边际误差只是民意测验不精确的来源之一,而且不是误差的最重要来源;我们使用这些资料,是因为它是惟一可以量化的资料。此外,问题的措辞与排列顺序也是误差的来源,这就是为什么需要考察民意调查提问中的偏见的原因。

你们还要知道民意调查的结果是否进行过"加权",因为这种方法通常被用来处理非均等概率抽样的结果以校正样本中的人口特征分布。不过,你们应该知道加权方法也可以用来操纵调查资料以得到人们想要的结果。

此外,还有一些误差来源,譬如,访员训练不当、督导不力、资料处理错误以及其他操作上的问题等等。专门的民意测验在运作上会比自愿参与的民意调查较少发生这些问题,当然,后者一般不值得信赖。

13. 问了哪些问题?

你们必须确切地知道民意调查问题的遣词造句。为什么呢?因为对题目来说,不同的用字可以对调查结果产生很大的影响。

也许,检验民意测验问题的最好办法就是自己回答一次。由此,从表面来判断问题是否清楚且不具任何偏见?问题的选项是否够均衡?你们所认识的人是否能回答这些问题?

就敏感的问题(如堕胎)而言,在结果报道中应该尽可能地包含整个问题的措辞。至少,在准备报道时应该知道问题确切措辞。

对敏感问题而言,如果对不同机构的民意调查结果进行比较,就更有价值了。在这种情况下,你们应该谨慎地比较调查的结果与问题的措辞。

14. 问题是如何排列的?

有时候,问卷问题的不同排列也能影响调查

结果。这种影响常常很微妙；有时候有，有时候又没有。因此，问题顺序的影响很复杂。

例如，在经济困难时期，如果在询问人们对于总统的意见之前，先问他们对于经济的看法，那么，总统声望就可能比问题顺序颠倒后的结果要低。在经济繁荣时期，情况可能正好相反。

在政治民意调查中，竞选活动顾问会询问一连串有关候选人态势的问题（或可以说明候选人事情的问题）。在这些问题被问完后（在第二轮中也会被问到），再询问竞选问题。在这种情况下，第二轮竞选问题被用来检验有关议题和议题的轻重缓急是否会动摇受访者的意愿。当然，这也是了解议题的轻重缓急的好方法。可是，对于考验民众心目中的候选人来说，这只是一个粗糙的方法。

因此，重要的是，在问题出笼之前要先了解是否有重要的问题会影响调查的结果。如果在有关堕胎合法化投票问题之前先询问与堕胎有关的其他问题，那么，前面的问题一定会影响调查的结果。

15. 针对同样的议题还有哪些民意调查？那些民意调查是否获得了相同的结果？如果不同，原因是什么？

其他民意调查结果（如候选人的对手、公众民意测验、媒体的民意测验或任何其他的项目）都可以用来与你们手头上的结果进行检验和对照。

如果各种民意测验有不一致的地方，可以首先查看访问的时期。不同民意调查的结果应该表现民意的摇摆不定。

如果这些民意测验是在同一时期完成的，却又没有任何其他因素可以解释结果的差异，那么，你们应该拜访每个民意调查的赞助者，询问他们这些差异的原因何在。结果相互冲突的

民意测验通常有很好的报道素材。

16. 如果民意测验说比赛已经结束了，那么现在又如何呢？

不论民意测验做得多好，不论边界有多宽，不论样本有多大，选前的民意测验并不能表现选举的真正结果！事事多变化——在政治上常常会有戏剧性的变化。

17. 民意测验是否可以作为筹措基金的工具？

这是假想民意调查的另一个例子。某个组织把问卷寄给大量的人，而最后的问题通常是向受访者募款，期待受访者寄点钱来支持该组织或某项研究。

回应这种调查的人常常是认同该组织目标的人。此外，问卷中的只是募捐的借口，因此，调查结果常常毫无意义。

问卷调查技术已经得到了广泛的运用，涉及政党团体、特殊利益群体和慈善机构。因此，如果你们收到这类募款性质的民意测验问卷，就可以考虑将之投到垃圾桶中。

18. 所有该问的问题都问完了，答案似乎也令人满意，民意测验的结果也正确，对吗？

答案通常是肯定的。然而，还是要记住概率法则，即 20 个民意调查中总有一个因为抽样误差而偏离民众真正的想法。

19. 带着所有这些可能的问题，我们应该发表民意调查的结果吗？

答案是肯定的。因为任何有声誉的民意测验组织总想做好自己的工作。不管有什么困难，正确执行的民意调查依然客观地反映公众意见的好方法。

20. 这项民意测验值得报道吗？

假如这项民意测验执行得当，你们也能够得到这里所描绘的各种资料，那么，和其他任何新闻一样，你们以及编辑们的新闻判断能力同样适用于民意测验的结果。

参考文献

Abdollahyan, Hamid, and Taghi Azadarmaki. 2000. *Sampling Design in a Survey Research: The Sampling Practice in Iran.* Paper presented at the meeting of the American Sociological Association, August 12–16, Washington, DC.

Abdulhadi, Rabab. 1998. "The Palestinian Women's Autonomous Movement: Emergence, Dynamics, and Challenges." *Gender and Society* 12 (6): 649–73.

Anderson, Walt. 1990. *Reality Isn't What It Used to Be: Theatrical Politics, Ready-to-Wear Religion, Global Myths, Primitive Chic, and Other Wonders of the Postmodern World.* San Francisco: Harper & Row.

Andorka, Rudolf. 1990. "The Importance and the Role of the Second Economy for the Hungarian Economy and Society." *Quarterly Journal of Budapest University of Economic Sciences* 12 (2): 95–113.

Aneshensel, Carol S., Rosina Becerra, Eve Fielder, and Roberleigh Schuler. 1989. "Participation of Mexican American Female Adolescents in a Longitudinal Panel Survey." *Public Opinion Quarterly* 53:548–62.

Asch, Solomon. 1958. "Effects of Group Pressure upon the Modification and Distortion of Judgments." Pp. 174–83 in *Readings in Social Psychology*, 3rd ed., edited by Eleanor E. Maccoby et al. New York: Holt, Rinehart & Winston.

Asher, Ramona M., and Gary Alan Fine. 1991. "Fragile Ties: Sharing Research Relationships with Women Married to Alcoholics." Pp. 196–205 in *Experiencing Fieldwork: An Inside View of Qualitative Research*, edited by William B. Shaffir and Roberta A. Stebbins. Newbury Park, CA: Sage.

Auster, Carol J. 1985. "Manuals for Socialization: Examples from Girl Scout Handbooks 1913–1984." *Qualitative Sociology* 8(4): 359–67.

Babbie, Earl. 1966. "The Third Civilization." *Review of Religious Research*, Winter, pp. 101–21.
———. 1967. "A Religious Profile of Episcopal Churchwomen." *Pacific Churchman*, January, pp. 6–8, 12.
———. 1970. *Science and Morality in Medicine.* Berkeley: University of California Press.
———. 1982. *Social Research for Consumers.* Belmont, CA: Wadsworth.
———. 1985. *You Can Make a Difference.* New York: St. Martin's Press.
———. 2004. "Laud Humphreys and Research Ethics." *International Journal of Sociology and Social Policy* 24 (3/4/5): 12–18.

Bailey, William C. 1975. "Murder and Capital Punishment." In *Criminal Law in Action*, edited by William J. Chambliss. New York: Wiley.

Ball-Rokeach, Sandra J., Joel W. Grube, and Milton Rokeach. 1981. "Roots: The Next Generation—Who Watched and with What Effect." *Public Opinion Quarterly* 45:58–68.

Bart, Pauline, and Patricia O'Brien. 1985. *Stopping Rape: Successful Survival Strategies.* New York: Pergamon.

Becker, Penny Edgell. 1998. "Making Inclusive Communities: Congregations and the 'Problem' of Race.'" *Social Problems* 45 (4): 451–72.

Bednarz, Marlene. 1996. "Push Polls Statement." Report to the AAPORnet listserv, April 5. http://www.aapor.org/ethics/pushpoll.html.

Belenky, Mary Field, Blythe McVicker Clinchy, Nancy Rule Goldberger, and Jill Mattuck Tarule. 1986. *Women's Ways of Knowing: The Development of Self, Voice, and Mind.* New York: Basic Books.

Bell, Derrick A. 1980. "*Brown v. Board of Education* and the Interest-Convergence Dilemma." *Harvard Law Review* 93:518–33.

Bellah, Robert N. 1957. *Tokugawa Religion*. Glencoe, IL: Free Press.
1970. "Christianity and Symbolic Realism." *Journal for the Scientific Study of Religion* 9:89–96.
1974. "Comment on the Limits of Symbolic Realism." *Journal for the Scientific Study of Religion* 13:487–89.

Benton, J. Edwin, and John L. Daly. 1991. "A Question Order Effect in a Local Government Survey." *Public Opinion Quarterly* 55:640–42.

Berbrier, Mitch. 1998. "'Half the Battle': Cultural Resonance, Framing Processes, and Ethnic Affectations in Contemporary White Separatist Rhetoric." *Social Problems* 45 (4): 431–50.

Berg, Bruce L. 1989. *Qualitative Research Methods for the Social Sciences*. Boston: Allyn and Bacon.

Bian, Yanjie. 1994. *Work and Inequality in Urban China*. Albany: State University of New York Press.

Biddle, Stuart J. H., David Markland, David Gilbourne, Nikos L. D. Chatzisarantis, and Andrew C. Sparkes. 2001. "Research Methods in Sport and Exercise Psychology: Quantitative and Qualitative Issues." *Journal of Sports Sciences* 19 (10): 777.

Bielby William T., and Denise Bielby. 1999. "Organizational Mediation of Project-Based Labor Markets: Talent Agencies and the Careers of Screenwriters." *American Sociological Review* 64:64–85.

Birchfield, R. W. 1998. *The New Fowler's Modern English Usage*. 3rd ed. New York: Oxford University Press.

Bishop, George, and Andrew Smith. 2001. "Response-Order Effects and the Early Gallup Split-Ballots." *Public Opinion Quarterly* 65:479–505.

Black, Donald. 1970. "Production of Crime Rates." *American Sociological Review* 35 (August): 733–48.

Blair, Johnny, Shanyang Zhao, Barbara Bickart, and Ralph Kuhn. 1995. *Sample Design for Household Telephone Surveys: A Bibliography 1949–1995*. College Park: Survey Research Center, University of Maryland.

Blaunstein, Albert, and Robert Zangrando, eds. 1970. *Civil Rights and the Black American*. New York: Washington Square Press.

Bolstein, Richard. 1991. "Comparison of the Likelihood to Vote among Preelection Poll Respondents and Nonrespondents." *Public Opinion Quarterly* 55:648–50.

Bottomore, T. B., and Maximilien Rubel, eds. [1843] 1956. *Karl Marx: Selected Writings in Sociology and Social Philosophy*. Translated by T. B. Bottomore. New York: McGraw-Hill.

Brown v. Board of Education, 347 U.S. 483 (1954).

Burawoy, M., A. Burton, A. A. Ferguson, K. J. Fox, J. Gamson, N. Gartrell, L. Hurst, C. Kurzman, L. Salzinger, J. Schiffman, and S. Ui, eds. 1991. *Ethnography Unbound: Power and Resistance in the Modern Metropolis*. Berkeley: University of California Press.

Campbell, Donald, and Julian Stanley. 1963. *Experimental and Quasi-Experimental Designs for Research*. Chicago: Rand McNally.

Campbell, M. L. 1998. "Institutional Ethnography and Experience as Data." *Qualitative Sociology* 21 (1): 55–73.

Carpini, Michael X. Delli, and Scott Keeter. 1991. "Stability and Change in the U.S. Public's Knowledge of Politics." *Public Opinion Quarterly* 55:583–612.

Carr, C. Lynn. 1998. "Tomboy Resistance and Conformity: Agency in Social Psychological Gender Theory." *Gender and Society* 12 (5): 528–53.

Census Bureau. *See* U.S. Bureau of the Census.

Chirot, Daniel, and Jennifer Edwards. 2003. "Making Sense of the Senseless: Understanding Genocide." *Contexts* 2 (2): 12–19.

Chossudovsky, Michel. 1997. *The Globalization of Poverty: Impacts of IMF and World Bank Reforms*. London: Zed Books.

Clark, Roger, Rachel Lennon, and Leana Morris. 1993. "Of Caldecotts and Kings: Gendered Images in Recent American Children's Books by Black and Non-Black Illustrators." *Gender and Society* 7 (2): 227–45.

Coleman, James. 1966. *Equality of Educational Opportunity*. Washington, DC: U.S. Government Printing Office.

Collins, G. C., and Timothy B. Blodgett. 1981. "Sexual Harassment . . . Some See It . . . Some Won't." *Harvard Business Review*, March–April, pp. 76–95.

Comstock, Donald. 1980. "Dimensions of Influence in Organizations." *Pacific Sociological Review*, January, pp. 67–84.

Conrad, Clifton F. 1978. "A Grounded Theory of Academic Change." *Sociology of Education* 51: 101–12.

Cook, Elizabeth. 1995. Communication to the METHODS listserv, April 25, from Michel de Seve (T120@music.ulaval.ca) to Cook (EC1645A @american.edu).

Cook, Thomas D., and Donald T. Campbell. 1979. *Quasi-Experimentation: Design and Analysis Issues for Field Settings*. Chicago: Rand McNally.

Cooper-Stephenson, Cynthia, and Athanasios The-ologides. 1981. "Nutrition in Cancer: Physicians' Knowledge, Opinions, and Educational Needs." *Journal of the American Dietetic Association*, May, pp. 472–76.

Couper, Mick P. 2001. "Web Surveys: A Review of Issues and Approaches." *Public Opinion Quarterly* 64 (4): 464–94.

Craig, R. Stephen. 1992. "The Effect of Television Day Part on Gender Portrayals in Television Commercials: A Content Analysis." *Sex Roles* 26 (5/6): 197–211.

Crawford, Kent S., Edmund D. Thomas, and Jeffrey J. Fink. 1980. "Pygmalion at Sea: Improving the Work Effectiveness of Low Performers." *Journal of Applied Behavioral Science*, October–December, pp. 482–505.

Curtin, Richard, Stanley Presser, and Eleanor Singer. 2005. "Changes in Telephone Survey Nonresponse over the Past Quarter Century." *Public Opinion Quarterly* 69 (1): 87–98.

Davern, Michael, Todd H. Rockwood, Randy Sher-rod, and Stephen Campbell. 2003. "Prepaid Monetary Incentives and Data Quality in Face-to-Face Interviews: Data from the 1996 Survey of Income and Program Participation In-centive Experiment." *Public Opinion Quarterly* 67:139–47.

Davis, Fred. 1973. "The Martian and the Convert: Ontological Polarities in Social Research." *Urban Life* 2 (3): 333–43.

Davis, James A. 1992. "Changeable Weather in a Cooling Climate atop the Liberal Plateau: Con-version and Replacement in Forty-two General Social Survey Items, 1972–1989." *Public Opinion Quarterly* 56:261–306.

Deflem, Mathieu. 2002. *Policing World Society: Histori-cal Foundations of International Police Cooperation*. New York: Oxford University Press.

DeFleur, Lois. 1975. "Biasing Influences on Drug Arrest Records: Implications for Deviance Re-search." *American Sociological Review* 40:88–103.

Delgado, Richard. 2002. "Explaining the Rise and Fall of African American Fortunes—Interest Convergence and Civil Rights Gains." *Harvard Civil Rights–Civil Liberties Law Review* 37:369–87.

Dillman, Don A. 1978. *Mail and Telephone Surveys: The Total Design Method*. New York: Wiley.

Doyle, Sir Arthur Conan. [1891] 1892. "A Scandal in Bohemia." First published in *The Strand*, July 1891. Reprinted in *The Original Illustrated Sherlock Holmes*, pp. 11–25. Secaucus, NJ: Castle.

DuBois, W. E. B. 1903. *The Souls of Black Folk*. Chi-cago: McClurg. http://www.bartleby.com/114/.

Durkheim, Emile. [1893] 1964. *The Division of Labor in Society*. Translated by George Simpson. New York: Free Press.
[1897] 1951. *Suicide*. New York: Free Press.

Eastman, Crystal. 1910. "Work-Accidents and Employers' Liability." *The Survey*, September 3, pp. 788–94.

Ellison, Christopher G., and Darren E. Sherkat. 1990. "Patterns of Religious Mobility among Black Americans." *Sociological Quarterly* 31 (4): 551–68.

Emerson, Robert M., Kerry O. Ferris, and Carol Brooks Gardner. 1998. "On Being Stalked." *Social Problems* 45 (3): 289–314.

Fausto-Sterling, Anne. 1992. "Why Do We Know So Little about Human Sex?" *Discover Archives*, June. http://cas.bellarmine.edu/tietjen/Human%20 Nature%20S%201999/why_do_we_know_so _little_about_h.htm, accessed July 10, 2003.

Festinger, L., H. W. Reicker, and S. Schachter. 1956. *When Prophecy Fails*. Minneapolis: University of Minnesota Press.

Fielding, Nigel. 2004. "Getting the Most from Ar-chived Qualitative Data: Epistemological, Practi-cal and Professional Obstacles." *International Journal of Social Research Methodology* 7 (1): 97–104.

Ford, David A. 1989. "Preventing and Provoking Wife Battery through Criminal Sanctioning: A Look at the Risks." September, unpublished manuscript.

Ford, David A., and Mary Jean Regoli. 1992. "The Preventive Impacts of Policies for Prosecuting

Wife Batterers." Pp. 181–208 in *Domestic Violence: The Changing Criminal Justice Response*, edited by E. S. Buzawa and C. G. Buzawa. New York: Auburn.

Forslund, Morris A. 1980. *Patterns of Delinquency Involvement: An Empirical Typology.* Paper presented at the Annual Meeting of the Western Association of Sociologists and Anthropologists, Lethbridge, Alberta, February 8.

Foschi, Martha, G. Keith Warriner, and Stephen D. Hart. 1985. "Standards, Expectations, and Interpersonal Influence." *Social Psychology Quarterly* 48 (2): 108–17.

Fox, Katherine J. 1991. "The Politics of Prevention: Ethnographers Combat AIDS among Drug Users." Pp. 227–49 in *Ethnography Unbound: Power and Resistance in the Modern Metropolis*, edited by M. Burawoy et al. Berkeley: University of California Press.

Frankel, Mark S., and Sanyin Siang. 1999. *Ethical and Legal Aspects of Human Subjects Research on the Internet: A Report of a Workshop.* Washington, DC: American Association for the Advancement of Science, November. http://www.aaas.org/spp/dspp/sfrl/projects/intres/main.htm.

Gall, John. 1975. *Systemantics: How Systems Work and Especially How They Fail.* New York: Quadrangle.

Gamson, William A. 1992. *Talking Politics.* New York: Cambridge University Press.

Gans, Herbert. 2002. "More of Us Should Become Public Sociologists." In *Footnotes.* Washington, DC: American Sociological Association, July/August. http://www.asanet.org/footnotes/julyaugust02/fn10.html, accessed July 8, 2003.

Garant, Carol. 1980. "Stalls in the Therapeutic Process." *American Journal of Nursing*, December, pp. 2166–67.

Gard, Greta. 1993. *Ecofeminism: Women, Animals, Nature.* Philadelphia: Temple University Press.

Garfinkel, H. 1967. *Studies in Ethnomethodology.* Englewood Cliffs, NJ: Prentice-Hall.

Gaventa, J. 1991. "Towards a Knowledge Democracy: Viewpoints on Participatory Research in North America." Pp. 121–31 in *Action and Knowledge: Breaking the Monopoly with Participatory Action-Research*, edited by O. Fals-Borda and M. A. Rahman. New York: Apex Press.

Glaser, Barney G., and Anselm L. Strauss. 1967. *The Discovery of Grounded Theory: Strategies for Qualitative Research.* Chicago: Aldine.

Glock, Charles Y., Benjamin B. Ringer, and Earl R. Babbie. 1967. *To Comfort and to Challenge.* Berkeley: University of California Press.

Goffman, Erving. 1961. *Asylums: Essays on the Social Situation of Mental Patients and Other Inmates.* Chicago: Aldine.
1963. *Stigma: Notes on the Management of a Spoiled Identity.* Englewood Cliffs, NJ: Prentice-Hall.
1974. *Frame Analysis.* Cambridge, MA: Harvard University Press.
1979. *Gender Advertisements.* New York: Harper & Row.

Gottlieb, Bruce. 1999. "Cooking the School Books: How *U.S. News* Cheats in Picking Its 'Best American Colleges.'" Slate, August 31. http://slate.msn.com/default.aspx?id=34027.

Graham, Laurie, and Richard Hogan. 1990. "Social Class and Tactics: Neighborhood Opposition to Group Homes." *Sociological Quarterly* 31 (4): 513–29.

Greenwood, Peter W., et al. 1994. *Three Strikes and You're Out: Estimated Benefits and Costs of California's New Mandatory-Sentencing Law.* Santa Monica, CA: Rand Corporation.

Greenwood, Peter W., C. Peter Rydell, and Karyn Model. 1996. *Diverting Children from a Life of Crime: Measuring Costs and Benefits.* Santa Monica, CA: Rand Corporation.

Griffith, Alison I. 1995. "Mothering, Schooling, and Children's Development." Pp. 108–21 in *Knowledge, Experience, and Ruling Relations: Studies in the Social Organization of Knowledge*, edited by M. Campbell and A. Manicom. Toronto: University of Toronto Press.

Gubrium, Jaber F., and James A. Holstein. 1997. *The New Language of Qualitative Method.* New York: Oxford University Press.

Hannon, Lance, and James Defronzo. 1998. "The Truly Disadvantaged, Public Assistance, and Crime." *Social Problems* 45 (3): 383–92.

Hawking, Stephen. 2001. *The Universe in a Nutshell.* New York: Bantam.

Hedrick, Terry E., Leonard Bickman, and Debra J. Rog. 1993. *Applied Research Design: A Practical Guide.* Newbury Park, CA: Sage.

Hempel, Carl G. 1952. "Fundamentals of Concept Formation in Empirical Science." *International Encyclopedia of United Science II*, no. 7.

Heritage, J. 1984. *Garfinkel and Ethnomethodology.* Cambridge: Polity Press.

Heritage, Johen, and David Greatbatch. 1992. "On the Institutional Character of Institutional Talk." In *Talk at Work*, edited by P. Drew and J. Heritage. Cambridge, England: Cambridge University Press.

Higginbotham, A. Leon, Jr. 1978. *In the Matter of Color: Race and the American Legal Process*. New York: Oxford University Press.

Hill, Lewis. 2000. *Yankee Summer: The Way We Were: Growing Up in Rural Vermont in the 1930s*. Bloomington, IN: 1stBooks Library.

Hilts, Philip J. 1981. "Values of Driving Classes Disputed." *San Francisco Chronicle*, June 25, p. 4.

Hogan, Richard, and Carolyn C. Perrucci. 1998. "Producing and Reproducing Class and Status Differences: Racial and Gender Gaps in U.S. Employment and Retirement Income." *Social Problems* 45 (4): 528–49.

Howard, Edward N., and Darlene M. Norman. 1981. "Measuring Public Library Performance." *Library Journal*, February, pp. 305–8.

Howell, Joseph T. 1973. *Hard Living on Clay Street*. Garden City, NY: Doubleday Anchor.

Huberman, A. Michael, and Matthew B. Miles. 1994. "Data Management and Analysis Methods." Pp. 428–44 in *Handbook of Qualitative Research*, edited by Norman K. Denzin and Yvonna S. Lincoln. Thousand Oaks, CA: Sage.

Hughes, Michael. 1980. "The Fruits of Cultivation Analysis: A Reexamination of Some Effects of Television Watching." *Public Opinion Quarterly* 44:287–302.

Humphreys, Laud. 1970. *Tearoom Trade: Impersonal Sex in Public Places*. Chicago: Aldine.

Hurst, Leslie. 1991. "Mr. Henry Makes a Deal." Pp. 183–202 in *Ethnography Unbound: Power and Resistance in the Modern Metropolis*, edited by M. Burawoy et al. Berkeley: University of California Press.

Iannacchione, Vincent G., Jennifer M. Staab, and David T. Redden. 2003. "Evaluating the Use of Residential Mailing Addresses in a Metropolitan Household Survey." *Public Opinion Quarterly* 67:202–10.

Ibrahim, Saad Eddin. 2003. "Letter from Cairo." *Contexts* 2 (2): 68–72.

Irwin, John, and James Austin. 1997. *It's About Time: America's Imprisonment Binge*. Belmont, CA: Wadsworth.

Isaac, Larry W., and Larry J. Griffin. 1989. "A Historicism in Time-Series Analyses of Historical Process: Critique, Redirection, and Illustrations from U.S. Labor History." *American Sociological Association* 54:873–90.

Jackman, Mary R., and Mary Scheuer Senter. 1980. "Images of Social Groups: Categorical or Qualified?" *Public Opinion Quarterly* 44:340–61.

Jacobs, Bruce A., and Jody Miller. 1998. "Crack Dealing, Gender, and Arrest Avoidance." *Social Problems* 45 (4): 550–69.

Jasso, Guillermina. 1988. "Principles of Theoretical Analysis." *Sociological Theory* 6:1–20.

Jensen, Arthur. 1969. "How Much Can We Boost IQ and Scholastic Achievement?" *Harvard Educational Review* 39:273–74.

Jobes Patrick C., Andra Aldea, Constantin Cernat, Ioana-Minerva Icolisan, Gabriel Iordache, Sabastian Lazeru, Catalin Stoica, Gheorghe Tibil, and Eugenia Edangiu. 1997. "Shopping as a Social Problem: A Grounded Theoretical Analysis of Experiences among Romanian Shoppers." *Journal of Applied Sociology* 14 (1): 124–46.

Johnson, Jeffrey C. 1990. *Selecting Ethnographic Informants*. Newbury Park, CA: Sage.

Johnston, Hank. 1980. "The Marketed Social Movement: A Case Study of the Rapid Growth of TM." *Pacific Sociological Review*, July, pp. 333–54.

Johnston, Hank, and David A. Snow. 1998. "Subcultures and the Emergence of the Estonian Nationalist Opposition 1945–1990." *Sociological Perspectives* 41 (3): 473–97.

Jones, James H. 1981. *Bad Blood: The Tuskegee Syphilis Experiments*. New York: Free Press.

Kaplan, Abraham. 1964. *The Conduct of Inquiry*. San Francisco: Chandler.

Kasl, Stanislav V., Rupert F. Chisolm, and Brenda Eskenazi. 1981. "The impact of the Accident at Three Mile Island on the Behavior and Well-Being of Nuclear Workers." *American Journal of Public Health*, May, pp. 472–95.

Kasof, Joseph. 1993. "Sex Bias in the Naming of Stimulus Persons." *Psychological Bulletin* 113 (1): 140–63.

Kebede, Alemseghed, and J. David Knottnerus. 1998. "Beyond the Pales of Babylon: The Ideational Components and Social Psychological Foundations of Rastafari." *Sociological Perspectives* 42 (3): 499–517.

Kendall, Patricia L., and Paul F. Lazarsfeld. 1950. "Problems of Survey Analysis." Pp. 133–96 in *Continuities in Social Research: Studies in the Scope and Method of "The American Soldier,"* edited by Robert K. Merton and Paul F. Lazarsfeld. New York: Free Press.

Kentor, Jeffrey. 2001. "The Long Term Effects of Globalization on Income Inequality, Population Growth, and Economic Development." *Social Problems* 48 (4): 435–55.

Khayatt, Didi. 1995. "Compulsory Heterosexuality: Schools and Lesbian Students." Pp. 149–63 in *Knowledge, Experience, and Ruling Relations: Studies in the Social Organization of Knowledge,* edited by M. Campbell and A. Manicom. Toronto: University of Toronto Press.

Kilburn, John C., Jr. 1998. "It's a Matter of Definition: Dilemmas of Service Delivery and Organizational Structure in a Growing Voluntary Organization." *Journal of Applied Sociology* 15 (1): 89–103.

Kinnell, Ann Marie, and Douglas W. Maynard. 1996. "The Delivery and Receipt of Safer Sex Advice in Pretest Counseling Sessions for HIV and AIDS." *Journal of Contemporary Ethnography* 24:405–37.

Kinsey, Alfred C., et al. 1948. *Sexual Behavior in the Human Male.* Philadelphia: W. B. Saunders.

———. 1953. *Sexual Behavior in the Human Female.* Philadelphia: W. B. Saunders.

Kish, Leslie. 1965. *Survey Sampling.* New York: Wiley.

Krueger, Richard A. 1988. *Focus Groups.* Newbury Park, CA: Sage.

Kubrin, Charis E., and Ronald Weitzer. 2003. "Retaliatory Homicide: Concentrated Disadvantage and Neighborhood Culture." *Social Problems* 50 (2): 157–80.

Kuhn, Thomas. 1970. *The Structure of Scientific Revolutions.* Chicago: University of Chicago Press.

Kvale, Steinar. 1996. *InterViews: An Introduction to Qualitative Research Interviewing.* Thousand Oaks, CA: Sage.

Laumann Edward O., John H. Gagnon, Robert T. Michael, and Stuart Michaels. 1994. *The Social Organization of Sexuality.* Chicago: University of Chicago Press.

Lee, Motoko Y., Stephen G. Sapp, and Melvin C. Ray. 1996. "The Reverse Social Distance Scale." *Journal of Social Psychology* 136 (1): 17–24.

Lengermann, Patricia Madoo, and Jill Niebrugge-Brantley. 2002. "Back to the Future: Settlement Sociology, 1885–1930." *American Sociologist* 33 (3): 5–20.

Lever, Janet. 1986. "Sex Differences in the Complexity of Children's Play and Games." Pp. 74–89 in *Structure and Process,* edited by Richard J. Peterson and Charlotte A. Vaughan. Belmont, CA: Wadsworth.

Libin, A., and J. Cohen-Mansfield. 2000. "Individual versus Group Approach for Studying and Intervening with Demented Elderly Persons: Methodological Perspectives." *Gerontologist,* October 15, p. 105.

Linton, Ralph. 1937. *The Study of Man.* New York: D. Appleton-Century.

Literary Digest. 1936a. "Landon, 1,293,669: Roosevelt, 972,897." October 31, pp. 5–6. ———. 1936b. "What Went Wrong with the Polls?" November 14, pp. 7–8.

Lofland, John. 2003. *Demolishing a Historic Hotel.* Davis, CA: Davis Research.

Lofland, John, and Lyn H. Lofland. 1995. *Analyzing Social Settings: A Guide to Qualitative Observation and Analysis.* 3rd. ed. Belmont, CA: Wadsworth.

Lopata, Helena Znaniecki. 1981. "Widowhood and Husband Sanctification." *Journal of Marriage and the Family,* May, pp. 439–50.

Lynd, Robert S., and Helen M. Lynd. 1929. *Middletown.* New York: Harcourt, Brace. ———. 1937. *Middletown in Transition.* New York: Harcourt, Brace.

Madison, Anna-Marie. 1992. "Primary Inclusion of Culturally Diverse Minority Program Participants in the Evaluation Process." *New Directions for Program Evaluation,* no. 53, pp. 35–43.

Mahoney, James, and Dietrich Rueschemeyer, eds. 2003. *Comparative Historical Analysis in the Social Sciences.* New York: Cambridge University Press.

Maltz, Michael D. "Visualizing Homocide: A Research Note. *Journal of Quantitative Criminology* 15 (4): 397–410.

Manning, Peter K., and Betsy Cullum-Swan. 1994. "Narrative, Content, and Semiotic Analysis." Pp. 463–77 in *Handbook of Qualitative Research,* edited by Norman K. Denzin and Yvonna S. Lincoln. Thousand Oaks, CA: Sage.

Marshall, Catherine, and Gretchen B. Rossman. 1995. *Designing Qualitative Research*. Thousand Oaks, CA: Sage.

Marx, Karl. [1867] 1967. *Capital*. New York: International Publishers.

[1880] 1956. *Revue Socialist*, July 5. Reprinted in *Karl Marx: Selected Writings in Sociology and Social Philosophy*, edited by T. B. Bottomore and Maximilien Rubel. New York: McGraw-Hill.

McAlister, Alfred, Cheryl Perry, Joel Killen, Lee Ann Slinkard, and Nathan Maccoby. 1980. "Pilot Study of Smoking, Alcohol, and Drug Abuse Prevention." *American Journal of Public Health*, July, pp. 719–21.

McGrane, Bernard. 1994. *The Un-TV and the 10 mph Car: Experiments in Personal Freedom and Everyday Life*. Fort Bragg, CA: The Small Press.

Meadows, Donella H., Dennis L. Meadows, and Jørgen Randers. 1992. *Beyond the Limits: Confronting Global Collapse, Envisioning a Sustainable Future*. Post Mills, VT: Chelsea Green.

Meadows, Donella, Dennis L. Meadows, Jørgen Randers, and William W. Behrens, III. 1972. *The Limits to Growth*. New York: Signet Books.

Menjívar, Cecilia. 2000. *Fragmented Ties: Salvadoran Immigrant Networks in America*. Berkeley: University of California Press.

Merton, Robert K. 1938. "Social Structure and Anomie." *American Sociological Review* 3:672–82. 1957. *Social Theory and Social Structure*. New York: Free Press.

Milgram, Stanley. 1963. "Behavioral Study of Obedience." *Journal of Abnormal Social Psychology* 67:371–78.
1965. "Some Conditions of Obedience and Disobedience to Authority." *Human Relations* 18:57–76.

Miller, Delbert. 1991. *Handbook of Research Design and Social Measurement*. Newbury Park, CA: Sage.

Mirola, William A. 2003. "Asking for Bread, Receiving a Stone: The Rise and Fall of Religious Ideologies in Chicago's Eight-Hour Movement." *Social Problems* 50 (2): 273–93.

Mitchell, Richard G., Jr. 1991. "Secrecy and Disclosure in Field Work." Pp. 97–108 in *Experiencing Fieldwork: An Inside View of Qualitative Research*, edited by William B. Shaffir and Robert A. Stebbins. Newbury Park, CA: Sage.

2002. *Dancing at Armageddon: Survivalism and Chaos in Modern Times*. Chicago: University of Chicago Press.

Mitofsky, Warren J. 1999. "Miscalls Likely in 2000." *Public Perspective* 10 (5): 42–43.

Morgan, David L., ed. 1993. *Successful Focus Groups: Advancing the State of the Art*. Newbury Park, CA: Sage.

Morgan, Lewis H. 1870. *Systems of Consanguinity and Affinity*. Washington, DC: Smithsonian Institution.

Moskowitz, Milt. 1981. "The Drugs That Doctors Order." *San Francisco Chronicle*, May 23, p. 33.

Moynihan, Daniel. 1965. *The Negro Family: The Case for National Action*. Washington, DC: U.S. Government Printing Office.

Myrdal, Gunnar. 1944. *An American Dilemma*. New York: Harper & Row.

Naisbitt, John, and Patricia Aburdene. 1990. *Megatrends 2000: Ten New Directions for the 1990's*. New York: Morrow.

Nature Conservancy. 2005. "The Nature of Science on the Sacramento River." *The Nature Conservancy*, Spring–Summer, p. 3. [newsletter]

Neuman, W. Lawrence. 1998. "Negotiated Meanings and State Transformation: The Trust Issue in the Progressive Era." *Social Problems* 45 (3): 315–35.

Nicholls, William L., II, Reginald P. Baker, and Jean Martin. 1996. "The Effect of New Data Collection Technology on Survey Data Quality." In *Survey Measurement and Process Quality*, edited by L. Lyberg, P. Biemer, M. Collins, C. Dippo, N. Schwarz, and D. Trewin. New York: Wiley.

"1 in 5 Polled Voices Doubt on Holocaust." 1993. *New York Times*, April 20, p. A12.

Perinelli, Phillip J. 1986. "Nonsuspecting Public in TV Call-in Polls." *New York Times*, February 14, letter to the editor.

Perrow, Charles. 2002. *Organizing America: Wealth, Power, and the Origins of Corporate Capitalism*. Princeton, NJ: Princeton University Press.

Petersen, Larry R., and Judy L. Maynard. 1981. "Income, Equity, and Wives' Housekeeping Role Expectations." *Pacific Sociological Review*, January, pp. 87–105.

Picou, J. Steven. 1996a. "Compelled Disclosure of Scholarly Research: Some Comments on High

Stakes Litigation." *Law and Contemporary Problems* 59 (3): 149–57.

1996b. "Sociology and Compelled Disclosure: Protecting Respondent Confidentiality." *Sociological Spectrum* 16 (3): 207–38.

Picou, J. Steven, Duane A. Gill, and Maurie J. Cohen, eds. 1999. *The Exxon Valdez Disaster: Readings on a Modern Social Problem*. Dubuque, IA: Kendall-Hunt.

Plutzer, Eric, and Michael Berkman. 2005. "The Graying of America and Support for Funding the Nation's Support." *Public Opinion Quarterly* 69 (1): 66–86.

"Poll on Doubt of Holocaust Is Corrected." 1993. *New York Times*, July 8, p. A7.

Population Communications International. 1996. *International Dateline* [February]. New York: Population Communications International.

Porter, Stephen R., and Michael E. Whitcomb. 2003. "The Impact of Contact Type on Web Survey Response Rates." *Public Opinion Quarterly* 67: 579–88.

Powell, Elwin H. 1958. "Occupation, Status, and Suicide: Toward a Redefinition of Anomie." *American Sociological Review* 23:131–39.

Presser, Stanley, and Johnny Blair. 1994. "Survey Pretesting: Do Different Methods Produce Different Results?" Pp. 73–104 in *Sociological Methodology 1994*, edited by Peter Marsden. San Francisco, CA: Jossey-Bass.

Prewitt, Kenneth. 2003. "Partisan Politics in the 2000 U.S. Census." *Population Reference Bureau*, November 2003. http://www.prb.org/Template. cfm?Section=PRB&template=/Content/ ContentGroups/Articles/03/Partisan_Politics_in _the_2000_U_S_Census.htm.

Quoss, Bernita, Margaret Cooney, and Terri Longhurst. 2000. "Academics and Advocates: Using Participatory Action Research to Influence Welfare Policy." *Journal of Consumer Affairs* 34 (1): 47.

Ragin, Charles C., and Howard S. Becker. 1992. *What Is a Case?: Exploring the Foundations of Social Inquiry*. Cambridge, England: Cambridge University Press.

Rasinski, Kenneth A. 1989. "The Effect of Question Wording on Public Support for Government Spending." *Public Opinion Quarterly* 53:388–94.

Redfield, Robert. 1941. *The Folk Culture of Yucatan*. Chicago: University of Chicago Press.

Reinharz, Shulamit. 1992. *Feminist Methods in Social Research*. New York: Oxford University Press.

Reynolds, H. T. 1977. *Analysis of Nominal Data*. Beverly Hills, CA: Sage.

Riecken, Henry W., and Robert F. Boruch. 1974. *Social Experimentation: A Method for Planning and Evaluating Social Intervention*. New York: Academic Press.

Roethlisberger, F. J., and W. J. Dickson. 1939. *Management and the Worker*. Cambridge, MA: Harvard University Press.

Rogers, Everett M., Peter W. Vaughan, Ramadhan M. A. Swalehe, Nagesh Rao, and Suruchi Sood. 1996. "Effects of an Entertainment-Education Radio Soap Opera on Family Planning and HIV/AIDS Prevention Behavior in Tanzania." Report presented at a technical briefing on the Tanzania Entertainment-Education Project, Rockefeller Foundation, New York, March 27.

Rosenberg, Morris. 1968. *The Logic of Survey Analysis*. New York: Basic Books.

Rosenthal, Robert, and Lenore Jacobson. 1968. *Pygmalion in the Classroom*. New York: Holt, Rinehart & Winston.

Ross, Jeffrey Ian. 2004. "Taking Stock of Research Methods and Analysis on Oppositional Political Terrorism." *American Sociologist* 35 (2): 26–37.

Rossman, Gabriel. 2002. *The Qualitative Influence of Ownership on Media Content: The Case of Movie Reviews*. Paper presented to the American Sociological Association, Chicago. Reported in *Contexts* 2 (2): 7.

Rothman, Ellen K. 1981. "The Written Record." *Journal of Family History*, Spring, pp. 47–56.

Rubin, Herbert J., and Riene S. Rubin. 1995. *Qualitative Interviewing: The Art of Hearing Data*. Thousand Oaks, CA: Sage.

Rynbrandt, Linda J., and Mary Jo Deegan. 2002. "The Ecofeminist Pragmatism of Caroline Bartlett Crane, 1896–1935." *American Sociologist* 33 (3): 55–68.

Sacks, Jeffrey J., W. Mark Krushat, and Jeffrey Newman. 1980. "Reliability of the Health Hazard Appraisal." *American Journal of Public Health*, July, pp. 730–32.

Sanders, William B. 1994. *Gangbangs and Drive-bys: Grounded Culture and Juvenile Gang Violence*. New York: Aldine De Gruyter.

Scarce, Rik. 1990. *Ecowarriors: Understanding the Radical Environmental Movement.* Chicago: Noble Press.
1999. "Good Faith, Bad Ethics: When Scholars Go the Distance and Scholarly Associations Do Not." *Law and Social Inquiry* 24 (4): 967–76.

Schiflett, Kathy L., and Mary Zey. 1990. "Comparison of Characteristics of Private Product Producing Organizations and Public Service Organizations." *Sociological Quarterly* 31 (4): 569–83.

Schmitt, Frederika E., and Patricia Yancey Martin. 1999. "Unobtrusive Mobilization by an Institutionalized Rape Crisis Center: 'All We Do Comes from Victims.'" *Gender and Society* 13 (3): 364–84.

Schutz, Alfred. 1967. *The Phenomenology of the Social World.* Evanston, IL: Northwestern University Press.
1970. *On Phenomenology and Social Relations.* Chicago: University of Chicago Press.

Shaffir, William B., and Robert A. Stebbins, eds. 1991. *Experiencing Fieldwork: An Inside View of Qualitative Research.* Newbury Park, CA: Sage.

Shea, Christopher. 2000. "Don't Talk to the Humans: The Crackdown on Social Science Research." *Lingua Franca* 10 (6).

Sherif, Muzafer. 1935. "A Study of Some Social Factors in Perception." *Archives of Psychology* 27:1–60.

Silverman, David. 1993. *Interpreting Qualitative Data: Methods for Analyzing Talk, Text, and Interaction.* Newbury Park, CA: Sage.
1999. *Doing Qualitative Research: A Practical Handbook.* Thousand Oaks, CA: Sage.

Silverman, George. 2005. "Qualitative Research: Face-to-Face Focus Groups, Telephone Focus Groups, Online Focus Groups." http://www.mnav.com/qualitative_research.htm, accessed June 1, 2005.

Skedsvold, Paula. 2002. "New Developments Concerning Public Use Data Files." *Footnotes* 30 (1): 3.

Skocpol, Theda. 2003. *Diminished Democracy: From Membership to Management in American Civic Life.* Norman: Oklahoma University Press.

Smith, Andrew E., and G. F. Bishop. 1992. *The Gallup Secret Ballot Experiments: 1944–1988.* Paper presented at the Annual Conference of the American Association for Public Opinion Research, St. Petersburg, FL, May.

Smith, Dorothy E. 1978. *The Everyday World as Problematic.* Boston: Northeastern University Press.

Smith, Vicki. 1998. "The Fractured World of the Temporary Worker: Power, Participation, and Fragmentation in the Contemporary Workplace." *Social Problems* 45 (4): 411–30.

Snow, David A., and Leon Anderson. 1987. "Identity Work among the Homeless: The Verbal Construction and Avowal of Personal Identities." *American Journal of Sociology* 92:1336–71.

Sorokin, Pitirim A. 1937–1940. *Social and Cultural Dynamics.* 4 vols. Englewood Cliffs, NJ: Bedminster Press.

Spohn, Cassie, and Julie Horney. 1990. "A Case of Unrealistic Expectations: The Impact of Rape Reform Legislation in Illinois." *Criminal Justice Policy Review* 4 (1): 1–18.

Srole, Leo. 1956. "Social Integration and Certain Corollaries: An Exploratory Study." *American Sociological Review* 21:709–16.

Stark, Rodney. 1997. *The Rise of Christianity: How the Obscure, Marginal Jesus Movement Became the Dominant Religious Force in the Western World in a Few Centuries.* San Francisco: HarperCollins.

"State Saved $21.7 Billion with Five-Year-Old 'Three Strikes' Law." 1999. *BayInsider*, March 1.

Stearns, Cindy A. 1999. "Breastfeeding and the Good Maternal Body." *Gender and Society* 13 (3): 308–26.

Sterling, T. D., W. L. Rosenbaum, and J. J. Weinkam. 1995. "Publication Decisions Revisited: The Effect of the Outcome of Statistical Tests on the Decision to Publish and Vice Versa." *American Statistician* 49 (1): 108–12.

Stouffer, Samuel, et al. 1949–1950. *The American Soldier.* 3 vols. Princeton, NJ: Princeton University Press.

Strang, David, and James N. Baron. 1990. "Categorical Imperatives: The Structure of Job Titles in California State Agencies." *American Sociological Review* 55:479–95.

Strauss, Anselm, and Juliet Corbin. 1994. "Grounded Theory Methodology: An Overview." Pp. 273–85 in *Handbook of Qualitative Research*, edited by Norman K. Denzin and Yvonna S. Lincoln. Thousand Oaks, CA: Sage.
1998. *Basics of Qualitative Research: Techniques and Procedures for Developing Grounded Theory.* Thousand Oaks, CA: Sage.

Strunk, William, Jr., and E. B. White. 1999. *The Elements of Style*. 4th ed. New York: Macmillan.

Swalehe, Ramadhan, Everett M. Rogers, Mark J. Gilboard, Krista Alford, and Rima Montoya. 1995. "A Content Analysis of the Entertainment-Education Radio Soap Opera 'Twende na Wakati' (Let's Go with the Times) in Tanzania." Arusha, Tanzania: Population Family Life and Education Programme (POFLEP), Ministry of Community Development, Women Affairs, and Children, November 15.

Takeuchi, David. 1974. "Grass in Hawaii: A Structural Constraints Approach." M.A. thesis, University of Hawaii.

Tan, Alexis S. 1980. "Mass Media Use, Issue Knowledge and Political Involvement." *Public Opinion Quarterly* 44:241–48.

Tandon, Rajesh, and L. Dave Brown. 1981. "Organization-Building for Rural Development: An Experiment in India." *Journal of Applied Behavioral Science*, April–June, pp. 172–89.

Taylor, Humphrey, and George Terhanian. 1999. "Heady Days Are Here Again: Online Polling Is Rapidly Coming of Age." *Public Perspective* 10 (4): 20–23.

Thomas, W. I., and Florian Znaniecki. 1918. *The Polish Peasant in Europe and America*. Chicago: University of Chicago Press.

Tuckel, Peter S., and Barry M. Feinberg. 1991. "The Answering Machine Poses Many Questions for Telephone Survey Researchers. *Public Opinion Quarterly* 55:200–217.

Tuckel, Peter, and Harry O'Neill. 2002. "The Vanishing Respondent in Telephone Surveys." *Journal of Advertising Research*, September–October, pp. 26–48.

Turk, Theresa Guminski. 1980. "Hospital Support: Urban Correlates of Allocation Based on Organizational Prestige." *Pacific Sociological Review*, July, pp. 315–32.

Turner, Jonathan H., ed. 1989. *Theory Building in Sociology: Assessing Theoretical Cumulation*. Newbury Park, CA: Sage.

United Nations. 1995. "Human Development Report 1995, New York: United Nations Development Program." [Summarized in Population Communications International. 1996. *International Dateline*, February, pp. 1–4.]

U.S. Bureau of the Census. 1996. *Statistical Abstract of the United States, 1995*. CD-ROM CD-SA-95, April.

2000. *Statistical Abstract of the United States*. Washington, DC: U.S. Government Printing Office.
2001. *Statistical Abstract of the United States*. Washington, DC: U.S. Government Printing Office.

U.S. News and World Report. 1999. "America's Best Colleges." August 30.

Vanderbei, Robert. 2004. "Election 2004 Results." http://www.princeton.edu/~rvdb/JAVA/election2004/.

Veroff, Joseph, Shirley Hatchett, and Elizabeth Douvan. 1992. "Consequences of Participating in a Longitudinal Study of Marriage." *Public Opinion Quarterly* 56:325–27.

Votaw, Carmen Delgado. 1979. "Women's Rights in the United States." United States Commission on Civil Rights, Inter-American Commission on Women. Washington, DC: Clearinghouse Publications.

Walker, Jeffery T. 1994. "Fax Machines and Social Surveys: Teaching an Old Dog New Tricks." *Journal of Quantitative Criminology* 10 (2): 181–88.

Walker Research. 1988. *Industry Image Study*. 8th ed. Indianapolis, IN: Walker Research.

Warner, W. Lloyd. 1949. *Democracy in Jonesville*. New York: Harper.

Webb, Eugene J., Donald T. Campbell, Richard D. Schwartz, Lee Sechrest, and Janet Belew Grove. 2000. *Unobtrusive Measures*. Rev. ed. Thousand Oaks, CA: Sage.

Weber, Max. [1905] 1958. *The Protestant Ethic and the Spirit of Capitalism*. Translated by Talcott Parsons. New York: Scribner.
[1925] 1946. "Science as a Vocation." Pp. 129–56 in *From Max Weber: Essays in Sociology*, edited and translated by Hans Gerth and C. Wright Mills. New York: Oxford University Press.
[1934] 1951. *The Religion of China*. Translated by Hans H. Gerth. New York: Free Press.
[1934] 1952. *Ancient Judaism*. Translated by Hans H. Gerth and Don Martindale. New York: Free Press.
[1934] 1958. *The Religion of India*. Translated by Hans H. Gerth and Don Martindale. New York: Free Press.

Weiss, Carol. 1972. *Evaluation Research*. Englewood Cliffs, NJ: Prentice-Hall.

Weitzman, Lenore J., Deborah Eifler, Elizabeth Hokada, and Catherine Ross. 1972. "Sex-Role

Socialization in Picture Books for Preschool Children." *American Journal of Sociology* 77:1125–50.

Wharton, Amy S., and James N. Baron. 1987. "So Happy Together? The Impact of Gender Segregation on Men at Work." *American Sociological Review* 52:574–87.

Whyte, W. F. 1943. *Street Corner Society.* Chicago: University of Chicago Press.

Whyte, W. F., D. J. Greenwood, and P. Lazes. 1991. "Participatory Action Research: Through Practice to Science in Social Research." Pp. 19–55 in *Participatory Action Research,* edited by W. F. Whyte. New York: Sage.

Wieder, D. L. 1988. *Language and Social Reality: The Case of Telling the Convict Code.* Landman, MD: University Press of America.

Wilson, Camilo. 1999. Private email, September 8.

Wilson, Edward O. 1975. Sociobiology: The New Synthesis, Cambridge, MA: Harvard University Press.

Yammarino, Francis J., Steven J. Skinner, and Terry L. Childers. 1991. "Understanding Mail Survey Response Behavior: A Meta-Analysis." *Public Opinion Quarterly* 55: 613–39.

Yerg, Beverly J. 1981. "Reflections on the Use of the RTE Model in Physical Education." *Research Quarterly for Exercise and Sport,* March, pp. 38–47.

Yinger, J. Milton, et al. 1977. *Middle Start: An Experiment in the Educational Enrichment of Young Adolescents.* London: Cambridge University Press.

术 语 表

摘要（abstract）：（1）研究文章的概要。摘要通常都出现在文章的开头，它陈述了研究目的、研究方法和主要发现。（2）你必须鉴赏（如果你想要在艺术博物馆里给人们留下深刻印象的话）但又无法理解的名贵绘画。见第17章。

方差分析（analysis of variance, ANOVA）：一种分析方法。自变量包括几组，以因变量为标准考察各组的差异程度。然后与随机分布的标准进行比较。见第16章。

匿名（anonymity）：当研究者和读者都不可能将回答和回答者对应起来时，这个研究就可以说达到了匿名的要求。见第3章。

属性（attributes）：人或物的特性。见变量和第1章。

平均数（average）：代表集中趋势——典型性或常规性——的一个含糊术语。算术平均值、中位数和众数都是数学平均数的具体例子。见第14章。

轴向式编码（axial coding）：草根理论方法中对开放编码结果的再分析，目的是生成重要的、一般性的概念。见第13章。

偏差（bias）：（1）将被测量的事物引向某特定方向的测量设备的特性。比如，问题"难道你不认为总统做得正确吗？"就有倾向性，因为它鼓励更为赞成的回答。见第9章。（2）内在于你自己，但又使得他人显得比其实际更好或者更差的那些东西。（3）钉子被你弄歪的样子。（酒后不要开车。）

双变量分析（bivariate analysis）：为了决定两个变量之间的经验关系而同时对两个变量进行分析。一个简单的百分比表格或者一个简单的相关系数的计算，都是双变量分析的例子。见第14章。

鲍嘎德社会距离量表（Bogardus social distance scale）：（1）一种测量技术，用于测量人们与他人建立社会关系意愿的程度。其优势在于能在不损失原始信息的同时，汇总多个不连续的应答。见第6章。（2）在亨弗莱·鲍嘎德的黑白电影中所展现的、你需要努力的社会距离。

个案导向分析（case – oriented analysis）：（1）试图通过探讨每个细节来理解某个或几个个案的分析方法。见第13章。（2）私人研究者的受访对象列表。

个案研究（case studies）：对某社会现象的例子进行深度检验，比如一个村庄、一个家庭或者一个青少年帮派。见第10章。

封闭式问题（closed – ended questions）：受访者被要求在研究者所提供的答案中选择一个答案。因为封闭式问题能够保证回答具有更高的一致性，并且比开放式问题更容易操作，因而在调查研究中相当流行。见第9章。

整群抽样（cluster sampling）：（1）只要该群（丛）被选中，则该群中的所有成员都进入随后的子样本。比如，你可以先从目录中选择美国的大专院校，然后从被选中的大学的学生名单中挑选学生样本。见第7章。（2）从一箱子的坚果中挑选出大个的果子。

编码簿（codebook）：（1）资料处理和分析中所需的一个文档。它通常用来告诉我们不同的资料在资料文档中的位置、编码簿识别资料的位置和用来代表不同变量属性的编码的意义。见第14章。（2）一种花费九牛二虎之力以保证真实的文档。（3）一种让中央情报局的人说真话的文档。

编码（coding）：（1）将原始资料转变成标准化的形式的过程。这样就可以利用机器来处理和分析这些资料。见第11章。（2）如果你重感冒了，就需要吃一种药。

世代研究（cohort study）：研究者历时性地研究亚总体。尽管在每次观察中，数据可能是从不同的成员中收集的。1970年开始的职业历史研究就是一个例子，其问卷每隔5年就发出一次。见第4章。也见**历时研究、小样本多次访问研究和趋势研究**。

历史/比较研究（comparative and historical research）：考察社会的变迁并相互比较。见第11章。

完成率（completion rate）见回答率。

概念图（concept mapping）：（1）概念以及概念之间的关系的图表表示。概念图在理论形成过程中很有帮助。见第13章。（2）在不同方向的情况下，根据逻辑和意愿来判断方位的技术。

概念化（conceptualization）：（1）将模糊的、不精确的观念（概念）明确化、精确化的思维过程。比如你想研究偏见。你指的是什么？是否有不同类型的偏见？是什么？见第5章。（2）知识分子中的性别再生产。

置信区间（confidence interval）：估测总体参数值的范围。比如，某个调查可能显示40%的样本支持候选人A（可怜鬼）。尽管我们预计所有投票者将有40%的人支持A，但不会正好是40%。因此，我们要计算一个置信区间（比如35%-45%之间），即可能的总体支持率。注意：每个置信区间都需要指定一个置信水平。见第7和16章。（2）你敢多接近鳄鱼的程度。

置信水平（confidence level）：（1）总体参数落在一既定置信区间的估测概率。比如，我们可以有95%的信心说35%-45%的投票者会支持候选人A。见第7和16章。（2）你到底有多大的把握确信你花10美元在街头小店买的戒指真的有3卡拉。

保密（confidentiality）：当研究者能够指认特定研究对象的回答，但是承诺不会将之公开时，该研究就达到了保密的要求。见第3章。

持续比较法（constant comparative method）：（1）草根理论的一个构成部分，就是说观察之间相互比较，并将观察和建构中的归纳理论进行比较。见第13章。（2）一种盲测技术。

建构效度（construct validity）：在某理论体系内，某测量与其他变量相关的程度。见第5章。

内容分析法（content analysis）：对记载下来的人类传播媒介的研究，如书籍、网站、绘画和法律。见第11章。

内容效度（content validity）：测量涵盖了某概念所包含的意义范畴的程度。见第5章。

关联问题（contingency question）：只针对部分受访者的问题，其是否需要回答取决于受访者对其他问题的回答。比如，所有的受访者都被问及是否属于"科萨·诺斯特拉"（Cosa Nostra）（美国黑手党犯罪集团的秘密代号，意为"咱们的行当"。——译者注），只有那些回答了"是"的受访者才会被问及他们参加集会、夜餐的频率。后者就是一个关联问题。见第9章。

列联表（contingency table）：（1）用百分

比分布来表示变量关系的格式。见第 14 章的说明和建表指南。（2）保留牌桌以备客人某天带着七个小孩来参加晚宴。

连续变量（continuous variable）：其属性是逐步、稳定增加的变量。如年龄和收入。一群人的年龄可以包括 21、22、23、24 等等，它可以分解为每年甚至更细。与此形成对比的是离散变量，比如性别或者宗教归属，它们的属性都是不连续的。见第 14 章。

控制组（control group）：（1）在实验中没有被施以刺激的受试者，但是在其他方面则和实验组一样。控制组和实验组的比较是要发现实验刺激的效果。见第 8 章。（2）美国经理人协会。

控制变量（control variable） 见**检验变量**。

谈话分析（conversation analysis，CA）：对谈话细节的仔细分析，这种方法建立在详尽记录——包括休止符、感叹词、支吾声等——的基础上。见第 13 章。

相关（correlation）：（1）两个变量值之间的经验关系，如（a）一个变量的改变影响到另一个变量的改变，或者（b）一变量的特定属性跟另一变量的特定属性相关。比如，我们说教育和收入相关：教育水平越高收入就越高。相关本身并不意味着两变量之间的因果关系，但却是因果关系的一个标准。见第 4 章。（2）跟你和你的朋友都有关系的那个人。

成本—收益研究（cost-benefit studies）：确定项目的结果是否可以通过它的支出（财政或其他方面）获得合法性。见第 12 章。

标准关联效度（criterion-related validity）：某测量与外在标准相关的程度。比如，大学董事会的效度在于其预测学生在校学业成就的能力。也被称为**预测效度**。见第 5 章。

跨个案分析（cross-case analysis）：对多于

一个的个案进行分析——可以是变量导向分析也可以是个案导向分析。见第 13 章。

截面研究（cross-sectional study）：以代表了某个时间点的观察为基础的研究。区别于**历时研究**。见第 4 章。

曲线回归分析（curvilinear regression analysis）：在曲线回归分析中，利用曲线而不是直线来表达变量之间的关系。见第 16 章。

任务报告（debriefing）：（1）和对象交流，以让他们了解其在研究中的经历。当存在伤害参与人的可能性时，这种报告是尤为重要的。见第 3 章。（2）贬低他人的缺点。不要这样做。这不好。

演绎（deduction）：在这种逻辑模型中，特定的命题来自于普遍性的原理。如果普遍性原理认为所有的院长都是小气鬼，那么你就可能会想到这个家伙不会让你改变你的课程。这种期望就来自于演绎的结果。见第 1、2 章和归纳法。（2）国税局说你那寄生的姐夫在技术上并非如此。（3）你这家伙。

因变量（dependent variable）：（1）该变量被假定是依赖于或是由其他变量（也就是自变量）引起的。如果你发现收入部分上是正式教育总量的函数，那么收入就是被当作因变量来看待的。见第 1 章。（2）无用的变量。

描述统计（descriptive statistics）：或者描述样本属性，或者描述样本中的变量关系的统计计算。描述统计只是对样本观察的总结；而推论统计则超越特定的描述而对样本所代表的总体特性进行推论。见第 16 章。

维度（dimension）：概念的一个方面。例如："虔诚"，可以表现在信仰维度、仪式维度、投入维度、知识维度等。见第 5 章。

离散变量（discrete variable）：（1）其属性彼此隔离，或者说不连续的变量。比如性别或者宗教归属，一个属性和下一个属性并不连贯。年龄（连续变量）的属性可以从 21、22 稳定连续地增到 23 等等；而性别中的男性和女性之间则没有什么连续性。见第 14 章。（2）非公开性的变量。*

鉴别分析（discriminant analysis）：除因变量可以为定性变量外，鉴别分析与多元回归分析类似。见第 16 章。

离散趋势（dispersion）：围绕中心值——比如平均数——的分布。极差就是个简单例子。比如，我们可以报告说平均年龄是 37.9 岁，范围从 12 岁到 89 岁。见第 14 章。

曲解变量（distorter variable）：在详析模式中，颠倒零阶关系的方向的变量。见第 15 章。

双盲实验（double-blind experiment）：受试者和实验者都不知道哪些是实验组、哪些是对照组的一种实验设计。见第 8 章。

区位谬误（ecological fallacy）：在只对群体进行观察的基础上，错误地得出个体层次上的结论。见第 4 章。

详析模式（elaboration model）：通过控制第三变量的影响来理解两变量之间的关系的逻辑模式。其主要是拉扎斯菲尔德发展出来的。详析模式的多种结果是复证、辨明、阐明和标明。见第 15 章。

要素（element）：（1）构成总体的单位，也是样本所包含的内容。注意区别于资料分析中的分析单位。见第 7 章。（2）大象呼吸有问题时所吃到的东西。*

EPSEM（equal probability of selection method）：在这种样本设计中，总体中的每个成员都具有相等的被选进样本的机会。见第 7 章。

民族志（ethnography）：其对社会生活的关注在于详细、准确地描述，而非解释。见第 10 章。

常人方法学（ethnomethodology）：着力于发现社会生活中隐含的、通常没有不说出来的假设和共识的一种方法。这种方法常常使用打破共识这种方法来解释共识的存在。见第 10 章。

评估研究（evaluation research）：评估研究就是要判断某社会干预——比如某项试图解决社会问题的措施——的结果。见第 12 章。

事后假设（ex post facto hypothesis）：在证实性的资料已经收集起来之后才提出的假设。由于不存在证伪的可能性，所以这种假设是没有意义的。见第 15 章。

实验组（experimental group）：在实验中被施以刺激的受试者。见第 8 章。

辨明（explanation）：（1）两变量之间的初始关系被证实是虚假的——因为引入控制变量后原关系消失了——这样一种详析模式结果。见第 15 章。（2）"我的小妹吃了我的作业"。

扩展的个案方法（extended case method）：波罗威所发展出来的一种个案研究方法，它是用来发现现有社会理论的缺陷并发展现有理论的。见第 10 章。

外在无效度（external invalidity）：实验结果概化到"现实"世界的可能性。见第 8 章和内在无效度。

外在鉴定（external validation）：通过检验某测量（如指标或者量表）和测量同一变量的其他指标之间的关系来判断该测量的效度。比如，如果指标真正测量了偏见，那么该指标应该和测量偏见的其他指标相关。见第 6 章。

表面效度（face validity）：（1）衡量一个指标的品质，即该指标看起来是否能对某变量进行合理测量。比如，进教堂的频数是一个人虔诚度

---

* 带星号的补充定义来自詹姆斯·英斯顿（James Instone），澳大利亚的新英格兰大学。

的指标，这无需过多解释就让人觉得是合理的。它就具有表面效度。见第 5 章。（2）你显得和你驾照上的照片看起来一模一样（极少见，而且可能还是不幸的）。

因素分析（factor analysis）：用来判断存在于一组具体观察内部的因素或者一般纬度的复杂的代数方法。见第 16 章。

专题小组（focus group）：同时访谈一群人，并鼓励讨论。这种技术经常在市场调研中使用，比如请一群消费者评估产品或者讨论某种商品。见第 10 章。

频次分布（frequency distribution）：（1）就是对一样本中变量的不同属性出现次数的描述。比如说，样本的 53% 是男性，47% 是女性。另一个例子可以是 15 个被研究的城市人口在 1 万以下；23 个城市的人口在 1 万和 2.5 万之间。等等。见第 14 章。（2）收音机的调频。

地 理 信 息 系 统（Geographic Information Systems，GIS）：研究者把定量数据制成地图以描述地理单元。见第 16 章。

草根理论（grounded theory）：（1）一种研究社会生活的归纳方法。它试图通过比较观察来总结出理论。这跟假设检验很不一样，在后者，假设来自于理论，并接受观察的检验。见第 10 章。（2）无法飞跃的理论。

草根理论方法（Grounded Theory Method；GTM）：格拉索和斯特劳斯创立的一种归纳方法。在这种方法中，理论只来自于资料而不是演绎。见第 13 章。

哥特曼量表（Guttman scale）：（1）用于总结多个不连续的观察的一种复合测量，它代表了一些更加概括的变量。见第 6 章。（2）哥特曼进行自我评估的工具。

假设（hyphothesis）：关于经验事实的可检验的特定期望，它遵从更为一般性的命题；更为

一般地说，它是关于来自理论的、事物的、本质的期望。是关于在现实世界中应该能够观察到什么的期望——假定理论是正确的话。见第 2 章。

个案式解释（idiographic）：一种解释的方式。在这种解释方式中，我们试图穷尽某个特定情形或是事件的所有原因。试着列出你选择这个大学的所有原因。给定所有这些原因，要做出你的选择还是很困难的。见第 1 章。

自变量（independent variable）：（1）该变量的值在分析中是不受质疑的，而是被当作给定的。自变量被看做是原因或是决定因变量的因素。如果我们性别部分地影响宗教虔诚度（女性比男性更虔诚），则性别是自变量，宗教虔诚度是因变量。注意，任何变量都可以在某个分析中充当自变量，而在另一个分析中充当因变量。宗教虔诚度就可以看做是解释犯罪的自变量。见第 1 章和**因变量**。（2）不接受建议的变量。

指标（index）：一种复合测量，它包含了多个具体的观察，并代表着一些更一般的纬度。跟**量表**进行对比。见第 6 章。

指标（indicator）：我们所选择的观察，它反映我们所要研究的变量。比如，进教堂就可以是宗教虔诚度的一个指标。见第 5 章。

归纳（induction）：（1）在这种逻辑模型中，普遍性的原理是从特定的观察中发展起来的。如果被告知犹太人和天主教徒比新教徒更倾向于投民主党的票，你可能会得出美国社会中的宗教少数群体更亲近于民主党这个结论，并解释为什么。这就是一个归纳的例子。见**演绎**，第 1 和 2 章。（2）填鸭艺术。

推论统计（inferential statistics）：即从样本观察的发现推论到总体的统计方法。见**描述性统计**和第 16 章（注意不要和恶魔般的统计相混淆——恐惧统计的学生们所描绘的一个特征）。

线人（informant）：对你所渴望研究的社会

现象相当精通的人，而且他还愿意告诉你他所知道的。如果你们要对某宗教团体进行参与观察，最好与那些熟悉该宗教团体的人——可以是该团体的成员——搞好关系，以获得有关该团体的一些背景资料。注意不要和受访者混为一谈。见第 7 章。

知情同意（informed consent）：这种规范要求，基于自愿参与的原则而进入研究的对象，必须完全了解他们可能受到的危害。见第 3 章。

制度民族志（institutional ethnography）：一种利用个人经历来揭示个人活动于其中的权力关系和其他制度特性的方法。见第 10 章。

内在无效度（internal invalidity）：（1）指的是从实验结论并没有准确反映实验本身的可能性。见第 8 章和外在无效度。（2）祖辈所有的及穿着的特殊"尿布"。*

阐明（interpretation）：跟详析模式相关联的一个术语。它表示的研究结果是说控制变量是原初相关关系的中间变量，也就是说，自变量通过影响控制变量和影响因变量。见第 15 章。

定距测量（interval measure）：该测量层次所描述的变量的属性可以排序，而且相邻属性之间的距离是相等的。华氏温度量表就是一个例子，因为 17 度和 18 度之间的距离等于 89 度和 90 度之间的距离。见第 5 章和**定性测量、定序测量和定比测量**。

访谈（interview）：访谈者直接向受访者提问的资料收集方式。访谈可以通过面对面的方式进行，也可以通过电话进行。见第 9 章作为调查研究方法的访谈。

项目分析（item analysis）：评估复合测量中所包含的每个项目是具有独立的贡献，还只是复制了其他项目的贡献。见第 6 章。

判断式抽样（judgmental sampling）：（1）见**目的式抽样**和第 7 章。（2）一种武断抽样。

隐性内容（latent content）：（1）与内容分析法相关的、传播媒介中所隐含的意义。刚好区别于他们的显性内容。见第 11 章。（2）你所要的就是隐晦的。

显著水平（level of significance）：（1）在统计显著性检验中，观察到的经验关系能够归因于抽样误差的可能性。如果其出于抽样误差的可能性不超过 5%，那么就可以说在 0.05 水平上该关系是显著的。见第 16 章。（2）户外广告的高度限制。

李克特量表（Likert scale）：李克特所发展出来的复合测量类型，它试图通过在问卷调查中使用标准化的回答分类来提高社会研究中的测量层次，并以此来决定不同项目的相对强度。李克特项目就是利用诸如非常同意、同意、不同意、非常不同意这样的回答分类。这些项目在李克特量表的建构中会用到，同时也可以用在其他类型的复合测量中。

线性回归（linear regression analysis）：一种统计分析模型。它寻求能够最佳描述两个定比变量之间关系的直线等式。见第 16 章。

对数线性模型（log-linear models）：一种资料分析技术，建立描述变量相关关系的模型，然后比较预期和观察的频次。见第 16 章。

历时研究（longitudinal study）：该研究设计需要收集不同时间点的数据。见第 4 章和**世代研究、小样本多次访问研究、趋势研究**。

宏观理论（macrotheory）：一种试图理解制度、整个社会和社会之间的互动等"大图景"的理论。马克思关于阶级斗争的分析就是宏观理论的一个例子。见第 2 章。和微观理论进行对比。

显性内容（manifest content）：（1）与内容分析法相关的、传播媒介中所包含的有形的词语。它刚好区别于隐性内容。见第 11 章。（2）

狂怒之后你所表现的。

配对（matching）：在实验中，考察这些初选受试者的一个或多个特征，将一对相似的受试者，随机地分别分到实验组和对照组。见第8章。

平均值（mean）：（1）加总多个观察值，除以观察单位总数所得到的一个平均值。比如，如果你原来10门课的平均得分是4.0。而你这门课程的得分是F，那么你新的平均得分（平均值）就是3.6。见第14章。（2）如果你的老师给了你这个分数，这就是你的学习质量。

中位数（median）：（1）在观察属性排列中位于"中间"的那个个案的值。比如，如果5个人的年龄分别是16、17、20、54和88，那么中位数就是20。（平均数是39）见第14章。（2）安全驾驶和飙车之间的分界线。

备忘录（memoing）：即在定性研究（如草根理论）中所作的记录，它是分析资料的一部分。备忘录既可以描述、界定概念，涉及方法论问题，或者提供初始的理论陈述。见第13章。

微观理论（microtheory）：一种试图通过理解个体及其相互之间的互动来理解社会生活的理论。关于男女之间的游戏行为如何不一样的研究就是一个微观理论的例子。见第2章。

众数（mode）：（1）代表着最常出现的观察值或者属性。比如，如果一个样本中有1000个新教徒、275个基督教徒和33个犹太教徒，那么新教徒就是众数类别。见第14章关于集中趋势的更多讨论。（2）比中位数好点。

检测研究（monitoring studies）：检测研究提供了关注议题——比如，犯罪率或流行病的爆发——的稳定信息流。见第12章。

多元回归分析（multiple regression analysis）：这种统计分析模型寻求代表了两个或更多的自变量对单个因变量影响等式。见第16章。

多元时间序列设计（multiple time-series designs）：运用多套时间序列资料，进行比较分析的方法。比如对几个国家或者城市在一段时间内的交通事故率。见第12章。

多变量分析（multivariate analysis）：对几个变量之间的关系的同时分析。比如，同时分析年龄、性别和社会阶级对宗教虔诚度的影响。见第14章。

自然主义（naturalism）：一种实地研究的方法。其假设存在客观的社会现实，而且这些现实能够被正确地观察和报告。见第10章。

需求评估研究（needs assessment studies）：旨在确定问题的存在和程度，尤其是在一部分人口，比如老年人口中存在的问题。见第12章。

定性测量（nominal measure）：在该测量层次下，变量的属性只有完备性和排他性特征。也就是说，该测量层次只是描述了属性之间的差异——这也是它与定序、定距和定比测量的区别。性别就是定性测量的一个例子。见第5章。

通则式解释（nomothetic）：一种解释方式。在这种解释方式中，我们试图寻找一般性地影响某些情形或者事件的原因。想象两个或者三个决定学生选择哪所学校的关键因素，如地缘接近、声誉等等。见第1章，和**个案式解释**对照。

非同等对照组（nonequivalent control group）：跟实验组相类似控制组，但不是随机产生的。这种控制组在因变量或者跟因变量相关的变量上，显著不同于实验组。见第12章。

非概率抽样（nonprobability sampling）：抽取样本的方式并不依据概率理论。比如**就近抽样、目标式（判断式）抽样、配额抽样和滚雪球抽样**。见第7章。

非抽样误差（nonsampling error）：（1）即来自抽样误差之外的资料质量的瑕疵。其中包括受访者对问题的误解、访谈者的错误记录、编码和打孔错误。见第 16 章。（2）因为决定访问所有的对象所造成的误差；而不是抽样误差。

零假设（null hypothesis）：（1）与假设检验和统计显著度检验相关的假设，该假设认为正在被研究的变量之间不存在相关关系。在统计上否定了零假设之后，你就可以得出结论认为变量之间是相关的。见第 2 章。（2）对没有关系的期待。

开放编码（open coding）：在定性资料分析中，对概念的初始分类和标注。在开放编码中，编码是由研究者对资料的检验和质问决定的。见第 13 章。

开放式问题（open-ended questions）：受访者被要求做出自己的回答的问题。深度访谈和定性访谈就基本依赖于开放式问题。见第 9、10 章。

操作定义（operational definition）：根据对观察进行分类的操作而做出的具体的、特定的定义。"在课程中得 A"的操作定义，就可以是"至少正确回答 90% 的期末测试的问题"。见第 2 章。

操作化（operationalization）：（1）走出概念化的一步操作化是发展操作定义的过程，或是对在测量变量时所用到的精确操作的说明。见第 2 和 5 章。（2）对知识的解剖。

定序测量（ordinal measure）：该测量层次描述了变量的属性沿着某个纬度的排行序列。如社会经济地位是由高、中、低三种属性组成的。见第 5 章和**定性测量、定距测量、定比测量**。

小样本多次访问研究（panel study）：也是一种历时研究，其中的数据是从不同时间点的同一批对象收集起来的。见第 4 章和**世代研究、历时研究、趋势研究**。

范式（paradigm）：（1）用以指导观察和理解的模型或框架。它不仅形塑了我们所看到的事物，同时也还影响着我们如何去理解这些事物。冲突范式指引我们以某种方式来看待社会行为，而互动主义范式则指引我们以另一种方式来看待社会行为。见第 2 章。（2）￥0.20。

参数（parameter）：对总体中的某变量的概括性描述。见第 7 章。

净（partial）：参见净关系。

偏回归分析（partial regression analysis）：（1）在这种回归分析中，某个或者多个变量的作用被控制住了。它跟详析模式很相似。见第 16 章。（2）你没有时间完成的一种回归分析。

净关系（partial relationship）：（1）详析模式中，控制了第三个变量的情况下，两个变量在子群中的相关关系。比如，政治党派和对堕胎的态度之间没有关系。但我们可以看看在男性和女性（也就是控制性别）中这种是否也是真实。男性和女性中所发现的各自的相关关系就是净关系，有时也称为偏相关。见第 15 章。（2）你会带某人去听歌剧，但不会带他去看泥浆摔跤。

参与行动研究（participatory action research）：在这种社会研究中，研究对象对研究目的和程序具有一定的控制权；它反对那种认为研究者优于研究对象的假定。见第 10 章。

路径分析（path analysis）：（1）一种用图表格式来表达变量之间的因果关系的多变量分析模型。见第 16 章。（2）沿着马迹行走。

抄袭（plagiarism）：将他人的话或者思想当作是自己的，就是一种智力剽窃。见第 17 章。

总体（population）：理论上研究要素的特定集合体。见第 7 章。

后测（posttesting）：（1）在接受自变量的刺激之后因变量的测量。见第 8 章。（2）我妹妹学开车时所做的。*

概率比率抽样（probability proportionate to

size，PPS）：（1）一种多级整群抽样，其中的群被选取的概率并不相等（见 EPSEM），其被选中的概率和其规模大小——根据其子样本的数量来衡量——成比例。见第 7 章。（2）先行者的机会：你或返给你 275 磅。

预测效度（predictive validity）：见标准关联效度。

概率抽样（probability sampling）：根据概率理论来选择样本的方法的总称。一些随机选择机制就是典型。具体的概率抽样类型包括 **EPSEM**、**PPS**、**简单随机抽样**和**系统抽样**。见第 7 章。

追问（probe）：一种在访谈中会用到的技巧，以获得更为详尽的答案。通常是间接的词语或者问题，可以鼓励受访者提供更详细的回答。比如"还有什么？"和"是什么样的呢？"见第 9 章。

项目评估/结果评估（program evaluation/outcome assessment）：确定一项社会干预是否产生出预期的结果。见第 12 章。

消减误差比例（proportionate reduction of error，PRE）：评估关系强度的一个逻辑模型。其原理是知道了一个变量的值之后，再去猜测另一变量的值所能减少的误差。比如，如果我们知道了人们的教育水平，就能够提高估测其收入的准确程度，那么就可以说这两个变量之间存在相关。见第 16 章。

目标式抽样（purposive sampling）：一种非概率抽样。其选择观察对象的方式是以个人的判断（对象是否最有效或者最有代表性）为基础的。也就是**判断式抽样**。见第 7 章。

定性分析（qualitative analysis）：（1）对观察进行非数字化的考察和解释的过程，其目的是要发现内在的意义和关系模式。尤其应用在实地研究和历史研究中。见第 13 章。（2）一种

以上等分析。

定性访谈（qualitative interview）：跟调查访谈相比，定性访谈的基础是一组进行深度访谈的主题，而不是标准化的问题。见第 10 章。

定量分析（quantitative analysis）：（1）为了描述和解释观察所反映的现象，而使用的数值表示和处理方法。见第 14 章，尤其是第 4 篇的剩余部分。（2）大规模分析。

准实验设计（quasi-experiments）：一种有点类似于实验设计但又不是很严格的方法，它缺少实验设计中一些关键性的要素，比如前测、后测和/或控制组。见第 12 章。

问卷（questionnaire）：其中包括了问题和其他类型的项目。我们用它来获取和分析相关的信息。问卷主要是在调查研究中使用，但同时也可以在实验、实地研究和其他观测方法中使用。见第 9 章。

配额抽样（quota sampling）：一种非概率抽样方法。一种根据预先了解的总体特征来选择样本的方法，这样就能够保证样本的特征分布和所要研究的总体一样。见第 7 章。

随机选择（random selection）：一种抽样方法。在抽样中，每个对象都有同样被选中的机会。

随机化（randomization）：随机地将受试者分为实验组和对照组的方法。见第 8 章。

定比测量（ratio measure）：该测量层次不仅描述了定性、定序和定距测量所提到过的属性，另外它还是以"真实的零"为基础的。年龄就是定比测量的一个例子。见第 5 章和**定性测量、定序测量、定距测量**。

反应性问题（reactivity）：指社会研究的研究对象可能会基于被研究的事实而改变自己的行为，从而使他们的行为与正常状态的行为不一致。见第 10 章。

简化论（reductionism）：（1）某些研究者所犯的错误：局限于只将某些类型的概念应用于被研究的现象。见第 4 章。（2）克隆鸭子。

回归分析（regression analysis）：（1）用等式（也称作回归方程式）的形式来表示变量之间关系的一种资料分析方法。见第 16 章的其他类型的回归分析。（2）考试前，你掌握的社会研究方法知识。

信度（reliability）：（1）指的是测量方法的质量，即对同一现象进行重复观察是否可以得到相同的资料。在调查研究中，我们就会期望问题"你每周都进教堂吗？"比问题"在你生命中，你进过多少次教堂？"的信度更高。但是不要和效度相混淆。见第 5 章。（2）假话的可重复性品质。

复证（replication）：（1）重复研究，证实或质疑之前的研究。参见第 1 章。（2）跟详析模式相关的一个技术术语，它指的是引入控制变量之后，原有的两变量关系并没有改变。这也就进一步加强了原关系为真的信心。见第 15 章。

代表性（representativeness）：（1）就是样本具有跟其所从中挑选出来的总体相同的特征。通过对样本的分析所得出来的描述和解释也同样适用于总体。通过概率抽样，代表性得到了提升，也提供了抽象性，并可用于统计推论。在概率抽样下，代表性会更好。见第 7 章。（2）美国某些参议员的代表自身的品质。

研究专论（research monograph）：一个跟书本一样长的研究报告——出版的或者没有出版的。它跟教科书、散文书、小说等都不同。见第 17 章。

受访者（respondent）：通过回答调查问卷来提供分析资料的个体。见第 9 章。

回答率（response rate）：参与调查的人数与样本总数之比（百分比的形式）。也称为**完成**率，在自行填答的调查中也称为**返还率**：返还问卷在所发出问卷的比例。见第 9 章。

回收率（return rate）：见回答率。

抽样误差（sampling error）：概率抽样中期望的误差程度。决定抽样误差的公式包含三个因素：参数、样本规模和标准误。见第 7 章。

抽样框（sampling frame）：是总体要素的列表或准列表。要想保证样本对总体的代表性，抽样框就要包含所有的（或者接近所有的）总体成员。见第 7 章。

抽样间距（sampling interval）：从总体中选取样本的标准距离。见第 7 章。

抽样比率（sampling ratio）：被选择的要素与所有总体要素数量的比率。见第 7 章。

抽样单位（sampling unit）：在一些抽样阶段所要考虑到的要素或者某组要素。见第 7 章。

量表（scale）：（1）一种复合测量，由多个具有逻辑结构或是经验结构的项目组成。量表的例子包括鲍嘎德社会距离量表、瑟斯东量表、李克特量表、哥特曼量表。见第 6 章。（2）鱼并不那么可口的部分。

搜索引擎（search engine）：一种专门设计来在万维网上查找出现特定名词的网页的电脑程序。见第 17 章。

二手分析（secondary analysis）：（1）指的是某人所收集和加工的资料被另一人所用——经常是出于不同的目的。尤其适合于调查资料。资料档案就是储存和分发二手分析的资料的仓库或说图书馆。见第 9 章。（2）估测对方后卫球员的体重和速度。

选择式编码（selective coding）：在草根理论方法中，选择式编码是对开放编码和轴心编码结果的分析，目的是形成中心概念，可以用来组织文本材料中已生成的其他概念。

语意差别（semantic differential）：一种问

题格式，要求受访者在两个极端的形容词（比如，说一本书是"乏味的"和"吸引人的"）间做出评分，用修饰词，如"非常""有点""都不"等把两个对立的极端术语联在一起。见第6章。

符号学（semiotics）：（1）对符号以及与符号相关的意义的研究。通常应用在内容分析中。见第13章。（2）半效的抗菌素。*

简单随机抽样（simple random sampling）：（1）典型的概率抽样，在这种概率抽样中，代表着总体的单元用一个数字来代替。这样就有了一个随机数字表。在挑选样本时直接选取这些数字即可。这种方法尽管来自概率论及其计算，但由于操作上原因，其使用却很少。一个等效的方法是系统抽样（开始时随机）。见第7章。（2）低智商的随机抽样。

滚雪球抽样（snowball sampling）：（1）一种经常用于实地研究的非概率抽样方法：每个被访问的人都可能被要求介绍其他的人来参与访谈。见第7和10章。（2）朝你的方法指导老师扔冰球。

社会人为事实（social artifact）：人或其行为的产物。也可以是一种分析单位。见第4章。

社会指标（social indicators）：反映社会生活的状态或质量的测量，比如犯罪率、婴儿死亡率、每10万人中医生数量，等等。社会指标通常是用来判断某一社会变革的性质。见第12章。

生物社会学（sociobiology）：一种范式，认为社会行为可以用基因和行为特征来解释。见第4章。

标明（specification）：（1）详述：使得概念更为明确的过程。见第5章。（2）标明：详析模式中用到的一个技术术语。它表示的详析结果是说引入控制变量之后，两变量之间的初始关系在某些子群中继续存在，而在另外一些子群中则不复存在。这个时候，你就要标明初始关系存在的条件：比如，存在于男性中间，而不存在于女性中间。见第15章。

虚假关系（spurious relationship）：（1）两变量之间巧合性的统计相关，其实是由第三个变量引起的。比如，出现在火灾现场的救火车数量和受灾程度存在正比关系：救火车越多，损失就越大。第三个变量就是火灾的规模。火灾规模越大，派出的救火车就越多；同时，火灾规模越大，造成的损失也就越大。如果是小火灾，可能就只派出几辆救火车，损失也不会很大。派出的车辆越多并不会造成更多的损失。事实上，给定火灾规模，派出的车辆越多只会减少损失。见第4章。（2）你觉得你们的关系已经很稳固了，但是@#&@#*可能只当你是"朋友而已"。

标准差（standard deviation）：（1）对围绕平均值的离散趋势的测量。比如说68%的个案将会位于离平均值加减一个标准差的范围内；95%的个案将会位于加减两个标准差的范围内；99.9%的个案位于加减三个标准差的范围内。比如，如果某群体的平均年龄是30岁，而标准差为10。那么68%的人的年龄在20和40之间。标准差越小，值就越围绕平均值而聚集；如果标准差很大，值就很分散。见第14章。（2）习惯性地打破规则。

统计量（statistic）：对样本中的变量的概括描述，并被用来估测总体参数。见第7章。

统计显著性（statistical significance）：（1）指的是样本中所观察到的关系能够归因于抽样误差的可能性。见统计显著性检验和第16章。（2）你统计考试不及格所意味着的重要性程度。我是说，你可以做一个诗人。

分层抽样（Stratification）：在抽样之前将总体分为同质性的不同群（或层）。这一程序能够提高样本的代表性（起码就分层变量而言是这样的），它还可以和简单随机抽样、系统抽样或是整群抽样结合起来使用。见第 7 章。

研究总体（study population）：从中选抽出样本的全体要素总和。见第 7 章。

抑制变量（suppressor variable）：在详析模式中，使得初始关系不能显现的检验变量。见第 15 章。

系统抽样（systematic sampling）：（1）选择完整名单中的每第 K 个要素组成样本的概率抽样方法。比如，抽取大学学生名单里的每 25 人的第一个学生。用总体数量除以 K 就是样本规模。**K 就是抽样间距**。在某些情况下，系统抽样方法与简单随机抽样方法几乎是一致的，还比较简单易行。典型地，第一个要素通常都被随机选中。见第 7 章。（2）不管是不是冰球都每三个抽一个。见**滚雪球抽样**（2）。

检验变量（test variable）：在进一步澄清其他两变量之间的关系时保持不变的变量。比如，发现了教育和偏见之间存在相关关系；我们可以将性别看做是恒量，进而分别检验男性和女性各自的教育和偏见之间的关系。在这个例子中，性别就是检验变量。见第 15 章。

统计显著性检验（tests of statistical significance）：（1）该类统计计算揭示的是样本中所观察到的关系能够归因于抽样误差的可能性。见第 16 章。（2）统计改善人类生活质量的信心。（3）会在很大程度上影响你的课程得分和 GPA 的测验。

理论（theory）：对与某特定生活方面**相关的观察的系统解释**：如青少年不良行为，或社会分层、政治革命。见第 1 章。

瑟斯东量表（Thurstone scale）：一种复合测量，根据"裁判"对变量的指标所给出的权重来建构。见第 6 章。

时间序列分析（time-series analysis）：对一历时变量（如犯罪率）的分析。见第 16 章。

时间序列研究（time-series design）：该研究设计研究随时间而变动的过程，比如对降低限速标准前后的交通事故的研究。见第 12 章。

趋势研究（trend study）：是一种历时研究，其中总体的某些特征一直得到研究。一个例子是，盖洛普的系列民意调查显示了在大选期间，选民对政治候选人的偏好——即使每一时点都采访不同的样本。见第 4 章和**世代研究、历时研究、小样本多次访问研究**。

分类法（typology）：（1）根据两个或是多个变量的属性来对观察进行分类（典型地体现在定性测量中）。比如，将新闻分为自由主义—城市、自由主义—农村、保守主义—城市、保守主义—农村。见第 6 章。（2）为你的围巾道歉。

分析单位（units of analysis）：研究什么和研究谁。在社会科学研究中，最典型的分析单位就是个体。见第 4 章。

单变量分析（univariate analysis）：出于描述的目的，对单个变量进行分析。频次分布、平均值和离散趋势测量都是单变量分析。它跟**双变量分析和多变量分析**形成对照。见第 14 章。

非介入性研究（unobtrusive research）：一种在不影响研究对象的情况下研究社会行为的方法。它可以是定性的也可以是定量的。见第 11 章。

URL：（1）网页地址，一般都是以"http：//"开头；表示的是"统一的资源地址"或者"通用的资源地址"。见第 17 章。 （2）"Earl"的语音拼写。（3）在我像感冒时发出的声音被母亲听到时，她对我说的。*

效度（validity）：指的是测量准确地反映了需要测量的概念。比如，IQ 就比你在图书馆呆了多少小时更有效地衡量了你的智力水平。尽管，最有效的测量可能永远也找不到；但是在**表**

面**效度**、**标准效度**、**内容效度**和**建构效度**都得到满足的情况下，我们就认同其**相对效度**。请不要与**信度**混淆。见第 5 章。

变量（variables）：属性在逻辑上的归类。"**性别**"这个变量就由**男性**和**女性**两个属性组成。见第 1 章。

变量导向分析（variable-oriented analysis）：描述和/或解释特定变量的分析方法。见第 13 章。

加权（weighting）：赋予以不同概率入选样本的要素不同的权重。最简单的，每个样本要素的权重为其被选中概率的倒数。当所有的要素入选样本的几率相同时，也就无需加权。见第 7 章。

零阶关系（zero-order relationship）：（1）在详析模式中，也就是在不引入控制变量的情况下，两变量之间的初始关系。见第 15 章。（2）一个无法计算的日期。那就先不用管它。你可以求助于社会研究方法。

索　引

* 以下页码指原书页码，见本书"〖 〗"内（编者注）。

译后记（第八版）

这本书本该在新千年的第一个月与读者见面，之所以拖到阳春三月，原因在我。早在 1999 年的上半年，华夏出版社负责这本书的蔡翔先生就要求，译稿必须在 10 月全部交清，以便赶上 2000 年 1 月的全国图书订货会。为了赶这个期限，我召集了一批"救火队员"，日夜兼程。尽管如此，在最后的期限到来之前，我仍然没有完成译稿。

之所以没有按时交稿，现在看来，部分归因于我和这本书的渊源。

第一次接触巴比的《社会研究方法》是 20 世纪 80 年代后期我在武汉教书的时候，当时我讲授的课程也是《社会研究方法》，但没有教材，想找一本这方面的参考书非常困难。当我在书店见到四川人民出版社出版的巴比的《社会研究方法》的简写本时，真是如获至宝，那种体验至今记忆犹新。正因为如此，由李银河先生编译的那个小册子，也成了领我走进社会学殿堂的第一本方法教科书。通过它，我开始了解社会学作为一门科学的基本方法，也开始懂得什么样的研究可以叫做社会学研究，社会学研究与人们的日常观察有什么相同和不同。

第二次接触巴比的《社会研究方法》是 20 世纪 90 年代初期在我老师的书架上。那是恩师在美国考察时作者送的，上面有作者的亲笔签名（即作者在中文版序言中说到的那一本），也是我第一次见到原书。后来当我有机会在北京大学图书馆的南天井见到这本书的第 4 版时，就毫不犹豫地买了一本。遗憾的是，这么多年来，除了翻看目录或把它当作工具书查阅以外，并没有一字一句地阅读过原文。

所以，当我从出版社拿到这本书的第 8 版时，我就知道，这一次是逃也逃不掉了，非得认真地、一字不漏地从头读到尾不可了。既然如此，那就认真地读吧！既对中文版的读者负责，也对原作者负责，还可以认真地温习一遍功课，何乐而不为！从 1999 年的 6 月开始，我几乎放下了手中的一切大小事情，一路读来，渐入佳境。一本教科书，能够写得如此流畅自然、引人入胜，并把一些复杂的方法问题与日常生活中的事物衔接起来，表达得清楚明白、通俗易懂，也算是教书匠中的高人了！难怪这本书在教科书多如牛毛的美国能够经久不衰，新版不断，并被介绍到英语国家以外的世界。

自从涂尔干提出用"社会事实"解释社会现象以来，社会研究方法的发展在一个多世纪里经历了几番折腾和起伏，其中"概化"（generalization）既是起点，也是归属点，从社会哲学的演绎到实证的归纳，都要落脚到如何描述和解释社会现象。20 世纪初盛行的是各种推理和逻辑演绎，进入 60 年代，当帕森斯式的宏观理论受到质疑以后，尽管欧洲的社会学仍然沿袭法兰克福学派和法国年鉴学派的传统，但实用主义和实证主义盛行的美国社会学的主流则开始进入了以实证研究为基础的数理逻辑时代，各种基于数理统计基础的方法被广泛应用于社会学，并成为学术期刊文章的主体。正如作者在书中所说的，一些学术期刊甚至会因为没有统计显著性检验而将一篇上好的文章枪毙。到 1980 年代，这种数理逻辑风潮几乎发展到了极致，部分方法甚至成了大多数圈内人都不理解的天书。

正因为如此，喜欢演绎逻辑或文化解释的学者们对癫狂于数理逻辑的学术成果嗤之以鼻，一句最常见的讽刺和刻薄就是，"用最复杂的统计方法和最难懂的方程，证明的却是人们日常生活中的常识"。同时，定量方法还常被批评为没有思想、没有创意的数字游戏。崇尚欧洲传统的社会学家们更是相信，只有给人启迪的欧洲式社会学才是社会学的精髓，思辨的、文化的、分析的社会学方法才是社会学的有力武器。

各种理念冲突的结果是 1980 年代中期以后定性研究方法的上升。到 1990 年代，尽管各种定量方法仍然在社会学的主流期刊中占据着重要地位，但却再也不是主角了。定性分析的方法再一次受到人们，特别是那些生来就讨厌数学的人的青睐。演绎逻辑，甚至对逻辑本身进行批判的后现代主义也渐渐开始浮现和发展，欧洲式的社会学方法和表达手段也再次凸显。

问题是，什么是恰当的理解和解释社会现象的方法？各种具体的方法如何操作？正如作者在书中一再提及的"偏见"一样，难道常识就不需要证明，感觉就不需要验证？数理逻辑和定性的文化取向的方法就一定是你死我活的关系？社会学的研究、甚至社会研究难道除了思辨就是日常生活？社会研究的方法如何应用到人们的日常生活中？社会学研究是否能脱离现实社会的政治、经济、文化和伦理而获得中立？

所有这些，我相信读者可以从这本《社会研究方法》中找到直接的或间接的答案。

这大概就是在救火队员们艰苦努力之后，我仍然坚持一字一句地读完全书，译完全书，校完全书的主要原因。

除此以外的另一个原因就是，正如前面提过的，这是一本著名的经典级教科书，翻译这样的书有好处，也有难处。好处不用说，当然是在知识的积累上少走许多弯路；难处就是，要将书的神韵用另一种语言传达到另一种社会和文化背景中，的确是一件负担很重的事情。为了在自己的能力范围内尽量做到这一点，我不得不放慢脚步，以求有时间体会原著的神韵，并尽量将其转译出来。

无论如何，总算是告一段落了。这本译稿能够以目前的样子和读者见面，除了自己的辛苦以外，还融入了许多人的努力。首先，我要感谢作者本人，在翻译的过程中，我们之间不断的交流让我弄明白了一些美国人圈内的行话，结果自然是，使译本中少了许多错误。其次，我要感谢北京大学的那帮救火队员，他们是：郑丹丹、周玲、杨晋涛、张百庆、包胜勇、刘玉照、田凯、朱冬亮、李霞。救火的时候，他们除了帮助通读译文以外，还帮我校对出不少错误，是他们的努力使我在几乎绝望的时候看到了一丝希望。要知道，在他们救火之前，我在计算机键盘上到底敲击了多少下根本就无法统计了，可以统计的只是我已经用完了整整 4 只巨粗的圆珠笔芯。还有，我要感谢沃斯沃兹出版公司和本书附录 I 的原作者雅克斯（Jeft Jacques）教授，他们给我提供了原书所有图表的电子格式文件，省去了我许多的辛苦。最后，我要感谢华夏出版社的责任编辑蔡翔先生和杨贵凤女士的宽容和严谨，在译稿逾期未交的情况下仍然对我手下留情，在收到译稿后一遍又一遍地一丝不苟地审读和不断的电话讨论，甚至把整个龙年的春节休假也搭进去了，应该说，摆在读者面前的这本书，是责任编辑最后给化的妆。当然，我还要感谢北京大学社会学人类学研究所为我翻译这本书提供了必要的条件。

尽管在这本书的翻译中我个人付出了全部的努力，同时还搭上了其他不少人的时间和精力，但是，我仍然无法保证摆在读者面前的这本书就没有属于我的错误。我不想用"时间仓促"作为借口来掩盖错误并原谅自己，而只希望读者们能够给我机会在将来的时间里进行弥补。如果读者有有关译本的任何疑问和建议，请直接用电子邮件 qiuzq@pku.edu.cn 和我联系，这里先谢了！

邱泽奇

2000 年 2 月 19 日

龙年元宵于北京大学燕东园

第十版补记

职业化的教学工作使得教授们也像企业家一样"与时俱进"。本书的第八版中文版出版刚刚一年，原版的第九版就面世了；我们还来不及消化，第十版又出版了。三五年之内，社会研究的方法有多大的进展，实在难以评估，但出版商对版次更替的追求，却使得无论作者还是读者都会有一个错觉，似乎不读到最新的版本就会被甩在后面。

的确，对学术发展细微的敏感和保持与同行之间紧密的接触是使促进自身学术发展的强大动力，但是，对社会和学术都有意义的学术活动绝不是一种简单的智力竞技，更不是一种简单的职业活动，而是在饱含社会责任感基础上的自我发展与创新。我们翻译《社会研究方法》的目的虽有介绍这个领域发展动态的动机，更主要的目的是希望通过这个介绍能够使我们站在这个领域的前沿来发展这个领域，并逐渐地把介绍的任务留给曾经是被介绍的对象。

不过，这绝不是一蹴而就的任务。知识的积累是没有捷径的，同样，知识的创新也没有快车道。经济的快速发展已经让我们看到了一些不容忽视的社会后果，如果学术活动也沿着这样的路径，将不仅会使我们消化不良，甚至会使消化不良变成一种学术的基因，祸及我们的子孙。为此，可以选择的路径是，立足自己的社会，把对社会的责任感融入我们扎实的学术活动中，从我们的学术活动中提炼和发展我们的研究方法，并使其成为这个学术领域方法的一部分。唯有如此，才有希望使这样的翻译活动不失去意义。

第十版的变化读者可以参考本书的前言，这里不再赘述。虽然只是校订，也有大量细致工作，在此，我要感谢北京大学社会学系的博士研究生张茂元和任敏，感谢华夏出版社的编辑王昆。是他们的努力，使这个译本少了一些错误。

邱泽奇

2005 年 6 月于北京皂君庙

译后记（第十一版）

经我之手翻译的《社会研究方法》从第八版开始，这已经是第三个译本了（第九版没有翻译）。在第十版的译后记中，我曾经将作者艾尔·巴比比作企业家，是因为他完全可以凭借写作这本教材的收入而过上体面的生活。反过来说，他也因这本教材而衣食无忧，可以更加专心致志地从事研究，以至出版社和他本人之间形成了紧密的利益联盟，不断地推出新的版本。

正如我曾经说过的，"三五年之内，社会研究方法有多大的进展，实在难以评估，但出版商对版次更替的追求，却使得无论作者还是读者都会有一个错觉，似乎不读到最新的版本就会被甩在后面"。第十一版的出版更加明确地说明了这一点。细心的读者应该不难看出，第十一版的篇章与第十版完全相同。所不同的是，有些章节的讲解更加准确，案例也有更新。如果说两个版本之间有什么根本不同的话，那就是图表模式变了。改变表现的形式，看起来是追求创新，但当形式的改变并不足以对内容有足够的补充或加强的时候，我们是否就可以将其看作是"内卷化"的开端？

21 世纪以来，中国学术界涉及社会科学方法的出版方兴未艾。除了像《社会研究方法》之类的经典译本以外，还出现了不少品质很好的编写教材，一方面把握了社会科学研究方法的前沿，对方法的演化与应用有系统讲解，另一方面准确地运用中国社会的研究例子，使读者感同身受。我曾经希望通过介绍国外非常成熟的教材和专著"能够使我们站在这个领域的前沿来发展这个领域，并逐渐地把介绍的任务留给曾经是被介绍的对象"，看来这种期望在逐步变成现实。

同样，我还要强调的是，知识的积累不是一代人能够完成的工作，而是在代际之间嬗变的。在我们这一代人以为我们的前辈们知识落伍的时候，其实，我们的下一代已经积蓄了足够的能力和知识来接手我们的感受。我乐意看到这一点，但不期望在追求职业化的道路上，以职业技能的获得而破坏运用技能的社会土壤。保持对知识的尊敬和敬畏，始终是知识积累的重要前提。唯有如此，每一个对知识作出过贡献的人才会心甘情愿、乐得其所。

第十一版的翻译校订得到了中国日报社周陈先生的大力支持，是他细心校阅了第十一版的文字；同时也得到了华夏出版社王凤梅编辑的有效协助，是她仔细核对了全书的所有文字和图表。谨此，对他们的努力表示诚挚的谢意。这个版本的译稿早在 2007 年就已经完成了，尽管迟至今日才出版，但仍然不能保证其中没有错误。修改译文，受错觉和自信的影响，差错甚至会比全新译校更多，我相信这个版本亦如此。任何因翻译产生的差错，责任在我。我将在后续的校订中，尽量做到"极少差错"。

邱泽奇

2009 年 2 月 9 日

北大燕东园

Supplements Request Form (教辅材料申请表)

    圣智学习出版公司（Cengage Learning）作为为终身教育提供全方位服务的全球知名教育出版集团，为秉承其在全球对教材产品的一贯教学支持服务，对采用其教材的每位老师提供教学辅助资料。任何一位通过 Cengage Learning 北京代表处注册的老师都可直接下载所有在线提供的、最为丰富的教学辅助资料，包括教师用书、PPT 和习题库等等。

    鉴于部分资源仅适用于老师教学使用，烦请索取的老师配合填写如下情况说明表：

Lecturer's Details（教师信息）			
Name： （姓名）		Title： （职务）	
Department： （系科）		Sc School/University： （学院/大学）	
OfficialE－mail： （学校邮箱）		Lecturer's Address / Post Code： （教师通讯地址/邮编）	
Tel： （电话）			
Mobile： （手机）			

Adoption Details（教材信息）　　原版□　　翻译版□　　影印版□
Title：（英文书名） Edition：（版次） Author：（作者）
Local Publisher： （中国出版社）

Enrollment： （学生人数）		Semester： （学期起止日期时间）	

Contact Person & Phone/E－Mail/Subject：

（系科/学院教学负责人电话/邮件/研究方向）（我公司要求在此处标明系科/学院教学负责人电话/传真及电话和传真号码并在此加盖公章．）

教材购买由 我□ 我作为委员会的一部份□ 其他人□〔姓名：   〕决定。

Please fax or post the complete form to（请将此表格传真至）：

CENGAGE LEARNING BEIJINGATTN：
Higher Education Division
TEL：(86) 10－82862096/ 95 / 97
FAX：(86) 10 82862089
ADD：北京市海淀区科学院南路 2 号
融科资讯中心 C 座南楼 12 层 1201 室　100190

Note：Thomson Learning has changed its name to CENGAGE Learning

图书在版编目（CIP）数据

社会研究方法：第十一版/（美）艾尔·巴比(Earl R. Babbie)著；邱泽奇译. --北京：华夏出版社，2018.1（2021.5 重印）
书名原文：The Practice of Social Research(Eleventh Edition)
ISBN 978-7-5080-9344-4

Ⅰ.①社… Ⅱ.①艾… ②邱… Ⅲ.①社会学－研究方法 Ⅳ.①C91-03

中国版本图书馆 CIP 数据核字(2017)第 267363 号

The Practice of Social Research(Eleventh Edition)
ISBN-13:978-0-495-18738-7   ISBN-10:0-495-18738-0

社会研究方法（第十一版）

作　　者　[美]艾尔·巴比
译　　者　邱泽奇
责任编辑　王霄翎　马涛红
责任印制　刘　洋

出版发行　华夏出版社有限公司
经　　销　新华书店
印　　装　三河市少明印务有限公司
版　　次　2018 年 1 月北京第 2 版　　2021 年 5 月北京第 5 次印刷
开　　本　720×1030　1/16
印　　张　37.5
字　　数　750 千字
定　　价　108.00 元

华夏出版社有限公司　　地址:北京市东直门外香河园北里 4 号　　邮编:100028
　　　　　　　　　　　网址:www.hxph.com.cn　　电话:(010)64663331(转)
若发现本版图书有印装质量问题，请与我社营销中心联系调换。